SPRACHWISSENSCHAFTLICHE
STUDIENBÜCHER

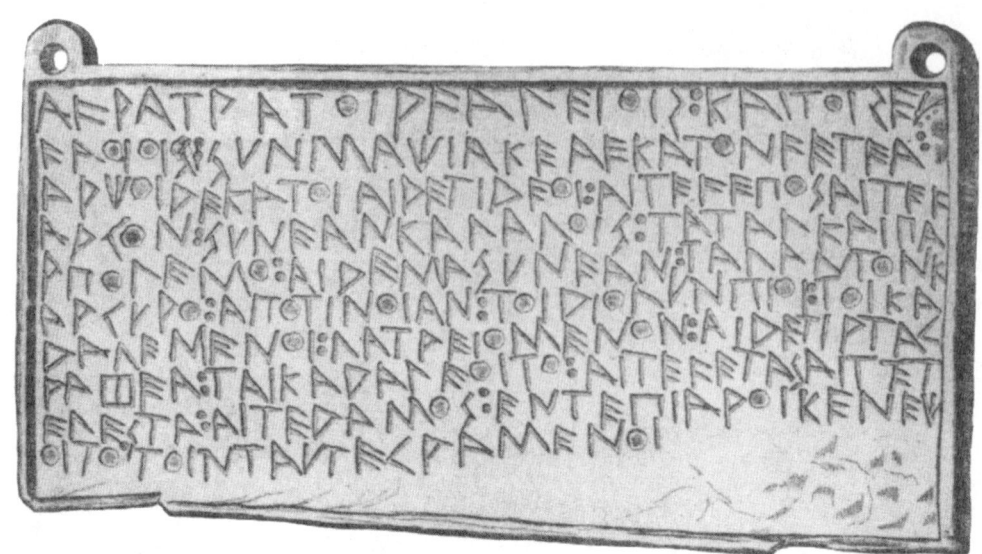

1 Altgriechische Erztafel   *2* Timotheos-Papyros   *3* Schultafel mit Strafarbeit
(Umschrift und Erläuterung S. 250)

GRIECHISCHE GRAMMATIK

TEIL I

Griechische Laut- und Formenlehre

HANS ZINSMEISTER

Vierte, unveränderte Auflage

Universitätsverlag
WINTER
Heidelberg

Bibliografische Information der Deutschen Nationalbibliothek

Die Deutsche Nationalbibliothek verzeichnet diese Publikation
in der Deutschen Nationalbibliografie;
detaillierte bibliografische Daten sind im Internet
über *http://dnb.d-nb.de* abrufbar.

Die erste Auflage erschien 1954
im Bayerischen Schulbuch-Verlag,
München.

ISBN 978-3-8253-5150-2
4. Auflage

Dieses Werk einschließlich aller seiner Teile ist urheberrechtlich geschützt.
Jede Verwertung außerhalb der engen Grenzen des Urheberrechtsgesetzes
ist ohne Zustimmung des Verlages unzulässig und strafbar. Das gilt insbesondere
für Vervielfältigungen, Übersetzungen, Mikroverfilmungen und die Einspeicherung
und Verarbeitung in elektronischen Systemen.

© 2019 Universitätsverlag Winter GmbH Heidelberg
Imprimé en Allemagne · Printed in Germany
Druck: Memminger MedienCentrum, 87700 Memmingen

Gedruckt auf umweltfreundlichem, chlorfrei gebleichtem
und alterungsbeständigem Papier.

Den Verlag erreichen Sie im Internet unter:
www.winter-verlag.de

Ferdinand Sommer

in Verehrung und Dankbarkeit

VORWORT

Die Form dieser Grammatik unterscheidet sich in manchem von der bisher bei Schulgrammatiken gebräuchlichen; der systematische Aufbau ließ es nicht zu, sich nach der Unterrichtsabfolge zu richten. Die Ziele, die Herausgeber und Verfasser verfolgten, sind in den Vorbemerkungen für die Benützer des Buches dargelegt. Man erschrecke nicht über den Umfang: der Schüler soll keineswegs mit neuem Wissensballast und zusätzlichem Lernstoff geplagt werden. Ich bin der Überzeugung, daß sich nach sinnvoller Verwendung dieses Buches ohne Mehrbelastung des Schülers der Übergang zu Homer und Herodot, zu Tragikern und Lyrikern viel rascher und zwangloser vollziehen läßt als bisher.

Mein ganz besonderer Dank gilt meinem hochverehrten Lehrer, Herrn Geheimrat Professor Dr. Ferdinand Sommer, München: er hat in nie ermüdender Hilfsbereitschaft das ganze Manuskript durchgesehen und durch eine Fülle von Ratschlägen und kritischen Bemerkungen die Arbeit entscheidend gefördert. Die Widmung des Buches gilt daher zuerst dem Lehrer und väterlichen Freund; nicht minder aber auch dem Verfasser von Büchern, die — in ähnlicher Weise wie das vorliegende — Wissenschaft und Schule zu verbinden suchen (Lat. Schulgrammatik, Sprachgeschichtliche Erläuterungen für den griech. Unterricht, Vergleichende Syntax der Schulsprachen).

Zu größtem Dank bin ich ferner Herrn Oberstudiendirektor Andreas Schwerd verpflichtet, der als Leiter des Maximilians-Gymnasiums München durch meine Freistellung vom Unterricht überhaupt erst die Möglichkeit geschaffen hat, daß ich die Arbeit durchführen konnte; daß er in seiner großen menschlichen Güte mancherlei daraus erwachsende Schwierigkeiten persönlich abfing, danke ich ihm ganz besonders.

Bei meiner Arbeit schöpfte ich wertvolle Anregungen aus dem Werke eines der Vorkämpfer für den sprachwissenschaftlich unterbauten Griechisch-Unterricht, aus der Griechischen Formenlehre von Herrn Studienprofessor Dr. Johannes Kaiser, München.

Für wertvolle Kritik bin ich den Herren Professor Dr. Karl Bosl, Würzburg, Professor Dr. Franz Dirlmeier, Würzburg, Oberstudiendirektor Dr. Hans Lindemann, München, Studienrat Dr. Raimund Pfister, München, Oberstudiendirektor Dr. Karl Rupprecht, München-Pasing und Studienrat Dr. Hans Siegert, Ingolstadt, verpflichtet. In treuer Freundschaft hat Herr Studienprofessor Erich Freund, München, das Buch von Anfang an durch seine immer fördernde Kritik mitgeformt und in aufopferungsvoller Arbeit die schwierigen Druck-Korrekturen mitüberwacht.

Allen Genannten und noch manchen stillen Helfern gilt mein herzlichster Dank.

München, Weihnachten 1953   Der Verfasser.

Inhaltsübersicht

Vorbemerkungen für Benützer des Buches 14
Verzeichnis der Abkürzungen. 16

I. Teil: Sprache, Schrift, Akzent

A. Zur Geschichte der griechischen Sprache . . . . §§ 1—5   17
    1. Die Stellung des Griechischen innerhalb der indogermanischen Sprachfamilie . . . . § 1   17
    2. Alter und Ausbreitung des Griechischen . . . . § 2   17
    3. Die Mundarten des Griechischen . . . . § 3   18
    4. Die griechische Gemeinsprache . . . . § 4   19
    5. Das Neugriechische . . . . § 5   19

B. Zur Geschichte der griechischen Schrift . . . . §§ 6—17   19
    1. Die Entwicklung der Schrift . . . . § 6   19
    2. Die verschiedenen griechischen Alphabetformen . . . . § 7   20
    3. Das ionische Alphabet . . . . § 8   21
    4. Der Lautwert der griechischen Buchstaben . . . . §§ 9—14   22
        a) Die Vokale. . . . . § 10   22
        b) Die Diphthonge . . . . §§ 11—12   23
            1. Die Kurzdiphthonge . . . . § 11   23
            2. Die Langdiphthonge . . . . § 12   23
        c) Die Konsonanten . . . . §§ 13—14   24
            Griechische Konsonantenzeichen . . . . § 14   25
    5. Die Hauchzeichen (spiritūs) . . . . § 15   26
    6. Die Lesezeichen . . . . § 16   27
    7. Die Silbentrennung . . . . § 17   28

C. Der griechische Akzent. . . . . §§ 18—24   28
    1. Vom Wesen des griechischen Akzents . . . . § 18   28
    2. Die Akzentzeichen und ihre Bedeutung . . . . § 19   29
    3. Die Stellung der Akzente im Schriftbild . . . . § 20   29
    4. Die Stellung der Akzente im Wort. . . . . § 21   29

5. Bezeichnung der Wörter nach Akzenten	§ 22	30
Zusammenstellung der Enklitika	§ 23	31
Akzentregeln beim Enklitikon	§ 24	31

II. Teil: Lautregeln

1. Grundsätzliches	§ 25	32
2. Die wichtigsten Lautgesetze	§ 26	33

(Ausführliche Darstellung der Lautlehre s. IV. Teil: Lautlehre)

III. Teil: Formenlehre

A. Einführung	§§ 27—28	39
1. Bestandteile des Wortes	§ 27	39
2. Die Wortarten	§ 28	40
B. Das Nomen	§§ 29—108	41
I. Vorbemerkungen	§§ 29—32	41
Allgemeines über die griechische Deklination	§ 29	41
Allgemeine Regeln zur Deklination	§ 30	42
Die Deklinationsklassen	§ 31	43
Der Artikel	§ 32	43
II. Das Substantivum	§§ 33—62	44
1. Die 2. oder *o*-Deklination	§§ 33—35	44
Kontrakta der *o*-Deklination	§ 34	45
Attische Deklination	§ 35	46
2. Die 1. oder *a*-Deklination	§§ 36—40	47
Feminina auf -ᾱ	§ 37	47
Feminina auf -ᾰ	§ 38	48
Maskulina auf -ᾱς	§ 39	49
Kontrakta der *a*-Deklination	§ 40	50
3. Die 3. oder gemischte Deklination	§§ 41—62	50
a) Allgemeines:	§§ 41—44	50
Einteilung der Stammgruppen	§ 41	50
Kasusendungen der 3. Deklination	§ 42	51
Genusregeln der 3. Deklination	§ 43	52
Akzentregeln in der 3. Deklination	§ 44	54
b) Muta-Stämme:	§§ 45—48	54
Guttural- und Labial-Stämme	§ 46	54
Dental-Stämme	§ 47	55
ντ-Stämme	§ 48	56
c) Liquida-Stämme	§§ 49—51	57
Regelmäßig flektierende Liquida-Stämme	§ 50	58
Liquida-Stämme mit Ablaut	§ 51	59

d) Sigma-Stämme:	§§ 52—54	60
Stämme auf -εσ-	§ 53	60
Stämme auf -ασ- und -οσ-	§ 54	61
e) Vokalische Stämme	§§ 55—62	61
Stämme auf -ῡ-	§ 56	62
Stämme auf -ῐ- und -ῠ- mit Ablaut	§ 57	63
Diphthongische Stämme	§§ 58—62	63
1. Substantiva auf -εύς	§ 59	64
2. Substantiva auf -ώ	§ 60	64
3. Substantiva auf -ως	§ 61	65
4. Einzelwörter: βοῦς, ναῦς, Ζεύς	§ 62	65
III. Das Adjektivum	§§ 63—89	66
1. Deklination des Adjektivs	§§ 63—80	66
a) Einteilung	§ 63	66
b) Adjektiva der *o*- und *a*-Deklination	§§ 64—67	66
Dreiendige Adjektiva	§ 64	66
Zweiendige Adjektiva	§ 65	68
Kontrahierte Adjektiva	§ 66	68
Adjektiva der attischen Deklination	§ 67	70
c) Adjektiva der 3. Deklination	§§ 68—80	70
Bildung der Adjektivformen	§ 68	70
Einteilung der Adjektiva der 3. Deklination	§ 69	70
Die *dreiendigen* Adjektiva der 3. Deklination	§§ 70—75	72
α) *T*-Stämme	§ 70	72
β) ντ-Stämme	§§ 71—73	72
1. auf -οντ-	§ 71	72
2. auf -αντ-, -υντ-, -εντ-	§ 72	73
3. auf -εντ- mit Ablaut	§ 73	74
γ) ν-Stämme	§ 74	75
δ) ῠ-Stämme	§ 75	75
Die *zweiendigen* Adjektiva der 3. Deklination	§§ 76—78	76
α) ν-Stämme	§ 76	76
β) σ-Stämme	§ 77	77
γ) Einzelfälle	§ 78	77
Die *einendigen* Adjektiva der 3. Deklination	§ 79	78
Doppelstämmige Adjektiva der 3. Deklination	§ 80	78
2. Steigerung (Komparation) des Adjektivs	§§ 81—85	79
a) Bildungsweise der Steigerungsgrade	§ 81	79
b) Steigerung auf -τερος, -τατος	§ 82	79
c) Besonderheiten bei der Steigerung auf -τερος, -τατος	§ 83	80
d) Steigerung auf -ίων, -ῑον	§ 84	81
e) Steigerung mit verschiedenen Wurzeln	§ 85	82
Zusatz: Das Adverbium	§§ 86—89	82
Vorbemerkung	§ 86	82

Adverbbildung von Adjektiven	§ 87	83
Sonstige Adverbia	§ 88	84
Übersicht über die korrelativen Pronominaladverbien	§ 89	86

  IV. Das Pronomen . . . . §§ 90—103   85
     1. Einführung . . . . § 90   85
     2. Personalpronomina . . . . § 91   88
     3. Possessivpronomina . . . . § 92   90
     4. Demonstrativpronomina . . . . §§ 93—98   92

ὁ, ἡ, τό	§ 94	92
ὅδε, οὗτος, ἐκεῖνος	§ 95	92
Gebrauch von ὅδε, οὗτος, ἐκεῖνος	§ 96	93
Zusammengesetzte Demonstrativpronomina	§ 97	93
αὐτός, αὐτή, αὐτό	§ 98	94

     5. Relativpronomina . . . . § 99   94
     6. Interrogativpronomina . . . . § 100   95
     7. Indefinitpronomina . . . . § 101   96
     8. „Pronominaladjektiva" . . . . § 102   97
     9. Übersicht über die korrelativen Pronomina . . . . § 103   98

  V. Das Zahlwort . . . . §§ 104—107   99
     1. Übersicht . . . . § 104   99
     2. Deklination der Zahlwörter . . . . § 105   101
     3. Bildung zusammengesetzter Zahlen . . . . § 106   101
     4. Zahladjektiva und Zahlsubstantiva . . . . § 107   102

  VI. Anhang: Der Dual beim Nomen . . . . § 108   102

C. Das Verbum . . . . §§ 109—190   103

  I. Vorbemerkungen . . . . §§ 109—130   103
     1. Formenbestand des griechischen Verbums . . . . §§ 109—111   103

Übersicht	§ 110	104
Bemerkungen	§ 111	104

     2. Die Bestandteile der Verbalformen . . . . §§ 112—123   106

a) Die Stämme	§ 113	106
b) Die Charaktervokale	§ 114	107
c) Die Moduszeichen	§ 115	107
d) Die Endungen	§§ 116—117	108
Übersicht zu den Nominalformen	§ 117	109
e) Das Augment	§§ 118—120	109
Besonderheiten	§ 119	109
Das Augment beim Kompositum	§ 120	110
f) Die Reduplikation	§§ 121—122	112
Besonderheiten	§ 122	113
g) Der Akzent	§ 123	114

3. Einteilung der Verbalklassen	§§ 124—125	115
Anordnung der Verbalklassen nach dem Präsensstamm	§ 124	115
Anordnung der Verbalklassen nach versch. Gesichtspunkten	§ 125	117
4. Besonderheiten im Gebrauch der Genera verbi	§ 126—130	118
a) Transitive und intransitive Bedeutung	§ 126	118
b) Mediales Futur	§ 127	119
c) Deponentia	§§ 128—129	120
d) Medio-Passiva aktiver Verba	§ 130	122
II. Verba auf -ω	§§ 131—155	135
Konjugationstabellen		124—134
1. Die vom Präsensstamm gebildeten Formen	§§ 131—133	135
Die Verba contracta	§ 132	136
Besonderheiten bei den Verba contracta	§ 133	137
2. Die von den übrigen Tempusstämmen gebildeten Formen	§§ 134—155	137
a) Tempora prima	§§ 134—148	137
Charakterisierung der einzelnen Tempora	§ 135	138
α) Verba mit vokalischem Stockauslaut	§§ 136—141	141
Besonderheiten in der Tempusbildung	§§ 137—141	142
1. Verbalstock auf -σ-	§§ 137—138	142
2. Verbalstock auf -ϝ-	§ 139	144
3. Verba vocalia mit beschränkter Dehnung	§ 140	144
4. Verba vocalia mit Ablaut	§ 141	144
β) Verba mit konsonantischem Stockauslaut	§§ 142—148	145
1. Verba muta	§§ 143—145	145
Einteilung	§ 143	145
Tempusbildung	§ 144	146
Besonderheiten in der Tempusbildung	§ 145	148
2. Verba liquida	§§ 146—148	148
Tempusbildung	§ 147	149
Besonderheiten in der Tempusbildung	§ 148	150
b) Tempora secunda	§§ 149—155	151
Aorist II Akt. und Med.	§§ 150—151	151
Aorist II und Futur II Pass.	§§ 152—153	152
Perfekt II und Plusquamperfekt II Akt.	§§ 154—155	154
III. Verba auf -μι	§§ 156—169	160
Konjugationstabellen		156—159
1. Die vom Präsensstamm gebildeten Formen	§§ 156—165	160
a) Verba auf -μι mit Präsensreduplikation	§ 157	161
b) Verba auf -(ν)νῡμι	§ 158	162
c) Wurzelpräsentien	§§ 159—165	162
1. φημί	§ 160	162
2. εἶμι	§ 161	163
3. εἰμί	§ 162	163
4. δύναμαι	§ 163	164

5. κάθημαι	§ 164	165
6. κεῖμαι	§ 165	166
2. Die von den übrigen Tempusstämmen gebildeten Formen	§§ 166—169	166
Besonderheiten: 1. Aorist von δίδωμι, τίθημι, ἵημι	§ 167	167
2. Wurzelaorist	§ 168	168
3. Wurzelperfekt (οἶδα)	§ 169	170
IV. „Unregelmäßige" Verba	§§ 170—189	171
Einteilung	§ 170	171
a) Verba mit Ablaut	§§ 171—172	171
b) Nasalklasse	§§ 173—181	173
c) Incohativklasse	§ 182	176
d) Verba mit Präsensreduplikation	§§ 183—184	177
e) E-Klasse	§§ 185—188	177
f) Mischklasse	§ 189	179
V. Anhang: Der Dual beim Verbum	§ 190	180

IV. Teil: Lautlehre

A. *Vokale*	§§ 191—201	182
1. Die idg. Vokale im Griechischen	§ 191	182
2. Der Ablaut	§ 192	183
Ablaut zweisilbiger Wurzeln	§ 193	185
3. Vokalkürzung	§ 194	185
4. Quantitative Metathese	§ 195	185
5. Kontraktion	§ 196	186
6. Krasis	§ 197	187
7. Elision	§ 198	188
8. Assimilation	§ 199	188
9. Ersatzdehnung	§ 200	188
10. Vokalentfaltung und prothetische Vokale	§ 201	188
B. *Konsonanten*	§§ 202—215	189
1. Die idg. Konsonanten im Griechischen	§§ 202—207	189
a) Die Halbvokale i und u	§ 202	189
b) Die Liquidae r und l	§ 203	190
c) Die Nasale m, n, ŋ	§ 204	190
d) Die Spiranten	§ 205	190
e) Die Mutae	§ 206	191
f) Die idg. Labiovelare	§ 207	192
2. Wichtige Lautgesetze über alleinstehende Konsonanten	§§ 208—210	193
a) Das Hauchdissimilationsgesetz	§ 208	193
b) Konsonanten im Auslaut	§ 209	193
c) Altes -τι > -σι	§ 210	194

3. Wichtige Lautgesetze über Konsonantengruppen	§§ 211—215	194
a) Verbindungen mit i̯	§ 211	194
b) Verbindungen mit σ	§ 212	195
c) Assimilation	§ 213	197
d) Dissimilation	§ 214	199
e) Übergangslaute	§ 215	199

V. Teil: Ergänzende sprachgeschichtliche Erläuterungen für die Oberklassen

200—218

VI. Teil: Register

1. Alphabetisches Verbalverzeichnis	219
2. Sachregister	232
3. Wortregister	235
Berichtigungen	218

Abbildungen: 1. Altgriechische Erztafel (Olympia)
                2. Timotheos-Papyros
                3. Griechische Schultafel mit Strafarbeit

Umschrift und Erläuterungen zu den Abbildungen 250

Karte zur Verteilung der griechischen Dialekte s. Großer Historischer Weltatlas, hrg. vom Bayer. Schulbuch-Verlag, I. Teil: Vorgeschichte und Altertum S. 16 c-d

VORBEMERKUNGEN

für Benützer des Buches

Von vorneherein sei festgestellt: das vorliegende Buch verfolgt mit den reichlich gebotenen sprachgeschichtlichen Erläuterungen keineswegs die Absicht, ein neues *Lern*fach in den Lehrplan des humanistischen Gymnasiums einzuführen. Entscheidend für die Gestaltung des Ganzen war der Grundsatz: *Endziel* des griechischen Unterrichts kann nur die Lektüre sein. Eine griechische Grammatik hat daher die Aufgabe, *alle* sprachlichen Fragen, die in der Schullektüre auftauchen können, zu beantworten. Da aber auch Homer, Herodot, die Tragiker, die Lyriker zur Schullektüre gehören, muß von Anfang an die *Möglichkeit* geschaffen werden, die Sprache in ihrer historischen Entwicklung zu verfolgen, um damit die Grundlage für das Verständnis der Dialektformen bei diesen Autoren zu geben. Darum wurde mit sprachlichen Erläuterungen nicht gespart.

Im einzelnen denke ich mir die Benützung des Buches folgendermaßen:

Der **I. Teil** „Sprache, Schrift, Akzent" ist nicht in seiner Gesamtheit als Lernstoff, schon gar nicht für den Anfänger, gedacht; er stellt vielmehr das dar, was der Absolvent eines humanistischen Gymnasiums im Verlaufe seines griechischen Unterrichts zumindest einmal *gehört* haben muß. Andererseits ist klar, daß einzelne Teile davon schon in mittleren Klassen beherrscht werden müssen.

Der **II. Teil** „Lautregeln" ist Wissensstoff, der allmählich erworben wird. Hier wird dem Schüler der 4. und 5. Klasse in kürzester Form die Regel zu einer lautlichen Erscheinung geboten, die ihm in der Formenlehre isoliert begegnet. Dem Ziel der Aneinanderreihung der Einzelfälle dient der Hinweis auf die jeweilige Regel (z. B. **R 1** = § 26 Regel 1) bei möglichst jedem Einzelfall in der Formenlehre. Je mehr solcher Einzelfälle bei der fortschreitenden Durchnahme der Formenlehre fester Besitz des Schülers geworden sind, um so klarer wird ihm allmählich das betreffende Lautgesetz werden und im Gedächtnis haften bleiben, ohne daß der § 26 im Zusammenhang *gelernt* wird. Diese wachsende Kenntnis der lautgesetzlichen Entwicklung wird aber das Lernen von manchen nur scheinbaren „Unregelmäßigkeiten", besonders in der Verballehre, wesentlich erleichtern. Der **IV. Teil** bietet für die oberen Klassen die *systematische* Darstellung der Lautlehre, die jedoch **kein Lernstoff** sein kann.

Der **III. Teil** „Formenlehre" enthält den eigentlichen **Lernstoff** dieses Bandes. Damit sind jedoch *nur* die in normaler Schriftgröße gedruckten Teile mit den anschließenden Paradigmata gemeint. Schon die **Anmerkungen** können in vielen Fällen späteren Klassen (Klassikerlektüre!) vorbehalten bleiben. Die Sprachwissenschaft ist aus diesen Lernteilen möglichst weitgehend ferngehalten und fast nur in den „**Erläuterungen**" gegeben, die in knappster Form das Material zur Weckung des sprachgeschichtlichen Verständnisses beim Anfänger bieten.

In enge Beziehung dazu ist der **V. Teil** zu setzen, der natürlich erst recht **kein Lernstoff** ist; er wurde dadurch veranlaßt, daß dem Verfasser von Herausgeber und Verlag die Aufgabe gestellt war, nicht nur eine Grammatik für die Schüler der humanistischen Gymnasien zu schreiben, sondern ein Buch, das auch für den Studenten der klassischen Philologie das notwendigste sprachgeschichtliche Material zum Verständnis der griechischen Sprache bietet. Beide Forderungen aufeinander abzustimmen war oft nicht leicht. Über die Auswahl des Gebotenen kann man sehr verschiedener Meinung sein. Vom Standpunkt des Gymnasialunterrichts aus gesehen sollen die „Ergänzenden Erläuterungen" vor allem dem *Lehrer* das notwendige Material zur Weckung des sprachlichen Verständnisses darbieten, aber auch auf sprachlich interessierte *Schüler* anregend wirken. Der Prozentsatz des im Unterricht Verwertbaren wird je nach der Qualität der einzelnen Klasse und je nach der Altersstufe schwanken. Eine restlose Auswertung dieses Teils wird an der Schule selten erreicht werden können. Trotzdem hielt ich es für richtig, lieber etwas mehr als zu wenig zu bieten, da der Gesamtumfang des Buches dadurch kaum nennenswert vergrößert wird, dem Benützer aber das zeitraubende und in vielen Fällen geradezu unmögliche Nachsuchen in sprachwissenschaftlichen Werken (die sich heutzutage zudem nur wenige als Eigenbesitz leisten können) erspart bleibt.

Die **Konjugationstabellen** und das zusammenfassende **Verbalverzeichnis** wurden aus voller Überzeugung in dieser Ausführlichkeit im Rahmen der Grammatik gegeben. Auch der *schwache* Schüler muß die Möglichkeit haben, eine fragliche Verbalform *leicht* zu finden. Ich halte es für falsch, das Verbalverzeichnis in einem eigenen Zusatzheftchen abzusplittern. Der Schüler soll *alles* Grammatische, was er in der Schule braucht, tatsächlich in seiner *Grammatik* finden können; dann wird er sie auch noch in der Oberklasse wirklich zu Rate ziehen. Auch für die notwendigen *Wiederholungen* in den oberen Klassen wird das Verbalverzeichnis gute Dienste leisten.

Nach reiflicher Überlegung haben sich Herausgeber und Verfasser dazu entschlossen, die „**Dialektgrammatik**" erst im 2. Teil (nach der Syntax) zusammenhängend zu bieten. Sie wird all das enthalten, was an Dialekterscheinungen für das Verständnis der Schullektüre dem Schüler unbedingt in *gedruckter* Zusammenstellung zugänglich sein muß (ohne daß auch dafür wieder ein eigenes Buch anzuschaffen ist). Dialektische Erscheinungen der Laut- und Formenlehre, z. B. bei Homer oder Herodot, sind also absichtlich nicht im 1. Band gebracht.

Wo Wiederholungen vorkommen, sind sie bewußt, aus Gründen der leichteren Benützbarkeit durch den Schüler, in Kauf genommen.

Schließlich noch einige Einzelheiten:

1. **Länge** bei $\bar{\alpha}, \bar{\iota}, \bar{\upsilon}$ wurde stets bezeichnet, außer in selbstverständlichen Fällen ($\alpha, \tilde{\alpha}, \tilde{\iota}, \tilde{\upsilon}$) und in den Paradigmata (dort gewöhnlich nur in deren erster Form).
2. **Länge** in **lateinischen** Wörtern wird bei grammatischen Fachausdrücken nicht bezeichnet.
3. Ein **Sternchen** (*) vor einer Form bedeutet, daß sie nirgends belegt, sondern nur erschlossen ist; solche Formen werden nur in den Fällen akzentuiert, wo es sich um die Akzententwicklung handelt (Kontrakta!).
4. Bloße **Zahlen** (meist in Klammern) verweisen auf den Paragraphen, in dem die betreffende Lauterscheinung usw. zusammenhängend behandelt ist; **R** mit Zahl verweist auf die betr. Lautregel in § 26; **E** mit Zahl verweist auf die laufende Nummer der sprachgeschichtlichen Erläuterungen im V. Teil.
5. **Griechische Eigennamen** sind auch im deutschen Text grundsätzlich in der griechischen Form gebraucht; nur in den Fällen „Piräus", „Epirus" und „Ägäisch(es Meer)", die moderne geographische Begriffe darstellen, wurde davon abgesehen.

6. Sprachwissenschaftliche Lautzeichen:

ọ, ẹ bedeutet den *geschlossenen* o- bzw. e-Laut.

ā, a usw. bedeutet langes bzw. kurzes *a*; das Kürzezeichen ă ist nur in besonderen Fällen gesetzt.

u̯ bezeichnet den *Halbvokal u*: Aussprache wie *engl.* „w"; streng davon zu unterscheiden ist der *Spirant*, der die Aussprache des *deutschen* „w" hat.

i̯ bezeichnet den *Halbvokal i*, für den sinngemäß das zu u̯ Gesagte gilt; er ist streng von dem *Spiranten* „j" zu sondern.

q̯u̯, g̯u̯ sind alte *Labiovelare*, d. h. *K*-Laute mit *u*-Stellung der Lippen, also nicht der Aussprache unseres „qu" in „Quelle" entsprechend, das ein *k* mit nachfolgendem *spirantischem w* ist.

l̥, r̥, m̥, n̥ sind *Liquidae*, die hinter Konsonant *sonantisch* („silbebildend") geworden sind.

Abkürzungen

A(kk).	= Akkusativ	Lat. (lat.)	= Lateinisch
Adj.	= Adjektiv	Mask., m(ask).	= Maskulin(um)
Adv.	= Adverb	Med.	= Medium
Akt.	= Aktiv	N(om).	= Nominativ
alat.	= altlateinisch	n. Chr.	= nach Christus
Anm.	= Anmerkung	Neutr., n(eutr).	= Neutrum
Aor.	= Aorist	o.	= oben
Att. (att.)	= Attisch	Opt.	= Optativ
Ausn.	= Ausnahme(n)	Part.	= Partizip
D(at).	= Dativ	Pass.	= Passiv
Dekl.	= Deklination	Perf.	= Perfekt
Dor. (dor.)	= Dorisch	P(er)f.-Fut.	= Perfektfutur
Dt. (dt.)	= Deutsch	Pl(ur).	= Plural
E	= Ergänzende Erläuterungen (s. Teil V)	Plqu.	= Plusquamperfekt
		Präs.	= Präsens
Erl.	= Erläuterungen (s. §§)	Pr.St.	= Präsensstamm
Fem., f(em).	= Feminin(um)	Pron.	= Pronomen
Fut.	= Futurum	R	= Regel (s. § 26)
G(en).	= Genetiv	S.	= Seite
Griech. (griech.)	= Griechisch	sc.	= scilicet
hom.	= homerisch	Sing. (Sg.)	= Singular
Idg. (idg.)	= Indogermanisch	St.	= Stamm
Imp.	= Imperativ	Subst.	= Substantiv
Impf.	= Imperfekt	trans.	= transitiv
Ind.	= Indikativ	u.	= unten
Inf.	= Infinitiv	V(ok).	= Vokativ
intr.	= intransitiv	v. Chr.	= vor Christus
Ion. (ion.)	= Ionisch	V. Stock	= Verbalstock
Jh.	= Jahrhundert	Wz.	= Wurzel
Konj.	= Konjunktiv	<	= entstand(en) aus
Kons.	= Konsonant(en)	>	= wurde zu

I. TEIL: SPRACHE, SCHRIFT, AKZENT

A. Zur Geschichte der griechischen Sprache

1. Die Stellung des Griechischen innerhalb der indogermanischen Sprachfamilie

§ 1

Der Deutsche **Franz Bopp** erkannte (1816), daß die meisten Sprachen Europas und Mittelasiens miteinander verwandt sein müssen. Langjährige Forschung zeitigte schließlich als Ergebnis: wie das Italienische, Spanische, Portugiesische, Französische, Rumänische und Ladinische aus dem Lateinischen hervorgegangen sind, so leiten sich beispielsweise auch Griechisch, Lateinisch, Deutsch von einer gemeinsamen Grundsprache her. Dies mögen folgende Wortvergleichungen veranschaulichen:

ἀγρός	*ager*	Acker	ἕξ	*sex*	sechs
ὄγκος	*uncus*	Angel	ἑπτά	*septem*	sieben
πατήρ	*pater*	Vater	ὀκτώ	*octō*	acht
μήτηρ	*māter*	Mutter	δέκα	*decem*	zehn
λευκός	*lūceō*	leuchte	Ϝιδεῖν	*vidēre*	wissen
Ϝοῖκος	*vīcus*	(Braunsch-)weig	πλέκω	*plectō*	flechte

Die Mutter aller Sprachen, die zu dieser Familie gehören, bezeichnen wir als das **Indogermanische** (abgekürzt: Idg.). Aus ihm sind folgende Hauptzweige hervorgegangen:

Östlicher Zweig: Indisch-Iranisch, Armenisch, Albanisch, Baltisch-Slavisch.
Westlicher Zweig: Germanisch, Keltisch, Italisch (=Latinisch und Oskisch-Umbrisch), Griechisch, Tocharisch[1]), Hethitisch[2]).

Das Griechische ist also ein selbständiges Glied der idg. Sprachfamilie.

2. Alter und Ausbreitung des Griechischen

§ 2

Seit wann Menschen in griechischer Sprache **gesprochen** haben, wissen wir nicht; griechische **Überlieferung** jedoch haben wir mindestens seit dem 8. Jh. v. Chr. [3])

Anm. An Alter steht das Griechische damit nicht an erster Stelle unter den idg. Sprachen: das Hethitische z.B. ist schon in der 1. Hälfte des 2. Jahrtausends durch zahlreiche Urkunden überliefert. Die Überlieferung mancher nicht-idg. Sprachen, z.B. die des Ägyptischen, reicht sogar bis ins 4. Jahrtausend.

---

[1]) Tocharisch ist eine tote Sprache, deren Sprachdenkmäler von einer dt. Expedition zu Beginn des 20. Jh. in Chinesisch-Turkestan entdeckt wurden

[2]) Hethitisch ist die Sprache der Hethiter, deren vorderasiatisches Großreich Ende des 2. Jahrtausends v.Chr. unterging; die Sprache wurde erst durch Entdeckung des hethitischen Keilschriftarchivs bei Boghazköi im Herzen Kleinasiens im Jahre 1906 durch Hugo Winckler der Forschung zugänglich

[3]) Wenn sich die erst im Herbst 1953 von dem Engländer Ventris veröffentlichte Entzifferung der kretisch-minoischen Linearschrift B als richtig erweisen sollte, so wäre das eine wissenschaftliche Sensation ersten Ranges: die schriftliche Überlieferung griechischer Sprache würde dann bis ins 15. Jh. v. Ch. zurückreichen

Zu dem Vorzug eines verhältnismäßig frühen Beginns der Überlieferung kommt auch der Umstand, daß diese von Anfang an reichlich und ohne Unterbrechung bis zum heutigen Tage (Neugriechisch!) fließt.

Die **Ausbreitung** des Griechischen war zu verschiedenen Zeiten verschieden groß. Von Griechenland reichte, durch die Kolonisation verbreitet, sein Einfluß bald weithin im Mittelmeer; schließlich fand es als die Weltsprache des Hellenismus, als die Sprache der urchristlichen und der östlichen Kirchen und als zweite Sprache des Humanismus weite Verbreitung über Ost-, West- und Nordeuropa.

§ 3 3. Die Mundarten des Griechischen

Schon zu Beginn unserer Überlieferung zeigen sich zahlreiche **gesprochene** Mundarten (= Dialekte) des Griechischen nebeneinander, die uns großenteils nur durch Inschriften bekannt sind.

Die **Literatursprache**, auf die sich die Schule beschränken muß, läßt sich, entsprechend den drei Einwanderungswellen der Ioner, Achaier und Dorer, folgendermaßen gruppieren:

I. Das **Ionisch-Attische**:
   A. Das **Ionische**: mittlere Westküste Kleinasiens mit den ihr vorgelagerten Inseln (Chios, Samos), die Kykladen und Euboia. Ionisch sind geschrieben: die Epen Homers (diese freilich vermischt mit vielen Aiolismen) und seiner Nachahmer, das Geschichtswerk Herodots, die Werke der älteren Wissenschaft (Philosophie, Medizin).
   B. Das **Attische**: in Attika. Im attischen Dialekt sind geschrieben: die Dialogpartien der klassischen Tragödien des Aischylos, Sophokles und Euripides und der Komödien des Aristophanes, die Geschichtswerke des Thukydides und Xenophon, die Werke der großen Redner Lysias, Isokrates und Demosthenes und die philosophischen Werke des Platon und Aristoteles.
II. Das **Aiolische**: nördliches Kleinasien (mit Lesbos!), Thessalien und Boiotien.
   Anm. Die Dialekte von Arkadien und Kypros scheinen damit in Zusammenhang zu stehen; die gesamte Gruppe wird dann als „Achaiisch" bezeichnet.
   Aiolisch ist die Sprache der lesbischen Lyrik des Alkaios und der Sappho, zahlreiche Aiolismen finden sich auch (s. I A) bei Homer.
III. Das **Dorische**: östliche und südliche Peloponnes mit den Kolonien Kreta, Rhodos, Sizilien, Unteritalien (Tarent!); die Mundarten von Nordwestgriechenland (Aitolien, Lokris, Phokis, Epirus) und Elis stehen dem Dorischen sehr nahe. Dorisch ist die Sprache der Chorlyrik Alkmans, aber auch seiner Nachfolger, gleichgültig, ob sie wie Simonides und Bacchylides von Keos aus ionischem, die Tragiker (Chorlieder!) aus attischem oder wie Pindar von Theben aus aiolischem Sprachgebiet stammen.

Die Literatursprache war eine **Kunstsprache**: weder die Sprache der homerischen Epen noch etwa die Herodots gibt die von ihrem Verfasser *gesprochene* Sprache wieder. Zum Beispiel erklärt sich die Mischung von Ionisch mit Aiolisch in der epischen Sprache Homers daraus, daß der epische Kunstgesang zunächst auf aiolischem Sprachgebiet gepflegt, dann aber in Ionien zur höchsten Blüte gebracht wurde. Eine parallele Entwicklung zeichnet sich in der Tatsache ab, daß in den attischen Tragödien die Chorlieder dorische Dialektfärbung aufweisen.

Die Gesamtbezeichnung „Griechisch" für diese Vielzahl von Mundarten ist erst später geschaffen worden, und zwar veranlaßt durch die römische Namensform „*Graeci*" (Name eines später verschollenen Stammes), aus der sich unser deutsches Wort „*Griechen*" entwickelte.

Homer z. B. kannte keinen Gesamtnamen; er spricht nur von Δαναοί, Ἀργεῖοι, Ἀχαιοί. Nach ihm, erstmals etwa um 700 v. Chr., erscheint der Name „Hellenen" für **alle** griechischen Stämme der Zeit nach der dorischen Wanderung, zunächst vor allem im Gegensatz zu den „unverständlich Plappernden", die man lautnachahmend als βάρβαροι bezeichnet.

Die in der Schule gelehrte Form des Griechischen stellt in der Hauptsache die sprachliche Gestalt der **attischen** Prosa in der sog. klassischen Zeit (um 400 v. Chr.) dar.

4. Die griechische Gemeinsprache §4

Eine griechische Gemeinsprache, die **Κοινή,** verbreitete sich erst nach dem Untergang der griechischen Freiheit und nach dem Tod Alexanders des Großen. Infolge des literarischen und politischen Übergewichts, das Athen als Vormacht des attisch-delischen Seebundes innegehabt hatte, ist sie in der Hauptsache auf *attischer* Grundlage entstanden; daneben spielt aber in Wortschatz und Wortbildung auch das *Ionische* eine bedeutende Rolle. Die Koiné wurde Weltsprache und behielt ihre Geltung auch im römischen Weltreich als die allgemeine Umgangssprache in der östlichen Reichshälfte. Auch für die Verbreitung des Christentums gewann sie große Bedeutung, da das Neue Testament, in der Koiné geschrieben, von allen Völkern des hellenischen Kulturkreises verstanden werden konnte. Bis zur Einnahme von Byzanz durch die Türken 1453 wurde im Oströmischen Reich diese altgriechische Koiné als Staats-, Heeres- und Rechtssprache sowie als Literatursprache gesprochen und geschrieben.

5. Das Neugriechische §5

Der Grieche von heute muß gewissermaßen zwei Muttersprachen nebeneinander beherrschen: einerseits die **Volkssprache,** d. h. das gesprochene Griechisch, dessen Verhältnis zum Altgriechischen etwa dem von Italienisch zu Latein oder von Neuhochdeutsch zu Althochdeutsch gleichkommt; wer nur des Altgriechischen mächtig ist, wird jenes nicht verstehen, zumal es durch Aufnahme fremder Wörter, vor allem aus dem Türkischen und Slavischen, stark verändert ist. Auf der andern Seite aber steht die **Schriftsprache,** die sich zwar in der Aussprache stark vom Altgriechischen unterscheidet, jedoch in Wortschatz, Formen- und Satzbildung eng an dieses anlehnt und sich auch des alten Alphabets bedient. Im Kampf zwischen diesen beiden Elementen des heutigen Griechisch hat die Schriftsprache schon bedeutend an Boden verloren: in der Lyrik z. B. herrscht unbestritten die Volkssprache und diese dringt auch schon in der Prosa und im Drama mehr und mehr vor.

B. Zur Geschichte der griechischen Schrift

1. Die Entwicklung der Schrift §6

1. Die älteste nachweisbare Schriftform ist die **Bilderschrift,** die durch einfache Zeichnungen (vgl. die Hieroglyphen) ganze Wörter darstellt.

2. Den nächsten Schritt in der Weiterentwicklung der Schrift tat der Mensch, indem er nicht mehr ganze Wörter „zeichnete", sondern bereits einzelne **Silben** durch Schriftzeichen wiedergab, also nicht mehr den *Sinnbegriff*, sondern den *Lautwert* darstellte (**E 1**).

Schon die *Phoiniker* gaben die einzelnen *Konsonanten* durch eigene Schriftzeichen wieder, doch hatten sie keine *Vokal*zeichen.

3. Den entscheidenden Schritt zur vollendeten **Lautschrift,** die für jeden Laut ein eigenes Zeichen hat, taten erst die Griechen, die wohl etwa zwischen 1000—900 v. Chr. aus dem ihnen durch den Handelsverkehr bekannt gewordenen phoinikischen Alphabet die Urform des griechischen Alphabets entwickelten und es in Ionien oder einer der südgriechischen Inseln zuerst einführten (E 2).

§ 7   **2. Die verschiedenen griechischen Alphabetformen**

Das älteste griechische „Mutteralphabet", in dem (vom Kyprischen abgesehen) alle griechischen Dialekte, wenn auch in Einzelheiten voneinander abweichend, geschrieben wurden, unterscheidet sich von dem uns geläufigen grundsätzlich durch drei Dinge:

1. Es hat noch das Zeichen für den Laut „u" in der Form des Ϝ (nach seinem Aussehen *Digamma* = „Doppelgamma" benannt); als dieser Laut im Ionisch-Attischen nicht mehr gesprochen wurde, verschwand auch das Zeichen dafür aus der Schrift. Daß dieser Laut aber bei Homer noch wirksam war, beweisen seine Verse, z. B. Γ 172, wo Helena zu Priamos sagt:

Αἰδοῖός τέ μοί ἐσσι, φίλε ἑκυρέ, δεινός τε.

Dies ist metrisch nur verständlich, wenn es ursprünglich hieß:

Αἰδοῖός τέ μοί ἐσσι, φίλε Ϝεκυρέ[1]), δϜεινός τε. (Vgl. 202, 2 Anm.)

Man sprach also in der ältesten Zeit der epischen Dichtung wirklich noch Ϝοῖκος = v*ī*cus, Ϝοῖνος = v*ī*num.

2. Es fehlen ihm die erst später erfundenen Zeichen ξ, φ, χ, ψ, ω.

3. H hatte noch den Lautwert „h"; erst als dieser Hauchlaut (wiederum wie das Ϝ) im Ionischen verstummte (*Psīlōsis*), wurde H als Zeichen für das lange offene $\bar{e} = \bar{a}$ verwendet.

Bei der Weiterverbreitung des Mutteralphabets ergab sich neben der **Vielfalt der gesprochenen Dialekte** schließlich auch eine Vielfalt der dafür zurechtgemachten **geschriebenen Alphabete.** Alte griechische Inschriften zu lesen ist daher eine eigene Wissenschaft, für die die Kenntnis der in unseren Texten verwendeten und darum in den Schulen gelehrten griechischen Schrift nicht ausreicht. Als die beiden Hauptgruppen sind für uns von Bedeutung:

1. die **ostgriechischen** Alphabete; auf sie geht unsere heute in griechischen Texten gebräuchliche Schrift zurück; sie schreiben X = *kh*, Ψ = *ps*, Ξ = *ks*;

2. die **westgriechischen** Alphabete; hier wird X für *ks* (= *x*!), Ѵ (später Ψ) für *kh* geschrieben; Ϝ für u und H für *h* sind je nach Bedarf im einzelnen Dialekt beibehalten. Da die Römer nur die in Italien verbreitete westgriechische Form des Alphabets kennengelernt haben, behielt bei der Übernahme des Alphabets durch sie das Zeichen X den Lautwert „*ks*", das Zeichen Ϝ als „F" den Lautwert „*f*", das Zeichen H den Lautwert „*h*". Das westgriechische Alphabet ist also durch Vermittlung des römischen Imperiums die Grundlage für die westeuropäischen Schriftsysteme geworden.

Ursprünglich kannten die Griechen nur die „großen Buchstaben" (Majuskeln, Kapitalschrift), die auf den Inschriften ausschließlich Verwendung finden. Wo man aber an Stelle von Stein geschmeidigeres Schreibmaterial verwendete — und das konnte schon sehr früh der Fall sein, es fehlen uns nur infolge der Vergänglichkeit dieses Materials Belege —, entwickelte sich eine geläufigere Schreibschrift (Kursivschrift), deren Ergebnis schließlich die abgerundeten Formen der byzantinischen „kleinen Buchstaben" (Minuskeln) sind.

Der Buchstabenbestand, in dem unsere heutigen griechischen Textausgaben gedruckt sind und der daher in unseren Lehrbüchern allein angewendet wird, geht auf das kleinasiatisch-

---

[1]) < *σϜεκυρέ

ionische Alphabet zurück, das sich seit dem 5. Jh. v. Chr. in Attika durchsetzt und schließlich unter dem Archonten Eukleides 403 v. Chr. im Zusammenhang mit einer orthographischen Reform zur Staatsschrift erklärt wird. Die übrigen Staaten folgten bald dem Beispiel Athens, so daß um 350 v. Chr. die ionische **Schreib**weise die allgemein gebräuchliche war, ebenso wie bald danach die Koiné die herrschende **Sprach**form des Griechischen wurde.

3. Das ionische Alphabet § 8

Das heute allein gebräuchliche ionische Alphabet hat folgende 24 Buchstaben:

Groß	Klein	Name		Schul-aussprache
Α	α	ἄλφα	alpha	ă, ā
Β	β	βῆτα	bēta	b
Γ	γ	γάμμα	gamma	g
Δ	δ	δέλτα	delta	d
Ε	ε	ἒ ψῑλόν[1])	ĕpsīlon	ĕ
Ζ	ζ	ζῆτα	zēta	z
Η	η	ἦτα	ēta	ā̄
Θ	θ	θῆτα	thēta	th
Ι	ι	ἰῶτα	iōta	ĭ, ī
Κ	κ	κάππα	kappa	k
Λ	λ	λά(μ)βδα	la(m)bda	l
Μ	μ	μῦ	mȳ	m
Ν	ν	νῦ	nȳ	n
Ξ	ξ	ξῖ[2])	xī	x
Ο	ο	ὂ μῑκρόν[3])	omīkron	ŏ
Π	π	πῖ[2])	pī	p
Ρ	ρ	ῥῶ	rhō	r
Σ	σ, ς	σῖγμα	sīgma	s
Τ	τ	ταῦ	tau	t
Υ	υ	ὔ ψῑλόν[1])	ypsīlon	ŭ, ū
Φ	φ	φῖ[2])	phī	ph
Χ	χ	χῖ[2])	chī	ch
Ψ	ψ	ψῖ[2])	psī	ps
Ω	ω	ὦ μέγα[4])	ōmega	ō

[1]) Neutrum zu ψῑλός „nackt, einfach" (s. S. 23[1], 23[2], 24[3])
[2]) In klassischer Zeit ξεῖ, πεῖ, φεῖ, χεῖ, ψεῖ geschrieben, $x\bar{e}$, $p\bar{e}$ usw. gesprochen; erst später entwickelte sich dieses $-\bar{e}$ in der Aussprache zu $-\bar{\imath}$ (E 8)
[3]) Neutrum zu μῑκρός „klein, gering"   [4]) Neutrum zu μέγας „groß"

Von den zwei Zeichen für den s-Laut wird σ im An- und Inlaut geschrieben, also **σ**ει**σ**μός, εἰ**σ**βάλλω, ς am Wortende (und bisweilen bei Kompositis am Ende des ersten Bestandteils), also εἰς, aber εἰ**σ**βάλλω (selten εἰςβάλλω). Die gleiche Erscheinung, jedoch unabhängig davon, zeigt deutsch ſ und ß.

§ 9   4. Der Lautwert der griechischen Buchstaben

Der Lautwert der griechischen Buchstaben war zu verschiedenen Zeiten und in den verschiedenen Dialekten verschieden (vgl. die Entwicklung im Dt.). Die in der obigen Übersicht gegebenen Entsprechungen stellen die heute gebräuchliche Schulaussprache im **Deutschen** dar (**E** 3).

Diese entspricht freilich ebensowenig wie die Aussprache in anderen Ländern der wirklichen Lautgebung im Griechenland des 5. Jh. v. Chr. Dieser Tatsache muß man sich beim Erlernen des Griechischen bewußt sein: gewisse Lautveränderungen in der griechischen Formenlehre müßten nach unserer Lautgebung unverständlich bleiben — nur das Wissen um die Aussprache von damals ermöglicht eine richtige Erkenntnis.

§ 10   a) Die Vokale
(τὰ φωνήεντα sc. στοιχεῖα)

Das Klangverhältnis der Vokale zueinander veranschaulicht das sog. **Vokaldreieck**:

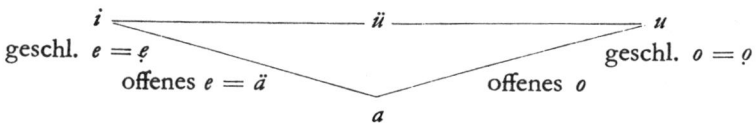

Das griechische Alphabet hat sieben Vokalzeichen: α, ε, η, ι, ο, υ, ω.

α kann **lang oder kurz** sein.

ε ist **immer kurz**; es ist als geschlossenes, zum *i* hinneigendes *ĕ* zu sprechen.
    Über konsonantische Aussprache des ε (als *ĝ*) vor anderem Vokal s. **E** 5.

η ist **immer lang**; es ist als offenes, zum *a* hinneigendes *ā̈* zu sprechen (**E** 4).

ι kann **lang oder kurz** sein; es ist **immer Vokal** „*i*", niemals Konsonant „*j*".
    Also: Ἴωνες sprich *Í-ōnes* Ioner, Ἰάσων sprich *I-ásōn*! Auch in der Lautfolge τι ist es stets getrennt als *t + i* zu sprechen, also: αἴτιος sprich *aítios* (**E** 5).

ο ist **immer kurz**; es ist als geschlossenes, zum *u* hinneigendes *ŏ* zu sprechen.
    Nur so ist es verständlich, daß dialektisch, z. B. im hom. Griech., die Form σε-ο (= att. σοῦ) zu σεῦ kontrahiert werden konnte (υ = *u*; s. u.).

ω ist **immer lang**; es war als offenes, zu *a* hinneigendes *ō̈* gesprochen worden (wie engl. *aw* in *Shaw*); wir sprechen es aber heute fälschlicherweise meist als geschlossenes, die Länge von *ο* darstellendes *ō* aus.

υ kann **lang oder kurz** sein; es war ursprünglich kein *ü*, sondern ein *u* (**E** 6).
Im Kleinasiatisch-Ionischen und Attischen aber ging υ schon im 5. Jh. v. Chr. in *ü* über, und so sprechen wir es heute üblicherweise aus (**E** 7).

Der Quantität nach ist also:

> η und ω stets **lang**
> ε und ο stets **kurz**
> α, ι, υ **lang oder kurz**

b) Die Diphthonge

(αἱ δίφθογγοι sc. συλλαβαί)

Das Griechische hat mehr Diphthonge (= Doppellaute) als das Deutsche.

1. Die Kurzdiphthonge § 11

Durch Verbindung der **kurzen** Vokale mit ι bzw. υ entstanden die Kurzdiphthonge αι, ει, οι, υι und αυ, ευ, ου. Sie alle hatten gemeinsam, daß **beide Vokale hörbar** waren, der zweite Bestandteil aber unsilbisch gesprochen wurde, also in gleicher Weise, wie wir heute unsere dt. Diphthonge *ai*, *au* usw. aussprechen.

αι = a + i
  Erst später wird αι, wie das lat. *ae*, das auch echter Diphthong war (*Caesar* = Καῖσαρ = *Kaiser*), zu *ä*[1]), daher *Pädagoge* aus παιδαγωγός.

ει = e + i, in unserer Aussprache also streng zu scheiden von dem dt. Diphthong *ei*, den wir als a*i* sprechen (z. B. der Weise) **(E 8)**

οι = o + i
  In gleicher Weise wie αι = lat. *ae* zu *ä*, so wurde οι = lat. *oe* (ursprünglich echter Diphthong!) lautlich im Lat. und Dt. zu *ö*; darum Φοῖβος = *Phoebus*, Κροῖσος = *Croesus*[2]).

υι = ü + i, z. B. υἱός, sprich *hüiós*, Sohn

αυ = a + u; υ hat hier also seinen alten Lautwert *u* bewahrt (10 „υ"; **E 9**)

ευ = e + u; auch hier behielt υ, wie in αυ, seinen alten Lautwert *u* bei (10 „υ"; **E 10**)

ου = ū (**E 11**).

2. Die Langdiphthonge § 12

Durch Verbindung der **langen** Vokale ā, ē, ō mit ι bzw. υ entstanden die Langdiphthonge ᾱι, ηι, ωι und ηυ. Da der lange Vokal in der Aussprache von Anfang an stark überwog, war der zweite Bestandteil sehr rasch dem Verstummen ausgesetzt, so bei allen *i*-Diphthongen dieser Gruppe. Nur der *u*-Diphthong ηυ bleibt als wirklicher Diphthong erhalten.

Für die Aussprache dieses Diphthongs ηυ gilt das in 11 „ευ" u. **E 10** Gesagte, d. h.: ηυ wurde bei den Griechen zwar als *ä* und *u* gesprochen, doch ist es bei uns heute üblich, in der Aussprache keinen Unterschied zwischen ευ und ηυ zu machen.

Die mit ι zusammengesetzten Langdiphthonge werden allmählich in der Aussprache alle monophthongiert, zuerst (schon um 400 v. Chr.) ηι > ē, später (in der Zeit des Hellenismus) ᾱι und ωι zu ā und ō. Dieser Lautvorgang des Verstummens des *i* in der Aussprache wird schließlich auch in der Schrift wirksam: da man das *i* nicht mehr hörte, wurde es gelegentlich ganz weggelassen, in späterer Zeit aber seine lautliche Bedeutungslosigkeit dadurch zum Ausdruck gebracht, daß es schließlich **unter** den Vokal geschrieben wurde (sog. **ι subscriptum**), also ᾳ, ῃ, ῳ. Nur bei großen Anfangsbuchstaben wird es noch danebengeschrieben (**ι adscriptum**), also ᾼ, ῌ, ῼ. Entgegen der Aussprache des klassischen Griechisch im 5. Jh. v. Chr. sprechen wir also folgendermaßen:

ᾄδω = ā́dō, ᾠδή = ōdā́ (daher „die Ode"), τραγῳδία = tragōdíā, Ἅιδης = hā́dās, ᾨδεῖον = ōdēion[3]) (**E 12**).

---

[1]) Im Gegensatz zu diesem in der Schrift durch αι wiedergegebenen *ä* wird der in byzantinischer Zeit in der Aussprache ebenfalls zu *ä* gewordene Buchstabe ε als ἒ ψιλόν = „einfaches e" bezeichnet

[2]) Im Griech. wurde es später in der Aussprache zu *ü*, daher die Bezeichnung ὔ ψιλόν = „einfaches ü" für den Buchstaben υ im Gegensatz zu diesem durch οι wiedergegebenen *ü*

[3]) Akzent und Spiritus stehen bei ι *adscriptum* vor dem großen Buchstaben (15 Ende; 20)

Für die Quantität der Diphthonge gilt:

> **Diphthonge sind lang.**
> Doch sind in Deklination und Konjugation für die Akzentuierung die **Ausgänge αι und οι meist kurz.**

§ 13   c) **Die Konsonanten**
(τὰ σύμφωνα sc. στοιχεῖα)

Nach der Darstellung, die sie in der Schrift gefunden haben, unterscheidet man Zeichen für **einfache Konsonanten** und Zeichen für **Konsonantenverbindungen.**

I. **Einfache Konsonanten:**

   a) Halbvokale: u̯ (i̯)[1]

   b) Dauerlaute, die längere Zeit hindurch dauern können:

     1. Liquidae (ὑγρά „flüssige" Laute; auch ἀμετάβολα):   l r
     2. Nasale (Nasenlaute):   m n ŋ[2])
     3. Spiranten (Reibelaute):   s (w) (j)[1]

   c) Augenblickslaute, deren Dauer auf einen Augenblick beschränkt ist, auch „Mutae" (ἄφωνα „stumme" Laute), „Verschlußlaute" oder „Explosivlaute" genannt:

     1. nach der Artikulations*art*:

       Tenues (ψῑλά[3] „kahle" Laute):   p   t   k
       Mediae (μέσα):   b   d   g
       Aspiratae (δασέα[4]) „dichte" Laute):   ph th kh

     2. nach der Artikulations*stelle*, d. h. nach dem Teil des Sprachwerkzeugs, mit dem sie gebildet werden:

       Labiale (Lippen- oder P-Laute):   p   b   ph
       Dentale (Zahn- oder T-Laute):   t   d   th
       Gutturale (Kehl- oder K-Laute):   k   g   kh

II. **Konsonantenverbindungen**[5]):

Sie entstehen aus der Verbindung von   p, t, k + s
(im Dt. durch $z = t + s$ und $x = k + s$ vertreten).

---

[1]) Die eingeklammerten Laute sind im klassischen Griech. nicht vorhanden
[2]) Der sog. gutturale Nasal, d.h. der Laut, den wir in unserem Wort *Dank* vor dem *k* sprechen; er besteht als Nasal vor jedem K-Laut, also vor *g, k, kh, x*
[3]) ψῑλός nackt, einfach, unbehaart, d.h. hier: *Laute „ohne" Hauch*
[4]) δασύς dicht bewachsen, dicht behaart, d.h. hier: *Laute „mit" Hauch*
[5]) Die vielfach gebräuchliche Bezeichnung „Doppelkonsonanten" für ζ, ξ, ψ ist mißverständlich; unter Doppelkonsonanz ist z. B. Doppel-σ = σσ usw. zu verstehen

Griechische Konsonantenzeichen § 14

Wenn wir nur die **im Griechischen** vertretenen Laute berücksichtigen, so ergibt sich folgende Tabelle, die zugleich die tatsächliche Aussprache des Griechischen in der klassischen Zeit veranschaulicht:

	Konsonanten	Augenblickslaute = Mutae = Verschlußlaute = Explosivlaute			Dauerlaute			Konsonantenverbindungen
		Tenues stimmlos hart	Mediae stimmhaft weich	Aspiratae mit Hauch	Spiranten Reibelaute	Nasale Nasenlaute	Liquidae	
Artikulationsstelle	Labiale (P) Lippenlaute	π	β	φ (= ph)	—	μ	—	ψ
	Dentale (T) Zahnlaute	τ	δ	θ (= th)	σ	ν	λ	ζ (= σ + δ)
	Gutturale (K) Kehllaute	κ	γ	χ (= kh)	—	γ (= ŋ)	ρ	ξ

Zu unserer **heutigen Aussprache** der griechischen Konsonanten im Vergleich zu der der klassischen Zeit ist im einzelnen folgendes zu bemerken:

Die **Tenues** π, τ, κ wurden ohne Hauch ausgesprochen, d. h. also etwa, wie der Franzose sein *p, t, c* (vor *a, o, u*) ausspricht, nicht wie wir z. B. *Palme, Tal, Karl* aussprechen; genaue Beobachtung ergibt nämlich, daß wir in Wirklichkeit *P-halme, T-hal, K-harl* mit einem dem *p, t, k* nachstürzenden *h* sprechen.

Die **Mediae** wurden mit geringerem Druck als die Tenues und zugleich stimmhaft, d. h. unter Beteiligung der Stimmbänder, gesprochen, also etwa wie im Norddeutschen *b, d, g* in *bin, gut, du*.

Die **Aspiratae** sind als wirkliche aspirierte Verschlußlaute, d. h. als Verschlußlaute mit nachstürzendem *h*, gesprochen worden, also φ, θ, χ wie $p+h$, $t+h$, $k+h$ etwa wie *p, t, k* in unseren Wörtern *Palme, Tal, Karl*. Unsere heutige Schulaussprache, die φ und χ als Reibelaute, d. h. als *f* und *ch*, das θ aber als aspiriertes *t* wie $t+h$ ausspricht, ist teils unrichtig (φ und χ), teils inkonsequent (θ): wer φ und χ als Spiranten, d. h. als *f* und *ch*, spricht, müßte konsequenterweise für θ ebenfalls eine Spirans sprechen, d. h. den dem englischen „harten th" entsprechenden Laut þ[1]); mit der Aussprache von θ als $t+h$ treffen wir aber andererseits genau das, was der Grieche des 5. Jahrhunderts v. Chr. gesprochen hat; wir müßten dann aber auch $p+h$ und $k+h$ für φ und χ sprechen, also neben unserer richtigen Aussprache θεός = *t-heós* auch φίλος = *p-hílos* und χάρις = *k-háris* (**E 13**).

Logischerweise ist daher die Konsonantenverbindung σχ nicht wie unser dt. *sch*, sondern getrennt als $s+kh$ zu sprechen; σχολή wurde von den Griechen also *skholā́* gesprochen,

---
[1]) Das ist das sprachwissenschaftlich gebräuchliche Zeichen für den Reibelaut, der zwischen Zähnen und Zunge hervorgebracht wird

nach unserer Schulaussprache heißt es *s-cholă* (*s-ch* wie in *Häus-chen*!), so auch lat. *s-chola* (im Gegensatz zu unserm Wort **Sch***ule*).

στ wird, im Gegensatz zum Hochdeutschen, **immer** als reines *s* + *t* gesprochen, nie als *scht* (wie in unserm Wort *Stein*).

Die **Spiranten** sind im Ionisch-Attischen nur noch durch σ vertreten. Der Laut *u̯* und der dafür vorhandene Buchstabe F bezeichnete einen Halbvokal (wie **engl.** *w*); zum Spiranten (wie **dt.** *w*) wurde er nur in einigen Dialekten und da erst später. Als Halbvokal blieb er zwar in zahlreichen Dialekten noch lange, besonders im Anlaut, erhalten, schwand aber im Ionisch-Attischen schon sehr früh.

Der **nasale Guttural** ŋ, in der Aussprache unserem *n* vor *k* und *g* wie in *Dank* und *Enge* entsprechend, wird im Griech. vor γ, κ, χ, ξ durch γ wiedergegeben; also ἄγγελος sprich *áŋ-gelos* (= lat. *angelus*, dt. *Engel*), ἄγκυρα (= lat. *ancora*, dt. *Anker*), Ἀγχίσης (= *Anchīsēs*), Σφίγξ (= *Sphinx*).

Bei Zusammensetzung von Wörtern wird ein vor einen Kehllaut tretendes *n* in der Aussprache zwangsläufig zu ŋ und demgemäß in der Schrift durch γ dargestellt; also: σύν und γράφω wird συγγράφω „ich schreibe auf", πᾶν und κακός wird πάγκακος „ganz schlecht".

Zu den **Liquidae** werden im Griech. meist neben **λ** und **ρ** auch die **Nasale μ** und **ν** gerechnet.

Der **zusammengesetzte Konsonant ζ** wird von uns in Anlehnung an den Lautwert unseres *z*-Zeichens als *t* + *s* gesprochen. Ursprünglich hatte er aber bei den Griechen den Lautwert σ + δ (wobei σ als weiches stimmhaftes *s* gesprochen wurde; **E** 14).

§ 15   5. Die Hauchzeichen (spiritūs)

Das Griechische bezeichnete ursprünglich den Laut *h* durch das semitische Hauchlautzeichen H. Im Kleinasiatisch-Ionischen verstummte *h* schon sehr früh (ψίλωσις = *Psīlōse*[1]), was das Verschwinden des Zeichens H im Werte des Hauchlauts und seine Verwendung als η im ionischen Alphabet zur Folge hatte. Da sich aber das ionische Alphabet seit dem 5. Jh. v. Chr. zuerst in Attika, im Anschluß daran dann auch in den übrigen Staaten Griechenlands durchsetzte (7 Schluß), konnte der Laut *h*, obwohl er in den meisten Dialekten noch **gesprochen** wurde, nicht mehr **geschrieben** werden (denn H hatte ja im ionischen Alphabet den Lautwert η bekommen). Dieser Zwiespalt führte schließlich dazu, daß man (z. B. in Tarent und anderwärts) aus dem alten *h*-Zeichen H ein neues Zeichen zur Darstellung des hier bewahrten *h*-Lautes schuf, indem man die vordere Hälfte von H, nämlich ⊢ dafür benützte; durch Vereinfachung entwickelte sich daraus allmählich der **spiritus asper** (πνεῦμα δασύ[2]) = „der rauhe Hauch" in der Form „ʽ" (**E** 15).

In Kompositis, deren zweites Glied mit *h* anlautet, wurde der *h*-Laut auch im Wortinnern **gesprochen.**

Anm. 1. So findet sich in einer altattischen Inschrift EYHOPKON = εὔορκον, offensichtlich als *eúhorkon* gesprochen.

Im Schriftbild findet dieses inlautende *h* einen Niederschlag jedoch nur, wenn vor ihm eine Tenuis zu stehen kommt: dann wird daraus die Aspirata, z. B. aus κατ(ά) und ὁδός wird κάθοδος sprich *kát-hodos*; aus ἐπ(ί) und ἕπομαι wird ἐφέπομαι = *ep-hépomai* (in unserer Schulaussprache *ef-hépomai*; **R** 19).

Später schufen die antiken Grammatiker auch für jeden anlautenden Vokal ohne *h*- ein

---

[1]) Diese Eigenart der kleinasiatischen Ioner, durch deren Vermittlung Nachrichten von den „**H**indus" nach Europa kamen, führte dazu, daß deren Name in alle europäischen Sprachen in der ionischen Form Ἰνδοί = lat. *Indī* = franz. *Indes* = dt. *Inder* überging   [2]) Vgl. S. 24[4]

Zusatzzeichen, und zwar aus der zweiten Hälfte des alten H, später zu „'" = **Spiritus lenis** (πνεῦμα ψῑλόν[1]) = „der sanfte Hauch" geworden (E 16).

Da ρ im Anlaut aspiriert gesprochen wurde (vgl. die lat. Wiedergabe durch *rh-* z. B. **Rh**odus), hat sich in Fortsetzung der alten Schreibung PH = *rh* (so PHOFAIΣI = ῥοαῖσι auf einer Inschrift aus Korkyra 6. Jh. v. Chr.) nach der Einführung des Spiritus asper eingebürgert, daß jedes anlautende ρ mit Spiritus asper geschrieben wird.

Anm. 2. Da bei -ρρ- im Inlaut das zweite ρ aspiriert gesprochen wurde, schrieb man früher -ῤῥ- (vgl. lat. *Pyrrhus*), doch wird es heute gewöhnlich ohne Spiritus geschrieben; also Πύρροs (neben Πύῤῥος).

Stellung des Spiritus. Die **Vokale** (α, ε, η, ι, ο, υ, ω), die **Langdiphthonge** mit verstummtem ι (ᾳ, ῃ, ῳ) und ρ haben bei **kleinem** Anfangsbuchstaben den Spiritus **über** sich, bei **großem** Anfangsbuchstaben **vor** sich, also: ἔχω, ὕδωρ, ᾠδή, ῥοῦς, Ἰνδοί, Ὅμηρος, Ἅιδης, Ὠιδεῖον, Ῥόδος.

Die erhaltenen **Diphthonge** αι, ει, οι, υι, αυ, ευ, ηυ, ου haben den Spiritus stets auf dem **zweiten Vokal**, also: εἰ, οὐκ, υἱός, Εὐριπίδης, Αἷμος.

Beachte also:

Jeder anlautende **Vokal**	trägt einen	Spiritus asper
Jeder anlautende **Diphthong**	**Spiritus**	oder Spiritus lenis
Jedes anlautende **ρ**	trägt den	Spiritus asper.

6. Die Lesezeichen § 16

Der Spiritus, aus einem Lautzeichen, d. h. aus einem Buchstaben, der den Laut *h* darstellt, entwickelt, bildet den Übergang zu den sog. Lesezeichen. Das sind Hilfsmittel, die nicht mehr einen bestimmten Laut wiedergeben, sondern das Lesen von Wörtern, Wortgruppen oder Sätzen erleichtern. Solche Lesezeichen sind:

1. der **Spiritus asper** (genau genommen noch als Lautzeichen zu betrachten) und der **Spiritus lenis** (vgl. 15);

2. das **Trēma** (τὸ τρῆμα das Loch, die Punkte auf den Würfeln), die Trennungspunkte „··": sie drücken aus, daß zwei nebeneinanderstehende Vokale nicht als Diphthong, sondern getrennt als zwei Vokale zu lesen sind: πρᾱΰς lies *prā-ýs*, hom. Ἀτρεΐδης (aus Ἀτρεΐδης) lies *atre-ídās*. Trägt der erste Vokal einen Akzent oder (im Anlaut) einen Spiritus bzw. Spiritus und Akzent, so ist das Trema überflüssig, da Zweifel über die Lesung nicht mehr möglich sind: ἄυπνος kann nur *á-hypnos*, ἐΰ (neben εὖ) nur *e-ý*, νηλέϊ nur *nālé-i* gelesen werden. Trotzdem findet sich auch in solchen Fällen oft das Trema;

3. der **Apostroph**, das Auslassungszeichen „'", zur Bezeichnung der Elision (= Ausstoßung eines Endvokals: R 10): ὁ δ' ἔλεγεν, οἶδ' ὅτι, ὑπ' ἐμοῦ, ὑφ' ὑμῶν (Aspirierung der Tenuis in solchen Fällen: 15);

4. die **Korōnis** (ἡ κορωνίς die Gekrümmte, das Hörnchen) zur Bezeichnung der Verschmelzung des auslautenden Vokals eines Wortes mit dem anlautenden Vokal des folgenden Wortes in der Krasis (R 9), der Form nach dem Spiritus lenis gleich „'" (15): τἆλλα aus τὰ ἄλλα, ὠγαθέ aus ὦ ἀγαθέ, προὔργου aus πρὸ ἔργου;

5. die **Akzente** zur Bezeichnung der Tonlage der einzelnen Silben eines Wortes (18—21).

---

[1]) Vgl. S. 24[3]

Neben diesen das Lesen der Einzelwörter betreffenden Zeichen gibt es

6. die **Interpunktionszeichen** (Satzzeichen). Die alten Griechen kannten sie nicht; sie sind zur Erleichterung des Überblicks über die oft recht umfangreichen Satzkonstruktionen erst in der nachantiken Zeit erfunden und eingeführt worden. In unseren heutigen Texten finden sich:
   a) das **Komma** (τὸ κόμμα der kleine Abschnitt) in der Form wie im Deutschen;
   b) der **Punkt** in der Form wie im Deutschen;
   c) das **Kōlon** (τὸ κῶλον das (größere) Glied (eines Satzes)), ein Punkt über der Zeile „·" , für unseren Doppelpunkt (*Kōlon*) und Strichpunkt (*Sēmikōlon*);
   d) das **Fragezeichen** in der Form wie unser Strichpunkt „;" z. B. Ἐρωτῶ· Διὰ τί οὐχ ἥκεις; Ich frage: „Warum kommst du nicht?";
   e) die **Anführungszeichen** zur Hervorhebung der direkten Rede; früher waren sie nicht üblich, heute werden sie in den meisten Ausgaben gesetzt.

Ein **Ausrufezeichen** kennen die griechischen Texte **nicht.**

§ 17   7. Die Silbentrennung

Συλλαβή (daraus lat. *sýllaba*) heißt das „Zusammengenommene": man versteht darunter mehrere beim Sprechen oder Schreiben zu einer Einheit zusammengefaßte Laute bzw. Buchstaben. Die **Sprech**silbe deckt sich keineswegs immer mit den von den Grammatikern für die Silbentrennung in der Schrift festgelegten **Schreib**silben. Uns interessieren an dieser Stelle nur die Silbenteilungen in der **Schrift**. Die üblichen Regeln sind:

1. Ein einzelner Konsonant und auch die drei Zeichen für Konsonantenverbindungen (ζ, ξ, ψ) gehören zur folgenden Silbe: ἡ-μέ-ρᾱ, κο-μί-ζω, δό-ξα, θρέ-ψω.

2. Zwei und mehr Konsonanten gehören dann zur folgenden Silbe, wenn mit dieser Konsonantenfolge ein griech. Wort beginnen kann: γι-γνώ-σκω, ἀν-δρεῖ-ος, τέ-κνον, ὀ-κτώ, μέ-μνη-μαι, κλέ-πτω, ἄ-στρον, γε-γέ-λα-σμαι.

Im anderen Falle werden sie getrennt: μέμ-φο-μαι, θερ-μός, ἵπ-πος, ἄρ-παξ, πρᾶγ-μα.

3. Zusammengesetzte Wörter werden, ohne Rücksicht auf Regel 1 und 2, nach ihren Bestandteilen getrennt: ὥσ-περ, εἰσ-βάλλω, συν-άγω, ἐκ-λείπω.

Über die **Quantität** der Silben siehe die Metrik!

C. Der griechische Akzent

§ 18   1. Vom Wesen des griechischen Akzents

Im Deutschen ist der Akzent eines Wortes durch Ton**verstärkung** gekennzeichnet (sog. „*exspiratorischer*", d.h. den Atem ausstoßender Akzent); im Griech. dagegen unterscheiden sich die „betonten" von den „unbetonten" Silben durch eine Ton**erhöhung** (sog. „*musikalischer*" Akzent). Diesen Grundzug der griech. Akzentuierung bringt schon der Fachausdruck προσῳδίᾱ, lat. *accentus* (< **ad-cantus*!), zum Bewußtsein: beides heißt wörtlich „das Hinzusingen". Die haupttonigen Silben wurden also im Griech. nicht wie bei uns *lauter* als die „unbetonten" gesprochen, sondern *höher* als diese (E 17).

Wenn wir also die Akzentuierung der griech. Wörter beim Lesen durch Laut*verstärkung* ausdrücken, so entfernen wir uns damit vom Lautbild des klassischen Griechisch ebenso, wie wir das mit der falschen Lautwiedergabe mancher griech. Buchstaben tun. Doch wird es für uns unerreichbar bleiben, die altgriechische Sprechweise nachzuahmen.

2. Die Akzentzeichen und ihre Bedeutung § 19

Die Akzent- und die anderen Hilfszeichen (Spiritus, Interpunktions-, Trennungszeichen) sind erst von dem alexandrinischen Gelehrten **Aristophanes von Byzanz** (um 220 v. Chr.) erfunden und zunächst nur für Schüler eingeführt worden. Erst seit dem 2./3. Jh. n. Chr. wird die Akzentuierung systematisch in literarischen Texten durchgeführt.

Es gibt drei Akzentzeichen: Akut, Gravis, Zirkumflex.

1. Der **Akut** „´" drückt den **hohen, steigenden Ton** gegenüber den in tieferer Tonlage gesprochenen unbetonten Silben aus. Er ist daher seinem Wesen nach möglich auf jeder kurzen Silbe, auf langer Silbe jedoch nur, wenn die zweite More[1]) den Hochton hat (21, 2 d): λόγος, Όμηρος, τιμώμεθα.

2. Der **Gravis** „`" tritt an die Stelle von Akut **nur im Satzinnern auf der Endsilbe** eines Wortes, wenn kein Satzzeichen folgt; er bezeichnet eine Tonlage, die tiefer ist als beim Akut, jedoch höher als bei den gänzlich unbetonten Silben, also in der Mitte zwischen beiden: Διὰ τί οὐχ ἥκεις;

3. Der **Zirkumflex** „˜", entstanden aus Akut + Gravis „´`"[2]), zeigt ein Ansteigen des Tones in der ersten, ein Sinken des Tones in der zweiten More[1]) an, also ´` = ˜. Er kann daher seinem Wesen nach **nur auf langen Vokalen oder Diphthongen** stehen.

Anm. Den Unterschied in der Aussprache von φῶς „Licht" und φώς „Mann" können wir uns ungefähr verständlich machen, wenn wir uns den Unterschied vergegenwärtigen zwischen „Sō!" als abschließender Bekräftigung, gesprochen als *sō* = *soô*[3]), und „Sō?" als erstaunter Frage, gesprochen als *sō* = *soó*[3]).

Aus diesen Grundeigenschaften von Akut und Zirkumflex entwickelt sich zwangsläufig die **Akzentregel für Kontraktionen**: war der erste Bestandteil hochbetont, z. B. τρέες, so mußte im Kontraktionsprodukt notgedrungen der Hochton zu Beginn bleiben und das konnte nur durch τρεῖς, gesprochen *treés*[3]), ausgedrückt werden; war dagegen der zweite Bestandteil hochbetont, z. B. hom. ἐών, so stieg auch im Kontraktionsprodukt der Hochton gegen Schluß an, konnte also nur Akut bekommen, darum ὤν (gegenüber φιλῶν < φιλέων). Ausnahmen (wie ἑστῶτος): 21, 2d Anm.

3. Die Stellung der Akzente im Schriftbild § 20

Das in § 15 über die Stellung des Spiritus Gesagte gilt auch für die Akzente; also:

bei *kleinem* Buchstaben tritt der Akzent *über* den Vokal (bei erhaltenen Diphthongen über den zweiten Vokal): ἐγώ, δῆμος, ἐμῷ, ἐμοῦ, Αἴας,

bei *großem* Buchstaben tritt der Akzent *vor* den Vokal (bei Langdiphthongen mit verstummtem ι vor den ersten Vokal): Ὅμηρος, Ἅιδης.

Das Verhältnis von Spiritus und Akzent auf *einer* Silbe ist folgendermaßen geregelt:

Akut (Gravis) steht **hinter dem Spiritus**: ἥκω, ἅ..., Ἕλληνες,

Zirkumflex steht **über dem Spiritus**: ἧκε, αἷμα, Ἆγις.

4. Die Stellung der Akzente im Wort § 21

1. Der Akzent kann nur auf einer der drei letzten Silben eines Wortes stehen, ist die letzte Silbe lang, nur auf einer der zwei letzten Silben, daher ἄνθρωπος, aber ἀνθρώπου (E 18).

---

[1]) Die Zeiteinheit, die zum Aussprechen eines kurzen Vokals benötigt wird, nennt man „More" (von lat. *mora* die Verzögerung); ein *langer* Vokal oder Diphthong umfaßte beim Sprechen naturgemäß *zwei* Moren; denn ihn auszusprechen erforderte die doppelte Zeit wie die Aussprache eines *kurzen* Vokals

[2]) Vgl. französisch ˆ z.B. *bête*

[3]) Die zwei Vokale sind nur gesetzt, um den Tonverlauf anzuzeigen; zu sprechen ist natürlich einer

2. Es gelten folgende **Regeln**:

a) Die **Endsilbe** eines Wortes trägt **Akut oder Zirkumflex,** wobei Akut in Gravis übergeht, wenn kein Interpunktionszeichen folgt: θεός, τὸν θεόν, θεοῦ, θεούς.

b) Die **vorletzte Silbe** eines Wortes trägt **Akut oder Zirkumflex:** ἵππος, μῦθος. Sie *muß* Zirkumflex tragen, wenn sie selbst lang, die Endsilbe aber kurz ist (kurzer Vokal oder als kurz geltender Diphthong: 12 Ende); sie *muß* Akut tragen, wenn die letzte Silbe lang ist: daher δῆμος, aber δήμου (**E 18**).

c) Die **drittletzte Silbe** eines Wortes kann **nur den Akut** tragen, und zwar nur dann, wenn die letzte Silbe kurz ist (kurzer Vokal oder als kurz geltender Diphthong: 12 Ende); daher ἄνθρωπος, ἀκούομαι. Der Akzent *muß* (nach Ziffer 1) auf die vorletzte Silbe rücken, sobald die Endsilbe lang wird, daher ἀνθρώπ**ου**.

Anm. Ausnahmen von diesen Regeln im Schriftbild erklären sich entweder durch Zusammenwachsen eines Enklitikons mit seinem Stützwort (23 f.), z.B. οὐ und τέ = οὔ τε wurde zu οὔτε, ὥς τε zu ὥστε, ᾧ τινι zu ᾧτινι, oder durch quantitative Metathese (**R 7**): πόληος wurde zu πόλεως usw.; πόλεων ist Angleichung an πόλεως (**E 38**).

d) Eine **Kontraktionssilbe** erhält

Zirkumflex, wenn ursprünglich der 1. Vokal,

Akut, wenn ursprünglich der 2. Vokal betont war (19, 3 Anm.);

also: x́ + x > x̃ : τῑμά-ω > τῑμῶ
       x + x́ > x́ : τῑμα-έτω > τῑμάτω

Anm. Ausnahmen wie ἑστῶτος < ἑσταότος sind als Analogie nach dem allgemeinen Akzentgesetz (Ziffer 2b) zu erklären.

e) Bei **Krāsis** (**R 9**) ist der Akzent des *zweiten* Wortes ausschlaggebend: τὸ ὄνομα = τοὔνομα, καὶ εἶτα = κᾆτα, καὶ ἔπειτα = κἄπειτα, τὰ ἐκεῖ = τἀκεῖ. (Ausn.: τὰ ἄλλα wird τἆλλα.)

f) Bei **Elision** (**R 10**) verlieren Präpositionen und Konjunktionen mit dem elidierten Vokal auch den dazugehörigen Akzent, bei den anderen Wörtern rückt er als Akut auf die vorhergehende Silbe: ἀν' Ἑλλάδα, ἀλλ' ἐγώ, aber εἴμ' ἀνήρ.

§ 22 5. Bezeichnung der Wörter nach Akzenten

1. **Oxýtonon** heißt ein Wort, das den *Akut* (oder *Gravis*) auf der *letzten* Silbe trägt: σοφός.

2. **Paroxýtonon** heißt ein Wort, das den *Akut* auf der *vorletzten* Silbe trägt: λόγος.

3. **Proparoxýtonon** heißt ein Wort, das den *Akut* auf der *drittletzten* Silbe trägt: ἄνθρωπος.

4. **Perispómenon** heißt ein Wort, das den *Zirkumflex* auf der *letzten* Silbe trägt: Ἀθηνᾶ.

5. **Properispómenon** heißt ein Wort, das den *Zirkumflex* auf der *vorletzten* Silbe trägt: δῆμος.

Anm. Der Brauch, unter dem Begriff *Barýtona* alle Wörter zusammenzufassen, die den Akzent nicht auf der Endsilbe tragen, ist weitverbreitet; da er aber eine Bezeichnung, die für *jede* Silbe ohne Tonerhöhung zutreffend ist, auf ganze Wörter überträgt, ist er zu vermeiden. Wir sagen daher: **endbetonte** Wörter (= Oxytona und Perispomena) und **nicht endbetonte** Wörter (= Paroxytona, Proparoxytona, Properispomena).

6. **Átonon** (= tonlos) heißt ein Wort, wenn es keinen Akzent hat, weil es sich dicht an das folgende Wort anlehnt, daher auch *Proklitikon* genannt. (Vgl. unsere Betonungsverhältnisse in *der Vater, nach München;* die bei manchen Wörtern sogar zu Zusammenschreibung führen können, z. B. *in-folge, bei-zeiten* usw.). Das Griech. hat 10 Atona (alle einsilbig):

ὁ, ἡ, οἱ, αἱ – ἐν, εἰς (ἐς), ἐξ (ἐκ) – ὡς, εἰ – οὐ (οὐκ, οὐχ).

Anm. 1. Wenn οὐ am Satzende steht, wird es betont und erhält einen Akzent: οὔ.

Anm. 2. Einen Akzent bekommen Atona dann, wenn ihnen ein Enklitikon nachfolgt (24). Dieses Betonungsverhältnis kann wie im Dt. zu einer Vereinigung der beiden Wörtchen führen: ὅδε, οὔτις (21, 2c Anm.).

7. **Enklítikon** (= sich anlehnend) heißt ein Wort, wenn es infolge seiner starken Anlehnung an das *vorhergehende* Wort („Stützwort" genannt) mit ihm eine Toneinheit bildet und sich daher im Akzent nach dem Stützwort richtet; zumeist führt dies zum Verlust des Akzents beim Enklitikon.

Zusammenstellung der Enklitika § 23

Es gibt ein- und zweisilbige Enklitika:
a) die singularischen Formen des Personalpronomens in den obliquen Kasus: μου, μοι, με – σου, σοι, σε – (οὔ, οἴ, ἔ);
b) das Indefinitpronomen τις, τι (in allen Formen außer ἄττα: 101);
c) die unbestimmten Pronominaladverbia που irgendwo, ποι irgendwohin, ποθέν irgendwoher, ποτέ einst, πως irgendwie, πη irgendwo, irgendwie;
d) die zweisilbigen Formen des Indikativ Präsens von εἰμί ich bin und φημί ich sage;
e) die Partikeln τε und, γε zwar, wenigstens, τοι wahrlich, νυν nun, also, περ eben, πω noch; ferner das Suffix -δε da, nach – hin (z. B. ὅδε der da, οἴκαδε nach Hause).

Akzentregeln beim Enklitikon § 24

Die Enklitika verschmelzen mit ihrem Stützwort zu einer Toneinheit, auf die im allgemeinen die normalen Akzentregeln (21) angewendet werden. So ergeben sich folgende Regeln:
a) Einsilbiges Enklitikon verliert stets seinen Akzent (Ausnahmen s. Anm.): φίλος τις, σοφῶν τις.
b) Zweisilbiges Enklitikon behält seinen Akzent nur nach einem Paroxytonon: ξένος εἰμί. In allen anderen Fällen verliert es ebenfalls seinen Akzent (Ausnahmen s. Anm.): τῑμαί τινες, sogar ἦν ποτε, ὧν τινων.

Beachte aber:
1. Oxytonon als Stützwort verwandelt Gravis stets in Akut: σοφός τις, σοφοί τινες.
2. Proparoxytonon, Properispomenon, Atonon oder tonloses Enklitikon erhält als Stützwort auf der letzten Silbe zusätzlich einen Akut: ἄνθρωπός τις, ἄνθρωποί τινες, δῶρόν τι, γλῶτταί τινες, εἴ τις, εἴ τίς μοί φησιν, οἱ φίλοι μού φασιν.

Übersicht

nach:	einsilbiges	zweisilbiges
	Enklitikon	
Perispomenon	σοφῶν τις	σοφῶν τινες
Paroxytonon	φίλος τις	**φίλοι τινές**
Oxytonon	σοφός τις	σοφοί τινες
Properispomenon ..	δῶρόν τι	δῶρά τινα
Proparoxytonon ...	ἄνθρωπός τις	ἄνθρωποί τινες

Anm. In folgenden Fällen haben sonst enklitische Wörter einen Akzent (sie sind „*orthotoniert*"):
1. am Anfang eines Satzes, d.h. auch nach jedem vorausgegangenen Interpunktionszeichen: Φησὶν ὁ μῦθος.
2. nach einer Elision: πολλοὶ δ' εἰσίν.
3. bei starker Betonung, vor allem im Gegensatz: ἢ ἐμὲ ἢ σέ.
Über die orthotonierte Form von ἐστί in οὐκ ἔστιν usw.: 162, Merke 1.

II. TEIL: LAUTREGELN

§ 25 1. *Grundsätzliches*

Zwei Hauptfaktoren haben in der Sprachentwicklung zu den Formen geführt, wie sie uns vorliegen: die **Lautgesetze** und die **Analogie**.

Die Forschung hat festgestellt, daß sich in einer Sprache Laute und Lautgruppen *unter gleichen Bedingungen* (d.h. am gleichen *Ort* und zu gleicher *Zeit*) gleich weiterentwickeln. Die Ergebnisse dieser Bedingungen werden als **„Lautgesetze"** formuliert. Von besonderer Bedeutung für die Lautgestalt des einzelnen Wortes war dabei einerseits die ursprüngliche Betonung (die zum Ablautwechsel geführt hat, vgl. εἶμι : ἴμεν E 104, 1), andererseits das Streben nach Vereinfachung der Aussprache (Assimilation, Dissimilation u.a.). Im obengenannten Sinn kann man von einer sog. „Ausnahmslosigkeit der Lautgesetze" sprechen. Scheinbare Ausnahmen beruhen auf Sonderbedingungen oder auf Analogiewirkung (s.u.).

Beispiele: 1. ᾱ > η: Dieses Lautgesetz gilt nur für das Ionisch-Attische (*örtliche* Begrenzung: z.B. dor. μάτηρ, lat. *māter*, aber ion.-att. μήτηρ „Mutter") und nur in einer bestimmten *Zeit*; erst später (nach Abschluß des Lautwandels ᾱ > η) neu aufgekommenes ᾱ unterliegt ihm daher nicht mehr (z.B. bei Ersatzdehnung in *πάντσι > πᾶσι). Eine weitere Einschränkung ist dadurch erfolgt, daß im Att. nach ε, ι, ρ aus η wieder ᾱ geworden ist: lat. *frāter*, ion. φρήτρη „Brüderschaft", aber att. φρᾱτηρ „Mitglied einer Brüderschaft".

2. *Intervokalisches -σ- schwindet*: 2. Sg. Med. *γεγραπ-σαι > γέγραψαι, aber *παιδευε-σαι > *παιδευεαι > παιδεύῃ. Wenn es demgegenüber doch μέσος heißt, so darum, weil dies aus *μεθιος > μέσσος > μέσος geworden war, und zwar erst zu einer Zeit, als das Gesetz „Intervokalisches -σ- schwindet" nicht mehr wirksam war.

Scheinbare Ausnahmen können also durch phonetische, zeitliche oder örtliche Besonderheiten veranlaßt sein. Es bleibt aber immer noch ein nicht unbeträchtlicher Rest von *wirklichen* Ausnahmen. Bei ihnen ist meist die Wirksamkeit des betreffenden Lautgesetzes durch die sog. **„Analogie"** (ἀναλογίᾱ entsprechendes Verhältnis, Übereinstimmung) gestört worden, d.h. das Vorhandensein *innerer* Beziehungen von Wörtern oder Formen untereinander macht sich auch *äußerlich* durch formale Angleichung bemerkbar.

Beispiele: 1. *Neuschaffung von Formen durch Analogie*: -οι = Nom.Pl.Mask., ursprünglich nur beim Pronomen, dann auf alle Nomina übertragen (statt *-o-es > *-ōs erscheint -οι in ἵπποι: E 22); -οι hat weiter auf die *a*-Stämme eingewirkt und zu einer analogischen Neubildung -αι (für -ᾱς: E 25) geführt; dies wiederum hatte nach der Gleichung -οι : -οις = -αι : -αις für das ursprüngliche -ᾱσι (bzw. -ῃσι) den Dat. Pl.-Ausgang -αις zur Folge (E 25).

2. *Bewahrung alter Lautformen durch Analogie*: Dem Gesetz zum Trotz, daß „intervokalisches -σ- schwindet" (R 16), erscheint -σ- auch zwischen Vokalen im Dat.Pl. -οισι nach Analogie der postkonsonantischen Fälle wie κόλακ-σι; ebenso bleibt nach dem Vorbild von ἔδεικ-σα auch im σ-Aorist von Verba vocalia das -σ- erhalten: ἐπαίδευ-σα (E 84, 1).

2. Die wichtigsten Lautgesetze § 26

A. Vokale

Regel 1.

idg. ā = gr. ᾱ > ion.-att. **η**: dor. μά̄τηρ = ion.-att. μήτηρ = lat. *māter* Mutter

> att. **ᾱ,** wenn ε, ι, ρ **vorhergeht**: ion. χώρη > att. χώρᾱ Land

Regel 2. Liquida sonans.

idg. *r̥* > gr. **ρα**: *πατρ̥σι > πατράσι (den) Vätern (πατήρ)
oder **αρ**: *δr̥τος > δαρτός geschunden (δέρω)
idg. *l̥* > gr. **λα**: *κl̥πείς > κλαπείς gestohlen (κλέπτω)
oder **αλ**: *ἔστl̥κα > ἔσταλκα ich habe geschickt (στέλλω)
idg. *m̥* > gr. **α**: *ποδ-m̥ > πόδ-α lat. *ped*-em (den) Fuß
idg. *n̥* > gr. **α**: *n̥-(δικος) > ἄ-(δικος) lat. **in**-(*iūstus*) dt. **un**-(*gerecht*) („**α** privativum")

Regel 3. Ablaut

a) *Qualitativer Ablaut:*

ε : ο	λέγω	ich sage	:	λόγος	Wort
	λέγε-τε	ihr sagt	:	λέγο-μεν	wir sagen
	ἵππε.	(Vok. Sg.)	:	ἵππο-ς	Pferd
ει : οι	λείπω	ich lasse	:	λοιπός	übrig
ευ : ου	σπεύδω	ich bemühe mich	:	σπουδή	Eifer

b) *Quantitativer Ablaut*: 3 Ablautsstufen: Vollstufe, Schwundstufe (192 b Anm.2)., Dehnstufe.

1. Ablaut *kurzer* Vokale:

Vollstufe		Schwundstufe		Dehnstufe	
e-Stufe	*o*-Stufe	Vok. schwindet		*e*-Stufe	*o*-Stufe
πάτερ	προπάτορος	πατρός	πατράσι (R 2)	πατήρ	προπάτωρ
Vater V.Sg.	Vorfahr G.Sg.	G.Sg.	D.Pl.	N.Sg.	N.Sg.
λείπω	λέλοιπα	ἔλιπον			
ich lasse	Perf. Akt.	Aor. Akt.			
σπεύδω	σπουδή				
ich eile	Eifer				
φεύγω	—	ἔφυγον			
ich fliehe		Aor. Akt.			

2. Ablaut *langer* Vokale:

Vollstufe		Schwundstufe	
δίδωμι	ich gebe	δίδομεν	wir geben
τίθημι	ich setze	τίθεμεν	wir setzen
ἵστημι	ich stelle	ἵστᾰμεν	wir stellen
(< ἵστᾱμι R 1)			

Regel 4. Langdiphthonge kürzen inlautend vor Konsonant den ersten Vokal

* -θη-ῑ-μεν > * -θηιμεν > -θεῖμεν (1. Pl. Opt. Aor. Pass.)

Regel 5. Langer Vokal vor Nasal + Konsonant wird gekürzt

* -θη-ντων > -θέντων (3. Pl. Imp. Aor. Pass.)

Regel 6. Langer Vokal vor langem Vokal wird gekürzt

hom. βασιλήων > att. βασιλέων (der) Könige

Regel 7. Quantitätsumstellung (Quantitative Metathese)

ηο > εω : hom. νᾱός > ion. νηός (R 1) > att. νεώς Tempel
ηᾰ > εᾱ : hom. βασιλῆα > att. βασιλέᾱ (den) König

Regel 8. Kontraktion

Aufeinanderfolgende Vokale im Wort werden oft zusammengezogen (*kontrahiert*).

a) Kontraktion **gleichartiger** Vokale (bzw. Diphthonge):

Vokal + Vokal (Diphth.) gleicher Art > langem Vokal (Diphth.) gleicher Art:

z. B. ᾰ + ᾰ > ᾱ   : *κρεᾰσᾰ > *κρεᾰᾰ (R 16) > κρέᾱ Fleisch(stücke) (N. A. Pl.)
      ε + ε > ει[1]) : *Περικλεϝες > *-κλεες (R 13 b) > Περίκλεις Perikles (Vok.)
      ε + ει > ει   : ποιέεις > ποιεῖς du tust
      ο + ο > ου[2]): δουλόομεν > δουλοῦμεν wir dienen
      ο + οι > οι   : δουλοοίη > δουλοίη 3. Sg. Opt. Präs. Akt.

b) Kontraktion **ungleichartiger** Vokale (bzw. Diphthonge):

  1. **o-Laut setzt sich immer durch:**

z. B. α + ο > ω   : ὁράομεν > ὁρῶμεν wir sehen
      α + ου > ω   : ὁράουσι > ὁρῶσι sie sehen
      α + οι > ῳ   : ὁραοίη > ὁρῴη 3. Sg. Opt. Präs. Akt.
      ο + ε > ου[2]): δουλόετε > δουλοῦτε ihr dient
      ο + η > οι : δουλόη > δουλοῖ 3. Sg. Konj. Präs. Akt.
      ε + ο > ου[2]): ποιέομεν > ποιοῦμεν wir tun

  2. **bei a-Laut und e-Laut setzt sich (im Att.) der vorausgehende durch:**

z. B. α + ε > ᾱ: ὅραε > ὅρᾱ sieh!
      α + ει > ᾳ: ὁράει > ὁρᾷ er sieht
      ε + α > η: *γενεσα > γένεα (R 16) > γένη Geschlechter

Regel 9. Krāsis

Auslautender Vokal eines Wortes kann mit dem anlautenden des folgenden kontrahiert werden; beide Worte werden dadurch eine Einheit; Zeichen dafür ist die *Koronis* (16, 4).

τὸ ὄνομα > τοὔνομα der Name   καὶ εἶτα > κᾆτα und dann
τὰ ἄλλα > τἆλλα das andere   τὸ αὐτό > ταὐτό[3]) das nämliche

---

[1]) „unechtes ει" = langes geschlossenes *ẹ̄*: E 8
[2]) „unechtes ου" = langes geschlossenes *ọ̄* > *ū*: E 11
[3]) Ausn. von der üblichen Kontraktionsregel nach der sog. „grammatischen Kontraktion" (197 Merke 4.)

Regel 10. Elision

Vor vokalischem Anlaut wird kurzer Endvokal ausgestoßen (nicht ŭ; jedoch auch -αι der Verbalendungen).

Merke:

1. Zeichen dafür ist der *Apostroph* (16, 3).
2. *Akzent* auf der elidierten Silbe geht bei Präpositionen und Konjunktionen verloren, sonst rückt er als Akut auf die vorhergehende Silbe (21 f):
ἐπ' ἐμοί bei mir, aber δεινὰ ἔδρᾱσας > δείν' ἔδρᾱσας Furchtbares tatest du.
3. *Nicht elidiert* werden: τί; was?, τι irgend etwas, ὅ was, τό, τά das, die, πρό vor, ἄχρι und μέχρι bis, περί um, ὅτι daß, weil; z. B. περὶ 'Αθήνᾱς um Athen, πρὸ οἴκου vor dem Haus.
4. *Auslautende Tenuis* vor anlautendem Spiritus asper > Aspirata (R 19):
ἀπὸ οὗ > ἀφ' οὗ seitdem, νύκτα ὅλην > νύχθ' ὅλην die ganze Nacht.

Regel 11. Ersatzdehnung

Bei Ausfall eines Konsonanten in gewissen Konsonantengruppen (R 21 b; R 22 a und f) wird vorhergehender kurzer Vokal gedehnt. Es wird dann

ᾰ teils > η:	*ἐφᾰνσα	> ἔφηνα (R 22 f)	ich zeigte	
teils > ᾱ:	*τᾰνς	> τᾱ́ς (R 22 f)	die (A. Pl. Fem.)	
	*γιγᾰντς	> *γιγᾰνς (R 22 d)	> γίγᾱς (R 22 f)	Riese
	*πᾰντσι	> *πᾰνσι (R 22 d)	> πᾶσι (R 22 f)	allen (D. Pl. M./N.)
ῐ > ῑ:	*κρῐν-i̯-ω	> κρίνω (R 21 b)	ich urteile	
ῠ > ῡ:	*δεικνῠντς	> *δεικνῠνς (R 22 d)	> δεικνύς (R 22 f)	zeigend
ε > ει¹):	*χαριεντς	> *χαριενς (R 22 d)	> χαρίεις (R 22 f)	anmutig
	*-θηντς	> *-θεντς (R 5) > *-θενς (R 22 d) > -θείς (R 22 f) Part. Aor. Pass.		
	*ἠγγελσα	> ἤγγειλα (R 22 f)	ich meldete	
ο > ου²):	τόνς (kretisch)	> att. τούς (R 22 f)	die (A. Pl. Mask.)	
	*ὀδοντς	> *ὀδονς (R 22 d)	> ὀδούς (R 22 f)	Zahn

B. Konsonanten

Regel 12. Intervokalisches idg. i̯ schwindet zumeist (wie im Lat.):
*ἠχοi̯ος > ἠχόος > ἠχοῦς (R 8 a) (des) Widerhalls

Regel 13. Inlautendes idg. u̯

a) idg. u̯ vor Konsonant = gr. **υ**: *βου̯ς > βοῦς Rind
   vor Vokal = gr. **ϝ**: *βου̯ος > *βοϝος (= lat. *bovis*) > βοός (R 13 b) Rindes

b) **Intervokalisches ϝ schwindet:**
*βασιληϝες > hom. βασιλῆες > att. βασιλῆς (R 8 a) Könige

---
¹) „unechtes ει" = langes geschlossenes *ẹ̄*: E 8
²) „unechtes ου" = langes geschlossenes *ọ̄* > *ū*: E 11

Regel 14. Auslautendes idg. -m (nach Vokal) **> gr. -v:**
alat. -o̧m > lat. -u̧m = -ov (A. Sg. Mask., N. A. V. Sg. Neutr.): lat. iu̧gu̧m = ζυγόν Joch
idg. *-ām > lat. -ăm = -ᾱν, -ην (R 1) (A. Sg. Fem.): lat. hōra̧m = ὥρᾱν Stunde

Regel 15. Anlautendes idg. s- vor Vokal > gr. h- (= Spiritus asper):
lat. sȩptem = dt. sieben = ἑπτά   lat. sȩquor = ἕπομαι ich folge

Regel 16. Intervokalisches -s- schwindet (lat. > -r-: „Rhotazismus"[1]):
*φερεσαι > φέρεαι (hom.) > att. φέρῃ (R 8 b 2) du wirst gebracht
*γενεσος > γένεος > γένους (R 8 b 1) (des) Geschlechtes
Beachte aber **R 22 e**!

Regel 17. Hauchdissimilationsgesetz
Die *Aspiration* der 1. Aspirata (θ, φ, χ) bzw. anlautender Spiritus asper *verschwindet*, wenn im Wort eine weitere Aspirata (jedoch nicht unmittelbar) folgt:
*φεφευγα > πέφευγα ich bin geflohen
τρέφω : θρέψω, ἔθρεψα (zu *θρεφ- ernähren : φ + σ > ψ R 22 c)
θρίξ, θριξί : τριχός, τριχί (zu *θριχ- Haar : χ + σ > ξ R 22 b)
*σεχω > *ἕχω (R 15) > ἔχω ich habe

Regel 18. Mutae am Wortende fallen ab:
τ: *γεροντ > γέρον Greis (Vok.) : Gen. γέροντ-ος
δ: *παιδ > παῖ Kind (Vok.) : Gen. παιδ-ός
κ: *γυναικ > γύναι Weib (Vok.) : Gen. γυναικ-ός
 *ἀνακτ > ἄνα Herr (Vok.) : Gen. ἄνακτ-ος

Anm. In οὐκ (οὐχ) nicht bleibt κ (χ) vor folgendem Vokal erhalten:

Merke: **οὐ** vor Konsonanten: οὐ παρέχω ich gewähre nicht
 οὐκ vor Vokalen mit Spiritus lenis: οὐκ ἔχω ich habe nicht
 οὐχ vor Vokalen mit Spiritus asper (**R 19**): οὐχ ὁρῶ ich sehe nicht

Regel 19. Tenuis + Spiritus asper > Aspirata (vgl. R 10, 4):
ἐπί + ἕπομαι > ἐφέπομαι   κατά + ἡμέραν > καθ' ἡμέραν

Regel 20. Altes -τι > -σι
φέροντι (dor.) > *φερονσι > att. φέρουσι (R 22 f) sie bringen
τίθητι (dor.) > ion.-att. τίθησι er setzt
πλοῦτ-ος Reichtum : πλούσ-ιο-ς reich
εὐεργέτης Wohltäter : εὐεργεσίᾱ Wohltat

Regel 21. Konsonantenverbindungen mit i̯
a) -α- (-ο-) + **νi̯, ρi̯, ϝi̯** > -αιν-, -αιρ-, -αι(ϝ)- (-οιν-, -οιρ-, -οι(ϝ)-):
*μελαν-i̯α > μέλαινα (N.Sg.Fem.) : μέλαν-ος (G.Sg.Mask.) schwarz
*μορ-i̯α > μοῖρα Anteil, Geschick : μέρ-ος Teil (R 3 a)
*κλαϝ-i̯-ω > *κλαιϝω > κλαίω (R 13 b) ich weine : Fut. κλαύ-σομαι (R 13 a)

---

[1]) Vgl. 25: Lautgesetze, Beispiel 2

b) in **ε, ι, υ + vi̭, ρi̭, ϝi̭** schwindet i̭ mit Ersatzdehnung (R 11):
*φθερ-i̭-ω > φθείρω¹) ich verderbe : Fut. φθερῶ
*κρῐ̆ν-i̭-ω > κρίνω ich urteile : Aor. Pass. ἐκρίθην
*ἀμῡ̆ν-i̭-ω > ἀμύνω ich helfe : Fut. ἀμῠ̆νῶ

c) **λi̭ > λλ** :
*ἀγγελ-i̭-ω > ἀγγέλλω ich melde : Fut. ἀγγελῶ, ἄγγελος Bote

d) **πi̭, βi̭, φi̭ > πτ** :
*θαφ-i̭-ω > θάπτω ich begrabe : τάφος (R 17) Grab

e) **τi̭, θi̭ > ion. σσ > att. σ** :
*παντ-i̭α > *πανσσα > πάνσα (kret.) > πᾶσα (R 22 f) ganz (Nom. Sg. Fem.):
παντ-ός (G. Sg. Mask.)
*φεροντ-i̭α > *φεροντσσα > *φερονσα > φέρουσα (R 22 f) bringend (N. Sg. Fem.):
φέροντ-ος (G. Sg. Mask.)
*μεθ-i̭ος (= lat. *medius*) > μέσσος (hom.) > att. μέσος²) der mittlere

f) **δi̭ > ζ** :
*ἐλπιδ-i̭-ω > ἐλπίζω ich hoffe : ἐλπίδ-ος (der) Hoffnung

g) **κi̭, χi̭ > ion. σσ > att. ττ** :
*φυλακ-i̭-ω > φυλάσσω (ion.) > att. φυλάττω ich bewache : φύλακ-ος (des) Wächters

h) **γi̭ > ζ** :
*οἰμωγ-i̭-ω > οἰμώζω ich klage : οἰμωγή Klage

i) **σi̭ > i̭**, das oft schwindet oder mit vorhergehendem Vokal zu Diphthong wird:
*τελεσ-i̭-ω > τελείω (hom.) > att. τελέω > τελῶ (R 8 b 1) ich vollende : τέλος Ende
*ἐσ-ιη-ν > εἴην ich möchte sein : ἐσ-τί er ist

Regel 22. Konsonantenverbindungen mit σ

a) **σμ-, σν-, σλ-, σρ-** im Anlaut > **μ-, ν-, λ-, ῥ-**
-σμ-, -σν-, -σλ-, -σρ- im Inlaut > **-μ-, -ν-, -λ-, -ρ-** mit Ersatzdehnung (R 11):
*σρεϝω > ῥέω (R 13 b) ich fliesse
*ἐσ-μι > εἰμί¹) (R 11) ich bin

b) **κ, γ, χ + σ > ξ**:
*φυλακ-ς > φύλαξ Wächter : φύλακ-ος (Gen.)

c) **π, β, φ + σ > ψ**:
*γραφ-σω > γράψω ich werde schreiben : γράφ-ω (Präs.)

d) **τ, δ, θ + σ > σσ > att. σ**:
*ποδ-σι > ποσσί (hom.) > att. ποσί (den) Füßen : ποδ-ός (Gen.)

e) **σ + σ > att. σ**:
*ἐπεσ-σι > ἔπεσσι (hom.) > att. ἔπεσι den Worten : ἔπος (N. Sg.)

---
¹) „unechtes ει" = langes geschlossenes *ē̦*: E 8
²) Vgl. 25: Lautgesetze, Beispiel 2

f) μσ, νσ, λσ, ρσ > μ, ν, λ, ρ mit Ersatzdehnung (R 11):

*ἐ-**νεμ**-**σ**α > ἔ**νει**μα[1]) Aor. zu νέμω ich teile zu
*ἐ-**φᾰν**-**σ**α > ἔφᾱνα (dor.) > att. ἔφηνα (R 1) Aor. zu *φαν-i̯-ω > φαίνω (R 21 a) ich zeige
*ἠγγελ-σα > ἤγγειλα[1] Aor. zu ἀγγέλλω (R 21 c) ich melde
*ἐ-δερ-σα > ἔδειρα[1]) Aor. zu δέρω ich schinde

aber: *aus*lautendes -νς > -ς mit Ersatzdehnung (R 11):

*τᾰνς > τᾱ́ς die (Akk. Pl. Fem.)
τόνς (kretisch) > τούς[2]) die (Akk. Pl. Mask.)

auch *in*lautendes -νσ- > -σ- mit Ersatzdehnung (R 11), jedoch nur da, wo -νσ- erst im Griechischen aus anderen Lauten entwickelt worden war:

-νσ- < -ντσ- (R 22 d): *παντ-σι > *πανσι > πᾶσι allen : Gen. παντ-ός
      < -νδσ- (R 22 d): *ἐ-σπενδ-σα > *ἔσπενσα > ἔσπεισα Aor. zu σπένδω ich spende
      < -ντi̯- (R 21 e): *παντ-ι̯α > πάνσα (kret.) > att. πᾶσα ganz (N. Sg. Fem.)
      < -ντ- (R 20): φερο-ντι (dor.) > *φερονσι > att. φέρουσι sie tragen

g) -σ- zwischen Konsonanten schwindet:

*ἐξ-και-δεκα > ἐκκαίδεκα sechzehn
*γε-γραφ-σθαι > γεγράφθαι Inf. Perf. Pass. zu γράφω ich schreibe

aber bei ν + σ + Kons. schwindet ν:

*χαριεντ-τερος > *χαριενστερος (R 24) > χαριέστερος anmutiger: χαρίεντ-ος (des) anmutigen

Regel 23. Assimilation

a) π, β, φ + μ > μμ:

*λε-λειπ-μαι > λέλειμμαι Perf. Pass. zu λείπω ich lasse

b) νλ > λλ:

σύν + λέγω > συλλέγω ich sammle (vgl. lat. *con* + *lego* > *colligo*)

c) νμ > μμ:

ἐν + μένω > ἐμμένω ich bleibe darin

d) Bei **Muta** + **Muta** nimmt die erste die Artikulations**art** (13 I c) der zweiten an (vgl. lat. *scrībō: scrīptus, iungō: iūnctus*):

z. B. γέγραπται : γράφω ich schreibe   ἤχθην : ἄγω ich führe
ἐπέμφθην : πέμπω ich schicke   ἕβδομος : ἑπτά sieben

e) Bei **Nasal** + **Muta** gleicht sich der Nasal in der Artikulations**stelle** (13 I c) der Muta an (vgl. lat. *impūnītus: indīgnus*):

ν + π, β, φ > μπ, μβ, μφ : σύν + πέμπω > συμπέμπω ich schicke mit
ν + κ, γ, χ > γκ, γγ, γχ : ἐν + κλίνω > ἐγκλίνω ich lehne an

Regel 24. Dissimilation: Dental+Dental > σ+Dental:

*ἐ-ψευδ-ται > ἔψευσται : ψεύδω ich täusche
*πενετ-τατος > πενέστατος (der) ärmste : πένητ-ος (des) armen

---

[1]) „unechtes ει" = langes geschlossenes *ẹ̄*: E 8
[2]) „unechtes ου" = langes geschlossenes *ọ̄* > *ū*: E 11

III. TEIL: FORMENLEHRE

A. Einführung

1. Bestandteile des Wortes § 27

Vom *praktischen* Standpunkt aus erscheint die menschliche Rede in *Wörter* gegliedert; diese bestehen nur selten aus einem einzigen Laut; gewöhnlich umfaßt ein Wort mehrere Laute. Die Zerlegung der Wörter in *Laute* ist rein *theoretisch*; denn die aus dem Wort herausgelösten einzelnen Laute haben, für sich genommen, keinen Sinn. Dagegen lassen sich die Wörter in Bestandteile zerlegen, deren jeder für sich eine bestimmte *Bedeutung* hat. Die wichtigsten sind:

a) Die **Wurzel**: sie kann ein- oder zweisilbig sein und stellt den Wort**begriff** dar. In den dt. Formen *Tag, Tages, Tage* oder in den griech. ποδός, ποδί, πόδα ist *tag* bzw. ποδ- die Wurzel.

b) Die **Flexionsendung**: sie stellt die Beziehung zu anderen im Satz enthaltenen Wörtern dar (durch Kasus-, Numerus-, Personal-, Modus-, Tempus-Zeichen). Dt. *Tages, Baches, Mondes* oder griech. Διός, νυκτός erweisen sich durch das an die Wurzel angefügte Element -*es* bzw. -*os* als Genetiv des Singulars; ebenso weist sich lat. *amās, monēs, audīs, legis* und griech. λέγεις durch das -*s* als 2. Person Sing. Akt. aus.

c) **Stammbildende Bestandteile,** vor allem das Suffix (daneben im Idg. seltener das Präfix und das Infix): dt. *Reiter, Bäcker, Lehrer,* lat. *arātor, ōrātor, imperātor,* griech. ῥήτωρ, ἡγήτωρ zeigen nach dem Element, das den Wortbegriff ausmacht, d. h. nach der Wurzel, die Elemente -*er*, -*tor*, -τωρ; erst an diese, nicht unmittelbar an die Wurzel, treten bei der Flexion die Endungen an. Diese Elemente -*er*, -*tor*, -τωρ (ihre Verbindung mit den einzelnen Wurzeln dient zur Bezeichnung tätiger Personen) nennt man (Stammbildungs-)**Suffix**. Suffix heißen diese Teile, weil sie „unten = hinten (nämlich am Wort*ende*) angeheftet" sind. Die in den idg. Sprachen weitaus selteneren **Präfixe** sind ebensolche Bestandteile, die aber *vor* der Wurzel stehen (z. B. das syllabische Augment ἐ-, das „α *privativum*", ge- in dt. *ge-geben*), **Infixe** sind solche, die *in* die Wurzel eingefügt erscheinen (z. B. -μ- in λα-μ-β-άνω zur Wurzel λαβ-, -*n*- in lat. *tu-n-d-ō* zur Wurzel *tud-*).

Da nun bei der Beugung (*Flexion*) z. B. der Wörter *Reiter, ōrātor,* ῥήτωρ nicht nur die Wurzel, sondern Wurzel und Stammbildungssuffix als fester Bestandteil erhalten bleiben, hat man zur Vereinfachung den Begriff „(Wort-)**Stamm**" (θέμα) dafür geprägt. Merke also:

Wurzel + Stammbildungssuffix = Stamm

Als *Kennlaut* eines Stammes wird der Stamm**auslaut** (auch **Stammcharakter** genannt) bezeichnet. Da er durch den Anlaut der Endung oft Veränderungen unterworfen ist (Ausfall, Kontraktion usw.), ist er nicht mehr in allen Formen ohne weiteres erkennbar. Aus praktischen Gründen hat man daher den in der Beugung (*Flexion*) stets unverändert bleibenden Teil eines Wortes als **Wortstock** und den sich verändernden Teil als **Ausgang** bezeichnet.

Beispiel: von λόγος heißt der Stamm λογο- (Stammcharakter -o-, daher *o*-Stamm), der Wortstock aber λογ-; von γένος lautet der Stamm ursprünglich γενεσ- (Stammcharakter -σ-, daher σ-Stamm), der Wortstock aber γεν-; von παύω heißt der Präsensstamm παυε-/παυο-, der Wortstock aber παυ-. Es ergibt sich also die Gleichung:

Stamm + Endung = Wortstock + Ausgang

Dabei ist aber streng zwischen Stamm und Wortstock einerseits und Endung und Ausgang anderseits zu unterscheiden:

	Stamm + Endung	= Wortstock + Ausgang
Nom. Sg.	λόγο - ς	λόγ - ος
Akk. Pl.	*λογο - νς	λόγ - ους
Gen. Sg.	*γενεσ - ος	γέν - ους
Dat. Sg.	*γενεσ - ι	γέν - ει
N. A. V. Pl.	*γενεσ - α	γέν - η
3.Pl. Ind. Präs. Akt.	*παυο - νσι	παύ - ουσι

Man unterscheidet **drei Haupttypen der Stammbildung**:

1. **Wurzelwörter** (nicht häufig): die Flexionsendung tritt unmittelbar an die Wurzel:

Wurzel + Flexionsendung = Wurzelwort,

z. B. ποδ-ός (des) Fußes, ἴ-μεν wir gehen.

2. **Abgeleitete Wörter**: dies ist der Normaltypus der griech. Wörter nach dem Schema:

Wurzel + Suffix + Flexionsendung = abgeleitetes Wort,

z. B. πεδ-ίο-ν (die) Ebene, καίομεν wir zünden an < *καϝ-ι̯ο-μεν.

3. **Komposita** = zusammengesetzte Wörter: sie entstehen durch das Zusammenwachsen verschiedener selbständiger Bestandteile zu *einem* Wort, z. B.

ἀκρόπολις = ἄκρᾱ πόλις die obere Stadt, die Burg.

Oftmals führt ein und dieselbe Wurzel durch Verbindung mit verschiedenen Suffixen oder durch Komposition zur Bildung ganzer Reihen von Wörtern, z. B.

παιδ-: παῖς, παιδεύω, παιδείᾱ, παίζω, φιλοπαίγμων

Kind, ich erziehe, Erziehung, ich spiele, das Spiel liebend.

Die von *einer* Wurzel abgeleiteten Wörter heißt man eine **„Wortfamilie".**

§ 28   2. **Die Wortarten**

Man unterscheidet folgende Wortarten (μέρη τοῦ λόγου):

I. VERÄNDERLICHE WÖRTER mit **Flexion** (Beugung, κλίσις):

1. Das **Nomen** (τὸ ὄνομα) mit **Deklination** (κλίσις ὀνομάτων):

   a) das **Substantiv** (Hauptwort, ὄνομα im engeren Sinn);
   b) das **Adjektiv** (Eigenschaftswort, ὄνομα ἐπίθετον);
      dazu gehört auch das **Partizip** (Mittelwort, μετοχή);
   c) das **Pronomen** (Fürwort, ἀντωνυμίᾱ);
      dazu gehört auch der **Artikel** (Geschlechtswort, ἄρθρον);

d) das **Numerale** (Zahlwort; Grundzahl ὄνομα ἀριθμητικόν
Ordnungszahl ὄνομα τακτικόν).
2. Das **Verbum** (Tätigkeitswort, ῥῆμα) mit **Konjugation** (κλίσις ῥημάτων, συζυγίᾱ).

II. UNVERÄNDERLICHE WÖRTER = PARTIKELN:

3. das **Adverb** (Umstandswort, ἐπίρρημα);
4. die **Präposition** (Verhältniswort, πρόθεσις);
5. die **Konjunktion** (Bindewort, σύνδεσμος);
6. die **Interjektion** (Empfindungswort, ἐπίρρημα σχετλιαστικόν).

Anm. Ein Flexionsmuster nennt man Paradigma (τὸ παράδειγμα das Muster, das Beispiel).

B. Das Nomen

I. VORBEMERKUNGEN

Allgemeines über die griechische Deklination § 29

Die Formenlehre des Nomens behandelt die Deklination (Beugung) von Artikel, Substantiv, Adjektiv, Pronomen, Numerale. **Die Form eines Nomens wird eindeutig bestimmt durch Genus, Numerus und Kasus.**

a) Das **Genus** (Geschlecht). Das Griech. kennt, wie das Lat. und das Dt., drei Genera: Maskulinum (γένος ἀρσενικόν), Femininum (γένος θηλυκόν), Neutrum (γένος οὐδέτερον). Zunächst konnte das Genus durch die *Bedeutung* eines Wortes bestimmt sein. „**Natürliches Geschlecht**" liegt bei männlichen oder weiblichen Wesen vor, „**Gruppengeschlecht**" bei einzelnen Bedeutungsgruppen, die stets einem bestimmten Genus angehören.

Anm. Beim Gruppengeschlecht handelt es sich meist um ursprüngliche Adjektiva, die stets zu ein und demselben Substantiv gedacht wurden und darum immer dessen Genus haben: so sind z. B. die Monatsnamen im Griech. wie im Lat. stets Maskulina, weil ὁ μήν, lat. *mēnsis* m. zu ergänzen ist.

Im Griechischen gelten (wie im Lat.)

als **Maskulina** die Bezeichnungen für Männer, Völker, Flüsse, Winde und Monate;
als **Feminina** die Bezeichnungen für Frauen, Bäume, Länder, Inseln und Städte[1]);
als **Neutra** alle übrigen Wörter, so auch die meisten Deminutiva (Verkleinerungswörter), selbst wenn diese männliche oder weibliche Wesen bezeichnen, z. B. τὸ μειράκιον *das* Bürschchen, τὸ κοράσιον *das* Mägdlein.

Man gebrauchte für männliches und weibliches Wesen vielfach ein und dasselbe Wort (*substantivum commune*) als Maskulinum oder Femininum:

ὁ θεός	der Gott	ἡ θεός	die Göttin
ὁ παῖς	der Knabe, der Sohn	ἡ παῖς	das Mädchen, die Tochter
ὁ ἵππος	der Hengst	ἡ ἵππος	die Stute.

Daneben gab es aber auch in vielen Fällen für jedes der beiden Geschlechter ein eigenes Wort (*substantivum mobile*):

ὁ θεός	der Gott	ἡ θεά	die Göttin
ὁ βασιλεύς	der König	ἡ βασίλεια	die Königin
ὁ λέων	der Löwe	ἡ λέαινα	die Löwin.

---

[1]) Die Städtenamen auf -οι (z. B. οἱ Δελφοί Delphi) und alle mit neutraler Endung (z. B. τὸ Ἴλιον Ilion, τὰ Λεῦκτρα Leuktra) haben *grammatisches* Geschlecht

So verband man schließlich mit bestimmten Endungen (Deklinationsklassen) die Vorstellung eines bestimmten Geschlechtes („**grammatisches Geschlecht**"). Bei **Tiernamen** wird, abgesehen von Fällen, wo es ein *Substantivum commune* gibt, das Genus des Wortes durch die Endung, also nach dem *grammatischen* Geschlecht bestimmt: ἀετός m. Adler, μυῖα f. Fliege.

b) Der **Numerus** (die Zahl). Das Griech. hat, im Gegensatz zum Lat. und Dt., die **drei Numeri** der idg. Grundsprache erhalten:

Singular (Einzahl, ἀριθμὸς ὁ ἑνικός)

Plural (Mehrzahl, ἀριθμὸς ὁ πληθυντικός)

Dual (ἀριθμὸς ὁ δυϊκός) zur Bezeichnung der Zweizahl, besonders für Dinge, die von Natur aus paarweise gebildet sind: τὼ χεῖρε die (beiden) Hände, τὼ ὤμω die (beiden) Schultern, τοῖν ποδοῖ(ι)ν der (beiden) Füße, (mit) den (beiden) Füßen (**E 19**).

c) Der **Kasus** (Fall). Das Griech. hat **fünf Kasus**: Nominativ (πτῶσις ὀνομαστική), Genetiv (πτ. γενική), Dativ (πτ. δοτική), Akkusativ (πτ. αἰτιᾱτική), Vokativ (πτ. κλητική).

Anm. Die restlichen drei Kasus der idg. Grundsprache, der Ablativ, der Instrumentalis, der Lokativ, sind im Griech. jeweils in einen der vorhandenen fünf Kasus übergegangen: der idg. **Ablativ** (= *ablativus separativus* im Lat.) wird im Griech. durch den Genetiv vertreten: z. B. λύειν τινός von etwas lösen; der idg. **Instrumentalis** (= *ablativus instrumenti* im Lat.) durch den Dativ: z. B. ὁρῶμεν τοῖς ὀφθαλμοῖς wir sehen mit den Augen; der idg. **Lokativ** (vgl. lat. *domī* zu Hause, *Corinthī* in Korinth, *Rōmae* < *Rōmāī* in Rom) erscheint nur noch in wenigen Fällen als besondere Form: z. B. οἴκοι zu Hause, sonst zumeist als Präpositionalausdruck mit Dativ: z. B. ἐν Ἀθήναις in Athen.

§ 30 Allgemeine Regeln zur Deklination

a) Der **Vokativ**, im Att. meist eingeleitet durch die Interjektion ὦ, ist im **Plural** immer gleich dem Nominativ, im **Singular** ist er zunächst gleich dem bloßen Stamm (z. T. mit Stammablaut), ist dann aber häufig dem Nominativ gleich.

b) Die **Neutra** haben (wie im Lat.) im Singular und im Plural **drei gleiche Kasus**: Nominativ, Akkusativ, Vokativ. Die drei gleichen Kasus des Plurals aller Neutra enden auf **-ᾰ**.

c) **Neutr. Plur. als Subjekt** eines Satzes verlangt das Verbum finitum im *Singular* (**E 20**).

d) **Akzentregeln**:

1. Der Akzent bleibt, solange es die Quantität der Endsilbe erlaubt, auf *der* Silbe, auf der er im Nom.Sing. (bei Adjektiven: N.Sg. *Mask.*) steht: ἄνθρωπος, ἄνθρωπον, aber ἀνθρώπου, ἀνθρώπων (21, 1).

   Ausnahmen: 1. Im **Vokativ** erscheint der Akzent in einer Reihe von häufig gebrauchten Wörtern (deren Anfangsbetonung in Wirklichkeit aber alt ist) nach dem Wort**anfang** hin verschoben: ὦ ἄδελφε Bruder, ὦ δέσποτα Herrscher, ὦ γύναι Weib, ὦ Ἄπολλον Apollon, ὦ Πόσειδον Poseidon, ὦ σῶτερ Retter, ὦ πάτερ Vater, ὦ θύγατερ Tochter, ὦ ἄνερ Mann.

   2. **Zusammengesetzte Wörter** werden meist auf der letzten Silbe des vorletzten Bestandteils der Zusammensetzung betont: κακόδαιμον (Neutr.) unglücklich, ἀπόπλους Abfahrt.

   3. Weitere Ausnahmen: 44, 1 und 2, Anm.

2. Die Ausgänge **-οι** und **-αι** in der o- und a-Deklination (Nom. u. Vok.Plur.) gelten für den Akzent als **kurz** (12): ἄνθρωποι Menschen, γλῶτται Sprachen.

3. **Lange Gen.- und Dat.-Ausgänge,** die den Akzent tragen, haben den **Zirkumflex**: ἀρχῆς, σοφῷ, ἀγρῶν, τιμαῖς, αἰγῶν.

   Ausnahmen der attischen Deklination: 35.

Die Deklinationsklassen § 31

Nach dem *Stammauslaut* scheiden sich die Nomina in folgende Klassen:

die 1. **Deklination** auf -ᾱ und -ᾰ (vgl. die lat. 1. oder *ā*-Dekl.)
die 2. **Deklination** auf -**o**- (vgl. die lat. 2. oder *o*-Dekl.)
die 3. **Deklination,** auch „Gemischte Deklination" genannt, weil sie Stämme auf Vokale, Diphthonge *und* Konsonanten enthält (vgl. die lat. 3. und 4. Dekl.):

a) Stämme auf *Konsonant* (vgl. die lat. Konsonantenstämme der 3. Dekl.)
b) Stämme auf *Vokal* oder *Diphthong,* und zwar
   1. auf -ῡ- (im Lat. vertreten durch *sūs*),
   2. auf -ῐ- und -ῠ- (vgl. lat. 3. Dekl. *i*-Stämme: *hostis, sitis*; 4. Dekl.: *u*-Stämme),
   3. auf Diphthong (-ευ-, -ου-, -αυ-, -ωυ- und -οι-).

Der Artikel[1]) § 32

1. Das Griech. hat wie das Dt. einen **bestimmten** Artikel. Wie unser „der, die, das" war auch der griech. Artikel ὁ, ἡ, τό ursprünglich ein hinweisendes Fürwort.

2. Einen **unbestimmten** Artikel besitzt das Griech. **nicht.** In bestimmten Fällen[2]) entspricht ihm bedeutungsmäßig das Indefinitpronomen τις (101) „ein (gewisser)" = lat. *quīdam*.

3. Die vokalisch mit Spiritus asper anlautenden Formen ὁ, ἡ, οἱ, αἱ sind proklitisch und darum Atona (22, 6).

4. Einen **Vokativ** bildet der Artikel **nicht.** Doch wird im Attischen bei höflicher Anrede vor den Vokativ der Substantiva meist die Interjektion ὦ gesetzt.

	Mask.	Fem.	Neutr.
Sg. N.	ὁ	ἡ	τό
G.	τοῦ	τῆς	τοῦ
D.	τῷ	τῇ	τῷ
A.	τόν	τήν	τό
Pl. N.	οἱ	αἱ	τά
G.	τῶν	τῶν	τῶν
D.	τοῖς	ταῖς	τοῖς
A.	τούς	τάς	τά

Erläuterungen (E 21).

τό < *το-δ (R 18): vgl. lat. *istu*d*, illu*d*, quo*d*, aliu*d*
τῆς < τᾱς (R 1): vgl. lat. *pater familiās*
τῇ < τᾱι (12): vgl. lat. *fortūnae* < alat. FORTVNAI
τόν, τήν < τᾱν (R 1): vgl. lat. Akk. Sg. *-um, -am (-m > -v*: R 14*)*
τούς < τό-νς (kretisch) (R 22f) : ου als ọ̄ gesprochen (E 11)
τάς < *τα-νς (R 22 f).

---

[1]) E 21   [2]) Näheres s. Satzlehre!

II. Das Substantivum

§ 33 1. DIE o-DEKLINATION

1. Die *o*-Stämme, d.h. die Wörter mit dem Stammauslaut *-o-*, umfassen:
   a) **Maskulina auf -ος**,
   b) **Neutra auf -ον**.

2. Von den Wörtern auf -ος sind zahlreiche als **Substantiva communia** gebraucht (29a):

   ὁ, ἡ θεός   der Gott, die Göttin
   ὁ, ἡ ἄγγελος   der Bote, die Botin
   ὁ, ἡ ἄρκτος   der Bär, die Bärin
   ὁ, ἡ ἔλαφος   der Hirsch, die Hirschkuh; ebenso andere Tiernamen.

3. **Feminina** sind auf -ος:
   a) nach dem *natürlichen Geschlecht* (29a) die Bezeichnungen für
      Frauen, z.B. ἡ παρθένος das Mädchen, die Jungfrau,
      Bäume, z.B. ἡ ἄμπελος der Weinstock, ἡ φηγός die Speiseeiche, ἡ βίβλος (βύβλος) die Papyrusstaude, das (aus Papyrusbast hergestellte) Buch;
   b) nach dem *Gruppengeschlecht* (29a) die Bezeichnungen für
      Länder, z.B. ἡ Αἴγυπτος Ägypten, ἡ Ἤπειρος Epirus,
      Inseln, z.B. ἡ Δῆλος Delos, ἡ Πάρος Paros, ἡ Νάξος Naxos,
      Städte, z.B. ἡ Κόρινθος Korinth, ἡ Μίλητος Milet;

      Ausnahme: Die Städtenamen auf -οι sind Maskulina (S. 41[1]): οἱ Δελφοί Delphi, οἱ Φίλιπποι Philippi.
   c) als *substantivierte Adjektiva*:
      ἡ ἄνυδρος (χώρᾱ)   die Wüste
      ἡ ἤπειρος (γῆ)   das Festland
      ἡ διάλεκτος (γλῶττα) die Mundart, der Dialekt
      ἡ σύγκλητος (βουλή) der (zusammengerufene) Rat, der Senat (in Rom);
   d) als *Sonderfälle* die Einzelwörter:
      ἡ ὁδός   der Weg (daher auch: ἡ εἴσοδος der Eingang, ἡ ἔξοδος der Ausgang)
      ἡ νῆσος   die Insel; ἡ Πελοπόννησος die Peloponnes, ἡ Χερσόνησος die Chersones
      ἡ νόσος   die Krankheit
      ἡ τάφρος der Graben
      ἡ ψῆφος   der Stimmstein.

4. Die **Ausgänge** der *o*-Deklination sind (E 22):

	Singular		Plural	
	Mask.	Neutr.	Mask.	Neutr.
N.	-ος	-ον	-οι	-α
G.	-ου	= -ου	-ων	= -ων
D.	-ῳ	= -ῳ	-οις	= -οις
A.	-ον	-ον	-ους	-α
V.	-ε	-ον	-οι	-α

		Maskulina					Neutra
Stamm		φιλο-	δουλο-	στρατηγο-	ἀνθρωπο-		δωρο-
Bedeutung		Freund	Sklave	Feldherr	Mensch		Geschenk
Sg. N.	ὁ	φίλος	δοῦλος	στρατηγός	ἄνθρωπος	τό	δῶρον
G.	τοῦ	φίλου	δούλου	στρατηγοῦ	ἀνθρώπου	τοῦ	δώρου
D.	τῷ	φίλῳ	δούλῳ	στρατηγῷ	ἀνθρώπῳ	τῷ	δώρῳ
A.	τόν	φίλον	δοῦλον	στρατηγόν	ἄνθρωπον	τό	δῶρον
V.	ὦ	φίλε	δοῦλε	στρατηγέ	ἄνθρωπε	ὦ	δῶρον
Pl. N.	οἱ	φίλοι	δοῦλοι	στρατηγοί	ἄνθρωποι	τά	δῶρα
G.	τῶν	φίλων	δούλων	στρατηγῶν	ἀνθρώπων	τῶν	δώρων
D.	τοῖς	φίλοις	δούλοις	στρατηγοῖς	ἀνθρώποις	τοῖς	δώροις
A.	τούς	φίλους	δούλους	στρατηγούς	ἀνθρώπους	τά	δῶρα
V.	ὦ	φίλοι	δοῦλοι	στρατηγοί	ἄνθρωποι	ὦ	δῶρα

Über die Akzentveränderungen: 21 und 30 d.

Anm. 1. Der Vok. Sing. von ὁ ἀδελφός „der Bruder" lautet ὦ ἄδελφε (30 d 1 Ausn. 1). Der Vok. Sing. von ὁ θεός „der Gott" kommt in vorchristlicher Zeit nicht vor; bei den christlichen Schriftstellern heißt er ὦ θεός (neben ὦ θεέ).

Anm. 2. Der alte Lokativ ist erhalten in: οἴκοι zu Hause, Ἰσθμοῖ auf dem Isthmos (29 c Anm.).

Erläuterungen (E 22).

Sg. N. -ος wie lat. -us < alat. -os, z. B. *equos* (sigmatischer Nom.)
-ον wie lat. -um (-m > -v: **R 14**), z. B. *dōnum*
D. -ῳ < -ωι wie lat. *equō* <*equōi* (**E 21, 1**)
A. -ον wie lat. -um < alat. -om, z. B. SERVOM
V. -ε (Ablaut des *o*-Stammes: **R 3 a**) = lat. -e, z. B. *eque*
Pl. N. -οι = lat. -ī, z. B. *equī*
G. -ων < *-ōm (**R 14**) wie lat. -um in altem *deum* statt *deōrum* (**E 21, 2**)
D. -οις: vgl. alat. -ois > lat. -īs; z. B. *suois cnatois* = *suīs nātīs*
A. -ους < *-ovs (**R 22 f**): ου als *ō* gesprochen (**E 11**).
Neutr. Pl. -α: **E 20**.

Kontrakta der o-Deklination § 34

1. Bei einigen Wörtern ist durch Ausfall eines alten ϝ oder *i̯* ein -ε- oder -ο- unmittelbar vor den Stammauslaut -ο- zu stehen gekommen. In diesen Wörtern wird in allen Kasus der Ausgang mit dem vorausgehenden Vokal verschmolzen (*kontrahiert*).

2. Für die **Kontraktion** gelten die üblichen Regeln (**R 8**) mit der Ausnahme, daß im Neutr. Plur. für -εα ein -ᾶ eintritt (**E 23**).

3. Die **Simplicia** haben stets den **Zirkumflex** auf der aus der Kontraktion entstandenen Silbe (19, 3 Anm.; 21 d), auch τό κανοῦν „der Korb" (regelwidrig aus älterem κάνεον).

4. Die **Komposita** von νοῦς, πλοῦς, ῥοῦς sind durch alle Kasus **Paroxytona**, d. h. sie behalten den Akzent, entgegen den Akzentregeln für Kontrakta (21 d), stets auf der Tonsilbe des Nom. Sing., der nach der Grundregel für Komposita (30 d 1 Ausn. 2) akzentuiert; danach ist regelmäßig ἀπόπλους (< ἀπόπλοος) gebildet, aber regelwidrig ἀπόπλου (< ἀποπλόου).

5. Vokativ- und Dualformen fehlen.

		Maskulina		Neutra
Stamm		πλοο-	ἀποπλοο-	ὀστεο-
Bedeutung		Schiffahrt	Abfahrt	Knochen
Sg. N.	ὁ	πλοῦς (< πλόος)	ἀπόπλους	τὸ ὀστοῦν (< ὀστέον)
G.	τοῦ	πλοῦ (< πλόου)	ἀπόπλου	τοῦ ὀστοῦ (< ὀστέου)
D.	τῷ	πλῷ (< πλόῳ)	ἀπόπλῳ	τῷ ὀστῷ (< ὀστέῳ)
A.	τὸν	πλοῦν (< πλόον)	ἀπόπλουν	τὸ ὀστοῦν (< ὀστέον)
Pl. N.	οἱ	πλοῖ (< πλόοι)	ἀπόπλοι	τὰ ὀστᾶ (< ὀστέα)
G.	τῶν	πλῶν (< πλόων)	ἀπόπλων	τῶν ὀστῶν (< ὀστέων)
D.	τοῖς	πλοῖς (< πλόοις)	ἀπόπλοις	τοῖς ὀστοῖς (< ὀστέοις)
A.	τοὺς	πλοῦς (< πλόους)	ἀπόπλους	τὰ ὀστᾶ (< ὀστέα)

Erläuterung (E 23): Neutr. Pl. -ᾶ (entgegen R 8 b 2): Analogie zu δῶρον— δῶρα.

§ 35 Attische Deklination (E 24)

1. Einige Wörter zeigen statt -o- als **Stammauslaut -ω-**, das durch alle Kasus durchgeführt wird; ein im Ausgang enthaltenes ι wird subskribiert.
2. Der **Akzent** bleibt stets der gleiche wie im Nom. Sing. (21 c Anm.).
3. Für den Akzent gelten bei diesen Wörtern -ω und -ῳ als kurz (**E 24**): daher Μενέλεως.
4. Der **Vokativ** ist im Singular gleich dem Nominativ.

Stamm		ναο- > νηο- > νεω-	Μενελᾱο- > Μενελεω-
Bedeutung		Tempel	Menelāos
Sg. N.	ὁ	νεώς (< νηός)	Μενέλεως
G.	τοῦ	νεώ (< *νηοο)	Μενέλεω
D.	τῷ	νεῴ (< νηῷ)	Μενέλεῳ
A.	τὸν	νεών (< νηόν)	Μενέλεων
V.	ὦ	—	— Μενέλεως
Pl. N.	οἱ	νεῴ (< νηοί)	
G.	τῶν	νεών (< νηῶν)	
D.	τοῖς	νεῴς (< νηοῖς)	
A.	τοὺς	νεώς (< *νηους)	

Anm. **Ohne -ν** bilden den Akk.Sing.: ἡ ἕως die Morgenröte, ὁ λαγώς der Hase, Μίνως Minos (König von Kreta), Κέως (die Kykladeninsel) Keos, Ἄθως (der Berg) Athos; also: τὴν ἕω, τὸν λαγώ, Μίνω, Κέω, Ἄθω (**E 24**).

Erläuterungen (E 24): hom. λᾱός > ion. ληός (R 1) > att. λεώς (R 7). — *λαγωος > λαγώς (R 8 a).

2. DIE a-DEKLINATION § 36

1. Die *a*-Stämme, d. h. die Wörter mit dem Stammauslaut -*a*-, umfassen:
   a) **Feminina auf -ā̆ (-η)**, die in allen Kasus des Sing. langes *ā* haben;
   b) **Feminina auf -ă**, die im Nom., Akk. und Vok.Sing. kurzes -ă, in den andern Kasus -ā̆ (-η) haben;
   c) **Maskulina auf -ās (-ης)**.
2. Entsprechend dem Gesetz, daß im Attischen langes ᾱ > η geworden ist, das nach ε, ι, ρ wieder > ᾱ wurde (R 1), ergibt sich bei der Deklination mehrfach **Wechsel von α und η**.

Anm. Die veraltete Einteilung der *a*-Dekl. in Wörter, die das α, weil nach ε, ι, ρ stehend, in allen Kasus haben (sog. **α purum**), und in solche, die es, weil hinter anderen Konsonanten als ρ stehend, im Gen. und Dat. Sing. in η umwandeln (sog. **α impurum**), ist rein äußerlich und erfolgte zu einer Zeit, da die sprachlichen Zusammenhänge noch nicht geklärt waren.

3. Die **Ausgänge der Pluralkasus** sind für alle Substantiva der *a*-Dekl. gleich. Der **Gen. Plur.** aller Substantiva der *a*-Dekl. ist **stets Perispomenon auf -ῶν** (E 25,2): αἱ χῶραι, aber τῶν χωρῶν, αἱ θάλατται, aber τῶν θαλαττῶν.
4. Der Ausgang **-αι** des Nom. und Vok.Plur. gilt für den Akzent als **kurz** (12; 30 d 2). Daher müssen Substantiva, deren vorletzte Silbe lang ist und die im Nom.Sing. Paroxytona sind, im Nom.Plur. Properispomena werden: χώρᾱ – χῶραι, λύπη – λῦπαι, πολίτης – πολῖται.
5. Es ergeben sich daher für die **Kasusausgänge (E 25)** der *a*-Deklination folgende Möglichkeiten:

	Singular						Plural	
	Feminina				Maskulina		Feminina und Maskulina	
N.	-ᾱ	-η	-ᾰ	-ᾰ	-ᾱς	-ης	-αι	(kurz!)
G.	-ᾱς	-ης	-ᾱς	-ης	-ου (-ᾱ)	-ου	-ῶν	(Akzent!)
D.	-ᾳ	-ῃ	-ᾳ	-ῃ	-ᾳ	-ῃ	-αις	
A.	-ᾱν	-ην	-ᾰν	-ᾰν	-ᾱν	-ην	-ᾱς	(*immer* lang!)
V.	-ᾱ	-η	-ᾰ	-ᾰ	-ᾱ	-η, -ᾰ	-αι	(kurz!)

Erläuterungen (E 25).
Sg. N. endungslos auf -ᾰ (-η: **R 1**) wie lat. *-a*, z. B. *terra* (asigmatischer Nom.)
   G. -ας (-ης: **R 1**) wie lat. *pater familiās* (*-ae* ist Neubildung)
   D. -ᾳ (-ῃ: **R 1**) < -ᾱι (Langdiphthong: 12) wie alat. FORTUNAI > lat. *fortūnae*
   A. -αν (-ην: **R 1**) < -ᾱm (-*m* > -*v*: **R 14**) wie lat. *-am*, z. B. *terram*
Pl. N. -αι Analogie zu -οι der *o*-Dekl. (33; vgl. 25: Analogie, Beispiel 1)
   G. -ῶν < -ἀων (hom. τάων = att. τῶν) <*-āsōm (-*m* > -*v*: **R 14**; intervok. -*s*-: **R 16**) = lat. *-ārum*
   D. -αις Analogie zu -οις (vgl. 25: Analogie, Beispiel 1); altes -ησι < -ασι (**R 1**) noch in Ἀθήνησι „in Athen"
   A. -ας < *-ᾰνς (**R 22 f**) wie lat. *terrās* < *terrans.

Feminina auf -ᾱ § 37

1. Nach dem att. Lautgesetz, daß **ᾱ** nur nach ε, ι, ρ erscheint, sonst aber dafür η eintritt (**R 1**), gliedert sich diese Gruppe in
   Wörter auf -η und
   Wörter auf -ᾱ
2. Der **Vok.Sing.** ist bei den Substantiva auf -η und -ᾱ **gleich dem Nominativ**.

		Feminina auf -η			Feminina auf -ᾱ[1])		
Stamm		τῑμᾱ-	μαχᾱ-	νῑκᾱ-	σκιᾱ-	οἰκιᾱ-	χωρᾱ-
Bedeutung		Ehre	Kampf	Sieg	Schatten	Haus	Land
Sg. N.	ἡ	τῑμή	μάχη	νίκη	σκιά	οἰκίᾱ	χώρᾱ
G.	τῆς	τῑμῆς	μάχης	νίκης	σκιᾶς	οἰκίᾱς	χώρᾱς
D.	τῇ	τῑμῇ	μάχῃ	νίκῃ	σκιᾷ	οἰκίᾳ	χώρᾳ
A.	τὴν	τῑμήν	μάχην	νίκην	σκιάν	οἰκίᾱν	χώρᾱν
V.	ὦ	τῑμή	μάχη	νίκη	σκιά	οἰκίᾱ	χώρᾱ
Pl. N.	αἱ	τῑμαί	μάχαι	νῖκαι	σκιαί	οἰκίαι	χῶραι
G.	τῶν	τῑμῶν	μαχῶν	νικῶν	σκιῶν	οἰκιῶν	χωρῶν
D.	ταῖς	τῑμαῖς	μάχαις	νίκαις	σκιαῖς	οἰκίαις	χώραις
A.	τάς	τῑμάς	μάχᾱς	νίκᾱς	σκιάς	οἰκίᾱς	χώρᾱς
V.	ὦ	τῑμαί	μάχαι	νῖκαι	σκιαί	οἰκίαι	χῶραι

[1]) -ᾱ nicht -η in στοά „Säulenhalle", ἐλάα „Ölbaum", weil aus *στωϝια, ἐλαία entstanden (191 b, Anm.).

Über die Akzentveränderungen: 21 und 30 d.

§ 38 Feminina auf -ᾰ (E 26)

1. Da auch die Stämme auf kurzes -ᾰ von jeher im Gen. und Dat. Sing. **langen** Ausgang hatten (-ᾱς, -ᾳ), muß (außer nach ε, ι, ρ) in diesen Kasus -ης, -ῃ erscheinen (**R 1**).
2. Der **Vok.Sing.** ist auch bei den Substantiva auf -ᾰ **gleich dem Nominativ**.

Stamm		δοξᾰ-	γλωττᾰ-	θαλαττᾰ-	μαχαιρᾰ-	σφαιρᾰ-
Bedeutung		Meinung	Zunge	Meer	Messer	Kugel
Sg. N.	ἡ	δόξα	γλῶττα	θάλαττα	μάχαιρα	σφαῖρα
G.	τῆς	δόξ**ης**	γλώττ**ης**	θαλάττ**ης**	μαχαίρᾱς	σφαίρᾱς
D.	τῇ	δόξ**ῃ**	γλώττ**ῃ**	θαλάττ**ῃ**	μαχαίρᾳ	σφαίρᾳ
A.	τὴν	δόξαν	γλῶτταν	θάλατταν	μάχαιραν	σφαῖραν
V.	ὦ	δόξα	γλῶττα	θάλαττα	μάχαιρα	σφαῖρα
Pl. N.	αἱ	δόξαι	γλῶτται	θάλατται	μάχαιραι	σφαῖραι
G.	τῶν	δοξῶν	γλωττῶν	θαλαττῶν	μαχαιρῶν	σφαιρῶν
D.	ταῖς	δόξαις	γλώτταις	θαλάτταις	μαχαίραις	σφαίραις
A.	τάς	δόξᾱς	γλώττᾱς	θαλάττᾱς	μαχαίρᾱς	σφαίρᾱς
V.	ὦ	δόξαι	γλῶτται	θάλατται	μάχαιραι	σφαῖραι

Erläuterung. Stämme auf -ᾰ aus Bildungen mit -i̯α, z. B. *τραπεδ-i̯α > τράπεζα Tisch (**R 21 f**).

Merke: Nom., Akk., Vok.Sing. der **femininen** *a*-Stämme sind im Akzent und im Vokal der Schlußsilbe stets gleich:

ἡ	χώρᾱ	νίκη	μάχαιρα	γλῶττα
τήν	χώρᾱν	νίκην	μάχαιραν	γλῶτταν
ὦ	χώρᾱ	νίκη	μάχαιρα	γλῶττα

Maskulina auf -ᾱς   § 39

1. Nach dem att. Lautgesetz, daß ᾱ nur nach ε, ι, ρ erscheint, sonst aber dafür η bleibt (**R 1**), muß auch hier eine Zweiteilung eintreten in

    Wörter auf -ᾱς und

    Wörter auf -ης.

2. Der **Nom.Sing.** der Wörter auf -ᾱς, -ης hat von der *o*-Dekl. die Endung -ς als Kennzeichen des Maskulinums auf die *a*-Stämme übertragen.

3. Der **Gen.Sing.** hat den Ausgang -ου aus der *o*-Dekl. übernommen (wohl um eine Verwechslung zwischen dem neuen *Nom.* auf -ᾱς und dem alten *Gen.* auf -ᾱς auszuschalten).

4. Der **Vok.Sing.** hat der Regel nach den Ausgang -ᾱ (-η); nur bei den Wörtern auf -της und Völkernamen auf -ης hat sich der (mit Schwundstufe ablautende: **R 3 b 2**) alte Vokativ auf -ᾰ erhalten: ὦ πολῖτᾰ, ὦ Πέρσᾰ, aber ὦ Ἀτρείδη, ὦ Αἰσχίνη, ὦ νεανίᾱ.

Stamm		νεανιᾱ-	οἰκετᾱ-	πολῖτᾱ-	δικαστᾱ-	Ἀτρειδᾱ-
Bedeutung		Jüngling	Diener	Bürger	Richter	Atride
Sg. N.	ὁ	νεανίας	οἰκέτης	πολίτης	δικαστής	Ἀτρείδης
G.	τοῦ	νεανί**ου**	οἰκέτ**ου**	πολίτ**ου**	δικαστ**οῦ**	Ἀτρείδ**ου**
D.	τῷ	νεανίᾳ	οἰκέτῃ	πολίτῃ	δικαστῇ	Ἀτρείδῃ
A.	τόν	νεανίαν	οἰκέτην	πολίτην	δικαστήν	Ἀτρείδην
V.	ὦ	νεανίᾱ	οἰκέτ**ᾰ**	πολῖτ**ᾰ**	δικαστ**ᾰ**	Ἀτρείδη
Pl. N.	οἱ	νεανίαι	οἰκέται	πολῖται	δικασταί	Ἀτρεῖδαι
G.	τῶν	νεανι**ῶν**	οἰκετ**ῶν**	πολιτ**ῶν**	δικαστ**ῶν**	Ἀτρειδ**ῶν**
D.	τοῖς	νεανίαις	οἰκέταις	πολίταις	δικασταῖς	Ἀτρείδαις
A.	τούς	νεανίας	οἰκέτας	πολίτας	δικαστάς	Ἀτρείδας
V.	ὦ	νεανίαι	οἰκέται	πολῖται	δικασταί	Ἀτρεῖδαι

Anm. 1. Der Vok. Sing. zu ὁ δεσπότης „der Gebieter" heißt ὦ δέσποτα (30 d 1 Ausn. 1).

Anm. 2. Im Gen. Sing. der Wörter auf -ᾱς kennt Homer noch -ᾱο, woraus dorisch -ᾱ wurde; daher erscheint auch im Attischen bei dorischen (und nichtgriechischen) Eigennamen -ᾱ statt -ου: Εὐρώτᾱς - Εὐρώτᾱ, Φοιβίδᾱς - Φοιβίδᾱ, Ἀννίβᾱς - Ἀννίβᾱ Hannibal, Σύλλᾱς - Σύλλᾱ Sulla. Von Λεωνίδας und Ἐπαμεινώνδας ist jedoch der Gen. auf -ου gebräuchlicher; also meist Λεωνίδου, Ἐπαμεινώνδου.

§ 40 Kontrakta der a-Deklination (E 27)

1. Bei einigen Wörtern der *a*-Dekl. ist ein -ε- oder -α- unmittelbar vor den Stammauslaut -α- zu stehen gekommen (vgl. -ε- und -ο- bei den Kontrakta der *o*-Dekl.); wiederum werden die beiden aufeinandertreffenden Vokale kontrahiert: ε + α > η, α + α > ᾱ (R 8).
2. Die kontrahierten Formen sind **Perispomena** (19, 3 Anm.; 21, 2 d).
3. Die **maskulinen** Kontrakta auf -ᾱς haben den *dorischen Genetiv* auf **-ᾱ**.

Stamm		μναᾱ-	σῡκεᾱ-		Ἑρμεᾱ-	βορεᾱ- (E 27)
Bedeutg.		Mine	Feigenbaum		Hermes, Hermensäule	Nordwind
Sg. N.	ἡ	μνᾶ (< μνάα)	σῡκῆ (< σῡκέα)	ὁ	Ἑρμῆς (< Ἑρμέας)	βορρᾶς
G.	τῆς	μνᾶς (< μνάας)	σῡκῆς (< σῡκέας)	τοῦ	Ἑρμοῦ (< Ἑρμέου)	βορρᾶ
D.	τῇ	μνᾷ (< μνάᾳ)	σῡκῇ (< σῡκέᾳ)	τῷ	Ἑρμῇ (< Ἑρμέᾳ)	βορρᾷ
A.	τὴν	μνᾶν (< μνάαν)	σῡκῆν (< σῡκέαν)	τὸν	Ἑρμῆν (< Ἑρμέαν)	βορρᾶν
V.	ὦ	– –	– –	ὦ	Ἑρμῆ (< Ἑρμέα)	βορρᾶ
Pl. N.	αἱ	μναῖ (< μνάαι)	σῡκαῖ (< σῡκέαι)	οἱ	Ἑρμαῖ (< Ἑρμέαι)	
G.	τῶν	μνῶν (< μναῶν)	σῡκῶν (< σῡκεῶν)	τῶν	Ἑρμῶν (< Ἑρμεῶν)	
D.	ταῖς	μναῖς (< μνάαις)	σῡκαῖς (< σῡκέαις)	τοῖς	Ἑρμαῖς (< Ἑρμέαις)	
A.	τᾱ́ς	μνᾶς (< μνάας)	σῡκᾶς (< σῡκέας)	τοὺς	Ἑρμᾶς (< Ἑρμέας)	

Anm. Θαλῆς „Thales" wird wie Ἑρμῆς dekliniert, hat aber im Gen. Θάλεω.

3. DIE DRITTE DEKLINATION

a) ALLGEMEINES

§ 41 Einteilung der Stammgruppen

1. Den **Stamm** eines Substantivs der 3. Deklination erhält man, wenn man vom **Gen. Sing.** die Endung -ος abtrennt.
2. Danach lassen sich die Wörter der 3. Deklination in folgende **Stammgruppen** einteilen:

A. KONSONANTISCHE STÄMME
I. Muta-Stämme:

    a) *Guttural-* oder *K-Stämme*[1] (auf γ, κ, χ): αἰ**γ**-ός, φύλα**κ**-ος, τρι**χ**-ός (vgl. lat. *rēg-is, duc-is*)
    b) *Labial-* oder *P-Stämme*[1] (auf β, π, φ): Ἄρα**β**-ος, γῡ**π**-ός (vgl. lat. *plēb-is, prīncip-is*)
    c) *Dental-* oder *T-Stämme*[1] (auf δ, τ, θ): ἐλπί**δ**-ος, ὀνόμα**τ**-ος, ὄρνῑ**θ**-ος (vgl. lat. *palūd-is*,
    d) ντ-*Stämme:* γέρο**ντ**-ος, γίγα**ντ**-ος   [*salūt-is*)

---

[1]) Die Zeichen *K, P, T* sind in dieser allgemein gebräuchlichen, daher auch hier beibehaltenen Bezeichnung als Sigel für „K-Laut" usw. verwendet

II. Liquida-Stämme:

a) *Nasal-* oder *ν-Stämme*: λιμήν, λιμέν-ος; ἡγεμών, ἡγεμόν-ος (vgl. lat. *ōrdō*(n), *ōrdinis*); Ἕλλην, Ἕλλην-ος; αἰών, αἰῶν-ος (vgl. lat. *ōrātiō*(n), *ōrātiōnis*)

b) *Liquida-Stämme* (auf λ, ρ): ἅλ-ς, ἁλ-ός; ῥήτωρ, ῥήτορ-ος (vgl. lat. *ōrātor, ōrātōris*); κρᾱτήρ, κρᾱτῆρ-ος; πατήρ, πατρ-ός (vgl. lat. *pater, patris*)

III. Sigma-Stämme:

Da im Griech. intervokalisches -s- ausfällt (R 16), werden die zusammenstoßenden Vokale kontrahiert (R 8): γένος, *γενεσ-ος > hom. γένεος > γένους (vgl. lat. *genus, generis*: Rhotazismus); κρέας, *κρεασ-ος > κρέως; αἰδώς, *αἰδοσ-ος > αἰδοῦς.

B. VOKALISCHE STÄMME

I. Stämme auf -ῡ-: ἰχθῦ-ς, ἰχθύ-ος (vgl. lat. *sūs, suis*)

II. Stämme auf -ῐ- und -ῠ- mit Ablaut: πόλι-ς, *πολη(ι)-ος > πόλε-ως (vgl. lat. *turris*); πέλεκυ-ς, πελέκη(F)-ος > πελέκε-ως (vgl. lat. *manus*); ἄστυ, ἄστε(F)-ως (vgl. lat. *cornū*)

III. Stämme auf Diphthong: βασιλεύ-ς, βασιλῆ(F)-ος > βασιλέ-ως; ἠχώ, *ἠχοϊ-ος > ἠχοῦς; ἥρως, ἥρω(F)-ος; βοῦ-ς, ναῦ-ς, Ζεύ-ς.

Kasusendungen der 3. Deklination (E 28)   § 42

1. Die **Kasusendungen** in der 3. Deklination sind:

Numerus	Singular		Plural	
Genus	Mask. und Fem.	Neutr.	Mask. und Fem.	Neutr.
Nom.	— oder -ς	—	-ες	-ᾰ
Gen.	-ος =	-ος	-ων =	-ων
Dat.	-ι =	-ι	-σι(ν) =	-σι(ν)
Akk.	{ -ᾰ (nach Kons.) { -ν (nach Vokal)	—	{ -ᾰς (nach Kons.) { -ς m. Ers.-Dehng. (n. Vok.)	-ᾰ
Vok.	— oder = Nom.		-ες	-ᾰ

Erläuterungen (E 28).

Sg. N. teils -ς (*sigmatischer Nom.*), z. B. φύλαξ < *φυλακ-ς (R 22b), G. φύλακ-ος Wächter (wie lat. *rēx* < *rēg-s*), teils endungslos (*asigmatischer Nom.*), z. B. ἀγών, ἀγῶν-ος Wettkampf, wobei Mutae am Wortende abfallen (R 18): τὸ γάλα < *γαλακτ, Gen. γάλακτ-ος die Milch

G. -ος wie lat. -*is* < -*es* < -*os*, z. B. alat. DIOVOS = *Iovis*

D. -ι = **Lokativ**-Endung (vgl. οἴκοι zu Hause); lat. -*ī* < -*ei* = alte **Dativ**-Endung, z. B. alat. VIRTUTEI = *virtūtī*.

A. -ν (< -*m*: R 14), z. B. πόλι-ν; -*m* nach Kons. > -ṃ > -α (R 2), z. B. πόδ-α < **pod-ṃ* wie lat. *pedem* < **ped-ṃ*.

Pl. N. -ες; lat. -*ēs* aus Kontraktion (vokal. Stammauslaut + -*ĕs* > -*ēs*) entstanden, auf **Konsonanten**-Stämme übertragen: *ovēs* < **ovei-ĕs* wie πόλεις (ει = ẹ̄: E 8) < *πολει-ες

G. -ων < -*ōm* (R 14) wie lat. -*um* < -*om*, z. B. *rēg-um* (E 21, E 25)

D. -σι alte Endung, im Gegensatz zu *a*- und *o*-Dekl. rein erhalten (E 21, E 22, E 25)

A. -ας < -*ns* (R 2): **pod-ṃ* > πόδ-α = **pod-ns* > πόδ-ας, ebenso lat. **ped-ṃ* > *ped-em* = **ped-ns* > **ped-ens* > *ped-ēs*.

2. Der **Nom. Sing.** wird auf zweierlei Weise gebildet:

> **Nom. Sing. mit -ς:**
> Muta-Stämme: φύλαξ, Ἄραψ, ἐλπίς, γίγᾱς } ohne Neutra
> Vokal-Stämme: ἰχθῦς, πόλις, βασιλεύς
>
> **Nom. Sing. ohne Endung** (Abfall der Mutae im Auslaut R 18):
> ντ-Stämme auf -οντ-, -ωντ-: γέρων, Ξενοφῶν (aber ὁδούς!)
> Liquida-Stämme: λιμήν, ῥήτωρ (Ausnahmen: 49, 3)
> Sigma-Stämme: Σωκράτης (σ gehört zum Stamm!)
> Neutra *aller* Gruppen: ὄνομα, γένος (σ gehört zum Stamm!)

Anm. τὸ οὖς, ὠτός „das Ohr", τὸ φῶς, φωτός „das Licht," τὸ τέρας, τέρατος „das Wunderzeichen", τὸ κέρας, κέρατος „das Horn" sind ursprünglich *Sigma-Stämme* (47, 2; 52, 1 Anm.; 54, 1 Anm.).

3. Für den **Vok. Sing.** der Maskulina und Feminina gilt folgendes (Ausn. s. Anm.):

> **Vokativ = Nominativ Singular:**
> *Muta-Stämme* (bei *T-* und *ντ-Stämmen endbetonte* Wörter und die auf -ης, -ητος — -ως, -ωτος): ὦ φύλαξ, ὦ Ἄραψ, ὦ ἐλπίς, ὦ φιλότης, ὦ ἔρως, ὦ ὁδούς
> *Liquida-Stämme* nur *endbetonte* Wörter: ὦ ἡγεμών, ὦ κρᾱτήρ
>
> **Vokativ = bloßer Stamm:**
> *T-Stämme* (außer -ης, -ητος — -ως, -ωτος) und *ντ-Stämme*:
>   nicht endbetonte Wörter: ὦ ὄρνι, ὦ ἄνα, ὦ γέρον, ὦ γίγαν
> *Liquida-Stämme: nicht endbetonte* Wörter: ὦ ῥῆτορ, ὦ δαῖμον
> *Sigma-Stämme*: ὦ Σώκρατες
> *Vokal-Stämme*: ὦ ἰχθῦ, ὦ πόλι, ὦ βασιλεῦ

Anm. Entgegen dieser Einteilung bildet den **Vok.Sing.** durch den **bloßen Stamm** (*Vollstufe*): ἡ γυνή, γυναικός das Weib, ὁ (ἡ) παῖς, παιδός das Kind (weil ursprünglich zweisilbig: hom. πάϊς!), ὁ σωτήρ, σωτῆρος der Retter, ὁ πατήρ, πατρός der Vater, ὁ ἀνήρ, ἀνδρός der Mann; also: ὦ γύναι, ὦ παῖ (Abfall des -κ bzw. -δ: R 18), ὦ σῶτερ, ὦ πάτερ, ὦ ἄνερ.
Entgegen dieser Einteilung verwenden als **Vok. Sing.** den **Nominativ**: ὁ μάρτυς, μάρτυρος der Zeuge, ὁ ἥρως, ἥρωος der Held; also: ὦ μάρτυς, ὦ ἥρως.
Beide Bildungsmöglichkeiten bei ein und demselben Wort: E 28, 1 Vok.

§ 43 Genusregeln der 3. Deklination

Eine übersichtliche, leicht einprägsame Regel für das **grammatische** Geschlecht der Substantiva der 3. Dekl. gibt es nicht, da die einzelnen Stammklassen in ihrer Verteilung auf die drei Genera sehr schwanken. Nachstehende Übersicht läßt Wörter mit natürlichem oder Gruppengeschlecht unerwähnt, so z.B. die Wörter auf -εύς, die alle nach dem natürlichen Geschlecht Maskulina sein müssen.

I. MASKULINA sind:
  a). von den **Konsonantenstämmen**
    1. die *Labial-Stämme* (auf -ψ): ὁ γύψ, γῡπός der Geier;
      Ausnahme: *Femininum* ist ἡ φλέψ, φλεβός die Ader.

2. die ντ-*Stämme*: ὁ ὀδούς, ὀδόντος der Zahn; ὁ δράκων, δράκοντος der Drache; ὁ ἀνδριάς, ἀνδριάντος das Standbild;

3. die *Liquida-Stämme*: ὁ ἀγών, ἀγῶνος der Wettkampf; ὁ ἅλς, ἁλός das Salz; ὁ κρᾱτήρ, κρᾱτῆρος der Mischkrug;

 Ausnahmen: *Feminina* sind die Oxytona auf -ών, -όνος, z. B., ἡ χιών, χιόνος der Schnee (außer ὁ κανών, κανόνος das Richtholz), ferner: ἡ φρήν, φρενός der Sinn; ἡ ῥίς, ῥινός die Nase; ἡ χείρ, χειρός die Hand; ἡ γαστήρ, γαστρός der Magen.
 Neutra sind die Wörter auf -αρ, z. B. τὸ νέκταρ, νέκταρος der Nektar; dazu: τὸ πῦρ, πυρός das Feuer.

b) von den **Vokalstämmen:**

1. die ῡ-*Stämme*: ὁ ἰχθῦς, ἰχθύος der Fisch;

 Ausnahmen: *Feminina* sind: ἡ ἰσχύς, ἰσχύος die Stärke; ἡ ὀφρῦς, ὀφρύος die Augenbraue; ἡ πληθύς, πληθύος die Menge.

2. die ῠ-*Stämme auf* -ς: ὁ πῆχυς, πήχεως der Ellenbogen.

II. FEMININA sind:

a) von den **Konsonantenstämmen:**

1. die *Guttural-Stämme* (auf -ξ): ἡ αἴξ, αἰγός die Ziege;

 Ausnahmen: *Maskulina* sind die Wörter auf -αξ, -ακος, z. B. ὁ θώραξ, θώρακος der Brustharnisch (außer ἡ κλῖμαξ, κλίμακος die Leiter); dazu: ὁ μύρμηξ, μύρμηκος die Ameise; ὁ ὄνυξ, ὄνυχος die Klaue; ὁ σφήξ, σφηκός die Wespe; ὁ τέττιξ, τέττιγος die Zikade.

2. die *Dental-Stämme auf* -ς: ἡ ἐλπίς, ἐλπίδος die Hoffnung; ἡ ἐσθής, ἐσθῆτος das Kleid; ἡ λαμπάς, λαμπάδος die Fackel; ἡ κόρυς, κόρυθος der Helm;

 Ausnahmen: *Maskulina* sind ὁ πούς, ποδός der Fuß, ὁ ἔρως, ἔρωτος die Liebe, ὁ γέλως, γέλωτος das Lachen.

b) von den **Vokalstämmen:**

1. die ῐ-*Stämme*: ἡ πόλις, πόλεως die Stadt;

 Ausnahmen: *Maskulina* sind ὁ ἔχις, ἔχεως die Natter, ὁ ὄφις, ὄφεως die Schlange.

2. die οι-*Stämme*: ἡ ἠχώ, ἠχοῦς der Widerhall;

3. ἡ ναῦς, νεώς das Schiff.

III. NEUTRA sind:

a) von den **Konsonantenstämmen:**

1. die *Dental-Stämme ohne* -ς auf -μα, -ματος: τὸ σῶμα, σώματος der Körper, und die angeschlossenen Wörter mit Gen. Sing. auf -ατος: τὸ ὕδωρ, ὕδατος das Wasser (47, 2 Neutra);

2. die *Sigma-Stämme*: τὸ γένος, γένους das Geschlecht; τὸ κρέας, κρέως das Fleisch;

 Ausnahme: *Femininum* ist ἡ αἰδώς, αἰδοῖ, die Ehrfurcht.

b) von den **Vokalstämmen:**

die ῠ-*Stämme ohne* -ς: τὸ ἄστυ, ἄστεως die Stadt.

IV. SUBSTANTIVA COMMUNIA sind:

ὁ, ἡ παῖς, παιδός	das Kind, der Knabe, das Mädche.
ὁ, ἡ ὄρνις, ὄρνῑθος	der Vogel
ὁ, ἡ τίγρις, τίγρι(δ)ος	der Tiger
ὁ, ἡ χήν, χηνός	die Gans
ὁ, ἡ ἀλεκτρυών, -όνος	der Hahn, die Henne
ὁ, ἡ σῦς, συός	das Schwein
ὁ, ἡ οἶς, οἰός	das Schaf
ὁ, ἡ βοῦς, βοός	das Rind.

§ 44   Akzentregeln in der 3. Deklination

1. Die **einsilbigen** Stämme haben im Gen. und Dat. aller Numeri den Akzent auf der Endung, z. B. ἡ αἴξ[1]) die Ziege: αἰγός, αἰγί, αἰγῶν (Zirkumflex nach 30 d 3), αἰξί(ν), (αἰγοῖν Dual: 108), aber: αἶγα, αἶγες, αἶγας.

Anm. Da dieser Akzentwechsel ursprünglich für Gen. und Dat. *aller* Wörter der 3. Dekl. galt, haben ihn auch einzelne mehrsilbige Stämme erhalten, z. B. ἡ γυνή das Weib: γυναικός, γυναικί, γυναικῶν, γυναιξί(ν).
Ausnahmen: Im Gen. Plur. (und Dual) sind Paroxytona die Wörter: ἡ δᾴς, δᾳδός die Fackel; ὁ (ἡ) παῖς, παιδός der Knabe, das Mädchen, das Kind; τὸ οὖς, ὠτός das Ohr; τὸ φῶς, φωτός das Licht; ὁ Τρώς, Τρωός der Troer; ὁ δμώς, δμωός der Sklave; also: δᾴδων, παίδων, ὤτων, φώτων, Τρώων, δμώων. (Vgl. 68, 2 Anm.)

2. Die **zwei- und mehrsilbigen** Stämme behalten den Akzent in der Regel auf *der* Silbe, die ihn im Nom. Sing. trägt (vgl. aber 30 d 1 Ausn.).

Anm. Bei den Stämmen, die neben Voll- und Dehnstufe auch die Schwundstufe in der Dekl. zeigen (R 3 b 1), z. B. πατήρ, πατέρα, πατρός, πατρί, muß sich der Akzent notgedrungen verlagern (51). Bei Sigma-, Vokal- und Diphthong-Stämmen gelten die Akzentregeln bei Kontraktion (19, 3 Anm.; 21, 2 d).

3. Der **Vok. Sing.** zeigt auch hier die Neigung, den Akzent in möglichste Nähe des Wortanfangs zu setzen (30 d 1 Ausn. 1), besonders bei häufig gebrauchten Wörtern: ὦ γύναι, ὦ Ἄπολλον, ὦ Πόσειδον, ὦ σῶτερ, ὦ πάτερ, ὦ θύγατερ, ὦ ἄνερ; ferner in zusammengesetzten Wörtern, die ja (30 d 1 Ausn. 2) möglichst auf der letzten Silbe des vorletzten Bestandteils betont werden: ὦ Ἀγάμεμνον, ὦ Δήμητερ, ὦ Δημόσθενες, ὦ Ἡράκλεις, ὦ εὔδαιμον.

§ 45   b) MUTA-STÄMME

1. Die Bildung des Nom. Sing. der Muta-Stämme ist:

sigmatisch bei den **Maskulina** und **Feminina** (außer bei den nicht endbetonten Wörtern auf -οντ- und den Eigennamen auf -ωντ-): Ἄραψ < *Ἀραβ-ς, φύλαξ < *φυλακ-ς, ἐλπίς < *ἐλπιδ-ς, γίγᾱς < *γιγαντ-ς, ὀδούς < *ὀδοντ-ς,

asigmatisch bei **nicht endbetonten Stämmen auf -οντ-** und **Eigennamen auf -ωντ-:** γέρων < *γεροντ, λέων < *λεοντ, Ξενοφῶν < *Ξενοφωντ, und bei **allen Neutra:** χρῆμα.

2. Beachte: κ, γ, χ + σ = ξ (vgl. lat. *rēg-s > rēx) (R 22 b)
π, β, φ + σ = ψ (R 22 c)
τ, δ, θ + σ = σ (vgl. lat. *salūt-s > salūs) (R 22 d).

§ 46   Guttural- oder K-Stämme[2])
Labial- oder P-Stämme

1. **Genus:** Soweit nicht das natürliche oder Gruppengeschlecht entscheidet, sind
die **Guttural-Stämme** (auf -ξ) **Feminina;**
Ausnahmen: *Maskulina* s. 43, II a 1 Ausn.
die **Labial-Stämme** (auf -ψ) **Maskulina.**
Ausnahme: *Femininum* ἡ φλέψ, φλεβός die Ader.

2. Der **Vok. Sing.** ist bei den Guttural- und Labial-Stämmen **gleich dem Nom. Sing.**
Ausnahme: ἡ γυνή, γυναικός „das Weib" bildet ὦ γύναι (< *γυναικ: R 18; Akzent: 30 d 1 Ausn. 1; 44, 3).

3. Zu ἡ γυνή „das Weib" werden alle übrigen Formen von dem Stamm γυναικ- gebildet; im Gen. und Dat. Sing. und Plur., die nach den Akzentregeln der *einsilbigen* Wörter behandelt werden (44, 1), tritt Endbetonung ein; also: γυναικός, γυναικί, γυναῖκα, ὦ γύναι
γυναῖκες, γυναικῶν, γυναιξί(ν), γυναῖκας, ὦ γυναῖκες.

---

[1]) in der Koinė αἴξ   [2]) E 29

	Guttural (κ, γ, χ)			Labial (π, β, φ)	
Stamm	φυλακ-	φαλαγγ-	θριχ-[1]	γῡπ-	Ἀραβ-
Bedeutg.	Wächter	Schlachtreihe	Haar	Geier	Araber
Sg. N.	ὁ φύλαξ	ἡ φάλαγξ	ἡ θρίξ	ὁ γύψ	ὁ Ἄραψ
G.	φύλακος	φάλαγγος	τριχός	γῡπός	Ἄραβος
D.	φύλακι	φάλαγγι	τριχί	γῡπί	Ἄραβι
A.	φύλακα	φάλαγγα	τρίχα	γῦπα	Ἄραβα
V.	φύλαξ	φάλαγξ	θρίξ	γύψ	Ἄραψ
Pl. N.V.	φύλακες	φάλαγγες	τρίχες	γῦπες	Ἄραβες
G.	φυλάκων	φαλάγγων	τριχῶν	γῡπῶν	Ἀράβων
D.	φύλαξι(ν)	φάλαγξι(ν)	θριξί(ν)	γῡψί(ν)	Ἄραψι(ν)
A.	φύλακας	φάλαγγας	τρίχας	γῦπας	Ἄραβας

[1]) Wechsel von θ mit τ: Hauchdissimilationsgesetz **R 17**.

Dental- oder T-Stämme § 47

1. Beachte hier besonders die **Lautgesetze**:
T-Laut vor -s fällt aus (**R 22d**): *ἐλπιδ-ς > ἐλπίς = lat. *laud-s > laus
Mutae am Wortende fallen ab (**R 18**): *γαλακτ > γάλα = lat. *lact > lac.

2. **Genus**: Soweit nicht das natürliche oder Gruppengeschlecht entscheidet, sind **Feminina** die Dental-Stämme mit **Nom.Sing. auf -s** (Wörter auf τ, δ, θ + s),

Feminina sind also die Wörter auf -ας (-αδος), -ης (-ητος), -ις (-ιδος, -ιτος, -ιθος), -υς (-υθος): 43 II a 2.
Anm. τὸ οὖς, ὠτός „das Ohr" und τὸ φῶς, φωτός „das Licht" sind ehemalige Sigma-Stämme (52, 1 Anm.).
Ausnahmen: *Maskulina* s. 43 II a 2 Ausn.

Neutra die Dental-Stämme mit **Nom.Sing. ohne -s** (Gen.Sing. auf -ατος; vgl. unten!).

Neutra sind die Wörter auf -μα, -ματος, z. B. τὸ σῶμα, σώματος der Körper (**E 30, 1**). Der Gen.-Ausgang -ατος wurde auf Wörter anderer Stammgruppen übertragen, die sich dadurch dieser Gruppe anschlossen:

r/n-Stämme: τὸ ὄναρ, ὀνείρατος der Traum   τὸ φρέαρ, φρέατος der Brunnen
(**E 30, 2**)   τὸ ὕδωρ, ὕδατος das Wasser   (< *φρηΐαρ : quantitative Metathese **R 7**)
   τὸ ἧπαρ, ἥπατος die Leber

s-Stämme (das -s ist also nicht Endung, sondern gehört zum Stamm wie bei οὖς und φῶς):
   τὸ τέρας, τέρατος   das Wunderzeichen
   τὸ κέρας, κέρατος   das Horn (52, 1 Anm.; 54, 1 Anm.)

u- (ŭ-) Stämme: τὸ δόρυ, δόρατος   der Speer(schaft), die Lanze
   τὸ γόνυ, γόνατος   das Knie (lat. *genū*).

3. Als **Substantiva communia** werden gebraucht:
ὁ, ἡ παῖς, παιδός das Kind, der Knabe, das Mädchen;   ὁ, ἡ ὄρνις, ὄρνιθος der Vogel.

4. **Akk.Sing. auf -ιν, -υν und Vok.Sing. auf -ι, -υ,** bilden alle nicht endbetonten Substantiva auf -ις und -υς.

Anm. Veranlaßt wurde diese Besonderheit wohl durch die Tatsache, daß die nicht endbetonten Dental-Stämme auf -ις und -υς, z. B. ἡ ἔρις der Streit, ἡ κόρυς der Helm, den Vokalstämmen (55ff., z. B. ἡ πόλις die Stadt, ὁ πέλεκυς die Axt) äußerlich, d. h. in Endung und Betonung, völlig gleichsehen; daher: ἔριν, ἔρι wie πόλιν, πόλι und κόρυν, κόρυ wie πέλεκυν, πέλεκυ.

5. Der **Vok.Sing.** ist bei den Dental-Stämmen

= **Nom.Sing.** bei allen endbetonten Wörtern und bei denen auf -ης, -ητος und -ως, -ωτος: ὦ ἐλπίς, ὦ Ἑλλάς, ὦ φιλότης, ὦ ἔρως,

= **bloßem Stamm** bei den nicht endbetonten Wörtern (außer auf -ης, -ητος und -ως, -ωτος): ὦ Ἄρτεμι, ὦ παῖ (< *πάϊδ; bei Homer noch zweisilbig πάϊς: 42, 3 Anm.).

6. **Stämme auf -κτ** verlieren das -τ- vor -σ (vgl. lat. *nox, noctis*): ἡ νύξ (< *νυκτ-ς) die Nacht, νυκτ-ός, aber νυξίν (< *νυκτ-σιν).

Wo der bloße Stamm erscheint, muß -κτ abfallen (R 18): τὸ γάλα (< *γαλακτ), γάλακτος die Milch (vgl. lat. *lac, lactis*); ὁ ἄναξ (< *ἀνακτ-ς), ἄνακτος der Herrscher; ὦ ἄνα (< *ἀνακτ); (vgl. E 28, 1 Vok.).

Stamm	ἐσθητ-	ἐλπιδ-	ὀρνῑθ-	κορυθ-	παιδ-	ποδ-	νυκτ-	σωματ-
Bedtg.	Kleid	Hoffng.	Vogel	Helm	Kind	Fuß	Nacht	Körper
Sg. N.	ἡ ἐσθής	ἡ ἐλπίς	ἡ (ὁ) ὄρνις	ἡ κόρυς	ὁ (ἡ) παῖς	ὁ πούς[1]	ἡ νύξ	τὸ σῶμα
G.	ἐσθῆτος	ἐλπίδος	ὄρνῑθος	κόρυθος	παιδός	ποδός	νυκτός	σώματος
D.	ἐσθῆτι	ἐλπίδι	ὄρνῑθι	κόρυθι	παιδί	ποδί	νυκτί	σώματι
A.	ἐσθῆτα	ἐλπίδα	ὄρνῑν	κόρυν	παῖδα	πόδα	νύκτα	σῶμα
V.	ἐσθής	ἐλπίς	ὄρνῑ	κόρυ	παῖ	–	νύξ	σῶμα
Pl. N.V.	ἐσθῆτες	ἐλπίδες	ὄρνῑθες	κόρυθες	παῖδες	πόδες	νύκτες	σώματα
G.	ἐσθήτων	ἐλπίδων	ὀρνίθων	κορύθων	**παίδων**[2]	ποδῶν	νυκτῶν	σωμάτων
D.	ἐσθῆσι(ν)	ἐλπίσι(ν)	ὄρνῑσι(ν)	κόρυσι(ν)	παισί(ν)	ποσί(ν)	νυξί(ν)	σώμασι(ν)
A.	ἐσθῆτας	ἐλπίδας	ὄρνῑθας	κόρυθας	παῖδας	πόδας	νύκτας	σώματα

[1]) Vgl. E 31   [2]) Zum Akzent vgl. 44, 1 Ausn.

Erläuterungen.

ὄνομα < *onomṇ (R 2): urspr. *n*-Stamm wie lat. *nōm*en; vgl. ὀνομαίνω < *ὀνομαν-ι̯-ω (E 30, 1). ὕδωρ (ursprünglicher *r/n*-Stamm) ist im G. ὕδατος usw. durch Analogie den *T*-Stämmen angeschlossen (E 30, 2).

§ 48 ντ-Stämme

1. Dem **Genus** nach sind alle ντ-Stämme **Maskulina**.
2. Aus der Bildung des **Nom.Sing.** ergeben sich bei den ντ-Stämmen zwei Gruppen:
   a) Wörter mit **sigmatischem Nominativ**: ὁ γίγᾱς, γίγαντος der Riese, ὁ ὀδούς, ὀδόντος der Zahn;
   b) Wörter mit **asigmatischem Nominativ**: ὁ γέρων, γέροντος der Greis, Ξενοφῶν, Ξενοφῶντος Xenophon (E 32).
3. Beachte das **Lautgesetz** (R 22 d und f): -ντ- vor -σ fällt mit Ersatzdehnung des vorhergehenden Vokals aus: -ᾰντς > -ᾱς, -οντς > -ους. Dieser Fall tritt ein im **Dat.Plur.** bei **allen** Wörtern dieser Gruppe: ἀνδριᾶσι(ν) < *ἀνδριαντ-σι(ν), γίγᾱσι(ν) < *γιγαντ-σι(ν), ὀδοῦσι(ν) < *ὀδοντ-σι(ν), γέρουσι(ν) < *γεροντ-σι(ν), im **Nom. Sing.** nur bei Wörtern mit sigmatischer Nom.-Bildung: ἀνδριᾶς < *ἀνδριαντ-ς, γίγᾱς < *γιγαντ-ς, ὀδούς < *ὀδοντ-ς.

4. Der **Vok. Sing.** ist
= **Nom. Sing.** bei den *endbetonten* Wörtern dieser Gruppe: ὦ ἀνδριάς, ὦ ὀδούς, ὦ Ξενοφῶν,
= **bloßem Stamm** bei den *nicht endbetonten* Wörtern dieser Gruppe: ὦ γίγαν, ὦ γέρον.

Stamm	ἀνδριαντ-[1])	γιγαντ-	ὀδοντ-	γεροντ-
Bedeutg.	Standbild	Riese	Zahn	Greis
Sg. N.	ὁ ἀνδριάς	ὁ γίγᾱς	ὁ ὀδούς	ὁ γέρων[3])
G.	ἀνδριάντος[1])	γίγαντος	ὀδόντος	γέροντος
D.	ἀνδριάντι	γίγαντι	ὀδόντι	γέροντι
A.	ἀνδριάντα	γίγαντα	ὀδόντα	γέροντα
V.	ἀνδριάς	γίγαν[2])	ὀδούς	γέρον[2])
Pl. N.V.	ἀνδριάντες	γίγαντες	ὀδόντες	γέροντες
G.	ἀνδριάντων	γιγάντων	ὀδόντων	γερόντων
D.	ἀνδριᾶσι(ν)	γίγᾱσι(ν)	ὀδοῦσι(ν)	γέρουσι(ν)
A.	ἀνδριάντας	γίγαντας	ὀδόντας	γέροντας

[1]) Im Att. oft ἀνδριαντ-; daher auch ἀνδριάς, ἀνδριᾶντος   [2]) < *γιγαντ, *γεροντ: **R 18**   [3]) Vgl. **E 32**

Anm. Zu Αἴας gibt es nebeneinander Vok. ὦ Αἴαν und ὦ Αἴας (**E 28, 1** Vok.).

c) LIQUIDA-STÄMME §49

1. Die Liquida-Stämme sind im Griech. in größerer Zahl nur noch durch Wörter auf -ν und -ρ vertreten; einziger λ-Stamm ist: ὁ ἅλς, ἁλός das Salz. Stämme auf -μ sind nicht vorhanden, da im Nom.Sing. -*m* > -ν wurde (**R 14**), das sich in allen Kasus durchsetzte (vgl. εἷς: **E 69**).

2. Zum **Genus** ist zu merken:
Maskulina sind die meisten Liquida-Stämme. **Feminina** s. 43 Ia 3 Ausn.
Neutra sind die Wörter auf -αρ, z. B. τὸ νέκταρ, νέκταρος der Nektar; ferner τὸ πῦρ, πυρός das Feuer. (τὸ ὕδωρ, ὕδατος „das Wasser" wird als *T*-Stamm behandelt: 47, 2 Neutra.)
Substantiva communia sind: ὁ (ἡ) χήν, χηνός die Gans, ὁ (ἡ) ἀλεκτρυών, ἀλεκτρυόνος der Hahn, die Henne.

3. Der **Nom. Sing.** ist **asigmatisch** gebildet.
Ausnahmen: ὁ δελφίς, δελφῖνος (Stamm δελφῑν-) der Delphin; ἡ ῥίς, ῥινός (St. ῥῑν-) die Nase; Σαλαμίς, Σαλαμῖνος (St. Σαλαμῑν-) Salamis; ὁ ἅλς, ἁλός das Salz; ὁ μάρτυς, μάρτυρος (St. μαρτυρ-) der Zeuge.

4. Der **Vok. Sing.** ist
= **Nom. Sing.** bei den *endbetonten* Liquida-Stämmen: ὦ ἡγεμών, ὦ αἰθήρ,
= **bloßem Stamm** bei den *nicht endbetonten* Liquida-Stämmen: ὦ δαῖμον, ὦ ῥῆτορ.

Anm. 1. ὁ μάρτυς, μάρτυρος „der Zeuge" bildet ausnahmsweise den Vok.Sing. = Nom.Sing., also ὦ μάρτυς.
Anm. 2. Ἀπόλλων, Ἀπόλλωνος „Apollon", Ποσειδῶν, Ποσειδῶνος „Poseidon", ὁ σωτήρ, σωτῆρος „der Retter" haben im Vok. Sing. Kürze des Stammauslauts (ο, ε) und verschieben gleichzeitig den Akzent gegen den Wortanfang hin (30 d 1 Ausn. 1; 44, 3): ὦ Ἄπολλον, ὦ Πόσειδον, ὦ σῶτερ. Entsprechend der Akzentregelung bei zusammengesetzten Wörtern (30 d 1 Ausn. 2) schließt sich der Akzentverschiebung auch Ἀγαμέμνων, Ἀγαμέμνονος mit der Form ὦ Ἀγάμεμνον an.
Anm. 3. Über die Vokative ὦ πάτερ, ὦ μῆτερ, ὦ θύγατερ, ὦ ἄνερ, ὦ κύον, ὦ Δήμητερ: 51.

§ 50 Regelmäßig flektierende Liquida-Stämme

1. Von den Wörtern auf -ν und -ρ zeigt ein Teil die **Dehnstufe** des Vokals der letzten Silbe **nur im Nom. Sing.**, z. B. ὁ λιμήν, λιμένος der Hafen, ὁ ἡγεμών, ἡγεμόνος der Führer, ὁ ῥήτωρ, ῥήτορος der Redner; andere führen die **Dehnstufe durch alle Kasus** durch, z. B. ὁ Ἕλλην, Ἕλληνος der Grieche, ὁ ἀγών, ἀγῶνος der Wettkampf, ὁ κρᾱτήρ, κρᾱτῆρος der Mischkrug. (Vgl. lat. *natiō, natiōnis* gegenüber *homō, hominis*!)

2. Bei den ν-Stämmen ist im Dat. Plur. scheinbar das -ν- vor -σ- ohne Ersatzdehnung geschwunden (**E 33**): λιμέσι(ν), ἡγεμόσι(ν); bei den λ- und ρ-Stämmen blieb im Dat. Plur. -λ- und -ρ- vor -σ- ausnahmsweise erhalten (212, 2e Anm. 2): ἁλσί(ν), ῥήτορσι(ν), κρᾱτῆρσι(ν).

Anm. Nur bei ὁ μάρτυς, μάρτυρος „der Zeuge" fällt das -ρ- vor -σ- wegen des vorhergehenden -ρ- aus (Dissimilation: 214, 2 b); daher *μαρτυρς > μάρτυς, *μαρτυρσι(ν) > μάρτυσι(ν).

ν-Stämme

Stamm	Ἑλλην-	ποιμεν-	ἀγων-	εἰκον-	δαιμον-
Bedeutg.	Grieche	Hirte	Wettkampf	Bild	Gottheit
Sg. N.	ὁ Ἕλλην	ὁ ποιμήν	ὁ ἀγών	ἡ εἰκών	ὁ δαίμων
G.	Ἕλληνος	ποιμένος	ἀγῶνος	εἰκόνος	δαίμονος
D.	Ἕλληνι	ποιμένι	ἀγῶνι	εἰκόνι	δαίμονι
A.	Ἕλληνα	ποιμένα	ἀγῶνα	εἰκόνα	δαίμονα
V.	Ἕλλην	ποιμήν	ἀγών	εἰκών	δαῖμον
Pl. N.V.	Ἕλληνες	ποιμένες	ἀγῶνες	εἰκόνες	δαίμονες
G.	Ἑλλήνων	ποιμένων	ἀγώνων	εἰκόνων	δαιμόνων
D.	Ἕλλησι(ν)	ποιμέσι(ν)	ἀγῶσι(ν)	εἰκόσι(ν)	δαίμοσι(ν)
A.	Ἕλληνας	ποιμένας	ἀγῶνας	εἰκόνας	δαίμονας

Erläuterung. ν der Schwundstufe εἰκν-, ποιμν- wird zwischen Kons. zu -ṇ- > gr. -α- (**R 2**); *εἰκασι(ν), *ποιμασι(ν) wird in Analogie zu allen übrigen Formen zu εἰκόσι(ν), ποιμέσι(ν) (**E 33**).

λ- und ρ-Stämme

Stamm	ἁλ-	κρᾱτηρ-	ῥητορ-	νεκταρ-
Bedeutg.	Salz	Mischkrug	Redner	Nektar
Sg. N.	ὁ ἅλς	ὁ κρᾱτήρ	ὁ ῥήτωρ	τὸ νέκταρ
G.	ἁλός	κρᾱτῆρος	ῥήτορος	νέκταρος
D.	ἁλί	κρᾱτῆρι	ῥήτορι	νέκταρι
A.	ἅλα	κρᾱτῆρα	ῥήτορα	νέκταρ
V.	ἅλς	κρᾱτήρ	ῥῆτορ	νέκταρ
Pl. N.V.	ἅλες	κρᾱτῆρες	ῥήτορες	
G.	ἁλῶν	κρᾱτήρων	ῥητόρων	
D.	ἁλσί(ν)	κρᾱτῆρσι(ν)	ῥήτορσι(ν)	
A.	ἅλας	κρᾱτῆρας	ῥήτορας	

Anm. 1. ὁ σωτήρ „der Retter" zieht im Vok.Sg. den Akzent zurück: ὦ σῶτερ (30 d 1 Ausn. 1; 44, 3).
Anm. 2. ἡ χείρ „die Hand" zeigt nur im Dat. Plur. ταῖς χερσί(ν) noch den ursprünglichen Stamm χερ-; alle übrigen Formen werden von dem Stamm χειρ- gebildet, also χειρός, χειρί, χεῖρα; χεῖρες, χειρῶν, χεῖρας.
Anm. 3. τὸ πῦρ, πυρός „das Feuer" bildet den Plural in der Bedeutung „die Wachtfeuer" nach der o-Dekl.: τὰ πυρά, τῶν πυρῶν, τοῖς πυροῖς.
Anm. 4. τὸ ἔαρ der Frühling (lat. *vēr*) hat im G. und D.Sg. neben ἔαρος, ἔαρι auch kontrahiert ἦρος, ἦρι.
Anm. 5. Ursprüngliche r-Stämme, die in die Gruppe der T-Stämme hinübergewechselt sind: 47, 2 Neutra.

Liquida-Stämme mit Ablaut (E 34) § 51

1. Die alten Verwandtschaftsnamen ὁ πατήρ „der Vater", ἡ μήτηρ „die Mutter", ἡ θυγάτηρ „die Tochter", denen sich noch ἡ γαστήρ „der Magen", ὁ ἀνήρ „der Mann", ὁ κύων „der Hund" und (als Kompositum zu μήτηρ) Δημήτηρ „Demeter" anschließen, haben innerhalb der Deklination ursprüngliche Stammablautstufen (**R 3 b 1**) bewahrt. Es treten bei ihnen auf:

Dehnstufe: πατήρ   μήτηρ   θυγάτηρ   γαστήρ   ἀνήρ   κύων   Δημήτηρ
Vollstufe: πατερ-   μητερ-   θυγατερ-   γαστερ-   ἄνερ   κύον   Δήμητερ
Schwundstufe: πατρ(α)- μητρ(α)- θυγατρ(α)- γαστρ(α)- ἀν(δ)ρ(α)- κυν-   Δημητρ-

2. Die Verteilung auf die einzelnen Kasus ist folgende:
Dehnstufe: Nom.Sing.
Vollstufe: Vok.Sing.
Schwundstufe: Gen.Sing., Dat.Sing., Dat.Plur.

Die übrigen Kasus (Akk.Sing., Nom., Gen., Akk., Vok.Plur.) bilden die Verwandtschaftsnamen (πατήρ, μήτηρ, θυγάτηρ) und γαστήρ von der Vollstufe, die anderen Wörter (ἀνήρ, κύων, Δημήτηρ) von der Schwundstufe.

Anm. 1. ὁ πατήρ, ἡ θυγάτηρ, ὁ ἀνήρ ziehen im Vok. Sing. den Akzent zurück: ὦ πάτερ, ὦ θύγατερ, ὦ ἄνερ (30 d 1 Ausn. 1; 44, 3).
Anm. 2. ὁ ἀστήρ, ἀστέρος „der Stern" hat nur im Dat. Plur. die Schwundstufe (mit Vokalentfaltung: **R 2**) beibehalten, also τοῖς ἀστράσι(ν).
Anm. 3. Δημήτηρ zieht den Akzent soweit, wie möglich, zurück (Akzent bei Komposita: 30 d 1 Ausn. 2) und hat auch im Akk. Schwundstufe: Δήμητρος, Δήμητρι, Δήμητρα, ὦ Δήμητερ.
Anm. 4. (ἡ) γαστήρ „(der) Magen" wird genau wie πατήρ dekliniert.

Stamm	πατερ-: πατρ-	μητερ-: μητρ-	θυγατερ-: θυγατρ-	ἀνερ-: ἀνδρ-	κυον-: κυν-
Bedeutg.	Vater	Mutter	Tochter	Mann	Hund
Sg. N. G. D. A. V.	ὁ πατήρ πατρός πατρί πατέρα πάτερ	ἡ μήτηρ μητρός μητρί μητέρα μῆτερ	ἡ θυγάτηρ θυγατρός θυγατρί θυγατέρα θύγατερ	ὁ ἀνήρ ἀνδρός ἀνδρί ἄνδρα ἄνερ	ὁ κύων κυνός κυνί κύνα κύον
Pl. N.V. G. D. A.	πατέρες πατέρων πατράσι(ν) πατέρας	μητέρες μητέρων μητράσι(ν) μητέρας	θυγατέρες θυγατέρων θυγατράσι(ν) θυγατέρας	ἄνδρες ἀνδρῶν ἀνδράσι(ν) ἄνδρας	κύνες κυνῶν κυσί(ν) κύνας

Erläuterungen. Dat.Pl. der ρ-Stämme: in der Schwundstufe wird der Stammauslaut -r- zwischen Kons. zu -r̥- > gr. -ρα- (**R 2**); daher πατράσι(ν) usw.
Schwundstufe von ἀνερ- ist *ἀνρ > ἀνδρ- (Übergangslaut δ: 215; E 34).

§ 52 d) SIGMA-STÄMME

1. Die σ-Stämme umfassen Wörter auf -εσ-, -ασ-, -οσ-.

Anm. τὸ οὖς, ὠτός „das Ohr" und τὸ φῶς, φωτός „das Licht" (Gen.Pl. ὤτων, φώτων: 44, 1 Ausn.), ursprünglich σ-Stämme, sind in die Gruppe der *T*-Stämme hinübergewechselt; ebenso τὸ τέρας, τέρατος „das Wunderzeichen" und, nur in der Bedeutung „das Horn", τὸ κέρας, κέρατος (47, 2 Neutra; 54, 1 m. Anm.); ὁ μῦς, μυός „die Maus", ebenfalls ursprünglich σ-Stamm (vgl. lat. *mūs, mūris*!) geriet durch Ausfall des intervokalischen -*s*- (R 16) in die Gruppe der vokalischen Stämme (56, 1; E 37).

2. Da ja, mit Ausnahme des Dat.Plur., alle Kasusendungen der 3. Dekl. mit Vokal beginnen, stand der Stammauslaut -σ- zumeist zwischen zwei Vokalen und fällt somit im Griech. aus (R 16). Die dadurch zusammentreffenden Vokale werden kontrahiert (R 8; 21, 2 d).

3. **Genus**: Alle Sigma-Stämme sind **Neutra**, ausgenommen ἡ αἰδώς „die Ehrfurcht" und Wörter mit natürlichem Geschlecht.

4. Der **Nom.Sing.** wird **asigmatisch** gebildet, da schon der Stamm auf -σ- endigt.

5. Der **Vok.Sing.** ist dem **bloßen Stamm** gleich.

§ 53 Stämme auf -εσ-

1. Zu dieser Gruppe gehören:

die **Neutra auf -ος**: τὸ γένος, γένους (< *γενεσ-ος) „das Geschlecht" und

die **Eigennamen auf -ης**, die mit σ-Stämmen zusammengesetzt sind: Σωκράτης, Σωκράτους (< *Σωκρατεσ-ος).

Anm. Als zweiter Bestandteil dieser zusammengesetzten Eigennamen sind folgende Neutra gebraucht: τὸ γένος das Geschlecht, τὸ κλέ(ϝ)ος (E 35) der Ruhm, τὸ κράτος die Macht, τὸ μένος die Kraft (der Mut), τὸ μῆδος der Rat (die Klugheit), τὸ νεῖκος der Zwist, der Kampf, τὸ σθένος die Kraft, τὸ τέλος das Ende, das Ziel; außerdem der Stamm φανεσ- sich erweisen. Vergleiche die Bildung von Eigennamen im Griech. und im Altdt.: Θρασυμήδης = *Kuonrat*, Δαμοκλῆς = *Volkmar*, Δημοκράτης = *Dietrich* usw.

2. Der **Nom.Sing.** zeigt bei den *Neutra* den *o-Ablaut* des Stammes, z. B. γέν**ος**: γενεσ-, bei den *Eigennamen* die *e-farbige Dehnstufe* des Stammes, z. B. Σωκράτ**ης**: Σωκρατεσ-.

3. Der **Vok.Sing.** der Neutra ist stets gleich dem Nom. (30b); bei den Eigennamen auf -ης, die mit einem σ-Stamm zusammengesetzt sind, ist er gleich dem bloßen Stamm. Der Akzent wird (30 d 1 Ausn. 2) möglichst auf die letzte Silbe des ersten Bestandteils verschoben: ὦ Σώκρατες, ὦ Δημόσθενες, ὦ Ἡράκλεις (< *Ἡρακλεϝες).

Stamm	γενεσ-		Σωκρατεσ-		Περικλεεσ- (E 35)	
Bedeutg.	Geschlecht		Sokrates		Perikles	
Sg. N.	τὸ γένος		Σωκράτης	(Dehnstufe!)	Περικλῆς	(< Περικλέης)
G.	γένους	(< *γένεσος)	Σωκράτους	(< *Σωκράτεσος)	Περικλέους	(< *Περικλέεσος)
D.	γένει	(< *γένεσι)	Σωκράτει	(< *Σωκράτεσι)	Περικλεῖ	(< *Περικλέεσι)
A.	γένος		Σωκράτη	(< *Σωκράτεσα)	Περικλέᾱ	(< *Περικλέεσα)
V.	γένος		Σώκρατες		Περίκλεις	(< Περίκλεες)
Pl. N.V.	γένη [1]	(< *γένεσα)				
G.	γενῶν	(< *γενέσων)				
D.	γένεσιν [1]	(< *γένεσσι)				
A.	γένη [1]	(< *γένεσα)				

[1] E 35

Erläuterungen.

γένος verhält sich zu *γενεσ-ος > hom. γένεος (R 16) > att. γένους (R 8 b 1) wie lat. *gen*os* > gen*us* zu *gen*es-is* >gen*eris*. Dat. Pl. γένεσι(ν) < hom. γένεσ-σι(ν) (R 22 e).
-κλῆς < -κλέης (R 8 a) < *-κλεϝης (R 13). — -κλέους < *-κλεεος (R 8 b 1) < *-κλεϝεσος (R 13, R 16.) — -κλεῖ < -κλέει (R 8 a) < *-κλεεϊ (196 c 1 α) < *κλεϝεσι (R 13, R 16). — -κλέα < -κλέη (R 1) < *-κλεεᾰ (R 8 b 2) < *-κλεϝεσα (R 13, R 16). — τὰ ὄρη entgegen R 1: vgl. E 35.

Anm. 1. Die Eigennamen auf -ης (ohne die auf -κλῆς!) bilden in Analogie zu den Mask. der *a*-Dekl. (z. B. Ἀτρείδης) den Akk.Sing. auch auf -ην: neben Σωκράτη findet sich also, parallel zu Ἀτρείδην, auch Σωκράτην.

Anm. 2. Ἄρης „(der Kriegsgott) Ares" dekliniert: Ἄρεως (< Ἄρηος: R 7), Ἄρει, Ἄρη, ὦ Ἄρες.

Stämme auf -ασ- und -οσ- §54

1. Stamm auf -ας haben die vier Wörter:

| τὸ κρέας, κρέως | das Fleisch | τὸ γῆρας, γήρως | das Greisenalter |
| τὸ κέρας, κέρως | der Heeresflügel | τὸ γέρας, γέρως | die Ehrengabe. |

Anm. τὸ κέρας ist in der Bedeutung „das Horn" in die Klasse der *T*-Stämme hinübergewechselt (47, 2 Neutra), bildet also in dieser Bedeutung Gen. τοῦ κέρατος usw.

2. Stamm auf -ος hat ἡ αἰδώς, αἰδοῦς die Ehrfurcht.

Anm. ἡ ἕως „die Morgenröte" ist in die att. Dekl. der *o*-Stämme übergegangen (35 Anm.; E 24, 2), jedoch unter Beibehaltung des ursprünglichen Akk.Sing. τὴν ἕω (ohne -ν); die Deklination lautet also: ἕως, ἕω, ἕῳ, ἕω; bei Homer ist es noch reiner σ-Stamm: ἡ ἠώς, ἠοῦς, ἠοῖ, ἠῶ.

Stamm	κρεασ-	αἰδοσ- : αἰδωσ-
Bedeutg.	Fleisch	Ehrfurcht
Sg. N.	τὸ κρέας	ἡ αἰδώς (Dehnstufe!)
G.	κρέως (< *κρέασος)	αἰδοῦς (< *αἰδόσος)
D.	κρέᾳ (< *κρέασι)	αἰδοῖ (< *αἰδόσι)
A.	κρέας	αἰδῶ (< *αἰδόσα)
V.	—	αἰδώς[1]
Pl. N.V.	κρέᾱ (< *κρέασα)	
G.	κρεῶν (< *κρεάσων)	
D.	κρέασι(ν) (< *κρέασσιν)	
A.	κρέᾱ (< *κρέασα)	

[1]) E 36

Erläuterung.

αἰδώς, *αἰδόσος > αἰδός (R 16) > αἰδοῦς (R 8 a) wie alat. hon*ōs* (> hon*or*), *hon*ōsis* > hon*ōris*, im Lat. aber Dehnstufe (R 3 b 1) durch *alle* Kasus.

e) VOKALISCHE STÄMME §55

1. Der **Nom. Sing.** der vokalischen Stämme wird **sigmatisch** gebildet. **Asigmatisch** (wie alle Neutra: 42, 2) sind die **Neutra** auf -υ und die Stämme auf -οι-, wie ἡ ἠχώ der Widerhall.

2. Der **Akk.Sing. und Plur.** schließt sich bei den reinen Vokalstämmen an die von der *o*- und *a*-Dekl. her bekannten Erscheinungsformen des Akk. Sing. auf -ν < -*m* (R 14) und

des Akk. Plur. auf -ς mit Ersatzdehnung < -ns (R 22 f) an; βοῦς und ναῦς wurden angeglichen. (Die anderen diphthongischen Stämme und ihre Besonderheiten: 59 ff.)

3. Der **Vok.Sing.** wird bei den Vokalstämmen durch den **bloßen Stamm** gebildet: ὦ πόλι, ὦ Ἐρῑνύ, ὦ βασιλεῦ, ὦ ἠχοῖ.

Ausnahme: ὁ ἥρως „der Held" bildet Vok.Sing. = Nom.Sing., also ὦ ἥρως (42, 3 Anm.).

§ 56   Stämme auf -ū-

1. Dem **Genus** nach sind die ū-Stämme, soweit nicht natürliches Geschlecht entscheidet (z. B. ἡ Ἐρῑνύς, Ἐρῑνύος die Rachegöttin, ἡ δρῦς, δρυός die Eiche, ἡ πίτυς, πίτυος die Fichte), meist **Maskulina,** so ὁ ἰχθῦς, ἰχθύος der Fisch, ὁ μῦς, μυός die Maus (E 37), ὁ βότρυς, βότρυος die Traube.

[Ausnahmen: *Feminina:* 43 I b 1.

Substantiva communia sind: ὁ (ἡ) σῦς, συός das Schwein, ὁ (ἡ) οἶς, οἰός das Schaf.

Anm. ὁ (ἡ) οἶς das Schaf, entstanden aus *ὄϝις (= lat. *ovis*), hat in allen Kasus οἰ-, also: οἶς, οἰός, οἰί, οἶν; οἶες, οἰῶν, οἰσί(ν), οἶς (< *ὄϝινς).

2. **Langes -ū-** haben nur endbetonte Wörter und nur vor Konsonant oder im Auslaut; sonst erscheint überall kurzes -ŭ-, regelwidrig auch im Dat.Plur. (E 37). Der Akk. Plur. zeigt überall langes -ū- (weil durch Ersatzdehnung aus *-υνς entstanden; E 37).

Stamm	ἰχθῡ- Fisch	σῡ- Schwein	Ἐρῑνῡ- Rachegöttin
Sg. N.	ὁ ἰχθῦς	ὁ (ἡ) σῦς	ἡ Ἐρῑνύς
G.	ἰχθύος	συός	Ἐρῑνύος
D.	ἰχθύϊ	συΐ	Ἐρῑνύϊ
A.	ἰχθῦν	σῦν	Ἐρῑνύν
V.	ἰχθῦ	σῦ	Ἐρῑνύ
Pl. N.V.	ἰχθύες	σύες	Ἐρῑνύες
G.	ἰχθύων	συῶν	Ἐρῑνύων
D.	ἰχθύσι(ν)	συσί(ν)	Ἐρῑνύσι(ν)
A.	ἰχθῦς	σῦς	Ἐρῑνῦς

Merke:

Der **Akzent** richtet sich im **Akk. und Vok.Sing.** stets nach dem **Nom.Sing.**:

ἰχθῦς   Ἐρῑνύς
ἰχθῦν   Ἐρῑνύν
ἰχθῦ   Ἐρῑνύ.

Der **Akk.Plur.** trägt bei endbetonten Wörtern stets **Zirkumflex**: τοὺς ἰχθῦς, aber auch τὰς Ἐρῑνῦς.

Erläuterungen.

σῦς : συός = lat. *sūs : suis*. — μῦς : μυός = lat. *mūs : mūris*. — Akk.Pl. immer -ῦς: auch -ύνς > -ῦς (R 22 f).

Stämme auf -ĭ- und -ŭ- mit Ablaut (E 38) § 57

1. **Genus:** **ĭ-Stämme** sind **Feminina**: ἡ πόλις die Stadt,
 ŭ-Stämme sind **Maskulina, wenn sigmatisch**: ὁ πῆχυς der Ellenbogen,
 Neutra, wenn asigmatisch: τὸ ἄστυ die Stadt.

Anm. Maskulina sind: ausnahmsweise ὁ ἔχις, ἔχεως die Natter, ὁ ὄφις, ὄφεως die Schlange; nach dem natürlichen Geschlecht: ὁ μάντις, μάντεως der Seher.

Stamm	πολι- : πολε(ι̯)- : πολη(ι̯)-	πρᾱξι- : πρᾱξε(ι̯)- : πρᾱξη(ι̯)-	πηχυ- : πηχε(ϝ)- : πηχη(ϝ)-	ἀστυ- : ἀστε(ϝ)- : ἀστη(ϝ)-
Bedeutg.	Stadt	Handlung	Ellenbogen	Stadt
Sg. N.	ἡ πόλις	ἡ πρᾶξις	ὁ πῆχυς	τὸ ἄστυ
G.	πόλεως (< πόληος)	πρᾱξεως	πήχεως	ἄστεως
D.	πόλει (< πόλεϊ)	πρᾱξει	πήχει	ἄστει
A.	πόλιν	πρᾶξιν	πῆχυν	ἄστυ
V.	πόλι	πρᾶξι	πῆχυ	ἄστυ
Pl. N.V.	πόλεις (< *πολεϊες)	πρᾱξεις	πήχεις (< *πηχεϝες)	ἄστη (< *ἀστεϝα)
G.	πόλεων (< *πολεϊ̯ων)	πρᾱξεων	πήχεων (< *πηχεϝων)	ἄστεων (< *ἀστεϝων)
D.	πόλεσι(ν)	πρᾱξεσι(ν)	πήχεσι(ν)	ἄστεσι(ν)
A.	πόλεις (< *πολενς)	πρᾱξεις	πήχεις (< *πηχενς)	ἄστη

Erläuterungen.

	Vollstufe und Nebenform (R 12, R 13)		Dehnstufe	Schwundstufe
ĭ-Stämme:	-ει	-ε(ι̯) + Vokal	-η(ι̯) + Vok.	-ι
ŭ-Stämme:	-ευ	-ε(ϝ) + Vokal	-η(ϝ) + Vok.	-υ

Schwundstufe: πόλι-ς, πόλι-ν, πόλι — πῆχυ-ς, πῆχυ-ν, πῆχυ und ἄστυ
Vollstufe: πόλει (< *πολεϊ-ι), N. πόλεις (< *πολεϊ-ες), πόλεων (< *πολεϊ̯-ων) — πήχει (< *πηχεϝ-ι), N. πήχεις (< *πηχεϝ-ες), πήχεων (< *πηχεϝ-ων); ebenso ἄστει, ἄστη (< *ἀστεϝ-α), ἄστεων
Dehnstufe: πόλεως (< hom. πόλη-ος: R 7)
Analogie: πόλε-σι(ν), A. πόλεις (< *πολε-νς: R 22 f) — πήχεως (nach den ĭ-Stämmen z. B. πόλεως), πήχε-σι(ν), A. πήχεις (< *πηχε-νς); ebenso ἄστεως, ἄστε-σι(ν).

Anm. 1. Zu dem nur in den drei Formen πρέσβυς, πρέσβυν, πρέσβυ „der alte Mann" vorkommenden Sing. wird zwar regulär πρέσβεις, πρέσβεων, πρέσβεσι(ν) gebildet, der Plur. bedeutet aber „die Gesandten"; im Sing. heißt „der Gesandte" ὁ πρεσβευτής, πρεσβευτοῦ (nach der a-Dekl. wie δικαστής).

Anm. 2. Von dem υ-Stamm υἱυ- ist ὁ υἱός „der Sohn" abzuleiten, das aber dann in die o-Dekl. hinübergewechselt ist. Von den ursprünglichen Formen des υ-Stammes, der abgelautet υἱε- heißt, finden sich noch: τοῦ υἱέος, τῷ υἱεῖ; οἱ υἱεῖς, τῶν υἱέων, τοῖς υἱέσι(ν), τοὺς υἱεῖς, ὦ υἱεῖς.

Diphthongische Stämme § 58

Vertreten sind die Diphthonge ευ, ου, αυ, ferner οι und ωυ (ωϝ) in folgenden Wortgruppen:

1. **Substantiva auf -εύς**: ὁ βασιλεύς der König,
2. **Substantiva auf -ώ** (< *-ōi): Καλυψώ (die Nymphe) Kalypso,
3. **Substantiva auf -ως** (< *-ōus): ὁ ἥρως der Held,
4. **Einzelwörter**: ὁ (ἡ) βοῦς das Rind, ἡ ναῦς das Schiff, Ζεύς Zeus.

§ 59   1. Substantiva auf -εύς (E 39)

Die Substantiva auf -εύς sind **Maskulina** und im **Nom. Sing. endbetont**.

Stamm	βασιληυ- > βασιληϝ- (v. Vok.) bzw. βασιλευ- (v. Kons.) König	
Numerus	Singular	Plural
Nom.	ὁ βασιλεύς	οἱ βασιλῆς (< βασιλῆες)
Gen.	βασιλέως (< βασιλῆος)	βασιλέων (< βασιλήων)
Dat.	βασιλεῖ (< βασιλῆϊ)	βασιλεῦσι(ν)
Akk.	βασιλέᾱ (< βασιλῆα)	βασιλέᾱς (< βασιλῆας)
Vok.	βασιλεῦ	βασιλῆς

Erläuterungen.

Vollstufe: ευ: βασιλεῦ (Vok.Sg.)
Dehnstufe: ηυ > ευ (vor Kons.: R 4): βασιλεύς, βασιλεῦσι(ν)
  ηυ > η(ϝ) (vor Vok.: R 13): *βασιληϝ-ος > hom. βασιλῆος > βασιλέως (R 7)
              *βασιληϝ-α > hom. βασιλῆα > βασιλέᾱ (R 7)
              *βασιληϝ-ες > hom. βασιλῆες > βασιλῆς (R 8)
              *βασιληϝ-ων > hom. βασιλήων > βασιλέων (R 6)
              *βασιληϝ-ας > hom. βασιλῆας > βασιλέᾱς (R 7)
Analogie: nach dem ε der anderen Kasus auch βασιλεῖ (trotz hom. βασιλῆϊ < *βασιληϝ-ι).

Anm. 1. Wörter auf -εύς mit vorhergehendem Vokal kontrahieren diesen oft im Gen. und Akk. Sing. und Plur. mit dem Stammbildungssuffix, so
  ὁ Πειραιεύς der Piräus: τοῦ Πειραιέως oder Πειραιῶς,   τὸν Πειραιέᾱ oder Πειραιᾶ
  ὁ Δωριεύς der Dorer: τῶν Δωριέων oder Δωριῶν,   τοὺς Δωριέᾱς oder Δωριᾶς.

Anm. 2. Zu den Mask. auf -εύς wurden **Fem. auf -εια** (entstanden aus *-εϝϳα) gebildet, z. B.
  ὁ βασιλεύς der König: ἡ βασίλεια die Königin, ὁ ἱερεύς der Priester: ἡ ἱέρεια die Priesterin.

Anm. 3. Für den **Nom.Plur.** in der lautgesetzlich regelrechten Form βασιλῆς kommt ab 375 v.Chr. die Form βασιλεῖς auf (vermutlich Analogie: ἡδέων : ἡδεῖς = βασιλέων : βασιλεῖς); seit 325 v.Chr. allein gebräuchlich.

§ 60   2. Substantiva auf -ώ (E 40)

Die οι-Stämme, d. h. die **Wörter auf -ώ**, sind **Feminina und endbetont**; sie kommen **nur im Singular** vor; neben ἡ ἠχώ „der Widerhall" und ἡ πειθώ „die Überredung" sind es meist weibliche Eigennamen wie Καλυψώ, Λητώ, Σαπφώ.

Stamm	ἠχοϳ- : ἠχωι- Widerhall		Καλυψοϳ- : Καλυψωι- Kalypso	
Sg. N.	ἡ ἠχώ	(< *ἠχώι)	Καλυψώ	(< *Καλυψώι)
G.	ἠχοῦς	(< *ἠχόϳος)	Καλυψοῦς	(< *Καλυψόϳος)
D.	ἠχοῖ	(< *ἠχόϳι)	Καλυψοῖ	(< *Καλυψόϳι)
A.	ἠχώ	(< *ἠχόϳα)	Καλυψώ	(< *Καλυψόϳα)
V.	ἠχοῖ		Καλυψοῖ	

Erläuterungen.

Vollstufe οι: ἠχοῖ (Vok. Sg.); vor Vokal > ο(ϳ) (R 12): *ἠχοϳ-ος > ἠχόος > ἠχοῦς (R 8 a); *ἠχοϳ-ι > ἠχόι > ἠχοῖ (196 c 1 a); *ἠχοϳ-α > ἠχόα > ἠχώ (Akz.Analogie zum N.Sg. gegen 21, 2 d)
Dehnstufe ωι: N. Sg. ἠχώ (< *ἠχωι).

3. Substantiva auf -ως (E 41) §61

Die wenigen ωυ-Stämme mit Nom. auf -ως sind **Maskulina**: ὁ ἥρως der Held, ὁ πάτρως der Oheim (väterlicherseits), ὁ μήτρως der Oheim (mütterlicherseits) u. a.

Stamm	ἡρωυ-: ἡρω(ϝ)- Held			
Numerus	Singular		Plural	
Nom.	ὁ ἥρως		οἱ ἥρωες	(< *ἡρωϝ-ες)
Gen.	ἥρωος	(< *ἡρωϝ-ος)	ἡρώων	(< *ἡρωϝ-ων)
Dat.	ἥρωϊ	(< *ἡρωϝ-ι)	ἥρωσι(ν)	
Akk.	ἥρωα	(< *ἡρωϝ-α)	ἥρωας	(< *ἡρωϝ-ας)
Vok.	ἥρως		ἥρωες	

Erläuterung. ωυ (vor Vok.) > ωϝ > ω (R 13): *ἡρωϝ-ος > ἥρωος usw.

Anm. 1. Im Dat. und Akk. Sing. und Plur. kommen auch die kontrahierten Formen τῷ ἥρῳ, τὸν ἥρω, τοὺς ἥρως vor (R 8 b 1).

Anm. 2. Der Gen. Plur. von ὁ Τρώς „der Troer" und ὁ δμώς „der Sklave" ist ausnahmsweise (44, 1 Ausn.) nicht endbetont, lautet also τῶν Τρώων, τῶν δμώων.

4. Einzelwörter: βοῦς, ναῦς, Ζεύς (E 42) §62

Stamm	βου-: βο(ϝ)- Rind		ναυ-: νη(ϝ)- Schiff		Διηυ-: Διευ-: Δι(ϝ)- Zeus	
Sg. N.	ὁ (ἡ) βοῦς		ἡ ναῦς		Ζεύς	(< *Διηυ-ς)
G.	βοός	(< *βοϝ-ος)	νεώς	(< *νηϝ-ος)	Διός	(< *Διϝ-ος)
D.	βοΐ	(< *βοϝ-ι)	νηΐ	(< *νηϝ-ι)	Διί	(< *Διϝ-ι)
A.	βοῦν		ναῦν		Δία	(< *Διϝ-α)
V.	βοῦ		—		Ζεῦ	(< *Διευ)
Pl. N.V.	βόες	(< *βοϝ-ες)	νῆες	(< *νηϝ-ες)		
G.	βοῶν	(< *βοϝ-ων)	νεῶν	(< *νηϝ-ων)		
D.	βουσί(ν)		ναυσί(ν)			
A.	βοῦς		ναῦς			

Erläuterungen.

βοῦς: *Vollstufe* βου-: V.Sg. βοῦ, D.Pl. βου-σί — vor Vok. βο(ϝ)-: *βοϝ-ος > βοός usw. (ohne Kontraktion: trotz 196 b 4 Anm.); vgl. lat. *bov-is* usw.; *Analogie* (nach N.Sg. βοῦς): A.Sg. βοῦν, A.Pl. βοῦς.

ναῦς: Stamm ναυ- (vgl. lat. *nāvis*)
vor Kons. > ναυ- (R 4): N.Sg. ναῦς, D.Pl. ναυσί; *Analogie* (nach N.Sg. ναῦς): A.Sg. ναῦν, A.Pl. ναῦς
vor Vok. > ναϝ- > ion.-att. νη(ϝ)- (R 1); also *νηϝ-ος> νηός (R 13) > νεώς (R 7), *νηϝ-ι> νηΐ (R 13), *νηϝ-ες > νῆες (R 13), *νηϝ-ων > νηῶν (R 13) > νεῶν (R 6): alle ohne Kontraktion (196 b 4 Anm.).

Ζεύς: *Vollstufe* (d̯i̯ēu-): Vok. Ζεῦ — *Dehnstufe* (d̯i̯ēu-): *Ζηυς > Ζεύς (R 4) — *Schwundstufe* (di̯u-: 192 b 1 Anm. 1): *Δι(ϝ)-ός, Δι(ϝ)-ί, Δί(ϝ)-α (R 13).

Anm. Diese drei Wörter gehören zu den in der griech. Sprache nur noch in geringer Zahl erhaltenen **Wurzelnomina** (27), die ohne Stammbildungssuffix gebildet sind.

III. Das Adjektivum

1. DEKLINATION DES ADJEKTIVS

§ 63 a) EINTEILUNG

1. Das Griechische hat (wie das Lat.)
    a) **drei**endige Adjektiva, die für jedes Genus eine eigene Form bilden,
    b) **zwei**endige Adjektiva, die für Maskulinum und Femininum eine gemeinsame und für das Neutrum eine eigene Form bilden,
    c) **ein**endige Adjektiva, die nur für Personen gebraucht werden und daher ohne Neutrum sind, für Mask. und Fem. aber nur eine gemeinsame Form haben (einige bilden sogar nur das Femininum, z. B. Ἑλληνίς griechisch).

Anm. Über den Gebrauch einzelner Adjektiva als drei- *und* zweiendig: 65, 3 Anm. 1.

2. Nach der Zugehörigkeit zu den einzelnen Deklinationen ergeben sich die Gruppen:
    a) aus **o- und a-Dekl.** kombinierte Adjektiva: sie sind dreiendig und bilden Mask. und Neutr. von der *o*-Dekl., das Fem. von der *a*-Dekl. (stets -ᾱ);
    b) **nur der o-Dekl.** angehörige Adjektiva: sie sind zweiendig und bilden eine gemeinsame Form für Mask./Fem. und eine Form fürs Neutr., beide von der *o*-Deklination;
    c) aus **3. und a-Dekl.** kombinierte Adjektiva: sie sind dreiendig und bilden Mask. und Neutr. von der 3. Dekl., das Fem. von der *a*-Dekl. (stets -ᾰ);
    d) **nur der 3. Dekl.** angehörige Adjektiva: sie sind zwei- oder einendig und bilden ihre beiden bzw. ihre eine Form nach der 3. Deklination.

Anm. **Einendige** Adjektiva gibt es demnach **nur** in der 3. Deklination.

§ 64 b) ADJEKTIVA DER *o*- UND *a*-DEKLINATION

Dreiendige Adjektiva

1. Die dreiendigen Adjektiva der *o*- und *a*-Dekl. bilden das Mask. auf -ος, das Fem. auf -η bzw. nach ε, ι[1]), ρ auf -ᾱ (**R 1**), das Neutr. auf -ον (**E 43**).

a) ἀγαθός, ἀγαθή, ἀγαθόν	gut	ἴσος, ἴση, ἴσον	gleich
δῆλος, δήλη, δῆλον	offenbar	ἕτοιμος, ἑτοίμη, ἕτοιμον	bereit
b) νέος, νέᾱ, νέον	neu, jung	δίκαιος, δικαίᾱ, δίκαιον	gerecht
παλαιός, παλαιά, παλαιόν	alt	λαμπρός, λαμπρά, λαμπρόν	glänzend
θεῖος, θείᾱ, θεῖον	göttlich	ἐλεύθερος, ἐλευθέρᾱ, ἐλεύθερον	frei
πατρῷος, πατρῴᾱ, πατρῷον	väterlich		
c) ἁθρόος, ἁθρόᾱ, ἁθρόον	versammelt (Ausn.: s. S. 182[1])		

2. Die **Partizipien** des Med. und Pass. auf -μενος, -μένη, -μενον werden wie Adjektiva dieser Gruppe behandelt: παιδευόμενος, παιδευομένη, παιδευόμενον (zu παιδεύω ich erziehe).

3. Die **Deklination** entspricht in Form und Akzentuierung derjenigen der Subst. auf -ος, -η (-ᾱ), -ον der *o*- und *a*-Dekl. mit der einzigen **Ausnahme**, daß im **Nom. und Gen. Plur.** das Mask., Fem. und Neutr. gleichen Akzent haben (**E 43**), also:

---

[1]) Auch ι subscriptum! Daß auch hier das ι ursprünglich gesprochen wurde und damit als Laut wirksam war, beweist der Umstand, daß es im Att. die Rückverwandlung des ion. η in α (die nur nach ε, ι, ρ erfolgen konnte: **R 1**) zu bewirken vermochte, z. B. in πατρῴα (f.).

	Nom. Sing.		Nom. Plur.	Gen. Plur.
Mask.	ἕτοιμος		ἕτοιμοι	ἑτοίμων
Fem.	ἑτοίμη	aber	ἕτοιμαι	ἑτοίμων (trotz Kontraktion aus -άων)
Mask.	ἀνδρεῖος		ἀνδρεῖοι	ἀνδρείων
Fem.	ἀνδρεία	aber	ἀνδρεῖαι	ἀνδρείων.

4. **Deklinationsbeispiele:** καλός schön, δῆλος offenbar, νέος neu, jung, θεῖος göttlich, ἐλεύθερος frei

Genus	Mask.	Fem.	Neutr.	Mask.	Fem.	Neutr.	Mask.	Fem.	Neutr.
Stamm	καλο-	καλᾱ-	καλο-	δηλο-	δηλᾱ-	δηλο-	νεο-	νεᾱ-	νεο-
Sg. N.	καλός¹⁾	καλή	καλόν	δῆλος	δήλη	δῆλον	νέος	νέᾱ	νέον
G.	καλοῦ	καλῆς	καλοῦ	δήλου	δήλης	δήλου	νέου	νέᾱς	νέου
D.	καλῷ	καλῇ	καλῷ	δήλῳ	δήλῃ	δήλῳ	νέῳ	νέᾳ	νέῳ
A.	καλόν	καλήν	καλόν	δῆλον	δήλην	δῆλον	νέον	νέᾱν	νέον
V.	καλέ	καλή	καλόν	δῆλε	δήλη	δῆλον	νέε	νέᾱ	νέον
Pl. N.V.	καλοί	καλαί	καλά	δῆλοι	**δῆλαι**	δῆλα	νέοι	νέαι	νέα
G.	καλῶν	καλῶν	καλῶν	δήλων	**δήλων**	δήλων	νέων	**νέων**	νέων
D.	καλοῖς	καλαῖς	καλοῖς	δήλοις	δήλαις	δήλοις	νέοις	νέαις	νέοις
A.	καλούς	καλάς	καλά	δήλους	δήλᾱς	δῆλα	νέους	νέᾱς	νέα

¹⁾ hom. καλός: 202, 2 β

Erläuterung. (*νεϝ-ος >) νέ-**ος**, νέ-**ᾱ**, νέ-**ον** (R 13 b), vgl. lat. *nov*-us (< -*os*), *nov*-a, *nov*-um (<-*om*).

Genus	Mask.	Fem.	Neutr.	Mask.	Fem.	Neutr.
Stamm	θειο-	θειᾱ-	θειο-	ἐλευθερο-	ἐλευθερᾱ-	ἐλευθερο-
Sg. N.	θεῖος	θείᾱ	θεῖον	ἐλεύθερος	ἐλευθέρᾱ	ἐλεύθερον
G.	θείου	θείᾱς	θείου	ἐλευθέρου	ἐλευθέρᾱς	ἐλευθέρου
D.	θείῳ	θείᾳ	θείῳ	ἐλευθέρῳ	ἐλευθέρᾳ	ἐλευθέρῳ
A.	θεῖον	θείᾱν	θεῖον	ἐλεύθερον	ἐλευθέρᾱν	ἐλεύθερον
V.	θεῖε	θείᾱ	θεῖον	ἐλεύθερε	ἐλευθέρᾱ	ἐλεύθερον
Pl. N.V.	θεῖοι	**θεῖαι**	θεῖα	ἐλεύθεροι	**ἐλεύθεραι**	ἐλεύθερα
G.	θείων	**θείων**	θείων	ἐλευθέρων	**ἐλευθέρων**	ἐλευθέρων
D.	θείοις	θείαις	θείοις	ἐλευθέροις	ἐλευθέραις	ἐλευθέροις
A.	θείους	θείᾱς	θεῖα	ἐλευθέρους	ἐλευθέρᾱς	ἐλεύθερα

Merke: Nom.Plur. und Gen.Plur. haben jeweils im Mask. Fem. Neutr. stets gleichen Akzent.

§ 65 Zweiendige Adjektiva (E 44)

1. Die zweiendigen Adjektiva der *o*-Dekl. bilden für Mask. und Fem. eine gemeinsame Form auf -ος, für das Neutr. die Form auf -ον.
2. Zweiendige Adjektiva sind:
   a) fast alle **zusammengesetzten Adjektiva,** auch die mit „α privativum" (191 d 2):
   ὑπ-ήκοος, ὑπήκοον   untertan   ἄ-πιστος, ἄπιστον   treulos
   καρπο-φόρος, καρποφόρον fruchtbar   ἄν-υδρος, ἄνυδρον   wasserlos (vgl. 33,3c)
   ἀγρ-οῖκος, ἀγροῖκον ländlich

   Anm. Ausnahmsweise dreiendig ist ἐναντίος, ἐναντία, ἐναντίον „entgegengesetzt", weil die Zusammensetzung nach der Ableitung vom Adverb ἔναντα „entgegen, gegenüber" nicht mehr empfunden wurde.

   b) die meisten **Adjektiva auf -ιμος:**
   μόνιμος, μόνιμον bleibend; νόμιμος, νόμιμον gesetzlich; φρόνιμος, φρόνιμον verständig

   c) **einzelne andere Adjektiva:**
   βάρβαρος, βάρβαρον nichtgriechisch   ἥσυχος, ἥσυχον   ruhig
   ἥμερος, ἥμερον   zahm   λάλος, λάλον   geschwätzig.

3. **Deklinationsbeispiel:** ἄπιστος, ἄπιστον treulos

Numerus	Singular		Plural	
Genus	M. u. F.	Neutr.	M. u. F.	Neutr.
Nom.	ἄπιστος	ἄπιστον	ἄπιστοι	ἄπιστα
Gen.	ἀπίστου	ἀπίστου	ἀπίστων	ἀπίστων
Dat.	ἀπίστῳ	ἀπίστῳ	ἀπίστοις	ἀπίστοις
Akk.	ἄπιστον	ἄπιστον	ἀπίστους	ἄπιστα
Vok.	ἄπιστε	ἄπιστον	ἄπιστοι	ἄπιστα

Anm. 1. Manche Adjektiva schwanken zwischen Zwei- und Dreiendigkeit; von ihnen sind **häufiger dreiendig** gebraucht: βέβαιος beständig, φαῦλος schlecht, gering, ἔρημος einsam; **häufiger zweiendig:** χρήσιμος brauchbar, ὠφέλιμος nützlich; die Fem.-Formen χρησίμη, ὠφελίμη finden sich nur gelegentlich.

Anm. 2. **Immer dreiendig,** auch bei Zusammensetzungen, sind die Adj. auf -(ι)κός, z. B. παιδ-αγωγ-ικός, -ή, -όν die Erziehung betreffend.

§ 66 Kontrahierte Adjektiva

1. Wie bei den Subst. der *o*- und *a*-Dekl. (34, 40) tritt auch bei einer Reihe von Adjektiven Kontraktion ein, wenn ein -α-, -ε- oder -ο- unmittelbar vor den Stammauslaut -ο- bzw. -ᾱ- zu stehen kam.

2. Durch **Analogie** (25) zu den anderen Kasus wird in folgenden Fällen regelwidrig (gegen **R 8**) kontrahiert:
   a) Die drei gleichen Kasus des **Neutr. Plur.** endigen stets auf **-ᾶ** (E 23).
   b) Die **Fem.-Formen** endigen im Sing. auf -ῆ, -ῆς, -ῇ, -ῆν (bzw. -ᾶ, -ᾶς, -ᾷ, -ᾶν nach -ε- oder -ρ-), im Plural auf -αῖ, -ῶν, -αῖς, -ᾶς; dabei wurde z. B. ἁπλόη, ἁπλόαι regelwidrig zu ἁπλῆ, ἁπλαῖ (E 45).
   c) Alle **einfachen** Adj. contr. sind **Perispomena**; es heißt ἀργυροῦς, obwohl aus ἀργύρεος entstanden (E 45).
   d) Alle **zusammengesetzten** Adj. contr. rücken den **Akzent** zum Wortanfang hin (30 d 1 Ausn. 2) und behalten ihn in *allen* Formen, als ob sie nicht kontrahiert wären, auf der gleichen Silbe wie im Nom. Sing.; darum Gen. Sing. εὔνου (obwohl aus εὐνόου), Nom. Plur. εὖνοι (obwohl aus εὔνοοι entstanden; E 45).

3. Den **Adjektiva contracta** gehören an:
a) **die dreiendigen Adj. auf -εος, -έᾱ, -εον,** kontrahiert -οῦς, -ῆ (-ᾶ), -οῦν, die einen Stoff oder eine Farbe bezeichnen (vgl. die lat. Adj. gleicher Bildung und Bedeutung auf *-eus, -ea, -eum* wie *aureus*), z. B. χρύσεος, χρυσέᾱ, χρύσεον golden, das kontrahiert lautet χρῡσοῦς, χρῡσῆ, χρῡσοῦν (Akzent: s. o. 2 c; Kontraktion: s. o. 2 a, b);
b) **die dreiendigen Adj. der Vervielfachung** (107) auf -πλόος, -πλόη, -πλόον, kontrahiert -πλοῦς, -πλῆ, -πλοῦν, z. B. ἁπλόος, ἁπλῆ, ἁπλοῦν einfach;
c) **die mit νοῦς Sinn, πλοῦς Schiffahrt, ῥοῦς Flut (34) zusammengesetzten zweiendigen Adj.,** z. B. εὔνους, εὔνουν wohlgesinnt, ἄπλους, ἄπλουν unbefahrbar, nicht seetüchtig, εὔρους, εὔρουν schönfließend (Akzent: s. o. 2 d).

Anm. Die seltene Form der drei gleichen Kasus des **Neutr. Plur.** bleibt hier **unkontrahiert,** also: εὔνοα.

4. **Deklinationsbeispiele:**
ἀργυροῦς silbern, χρῡσοῦς golden, ἁπλοῦς einfach, εὔνους wohlgesinnt

Genus	Mask.	Fem.	Neutr.	Mask.	Fem.	Neutr.
Unkontr. Stamm	ἀργυρεο-	ἀργυρεᾱ-	ἀργυρεο-	χρῡσεο-	χρῡσεᾱ-	χρῡσεο-
Sg. N.V.	ἀργυροῦς	ἀργυρᾶ	ἀργυροῦν	χρῡσοῦς	χρῡσῆ	χρῡσοῦν
G.	ἀργυροῦ	ἀργυρᾶς	ἀργυροῦ	χρυσοῦ	χρυσῆς	χρυσοῦ
D.	ἀργυρῷ	ἀργυρᾷ	ἀργυρῷ	χρυσῷ	χρυσῇ	χρυσῷ
A.	ἀργυροῦν	ἀργυρᾶν	ἀργυροῦν	χρυσοῦν	χρυσῆν	χρυσοῦν
Pl. N.V.	ἀργυροῖ	ἀργυραῖ	ἀργυρᾶ	χρυσοῖ	χρυσαῖ	χρυσᾶ
G.	ἀργυρῶν	ἀργυρῶν	ἀργυρῶν	χρυσῶν	χρυσῶν	χρυσῶν
D.	ἀργυροῖς	ἀργυραῖς	ἀργυροῖς	χρυσοῖς	χρυσαῖς	χρυσοῖς
A.	ἀργυροῦς	ἀργυρᾶς	ἀργυρᾶ	χρυσοῦς	χρυσᾶς	χρυσᾶ

Genus	Mask.	Fem.	Neutr.	Mask. und Fem.	Neutr.
Unkontr. Stamm	ἁπλοο-	ἁπλοη-	ἁπλοο-	εὐνοο-	εὐνοο-
Sg. N.	ἁπλοῦς	ἁπλῆ	ἁπλοῦν	εὔνους	εὔνουν
G.	ἁπλοῦ	ἁπλῆς	ἁπλοῦ	εὔνου	εὔνου
D.	ἁπλῷ	ἁπλῇ	ἁπλῷ	εὔνῳ	εὔνῳ
A.	ἁπλοῦν	ἁπλῆν	ἁπλοῦν	εὔνουν	εὔνουν
Pl. N.	ἁπλοῖ	ἁπλαῖ	ἁπλᾶ	εὔνοι	εὔνοα
G.	ἁπλῶν	ἁπλῶν	ἁπλῶν	εὔνων	εὔνων
D.	ἁπλοῖς	ἁπλαῖς	ἁπλοῖς	εὔνοις	εὔνοις
A.	ἁπλοῦς	ἁπλᾶς	ἁπλᾶ	εὔνους	εὔνοα

Erläuterungen. N. Pl. χρῡσᾶ (entgegen **R 8 b 2**) ist Analogie (wie ὀστᾶ: 34; **E 23**).
  N. Pl. **εὖνοι** (obwohl aus εὖνοοι) ist Analogie zu den Substantiven (z. B. οἶκοι).

§ 67 Adjektiva der attischen Deklination

1. Entstehung und Besonderheiten der attischen Deklination: 35; **E 24**.

2. **Alle Adj. der att. Dekl.** (ausgenommen πλέως, πλέᾱ, πλέων voll) sind **zweiendig** (auch die Komposita von πλέως), z. B. ἵλεως, ἵλεων gnädig, ἀξιόχρεως, ἀξιόχρεων geeignet, glaubwürdig, ἀνάπλεως, ἀνάπλεων voll, σύμπλεως, σύμπλεων ganz voll.

Stamm	ἱλᾱο- > ἱληο- > ἱλεω- gnädig			
Numerus	Singular		Plural	
Genus	M. und F.	Neutr.	M. und F.	Neutr.
Nom. Vok.	ἵλεως	ἵλεων	ἵλεῳ	ἵλεᾰ
Gen.	ἵλεω	ἵλεω	ἵλεων	ἵλεων
Dat.	ἵλεῳ	ἵλεῳ	ἵλεῳς	ἵλεῳς
Akk.	ἵλεων	ἵλεων	ἵλεως	ἵλεᾰ

Erläuterung. Neutr. Plur. ἵλεᾰ (statt ἵλεᾱ) ist Analogie zum ᾰ der übrigen Neutra.

Anm. Das Wort ἀγήρως, ἀγήρων „nicht alternd, unvergänglich" ist nicht durch Quantitätsumstellung (**R 7**), sondern (wie bei den Subst. ὁ λαγώς der Hase) durch Kontraktion aus ἀγήραος, ἀγήραον entstanden, ist aber wegen seiner äußerlichen Gleichheit in diese Gruppe übergegangen.

c) ADJEKTIVA DER 3. DEKLINATION

§ 68 Bildung der Adjektivformen

Die **Deklination** der Adj. der 3. Dekl. entspricht nach Form und Akzent

1. im **Mask. und Neutr.** den Substantiven der **3.** Deklination
2. im **Fem.** den Substantiven der **a**-Deklination (mit **ᾰ** im Gegensatz zum ᾱ der Adj. der o- und a-Dekl.). Auch der **Gen. Plur. Fem.** ist **immer endbetont -ῶν** ($< -άων$: 36,3; **E 25**) wie bei den *Substantiven* der *a*-Dekl. (im Gegensatz zu den *Adjektiven* der *o*- und *a*-Dekl.: 64, 3): also Mask. Neutr. ἑκόντων, aber Fem. ἑκουσῶν; Mask. Neutr. πάντων, aber Fem. πασῶν usw.

Anm. Das **Akzentgesetz** über die Endbetonung der einsilbigen Stämme im Gen. und Dat. aller Numeri (44, 1) gilt nur für den Sing. des Mask. und Neutr. von πᾶς „all, ganz" (also: παντός, παντί; dagegen Plur.: πάντων, πᾶσι(ν) und nie für einsilbige Partizipien; also heißt z. B. vom Part. Aor. Akt. βάς (zu βαίνω ich gehe) der Gen. und Dat. Mask. und Neutr. βάντος, βάντι und βάντων, βᾶσι(ν).

Erläuterung. Das Fem.-Suffix -*j*ᾰ, Gen. -*j*ᾱς verursacht durch die Verbindung des *j* mit dem auslautenden Konsonanten des Stammes sehr verschiedenartige Lautveränderungen (**R 21**).

§ 69 Einteilung der Adjektiva der 3. Deklination

I. DREIENDIG

α) T-Stämme:

Part. auf -ώς, -υῖα, -ός (Gen. -ότος, -υίας, -ότος) z. B. πεπαιδευκώς, -υῖα, -ός, β) **ντ-Stämme:**

auf -οντ-, das sind
Adj. auf -ων, -ουσα, -ον (Gen. -οντος) z. B. ἑκών, ἑκοῦσα, ἑκόν freiwillig,
Part. auf -ων, -ουσα, -ον (Gen. -οντος) z. B. παιδεύων, παιδεύουσα, παιδεῦον,
Part. auf -ούς, -οῦσα, -όν (Gen. -όντος) z. B. διδούς, διδοῦσα, διδόν,

auf -αντ-, das sind
Adj. auf -ᾱς, -ᾱσα, -αν (Gen. -αντος) z. B. πᾶς, πᾶσα, πᾶν all, ganz, jeder,
Part. auf -ᾱς, -ᾱσα, -αν (Gen. -αντος) z. B. παιδεύσᾱς, παιδεύσᾱσα, παιδεῦσαν,

auf -υντ-, das sind
Part. auf -ύς, -ῦσα, -ύν (Gen. -ύντος) z. B. δεικνύς, δεικνῦσα, δεικνύν,

auf -εντ-, das sind
Part. auf -είς, -εῖσα, -έν (Gen. -έντος) z. B. παιδευθείς, παιδευθεῖσα, παιδευθέν,

auf -εντ- mit Ablaut, das sind
Adj. auf -εις, -εσσα, -εν (Gen. -εντος) z. B. χαρίεις, χαρίεσσα, χαρίεν anmutig,

γ) **ν-Stämme:**
Adj. auf -ᾱς, -αινα, -αν (Gen. -ανος) z. B. μέλᾱς, μέλαινα, μέλαν schwarz, dazu das Zahlwort εἷς, μία, ἕν (Gen. ἑνός, μιᾶς, ἑνός) ein,

δ) **υ-Stämme mit Ablaut:**
Adj. auf -υς, -εια, -υ (Gen. -εος) z. B. ἡδύς, ἡδεῖα, ἡδύ süß.

II. ZWEIENDIG

α) **ν-Stämme:**
Adj. auf -ων, -ον (Gen. -ονος) z. B. σώφρων, σῶφρον vernünftig,
Komparative auf -ίων, -ῑον (Gen. -ίονος) z. B. κακίων, κάκῑον schlechter,

β) **σ-Stämme:**
Adj. auf -ης, -ες (Gen. -ους < *-εσος) z. B. σαφής, σαφές deutlich,

γ) **verschiedene Stämme** (einzelne, meist von Subst. gebildete Adj.)

εὔελπις, εὔελπι (G. εὐέλπιδος) voll guter Hoffnung	
δίπους, δίπουν (G. δίποδος) zweifüßig	ἄρρην, ἄρρεν (G. ἄρρενος) männlich
εὔχαρις, εὔχαρι (G. εὐχάριτος) anmutig	ἀπάτωρ, ἄπατορ (G. ἀπάτορος) vaterlos.

III. EINENDIG

Einzelne Adjektive aller Stammgruppen, die wegen ihrer Bedeutung nur für Personen gebraucht werden und meist nur *eine* persönliche Form bilden:

ἅρπαξ, ἅρπαγος	räuberisch	πένης, πένητος	arm
ἧλιξ, ἥλικος	gleichaltrig	μάκᾱρ, μάκαρος	glücklich.
ἄπαις, ἄπαιδος	kinderlos		

IV. DOPPELSTÄMMIG

μέγας, μεγάλη, μέγα groß   πολύς, πολλή, πολύ viel.

DIE DREIENDIGEN ADJEKTIVA DER 3. DEKLINATION

§ 70 α) *T*-STÄMME

T-Stamm wie ἐσθής, ἐσθῆτος (47) ist das
Part. Perf. Akt. auf -ώς, -υῖα, -ός (E 46):

Genus	Mask.	Fem.	Neutr.
Sg. N. V.	πεπαιδευκώς	πεπαιδευκυῖα	πεπαιδευκός
G.	πεπαιδευκότος	πεπαιδευκυίας	πεπαιδευκότος
D.	πεπαιδευκότι	πεπαιδευκυίᾳ	πεπαιδευκότι
A.	πεπαιδευκότα.	πεπαιδευκυῖαν	πεπαιδευκός
Pl. N. V.	πεπαιδευκότες	πεπαιδευκυῖαι	πεπαιδευκότα
G.	πεπαιδευκότων	πεπαιδευκυιῶν	πεπαιδευκότων
D.	πεπαιδευκόσι (ν)	πεπαιδευκυίαις	πεπαιδευκόσι (ν)
A.	πεπαιδευκότας	πεπαιδευκυίας	πεπαιδευκότα

Erläuterungen. Von den nebeneinander stehenden Suffixformen *-μος* und *-μοτ* erscheint
Normalstufe *-μος*: Nom. Sg. Neutr. -κ-ός ⎫
Dehnstufe *-μōς*: Nom. Sg. Mask. -κ-ώς ⎬ F nach Kons. schwand (202, 2 β)
Schwundstufe *-us*: Fem. *-κ-υσ-ιᾰ > -κ-υῖα (R 16)
Normalstufe *-μοτ*: Mask. u. Neutr. (außer N. Sg.): -κ-ότος usw., -κ-ότες bzw. -κ-ότα usw.

β) ντ-STÄMME

§ 71 1. **Adjektiva und Partizipien auf -οντ- (E 47)**

1. **Wie γέρων, γέροντος** (48, 2b) sind gebildet:
Adjektiva wie ἑκών, ἑκοῦσα, ἑκόν freiwillig,
die Formen des Part. Präs. Akt. wie παιδεύων, παιδεύουσα, παιδεῦον (zu παιδεύω ich erziehe),
die Formen des Part. Fut. Akt. wie παιδεύσων, παιδεύσουσα, παιδεῦσον,
die Formen des Part. Aor. II Akt. wie λιπών, λιποῦσα, λιπόν (zu λείπω ich verlasse).

2. **Wie ὀδούς, ὀδόντος** (48, 2a) sind gebildet:
die Formen des Part. Präs. Akt. von δίδωμι ich gebe: διδούς, διδοῦσα, διδόν,
die Formen des Part. Aor. Akt. von Verbalwurzeln mit *o*-Laut, die Wurzelaorist bilden, wie δούς, δοῦσα, δόν (zu δίδωμι ich gebe).

Stamm	ἑκοντ- freiwillig			παιδευοντ- erziehend		
Genus	Mask.	Fem.	Neutr.	Mask.	Fem.	Neutr.
Sg. N. V.	ἑκών	ἑκοῦσα	ἑκόν	παιδεύων	παιδεύουσα	παιδεῦον
G.	ἑκόντος	ἑκούσης	ἑκόντος	παιδεύοντος	παιδευούσης	παιδεύοντος
D.	ἑκόντι	ἑκούσῃ	ἑκόντι	παιδεύοντι	παιδευούσῃ	παιδεύοντι
A.	ἑκόντα	ἑκοῦσαν	ἑκόν	παιδεύοντα	παιδεύουσαν	παιδεῦον
Pl. N. V.	ἑκόντες	ἑκοῦσαι	ἑκόντα	παιδεύοντες	παιδεύουσαι	παιδεύοντα
G.	ἑκόντων	ἑκουσῶν	ἑκόντων	παιδευόντων	παιδευουσῶν	παιδευόντων
D.	ἑκοῦσι (ν)	ἑκούσαις	ἑκοῦσι (ν)	παιδεύουσι (ν)	παιδευούσαις	παιδεύουσι (ν)
A.	ἑκόντας	ἑκούσας	ἑκόντα	παιδεύοντας	παιδευούσας	παιδεύοντα

Merke: Gen. und Dat. von ὤν = Part. Präs. von εἰμί „ich bin" lautet (68, 2 Anm.):

> ὄντος, ὄντι — ὄντων, οὖσι(ν)

Erläuterung. Part. Präs. Akt. (παιδεύο)ντ-(ος): vgl. lat. (*ama*)nt-(*is*), dt. (*liebe*)nd.

2. Adjektiva und Partizipien auf -αντ-, -υντ-, -εντ- § 72

1. **Stämme auf -αντ-** (wie γίγᾶς, γίγαντος: 48, 2a):
   a) πᾶς, πᾶσα, πᾶν (**E 48**)   all, ganz, jeder
      ἅπᾱς, ἅπᾶσα, ἅπᾰν   ⎫
      σύμπᾱς, σύμπᾶσα, σύμπᾰν   ⎬ ganz, sämtlich
   b) die Part.-Formen auf -ᾱς, -ᾶσα, -ᾰν:
      Part. Aor. Akt. von Verben mit σ-Aorist: παιδεύσᾱς, παιδεύσᾶσα, παιδεῦσαν,
      Part. Präs. Akt. von ἵστημι „ich stelle" und ähnlichen Verben: ἱστᾱ́ς, ἱστᾶσα, ἱστᾰ́ν,
      Part. Aor. Akt. von Wurzelaoristen mit ᾱ: στᾱ́ς, στᾶσα, στᾰ́ν.

2. **Stämme auf -υντ-:** Part.-Formen auf -ύς, -ῦσα, -ύν:
      Part. Präs. Akt. von Verben auf -(ν)νῡμι: δεικνῡ́ς, δεικνῦσα, δεικνῠ́ν,
      Part. Aor. Akt. von Wurzelaoristen mit ῡ: φῡ́ς, φῦσα, φῠ́ν.

3. **Stämme auf -εντ-:** Part.-Formen auf -είς, -εῖσα, -έν:
      Part. Aor. Pass. aller Verba: παιδευθείς, παιδευθεῖσα, παιδευθέν,
      Part. Präs. Akt. von τίθημι und ἵημι: τιθείς, τιθεῖσα, τιθέν und ἱείς, ἱεῖσα, ἱέν,
      Part. Aor. Akt. von Wurzelaoristen mit *e*-Laut: θείς, θεῖσα, θέν.

Stamm	παντ- ganz, all, jeder			παιδευσαντ- Part. Aor. Akt. zu παιδεύω		
Genus	Mask.	Fem.	Neutr.	Mask.	Fem.	Neutr.
Sg. N. V.	πᾶς	πᾶσα	πᾶν	παιδεύσᾱς	παιδεύσᾶσα	παιδεῦσαν
G.	παντός	πάσης	παντός	παιδεύσαντος	παιδευσάσης	παιδεύσαντος
D.	παντί	πάσῃ	παντί	παιδεύσαντι	παιδευσάσῃ	παιδεύσαντι
A.	πάντα	πᾶσαν	πᾶν	παιδεύσαντα	παιδεύσᾶσαν	παιδεῦσαν
Pl. N. V.	πάντες	πᾶσαι	πάντα	παιδεύσαντες	παιδεύσᾶσαι	παιδεύσαντα
G.	**πάντων**	πᾶσῶν	**πάντων**	παιδευσάντων	παιδευσᾱσῶν	παιδευσάντων
D.	**πᾶσι(ν)**	πάσαις	**πᾶσι(ν)**	παιδεύσᾶσι(ν)	παιδευσάσαις	παιδεύσᾶσι(ν)
A.	πάντας	πᾱ́σᾱς	πάντα	παιδεύσαντας	παιδευσᾱ́σᾱς	παιδεύσαντα

Merke:
(68, 2 Anm.)   aber: παντός,   παντί
                       πάντων,   πᾶσι(ν)
                       στάντος, στάντι
                       στάντων, στᾶσι(ν)

Stamm	φυντ- Part. Aor. Akt.			παιδευθεντ- Part. Aor. Pass. zu παιδεύω		
Genus	Mask.	Fem.	Neutr.	Mask.	Fem.	Neutr.
Sg. N. V.	φύς	φῦσα	φύν	παιδευθείς	παιδευθεῖσα	παιδευθέν
G.	φύντος	φύσης	φύντος	παιδευθέντος	παιδευθείσης	παιδευθέντος
D.	φύντι	φύσῃ	φύντι	παιδευθέντι	παιδευθείσῃ	παιδευθέντι
A.	φύντα	φῦσαν	φύν	παιδευθέντα	παιδευθεῖσαν	παιδευθέν
Pl. N. V.	φύντες	φῦσαι	φύντα	παιδευθέντες	παιδευθεῖσαι	παιδευθέντα
G.	φύντων	φυσῶν	φύντων	παιδευθέντων	παιδευθεισῶν	παιδευθέντων
D.	φῦσι(ν)	φύσαις	φῦσι(ν)	παιδευθεῖσι(ν)	παιδευθείσαις	παιδευθεῖσι(ν)
A.	φύντας	φύσᾱς	φύντα	παιδευθέντας	παιδευθείσᾱς	παιδευθέντα

Erläuterungen.

πᾶς < *παντ-ς   πᾶσι(ν) < *παντ-σι(ν) } R 22 d   πᾶν < *παντ } R 18   πᾶσα < *παντ-ι̯α } R 21 e
παιδεύσᾱς < *-σαντ-ς -σᾱσι(ν) < *-σαντ-σι(ν) R 22 f   -σαν < *-σαντ   -σᾶσα < *-σαντ-ι̯α   R 22 f
φύς < *φυντ-ς   φῦσι(ν) < *φυντ-σι(ν)   R 11   φύν < *φυντ   φῦσα < *φυντ-ι̯α
παιδευθείς < -θεντ-ς -θεῖσι(ν) < *-θεντ-σι(ν)   -θέν < *-θεντ   -θεῖσα < *-θεντ-ι̯α

πᾶν: Länge ist Analogie zu πᾶς.

§ 73   3. Adjektiva auf -εντ- mit Ablaut

Bei den Adjektiven auf -εις, -εσσα, -εν wie χαρίεις, χαρίεσσα, χαρίεν „anmutig" erscheint der Stamm in einigen Formen verändert (E 49):
1. **-εντ-** bei den Formen des Mask. und Neutr. (ausgenommen Dat. Plur.),
2. **-ετ-** bei den Formen des Fem. und im Dat. Plur. Mask. und Neutr.

Stamm	χαρι(ϝ)εντ- : (*χαριϝṇτ-) anmutig		
Genus	Mask.	Fem.	Neutr.
Sg. N.	χαρίεις	χαρίεσσα	χαρίεν
G.	χαρίεντος	χαριέσσης	χαρίεντος
D.	χαρίεντι	χαριέσσῃ	χαρίεντι
A.	χαρίεντα	χαρίεσσαν	χαρίεν
V.	χαρίεν	χαρίεσσα	χαρίεν
Pl. N. V.	χαρίεντες	χαρίεσσαι	χαρίεντα
G.	χαριέντων	χαριεσσῶν	χαριέντων
D.	**χαρίεσι(ν)**	χαριέσσαις	**χαρίεσι(ν)**
A.	χαρίεντας	χαριέσσᾱς	χαρίεντα

Erläuterungen.

Stammsuffix *-u̯ent: χαρίεις < *χαριϝεντ-ς (R 13 b; R 22 d, f; R 11), χαρίεν < *χαριϝεντ (R 13 b; R 18).
Schwundstufe -u̯ṇt > -ϝατ (R 2): Fem. -ϝατ-ι̯α > -ϝετ-ι̯α (Analogie) > -(ϝ)εσσα (R 21 e; -σσ- bleibt: E 49).
— Dat. Pl. Mask. und Neutr. ϝατ-σι > -ϝετσι (Analogie) > -(ϝ)εσι (R 22 d).

γ) ν - STÄMME (E 50) §74

Nasalstämme sind
die Adjektiva auf -ᾱς, -αινα, -αν, wie μέλᾱς, μέλαινα, μέλαν schwarz,
τάλᾱς, τάλαινα, τάλαν unglücklich;
ferner gehören hierher τέρην, τέρεινα, τέρεν zart,
das Zahlwort εἷς, μία, ἕν ein (104f.)
und das davon abgeleitete Pronomen οὐδείς, οὐδεμία, οὐδέν } kein (102)
μηδείς, μηδεμία, μηδέν

Stamm	μελαν- schwarz		
Genus	Mask.	Fem.	Neutr.
Sg. N.	μέλᾱς	μέλαινα	μέλαν
G.	μέλανος	μελαίνης	μέλανος
D.	μέλανι	μελαίνῃ	μέλανι
A.	μέλανα	μέλαιναν	μέλαν
Pl. N. V.	μέλανες	μέλαιναι	μέλανα
G.	μελάνων	μελαινῶν	μελάνων
D.	μέλᾱσι(ν)	μελαίναις	μέλᾱσι(ν)
A.	μέλανας	μελαίνᾱς	μέλανα

Erläuterungen. μέλᾱς < *μελαν-ς (R 22 f; R 11); μέλᾱσιν < *μελαν-σιν (E 33). — μέλαινα < *μελαν-ja (R 21 a).

δ) ῠ-STÄMME (E 51) §75

1. ῠ-Stämme mit Ablaut sind die Adj. auf -υς, -εια, -υ, wie ἡδύς, ἡδεῖα, ἡδύ angenehm.
2. Die Adj. dieser Gruppe sind im **Nom. Sing. Mask./Neutr. endbetont,** ausgenommen
ἥμισυς, ἡμίσεια, ἥμισυ halb   θῆλυς, θήλεια, θῆλυ weiblich
(auch Gen. Plur. ἡμίσεων, (ἡμισειῶν), ἡμίσεων).
3. Wie die Subst. auf -ῠ- zeigen auch die Adj. zwei Stammformen nebeneinander:
die **Schwundstufe ἡδυ-** im Nom. Akk. Vok. Sing. Mask. und Neutr.,
die **Vollstufe ἡδε(ϝ)-** im ganzen Fem. und in den übrigen Formen des Mask. und Neutr.

Stamm	ἡδυ-: ἡδε(ϝ)- angenehm					
Numerus	Singular			Plural		
Genus	Mask.	Fem.	Neutr.	Mask.	Fem.	Neutr.
Nom.	ἡδύς	ἡδεῖα	ἡδύ	ἡδεῖς	ἡδεῖαι	ἡδέα
Gen.	ἡδέος	ἡδείᾱς	ἡδέος	ἡδέων	ἡδειῶν	ἡδέων
Dat.	ἡδεῖ	ἡδείᾳ	ἡδεῖ	ἡδέσι(ν)	ἡδείαις	ἡδέσι(ν)
Akk.	ἡδύν	ἡδεῖαν	ἡδύ	ἡδεῖς	ἡδείᾱς	ἡδέα
Vok.	ἡδύ	ἡδεῖα	ἡδύ	ἡδεῖς	ἡδεῖαι	ἡδέα

Merke: Adjektiva auf -υς kontrahieren nur, wenn ει entsteht.

Erläuterungen. ἡδέος < *ἡδεϝ-ος
ἡδεῖ < *ἡδεϝ-ι   } R 13 b; R 8
ἡδεῖς < *ἡδεϝ-ες   } (196 b 4 Anm.)
ἡδέων < *ἡδεϝ-ων

ἡδέσι(ν)
ἡδεῖς (A.Pl.)   } Analogie (E 51)
ἡδεῖα < *ἡδεϝ-ι̯α (R 21 b)

Anm. πρᾶος, πρᾶον „sanft" ist ohne Fem.- und ohne Plur.-Formen (außer gelegentlich πρᾶοι und πράους); für die fehlenden Formen treten die von πραΰς, πραεῖα, πραΰ ein.

DIE ZWEIENDIGEN ADJEKTIVA DER 3. DEKLINATION

§ 76   α) ν-STÄMME (E 52)

ν-Stämme sind die Adjektiva auf -ων, -ον, Gen. -ονος wie

σώφρων, σῶφρον vernünftig   Gen. σώφρονος
εὐδαίμων, εὔδαιμον glücklich Gen. εὐδαίμονος.

Zu dieser Gruppe gehören auch die Komparative auf -ίων, -ῑον, wie

καλλίων, κάλλῑον schöner Gen. καλλίονος
κακίων, κάκῑον schlechter Gen. κακίονος.

Stamm	εὐδαιμον- glücklich		κακῑον- schlechter	
Genus	Mask. u. Fem.	Neutr.	Mask. u. Fem.	Neutr.
Sg. N.	εὐδαίμων	εὔδαιμον	κακίων	κάκῑον
G.	εὐδαίμονος	εὐδαίμονος	κακίονος	κακίονος
D.	εὐδαίμονι	εὐδαίμονι	κακίονι	κακίονι
A.	εὐδαίμονα	εὔδαιμον	{κακίονα / κακίω}	κάκῑον
V.	εὔδαιμον	εὔδαιμον	—	—
Pl. N. V.	εὐδαίμονες	εὐδαίμονα	{κακίονες / κακίους}	{κακίονα / κακίω}
G.	εὐδαιμόνων	εὐδαιμόνων	κακιόνων	κακιόνων
D.	εὐδαίμοσι(ν)	εὐδαίμοσι(ν)	κακίοσι(ν)	κακίοσι(ν)
A.	εὐδαίμονας	εὐδαίμονα	{κακίονας / κακίους}	{κακίονα / κακίω}

Merke: Der Akzent rückt möglichst weit vom Wortende ab:

εὐδαίμων, aber εὔδαιμον
καλλίων, aber κάλλῑον.

Erläuterungen.

Das Komparativ-Suffix hat **zwei Stammformen** nebeneinander: -ιον- und -ιοσ-
-ιοσ-: *κακῑοσ-α > κακίω
*κακῑοσ-ες > κακίους } (R 16; R 8 b 1): vgl. lat. *meliōs-is > meliōris

Analogie: A.Pl. κακίους zum N.Pl.; Dat. Pl. -οσι(ν) zum ο der übrigen Formen, statt *εὐδαίμασι(ν) (R 2) < *-μη̥-σιν (Schwundstufe!); vgl. ἡγεμόσιν, λιμέσιν (50; E 33).

β) σ-STÄMME (E 53) § 77

1. Sigma-Stämme auf -εσ- sind die Adjektiva auf -ης, -ες, z. B. σαφής, σαφές deutlich.
2. **Die meisten** Adjektiva dieser Gruppe sind **endbetont:** ψευδής, ψευδές falsch, εὐκλεής, εὐκλεές berühmt usw. Die nicht endbetonten Wörter dieser Gruppe rücken dagegen den Akzent vielfach vom Wortende ab und haben ihn auch im Gen. Plur. auf der vorletzten Silbe, also: συνήθης, σύνηθες „vertraut", auch συνήθων (obwohl aus *συνηθέσων entstanden).

Anm. Die Verschiebung des Akzentes zum Wortanfang hin ist nicht allgemein; er bleibt auf der vorletzten Silbe bei: νοσώδης, νοσῶδες krankhaft   εὐήρης, εὖῆρες wohlgefügt
εὐώδης, εὐῶδες wohlriechend   τριήρης, τριῆρες dreifach gefügt; daher
ἡ τριήρης (sc. ναῦς) der Dreiruderer (Gen.Plur. τριήρων).

3. **Akk. Plur. Mask.** = Nom. Plur. = **-εις** (E 53).
4. Das durch Kontraktion regulär aus -εα entstandene **-η** im Akk. Sing. Mask. und N. A. V. Plur. Neutr. wird im Att. nach Vokalen (ε, ι, υ) zu **-ᾱ** zurückverwandelt, also: σαφῆ deutlich, aber εὐκλεᾶ berühmt, ὑγιᾶ gesund, εὐφυᾶ gut veranlagt; nicht aber nach ρ, also τριήρη (E 35).

Anm. Nach -ι- und -υ- kommt neben -ᾱ auch -η vor, also: ὑγιᾶ und ὑγιῆ, εὐφυᾶ und εὐφυῆ.

Stamm	σαφεσ- deutlich		συνηθεσ- vertraut		εὐκλεεσ- berühmt	
Genus	M. u. F.	Neutr.	Mask. u. Fem.	Neutr.	Mask. u. Fem.	Neutr.
Sg. N.	σαφής	σαφές	συνήθης	σύνηθες	εὐκλεής	εὐκλεές
G.	σαφοῦς	σαφοῦς	συνήθους	συνήθους	εὐκλεοῦς	εὐκλεοῦς
D.	σαφεῖ	σαφεῖ	συνήθει	συνήθει	εὐκλεεῖ	εὐκλεεῖ
A.	σαφῆ	σαφές	συνήθη	σύνηθες	εὐκλεᾶ	εὐκλεές
V.	σαφές	σαφές	σύνηθες	σύνηθες	εὐκλεές	εὐκλεές
Pl. N. V.	σαφεῖς	σαφῆ	συνήθεις	συνήθη	εὐκλεεῖς	εὐκλεᾶ
G.	σαφῶν	σαφῶν	συνήθων	συνήθων	εὐκλεῶν	εὐκλεῶν
D.	σαφέσι(ν)	σαφέσι(ν)	συνήθεσι(ν)	συνήθεσι(ν)	εὐκλεέσι(ν)	εὐκλεέσι(ν)
A.	σαφεῖς	σαφῆ	συνήθεις	συνήθη	εὐκλεεῖς	εὐκλεᾶ

Merke: Adjektiva auf -ης kontrahieren stets.

Erläuterung. Akk.Pl. σαφεῖς ist Analogie zu ἡδεῖς (E 51; E 53).

γ) EINZELFÄLLE § 78

Zweiendig sind auch einzelne Adjektiva von verschiedenen Stämmen, die entweder ursprünglich selbst Subst. waren oder mit Subst. zusammengesetzt sind, so

εὔχαρις, εὔχαρι   anmutig (Gen. εὐχάριτος, Akk. εὔχαριν)
εὔελπις, εὔελπι   voll guter Hoffnung (Gen. εὐέλπιδος, Akk. εὔελπιν, trotz τὴν ἐλπίδα!)
ἄπολις, ἄπολι   heimatlos (Gen. ἀπόλιδος, trotz i-Stamm πόλις! Akk. ἄπολιν)
δίπους, δίπουν (wie εὔνους: εὔνουν!) zweifüßig (Gen. δίποδος, Akk. δίποδα)
ἄρρην, ἄρρεν   männlich (Gen. ἄρρενος)
ἀπάτωρ, ἄπατορ vaterlos (Gen. ἀπάτορος).

§ 79 DIE EINENDIGEN ADJEKTIVA DER 3. DEKLINATION

Einendige Adjektiva, die ihrer Bedeutung nach nur für Personen gebraucht werden, haben für alle Genera dieselbe Form. Es werden verwendet:

als Mask. und Fem.: ἅρπαξ, ἅρπαγος räuberisch | φυγάς, φυγάδος flüchtig, verbannt
ἧλιξ, ἥλικος gleichaltrig | ἀγνώς, ἀγνῶτος unbekannt
ἄπαις, ἄπαιδος kinderlos | μάκᾱρ, μάκαρος glücklich

nur als Maskulinum: πένης, πένητος arm

nur als Feminina: die Adj. auf -ίς, -ίδος, z. B.
Ἑλληνίς, Ἑλληνίδος griechisch
συμμαχίς, συμμαχίδος verbündet;

so ist auch zu verstehen ἡ πατρίς (sc. γῆ) das Vaterland.

§ 80 DOPPELSTÄMMIGE ADJEKTIVA DER 3. DEKLINATION (E 54)

1. Die Adjektiva μέγας „groß" und πολύς „viel" bilden von dem Stamm **μεγα-** bzw. **πολυ-** nur drei Formen, nämlich Nom. und Akk. Sing. Mask. und Neutr., also:

> **μέγας, μέγαν, μέγα — πολύς, πολύν, πολύ**

Alle übrigen Formen sind vom Stamm **μεγαλο-, πολλο-** nach der *o-* und *a-*Dekl. gebildet.

2. Betont wird **μέγας** in **allen** Formen auf der **vorletzten** Silbe,
πολύς in **allen** Formen auf der **letzten** Silbe.

Stamm	μεγα-: μεγαλο-, μεγαλᾱ- groß			πολυ-: πολλο-, πολλᾱ- viel		
Genus	Mask.	Fem.	Neutr.	Mask.	Fem.	Neutr.
Sg. N. V.	μέγας	μεγάλη	μέγα	πολύς	πολλή	πολύ
G.	μεγάλου	μεγάλης	μεγάλου	πολλοῦ	πολλῆς	πολλοῦ
D.	μεγάλῳ	μεγάλῃ	μεγάλῳ	πολλῷ	πολλῇ	πολλῷ
A.	μέγαν	μεγάλην	μέγα	πολύν	πολλήν	πολύ
Pl. N. V.	μεγάλοι	μεγάλαι	μεγάλα	πολλοί	πολλαί	πολλά
G.	μεγάλων	μεγάλων	μεγάλων	πολλῶν	πολλῶν	πολλῶν
D.	μεγάλοις	μεγάλαις	μεγάλοις	πολλοῖς	πολλαῖς	πολλοῖς
A.	μεγάλους	μεγάλᾱς	μεγάλα	πολλούς	πολλάς	πολλά

Anm. Als Vok.Sing.Mask. zu μέγας findet sich nur vereinzelt: μεγάλε.

---

[1]) Steigerungsfähig sind Adjektiva, Verbaladjektiva auf -τός und Adverbien, jedoch gewöhnlich nicht Partizipien
[2]) Hiefür hatten die griech. Grammatiker keinen Fachausdruck, da sie Komparativ und Superlativ als eigene Gruppen des Nomens betrachteten

2. STEIGERUNG (KOMPARATION) DES ADJEKTIVS[1])

Vorbemerkung. Die Steigerung[2]) des Adjektivs gehört eigentlich nicht in die Formenlehre, sondern in die Stammbildungslehre, da ja Erweiterungen durch Stammbildungssuffixe vorliegen, nicht Veränderungen durch Flexion. Die Einfügung an dieser Stelle geschieht nur aus praktischen Gründen.

a) Bildungsweise der Steigerungsgrade (E 55) § 81

1. Die Steigerungsgrade, **Komparativ** (συγκριτικὸν ὄνομα) und **Superlativ** (ὑπερθετικὸν ὄνομα), werden dadurch gebildet, daß an den **Positiv** (θετικὸν ὄνομα d. h. Grundform; auch πρωτότυπον ὄνομα) *Steigerungssuffixe* angefügt werden; sie erscheinen in zwei Typen:

-τερος, -τέρᾱ, -τερον für den Komparativ,   -τατος, -τάτη, -τατον für den Superlativ;
-ίων, -ῑον   für den Komparativ,   -ιστος, -ίστη, -ιστον für den Superlativ.

Erläuterungen. Über -ιον- und -ισ- (vgl. lat. *-ior-*): 76.
-tero- ist Suffix „vergleichender Gegenüberstellung" und wurde so Kennzeichen des Komparativs: lat. *nos-ter : ves-ter* wie gr. ἡμέ-τερο-ς : ὑμέ-τερο-ς   lat. *dex-ter : sinis-ter* wie gr. δεξι-τερό-ς : ἀρισ-τερό-ς

2. Die Steigerung kann auch (wie im Lat. mit *magis, māximē*) durch Umschreibung mit μᾶλλον für den Komparativ, mit μάλιστα für den Superlativ ersetzt werden, z. B.
φίλος lieb: Komp. μᾶλλον φίλος, Superl. μάλιστα φίλος.
3. Zur **Verstärkung des Komparativs** dient πολύ oder πολλῷ:
πολύ (πολλῷ) γλυκύτερος   viel süßer (wie lat. *multō dulcior*).
4. Zur **Verstärkung des Superlativs** dient πολύ, πολλῷ, ὡς oder ὅτι:
ὁ πολύ (πολλῷ) σοφώτατος   der weitaus weiseste (wie lat. *longē sapiēntissimus*),
ὡς (ὅτι) δικαιότατος   möglichst gerecht (wie lat. *quam iūstissimus*).
Merke auch: ἐν τοῖς βέλτιστος   bei weitem der Beste.
5. „**als**" beim Komparativ heißt **ἤ**: ἰσχυρότερος ἤ ... stärker als ...
„**je — desto**" heißt **ὅσῳ ... τοσούτῳ** (wie lat. *quō — eō*).

b) Steigerung auf -τερος, -τατος § 82

1. Die Mehrzahl der Adjektiva bildet den
Komparativ mit -τερος, -τέρᾱ, -τερον,
Superlativ mit -τατος, -τάτη, -τατον.
Die so gebildeten Formen sind **stets dreiendig**, also auch bei zwei- und einendigen Adjektiven; z. B. bildet das **ein**endige Adj. πένης „arm" einen **drei**endigen Komp. πενέστερος, πενεστέρᾱ, πενέστερον und einen **drei**endigen Superl. πενέστατος, πενεστάτη, πενέστατον.
2. -τερος und -τατος werden gewöhnlich an den bloßen Adj.-Stamm, bei den Adj. der 3. Dekl. an die dem endungslosen Nom. Sing. Neutr. zugrunde liegende Stammform angefügt.
3. Bei den Adj. der *o*-Dekl. wird **das auslautende -o- des Stammes zu -ω- gedehnt** (E 56), wenn die vorhergehende **Silbe** kurz ist (d. h. einen kurzen Vokal enthält, auf den nicht mehr als *ein* Konsonant folgt); ist sie lang, sei es von Natur (d. h. wenn sie langen Vokal oder Diphthong enthält) oder durch „Position"[3]) (d. h. wenn auf kurzen Vokal mehr als *ein* Konsonant folgt — ζ, ξ, ψ gelten als *zwei* Konsonanten: 13, II), so bleibt das -o- unverändert.

Also:			
ἰσχυρός stark	ἰσχυρο-	ἰσχυρότερος	ἰσχυρότατος
δεινός furchtbar	δεινο-	δεινότερος	δεινότατος
πιστός treu	πιστο-	πιστότερος	πιστότατος
ἔνδοξος berühmt	ἐνδοξο-	ἐνδοξότερος	ἐνδοξότατος

---
[1]) [2]) siehe nebenan   [3]) Der griech. Fachausdruck θέσει „durch Festsetzung" wurde mißverstanden und lat. mit „*positione*" wiedergegeben

Durch Ausfall von -ϝ-, also ursprünglich vorhandene Positionslänge, erklärt sich:

	κενός	leer	*κενϝο-	κενότερος	κενότατος
	στενός	eng	*στενϝο-	στενότερος	στενότατος
aber:	δυνᾰτός	mächtig	δυνᾰτο-	δυνατώτερος	δυνατώτατος
	νέος	neu	νεο-	νεώτερος	νεώτατος
	ἄξιος	würdig	ἀξιο-	ἀξιώτερος	ἀξιώτατος
	σοφός	weise	σοφο-	σοφώτερος	σοφώτατος

3. **Deklination:**

	μέλᾱς	schwarz	μελαν-	μελάντερος	μελάντατος
	σαφής	deutlich	σαφεσ-	σαφέστερος	σαφέστατος
	γλυκύς	süß	γλυκυ-	γλυκύτερος	γλυκύτατος
	χαρίεις	anmutig	χαριεντ-	χαριέστερος	χαριέστατος
aber:	πένης	arm	πενητ-	πενέστερος	πενέστατος
	(Gen. πένητος)				

Erläuterungen.

*χαριεντ-τερος > *χαριενστερος (R 24) > χαριέστερος (R 22 g); ebenso *χαριεντ-τατος > χαριέστατος. πενέστερος, πενέστατος (trotz *πενητ-) ist Analogie zu -ης : -έστερος bei den σ-Stämmen (σαφής: St. σαφεσ-, also σαφέστερος).

§ 83   c) Besonderheiten bei der Steigerung auf **-τερος, -τατος**

1. Nach Formen wie σαφέστερος, σαφέστατος übertrug man den Ausgang **-έστερος, -έστατος** auch **auf andere Adjektiva,** und zwar auf

a) die Adj. auf -ων, -ον:

σώφρων	besonnen	σωφρον-	σωφρονέστερος	σωφρονέστατος
εὐδαίμων	glücklich	εὐδαιμον-	εὐδαιμονέστερος	εὐδαιμονέστατος

b) die Kontrakta auf -ους, -ουν unter Wegfall des Stammauslauts -ο-:

εὔνους	wohlgesinnt	εὐνο(ο)-	εὐνούστερος aus εὐνοέστερος[1]	εὐνούστατος
ἁπλοῦς	einfach	ἁπλο(ο)-	ἁπλούστερος (aus *ἁπλοέστερος)	ἁπλούστατος

c) das vereinzelte Part. Perf. Pass. (ebenfalls unter Wegfall des Stammauslauts -ο-)

ἐρρωμένος	stark	ἐρρωμεν(ο)-	ἐρρωμενέστερος	ἐρρωμενέστατος.

2. Auch **zu Adverbien und Präpositionen** schuf man mit -τερος und -τατος **adjektivische Steigerungsformen,** die ohne adjektivischen Positiv sind (vgl. lat. *intrā* : *interior* : *intimus*):

(πρό vor)	πρότερος	(der) frühere	πρῶτος[2]	(der) erste, zuerst
(ὑπέρ über)	ὑπέρτερος	(der) obere	ὑπέρτατος	(der) oberste, höchste
(ὑπό[3])	—	—	ὕπατος	(der) höchste; (der) Konsul
(ἐξ aus)	—	—	ἔσχατος	(der) äußerste, letzte
—	ὕστερος	(der) spätere	ὕστατος	(der) letzte
(πάλαι vor alters)	παλαίτερος	(der) ältere	παλαίτατος	(der) älteste

---

[1]) So noch Herodot   [2]) Vgl. E 69, 2 πρῶτος
[3]) „oben": in dieser Bedeutung nur noch in Ableitungen wie ὑψοῦ „in der Höhe", ὑψηλός „hoch" usw. erhalten; vgl. lat. *sub* : *summus*, wobei *sub* vermutlich „von unten nach oben" bedeutet

3. Durch nachträgliche Verbindung von παλαίτερος, παλαίτατος mit dem Positiv παλαιός „alt" und Übertragung, zunächst auf **Adj. auf -αιος**, schließlich auch auf andere, entwickeln sich folgende Steigerungsformen:

παλαιός	alt	παλαίτερος	παλαίτατος
		(neben παλαιότερος	παλαιότατος)
σχολαῖος	müßig	σχολαίτερος	σχολαίτατος
γεραιός	bejahrt	γεραίτερος	γεραίτατος
ἡσυχαῖος }	ruhig	ἡσυχαίτερος	ἡσυχαίτατος
ἥσυχος }		(auch ἡσυχώτερος	ἡσυχώτατος)
πλησίος	nahe	πλησιαίτερος	πλησιαίτατος
πρωΐ	früh	πρωϊαίτερος	πρωϊαίτατος
ὀψέ	spät	ὀψιαίτερος	ὀψιαίτατος

4. Vereinzelt steht

φίλος	lieb	φίλτερος	φίλτατος

d) Steigerung auf -ίων, -ῑον § 84

1. Einige Adjektiva bilden die Steigerungsformen, indem sie für den

Komp. -ίων, -ῑον, Gen. (-ίονος),
Superl. -ιστος, -ίστη, -ιστον

unmittelbar an den Wortstock (also nicht an den Adjektivstamm!) anfügen (**E 57**).

2. Deklination der Komparative auf -ίων, -ῑον: 76 (**E 52**).
3. Diese Bildungsweise der Steigerung liegt vor in:

Positiv		Wortstock	Vergleiche		Komparativ	Superlativ
κακός	schlecht	κακ-	(ἡ κακ-ία	d. Schlechtigkeit)	κακίων, κάκιον	κάκιστος
καλός[1]	schön	καλλ-	(τὸ κάλλ-ος	d. Schönheit)	καλλίων, κάλλῑον	κάλλιστος
αἰσχρός	schändlich	αἰσχ-	(τὸ αἶσχ-ος	d. Schande)	αἰσχίων, αἴσχῑον	αἴσχιστος
ἐχθρός	feindlich	ἐχθ-	(τὸ ἔχθ-ος	d. Haß)	ἐχθίων, ἔχθῑον	ἔχθιστος
ῥᾴδιος	leicht	ῥᾱ-	(ῥα-ΐζω	ich werde leichter)	ῥᾴων, ῥᾷον	ῥᾷστος
ἡδύς	angenehm	ἡδ-	(ἥδ-ομαι	ich freue mich)	ἡδίων, ἥδῑον	ἥδιστος
ταχύς	schnell	θαχ-	(τὸ τάχ-ος	d. Schnelligkeit)	θάττων, θᾶττον[2]	τάχιστος
μέγας	groß	μεγ-	(τὸ μέγ-εθος	d. Größe)	μείζων, μεῖζον[2]	μέγιστος
πολύς	viel	πλη-	(τὸ πλῆ-θος	d. Menge)	πλείων, πλέον[2]	πλεῖστος
					(G. πλείονος u. πλέονος)	
ὀλίγος	wenig	ὀλιγ-	(Vollstufe: ὀλειγ-)		(att. ὀλείζων[2])	ὀλίγιστος

[1]) att. κᾱλός: hom. κᾱλός: böot. καλϝός: 202, 2 β!   [2]) E 57

Erläuterungen.

*θαχ-*ἰων > ion. θάσσων > att. θάττων (R 21 g): ταχύς (R 17); *μεγ-*ἰων > ion. μέζων > att. μείζων (R 21 h)
In beiden Fällen beruht die Länge (ει Länge zu ε: E 8) auf Analogie (E 57).

§ 85 e) Steigerung mit verschiedenen Wurzeln

Auch im Griech. gibt es Steigerungsreihen, bei denen in den einzelnen Steigerungsgraden das Grundelement wechselt (**E 58**).

Positiv	Komparativ		Superlativ
1. **ἀγαθός** gut	ἀμείνων, ἄμεινον	besser, tüchtiger	ἄριστος (vgl. ἀρετή Tüchtigkeit)
	βελτίων, βέλτῑον	(sittl.) besser	βέλτιστος
	κρείττων, κρεῖττον	stärker, überlegen (lat. *superior*)	κράτιστος (vgl. κράτος Stärke)
	λῴων, λῷον	erwünschter, ratsamer	λῷστος (ὦ λῷστε mein Bester)
2. **κακός** schlecht	κακίων, κάκῑον	schlechter (lat. *peior*)	κάκιστος
	χείρων, χεῖρον	weniger gut (lat. *deterior*)	χείριστος
	ἥττων, ἧττον	schwächer, geringer (lat. *inferior*; vgl. ἡ ἧττα die Niederlage)	ἥκιστα (Adv.) am wenigsten, gar nicht
3. **μῑκρός** klein	μῑκρότερος	kleiner	μῑκρότατος
	μείων, μεῖον	geringer	—
	ἐλάττων, ἔλᾱττον (zu ἐλᾱχύς gering, klein)	geringer, kleiner	ἐλάχιστος
4. **ὀλίγος** wenig	⎰ἐλάττων, ἔλᾱττον weniger ⎱μείων, μεῖον		ὀλίγιστος

Erläuterungen.

*ἡκ-ίων > ion. ἥσσων > att. ἥττων (**R 21 g**)
*ἐλαχ-ίων > ion. ἐλάσσων > att. ἐλάττων (**R 21 g**) }
*κρετ-ίων > ion.-dor. κρέσσων (**R 21 e**) > att. κρείττων } Länge ist Analogie (**E 57**).
κρείττων : κράτιστος = Vollstufe κρετ- : Schwundstufe *κr̥t- > κρατ- (**R 2, R 3 b**).
Warum bei κρείττων im Att. (entgegen R 21 e) -ττ- erscheint, ist ungeklärt.

§ 86 ZUSATZ: DAS ADVERBIUM

Vorbemerkung. Das Adverbium ist unveränderlich, gehört folglich nicht zu den flektierten Formen: es müßte bei den Partikeln behandelt werden. Da jedoch ein Großteil der Adverbien vom Adjektivum aus gebildet wird, ist es hier angeschlossen.

1. Das **Adverb** dient nicht nur, wie sein Name sagt, zur näheren Bestimmung eines Verbums (Angabe des Ortes, der Zeit, der Art und Weise, des Grades usw.), sondern auch — allerdings seltener — zur näheren Bestimmung eines Adjektivs oder eines anderen Adverbs.
2. Die Adverbia sind **unveränderlich.**
3. Ihrer Entstehung nach sind die Adverbien meist erstarrte Kasusformen von Substantiven, Adjektiven oder Pronomina: doch gibt es auch besondere adverbbildende Suffixe mit bestimmter Bedeutung (-θι, -θεν, -σε, -δε: 88, 2).

Adverbbildung von Adjektiven § 87

1. Von Adjektiven und Partizipien wird das **Adverb des Positivs** gewöhnlich durch **Anfügung von -ως** an den Wortstock des Gen. Plur. Mask. gebildet (E 59). Rein äußerlich stimmt so das Adverb, abgesehen vom auslautenden -ς, mit dem Gen. Plur. Mask. auf -ων in Form und Akzent überein. So ergibt sich also:

		Gen. Plur. Mask.	Adverb
σοφός	weise	σοφῶν	σοφῶς
ἀνδρεῖος	tapfer	ἀνδρείων	ἀνδρείως
δίκαιος	gerecht	δικαίων	δικαίως
ἁπλοῦς	einfach	ἁπλῶν	ἁπλῶς
χαρίεις	anmutig	χαριέντων	χαριέντως
ἡδύς	angenehm	ἡδέων	ἡδέως
σώφρων	besonnen	σωφρόνων	σωφρόνως
σαφής	deutlich	σαφῶν	σαφῶς
μέγας	groß	μεγάλων	μεγάλως
ὤν (Part. zu εἰμί	ich bin)	ὄντων	ὄντως wahrhaft, wirklich
συμφέρων	nützlich	συμφερόντων	συμφερόντως nützlicherweise
(Part. zu συμφέρω	ich helfe, bin nützlich)		
ὁμολογούμενος	anerkannt	ὁμολογουμένων	ὁμολογουμένως
(Part. zu ὁμολογέω	ich stimme überein)		anerkanntermaßen

Besondere Bedeutung haben die regelmäßig gebildeten Adverbia:

ὅλως überhaupt   **πάντως** durchaus, gänzlich   **ἴσως** vielleicht
zu ὅλος ganz   πᾶς ganz   ἴσος gleich (aber: ἐξ ἴσου auf gleiche Weise).

2. **Steigerung des Adverbs:** Der Form nach ist das

Adverb des Komparativs   = Neutr. Sing. auf -ον,
Adverb des Superlativs   = Neutr. Plur. auf -α.

σοφῶς	weise	σοφώτερον	σοφώτατα
δεινῶς	furchtbar	δεινότερον	δεινότατα
σαφῶς	deutlich	σαφέστερον	σαφέστατα
σωφρόνως	besonnen	σωφρονέστερον	σωφρονέστατα
καλῶς	schön	κάλλῑον	κάλλιστα
ῥᾳδίως	leicht	ῥᾷον	ῥᾷστα
ἡδέως	gern	ἥδῑον	ἥδιστα
ταχέως	schnell	θᾶττον	τάχιστα

Anm. Das **Neutrum** vertritt gelegentlich auch im Positiv das Adverb (E 59):

πολύ	häufig, sehr	πλέον	mehr (lat. *plūs*)	πλεῖστα	am meisten (lat. *plūrimum*)
ὀλίγον, μικρόν	ein wenig	ἧττον	weniger (lat. *minus*)	ἥκιστα	am wenigsten (lat. *minimē*)
πλησίον	nahe	πλησιαίτερον	näher	πλησιαίτατα (83, 3)	am nächsten
ταχύ = ταχέως	schnell	εὐθύ = εὐθέως	geradewegs, sofort		
μέγα = μεγάλως	sehr	σφόδρα (eigtl. Neutr.Pl. zu σφοδρός heftig) = σφοδρῶς heftig, sehr			

Nach dem regelmäßig gebildeten ὕστερον „später" auch πρῶτον „zuerst", τήμερον „heute" usw.
Umgekehrt kommen gelegentlich **Adverbien auf -ως** auch bei Komparativen und Superlativen vor, z. B.

μειζόνως größer, mehr   ἐσχάτως aufs äußerste, höchste.

3. **Besonderheiten** (**E 59**): Zu ἀγαθός „gut" fehlt das Adv., dafür tritt ein:

	εὖ (auch καλῶς) gut	ἄμεινον besser		ἄριστα am besten	
Merke:	μάλα, σφόδρα sehr	μᾶλλον mehr	(lat. *magis*)	μάλιστα am meisten	(lat. *māximē*)
	πρωΐ früh	πρωϊαίτερον		πρωϊαίτατα	(83, 3)
	ὀψέ spät	ὀψιαίτερον		ὀψιαίτατα	(83, 3)

§ 88 Sonstige Adverbia

1. Herkunft aus erstarrten **Kasusformen von Nomina** zeigen noch zahlreiche Adverbia.

a) **Alte Genetive auf -ου[1])**:

ποῦ wo; οὐδαμοῦ nirgends; ὁμοῦ zusammen; αὐτοῦ ebenda; πανταχοῦ allerorten.

b) **Alte Dative auf -ῃ** (teils mit *lokativischer*, teils mit *instrumentaler* Geltung):

πῇ	(lat. *quā viā*) wo; wie	πεζῇ	zu Fuß
ταύτῃ	daselbst; auf diese Weise	κοινῇ	gemeinsam
χαμαί	(vgl. lat. *humī*) zur Erde; auf die Erde	ἡσυχῇ	ruhig
εἰκῇ	auf gut Glück, planlos, blindlings	δημοσίᾳ	lat. *pūblicē*
σπουδῇ	mit Mühe, kaum	ἰδίᾳ	lat. *prīvātim*

c) **Alte Akkusative** (vgl. lat. Adverbien auf *-im* wie *partim* „teilweise"):

τήμερον	heute	πλησίον	nahe	χάριν	zu Gunsten
πέραν	jenseits, gegenüber	μακράν	weithin	δήν	(dichterisch) lang
μάτην	vergeblich (von ἡ μάτη die Verfehlung)			πλήν	ausgenommen, nur
προῖκα	umsonst, unentgeltlich (von ἡ προίξ, προικός die Gabe, die Mitgift)				

Anm. So ist auch die Form des Neutr. Sing. bzw. Plur. im Komp. und Superl. der Adj. als Akk. zu verstehen; vgl. auch πολύ, μέγα, εὖ usw. (87, 2 Anm.; 87, 3).

d) **Alte Lokative auf -ι, Plur. -σι**:

Ἰσθμοῖ	auf dem Isthmus	Ἀθήνησι	in Athen	Πλαταιᾶσι	in Plataiai
οἴκοι	zu Hause (lat. *domī*!)	θύρασι	vor der Tür, draußen, in der Fremde		
ποῖ	wohin	οἶ	wohin (= Lokativ zum Rel.-Pron. ὅς)		

e) **Alte Instrumentale auf -ω**:

ὀπίσω hinten, rückwärts; πώ-ποτε irgend einmal; οὔ-πω noch nicht; ὧ-δε so; hier(hin)
Ortsadverbien auf -ω (auch von Präpositionen gebildet) behalten vielfach auch im Ausgang des Komp. und Superl. das -ω bei:

ἄνω	oben	ἀνωτέρω	ἀνωτάτω
κάτω	unten	κατωτέρω	κατωτάτω
ἔσω	hinein, drinnen	ἐσωτέρω	ἐσωτάτω
ἔξω	außerhalb	ἐξωτέρω	ἐξωτάτω
(ἀπό	von — weg)	ἀπωτέρω	ἀπωτάτω
πόρρω (πρόσω) }	fern	πορρωτέρω (προσωτέρω)	πορρωτάτω (προσωτάτω)
(πέρᾱ	darüber hinaus, weiter)	περαιτέρω (vgl. 83, 3)	—
(ἐγγύς	nahe)	ἐγγυτέρω (ἐγγύτερον)	ἐγγυτάτω (ἐγγύτατα)

---

[1]) Über den Gen. in „räumlicher" Bedeutung vgl. Satzlehre!

2. Die Adverbbildung durch **besondere Adverbialsuffixe** ist neben dem Haupttypus auf -ως auch noch durch andere Bildungen vertreten; die meist vorkommenden sind:

a) „Wo?" -θι		b) „Wohin?" -σε, -δε		c) „Woher?" -θεν	
ἄλλοθι	anderswo	ἄλλοσε	anderswohin	ἄλλοθεν	anderswoher
αὐτόθι (αὐτοῦ)	ebenda	αὐτόσε	ebendahin	αὐτόθεν	von ebendaher
πανταχόθι (πανταχοῦ)	überall	πανταχόσε	überallhin	πανταχόθεν	von überallher
(ἐκεῖ	dort)	ἐκεῖσε	dorthin	ἐκεῖθεν	von dort
(ὁμοῦ	am selben Ort)	ὁμόσε	zum selben Ort	ὁμόθεν	vom selben Ort
(οἴκοι	zu Hause)	οἴκαδε	nach Hause	οἴκοθεν	von zuhause
('Ἀθήνησι	in Athen)	Ἀθήναζε (< *Ἀθηνασ-δε: 14 Ende)	nach Athen	Ἀθήνηθεν	von Athen
(θύρασι	draußen)	θύραζε (< *θυρασ-δε: 14 Ende)	nach außen	θύραθεν	von draußen
(χαμαί	auf dem Boden)	χαμᾶζε	zu Boden	χαμᾶθεν	vom Boden.

Korrelative Pronominal-Adverbien s. S. 86/87! **§ 89**

IV. DAS PRONOMEN

1. EINFÜHRUNG (E 60) § 90

1. Die Pronomina sind entweder **„ungeschlechtige"** Pronomina, d. h. sie haben nur je **eine** Form für lebende Wesen, ohne Unterscheidung des natürlichen Geschlechts, wie die (nur substantivisch gebrauchten) Personalpronomina der 1. und 2. Person, oder sie sind **„geschlechtige"** Pronomina, d. h. sie scheiden zwischen den drei grammatischen Geschlechtern, z. B. ἐμός, ἐμή, ἐμόν mein, meine, mein; τίς; wer? τί; was?

2. Daraus ergibt sich folgende Einteilung:
   a) **Ungeschlechtige Pronomina:**
      Personalpronomen (1. und 2. Person)
   b) **Geschlechtige Pronomina:**
      Reflexivpronomen
      Possessivpronomen   (ἀντωνυμίαι)
      Demonstrativpronomen
      (dazu Artikel = ἄρθρον προτακτικόν)   von den Griechen als besondere Wortklasse
      Relativpronomen (ἄρθρον ὑποτακτικόν)   (ἄρθρον) ausgesondert
      Interrogativpronomen
      Indefinitpronomen   } von den Griechen zum Nomen gerechnet

3. **Die Pronomina sind** auf Grund ihrer Stellung im Satz **häufig unbetont** und daher oft enklitisch.

4. **Die Pronomina** bilden **keinen Vokativ;** einzige Ausnahme: ἡμέτερε.

(Fortsetzung: § 91 s. S. 88!)

§ 89 Übersicht über die korrelativen Pronominal-Adverbien

	Interrogativa		Indefinita (enklitisch)	Demonstrativa	Relativa		Sonstiges
	direkt u. indirekt	nur indirekt			bestimmt	allgemein	
Ort	ποῦ; *ubi?* wo?	ὅπου *ubi* wo	που *alicubi* irgendwo	ἐνθάδε *hīc* hier, ἐνταῦθα *ibi* da, dort, ἐκεῖ *illīc* dort, αὐτοῦ αὐτόθι } *ibīdem* ebenda	οὗ, ἔνθα *ubi* wo	ὅπου *ubicumque* wo auch immer	οὐδαμοῦ *nūsquam* nirgendwo, ἄλλοθι *alibī* anderswo, πανταχοῦ *ubīque* überall
	ποῖ; *quō?* wohin?	ὅποι *quō* wohin	ποι *aliquō* irgendwohin	ἐνθάδε δεῦρο } *hūc* hierher, ἐνταῦθα *eō* dahin, dorthin, ἐκεῖσε *illūc* dorthin, αὐτόσε *eōdem* ebendahin	οἷ, ἔνθα *quō* wohin	ὅποι *quōcumque* wohin auch immer	οὐδαμοῖ, οὐδαμόσε nirgendwohin, ἄλλοσε *aliō* anderswohin, πανταχοῖ, πανταχόσε überallhin
	πόθεν; *unde?* woher?	ὁπόθεν *unde* woher	ποθέν *alicunde* irgendwoher	ἐνθένδε *hinc* von hier, ἐντεῦθεν *inde* von da, von dort, ἐκεῖθεν *illinc* von dort, αὐτόθεν *indidem* von ebenda	ὅθεν, ἔνθεν *unde* woher	ὁπόθεν *undecumque* woher auch immer	οὐδαμόθεν von keiner Seite, ἄλλοθεν *aliunde* anderswoher, πανταχόθεν von überallher
Zeit	πότε; *quandō?* wann?	ὁπότε *quandō* wann	ποτέ *aliquandō* irgend einmal	νῦν *nunc* jetzt, τότε *tum* damals, dann	ὅτε *quandō, cum* wann, als	ὁπότε *quandōcumque* wann auch immer	οὔποτε, οὐδέποτε *numquam* nie, ἄλλοτε, *aliās* ein andermal, ἑκάστοτε jedesmal, ἐνίοτε manchmal

86

Zeit	πηνίκα; *quō tempore?* zu welcher Zeit?	ὀπηνίκα *quō tempore* zu welcher Zeit		τηνικάδε *hōc tempore* zu dieser Zeit τηνικαῦτα *eō tempore* zu der Zeit αὐτίκα *statim* sogleich	ἡνίκα *quō tempore* zu welcher Zeit	ὁπηνίκα *quōcumque tempore* zu welcher Zeit auch immer	
Art und Weise	πῶς; *quōmodo?* auf welche Weise? wie?	ὅπως *quōmodo* auf welche Weise, wie	πως *aliquō modō* irgendwie	ὧδε *sīc, ita* auf folg. Weise, so οὕτως *sīc, ita* auf diese Weise, so (ὡς = οὕτως) ἐκεῖνος auf jene Weise οὕτως *item* gerade so, ohne weiteres, vergeblich	ὡς, ὥσπερ *ut* wie	ὅπως *utcumque* wie auch immer	οὐδαμῶς *nullō modō* keinesfalls ἄλλως *aliter* auf andere Weise πανταχῶς auf alle mögliche Weise
	πῇ; *quā?* wo? wie?	ὅπῃ *quā* wo, wie	πῃ *aliquā* irgendwo, irgendwie	τῇδε *hāc* hier, so ταύτῃ, ἐκείνῃ *eā, illāc* dort, so	ᾗ, ᾗπερ *quā* wo, wie	ὅπῃ *quācumque* wo auch immer, wie auch immer	οὐδαμῇ keineswegs ἄλλῃ *aliā* anderswo, anderswie πανταχῇ überall, auf alle Weise

Anm. 1. Für **ἔνθα** und **ἔνθεν** findet sich neben der *relativen* Bedeutung (wo, wohin; woher) in einigen festen Verbindungen auch noch die (alte) *demonstrative* Bedeutung:

ἔνθα δή   da eben, da gerade, da endlich
ἔνθα καὶ ἔνθα   hier und dort
ἔνθεν καὶ ἔνθεν   von beiden Seiten
ἔνθα μέν ... ἔνθα δέ ...   hier ... dort ...
ἔνθεν μέν ... ἔνθεν δέ ...   von hier ... von dort, von hüben und drüben

Ebenso *demonstratives* **ὥς** (ὧς) fast nur noch in den feststehenden Verbindungen:

καὶ ὥς,   auch so, trotzdem
οὐδ' ὥς (μηδ' ὥς)   auch so nicht, dennoch nicht.

Anm. 2. Von τότε „damals" und πότε „wann?" ist zu unterscheiden:
τοτὲ μέν ... τοτὲ δέ ... } bald ... bald ...
ποτὲ μέν ... ποτὲ δέ ...

(§ 90 s. S. 85!)

§ 91 **2. PERSONALPRONOMINA**

1. Für das **persönliche Fürwort** kennt das Griechische (wie das Lat. und das Dt.) **drei Personen**: die 1., 2. und 3. Person im Singular, Plural und Dual.

2. Das griech. Personalpronomen hat (im Gegensatz zum lat. und dt.) **in den obliquen Kasus aller drei Personen** eine **nichtreflexive** und eine **reflexive Form**.

Die reflexiven Formen (auf Grund ihrer Bedeutung ohne Nom.) werden gebildet, indem zu den nichtreflexiven Formen das Pronomen αὐτός, αὐτή, αὐτό „selbst" (98) hinzutritt; im Singular verschmelzen sie völlig zu *einem* Wort: ἐμαυτοῦ usw., σεαυτοῦ usw., ἑαυτοῦ usw., jedoch ἡμῶν αὐτῶν usw., ὑμῶν αὐτῶν usw., σφῶν αὐτῶν usw. neben ἑαυτῶν.

Anm. Neben σεαυτοῦ, ἑαυτοῦ usw. sind die Formen σαυτοῦ, αὑτοῦ usw. sehr gebräuchlich.

3. Für **das nichtreflexive Personalpronomen der 3. Person** treten in den *obliquen Kasus* (wie im Lat. *eius*, *eī* usw.) die Formen von **αὐτός, αὐτή, αὐτό** (98) ein, die dann meist *hinter* dem Verbum stehen:

| θαυμάζει **αὐτόν** | *admīrātur* **eum** | er bewundert **ihn** |
| θαυμάζει **αὐτήν** | *admīrātur* **eam** | er bewundert **sie** |

Der *Nominativ* wird im Falle der Betonung (s. Ziffer 4!) durch οὗτος oder ἐκεῖνος ersetzt: καὶ οὗτος λέγει oder καὶ ἐκεῖνος λέγει auch **er** sagt.

Anm. 1. Für die 3. Pers. Akk. Sg. aller 3 Geschlechter findet sich dor. und att. νιν, hom. μιν.

Anm. 2. Ursprünglich gab es auch für die **3. Pers.** ein eigenes nichtreflexives Personalpronomen (so noch bei Homer gebraucht!): οὗ, οἷ, ἕ (enklitisch: οὐ, οἱ, ἑ); σφεῖς, σφῶν, σφίσι(ν), σφᾶς. Im Attischen wird dies aber fast nur noch als **indirektes Reflexiv** gebraucht (d. h. in innerlich abhängigen Sätzen und in Infinitiven bei Beziehung auf das Subjekt des *übergeordneten* Satzes): Κῦρος ἠξίου δοθῆναι οἷ ταύτας τὰς πόλεις Kyros wünschte, daß ihm diese Städte gegeben würden.

4. Für **1. und 2. Pers.** gibt es im G. D. A. Sing. nebeneinander **betonte** (nichtenklitische) **und unbetonte** (enklitische) **Formen**. Unbetonte Formen des *Nom.* gibt es nicht; in diesem Falle wird (wie im Lat.) die Person nur durch die Endung des Verbums bezeichnet.

Die **betonten** Formen stehen

a) **bei besonderer Hervorhebung** des Pronomens, besonders im Gegensatz: οὐκ ἐμέ, ἀλλὰ σέ nicht mich, sondern dich;

b) **nach Präpositionen**: σὺν ἐμοί mit mir, μετὰ σοῦ mit dir, πρὸς σέ zu dir.

5. **Starke Hervorhebung** wird durch Anfügung der enklitischen **Partikel γε** (lat. *quidem* wenigstens) an das Personalpronomen erreicht: ἐμοῦγε, ἐμέγε, σύγε. Akzentverschiebung zeigen die beiden Formen: ἔγωγε und ἔμοιγε.

6. Das dt. „einander" (das sog. „reziproke Pronomen") wird durch eine Pronominalform ausgedrückt, die durch die Verschmelzung des verdoppelten Stammes ἀλλο- „ein anderer" (102) zustande kam (vgl. lat. *hominēs alius alium adiuvāre dēbent* die Menschen müssen einander helfen). Auf Grund seiner Bedeutung ist es ohne Singular und ohne Nominativ (**E 61**).

Genus	Mask.	Fem.	Neutr.
Pl. Gen.	ἀλλήλων	ἀλλήλων	ἀλλήλων
Dat.	ἀλλήλοις	ἀλλήλαις	ἀλλήλοις
Akk.	ἀλλήλους	ἀλλήλᾱς	ἄλληλα

7. **Übersicht (E 61):**

	1. Person			2. Person			3. Person		
	Nichtrefl.		Reflexiv	Nichtrefl.		Reflexiv	Nichtrefl. (Ersatz)	Reflexiv	
	bet.	unb.		bet.	unb.			ind.	dir. und indir.
Sg. N.	ἐγώ	—	—	σύ	—	—	(οὗτος) (ἐκεῖνος)	—	—
G.	ἐμοῦ	μου	ἐμαυτοῦ ἐμαυτῆς	σοῦ	σου	σ(ε)αυτοῦ σ(ε)αυτῆς	αὐτοῦ αὐτῆς αὐτοῦ	οὗ (οὑ)	ἑαυτοῦ = αὐτοῦ ἑαυτῆς = αὐτῆς ἑαυτοῦ = αὐτοῦ
D.	ἐμοί	μοι	ἐμαυτῷ ἐμαυτῇ	σοί	σοι	σ(ε)αυτῷ σ(ε)αυτῇ	αὐτῷ αὐτῇ αὐτῷ	οἷ (οἱ)	ἑαυτῷ = αὐτῷ ἑαυτῇ = αὐτῇ ἑαυτῷ = αὐτῷ
A.	ἐμέ	με	ἐμαυτόν ἐμαυτήν	σέ	σε	σ(ε)αυτόν σ(ε)αυτήν	αὐτόν αὐτήν αὐτό	ἕ (ἑ)	ἑαυτόν = αὐτόν ἑαυτήν = αὐτήν ἑαυτό = αὐτό
Pl. N.	ἡμεῖς	—	—	ὑμεῖς	—	—	(οὗτοι) (ἐκεῖνοι)	σφεῖς	—
G.	ἡμῶν	ἡμῶν αὐτῶν		ὑμῶν	ὑμῶν αὐτῶν		αὐτῶν	σφῶν	ἑαυτῶν = αὐτῶν = σφῶν αὐτῶν
D.	ἡμῖν	ἡμῖν αὐτοῖς ἡμῖν αὐταῖς		ὑμῖν	ὑμῖν αὐτοῖς ὑμῖν αὐταῖς		αὐτοῖς αὐταῖς αὐτοῖς	σφίσι(ν) (σφισιν)	ἑαυτοῖς, -αῖς, -οῖς αὐτοῖς, -αῖς, -οῖς σφίσιν αὐτοῖς usw.
A.	ἡμᾶς	ἡμᾶς αὐτούς ἡμᾶς αὐτάς		ὑμᾶς	ὑμᾶς αὐτούς ὑμᾶς αὐτάς		αὐτούς αὐτάς αὐτά	σφᾶς	ἑαυτούς, -άς, -ά αὐτούς, -άς, -ά σφᾶς αὐτούς usw.

Merke:

| σεαυτοῦ | t*ui* | deiner | 2. Person | ἡμεῖς | wir | 1. Person |
| ἑαυτοῦ | s*ui* | seiner | 3. Person | ὑμεῖς | ihr | 2. Person |

Erläuterungen.

Stammwechsel zwischen Nom. und obliquen Kasus ἐγώ : (ἐ)μοῦ = lat. e*gō* : m*eī* = dt. *ich* : m*einer*. σύ (gegenüber lat. t*ū*) Analogie zu den obliquen Kasus, z. B. σέ < *t*μ*e (202, 2 β).

§ 92   3. POSSESSIVPRONOMINA

Um das Besitzverhältnis auszudrücken, werden im Griech. gebraucht:

1. **der Artikel,** wenn der Zusammenhang keinen Zweifel über den Besitzer offenläßt; wie im Lat. wird in solchem Fall also **kein** Possessivpronomen gesetzt:

στέργω **τὴν** πατρίδα = lat. *patriam amō* ich liebe **mein** Vaterland

2. **das Possessivpronomen** (E 62):

ἐμός, ἐμή, ἐμόν	mein	ἡμέτερος, ἡμέτερᾱ, ἡμέτερον	unser
σός, σή, σόν	dein	ὑμέτερος, ὑμέτερᾱ, ὑμέτερον	euer
ὅς, ἥ, ὅ (nur dichterisch)	sein	σφέτερος, σφετέρᾱ, σφέτερον	ihr
(= lat. *suus*) **nur reflexiv**		(= lat. *suus*) **nur reflexiv**	

Merke:

> **Das Possessivpronomen verlangt den Artikel beim Substantiv.**
> **Das Possessivpronomen steht immer attributiv:**
> ὁ ἐμὸς φίλος oder ὁ φίλος ὁ ἐμός   mein Freund

Anm. Nur wenn der betreffende Gegenstand nicht eindeutig bestimmt ist, bleibt der Artikel weg: ἐμὸς φίλος = ein „meiniger" Freund = ein Freund von mir = einer meiner Freunde.

3. **die Genetive der Personalpronomina:** diese Umschreibung **muß** eintreten für das fehlende Poss.-Pron. der 3. Person (aber σφέτερος!), in allen anderen Fällen **kann** sie eintreten. Die Aufspaltung in nichtreflexive und reflexive Formen in allen drei Personen (91,2) gilt auch hier.

Die **Stellung der Formen ohne Nachdruck** (μου, σου, αὐτοῦ, -ῆς, -οῦ, ἡμῶν, ὑμῶν, αὐτῶν) ist **prädikativ**[1]): *vor* dem Artikel oder *hinter* dem (mit Artikel verbundenen) Substantiv;

die **der Formen mit Nachdruck** (ἐμαυτοῦ, σεαυτοῦ, ἑαυτοῦ usw.) und τούτου, ἐκείνου ist **attributiv:** *zwischen* Artikel und Subst. oder mit wiederholtem Artikel *nach* dem Substantiv.

Anm. Statt ἡμῶν αὐτῶν, ὑμῶν αὐτῶν und ἑαυτῶν findet sich auch ἡμέτερος αὐτῶν, ὑμέτερος αὐτῶν und σφέτερος αὐτῶν.

4. **Beispiele:**   **a) Nichtreflexiv:**

Schwächer betont:		Stärker betont:	
ὁ φίλος μου	mein Freund	ὁ ἐμὸς φίλος	
ὁ φίλος σου	dein Freund	ὁ σὸς φίλος	
ὁ φίλος αὐτοῦ	sein Freund	ὁ τούτου oder ἐκείνου φίλος	
ὁ φίλος αὐτῆς	ihr Freund	ὁ ταύτης oder ἐκείνης φίλος	
ὁ φίλος ἡμῶν	unser Freund	ὁ ἡμέτερος φίλος	
ὁ φίλος ὑμῶν	euer Freund	ὁ ὑμέτερος φίλος	
ὁ φίλος αὐτῶν	ihr Freund	ὁ τούτων oder ἐκείνων φίλος	

---

[1]) Die Bezeichnung „prädikativ" ist hier, weil in der Schule fest eingebürgert, beibehalten, obwohl sie keine innere Berechtigung hat, da in diesen Fällen keinerlei prädikativer Sinn vorliegt. Der Ausdruck wurde wohl rein äußerlich übertragen von der Stellung des Adj. etwa in Fällen wie: ὁ πιστὸς φίλος „der treue Freund" (attributiv!) gegenüber ὁ φίλος πιστός ἐστιν „der Freund ist treu" (prädikativ!). Vgl. Satzlehre zu πᾶς usw.

Schwächer betont:	b) Reflexiv:	Stärker betont:

Schwächer betont:

στέργω τὸν ἐμὸν φίλον

στέργεις τὸν σὸν φίλον

στέργει τὸν {ἑαυτοῦ / ἑαυτῆς} φίλον

στέργομεν τὸν ἡμέτερον φίλον

στέργετε τὸν ὑμέτερον φίλον

στέργουσι τὸν {ἑαυτῶν / σφῶν αὐτῶν / σφέτερον} φίλον

b) Reflexiv:

ich liebe meinen Freund

du liebst deinen Freund

er liebt seinen Freund
sie liebt ihren Freund

wir lieben unsern Freund

ihr liebt euern Freund

sie lieben ihren Freund

Stärker betont:

στέργω τὸν {ἐμαυτοῦ / ἐμαυτῆς} φίλον

στέργεις τὸν {σεαυτοῦ / σεαυτῆς} φίλον

στέργει τὸν {ἑαυτοῦ / ἑαυτῆς} φίλον

στέργομεν τὸν {ἡμῶν αὐτῶν / ἡμέτερον αὐτῶν} φίλον

στέργετε τὸν {ὑμῶν αὐτῶν / ὑμέτερον αὐτῶν} φίλον

στέργουσι τὸν {ἑαυτῶν / σφῶν αὐτῶν / σφέτερον αὐτῶν} φίλον

5. **Übersicht:**

	Person	Nichtreflexiv		Reflexiv	
		ohne Nachdr.	mit Nachdruck	ohne Nachdruck	mit Nachdruck
ein Besitzer	1. mein	μου	**ἐμός, -ή, -όν** =	**ἐμός, -ή, -όν**	ἐμαυτοῦ ἐμαυτῆς
	2. dein	σου	**σός, σή, σόν** =	**σός, σή, σόν**	σεαυτοῦ σεαυτῆς
	3. sein / ihr	αὐτοῦ αὐτῆς	τούτου, ἐκείνου ταύτης, ἐκείνης	ἑαυτοῦ ἑαυτῆς =	ἑαυτοῦ ἑαυτῆς
mehrere Besitzer	1. unser	ἡμῶν	**ἡμέτερος, -ᾱ, -ον** =	**ἡμέτερος, -ᾱ, -ον**	ἡμῶν αὐτῶν (ἡμέτερος αὐτῶν)
	2. euer	ὑμῶν	**ὑμέτερος, -ᾱ, -ον** =	**ὑμέτερος, -ᾱ, -ον**	ὑμῶν αὐτῶν (ὑμέτερος αὐτῶν)
	3. ihr	αὐτῶν	τούτων, ἐκείνων	ἑαυτῶν (σφέτερος, -ᾱ, -ον)	ἑαυτῶν = σφῶν αὐτῶν (σφέτερος αὐτῶν)
Stellung:		präd.		attributiv	

Erläuterungen. ἡμέ-τερο-ς, ὑμέ-τερο-ς: -tero- Suffix vergleichender Gegenüberstellung (81, 1)
ἐ-μός (gegenüber lat. *meus*) ist Neubildung zum Gen. des Pers.-Pron. ἐμοῦ
σός < *t*u̯os* (Schwundstufe!) : lat. *tuus* < alat. *tovos* (Vollstufe!)
ὅς < *s*u̯os* (Schwundstufe!) :. lat. *suus* < alat. *sovos* (Vollstufe!)

§ 93   4. DEMONSTRATIVPRONOMINA

Die griechischen Demonstrativpronomina sind:

a) ὁ, ἡ, τό der, die, das (allmählich zum bestimmten Artikel geworden);
b) ὅδε, ἥδε, τόδε dieser, diese, dieses (lat. *hic, haec, hoc*);
c) οὗτος, αὕτη, τοῦτο dieser, diese, dieses (lat. *is, ea, id; iste, ista, istud*);
d) ἐκεῖνος, ἐκείνη, ἐκεῖνο jener, jene, jenes (lat. *ille, illa, illud*);
e) αὐτός, αὐτή, αὐτό selbst; der, die, das nämliche (lat. *ipse, -a, -um; īdem, eadem, idem*).

§ 94   ὁ, ἡ, τό

1. **Das Demonstrativpronomen ὁ, ἡ, τό,** bei Homer noch als solches gebraucht, **wurde** (wie dt. der, die, das) fast ausschließlich **zum bestimmten Artikel: Deklination** s. 32!

2. Seine ältere, **demonstrative Bedeutung** hat es noch in folgenden Wendungen bewahrt:
ὁ μέν, ὁ δέ   der eine, der andere; dieser, jener;   ὁ δέ   der aber, er aber;
τὸ μέν, τὸ δέ einerseits, anderseits; teils, teils;   πρὸ τοῦ „vor diesem" = vordem, ehedem.

Anm. Neben ὁ findet sich auch die Form ὅς (hat nichts mit dem gleichlautenden Nom.Sing. des Relativpronomens (99) zu tun!), so in den Redensarten: καὶ ὅς und der, καὶ οἵ und die, ἦ δ' ὅς sagte er (E 21, 1).

§ 95   ὅδε, οὗτος, ἐκεῖνος (E 63)

1. Die Verbindung von ὁ, ἡ, τό mit der enklitischen hinweisenden Partikel δε „da" ergab **ὅδε, ἥδε, τόδε** der da, dieser hier (lat. *hic*).

Numerus	Singular			Plural		
Genus	Mask.	Fem.	Neutr.	Mask.	Fem.	Neutr.
Nom.	ὅδε	ἥδε	τόδε	οἵδε	αἵδε	τάδε
Gen.	τοῦδε	τῆσδε	τοῦδε	τῶνδε	τῶνδε	τῶνδε
Dat.	τῷδε	τῇδε	τῷδε	τοῖσδε	ταῖσδε	τοῖσδε
Akk.	τόνδε	τήνδε	τόδε	τούσδε	τάσδε	τάδε

Beachte: Die akzentlosen Formen des Art. bekommen vom Enklitikon **δε** den Akut.

2. Mit einer (nicht mehr deutlich faßbaren) Partikel verschmolzen ist ὁ, ἡ, τό in
οὗτος, αὕτη, τοῦτο dieser (lat. *is, iste*).

	Singular			Plural		
	Mask.	Fem.	Neutr.	Mask.	Fem.	Neutr.
N.	οὗτος	αὕτη	τοῦτο	οὗτοι	αὗται	ταῦτα
G.	τούτου	ταύτης	τούτου	τούτων	τούτων	τούτων
D.	τούτῳ	ταύτῃ	τούτῳ	τούτοις	ταύταις	τούτοις
A.	τοῦτον	ταύτην	τοῦτο	τούτους	ταύτας	ταῦτα

Beachte: οὗτος richtet sich nach dem Artikel
im Anlaut: τ oder Spiritus asper (ὁ : οὗτος, τό : τοῦτο) und
im Vokal der 1. Silbe: o- oder a-Vokalismus (οἱ : οὗτοι, αἱ : αὗται, τά : ταῦτα).

Merke:

Mask.	ου		
Fem.	αυ	aber	τούτων
Neutr.	ου	aber	ταῦτα

3. **ἐκεῖνος, ἐκείνη, ἐκεῖνο** jener (lat. *ille*) wird wie ein regelmäßiges Adj. der o- und a-Dekl. dekliniert; Nom. Akk. Sing. des Neutr. enden aber, wie bei allen Pron., auf **-ο**.
Erläuterung. -ο als Ausgang des N.A.Sg.Neutr. < *-οδ (R 18) vgl. lat. is*tud*, ill*ud*, qu*od*, ali*ud* (E 21,1).

Gebrauch von ὅδε, οὗτος, ἐκεῖνος § 96

1. **ὅδε, οὗτος, ἐκεῖνος** verlangen in Verbindung mit einem Subst. **stets den Artikel** und werden **prädikativ** gestellt (also das Pronomen nie zwischen Artikel und Substantiv):

ὅδε ὁ ἀνήρ	oder	ὁ ἀνὴρ ὅδε
αὕτη ἡ πόλις	oder	ἡ πόλις αὕτη
ἐκεῖνο τὸ ὄνομα	oder	τὸ ὄνομα ἐκεῖνο.

2. Der **Bedeutungsunterschied** der drei Pronomina ist folgender:
a) **ὅδε** der da, dieser hier (lat. *hic*) bezeichnet das dem Sprechenden (**1. Person!**) unmittelbar Zunächstliegende; auch deutet es auf **Nachfolgendes;**
b) **οὗτος** dieser (lat. *is, iste*) bezeichnet das dem Angesprochenen (**2. Person!**) Gehörige und weist auf **Vorhergegangenes** hin;
c) **ἐκεῖνος** jener (lat. *ille*) bezeichnet das dem Besprochenen (**3. Person!**) Gehörige und bedeutet räumlich und zeitlich **Entferntes.**

Also:
ὅδε ὁ ἀνήρ	der Mann hier	ἥδε ἡ ἡμέρᾱ	der heutige Tag
αὕτη ἡ ἡμέρᾱ	dieser Tag (von dem eben gesprochen wird)		
ἔλεγε τάδε	er sprach folgendes (als Einleitung einer Rede)		
ταῦτα ἔλεγεν	so sprach er (als Abschluß einer Rede)		
οὗτος – ἐκεῖνος	dieser — jener; auch als „letzterer — ersterer" gebraucht.		

Ausnahme: Die Entsprechung zum Relativpronomen (99) ist immer οὗτος, also:
οὗτος, ὅς ... der(jenige), welcher ... (lat. *is, quī* ...)

Anm. Zur Verstärkung der Formen von ὅδε, οὗτος, ἐκεῖνος wird gelegentlich ein -ί angefügt (ῑ δεικτικόν = hinweisendes ι; vgl. lat. *-ce* in *ec-ce*, *hi-c(e)* usw.), das stets den Akzent trägt und vorhergehende kurze Vokale verschlingt: ὁδί, ἡδί, τοδί, οὑτοσί, αὑτηί, τουτί, ἐκεινοσί usw.

Zusammengesetzte Demonstrativpronomina § 97

1. In Deklination (außer N. A. Sg. Neutr.) wie Bedeutung entsprechen den beiden Pronomina οὗτος und ὅδε folgende zusammengesetzten (99, 1 b–d) Dem.-Pronomina:

τοιοῦτος, τοιαύτη, τοιοῦτο(ν), τοιόσδε, τοιάδε, τοιόνδε so beschaffen (lat. *tālis*)
τοσοῦτος, τοσαύτη, τοσοῦτο(ν), τοσόσδε, τοσήδε, τοσόνδε so groß (lat. *tantus*)
τηλικοῦτος, τηλικαύτη, τηλικοῦτο(ν), τηλικόσδε, τηλικήδε, τηλικόνδε so groß, so alt.

Beachte: In der Zusammensetzung verschwindet das anlautende τ- bzw. der Spiritus asper des Anlautes von οὗτος, darum τούτου : τοσ-ούτου – αὕτη : τοι-αύτη.

2. Diese zusammengesetzten Dem.-Pron. werden in der Verbindung mit einem Subst. hinsichtlich des Artikels wie gewöhnliche Adjektiva behandelt:

τοιοῦτος ἀνήρ   ein solcher Mann   ἡ τοσαύτη πόλις   die(se so) große Stadt

3. Im **Neutr.Sing.** haben die mit οὗτος zusammengesetzten Pronomina nebeneinander den pronominalen und den nominalen Ausgang, also: τοιοῦτο und τοιοῦτον usw.

4. Demonstrative **Adverbia**: siehe Korrelative Pronominal-Adverbien (89)!

§ 98   αὐτός, αὐτή, αὐτό

1. Das Pronomen αὐτός, αὐτή, αὐτό (**E 64**) wird wie ein regelmäßiges Adj. der *o*- und *a*-Dekl. dekliniert, ausgenommen Nom. Akk. Sing. Neutr. αὐτό (**E 21**).

2. Je nach seiner Verbindung mit dem Artikel und seiner Stellung zu ihm hat αὐτός verschiedene Bedeutungen (wie das dt. „*selb-*" in „*selbst*" gegenüber „*derselbe*"):

a) **Mit Artikel**: α) **prädikativ** gestellt: selbst (lat. *ipse*):

ὁ πατὴρ αὐτός der Vater selbst,   αὐτὸς ὁ πατήρ selbst der Vater;

β) **attributiv** gestellt: derselbe, der nämliche (lat. *īdem*):

ὁ αὐτὸς ἄνθρωπος derselbe Mensch, der nämliche Mensch.

Anm. Vokalisch auslautende Formen des Artikels werden oft mit αὐτός durch Krasis (**R 9**) verbunden:
ὁ αὐτός = αὑτός   ἡ αὐτή = αὑτή   τὸ αὐτό = ταὐτό (auch ταὐτόν) (197 Merke 4.)
τοῦ αὐτοῦ = ταὐτοῦ   τῇ αὐτῇ = ταὐτῇ   τὰ αὐτά = ταὐτά.

b) **Ohne Artikel**: α) selbst (lat. *ipse*): αὐτὸς ἥκει er kommt selbst;

β) nur im Gen. Dat. Akk. = Ersatz des nichtreflexiven Pers.-Pron. der 3. Person (lat. *eius, eī* usw.): θαυμάζω αὐτόν ich bewundere ihn.

3. Von αὐτός abgeleitete **Adverbia**: siehe korrelative Pronominal-Adverbien (89)!

§ 99   5. RELATIVPRONOMINA

1. **Bestimmte Relativpronomina** sind:

a) **ὅς, ἥ, ὅ** der, die, das; welcher, welche, welches (lat. *quī, quae, quod*) (**E 65**).

	Singular			Plural		
	Mask.	Fem.	Neutr.	Mask.	Fem.	Neutr.
Nom.	ὅς	ἥ	ὅ	οἵ	αἵ	ἅ
Gen.	οὗ	ἧς	οὗ	ὧν	ὧν	ὧν
Dat.	ᾧ	ᾗ	ᾧ	οἷς	αἷς	οἷς
Akk.	ὅν	ἥν	ὅ	οὕς	ἅς	ἅ

Merke: **Das Rel.Pron. hat stets Spiritus asper und Akzent.**

b) **οἷος, οἵᾱ, οἷον** wie beschaffen, was für ein (lat. *quālis*);

c) **ὅσος, ὅση, ὅσον** wie groß (lat. *quantus*);
   Merke: ὅσον wie viel (lat. *quantum*), ὅσοι wie viele (lat. *quot*).

d) **ἡλίκος, ἡλίκη, ἡλίκον** (vgl. ἧλιξ, ἡλικος gleichaltrig: 79) wie groß, wie alt, wie bedeutend.

Anm. Die bestimmten Rel.-Pron. können durch das enklitische περ „gerade" verstärkt werden (E 65): ὅσπερ „welcher gerade; welcher eben; gerade der, welcher; eben der, welcher"; ebenso οἷόσπερ, ὅσοσπερ, ἡλίκοσπερ.

Merke als feststehende Entsprechungen:

οὗτος, ὅς ... der(jenige), welcher	τοσοῦτος — ὅσος ... so groß — wie
τοιαῦται (νῖκαι) — οἷαι ... solche (Siege) — wie	τοσοῦτοι — ὅσοι ... so viele — wie
ὁ αὐτὸς ὅσπερ ... der nämliche wie.	

2. **Verallgemeinernde Relativpronomina** — formengleich mit den indirekt fragenden Pronomina (100, 2) — sind:

a) **ὅστις, ἥτις, ὅ τι** wer auch immer; jeder, der (lat. *quīcumque, quisquis*) (E 65).

	Singular			Plural		
	Mask.	Fem.	Neutr.	Mask.	Fem.	Neutr.
N.	ὅστις	ἥτις	ὅ τι (ὅ, τι)	οἵτινες	αἵτινες	ἅτινα, ἅττα
G.	οὗτινος, ὅτου	ἧστινος	οὗτινος, ὅτου	ὧντινων, ὅτων	ὧντινων	ὧντινων, ὅτων
D.	ᾧτινι, ὅτῳ	ᾗτινι	ᾧτινι, ὅτῳ	οἷστισι(ν), ὅτοις	αἷστισι(ν)	οἷστισι(ν), ὅτοις
A.	ὅντινα	ἥντινα	ὅ τι (ὅ, τι)	οὕστινας	ἅστινας	ἅτινα, ἅττα

Merke: **Dekliniert werden beide Bestandteile, ὅς und** das enklitische τις (101, 1).

Erläuterung. ὅ τι „das" (Rel.) : ὅτι „daß, weil" = lat. *quod* „das": *quod* „weil" = dt. *das* (Rel.) : *daß* (E 65).

b) **ὁποῖος, ὁποίᾱ, ὁποῖον** wie (beschaffen) auch immer
c) **ὁπόσος, ὁπόση, ὁπόσον** wie groß auch immer
   ὁπόσοι, ὁπόσαι, ὁπόσα wie viele auch immer
d) **ὁπηλίκος, ὁπηλίκη, ὁπηλίκον** wie alt auch immer, wie bedeutend auch immer.

Anm. Die verallgemeinernde Bedeutung kann durch οὖν verstärkt werden: ὁστισοῦν jeder beliebige; jeder, wer es auch sei (lat. *quīlibet, quīvīs*); ὁτιοῦν alles, was es auch sei; alles mögliche. Ebenso: ὁποιοσοῦν, ὁποσοσοῦν, ὁπηλικοσοῦν.

3. Relative **Adverbia**: siehe korrelative Pronominal-Adverbien (89)!

6. INTERROGATIVPRONOMINA § 100

Die zur Einleitung von direkten und indirekten Wortfragen dienenden Pronomina sind:
1. **τίς; τί;** substantivisch: Wer? Was? (lat. *quis? quid?*)
   adjektivisch: Welcher? Welche? Welches? (lat. *quī? quae? quod?*) (E 66).

Numerus	Singular		Plural	
Genus	Mask. und Fem.	Neutr.	Mask. und Fem.	Neutr.
Nom.	τίς;	τί;	τίνες;	τίνα;
Gen.	τίνος; (τοῦ;)	τίνος; (τοῦ;)	τίνων;	τίνων;
Dat.	τίνι; (τῷ;)	τίνι; (τῷ;)	τίσι(ν);	τίσι(ν);
Akk.	τίνα;	τί;	τίνας;	τίνα;

Merke:
> τίς hat in allen, auch den einsilbigen Formen, den Akut (nie Gravis!) auf dem ι der Stammsilbe.

2. **ὅστις, ἥτις, ὅ τι,** substantivisch und adjektivisch — formengleich mit dem verallgemeinernden Rel.-Pron. (99, 2 a) — **leitet nur indirekte Fragen ein.**

3. Alle **direkt** fragenden Pron. (und Adv.) — außer τίς — beginnen mit **π-** (**E 66**);
alle **indirekt** fragenden Pron. (und Adv.) sind gekennzeichnet durch vorgesetztes **ὁ-**, sie sind formengleich mit den verallgemeinernden Rel.-Pronomina (99, 2).

Deutsch	Lat.	Direkt und indirekt	nur indirekt (und unbest. relativ)
Wer? Welcher? (von zweien)	uter?	πότερος; ποτέρα; πότερον;	ὁπότερος, -ᾱ, -ον
Wie beschaffen? Was für ein?	quālis?	ποῖος; ποία; ποῖον;	ὁποῖος, -ᾱ, -ον
Wie groß?	quantus?	πόσος; πόση; πόσον;	ὁπόσος, -η, -ον
Wie viele?	quot?	πόσοι; πόσαι; πόσα;	ὁπόσοι, -αι, -α
Wie groß? Wie alt?		πηλίκος; πηλίκη; πηλίκον;	ὁπηλίκος, -η, -ον

Erläuterungen. τί < *τιδ (R 18) = lat. quid
Wz. q^ui-: τίς : lat. qu*is* wie τέτταρες : lat. qu*attuor* wie πέντε : lat. qu*inque* (Labiovelar vor **hellem** Vokal: 207)
Wz. q^ue-: τοῦ < τέο (hom.), τῷ < τέῳ (ion.)
Wz. q^uo-: πόσος, ποῖος, πότερος (Labiovelar vor **dunklem** Vokal: 207); vgl. alat. qu*oius* > *cuius*, qu*oi* > *cui*.
πό-τερο-ς, ὁπό-τερο-ς: -*tero*- Suffix vergleichender Gegenüberstellung; vgl. ἡμέ-τερο-ς, ὑμέ-τερο-ς (92) und den Komparativ (81, 1).

Anm. Die Interrogativpronomina können durch Hinzutreten der enklitischen Partikel ποτε verstärkt werden: τίς ποτε; Wer denn?, τί ποτε[1]); Warum denn?

4. Interrogative **Adverbia**: siehe korrelative Pronominal-Adverbien (89)!

§ 101   7. INDEFINITPRONOMINA

1. Das unbestimmte Fürwort **τις, τι**

    substantivisch: (irgend) jemand, (irgend) etwas; ein gewisser; einer;
    adjektivisch: (irgend) einer, mancher, ein (gewisser)

unterscheidet sich vom Interrogativpronomen τίς, τί nur dadurch, daß es **enklitisch** ist (ausgenommen ἄττα) und, wenn akzentuiert (24), den **Akzent auf der Endsilbe** trägt (**E 67**).

Numerus	Singular		Plural	
Genus	Mask. und Fem.	Neutrum	Mask. und Fem.	Neutrum
Nom.	τις	τι	τινές	τινά = ἄττα
Gen.	τινός = του	τινός = του	τινῶν	τινῶν
Dat.	τινί = τῳ	τινί = τῳ	τισί(ν)	τισί(ν)
Akk.	τινά	τι	τινάς	τινά = ἄττα

---
[1]) Hom. τίπτε < *τιδ-πε: E 66.

2. **Auch die anderen Indefinitpronomina** unterscheiden sich von den Interrogativpronomina nur durch die **Betonung der Endsilbe**:

    ποιός, ποιά, ποιόν   von irgendeiner Beschaffenheit
    ποσός, ποσή, ποσόν   von irgendeiner Größe.

Anm. 1. Diese Verwendung von τίς, τί zugleich als Interr.- und Indef.-Pron. zeigt sich ebenso im Dt.: „Wer kommt?" gegenüber „Es kommt wer (= jemand)" = Τίς ἥκει; gegenüber Ἥκει τις. Auch lat. besteht dieser Unterschied zwischen fragendem *quis*? und enklitischem *sī quis*.

Anm. 2. Erst seit Platon und Demosthenes gibt es das aus der Volkssprache kommende Indefinitum ὁ (ἡ, τὸ) δεῖνα, τοῦ (τῆς, τοῦ) δεῖνος, τῷ (τῇ, τῷ) δεῖνι, τὸν (τὴν, τὸ) δεῖνα der und der, irgendeiner, der Dings.

3. Indefinite **Adverbia**: siehe korrelative Pronominal-Adverbien (89)!

8. „PRONOMINALADJEKTIVA" § 102

Den Pronomina stehen ihrer **Bedeutung** nach nahe, werden jedoch (ausgenommen ἄλλο) wie Adjektiva behandelt:

ἕκαστος, ἑκάστη, ἕκαστον	jeder einzelne (**E 68**)
ἑκάτερος, ἑκατέρᾱ, ἑκάτερον	jeder (von zweien)
ἄμφω und ἀμφότεροι, -αι, -α	beide (zusammen) (105 Anm. 2)
οὐδείς, οὐδεμία, οὐδέν μηδείς, μηδεμία, μηδέν	keiner, nichts (105 Anm. 1)
οὐδέτερος, οὐδετέρᾱ, οὐδέτερον μηδέτερος, μηδετέρᾱ, μηδέτερον	keiner (von zweien)
ἄλλος, ἄλλη, ἄλλο	ein anderer (**E 68**)
οἱ ἄλλοι	die übrigen
ὁ ἕτερος, ἡ ἑτέρᾱ, τὸ ἕτερον	der andere (von zweien) (**E 68**).

Numerus	Singular			Plural		
Genus	Mask.	Fem.	Neutr.	Mask.	Fem.	Neutr.
Nom.	οὐδείς	οὐδεμία	οὐδέν	οὐδένες	οὐδεμίαι	οὐδένα
Gen.	οὐδενός	οὐδεμιᾶς	οὐδενός	οὐδένων	οὐδεμιῶν	οὐδένων
Dat.	οὐδενί	οὐδεμιᾷ	οὐδενί	οὐδέσι(ν)	οὐδεμίαις	οὐδέσι(ν)
Akk.	οὐδένα	οὐδεμίαν	οὐδέν	οὐδένας	οὐδεμίᾱς	οὐδένα

Merke: Der Akzent von **οὐδείς, οὐδεμία, οὐδέν** ist im Singular wie bei **εἷς, μία, ἕν** (außer οὐδείς gegenüber εἷς).

Anm. 1. ἑκάτερος, ἄμφω und ἀμφότεροι werden bei Subst. *prädikativ* gestellt: ἑκάτερος ὁ ἀδελφός jeder Bruder = jeder von zwei Brüdern für sich gesondert.

Anm. 2. Von ἕτερος kommen häufig durch Krasis (**R 9**) mit dem Artikel verbundene Formen vor (*ohne* Koronis geschrieben!): ἅτερος = ὁ ἕτερος   θάτερον = τὸ ἕτερον,
        θατέρου = τοῦ ἑτέρου   θάτερα = τὰ ἕτερα   (zum α vgl. **E 68**).

Erläuterung. -*tero*- in ἑκάτερος, ἀμφότερος, οὐδέτερος, μηδέτερος, ἕτερος als Suffix vergleichender Gegenüberstellung (s. Komparativ: 81, 1; Poss.-Pron.: 92, 5; Interr.-Pron.: 100,3). ἄλλος < *ἄλ*ι̯*ος* = lat. *alius*.

§ 103   9. ÜBERSICHT ÜBER DIE KORRELATIVEN PRONOMINA

Interrogativa		Indefinita (enklitisch)	Demonstrativa	Relativa			Sonstiges
direkt und indirekt	nur indirekt			bestimmt	allgemein		
τίς; *quis?* wer? welcher?	ὅστις *quis* wer, welcher	τις *(ali)quis* (irgend)-einer, jemand	ὅδε *hic* dieser da οὗτος *is(te)* dieser ἐκεῖνος *ille* jener ὁ αὐτός *idem* der nämliche	ὅς *qui* welcher	ὅστις *quicumque* welcher nur immer		ὁστισοῦν *quīvīs* jeder beliebige ἕκαστος *quisque* jeder ἄλλος *alius* ein anderer οὐδείς } *nēmō* niemand, μηδείς } *nūllus* keiner
ποῖος; *quālis?* wie (beschaffen)?	ὁποῖος *quālis* wie (beschaffen)	ποιός v. irgendeiner Beschaffenheit	τοιοῦτος, τοιόσδε *tālis* so (beschaffen)	οἷος *quālis* wie (beschaffen)	ὁποῖος *quāliscumque* wie (beschaffen) auch immer		ὁποιοσοῦν von welcher Art auch immer ἀλλοῖος anders (beschaffen)
πόσος; *quantus?* wie groß? πόσοι; *quot?* wie viele?	ὁπόσος *quantus* wie groß ὁπόσοι *quot* wie viele	ποσός von irgendeiner Größe	τοσοῦτος, τοσόσδε *tantus* so groß τοσοῦτοι, τοσοίδε *tot* so viele	ὅσος *quantus* wie groß ὅσοι *quot* wie viele	ὁπόσος *quantuscumque* wie groß auch immer ὁπόσοι *quotcumque* wie viele auch immer		ὁποσοσοῦν wie groß auch immer ἔνιοι *nōnnūllī* einige
πηλίκος; wie alt? wie groß?	ὁπηλίκος wie alt, wie groß		τηλικοῦτος, τηλικόσδε so alt, so groß	ἡλίκος wie alt, wie groß	ὁπηλίκος wie alt (wie groß) auch immer		ὁπηλικοσοῦν wie alt (wie groß) auch immer
πότερος; *uter?* wer von beiden?	ὁπότερος *uter* wer von beiden	πότερος (nicht enklitisch!) einer (von beiden), wer es auch sei			ὁπότερος *utercumque* wer von beiden auch immer		ὁποτεροσοῦν wer von beiden auch immer ὁ ἕτερος *alter* der eine (v. beiden) ἑκάτερος *uterque* jeder (v. beiden) ἄμφω } *ambō* ἀμφότεροι } beide zusammen οὐδέτερος } *neuter* μηδέτερος } keiner (v. beiden)

V. Das Zahlwort

1. Übersicht (E 69) §104

1. Im Griechischen gibt es **drei Arten** von Zahlwörtern:
Grundzahlen (*Cardinalia*) auf die Frage „Wie viele?" = πόσοι;
Ordnungszahlen (*Ordinalia*) auf die Frage „Der wievielte?" = ὁ πόστος;
Zahladverbien auf die Frage „Wie oft?" = ποσάκις;
Einteilungszahlen (*Distributiva*) wie dt. „je einer", lat. *singulī, bīnī* usw. fehlen (106, 4).

2. Als Zahlzeichen werden die Buchstaben des griech. Alphabets verwendet, und zwar für die Zahlen 1—999 mit einem Strich rechts oben, von 1000 an mit einem Strich links unten geschrieben. Dabei haben sich von früher Zeit her einige alte Zeichen erhalten, die im griech. Alphabet sonst verschwunden waren; diese sind:

für 6: ϛ = στ, genannt στίγμα, vermutlich das alte ϝ-Zeichen, an dessen ursprünglicher Stelle im Alphabet (6. Buchstabe) es steht;

für 90: ϟ = κόππα, dem semitischen Koph entsprechend, das im Griech. einen *K*-Laut in Nachbarschaft der dunklen Vokale *o* und *u* bezeichnete, im Alphabet zwischen π und ρ seinen Platz hatte und im lat. *q* fortlebt;

für 900: ϡ = σαμπῖ, ein lokales Zeichen für σσ, vielleicht karisch-kretischen Ursprungs, am Schluß der Zahlzeichen angereiht.

Merke:

-κοντα	Kennzeichen der **Zehner** ab „dreißig, vierzig"
-κόσιοι	Kennzeichen der **Hunderter** ab „zweihundert"
-κοστός	Kennzeichen der **Zehner** ab „der zwanzigste"
-κοσιοστός	Kennzeichen der **Hunderter** ab „der zweihundertste"

Erläuterungen.

Grundzahlen: εἷς: **sem-* = Stamm für „ein": lat. *sem-el, sim-plex*; endungsloses Neutr. ἕν (R 15, R 14), N. Mask. εἷς < **ἕν-ς* (R 22f). — **sm-* = Schwundstufe vor Vokalen (R 3 b 1): Fem. **σμ-ἰα* > **ἁμια* > μία (R 22 a). — **sṃ-* = Schwundstufe vor Konsonanten > ἁ- (R 2, R 15): ἅ-παξ, ἁ-πλοῦς. δύο = lat. *duo*. τρεῖς (= lat. *trēs*) < τρέες < **τρεἰ-ες (vgl. πόλεις E 38); Akk. τρεῖς = Analogie zum Nom. (E 51). τρεῖς/τριῶν = Stamm **trei-/tri-* (Schwundstufe) wie bei πόλεις/πόλις (E 38). τέτταρες = lat. *quattuor* (Labiovelar vor hellem Vokal: 207). πέντε = lat. *quīnque* (207). ἕξ = lat. *sex* = dt. *sechs* (R 15). ἑπτά < **septṃ* (R 15, R 2) = lat. *septem* = dt. *sieben*. ὀκτώ = lat. *octō* = dt. *acht*. ἐννέα (< **eneuṃ*: R 2, R 13b) = lat. *novem* = dt. *neun*. δέκα = lat. *decem* (< -*ṃ*: R 2). ἕνδεκα, δώδεκα gebildet wie lat. *undecim, duodecim* usw. und dt. *dreizehn* usw. δώδεκα < **δϝω-δεκα. ἑκκαίδεκα < **ἑξκαιδεκα (R 22 g). εἴκοσι (< **ἐ-ϝῑκοσι): lat. *vīginti* (R 20). -κοντα (vgl. lat. -*ginta*) ist Neutr.Pl.; daher τριάκοντα usw. (Länge des α ist Analogie zu πεντή-κοντα usw.). **sṃ-kṃtóm* > **ἁ-κατον (R 2, R 15) > ἑ-κατόν (Einfluß von ἑν- = 1!) = lat. *centum* (R 2) = dt. *hund(ert)*. -κόσι = lat. -*centī* (R 20). -α-κόσι: von ἑπτα-κόσιοι, τετρα-κόσιοι (hier lautgesetzlich!) auf die anderen Hunderter übertragen (Analogie!). -δ- in τριάκόσιοι und διακόσιοι ist Analogie zu τριάκοντα.

Ordnungszahlen: Suffix -*to*- in -το-ς = lat. -*tus* (*quīntus*); vereinzelt -*o*- in -ο-ς (ἕβδομος, ὄγδοος) = lat. -*us* (*decimus*). πρῶτος: zu πρό(τερος) gehörig. δεύτερος: -τερο- Suffix vergleichender Gegenüberstellung (s.Komparativ E 55 usw.). ἕκτος < **ἕξ-τος (R 22 g) wie ἑκκαίδεκα. ἕβδομος: **septm-o-s > **sebdmos (vor *m* werden Tenues > Mediae!) > ἕβδομος (R 15); „Sproßvokal": 201. ὄγδοος < **oktṳ-o-s wie ἕβδομος < **septmos (Tenues > Mediae, Sproßvokal) entstanden. -κοστός < **-κονοτος (R 22 g) < **-κοντ-τος (R 24); der Ausgang -οστός wurde dann auf die Hunderter, Tausender, Zehntausender übertragen.

Zahladverbia: ἅ-παξ < **sṃ-: s. εἷς. δίς < **δϝις, vgl. lat. *bis*. -κις (wie in πολλά-κις): nach τετρά-κις, ἑνά-κις, δεκά-κις (mit lautgesetzlich entstandenem α) wird -α- auf *alle* Zahladverbia übertragen.

Zahlzeichen		Kardinalzahlen	Ordinalzahlen	Zahladverbia
α'	1	εἷς, μία, ἕν	πρῶτος, -η, -ον	ἅπαξ einmal
β'	2	δύο	δεύτερος, -ᾱ, -ον	δίς zweimal
γ'	3	τρεῖς, τρία	τρίτος, -η, ον	τρίς dreimal
δ'	4	τέτταρες, τέτταρα	τέταρτος, -η, -ον	τετράκις
ε'	5	πέντε	πέμπτος, -η, -ον	πεντάκις
ς'	6	ἕξ	ἕκτος, -η, -ον	ἑξάκις
ζ'	7	ἑπτά	ἕβδομος, -η, -ον	ἑπτάκις
η'	8	ὀκτώ	ὄγδοος, -η, -ον	ὀκτάκις
θ'	9	ἐννέα	ἔνατος, -η, -ον	ἐνάκις
ι'	10	δέκα	δέκατος, -η, ον	δεκάκις
ια'	11	ἕνδεκα	ἑνδέκατος, -η, -ον	ἑνδεκάκις
ιβ'	12	δώδεκα	δωδέκατος	δωδεκάκις
ιγ'	13	τρεῖς (τρία) καὶ δέκα	τρίτος καὶ δέκατος	τρισκαιδεκάκις
ιδ'	14	τέτταρες (-α) καὶ δέκα	τέταρτος καὶ δέκατος	τετταρεσκαιδεκάκις
ιε'	15	πεντεκαίδεκα	πέμπτος καὶ δέκατος	πεντεκαιδεκάκις
ις'	16	ἑκκαίδεκα	ἕκτος καὶ δέκατος	ἑκκαιδεκάκις
ιζ'	17	ἑπτακαίδεκα	ἕβδομος καὶ δέκατος	ἑπτακαιδεκάκις
ιη'	18	ὀκτωκαίδεκα	ὄγδοος καὶ δέκατος	ὀκτωκαιδεκάκις
ιθ'	19	ἐννεακαίδεκα	ἔνατος καὶ δέκατος	ἐννεακαιδεκάκις
κ'	20	εἴκοσι(ν)	εἰκοστός, -ή, -όν	εἰκοσάκις
λ'	30	τριᾱ́κοντα	τριᾱκοστός	τριᾱκοντάκις
μ'	40	τετταράκοντα	τετταρακοστός	τετταρακοντάκις
ν'	50	πεντήκοντα	πεντηκοστός	πεντηκοντάκις
ξ'	60	ἑξήκοντα	ἑξηκοστός	ἑξηκοντάκις
ο'	70	ἑβδομήκοντα	ἑβδομηκοστός	ἑβδομηκοντάκις
π'	80	ὀγδοήκοντα	ὀγδοηκοστός	ὀγδοηκοντάκις
ϟ'	90	ἐνενήκοντα	ἐνενηκοστός	ἐνενηκοντάκις
ρ'	100	ἑκατόν	ἑκατοστός, -ή, -όν	ἑκατοντάκις
σ'	200	διᾱκόσιοι, -αι, -α	διᾱκοσιοστός	διᾱκοσιάκις
τ'	300	τριᾱκόσιοι	τριᾱκοσιοστός	τριᾱκοσιάκις
υ'	400	τετρακόσιοι	τετρακοσιοστός	τετρακοσιάκις
φ'	500	πεντακόσιοι	πεντακοσιοστός	πεντακοσιάκις
χ'	600	ἑξακόσιοι	ἑξακοσιοστός	ἑξακοσιάκις
ψ'	700	ἑπτακόσιοι	ἑπτακοσιοστός	ἑπτακοσιάκις
ω'	800	ὀκτακόσιοι	ὀκτακοσιοστός	ὀκτακοσιάκις
ϡ'	900	ἐνακόσιοι	ἐνακοσιοστός	ἐνακοσιάκις
,α	1000	χίλιοι, -αι, -α	χῑλιοστός, -ή, -όν	χῑλιάκις
,β	2000	δισχίλιοι, -αι, -α	δισχῑλιοστός	δισχῑλιάκις
,γ	3000	τρισχίλιοι usw.	τρισχῑλιοστός usw.	τρισχῑλιάκις
,ι	10000	μύριοι, -αι, -α	μῡριοστός, -ή, -όν	μῡριάκις
,ια	11000	μύριοι καὶ χίλιοι	μῡριοστός καὶ χῑλιοστός	
,κ	20000	δισμύριοι	δισμῡριοστός	δισμῡριάκις

2. Deklination der Zahlwörter § 105

Dekliniert werden die Grundzahlen 1—4 und ab 200, ferner alle Ordnungszahlen.

Stamm	ἑν-: σμ- ein	δυ- zwei	τρε-: τρει̯- drei		τετταρ- vier	
Nom.	εἷς μία ἕν	δύο	τρεῖς	τρία	τέτταρες	τέτταρα
Gen.	ἑνός μιᾶς ἑνός	δυοῖν	τριῶν	τριῶν	τεττάρων	τεττάρων
Dat.	ἑνί μιᾷ ἑνί	δυοῖν	τρισί(ν)	τρισί(ν)	τέτταρσι(ν)	τέτταρσι(ν)
Akk.	ἕνα μίαν ἕν	δύο	τρεῖς	τρία	τέτταρας	τέτταρα

Anm. 1. Wie εἷς werden dekliniert: οὐδείς, οὐδεμία, οὐδέν — μηδείς, μηδεμία, μηδέν keiner, niemand (102).
Anm. 2. Wie δύο wird auch ἄμφω (lat. *ambō*) „beide zusammen" dekliniert: Gen.Dat. ἀμφοῖν.
Anm. 3. Von μύριοι, -αι, -α ist das nur anders akzentuierte μῦριοι, μῦρίαι, μῦρία „unendlich viele, unzählige" zu unterscheiden (vgl. lat. *sescentī*, dt. „*tausend*", „*eine Million*" im gleichen Sinne!).

Wie dreiendige Adjektiva der *o*- und *a*-Dekl. werden
alle Ordnungszahlen (-ος, -η bzw. -ᾱ, -ον), sowie die
Grundzahlen ab 200 (-οι, -αι, -α) dekliniert.

3. Bildung zusammengesetzter Zahlen § 106

1. Bei der Verbindung von Einern, Zehnern und Hundertern kann die größere oder die kleinere Zahl vorangehen.

Geht die kleinere Zahl voraus, so **muß** καί stehen.
Geht die größere Zahl voraus, so **kann** καί stehen.

Also: 333 Männer = τρεῖς καὶ τριάκοντα καὶ τριᾱκόσιοι
oder   τριᾱκόσιοι καὶ τριάκοντα καὶ τρεῖς   ἄνδρες
oder   τριᾱκόσιοι τριάκοντα τρεῖς

Bei Ordnungszahlen ist **nur** die Verbindung mit **καί** üblich:

der 246. = ὁ ἕκτος καὶ τετταρακοστὸς καὶ διᾱκοσιοστός
oder   ὁ διᾱκοσιοστὸς καὶ τετταρακοστὸς καὶ ἕκτος

Anm. 1. Für 13 und 14 kommt neben τρεῖς (τρία) καὶ δέκα, τέτταρες (-α) καὶ δέκα auch τρισκαίδεκα, τετταρακαίδεκα vor; ebenso τρισκαιδέκατος, τετταρακαιδέκατος neben den Normalformen.
Anm. 2. Bei Ordnungszahlen ist in der Zusammensetzung von 1 mit Zehnern (ab 21) nebeneinander πρῶτος und εἷς möglich: der 21. = ὁ πρῶτος καὶ εἰκοστός oder ὁ εἷς καὶ εἰκοστός.

2. Die mit 8 und 9 zusammengesetzten Zehner werden oft auch durch Subtraktion vom nächsten Zehner (wie im Lat. *duodē-, undē-*) in Verbindung mit dem Partizip δέων, δέουσα, δέον (m. Gen.) „ermangelnd" wiedergegeben:

18 Kinder = δυοῖν δέοντες εἴκοσι παῖδες
19 Jahre = ἑνὸς δέοντα εἴκοσιν ἔτη
49 Schiffe = μιᾶς δέουσαι πεντήκοντα νῆες
das 38. Jahr = τὸ δυοῖν δέον τετταρακοστὸν ἔτος

3. **Zahlen über 10000** werden im Griech. nicht nach Tausendern (wie im Dt.), sondern nach Zehntausendern berechnet:

70000 Soldaten = 7mal 10000 Soldaten = ἑπτακισμύριοι στρατιῶται
                              oder = ἑπτὰ μῡριάδες στρατιωτῶν (107)
3000000 = 300mal 10000 = τριᾱκοσιακισμύρια
                   oder = τριᾱκόσιαι μῡριάδες.

4. **Distributiva** gibt es im Griech. nicht; sie werden durch die Grundzahl in Verbindung mit den **Präpositionen ἀνά oder κατά** (m. Akk.) wiedergegeben:

καθ' ἕνα je einer, einzeln (lat. *singulī*); κατὰ δύο je zwei (lat. *bīnī*); ἀνὰ δέκα je zehn (lat. *dēnī*).

5. **Bruchzahlen** gibt es im Griech. nicht; die Ausdrucksform dafür ist jedoch inhaltlich mit der dt. identisch (*Drittel = Drit-teil*):

$1/7$ = τὸ ἕβδομον μέρος = der 7. Teil
$2/7$ = τῶν ἑπτὰ τὰ δύο μέρη oder τῶν ἑπτὰ μερῶν τὰ δύο
$6/7$ = τὰ ἓξ μέρη.

§ 107 4. Zahladjektiva und Zahlsubstantiva

1. **Zahladjektiva** werden gebildet
a) mit **-πλοῦς, -πλῆ, -πλοῦν** -fach = lat. *-plex* (66):

ἁπλοῦς, -ῆ, -οῦν	einfach	τετραπλοῦς, -ῆ, -οῦν	vierfach
διπλοῦς, -ῆ, -οῦν	zweifach	πενταπλοῦς, -ῆ, -οῦν	fünffach
τριπλοῦς, -ῆ, -οῦν	dreifach	ἑκατονταπλοῦς, -ῆ, -οῦν	hundertfach

b) mit **-πλάσιος, -πλασίᾱ, -πλάσιον** -mal so groß, -mal soviel:

διπλάσιος, -ᾱ, -ον   doppelt so groß, doppelt soviel
τριπλάσιος, -ᾱ, -ον   dreimal so groß, dreimal soviel
τετραπλάσιος, -ᾱ, -ον   viermal so groß, viermal soviel
ἑκατονταπλάσιος, -ᾱ, -ον   hundertmal so groß, hundertmal soviel.

2. **Zahlsubstantiva** werden gebildet auf **-ᾱς, -άδος**:

ἡ μονάς }
ἡ ἑνάς } die Einheit, die Zahl eins   ἡ δεκάς   die Zehnzahl
ἡ δυάς   die Zweiheit, die Zweizahl   ἡ χῑλιάς die Zahl 1000
ἡ τριάς die Dreiheit, die Dreizahl   ἡ μῡριάς die Zahl 10000, eine Anzahl
                                                      von 10000.

Anm. Zu diesen Substantiven kann das Substantiv der gezählten Sache oder Person **nur im Genetiv** treten, darum: 100000 Soldaten = δέκα μῡριάδες στρατιωτ**ῶν** (vgl. lat. *decem mīlia mīli***tum**).

§ 108 VI. ANHANG: DER DUAL BEIM NOMEN (E 70)

1. Der Dual in der Deklination hat **nur zwei Kasusformen,** wie sie sich noch in ἄμφω „beide zusammen" (E 69, 1 δύο) ursprünglich erhalten haben:

die eine für Nom. Akk. Vok. (ἄμφω), die andere für Gen. und Dat. (ἀμφοῖν).

2. **Dualausgänge:**

Kasus	N. A. V.	G. D.
o-Dekl.	-ω	-οιν
a-Dekl.	-ᾱ	-αιν
3. Dekl.	-ε	-οιν

Erläuterungen. Nom.Akk.Vok. -ω vgl. lat. *ambō* — Gen.Dat. -οιν < -οιιν (hom.)

Anm. Die **mask.** Dualformen werden auch für das **Fem.** gebraucht:
beim Artikel: τώ, τοῖν — beim Dem.-Pron.: τούτω, τούτοιν, τώδε, τοῖνδε — beim Rel.-Pron.: ὥ, οἷν

3. Beim **Personalpronomen** finden sich folgende Formen:

	1. Person wir beide	2. Person ihr beide	3. Person sie beide	
N. A.	νώ	σφώ	αὐτώ	(σφωέ)
G. D.	νῷν	σφῷν	αὐτοῖν	(σφωῖν)

4. Beispiele:

o-Dekl. N. A. τὼ πιστὼ δούλω   G. D. τοῖν φίλοιν ἀδελφοῖν
a-Dekl. N. A. τὼ δεινὰ μάχᾱ   G. D. τοῖν καλαῖν γλώτταιν
         N. A. δύο 'Ατρείδᾱ   G. D. δυοῖν δραχμαῖν
3. Dekl. N. A. τὼ χεῖρε   G. D. τοῖν χεροῖν
         N. A. τὼ ἀκούσᾱ γυναῖκε   G. D. τοῖν ἀκούσαιν γυναικοῖν
         N. A. τὼ γένει (<*γενεσ-ε)   G. D. τοῖν γενοῖν
         N. A. τὼ πόλει (*πολεί-ε)   G. D. τοῖν πολέοιν (<*πολεί-οιν)
         N. A. τὼ δικαίω βασιλῆ (<*βασιληϝ-ε)   G. D. τοῖν δικαίοιν βασιλέοιν
         N. A. τίνε παῖδε;   G. D. τίνοιν παίδοιν;
         N. A. εὐγενεῖ τινε κήρυκε   G. D. εὐγενέοιν τινοῖν κηρύκοιν

C. Das Verbum

I. VORBEMERKUNGEN

1. FORMENBESTAND DES GRIECHISCHEN VERBUMS   § 109

1. Die **Konjugation** (συζυγίᾱ) weist zwei Hauptgruppen von Verbalformen auf:
I. **das Verbum finitum,** „das bestimmte Verb"; in seinen Formen werden folgende fünf Bestimmungen zum Ausdruck gebracht:
    a) die Person   (τὸ πρόσωπον),   d) das Tempus (ὁ χρόνος),
    b) der Numerus (ὁ ἀριθμός),   e) das Genus verbi (ἡ διάθεσις);
    c) der Modus   (ἡ ἔγκλισις),

II. **das Verbum infinitum,** „das (nach Person und Modus) unbestimmte Verb"; seine Formen wurden ursprünglich als Nomina gebraucht — daher **Nominalformen des Verbums** genannt — haben aber Anteil an verbalen Funktionen (Genus verbi, Tempus!). In seinen Formen ist es
    a) *substantivisch*: der Infinitiv   b) *adjektivisch*: α) das Partizip (ἡ μετοχή),
       (ἡ ἀπαρέμφατος sc. ἔγκλισις)   β) das Verbaladjektiv[1]).

2. Das griechische Verbum ist **reicher an Formen** als das lateinische, weil es zu alterrerbten Formen (Optativ, Aorist, Medium) neue Formen (Pass.-Formen auf -η- und -θη-, Inf. und Part. in *allen* Tempora) entwickelt hat (E 71).

---

[1]) ἐπιρρήματα θετικά werden nur die Verbaladjektiva auf -τέον genannt

§ 110 Übersicht

I. Verbum finitum:
- a) drei Personen: 1., 2., 3. Person;
- b) drei Numeri: Singular, Plural, **Dual** (nur für 2. u. 3. Person);
- c) vier Modi: Indikativ (ἡ ὁριστικὴ ἔγκλισις),
    Konjunktiv (ἡ ὑποτακτικὴ ἔγκλισις),
    Optativ (ἡ εὐκτικὴ ἔγκλισις),
    Imperativ (ἡ προστακτικὴ ἔγκλισις);
- d) sieben Tempora:

Präsens	(ὁ ἐνεστὼς χρόνος)	Perfekt	(ὁ παρακείμενος χρ.)
Imperfekt	(ὁ παρατατικὸς¹ χρ.)	Plusquamperfekt	(ὁ ὑπερσυντέλικος χρ.)
Futur	(ὁ μέλλων χρ.)	Perfektfutur	(ὁ μετ' ὀλίγον μέλλων)

dazu **Aorist** (ὁ ἀόριστος χρ.);

Anm. Impf., Aor., Plqu. werden unter dem Begriff „Präteritum" (ὁ παρῳχημένος χρόνος) zusammengefaßt; deswegen bezeichnet sie die moderne Grammatik auch als „Nebentempora" gegenüber den „Haupttempora" (Präs., Perf., Fut., Perf.-Fut.).

- e) drei Genera verbi: Aktiv (διάθεσις ἐνεργητική),
    Medium (διάθεσις μέση),
    Passiv (διάθεσις παθητική).

II. Verbum infinitum:
- a) fünf Infinitive verschiedener Tempora, b) fünf Partizipien verschiedener Tempora und zwei Verbaladjektiva.

§ 111 Bemerkungen

Zu I. a) die 1. Person ist die sprechende, die 2. Person die angesprochene,
die 3. Person die besprochene (bzw. *das* Besprochene).

Anm. Die **Verba impersonalia**, die Vorgänge bezeichnen, bei denen nicht ein bestimmtes Subjekt als handelnd gedacht ist, werden auch im Griech. durch die 3. Sing. ausgedrückt: δεῖ es ist nötig, man muß.

b) Der **Dual** zur Bezeichnung der Zweiheit der Subjekte wird nur für die 2. und 3. Person gebildet, aber (wie beim Nomen: 108) mehr und mehr durch den Plural ersetzt.

c) der **Optativ (E 71)** bezeichnet den Wunsch (meist mit εἴθε = lat. *utinam*), die vorsichtige Behauptung (sog. „Potentialis": meist mit ἄν) und im Nebensatz die innere Abhängigkeit (ohne Partikel).

Merke:
```
Opt. (meist mit εἴθε) = Wunsch
Opt. (meist mit ἄν)   = Potentialis
Opt. (ohne Partikel)  = innere Abhängigkeit
```

d) Die griechischen **Tempusstämme** bezeichnen nicht so sehr die Zeitstufe als vielmehr die Vollzugsstufe (Aspekt) einer Handlung. So bedeutet

Präsens:	φεύγω	ich fliehe, ich bin auf der Flucht
Imperfekt:	ἔφευγον	ich floh, ich war auf der Flucht
Aorist:	ἔφυγον	ich trat die Flucht an, ich entkam (Anfang oder Abschluß der Handlung)
Perfekt:	πέφευγα	ich bin entkommen (erreichter Zustand)
Plusqu.:	ἐπεφεύγη	ich war entkommen (Vergangenheit zum Perf.)

---
¹) von τείνω!

Als grobe Faustregel kann gelten:

Der **Aorist (E 71)** entspricht im **Indikativ** zum Teil dem lat. „Perfectum historicum" als Tempus der Erzählung für ein einmaliges Ereignis in der Vergangenheit:

ὁ βασιλεὺς ἐτελεύτησεν   der König starb.

Das **Perfekt** entspricht dem lat. „präsentischen Perfekt" und hat (wie im Lat.: *nōvī, meminī, ōdī*) **Präsensbedeutung** angenommen:

ὁ βασιλεὺς τετελεύτηκεν   der König ist gestorben = der König ist tot;
ἐγρήγορα (von ἐγείρομαι ich erwache) ich bin erwacht = ich bin wach;
πέφῡκα (von φύομαι ich wachse) ich bin gewachsen = ich bin (von Natur).

Das **Perfektfutur** (auch Futurum exactum oder Futur III genannt) ist ein Futur zum Perfekt (wie lat. *meminerō* zu *meminī*); es wird im Aktiv nur von wenigen Verben gebildet, sonst durch Umschreibung ersetzt (135, 7 u. 10).

e) Die **Genera verbi (E 71)** bezeichnen das Verhältnis eines Vorganges zum Subjekt (= dem Träger der Handlung). Wie im Lat. und Dt. bezeichnet das **Aktiv** Tätigkeit oder Zustand des Subjekts; im **Passiv** erscheint das Subjekt als „leidend". Das **Medium** bezeichnet die besondere körperliche oder innere Beteiligung des Subjekts an der Handlung:

Akt. λούω ich wasche; Med. λούομαι ich wasche *mich*, ich wasche etwas *an mir*,
z. B. λούομαι τὰς χεῖρας ich wasche (mir) die Hände.

Merke:
> **Medium und Passiv sind im Fut. und Aor. verschieden,**
> sonst haben sie die gleichen Formen.

Deponentia heißen jene Verba, die **aktive oder reflexive Bedeutung**, aber **nur mediale oder passive Form** haben (128 f.).

Zu II. a) **Infinitive** werden zu *allen* Tempusstämmen der drei Genera verbi gebildet: dabei dient der Inf. Präs. auch für das Impf., der des Perf. auch für das Plusquamperfekt.

b) An adjektivischen Nominalformen werden gebildet:

α) die **Partizipien** zu *allen* Tempusstämmen der drei Genera verbi; Part. Präs. gilt auch für das Impf., Part. Perf. auch für das Plusquamperfekt;

β) zwei **Verbaladjektiva**, beide **mit passiver Bedeutung:**

Verbaladjektiv auf **-τός, -τή, -τόν,** Mögliches oder Abgeschlossenes bezeichnend:
παιδευτός erziehbar (lat. *quī ērudīrī potest*);
erzogen (lat. *ērudītus*)

Verbaladjektiv auf **-τέος, -τέᾱ, -τέον,** Notwendiges bezeichnend (wie lat. Gerundiv):
παιδευτέος einer, der erzogen werden muß (lat. *ērudiendus*).

Übersicht über die in den einzelnen Tempora gebildeten Modi und Nominalformen

Tempus	Präs.	Impf.	Fut.	Aor.	Perf.	Plqu.	Perf.-Fut.
Ind.	+	+	+	+	+	+	+
Konj.	+			+	+		
Opt.	+		+	+	+		+
Imp.	+			+	+		
Inf.	+		+	+	+		+
Part.	+		+	+	+		+

§ 112   2. DIE BESTANDTEILE DER VERBALFORMEN

Eine Verbalform *kann* durch folgende Bestandteile bestimmt sein:
a) den Tempusstamm,
b) den Charaktervokal des Tempus,
c) das Moduszeichen,
d) die Personalendung,
e) das Augment,
f) die Reduplikation,
g) den Akzent.

§ 113   a) Die Stämme

Wie beim Nomen, so ist auch beim Verbum nicht mehr in allen Formen Stamm und Endung klar zu trennen, da der Stamm**aus**laut häufig durch den **An**laut der folgenden Bildungselemente Veränderungen unterworfen ist (vgl. 27c) und zudem der Verbalstamm selbst in den einzelnen Tempora verschiedene Wandlungen durchmacht.

1. (**Verbal-**)**Stock** nennen wir daher den allen Formen eines Verbums zugrunde liegenden Bestandteil des Verbalstammes. Er *kann* mit der Wurzel identisch sein (27a):

wie im G.Sg. ξένου   **Stamm** ξενο-,   **Wortstock** ξεν- ist,
so ist in 2. Sg. παύεις (Präs.-) **Stamm** παυε-,   **Verbalstock** παυ-.

2. **Stockauslaut** nennen wir den Auslaut des Verbalstockes; er ist für die Einteilung der Verbalklassen von Bedeutung.

φιλέω   ich liebe: Verbalstock φιλε-,   Stockauslaut -ε- (Verba vocalia)
τρέπω   ich wende: Verbalstock τρεπ-,   Stockauslaut -π- (Verba muta)
μένω   ich bleibe: Verbalstock μεν-,   Stockauslaut -ν- (Verba liquida)

Einteilung der Verbalklassen nach dem Stockauslaut s. Tabelle (125)!

3. **Tempusstämme** sind die verschiedenen Formen des Verbalstammes, die den einzelnen Tempora zugrunde liegen.

Verbalstock παυ-

Präs. Stamm	παυε/ο-	Perf. Stamm (Akt.)	πεπαυκ-
Fut. Stamm (Akt. und Med.)	παυσε/ο-	Aor. Stamm (Pass.)	παυθη-
Aor. Stamm (Akt. und Med.)	παυσ-	Fut. Stamm (Pass.)	παυθησε/ο-

Der Präsensstamm ist also die Form des Verbalstammes, die den Formen des Präs. und Impf. Akt. und Med./Pass. zugrunde liegt (124; 125).

4. Man unterscheidet Tempusstämme **mit** und **ohne Themavokal** (E 72).

Themavokal (abgeleitet von τὸ θέμα der Stamm) heißt das bei einer Reihe von Verben im Tempusstamm als Auslaut auftretende und von diesen nicht trennbare -ε/ο- (vgl. -ε/ο- bei der *o*-Dekl., z. B. ξενε/ο-). Je nachdem eine Verbalform mit oder ohne Themavokal gebildet ist, spricht man von **thematischer** oder **athematischer** Bildung.

φεύγομεν   wir fliehen   Verbalstock φευγ-,   Präs.-Stamm φευγε/ο-   (them.)
ἐστί   er ist   Verbalstock ἐσ-,   Präs.-Stamm ἐσ-   (athem.)
δείκνῡς   du zeigst   Verbalstock δεικ-,   Präs.-Stamm δεικνῡ-   (athem.)
γιγνώσκετε ihr erkennt   Verbalstock γνω-,   Präs.-Stamm γιγνωσκε/ο- (them.)

5. Im **Präsensstamm** erfährt der Verbalstock bei einer Reihe von Verben **Erweiterungen** (durch -*i̯*-, Nasal, -(ι)σκ-, Reduplikation, -ε-), die als typische Kennzeichen des Präsensstammes in den anderen Tempusstämmen nicht erscheinen:

κλέπτω	ich stehle:	V.Stock κλεπ-	(vgl. ἡ κλοπ-ή der Diebstahl)
		Pr.Stamm *κλεπ-i̯-ε/ο- > κλεπτε/ο-	(R 21 d)
δείκνῡμι	ich zeige:	V.Stock δεικ-	(vgl. ἡ δεῖξις der Beweis)
		Pr.Stamm δεικ-**νῠ**-	
ἀπο-θνῄσκω	ich sterbe:	V.Stock θνη-	(vgl. θνη-τός sterblich)
		Pr.Stamm ἀπο-θνη-**ισκ**-ε/ο-	
γιγνώσκω	ich erkenne:	V.Stock γνω-	(vgl. ἡ γνώ-μη die Einsicht)
		Pr.Stamm γι-γνω-**σκ**-ε/ο-	

6. **Die übrigen Zeiten** werden gebildet durch

a) **Tempusstämme mit Tempuszeichen,** das sind Zusätze zum Verbalstock.

παύε-σθε/παύο-μεν

Tempuszeichen:	Fut. Akt.Med.	**-σε/ο-**	παύ**σε**-σθε/παύ**σο**-μεν
	Aor. Akt.Med.	**-σ-**	ἐ-παύ**σ**-α-μεν/ἐ-παύ**σ**-α-σθε
	Perf. Akt.	**-κ-**	πεπαύ**κ**-α-μεν
	Aor. Pass.	**-θη-**	ἐ-παύ**θη**-μεν
	Fut. Pass.	**-θησε/ο-**	παυ**θήσε**-σθε/παυ**θησό**-μεθα

In diesen Fällen ist also

Verbalstock + Tempuszeichen = Tempusstamm

b) **Tempusstämme ohne Tempuszeichen,** wobei der Verbalstock (bzw. die Wurzel) in den verschiedenen Tempora teils unverändert, teils abgelautet (**R 3**) erscheint:

γι**γνώ**σκο-μεν wir erkennen: Aor.Akt. ἔ-**γνω**-μεν

λείπο-μεν wir lassen: Aor.Akt. ἐ-**λίπ**ο-μεν Perf.Akt. λε**λοίπ**-α-μεν

Wir unterscheiden demnach

Tempora prima (mit I bezeichnet, z. B. Aor. I), die **mit** Tempuszeichen gebildet sind (auch „schwache" Tempora genannt),

Tempora secunda (mit II bezeichnet, z. B. Perf. II), die **ohne** Tempuszeichen gebildet sind (auch „starke" Tempora genannt).

Anm. Nachstehende Tabelle zeigt, welche Bildungsweisen in den einzelnen Tempora vorkommen:

| I = mit Tempuszeichen: | Fut. A M | Fut. P | Aor. A M | Aor. P | Perf. A | Plqu. A | — | — |
| II = ohne Tempuszeichen: | — | (Fut. P) | Aor. A M | Aor. P | Perf. A | Plqu. A | Perf. M/P | Plqu. M/P |

7. **Modusstämme:** 115.

b) Die Charaktervokale (E 73) § 114

Charaktervokale sind im σ-Aorist (I) **α**
                    Perf. Akt. (I und II) **α**
                    Plqu. Akt. (I und II) **ε** (später **ει**).

Der Ausdruck „Charaktervokal" will nichts anderes besagen, als daß dieser Vokal sich zum Charakteristikum eines bestimmten Tempus entwickelt hat; so ist z. B. α zum Charaktervokal für den σ-Aor. geworden; er ist aber keineswegs ein Bestandteil des Tempusstammes (wie der Themavokal) und erscheint daher auch nicht in *allen* Formen des Aor. I Akt. Med.

c) Die Moduszeichen § 115

Zum Ausdruck des **Konjunktivs** und **Optativs** verwendet die griech. Sprache bestimmte Moduszeichen zwischen Tempusstamm und Personalendung.

Moduszeichen (E 74) sind für den

Konjunktiv -η/ω-; bei thematischen Formen nimmt das Moduszeichen (= gedehnter Themavokal!) die Stelle des Themavokals ein (Ausnahmen: **E 74**);

Optativ -ιη- bzw. **-ῑ-** (Ablautschwächung: **E 74**).

Beispiel:
	Präs. Akt.	Aor. II Akt.	Aor. II Akt.
Ind.	παύο-μεν	ἐ-βάλο-μεν	ἔ-γνω-ν
Konj.	παύω-μεν	βάλω-μεν	γνῶ (<*γνω-ω)
Opt.	παύο-ῑ-μεν	βάλο-ῑ-μεν	γνο-ίη-ν

§ 116   d) Die Endungen

In den sog. **Personalendungen** (E 75) wird nicht nur die *Person* (das Subjekt), sondern auch deren *Numerus*, und das *Genus verbi*, vielfach auch das *Tempus* durch besondere Form gekennzeichnet. Man unterscheidet:

primäre oder Hauptendungen in den Indikativen der Haupttempora (außer Perf. Akt.) und in allen Konjunktiven,

sekundäre oder Nebenendungen in den Indikativen der Nebentempora (also in allen Augmentformen) und in allen Optativen (außer 1. Sing. Akt.: häufig -μι).

Die **Imperative** haben besondere Ausgänge.

Das **Passiv** hat (entsprechend seiner Entstehung: E 71) **mediale** Endungen; nur der **passive Aorist** hat **aktive** Endungen (E 86).

Übersicht über die ursprünglichen Personalendungen

		Aktiv (und Aor. Pass.)			Med. und Pass. (ohne Aor. Pass.)		
		Haupttempora (ohne Perf.)[9])	Nebentempora	Imperative	Haupttempora	Nebentempora	Imperative
Sg.	1.	-μι (-ω)	*-μ > {-ν[2]) / -α[3])}	—	-μαι	-μην	—
	2.	*-σι	-ς	—[5])	*-σαι[7])	*-σο[7])	*-σο[7])[8])
	3.	*-τι > -σι (R 20)	-[τ]	-τω	-ται	-το	-σθω
Pl.	1.	-μεν	-μεν	—	-μεθα	-μεθα	—
	2.	-τε	-τε	-τε	-σθε	-σθε	-σθε
	3.	*-ντι > -νσι[1])	-(ε)ν[τ][4])	-ντων[6])	-νται	-ντο	-σθων[6])

*) Die mit * bezeichneten Endungen erleiden meist so erhebliche Veränderungen, daß ihre ursprüngliche Gestalt kaum mehr erkennbar ist (E 75).

[1]) R 20; Ausfall des -v- vor -σ- mit Ersatzdehnung (R 22f; R 11): *παιδευο-νσι(ν) > παιδεύουσι(ν)   [2]) In den Optativen meist **Primär**endung -μι   [3]) *Nicht* das -α des Perf.: s. u. Fußn. 9   [4]) Dafür -σαν in vielen Fällen (E 75)   [5]) -θι: E 104, 4; -ς (E 111, 3) ist nicht ursprünglich, sondern spätere Erweiterung. Für sich steht der Ausgang -σον im Aor. Akt. (E 85 Schluß)   [6]) Literarisch seit Thukydides, inschriftlich seit Ende 4. Jh. auch -τωσαν im Akt., -σθωσαν im Med. und Pass. (E 75, 2 -σαν)   [7]) Bei Schwund des -σ- Kontraktion mit dem vorhergehenden Vokal: *παιδευε-σαι > *παιδευεαι (R 16) > παιδεύῃ (R 8 b 2), *παιδευε-σο > *παιδευεο (R 16) > παιδεύου (R 8 b 1) usw.   [8]) Für sich steht der Ausgang -σαι im Aor. Med (E 85 Schluß)   [9]) Im Sing. Ind. Perf. eigene Endungen: -α, -θα, -ε (E 88)

Übersicht über die **tatsächlichen** Personal**ausgänge**: s. die Konjugationsklassen (131, 156)!

Übersicht § 117
über die ursprünglichen Endungen bzw. Bildungssuffixe der Nominalformen (E 76)

	Aktiv (und Aor.Pass.)	Med. und Pass. (ohne Aor.Pass.)
Infinitiv	-εν, -(έ)ναι, -σαι	-σθαι
Partizip	-ντ-	-μενο-ς, -μένη, -μενο-ν
Part.Perf.	-(ϝ)οτ-	-μένο-ς, -μένη, -μένο-ν
Verbaladjektiv	—	-τό-ς, -τή, -τό-ν
	—	-τέο-ς, -τέᾱ, -τέο-ν

e) Das Augment § 118

Das **Augment** (αὔξησις = lat. *augmentum* Zuwachs) ist Kennzeichen der Vergangenheit (**E 77**); es wird **nur im Indikativ der Nebentempora** (Impf., Aor., Plqu.) vor den Tempusstamm gesetzt und erscheint in zwei Formen:

1. **Syllabisches Augment**: bei *Konsonant* im Anlaut tritt **ἐ- vor den Tempusstamm:**
   παιδεύ-ω ich erziehe Impf. ἐ-παίδευο-ν Aor. ἐ-παίδευσ-α Plqu. ἐ-πεπαιδεύκ-η

   Anlautendes ῥ- wird nach syllabischem Augment verdoppelt (**E 77**):
   ῥίπτω ich werfe Impf. ἔρρῑπτον Aor. ἔρρῑψα.

2. **Temporales Augment**: bei *Vokal* im Anlaut wird **der anlautende Vokal gedehnt;**
dabei wird

α ε	} zu η	ἄγω ἐλπίζω	ich führe ich hoffe	Impf. Impf.	ἦγον ἤλπιζον
ᾱ αι (ει)	} zu ῃ	ᾄδω αἴρω	ich singe ich erhebe	Impf. Impf.	ᾖδον ᾖρον
		εἰκάζω	ich vergleiche	Impf.	ᾔκαζον (neben εἴκαζον)
αυ (ευ)	} zu ηυ	αὐξάνω εὑρίσκω	ich vermehre ich finde	Impf. Impf.	ηὔξανον ηὕρισκον (neben εὕρισκον)
ο	zu ω	ὀνομάζω	ich nenne	Impf.	ὠνόμαζον
οι	zu ῳ	οἰμώζω	ich wehklage	Impf.	ᾤμωζον
ῐ	zu ῑ	ἱκετεύω	ich flehe	Impf.	ἱκέτευον
ῠ	zu ῡ	ὑβρίζω	ich bin übermütig	Impf.	ὕβριζον
η ω ῑ ῡ ου	bleiben unver- ändert	ἥκω ὠφελέω ἵκω (dicht.) ὕει οὐτάζω	ich bin gekommen ich nütze ich gelange es regnet ich verwunde	Impf. Impf. Impf. Aor. Impf.	ἧκον ὠφέλουν ἷκον ὗσε οὔταζον

Anm. „Syllabisches" Augment besagt, daß das Verbum um eine **Silbe** „vermehrt" wird, „temporales" Augment bedeutet, daß nur die **Zeitdauer** des anlautenden Vokals „vermehrt" wird.

Besonderheiten § 119

1. **Syllabisches Augment ἐ-** vor ursprünglich konsonantischem Anlaut (σ-, ϝ-, σϝ-) ist nach Schwund der Konsonanten zwischen zwei Vokalen (**R 16, R 13**) mit folgendem -ε- zu **ει-** kontrahiert (**E 78**) in folgenden Verben:

ἐθίζω	ich gewöhne	< *σϝεθ-	(vgl. lat. *suē-scō*)	Impf.	εἴθιζον	(< *ἐσϝεθιζον)
ἕπομαι	ich folge	< *σεπ-	(vgl. lat. *sequ-or*)	Impf.	εἱπόμην	(< *ἐσεπομην)
ἕρπω	ich krieche	< *σερπ-	(vgl. lat. *serp-ō*)	Impf.	εἷρπον	(< *ἐσερπον)
ἔχω	ich habe	< *σεχ-	(vgl. Aor. ἔ-σχο-ν)	Impf.	εἶχον	(< *ἐσεχον)
ἑστιάω	ich bewirte	< *ϝεστια-	(vgl. lat. *Vesta*)	Impf.	εἱστίων	(< *ἐϝεστιαον)
ἑλίττω	ich winde, drehe	< *ϝελ-	(vgl. lat. *vol-vō*)	Impf.	εἵλιττον	(< *ἐϝελιττον)

ebenso: ἐάω ich lasse Impf. εἴων

ἕλκω
(ἑλκύω) } ich ziehe Impf. εἷλκον (vgl. lat. *sulc-us*).

Anm. Bei ἐργάζομαι „ich arbeite" tritt gewöhnlich ἠργαζόμην, ἠργασάμην an Stelle des (infolge Ableitung von *ϝεργ-) zu erwartenden εἰργαζόμην, εἰργασάμην. (Vgl. 122, 2 Reduplikation!)

2. **Syllabisches Augment** haben, ebenfalls wegen ursprünglich anlautendem ϝ- (**E 78**):
ὠθέω ich stoße < *ϝωθε- Impf. ἐώθουν (< *ἐϝωθεον)
ὠνέομαι ich kaufe < *ϝωνε- (vgl. lat. *vēn-eō*) Impf. ἐωνούμην (< *ἐϝωνεομην).

3. **Temporales Augment,** jedoch durch Quantitätsumstellung (**R 7**) verändert, zeigt:
ἑορτάζω ich feiere ein Fest Impf. ἑώρταζον (< *ἠορταζον).

4. **Doppeltes Augment** (nur scheinbar: **E 78**) haben die Verba:

ὁράω	ich sehe	Impf.	ἑώρων
ἀν-οίγω	ich öffne	Impf.	ἀν-έῳγον
ἁλίσκομαι	ich werde gefangen	Aor. II	ἑάλων
ἄγνυμαι	ich zerbreche (intr).	Aor. II Pass.	ἐάγην
ἔοικα (Perf.)	ich gleiche	Plqu.	ἐῴκη.

Anm. In Analogie zu Impf. ἤθελον (fälschlich als Impf. nicht nur zu ἐθέλω, sondern auch zu θέλω „ich will" angesehen) bildete man in späterer Zeit auch zu

βούλομαι	ich will	ἠβουλόμην	neben	ἐβουλόμην,
δύναμαι	ich kann	ἠδυνάμην	neben	ἐδυνάμην,
μέλλω	ich bin im Begriff	ἤμελλον	neben	ἔμελλον.

§ 120   Das Augment beim Kompositum

1. Verba, die **mit einer Präposition** zusammengefügt sind, setzen das **Augment unmittelbar vor den Verbalstock**:

εἰσ-πίπτω	ich falle hinein	Impf.	εἰσ-έπιπτον
ἐξ-ετάζω	ich prüfe	Impf.	ἐξ-ήταζον
ἐπ-αν-έρχομαι	ich kehre zurück	Impf.	ἐπ-αν-ηρχόμην

Die *konsonantisch auslautenden* Präpositionen, deren Auslaut in der Zusammensetzung vor folgenden Konsonanten assimiliert worden war, erhalten dabei vor dem ἐ- des Augments die ursprüngliche Gestalt wieder:

ἐμ-πίπτω	ich gerate hinein	Impf.	ἐν-έπιπτον
ἐγ-κωμιάζω	ich lobe	Impf.	ἐν-εκωμίαζον
ἐκ-πέμπω	ich schicke aus	Impf.	ἐξ-έπεμπον
συμ-μαχέω	ich stehe im Kampf bei	Impf.	συν-εμάχουν
συλ-λέγω	ich sammle	Impf.	συν-έλεγον
συγ-γιγνώσκω	ich verzeihe	Impf.	συν-εγίγνωσκον
συ-σκευάζω	ich bereite vor	Impf.	συν-εσκεύαζον

Die *vokalisch auslautenden* Präpositionen (außer περί und πρό) werden elidiert (**R 10**):

	ἀπο-φέρω	ich trage fort	Impf.	ἀπ-έφερον
	ἐπι-χειρέω	ich greife an	Impf.	ἐπ-εχείρουν
	κατα-παύω	ich beendige	Impf.	κατ-έπαυον
aber:	περι-γίγνομαι	ich übertreffe	Impf.	περι-εγιγνόμην
	προ-βάλλω	ich werfe vor	Impf.	προ-έβαλλον

oder mit Krasis (**R 9**): προὔβαλλον

Beachte: ἐπι-ορκέω ich schwöre falsch Impf. ἐπι-ώρκουν (ohne Elision!)

2. Alle anderen Verbalkomposita, d. h. die mit „ἀ- privativum", εὐ-, δυσ- gebildeten und von Nomina ohne Präposition abgeleiteten, **haben das Augment am Wortanfang**:

	ἀθῡμέω	ich bin mutlos	Impf.	ἠθύμουν
	δυστυχέω	ich bin unglücklich	Impf.	ἐδυστύχουν
	εὐτυχέω	ich bin glücklich	Impf.	ηὐτύχουν
	οἰκοδομέω	ich baue	Impf.	ᾠκοδόμουν

Ausnahme: εὐεργετέω ich erweise Wohltaten Impf. εὐεργέτουν (später auch εὐηργέτουν)

Merke: Nicht mit einer Präposition zusammengesetzt und darum **vorne** augmentiert sind:

	ἀ-πορέω	ich bin in Not	Impf.	ἠπόρουν
(aber:	ἀπο-ρρέω	ich fließe ab	Impf.	ἀπ-έρρεον)
	ἀπατάω	ich täusche	Impf.	ἠπάτων
(aber:	ἀπ-αντάω	ich begegne	Impf.	ἀπ-ήντων)
	ἀπειλέω	ich drohe	Impf.	ἠπείλουν
	καθαίρω	ich reinige	Impf.	ἐκάθαιρον
(aber:	καθ-αιρέω	ich nehme herunter	Impf.	καθ-ῄρουν)
	ἐπείγω	ich dränge	Impf.	ἤπειγον

3. Bisweilen ging das Gefühl für die Zusammensetzung verloren, so daß **auch Präpositionalkomposita das Augment vorne oder gar doppelt**, d. h. vor und nach der Präposition haben:

a) **nur vor der Präposition** sind augmentiert:

ἀμφιέννῡμι	ich kleide	Aor.	ἠμφίεσα
ἐναντιόομαι	ich widersetze mich	Impf.	ἠναντιούμην
ἐπίσταμαι	ich verstehe	Impf.	ἠπιστάμην (ἐπί + ἵσταμαι; vgl. *ver* + *stehen*)
καθέζομαι	ich sitze, setze mich	Impf.	ἐκαθεζόμην
καθίζω	ich setze	Impf.	ἐκάθιζον (neben καθῖζον)
καθεύδω	ich schlafe	Impf.	ἐκάθευδον (neben καθηῦδον)

b) **vorne oder doppelt** augmentiert sind:

ἀμφιγνοέω	ich zweifle	Impf.	ἠμφιγνόουν	oder	**ἠμφεγνόουν**
ἀμφισβητέω	ich bestreite	Impf.	ἠμφισβήτουν	oder	**ἠμφεσβήτουν**
ἀντιδικέω	ich prozessiere	Impf.	ἠντιδίκουν	oder	**ἠντεδίκουν**

c) **immer doppelt** augmentiert sind:

ἀν-έχομαι	ich ertrage	Impf.	**ἠν-ειχόμην**
ἐπ-αν-ορθόω	ich richte auf	Impf.	ἐπ-**ην-ώρθουν**
ἐν-οχλέω	ich belästige	Impf.	**ἠν-ώχλουν**.

§ 121 f) Die Reduplikation

Die Reduplikation des Anlauts ist das **Kennzeichen des Perfektstammes** (E 79; aber 122, 2 Anm.); sie erscheint daher in *allen* Formen der vom Perfektstamm gebildeten Zeiten (Perf., Plqu., Perf.-Fut.) im Gegensatz zu dem auf den Indikativ beschränkten Augment. Die **Bildungsregeln für die Reduplikation** sind:

a) die Reduplikationssilbe tritt *vor* den Verbalstock;
b) *Vokal* der Reduplikationssilbe (beim Perf.-Stamm) ist **ε**;
c) entscheidend für die *Form* der Reduplikationssilbe ist der Anlaut des Verbalstockes.

1. **Einfacher Konsonant** im Anlaut (ausgenommen ρ) wird **mit ε wiederholt**:

   παιδεύω ich erziehe   Perf. πε-παίδευκα
   κολάζω   ich bestrafe   Perf. κε-κόλακα

Erläuterung. Zu πε-παίδευκα vgl. lat. *ce-cinī* (< *cecanī*); in lat. *mo-mordī* (< *me-mordī*), *pu-pugī* (< *pe-pugī*) erfolgte (*nur* im Lat.) Angleichung des Reduplikationsvokals an den Stammvokal.

2. **Aspirata** im Anlaut wird in der Reduplikation **zur Tenuis** (R 17):

   θηρεύω   ich jage   Perf. τε-θήρευκα
   φονεύω   ich töte   Perf. πε-φόνευκα
   χωρέω   ich weiche   Perf. κε-χώρηκα

3. Bei **Muta cum liquida** im Anlaut wird **nur der erste Konsonant mit ε** wiederholt:

   γράφω   ich schreibe   Perf. γέ-γραφα
   δράω   ich tue   Perf. δέ-δρᾱκα
   κλείω   ich schließe   Perf. κέ-κλεικα
   πνέω   ich wehe   Perf. πέ-πνευκα

4. Für **alle anderen Verba** ist die Reduplikation ein **vorgesetztes ἐ-** (daher äußerlich *scheinbar* gleich dem Augment: E 79); **ἐ-** steht also bei Verben

a) mit anlautendem ῥ-,
b) mit anlautender Kons.-Verbindung (auch ζ, ξ, ψ!), außer Muta cum liquida (s. Ziff. 3).
c) mit anlautendem Vokal; hier verschwindet aber das ἐ- in der Dehnung des Anlautvokales (wie beim temporalen Augment: 118,2).

Beispiele:

zu a) **ε vor ρ,** das zu -ρρ- wird (wie beim syllabischen Augment: E 77):

   ῥίπτω   ich werfe   Aor. ἔρριψα   Perf. ἔρριφα

zu b) **ε vor Konsonantenverbindung** (außer Muta cum liquida):

   στρατεύω   ich ziehe zu Feld   Impf. ἐ-στράτευον   Perf. ἐ-στράτευκα
   κτίζω   ich gründe   Impf. ἔ-κτιζον   Perf. ἔ-κτικα
   ζηλόω   ich eifere nach   Impf. ἐ-ζήλουν   Perf. ἐ-ζήλωκα
   ξενόομαι   ich werde gastlich   Impf. ἐ-ξενούμην   Perf. ἐ-ξένωμαι
              aufgenommen
   ψεύδομαι   ich lüge   Impf. ἐ-ψευδόμην   Perf. ἔ-ψευσμαι

zu c) **Länge des Vokals** bei anlautendem Vokal (vgl. 118, 2):

ἄγω	ich führe	Impf.	ἦγον	Perf.	ἦχα
αἰτέω	ich fordere	Impf.	ᾔτουν	Perf.	ᾔτηκα
αὐξάνω	ich vermehre	Impf.	ηὔξανον	Perf.	ηὔξηκα
ἐλπίζω	ich hoffe	Impf.	ἤλπιζον	Perf.	ἤλπικα
ἱδρύω	ich gründe	Impf.	ἵδρυον	Perf.	ἵδρῡκα
ὁπλίζω	ich bewaffne	Impf.	ὥπλιζον	Perf.	ὥπλικα

Erläuterung. Reduplikation ἐ- + anlautender Vokal > betr. langer Vokal: *ἐ-εθεληκα > ἠθέληκα (zu ἐθέλω ich will) wie lat. *e-edī > ēdī (zu edō ich esse).

5. **Ausnahmen** von den aufgestellten Regeln:

von 3:	γνωρίζω	ich erkenne	Perf.	ἔ-γνώρικα
	γι-γνώσκω[1])	ich erkenne	Perf.	ἔ-γνωκα
von 4b:	κτάομαι	ich erwerbe	Perf.	κέ-κτημαι ich besitze
	μι-μνήσκομαι[1])	ich erinnere mich	Perf.	μέ-μνημαι
	ἵ-σταμαι[1])	ich stelle mich	Perf.	ἕ-στηκα (< *σε-στηκα: R 15)
	πίπτω[1])	ich falle	Perf.	πέ-πτωκα
von 4c:	ὠθέω	ich stoße	Perf.	ἔ-ωκα (< *ϝε-ϝωθκα)
	ὠνέομαι	ich kaufe	Perf.	ἐ-ώνημαι (< *ϝε-ϝωνημαι)
	ὁράω	ich sehe	Perf.	ἑ-όρᾱκα, später: ἑώρᾱκα
	ἀνοίγω	ich öffne	Perf.	ἀν-έ-ῳχα Pass. ἀνέῳγμαι
	ἁλίσκομαι	ich werde gefangen	Perf.	ἑ-άλωκα (< *ϝε-ϝαλωκα)
	ἄγνυμαι	ich zerbreche (intr.)	Perf.	ἔ-ᾱγα (< *ϝε-ϝαγα)
	(*ϝεικ-	gleichen)	Perf.	ἔ-οικα (< *ϝε-ϝοικα)

vgl. 119,2 (für erste Gruppe), vgl. 119,4 (für zweite Gruppe)

6. **Bei Kompositis** steht die Reduplikation wie das Augment (120) unmittelbar **vor dem Verbalstock**:

συγ-γράφω	ich schreibe nieder	Perf.	συγ-γέ-γραφα
συμ-μαχέω	ich stehe im Kampfe bei	Perf.	συμ-με-μάχηκα
ἀδικέω	ich tue Unrecht	Perf.	ἠδίκηκα
δυστυχέω	ich bin unglücklich	Perf.	δε-δυστύχηκα
οἰκοδομέω	ich baue	Perf.	ᾠκοδόμηκα

Also auch: **ἠ**ναντίωμαι, ἐπ**η**νώρθωκα (120, 3) usw.

Ausnahme: εὐεργέτηκα (später εὐ**η**ργέτηκα: 120,2 Ausn.).

Besonderheiten § 122

1. Sogenannte „attische" Reduplikation (E 79) haben einige mit α, ε, ο anlautende Verba: sie dehnen (wie 121, 4c) den anlautenden Vokal der Wurzel und setzen davor noch die beiden Anfangslaute des Verbalstockes:

ἀγείρω	ich sammle	ἀγ-ήγερκα	ἠγ-ηγέρκη	ἀγ-ήγερμαι	ἠγ-ηγέρμην
ἀκούω	ich höre	ἀκ-ήκοα	ἠκ-ηκόη (aber:	ἤκουσμαι	ἠκούσμην!)
ἀλείφω	ich salbe	ἀλ-ήλιφα	ἠλ-ηλίφη	ἀλ-ήλιμμαι	ἠλ-ηλίμμην
ὀρύττω	ich grabe	ὀρ-ώρυχα	ὠρ-ωρύχη	ὀρ-ώρυγμαι	ὠρ-ωρύγμην
ὄμνῡμι	ich schwöre	ὀμ-ώμοκα	ὠμ-ωμόκη		
ὄλλῡμι	ich verderbe	ὀλ-ώλεκα	ὠλ-ωλέκη		
ὄλλυμαι	ich gehe zugrunde	ὄλ-ωλα (lat. periī)	ὠλ-ώλη		

---

[1]) Präsensreduplikation: 122,2 Anm.

Bei den mit ἐ- beginnenden Verben dieser Gruppe wird das **Plqu.**, soweit es vorkommt, in der Regel **nicht augmentiert**:

ἐγείρω	ich wecke	ἐγ-ήγερκα	ἐγ-ηγέρκη	ἐγ-ήγερμαι	ἐγ-ηγέρμην
ἐγείρομαι	ich erwache	ἐγρ-ήγορα¹⁾	ἐγρ-ηγόρη	—	—
ἐλέγχω	ich überführe	—	—	ἐλ-ήλεγμαι	ἐλ-ηλέγμην
ἐλάω } ἐλαύνω	ich treibe	ἐλ-ήλακα	ἐλ-ηλάκη	ἐλ-ήλαμαι	ἐλ-ηλάμην
(*ἐλευθ-	kommen)	ἐλ-ήλυθα	ἐλ-ηλύθη	—	—
(*ἐδ-	essen)	ἐδ-ήδοκα	ἐδ-ηδόκη	ἐδ-ήδεσμαι	—
(*ἐνεκ-	bringen)	ἐν-ήνοχα	—	ἐν-ήνεγμαι	ἐν-ηνέγμην

2. **Reduplikation εἰ-** (E 79) erscheint (wie 119, 1) bei folgenden mit ἐ- anlautenden Verben:

ἐθίζω	ich gewöhne	εἴθικα	(< *σε-σϝεθι-κα)		εἴθισμαι	εἰθίσμην
ἐθίζομαι	ich gewöhne mich	εἴωθα	(< *σε-σϝωθ-α)	(ich bin gewohnt, pflege)		
ἑστιάω	ich bewirte	εἱστίᾱκα	(< *ϝε-ϝεστια-κα)		εἱστίᾱμαι	—
ἐάω	ich lasse	εἴᾱκα			εἴᾱμαι	—
ἕλκω (ἑλκύω)	ich ziehe	εἵλκυκα			εἵλκυσμαι	εἱλκύσμην

außerdem bei folgenden ursprünglich ebenfalls mit ϝ, σ, ι anlautenden Verben:

ἐργάζομαι	ich arbeite	εἴργασμαι	(< *ϝε-ϝεργασ-μαι)
ἵημι	ich schicke	εἷκα, εἷμαι	(< *ι̯ε-ι̯ε-κα, -μαι)
(ἀγορεύω)	ich sage	εἴρηκα	(< *ϝε-ϝρη-κα)
λαμβάνω	ich nehme	εἴληφα	(< *σε-σλαφ-α)
μείρομαι	ich erhalte Anteil	εἵμαρται	(< *σε-σμρ̥-ται)

endlich auch infolge Analogie (**E 79**) bei den Verben:

λαγχάνω	ich erlose	εἴληχα
συλ-λέγω	ich sammle	συν-είλοχα
δια-λέγομαι	ich unterrede mich	δι-είλεγμαι.

Anm. Neben der **Perfekt-Reduplikation** gibt es die Reduplikation auch noch
a) **im Präsens** mit dem Reduplikationsvokal ι: δί-δωμι ich gebe, τί-θημι ich setze, lege, ἵ-στημι (< *σι-στημι) ich stelle, δι-δάσκω ich lehre, γί-γνομαι ich werde, πί-πτω ich falle, ἀνα-μι-μνήσκομαι ich erinnere mich;
b) **im Aorist II**: im Att. nur noch mit „attischer Reduplikation" in ἤγ-αγον (zu ἄγω ich führe), ἤν-εγκον, ἠν-εγκάμην (zur Wurzel *ἐνεκ- bringen).

§ 123 g) Der Akzent

1. **Grundregel:**

> Der Akzent rückt beim Verbum finitum möglichst weit vom Wortende ab, jedoch nie über Augment oder Reduplikation hinaus.
> **-οι** oder **-αι** in Verbalausgängen gilt **nur im Optativ** als **lang**, sonst als kurz (-μαι, -σαι usw.).

παιδεύω – ἐπαίδευον – ἐπαιδεύομεν – παίδευε – παιδεύονται und παίδευσαι (2. Sg. Imp.Aor.Med.), auch παιδεῦσαι (Inf.Aor.Akt.), *aber*: παιδεύσαι (3. Sg. Opt.Aor.Akt.) wie

---
¹⁾ Wiederholung des ganzen Verbalstockes *ἐγερ- in Form der Schwundstufe *ἐγρ- vor o-Stufe

παιδεύοι (3. Sg. Opt.Präs.Akt.); *jedoch*: ἀπ-ῆγον (Impf.) ich führte weg, ἀπ-ῆχα ich habe weggeführt, ἀφ-εῖκα ich habe entlassen, συν-έσχε (Aor.) er hielt zusammen.

Ausnahmen: 2. Sg.Imp.Aor.II.Med. (*alle* Formen): βαλοῦ triff!, λιποῦ laß (zurück)! usw.

2. Sg.Imp.Aor.II.Akt. (*nur* folgende fünf Formen):

εἰπέ sag!   ἐλθέ komm!   εὑρέ finde!   ἰδέ sieh!   λαβέ nimm!

(In *Zusammensetzung* aber normale Betonung: ἄπειπε versage!, ἔξελθε komm heraus! usw.)

2. Bei den **mit Präpositionen zusammengesetzten Verben** rückt der Akzent nie über die unmittelbar vor dem Tempusstamm stehende Silbe hinaus: ἀπό-δος gib zurück!, παρέν-θες schiebe ein!, παρά-σχες gewähre!

Anm. Die einsilbigen Imperative auf -ου
-δοῦ von -δίδομαι (nur Komposita!)   οὗ von ἵεμαι ich eile   σχοῦ von ἔχομαι ich halte mich fest
θοῦ von τίθεμαι ich bereite mir   σποῦ von ἕπομαι ich folge
verlagern nur bei Zusammensetzung mit *mehr*silbigem Kompositionsglied den Akzent; geht nur *ein*silbiges Kompositionsglied vorher, so bleiben sie Perispomena:
ἐφ-οῦ : ἀπό-δου   ἐν-θοῦ : ὑπ-έκ-θου   προ-σχοῦ : ἐπί-σπου
begehre! verkaufe!   bringe an Bord! bring heimlich weg!   halte vor dich! folge nach!
Im Plur. rückt der Akzent in allen Formen möglichst weit vom Wortende ab, also auch: ἔνθεσθε legt hinein! ἄφεσθε lasset ab!

3. **Kontrahierte Formen haben den Akzent auf der Kontraktionssilbe, wenn einer der kontrahierten Vokale den Akzent trug** (21, 2 d): δουλοῦμεν < δουλόομεν, ἐδουλούμην < ἐδουλοόμην, βαλοῦ < βαλέο (gegenüber παιδεύου < *παιδεύεσο); παιδευθεῖμεν < *παιδευθή-ῑ-μεν, διδοῖμεν < *διδό-ῑ-μεν, τιθεῖντο < *τιθέ-ῑ-ντο (Ausn. 157,1 Anm. 2).

Anm. Der Akzent von παιδεύοιμεν usw. erklärt sich daraus, daß die Kontraktion des Präsensstammauslautes -ο- mit dem Moduszeichen -ῑ- nicht erst im Griech., sondern schon im Idg. erfolgt war.

4. *Nicht* unter die Grundregel (Ziffer 1) fällt das **Verbum infinitum** (Inf.,Part., Verbaladj.); es kennt **kein einheitliches Betonungsgesetz**. Die **Partizipien** behalten als Nomina den Akzent möglichst auf *der* Silbe, auf der er im Nom.Sing.Mask. steht (30, d 1).

παιδεύων, παιδεύουσα, παιδεῦον   πεπαιδευκώς, πεπαιδευκότος, πεπαιδευκότες
παιδεύσᾱς, παιδεύσᾱσα, παιδεῦσαν   παιδευθείς, παιδευθέντος, παιδευθέντες
πεπαιδευμένος, πεπαιδευμένη, πεπαιδευμένον

3. DIE EINTEILUNG DER VERBALKLASSEN (E 80)

Anordnung der Verbalklassen nach dem Präsensstamm §124

Der Verbalstock erscheint im Präsensstamm oft in veränderter Form (113, 5; 125); nach dem Verhältnis Präsensstamm : Verbalstock lassen sich folgende Klassen aufstellen:

1. **Unveränderter Verbalstock** als Präsensstamm:

λύω ich löse   διώκω ich verfolge   πέμπω ich schicke   ψεύδω ich täusche
παιδεύω ich erziehe ἄγω ich führe   γράφω ich schreibe   πείθω ich überrede
                    νέμω ich teile zu   δέρω ich schinde

2. **Verbalstock + i̯** (vgl. lat. *cap-i-ō*) als Präsensstamm:

a) **i̯ zw. Vokalen** fällt aus (R 12), stockauslautender *langer* Vokal erscheint gekürzt (R 6):

τῑμάω < *τῑμᾱ-i̯-ω ich ehre   φιλέω < *φιλε-i̯-ω ich liebe
δουλόω < *δουλο-i̯-ω ich knechte

b) **i̯ nach Konsonant** bewirkt verschiedene Veränderungen (**R 21**):

φυλάττω	< *φυλακ-i̯-ω	(τὸν φύλακ-α den Wächter)	ich bewache
ταράττω	< *ταραχ-i̯-ω	(ἡ ταραχ-ή die Verwirrung)	ich verwirre
πλάττω	< *πλαθ-i̯-ω	(*πλαθ-της (R 24) > πλάστης Bildner)	ich forme
ἐλπίζω	< *ἐλπιδ-i̯-ω	(τὴν ἐλπίδ-α die Hoffnung)	ich hoffe
ἁρπάζω	< *ἁρπαγ-i̯-ω	(ἡ ἁρπαγ-ή der Raub)	ich raube
κλέπτω	< *κλεπ-i̯-ω	(ἡ κλοπ-ή der Diebstahl)	ich stehle
θάπτω	< *θαφ-i̯-ω	(ὁ τάφ-ος (R 17) das Grab)	ich begrabe
ἅλλομαι	< *σαλ-i̯-ομαι	(R 15; lat. *sal-i-ō*)	ich springe
ὀνομαίνω	< *ὀνομαν-i̯-ω	(τὸ ὄνομα (E 30) der Name)	ich nenne
χαίρω	< *χαρ-i̯-ω	(ἡ χάρ-ις die Anmut)	ich freue mich
κρίνω	< *κρῐν-i̯-ω	(κρῐν-ῶ ich werde richten)	ich richte
ἀμύνω	< *ἀμῠν-i̯-ω	(ἀμῠν-ῶ ich werde helfen)	ich helfe
τείνω	< *τεν-i̯-ω	(ὁ τέν-ων die Sehne)	ich spanne
φθείρω	< *φθερ-i̯-ω	(ἡ φθορ-ά (R 3 a) das Verderben)	ich verderbe
κλαίω	< *κλαϝ-i̯-ω	(κλαύ-σομαι (R 13) ich werde weinen)	ich weine

3. **Verbalstock + Nasal** (vgl. lat. *ru-m-p-ō : rūp-ī, li-n-qu-ō : līqu-ī*) als Präsensstamm: „*Nasalklasse*"; die Erweiterung erfolgt

    a) durch **-ν-** : δάκ-ν-ω   (τὸ δάκ-ος das beißende Tier)   ich beiße
    b) durch **-αν-**: αὐξ-άν-ω   (ἡ αὔξ-ησις die Übertreibung)   ich vermehre
    c) durch **-νε-** : ἱκ-νέ-ομαι   (ὁ ἱκ-έτης der Schutzflehende)   ich komme
    d) durch **-νυ-**: δείκ-νῡ-μι   (ἡ *δεικ-σις > δεῖξις der Beweis)   ich zeige
    ζώννῡμι < *ζωσ-νο-μι   (ὁ ζωσ-τήρ der Gürtel)   ich gürte
    e) durch **-ν-** bzw. **-μ-** vor dem wurzelschließenden Konsonanten und **-αν-**:

        λα-ν-θ-άν-ω   (Aor. ἔ-λαθ-ον)   ich bin verborgen
        λα-μ-β-άν-ω   (Aor. ἔ-λαβ-ον)   ich nehme
        λα-γ-χ-άν-ω   (τὸ λάχ-ος das Los)   ich erlange durch Los

4. **Verbalstock + -(ι)σκ-** (vgl. lat. *senē-sc-ō*) als Präsensstamm: „*Incohativklasse*":

    γηρά-σκ-ω   (τὸ γῆρα-ς das Alter)   ich altere
    εὑρ-ίσκ-ω   (τὸ εὕρη-μα der Fund)   ich finde

5. **Verbalstock + Präs.-Reduplikation** (vgl. lat. *si-st-ō, gi-gn-ō*) als Präsensstamm:

    a) **Reduplikation + Schwundstufe der Wurzel:**

        γί-γν-ομαι   (τὸ γέν-ος das Geschlecht)   ich werde
        πί-πτ-ω   (προ-πετ-ής geneigt)   ich falle

    b) **Reduplikation und -(ι)σκ- + Vollstufe der Wurzel:**

        γι-γνώ-σκ-ω   (ἡ γνώ-μη die Vernunft)   ich erkenne
        μι-μνή-σκ-ω < *μι-μνη-ισκ-ω   (μνή-μη Erinnerung)   ich erinnere

    c) **Reduplikation + Vollstufe der Wurzel:**

        ἵ-στη-μι < *σι-στα-μι   (στά-σις Aufstand)   ich stelle
        δί-δω-μι   (ἡ δό-σις die Gabe)   ich gebe

Anm. Die Klassen 3—5 werden üblicherweise in den Schulgrammatiken als „*unregelmäßige Verba*" bezeichnet.

Anordnung der Verbalklassen nach verschiedenen Gesichtspunkten § 125

Da sich die Verbalgruppen im Griechischen nicht so übersichtlich gliedern lassen wie im Lateinischen, folgt hier eine Übersicht über die Einteilungsmöglichkeiten. Man kann unterscheiden:

nach der **Konjugationsart**	nach dem **Verbalstock**
im Präsensstamm	im Präsensstamm
1. **ω-Verba** *mit* Themavokal („thematische Konjugation") παιδεύο-μεν (vgl. lat. *agi-mus*)	1. **Unveränderter** Verbalstock παιδεύο-μεν, ἐσ-τί
2. **μι-Verba** *ohne* Themavokal („athematische Konjugation") ἐσ-τί, ἵστα-μεν (vgl. lat. *es-t*, *vul-tis*)	2. **Erweiterter** Verbalstock **i̯**: φυλάττω < *φυλακ-i̯-ω (vgl. lat. *fac-i-ō*) **ν**: κάμ-ν-ω, δείκ-νῡ-μι (vgl. lat. *ster-n-ō*) **(ι)σκ**: γηρά-σκ-ω (vgl. lat. *senē-sc-ō*) **Red.**: γί-γνο-μαι, δί-δω-μι (vgl. lat. *gi-gn-ō*) **ε**: δοκ-έ-ω (vgl. lat. *vid-e-ō*)
in den übrigen Tempora	nach dem Stockauslaut
1. Tempusbildung *mit* Tempuszeichen ἐ-παίδευσ-α πε-παίδευκ-α ἐ-παιδεύθη-ν	1. auf **Vokal** auslautende Verbalstöcke („Verba pura") a) *Verba vocalia non contracta* auf ι, υ, Diphthong: λύ-ω, παιδεύ-ω b) *Verba vocalia contracta* auf α, ε, ο: τῑμά-ω, ποιέ-ω, δηλό-ω
2. Tempusbildung *ohne* Tempuszeichen ἔ-βαλο-ν, ἔ-γνω-ν ἐ-γράφη-ν, γέ-γραφ-α πε-παίδευ-μαι	2. auf **Konsonant** auslautende Verbalstöcke („Verba impura") a) *Verba muta*: K-Stöcke auf γ, κ, χ: φεύγ-ω P-Stöcke auf β, π, φ: γράφ-ω T-Stöcke auf δ, τ, θ: πείθ-ω b) *Verba liquida* auf λ, μ, ν, ρ: νέμ-ω c) *Verbalstöcke auf* σ (durch Schwund des σ im Präs.-St. > „Verba vocalia"): ἀρκέω < *ἀρκεσ-ω d) *Verbalstöcke auf* ϝ (durch Schwund des ϝ im Präs.-St. > „Verba vocalia"): πνέω < *πνεϝ-ω, κλαίω < *κλαϝ-i̯-ω

4. BESONDERHEITEN IM GEBRAUCH DER GENERA VERBI

§ 126   a) **Transitive und intransitive Bedeutung**

Werden von einem Verbum nebeneinander Tempora I und II gebildet, so haben die Tempora I (meist) *transitive*, die Tempora II aber *intransitive* Bedeutung (vgl. dt. *ich hängte — ich hing, ich legte — ich lag* usw.). Es haben dann

    Aor. I und Perf. I die **transitive Bedeutung des Aktivs**,
    Aor. II und Perf. II die **intransitive Bedeutung des medialen Passivs**.

Wird nur *ein* Perf. gebildet, so hat es (meist) *intransitive Bedeutung* (auch wenn es Perf. I ist!).

Beispiele

Präsens:	Bedeutung:	Futur:	Aorist:	Perfekt:	s. §
1. ἐγείρω	ich wecke auf	ἐγερῶ	ἤγειρα	(ἐγήγερκα)	172,16
ἐγείρομαι	ich wache auf	ἐγεροῦμαι	ἠγρόμην	ἐγρήγορα	
ἐθίζω	ich gewöhne	ἐθιῶ	εἴθισα	εἴθικα	171,14
ἐθίζομαι	ich gewöhne mich	ἐθισθήσομαι	εἰθίσθην	εἴωθα	
πείθω	ich überrede	πείσω	ἔπεισα	πέπεικα	155 d
πείθομαι	ich gehorche	πείσομαι	ἐπείσθην	πέποιθα (ich vertraue)	
σφάλλω	ich täusche	σφαλῶ	ἔσφηλα	ἔσφαλκα	153 b
σφάλλομαι	ich täusche mich	σφαλήσομαι	ἐσφάλην	ἔσφαλμαι	
φαίνω	ich zeige	φανῶ	ἔφηνα	πέφαγκα	172,18
φαίνομαι	{ ich zeige mich = ich erscheine	{ φανήσομαι φανοῦμαι }	ἐφάνην	{ πέφηνα πέφασμαι	
ἀπ-όλλῡμι	ich vernichte	ἀπ-ολῶ	ἀπ-ώλεσα	ἀπ-ολώλεκα	177,44
ἀπ-όλλυμαι	ich gehe zugrunde	ἀπ-ολοῦμαι	ἀπ-ωλόμην	ἀπ-όλωλα	
πήγνῡμι	ich mache fest	πήξω	ἔπηξα	πέπηχα	176,42
πήγνυμαι	ich werde fest	παγήσομαι	ἐπάγην	πέπηγα	
2. μαίνω	ich mache rasend	–	ἔμηνα	–	172,17
μαίνομαι	ich werde rasend	μανοῦμαι	ἐμάνην	μέμηνα	
σήπω	ich mache faulen	σήψω	(ἔσηψα)	–	171,6
σήπομαι	ich verfaule	σαπήσομαι	ἐσάπην	σέσηπα	
τήκω	ich schmelze (trans.)	τήξω	ἔτηξα	–	171,7
τήκομαι	ich schmelze (intr.)	τακήσομαι	ἐτάκην	τέτηκα	
κατ-άγνῡμι	ich zerreiße (trans.)	κατάξω	κατ-έαξα	–	176,36
κατ-άγνυμαι	ich zerreiße (intr.)	–	κατ-εάγην	κατ-έαγα	
ῥήγνῡμι	ich breche (trans.)	ῥήξω	ἔρρηξα	–	176,43
ῥήγνυμαι	ich zerbreche (intr.)	ῥαγήσομαι	ἐρράγην	ἔρρωγα	
3. βαίνω	ich mache gehen	βήσω	ἔβησα	–	173,19
βαίνω	ich gehe, schreite	βήσομαι	ἔβην	βέβηκα	
δύω	ich versenke	δύσω	ἔδυσα	δέδυκα	140 a
δύομαι	ich versinke	δύσομαι	ἔδῡν	δέδυκα	
ἵστημι	ich stelle	στήσω	ἔστησα	–	166,2
ἵσταμαι	ich stelle mich	στήσομαι	ἔστην	ἕστηκα	
σβέννῡμι	ich lösche	σβέσω	ἔσβεσα	–	179,52
σβέννυμαι	ich erlösche	σβήσομαι	ἔσβην	ἔσβηκα	

Präsens:	Bedeutung:	Futur:	Aorist:	Perfekt:	s. §
φύω	ich lasse wachsen	φύσω	ἔφῡσα	–	168 b δ
φύομαι	ich wachse	φύσομαι	ἔφῡν	πέφῡκα	
4. ἐκπλήττω	ich erschrecke (jmd.)	ἐκπλήξω	ἐξέπληξα (aber:	ἐκπέπληγα *trans.*[1])	189,110
ἐκπλήττομαι	ich erschrecke(intr.)	ἐκπλαγήσομαι	ἐξεπλάγην	ἐκπέπληγμαι	
ebenso: κατα-πλήττω und κατα-πλήττομαι					
στρέφω	ich drehe	στρέψω	ἔστρεψα (aber:	ἔστροφα *trans.*)	155 d
στρέφομαι	ich drehe mich	στραφήσομαι	ἐστράφην	ἔστραμμαι	145, 3
(dagegen: κατα-στρέφομαι ich unterwerfe		καταστρέψομαι	κατεστρεψάμην	κατέστραμμαι)	
τρέπω	ich wende	τρέψω	ἔτρεψα (aber:	τέτροφα *trans.*)	171,8
τρέπομαι	ich wende mich	{τρέψομαι / τραπήσομαι}	{ἐτραπόμην / ἐτράπην}	τέτραμμαι	

b) Mediales Futur § 127

1. In passiver Bedeutung bilden **mediale Futurformen** (E 81) u. a. die Verba:

ἀδικέω	ich behandle ungerecht	ἀδικήσομαι	ich werde ungerecht behandelt werden
ἄρχω	ich herrsche	ἄρξομαι	ich werde beherrscht werden
ζημιόω	ich bestrafe	ζημιώσομαι	ich werde bestraft werden
οἰκέω	ich (wohne,) verwalte	οἰκήσομαι	ich werde verwaltet werden
πολεμέω	ich bekriege	πολεμήσομαι	ich werde bekriegt werden
τρέφω	ich nähre	θρέψομαι	ich werde ernährt werden
φυλάττω	ich behüte	φυλάξομαι	ich werde behütet werden
ὠφελέω	ich fördere	ὠφελήσομαι	ich werde gefördert werden

In passiver Bedeutung bilden **mediale und passive Futurformen** (E 81):

ἄγω	ich führe	ἄξομαι	und	ἀχθήσομαι	ich werde geführt werden
πολιορκέω	ich belagere	πολιορκήσομαι	und	πολιορκηθήσομαι	ich werde belagert werden
στερέω	ich beraube	στερήσομαι	und	στερηθήσομαι	ich werde beraubt werden
τῑμάω	ich ehre	τῑμήσομαι	und	τῑμηθήσομαι	ich werde geehrt werden

2. In aktiver Bedeutung bilden **mediale Futurformen** u. a. die Verba:

α) ᾄδω	ich singe	ᾄσομαι		πλέω	ich segle	πλεύσομαι[2])
ἀκούω	ich höre	ἀκούσομαι		πνέω	ich wehe	πνεύσομαι[2])
ἀπαντάω	ich begegne	ἀπαντήσομαι		σῑγάω	ich schweige	σῑγήσομαι
ἀπολαύω	ich genieße	ἀπολαύσομαι		σιωπάω	ich schweige	σιωπήσομαι
βαδίζω	ich schreite	βαδιοῦμαι		σκώπτω	ich verspotte	σκώψομαι
βοάω	ich rufe	βοήσομαι		σπουδάζω	ich bemühe mich	σπουδάσομαι
γελάω	ich lache	γελάσομαι				
θέω	ich laufe	θεύσομαι		φεύγω	ich fliehe	φεύξομαι[2])
κλαίω	ich weine	κλαύσομαι		εἰμί	ich bin	ἔσομαι
νέω	ich schwimme	νεύσομαι[2])		(κέκρᾱγα)	ich schreie	κεκράξομαι
οἰμώζω	ich wehklage	οἰμώξομαι		(οἶδα)	ich weiß	εἴσομαι
πηδάω	ich springe	πηδήσομαι		ὄμνῡμι	ich schwöre	ὀμοῦμαι

[1]) Später auch intransitiv!
[2]) Daneben auch „dorisches Futur" νευσοῦμαι, πλευσοῦμαι, πνευσοῦμαι, φευξοῦμαι (135, 1 Anm. 2; E 84,3)

β) **In aktiver Bedeutung** bilden **mediale Futurformen** sehr oft Verba mit Aor. II:

	Präsens:	Bedeutung:	Futur:	Aorist:	s. §
1.	ἁμαρτάνω	ich fehle	ἁμαρτήσομαι	ἥμαρτον	174,29
	δάκνω	ich beiße	δήξομαι	ἔδακον	173,21
	τρέχω	ich laufe	δραμοῦμαι	ἔδραμον	189,113
	ἐσθίω	ich esse	ἔδομαι	ἔφαγον	189,107
	ἀπο-θνῄσκω	ich sterbe	ἀπο-θανοῦμαι	ἀπ-έθανον	182,69
	θιγγάνω	ich berühre	θίξομαι	ἔθιγον	181,56
	κάμνω	ich ermüde	καμοῦμαι	ἔκαμον	173,22
	λαγχάνω	ich erlose	λήξομαι	ἔλαχον	181,59
	λαμβάνω	ich nehme	λήψομαι	ἔλαβον	181,57
	μανθάνω	ich lerne	μαθήσομαι	ἔμαθον	181,60
	ὁράω	ich sehe	ὄψομαι	εἶδον	189,109
	πάσχω	ich leide	πείσομαι	ἔπαθον	182,72
	πίπτω	ich falle	πεσοῦμαι	ἔπεσον	183,74
	πίνω	ich trinke	πίομαι	ἔπιον	173,25
	τίκτω	ich gebäre	τέξομαι	ἔτεκον	183,75
	τυγχάνω	ich erreiche	τεύξομαι	ἔτυχον	181,62
2.	βαίνω	ich gehe	βήσομαι	ἔβην	173,19
	βιοτεύω	ich lebe	βιώσομαι	ἐβίων	189,104
	γηράσκω	ich altere	γηράσομαι	ἐγήρᾶν u. ἐγήρασα	182,66
	γιγνώσκω	ich erkenne	γνώσομαι	ἔγνων	184,77
	ἀπο-διδράσκω	ich entlaufe	ἀπο-δράσομαι	ἀπ-έδρᾶν	184,80
	ῥέω	ich fließe	ῥυήσομαι	ἐρρύην	187,97
	(*τλη-	dulden)	τλήσομαι	ἔτλην	168 b
	φθάνω	ich komme zuvor	φθήσομαι	ἔφθην	173,20

γ) **In aktiver Bedeutung** bilden **mediale und** (seltener) **aktive Futurformen:**

ἁρπάζω	ich raube	(ἁρπάσω)	und	ἁρπάσομαι
βλέπω	ich blicke	(βλέψω)	und	βλέψομαι
διώκω	ich verfolge	(διώξω)	und	διώξομαι
ἐγκωμιάζω	ich preise	ἐγκωμιάσω	und	ἐγκωμιάσομαι
ἐπ-αινέω	ich lobe	(ἐπαινέσω)	und	ἐπαινέσομαι
θαυμάζω	ich bewundere	(θαυμάσω)	und	θαυμάσομαι
κλέπτω	ich stehle	κλέψω	(und	κλέψομαι)
ἐπι-ορκέω	ich schwöre falsch	ἐπι-ορκήσω	(und	ἐπιορκήσομαι)
χωρέω	ich weiche	χωρήσω	und	χωρήσομαι.

§ 128   c) Deponentia

Deponentia sind **Verba, die für aktive Bedeutung nur mediale (oder passive) Formen bilden.** Man unterscheidet im Griechischen drei Gruppen:

1. **Deponentia media:** sie bilden **mediales Futur und medialen Aorist**, z. B.

αἰτιάομαι ich beschuldige   Fut. αἰτιάσομαι   Aor. ᾐτιᾱσάμην.

Werden *Passivformen* zu solchen Deponentia gebildet, so haben sie *passive Bedeutung*:
Fut. αἰτιαθήσομαι ich werde beschuldigt werden, Aor. ᾐτιάθην ich wurde beschuldigt.
Perfekt und Plusquamperfekt dieser Deponentia können *aktive wie passive Bedeutung* haben:
ᾐτίαμαι 1. ich habe beschuldigt, 2. ich bin beschuldigt worden.

2. **Deponentia passiva:** sie bilden **passives Futur und passiven Aorist,** z. B.
 ἡττάομαι ich unterliege   Fut. ἡττηθήσομαι   Aor. ἡττήθην.

3. **Deponentia medio-passiva:** sie bilden **mediales Futur, aber passiven Aorist,** z. B.
 αἰδέομαι ich scheue mich   Fut. αἰδέσομαι   Aor. ᾐδέσθην.

1. Deponentia media § 129

z. B. αἰτιάομαι	ich beschuldige	αἰτιάσομαι	ᾐτιασάμην
βιάζομαι	ich zwinge	βιάσομαι	ἐβιασάμην
δέχομαι	ich nehme auf	δέξομαι	ἐδεξάμην
δωρέομαι	ich schenke	δωρήσομαι	ἐδωρησάμην
ἐργάζομαι	ich arbeite	ἐργάσομαι	ἠργασάμην (119,1 Anm.)
εὔχομαι	ich bete	εὔξομαι	ηὐξάμην
θεάομαι	ich schaue	θεάσομαι	ἐθεασάμην
ἰάομαι	ich heile	ἰάσομαι	ἰασάμην
λυμαίνομαι	ich beschimpfe	λυμανοῦμαι	ἐλυμηνάμην
κτάομαι	ich erwerbe	κτήσομαι	ἐκτησάμην
λογίζομαι	ich berechne	λογιοῦμαι	ἐλογισάμην
μέμφομαι	ich tadle	μέμψομαι	ἐμεμψάμην
μιμέομαι	ich ahme nach	μιμήσομαι	ἐμιμησάμην
μετα-πέμπομαι	ich hole	μεταπέμψομαι	μετεπεμψάμην
χρήομαι	ich gebrauche	χρήσομαι	ἐχρησάμην
ὠνέομαι	ich kaufe	ὠνήσομαι	(ἐπριάμην) (189, 115)

2. Deponentia passiva

ἔραμαι (= ἐράω)	ich liebe	ἐρασθήσομαι	ἠράσθην
ἥδομαι	ich freue mich	ἡσθήσομαι	ἥσθην
ἡττάομαι	ich unterliege	ἡττηθήσομαι	ἡττήθην

3. Deponentia medio-passiva

α) αἰδέομαι	ich scheue mich	αἰδέσομαι	ᾐδέσθην
ἁμιλλάομαι	ich wetteifere	ἁμιλλήσομαι	ἡμιλλήθην
ἀρνέομαι	ich leugne	ἀρνήσομαι	ἠρνήθην
ἐναντιόομαι	ich trete entgegen	ἐναντιώσομαι	ἠναντιώθην
εὐλαβέομαι	ich hüte mich	εὐλαβήσομαι	ηὐλαβήθην
ἐν-θυμέομαι	ich erwäge	ἐνθυμήσομαι	ἐνεθυμήθην
προ-θυμέομαι	ich bin geneigt	προθυμήσομαι	προὐθυμήθην
θυμόομαι	ich zürne	θυμώσομαι	ἐθυμώθην
διαλέγομαι	ich unterrede mich	διαλέξομαι	διελέχθην
ἐπι-μελέομαι	ich sorge	ἐπιμελήσομαι	ἐπεμελήθην
ἀπο-νοέομαι	ich verzweifle	ἀπονοήσομαι	ἀπενοήθην

δια-νοέομαι	ich überlege, bedenke	διανοήσομαι	διενοήθην
ἐν-νοέομαι	ich erwäge	ἐννοήσομαι	ἐνενοήθην
προ-νοέομαι	ich sehe voraus	προνοήσομαι	προὐνοήθην
β) ἄγαμαι	ich bewundere	ἀγάσομαι	ἠγάσθην
δύναμαι	ich kann	δυνήσομαι	ἐδυνήθην (119,4 Anm.)
ἐπίσταμαι	ich verstehe	ἐπιστήσομαι	ἠπιστήθην
γ) ἄχθομαι	ich ärgere mich	ἀχθέσομαι	ἠχθέσθην
βούλομαι	ich will	βουλήσομαι	ἐβουλήθην
δέομαι	ich bedarf, bitte	δεήσομαι	ἐδεήθην
ἐπι-μέλομαι	ich sorge	ἐπιμελήσομαι	ἐπεμελήθην
μετα-μέλομαι	ich bereue	μεταμελήσομαι	μετεμελήθην
οἴομαι	ich glaube, meine	οἰήσομαι	ᾠήθην

Anm. Passiven *und* medialen Aor. haben: πειράομαι (selten auch πειράω) ich versuche: ἐπειράθην und ἐπειρασάμην (Fut. πειράσομαι) und λοιδορέομαί τινι (daneben auch λοιδορέω τινά) ich schelte : ἐλοιδορήθην und ἐλοιδορησάμην (Fut. λοιδορήσομαι).

§ 130 d) Medio-Passiva aktiver Verba

1. Auch das **Medium zu aktiven Verben** folgt (mit reflexivem oder intransitivem Sinn) in der Formenbildung den med.-pass. Deponentien (vgl. lat. *lavō* ich wasche : *lavor* ich wasche mich = ich bade).

Aktiv   **Medium**

ἀνιάω	ich betrübe	ἀνιάομαι	ich bin mißmutig	ἀνιάσομαι	ἠνιάθην
ἐπείγω	ich treibe an	ἐπείγομαι	ich eile	ἐπείξομαι	ἠπείχθην
ἑστιάω	ich bewirte	ἑστιάομαι	ich speise	ἑστιάσομαι	εἱστιάθην
ἀπο-, κατα-, ὑπο-λείπω	ich lasse zurück	-λείπομαι	ich bleibe zurück	-λείψομαι	-ελείφθην
λῡπέω	ich betrübe	λῡπέομαι	ich betrübe mich	λῡπήσομαι	ἐλῡπήθην
ὀρέγω	ich recke	ὀρέγομαι	ich recke mich	ὀρέξομαι	ὠρέχθην
ὁρμάω[1]	ich treibe an	ὁρμάομαι	ich breche auf	ὁρμήσομαι	ὡρμήθην
πείθω	ich überrede	πείθομαι	ich gehorche	πείσομαι	ἐπείσθην
πλανάω	ich führe irre	πλανάομαι	ich irre umher	πλανήσομαι	ἐπλανήθην
πορεύω	ich bringe fort	πορεύομαι	ich reise	πορεύσομαι	ἐπορεύθην
φοβέω	ich schrecke	φοβέομαι	ich erschrecke (intr.)	φοβήσομαι	ἐφοβήθην

2. **Mediale und passive** Formen haben im **Futur**:

αἰσχύνω	ich beschäme	αἰσχύνομαι	ich schäme mich	{ αἰσχυνοῦμαι / αἰσχυνθήσομαι }	ᾐσχύνθην
ἀπ-αλλάττω	ich entferne	ἀπαλλάττομαι	ich entferne mich	{ ἀπαλλάξομαι / ἀπαλλαγήσομαι }	{ ἀπηλλάχθην / ἀπηλλάγην }
εὐφραίνω	ich erfreue	εὐφραίνομαι	ich freue mich	{ εὐφρανοῦμαι / εὐφρανθήσομαι }	ηὐφράνθην
κῑνέω	ich bewege	κῑνέομαι	ich bewege mich	{ κῑνήσομαι / κῑνηθήσομαι }	ἐκῑνήθην

---

[1]) Auch das Akt. kommt in intr. Bedeutung „ich eile, stürme" vor

κατα-κλίνω	ich lege nieder	κατα-κλίνομαι	ich lege mich nieder	{-κλινοῦμαι -κλιθήσομαι -κλινήσομαι}	-εκλίθην -εκλίνην
κοιμάω	ich schläfere ein	κοιμάομαι	ich schlafe ein	{κοιμήσομαι κοιμηθήσομαι}	ἐκοιμήθην
ὀργίζω	ich erzürne	ὀργίζομαι	ich zürne	{ὀργιοῦμαι ὀργισθήσομαι}	ὠργίσθην
φαίνω	ich zeige	φαίνομαι	ich erscheine	{φανοῦμαι φανήσομαι}	ἐφάνην
φέρω	ich trage	φέρομαι	ich eile, stürze	{οἴσομαι ἐνεχθήσομαι}	ἠνέχθην

Mediale und passive Formen haben im **Aorist:**

ἀν-άγω	ich führe hinauf	ἀνάγομαι	ich steche in See	ἀνάξομαι	{ἀνηγαγόμην ἀνήχθην}
ὁπλίζω	ich bewaffne	ὁπλίζομαι	ich bewaffne mich	ὁπλιοῦμαι	{ὡπλισάμην ὡπλίσθην}
πολῑτεύω	ich bin Bürger	πολῑτεύομαι	ich verwalte den Staat	πολῑτεύσομαι	{ἐπολῑτευσάμην ἐπολῑτεύθην}

3. Nur passive Formen haben im **Futur und Aorist:**

ἀθροίζω	ich versammle	ἀθροίζομαι	ich versammle mich	ἀθροισθήσομαι	ἠθροίσθην
συν-αλλάττω δι-αλλάττω	ich versöhne	-αλλάττομαι	ich versöhne mich	{-αλλαγήσομαι -αλλαχθήσομαι	-ηλλάγην -ηλλάχθην}
ἐθίζω	ich gewöhne	ἐθίζομαι	ich gewöhne mich	ἐθισθήσομαι	εἰθίσθην
ἀνα-μιμνήσκω	ich erinnere	-μιμνήσκομαι	ich erinnere mich	-μνησθήσομαι	-εμνήσθην
ἐκ-πλήττω κατα-πλήττω	ich schrecke	-πλήττομαι	ich erschrecke (intr.)	-πλαγήσομαι	-επλάγην
πήγνῡμι	ich mache fest	πήγνυμαι	ich werde fest	παγήσομαι	ἐπάγην
ῥήγνῡμι	ich breche (trans.)	ῥήγνυμαι	ich zerbreche (intr.)	ῥαγήσομαι	ἐρράγην
τήκω	ich schmelze (trans.)	τήκομαι	ich schmelze (intr.)	τακήσομαι	ἐτάκην
στρέφω	ich drehe	στρέφομαι	ich drehe mich	στραφήσομαι	ἐστράφην
σφάλλω	ich täusche	σφάλλομαι	ich täusche mich	σφαλήσομαι	ἐσφάλην
σῴζω	ich rette	σῴζομαι	ich rette mich	σωθήσομαι	ἐσώθην
(dagegen:		σῴζομαι	ich rette für mich = ich erhalte mir	σώσομαι	ἐσωσάμην)
ψεύδω	ich täusche	ψεύδομαι	ich täusche mich	ψευσθήσομαι	ἐψεύσθην
(dagegen:		ψεύδομαι	ich täusche für mich = ich lüge	ψεύσομαι	ἐψευσάμην)

VERBA VOCALIA
a) non contracta

AKTIV

		Indikativ	Konjunktiv	Optativ
Präsens	Sg. 1.	παιδεύ ω 1	παιδεύ ω 1	παιδεύ οι-μι[4])
	2.	παιδεύ εις	παιδεύ ῃς	παιδεύ οι-ς
	3.	παιδεύ ει (9)	παιδεύ ῃ 5	παιδεύ οι
	Pl. 1.	παιδεύ ο-μεν	παιδεύ ω-μεν	παιδεύ οι-μεν
	2.	παιδεύ ε-τε 2	παιδεύ η-τε	παιδεύ οι-τε
	3.	παιδεύ ουσι(ν)	παιδεύ ω-σι(ν)	παιδεύ οι-εν
Imperfekt	Sg. 1.	ἐ-παίδευ ο-ν 3		
	2.	ἐ-παίδευ ε-ς		
	3.	ἐ-παίδευ ε(ν)		
	Pl. 1.	ἐ-παιδεύ ο-μεν		
	2.	ἐ-παιδεύ ε-τε		
	3.	ἐ-παίδευ ο-ν 3		
Futur	Sg. 1.	παιδεύ σω 4		παιδεύ σοι-μι[4])
	2.	παιδεύ σεις		παιδεύ σοι-ς
	3.	παιδεύ σει (10)		παιδεύ σοι
	Pl. 1.	παιδεύ σο-μεν		παιδεύ σοι-μεν
	2.	παιδεύ σε-τε		παιδεύ σοι-τε
	3.	παιδεύ σουσι(ν)		παιδεύ σοι-εν
Aorist	Sg. 1.	ἐ-παίδευ σ-α	παιδεύ σ-ω 4	παιδεύ σ-αι-μι[4])
	2.	ἐ-παίδευ σ-α-ς	παιδεύ σ-ῃς	παιδεύ σ(-αι-ς) -ειας
	3.	ἐ-παίδευ σ-ε(ν)	παιδεύ σ-ῃ 6	παιδεύ σ(-αι) -ειεν
	Pl. 1.	ἐ-παιδεύ σ-α-μεν	παιδεύ σ-ω-μεν	παιδεύ σ-αι-μεν
	2.	ἐ-παιδεύ σ-α-τε	παιδεύ σ-η-τε	παιδεύ σ-αι-τε
	3.	ἐ-παίδευ σ-α-ν	παιδεύ σ-ω-σι(ν)	παιδεύ σ(-αι-εν)-ειαν
Perfekt	Sg. 1.	πε παίδευ κ-α	πε παιδεύ κ-ω[3])	πε παιδεύ κ-οι-μι[3])[4])
	2.	πε παίδευ κ-α-ς	πε παιδεύ κ-ῃς	πε παιδεύ κ-οι-ς
	3.	πε παίδευ κ-ε(ν) (11)	πε παιδεύ κ-ῃ	πε παιδεύ κ-οι
	Pl. 1.	πε παιδεύ κ-α-μεν	πε παιδεύ κ-ω-μεν	πε παιδεύ κ-οι-μεν
	2.	πε παιδεύ κ-α-τε	πε παιδεύ κ-η-τε	πε παιδεύ κ-οι-τε
	3.	πε παιδεύ κ-ᾱσι(ν)[1])	πε παιδεύ κ-ω-σι(ν)	πε παιδεύ κ-οι-εν
Plusquamperf.	Sg. 1.	ἐ-πε παιδεύ κ-η[2]) (-ει-ν)		
	2.	ἐ-πε παιδεύ κ-η-ς (-ει-ς)		
	3.	ἐ-πε παιδεύ κ-ει		
	Pl. 1.	ἐ-πε παιδεύ κ-ε-μεν		
	2.	ἐ-πε παιδεύ κ-ε-τε		
	3.	ἐ-πε παιδεύ κ-ε-σαν		
Pf.Fut.	Sg. 1. usw.	πε παιδευ κώς, -υῖα, -ὸς ἔσομαι usw.		

NB! Gleichlautende Formen sind an den verschiedenen Stellen ihres Auftretens im Paradigma mit der gleichen Kennziffer versehen.

[1]) -ᾱ-: E 88   [2]) <-ε-α
[3]) Häufiger πεπαιδευκώς, -υῖα, -ὸς ὦ bzw. εἴην usw.   [4]) < *παιδευ ο-ι-μι, *παιδευ σο-ι-μι, *παιδευ σ-α-ι-μι, *πε παιδευ κ-ο-ι-μι

VERBA VOCALIA
a) non contracta

AKTIV

Imperativ	Infinitiv	Partizip	
παίδευ ε παιδευ έ-τω παιδεύ ε-τε 2 {παιδευ ό-ντων {παιδευ έ-τωσαν¹)	παιδεύ ειν	παιδεύ ων, παιδεύ ο-ντ-ος παιδεύ ουσα, παιδευ ούσης παιδεῦ ον, παιδεύ ο-ντ-ος	Präsens
			Imperfekt
	παιδεύ σειν	παιδεύ σων, παιδεύ σο-ντ-ος παιδεύ σουσα, παιδευ σούσης παιδεῦ σον, παιδεύ σο-ντ-ος	Futur
παίδευ σ-ον παιδευ σ-ά-τω παιδεύ σ-α-τε {παιδευ σ-ά-ντων {παιδευ σ-ά-τωσαν¹)	παιδεῦ σαι²)	παιδεύ σ-ᾱς, παιδεύ σ-α-ντ-ος παιδεύ σ-ᾱσα, παιδευ σ-ᾱσης παιδεῦ σ-αν, παιδεύ σ-α-ντ-ος	Aorist
(πε παίδευ κ-ε) (II) (πε παιδευ κ-έ-τω) (πε παιδεύ κ-ε-τε) (πε παιδευ κ-ό-ντων)	πε παιδευ κ-έ-ναι	πε παιδευ κ-ώς, -κότος πε παιδευ κ-υῖα, -κυίᾱς πε παιδευ κ-ός, -κότος	Perfekt
			Plusquamperf.

¹) Vgl. S. 108⁶; E 75, 2 -σαν   ²) E 76, 1

MEDIUM　　　　　　　　　　VERBA VOCALIA
　　　　　　　　　　　　　　　a) non contracta

		Indikativ	Konkjunktiv	Optativ
Präsens	Sg. 1.	παιδεύ ο-μαι	παιδεύ ω-μαι	παιδευ οί-μην[4]
	2.	παιδεύ ῃ[1]) (-ει) 5(9)	παιδεύ ῃ[3])　5	παιδεύ οι-ο
	3.	παιδεύ ε-ται	παιδεύ η-ται	παιδεύ οι-το
	Pl. 1.	παιδευ ό-μεθα	παιδευ ώ-μεθα	παιδευ οί-μεθα
	2.	παιδεύ ε-σθε　7	παιδεύ η-σθε	παιδεύ οι-σθε
	3.	παιδεύ ο-νται	παιδεύ ω-νται	παιδεύ οι-ντο
Imperfekt	Sg. 1.	ἐ-παιδευ ό-μην		
	2.	ἐ-παιδεύ ου[2])		
	3.	ἐ-παιδεύ ε-το		
	Pl. 1.	ἐ-παιδευ ό-μεθα		
	2.	ἐ-παιδεύ ε-σθε		
	3.	ἐ-παιδεύ ο-ντο		
Futur	Sg. 1.	παιδεύ σο-μαι		παιδευ σοί-μην[4]
	2.	παιδεύ σῃ[1])(-ει) 6(10)		παιδεύ σοι-ο
	3.	παιδεύ σε-ται		παιδεύ σοι-το
	Pl. 1.	παιδευ σό-μεθα		παιδευ σοί-μεθα
	2.	παιδεύ σε-σθε		παιδεύ σοι-σθε
	3.	παιδεύ σο-νται		παιδεύ σοι-ντο
Aorist	Sg. 1.	ἐ-παιδευ σ-ά-μην	παιδεύ σ-ω-μαι	παιδευ σ-αί-μην[4]
	2.	ἐ-παιδεύ σ-ω[2])	παιδεύ σ-ῃ[3])　6	παιδεύ σ-αι-ο
	3.	ἐ-παιδεύ σ-α-το	παιδεύ σ-η-ται	παιδεύ σ-αι-το
	Pl. 1.	ἐ-παιδευ σ-ά-μεθα	παιδευ σ-ώ-μεθα	παιδευ σ-αί-μεθα
	2.	ἐ-παιδεύ σ-α-σθε	παιδεύ σ-η-σθε	παιδεύ σ-αι-σθε
	3.	ἐ-παιδεύ σ-α-ντο	παιδεύ σ-ω-νται	παιδεύ σ-αι-ντο
Perfekt	Sg. 1.	πε παίδευ-μαι	πε παιδευ-μένος, -η, -ον	πε παιδευ-μένος, -η, -ον
	2.	πε παίδευ-σαι	ὦ　usw.	εἴην　usw.
	3.	πε παίδευ-ται		
	Pl. 1.	πε παιδεύ-μεθα	πε παιδευ-μένοι, -αι	πε παιδευ-μένοι, -αι
	2.	πε παίδευ-σθε　8	ὦμεν usw.	εἴημεν usw.
	3.	πε παίδευ-νται		
Plusquamperf.	Sg. 1.	ἐ-πε παιδεύ-μην		
	2.	ἐ-πε παίδευ-σο		
	3.	ἐ-πε παίδευ-το		
	Pl. 1.	ἐ-πε παιδεύ-μεθα		
	2.	ἐ-πε παίδευ-σθε		
	3.	ἐ-πε παίδευ-ντο		
Pf.Fut.	Sg. 1.	πε παιδεύ σο-μαι		(πε παιδευ σοί-μην[4])
	usw.	πε παιδεύ σῃ[1]) usw.		(πε παιδεύ σοι-ο)　usw.

[1]) < *παιδευ ε-σαι,　*παιδευ σε-σαι,　*πε παιδευ σε-σαι
[2]) < *ἐ-παιδευ ε-σο,　*ἐ-παιδευ σ-α-σο
[3]) < *παιδευ η-σαι,　*παιδευ σ-η-σαι
[4]) < *παιδευ ο-ι-μην,　*παιδευ σο-ι-μην,
　　*παιδευ σ-α-ι-μην,　*πε παιδευ σο-ι-μην

VERBA VOCALIA
a) non contracta
MEDIUM

Imperativ	Infinitiv	Partizip	
παιδεύ ου[1]) παιδευ έ-σθω παιδεύ ε-σθε 7 {παιδευ έ-σθων {παιδευ έ-σθωσαν[2])	παιδεύ ε-σθαι	παιδευ ό-μενος παιδευ ο-μένη παιδευ ό-μενον	Präsens
			Imperfekt
	παιδεύ σε-σθαι	παιδευ σό-μενος παιδευ σο-μένη παιδευ σό-μενον	Futur
παίδευ σαι παιδευ σ-ά-σθω παιδεύ σ-α-σθε {παιδευ σ-ά-σθων {παιδευ σ-ά-σθωσαν[2])	παιδεύ σ-α-σθαι	παιδευ σ-ά-μενος παιδευ σ-α-μένη παιδευ σ-ά-μενον	Aorist
(πε παίδευ-σο) πε παιδεύ-σθω (πε παίδευ-σθε) 8 {(πε παιδεύ-σθων) {(πε παιδεύ-σθωσαν[2])	πε παιδεῦ-σθαι (Akzent!)	πε παιδευ-μένος (Akzent!) πε παιδευ-μένη πε παιδευ-μένον (Akzent!)	Perfekt
			Plusquamperf.
[1]) <*παιδευ ε-σο [2]) Vgl. S. 108[6]; E 75,2 -σαν	(πε παιδεύ σε-σθαι)	πε παιδευ σό-μενος, -η, -ον	Pf. Fut.

PASSIV

VERBA VOCALIA
a) non contracta

		Indikativ	Konjunktiv	Optativ
Präsens	Sg. 1.	παιδεύ ο-μαι	παιδεύ ω-μαι	παιδευ οί-μην [5]
	2.	παιδεύ ῃ [1]) (-ει)(5) 9	παιδεύ ῃ [3]) 5	παιδεύ οι-ο
	3.	παιδεύ ε-ται	παιδεύ η-ται	παιδεύ οι-το
	Pl. 1.	παιδευ ό-μεθα	παιδευ ώ-μεθα	παιδευ οί-μεθα
	2.	παιδεύ ε-σθε 7	παιδεύ η-σθε	παιδεύ οι-σθε
	3.	παιδεύ ο-νται	παιδεύ ω-νται	παιδεύ οι-ντο
Imperfekt	Sg. 1.	ἐ-παιδευ ό-μην		
	2.	ἐ-παιδεύ ου [2])		
	3.	ἐ-παιδεύ ε-το		
	Pl. 1.	ἐ-παιδευ ό-μεθα		
	2.	ἐ-παιδεύ ε-σθε		
	3.	ἐ-παιδεύ ο-ντο		
Futur	Sg. 1.	παιδευ θήσο-μαι		παιδευ θησοί-μην [5]
	2.	παιδευ θήσῃ [1]) (-ει)		παιδευ θήσοι-ο
	3.	παιδευ θήσε-ται		παιδευ θήσοι-το
	Pl. 1.	παιδευ θησό-μεθα		παιδευ θησοί-μεθα
	2.	παιδευ θήσε-σθε		παιδευ θήσοι-σθε
	3.	παιδευ θήσο-νται		παιδευ θήσοι-ντο
Aorist	Sg. 1.	ἐ-παιδεύ θη-ν	παιδευ θῶ [4])	παιδευ θείη-ν [5]
	2.	ἐ-παιδεύ θη-ς	παιδευ θῇς	παιδευ θείη-ς
	3.	ἐ-παιδεύ θη	παιδευ θῇ	παιδευ θείη
	Pl. 1.	ἐ-παιδεύ θη-μεν	παιδευ θῶ-μεν [4])	παιδευ (θείη-μεν),-θεῖμεν
	2.	ἐ-παιδεύ θη-τε	παιδευ θῆ-τε	παιδευ (θείη-τε), -θεῖτε
	3.	ἐ-παιδεύ θη-σαν	παιδευ θῶ-σι(ν)	παιδευ (θείη-σαν),-θεῖεν
Perfekt	Sg. 1.	πε παίδευ-μαι	πε παιδευ-μένος, -η,	πε παιδευ-μένος, -η, -ον
	2.	πε παίδευ-σαι	-ον ὦ usw.	εἴην usw.
	3.	πε παίδευ-ται		
	Pl. 1.	πε παιδεύ-μεθα	πε παιδευ-μένοι, -αι	πε παιδευ-μένοι, -αι
	2.	πε παίδευ-σθε 8	ὦμεν usw.	εἴημεν usw.
	3.	πε παίδευ-νται		
Plusquamperf.	Sg. 1.	ἐ-πε παιδεύ-μην		
	2.	ἐ-πε παίδευ-σο		
	3.	ἐ-πε παίδευ-το		
	Pl. 1.	ἐ-πε παιδεύ-μεθα		
	2.	ἐ-πε παίδευ-σθε		
	3.	ἐ-πε παίδευ-ντο		
Pf.Fut.	Sg. 1.	πε παιδεύ σο-μαι		(πε παιδευ σοί-μην) [5]
	usw.	πε παιδεύ σῃ [1]) usw.		(πε παιδεύ σοι-ο) usw.

[1]) < *παιδευ ε-σαι, *παιδευ θησε-σαι, *πε παιδευ σε-σαι
[2]) < *ἐ-παιδευ ε-σο
[3]) < *παιδευ η-σαι
[4]) < *παιδευ θη-ω, *παιδευ θη-ω-μεν
[5]) < *παιδευ ο-ι-μην, *παιδευ θησο-ι-μην, *παιδευ θη-ιη-ν, *πε παιδευ σο-ι-μην

VERBA VOCALIA
a) non contracta

PASSIV

Imperativ	Infinitiv	Partizip	
παιδεύ ου¹) παιδεύ έ-σθω παιδεύ ε-σθε 7 {παιδεύ έ-σθων {παιδεύ έ-σθωσαν²)	παιδεύ ε-σθαι	παιδευ ό-μενος παιδευ ο-μένη παιδευ ό-μενον	Präsens
			Imperfekt
	παιδευ θήσε-σθαι	παιδευ θησό-μενος παιδευ θησο-μένη παιδευ θησό-μενον	Futur
παιδεύ θη-τι παιδευ θή-τω παιδεύ θη-τε {παιδευ θέ-ντων {παιδευ θή-τωσαν²)	παιδευ θῆ-ναι	παιδευ θείς, παιδευ θέ-ντ-ος παιδευ θεῖσα, παιδευ θείσης παιδευ θέν, παιδευ θέ-ντ-ος	Aorist
(πε παίδευ-σο) πε παιδεύ-σθω (πε παίδευ-σθε) 8 {(πε παιδεύ-σθων) {(πε παιδεύ-σθωσαν²)	πε παιδεῦ-σθαι (Akzent!)	πε παιδευ-μένος (Akzent!) πε παιδευ-μένη πε παιδευ-μένον (Akzent!)	Perfekt
			Plusquamperf.
¹) < *παιδευ ε-σο ²) Vgl. S. 108⁶; E 75, 2 -σαν	(πε παιδεύ σε-σθαι)	πε παιδευ σό-μενος, -η, -ον	Pf.Fut.

AKTIV

VERBA VOCALIA
b) contracta

		auf -άω τῑμάω ich ehre			auf -έω ποιέω ich mache			auf -όω δουλόω ich knechte		
Präsens	Indikativ	Sg. 1. 2. 3. Pl. 1. 2. 3.	τῑμά ω τῑμά εις τῑμά ει τῑμά ο-μεν τῑμά ε-τε τῑμά ουσιν	τῑμῶ 1 τῑμᾷς τῑμᾷ 2 τῑμῶμεν τῑμᾶτε 3 τῑμῶσιν	ποιέ ω ποιέ εις ποιέ ει ποιέ ο-μεν ποιέ ε-τε ποιέ ουσιν	ποιῶ 7 ποιεῖς ποιεῖ (8) ποιοῦμεν ποιεῖτε 9 ποιοῦσιν	δουλό ω δουλό εις δουλό ει δουλό ο-μεν δουλό ε-τε δουλό ουσιν	δουλῶ δουλοῖς δουλοῖ 13 δουλοῦμεν δουλοῦτε 14 δουλοῦσιν
	Konjunktiv	Sg. 1. 2. 3. Pl. 1. 2. 3.	τῑμά ω τῑμά ῃς τῑμά ῃ τῑμά ω-μεν τῑμά η-τε τῑμά ω-σιν	τῑμῶ 1 τῑμᾷς τῑμᾷ 2 τῑμῶμεν τῑμᾶτε 3 τῑμῶσιν	ποιέ ω ποιέ ῃς ποιέ ῃ ποιέ ω-μεν ποιέ η-τε ποιέ ω-σιν	ποιῶ 7 ποιῇς ποιῇ 10 ποιῶμεν ποιῆτε ποιῶσιν	δουλό ω δουλό ῃς δουλό ῃ δουλό ω-μεν δουλό η-τε δουλό ω-σιν	δουλῶ δουλοῖς δουλοῖ 13 δουλῶμεν δουλῶτε δουλῶσιν
	Optativ	Sg. 1. 2. 3. Pl. 1. 2. 3.	τῑμα οίη-ν τῑμα οίη-ς τῑμα οίη τῑμά οι-μεν τῑμά οι-τε τῑμά οι-εν	τῑμῴην τῑμῴης τῑμῴη τῑμῷμεν τῑμῷτε τῑμῷεν	ποιε οίη-ν ποιε οίη-ς ποιε οίη ποιέ οι-μεν ποιέ οι-τε ποιέ οι-εν	ποιοίην[1]) ποιοίης[1]) ποιοίη[1]) ποιοῖμεν ποιοῖτε ποιοῖεν	δουλο οίη-ν δουλο οίη-ς δουλο οίη δουλό οι-μεν δουλό οι-τε δουλό οι-εν	δουλοίην δουλοίης δουλοίη δουλοῖμεν δουλοῖτε δουλοῖεν
	Imperativ	Sg. 2. 3. Pl. 2. 3.	τῑμα ε τῑμα έ-τω τῑμά ε-τε τῑμα ό-ντων	τῑμᾶ τῑμάτω τῑμᾶτε 3 τῑμώντων	ποιέ ε ποιε έ-τω ποιέ ε-τε ποιε ό-ντων	ποίει ποιείτω ποιεῖτε 9 ποιούντων	δούλο ε δουλο έ-τω δουλό ε-τε δουλο ό-ντων	δούλου δουλούτω δουλοῦτε 14 δουλούντων
	Infinitiv		τῑμά ειν[2])	τῑμᾶν	ποιέ ειν[2])	ποιεῖν	δουλό ειν[2])	δουλοῦν
	Partizip		τῑμά ων, -ά ο-ντ-ος τῑμά ουσα, -α ούσης τῑμά ον, -ά ο-ντ-ος	τῑμῶν, 4 -ῶντος τῑμῶσα -ώσης τῑμῶν, 4 -ῶντος	ποιέ ων, -έ ο-ντ-ος ποιέ ουσα, -ε ούσης ποιέ ον, -έ ο-ντ-ος	ποιῶν, -οῦντος ποιοῦσα, -ούσης ποιοῦν, -οῦντος	δουλό ων, -ό ο-ντ-ος δουλό ουσα, -ο ούσης δουλό ον, -ό ο-ντ-ος	δουλῶν, -οῦντος δουλοῦσα, -ούσης δουλοῦν, -οῦντος
Imperfekt	Indikativ	Sg. 1. 2. 3. Pl. 1. 2. 3.	ἐ-τίμα ο-ν ἐ-τίμα ε-ς ἐ-τίμα ε ἐ-τῑμά ο-μεν ἐ-τῑμά ε-τε ἐ-τίμα ο-ν	ἐτίμων 5 ἐτίμᾱς ἐτίμᾱ ἐτῑμῶμεν ἐτῑμᾶτε ἐτίμων 5	ἐ-ποίε ο-ν ἐ-ποίε ε-ς ἐ-ποίε ε ἐ-ποιέ ο-μεν ἐ-ποιέ ε-τε ἐ-ποίε ο-ν	ἐποίουν 11 ἐποίεις ἐποίει ἐποιοῦμεν ἐποιεῖτε ἐποίουν 11	ἐ-δούλο ο-ν ἐ-δούλο ε-ς ἐ-δούλο ε ἐ-δουλό ο-μεν ἐ-δουλό ε-τε ἐ-δούλο ο-ν	ἐδούλουν 15 ἐδούλους ἐδούλου ἐδουλοῦμεν ἐδουλοῦτε ἐδούλουν 15

[1]) Auch: ποιοίμι, ποιοῖς, ποιοῖ   [2]) < *τῑμά ε-εν, *ποιέ ε-εν, *δουλό ε-εν

VERBA VOCALIA
b) contracta
MEDIUM / PASSIV

auf -άω τῑμάω ich ehre		auf -έω ποιέω ich mache		auf -όω δουλόω ich knechte	
τῑμά ο-μαι	τῑμῶμαι	ποιέ ο-μαι	ποιοῦμαι	δουλό ο-μαι	δουλοῦμαι
τῑμά ῃ (-ει)	τῑμᾷ 2	ποιέ ῃ (-ει)	ποιῇ(-εῖ) 10 (8)	δουλό ῃ (-ει)	δουλοῖ 13
τῑμά ε-ται	τῑμᾶται	ποιέ ε-ται	ποιεῖται	δουλό ε-ται	δουλοῦται
τῑμα ό-μεθα	τῑμώμεθα	ποιε ό-μεθα	ποιούμεθα	δουλο ό-μεθα	δουλούμεθα
τῑμά ε-σθε	τῑμᾶσθε 6	ποιέ ε-σθε	ποιεῖσθε 12	δουλό ε-σθε	δουλοῦσθε 16
τῑμά ο-νται	τῑμῶνται	ποιέ ο-νται	ποιοῦνται	δουλό ο-νται	δουλοῦνται
τῑμά ω-μαι	τῑμῶμαι	ποιέ ω-μαι	ποιῶμαι	δουλό ω-μαι	δουλῶμαι
τῑμά ῃ	τῑμᾷ 2	ποιέ ῃ	ποιῇ 10	δουλό ῃ	δουλοῖ 13
τῑμά η-ται	τῑμᾶται	ποιέ η-ται	ποιῆται	δουλό η-ται	δουλῶται
τῑμα ώ-μεθα	τῑμώμεθα	ποιε ώ-μεθα	ποιώμεθα	δουλο ώ-μεθα	δουλώμεθα
τῑμά η-σθε	τῑμᾶσθε 6	ποιέ η-σθε	ποιῆσθε	δουλό η-σθε	δουλῶσθε
τῑμά ω-νται	τῑμῶνται	ποιέ ω-νται	ποιῶνται	δουλό ω-νται	δουλῶνται
τῑμα οί-μην	τῑμώμην	ποιε οί-μην	ποιοίμην	δουλο οί-μην	δουλοίμην
τῑμά οι-ο	τῑμῷο	ποιέ οι-ο	ποιοῖο	δουλό οι-ο	δουλοῖο
τῑμά οι-το	τῑμῷτο	ποιέ οι-το	ποιοῖτο	δουλό οι-το	δουλοῖτο
τῑμα οί-μεθα	τῑμῴμεθα	ποιε οί-μεθα	ποιοίμεθα	δουλο οί-μεθα	δουλοίμεθα
τῑμά οι-σθε	τῑμῷσθε	ποιέ οι-σθε	ποιοῖσθε	δουλό οι-σθε	δουλοῖσθε
τῑμά οι-ντο	τῑμῷντο	ποιέ οι-ντο	ποιοῖντο	δουλό οι-ντο	δουλοῖντο
τῑμά ου	τῑμῶ 1	ποιέ ου	ποιοῦ	δουλό ου	δουλοῦ
τῑμα έ-σθω	τῑμάσθω	ποιε έ-σθω	ποιείσθω	δουλο έ-σθω	δουλούσθω
τῑμά ε-σθε	τῑμᾶσθε 6	ποιέ ε-σθε	ποιεῖσθε 12	δουλό ε-σθε	δουλοῦσθε 16
τῑμα έ-σθων	τῑμάσθων	ποιε έ-σθων	ποιείσθων	δουλο έ-σθων	δουλούσθων
τῑμά ε-σθαι	τῑμᾶσθαι	ποιέ ε-σθαι	ποιεῖσθαι	δουλό ε-σθαι	δουλοῦσθαι
τῑμα ό-μενος	τῑμώμενος	ποιε ό-μενος	ποιούμενος	δουλο ό-μενος	δουλούμενος
τῑμα ο-μένη	τῑμωμένη	ποιε ο-μένη	ποιουμένη	δουλο ο-μένη	δουλουμένη
τῑμα ό-μενον	τῑμώμενον	ποιε ό-μενον	ποιούμενον	δουλο ό-μενον	δουλούμενον
ἐ-τῑμα ό-μην	ἐτῑμώμην	ἐ-ποιε ό-μην	ἐποιούμην	ἐ-δουλο ό-μην	ἐδουλούμην
ἐ-τῑμά ου	ἐτῑμῶ	ἐ-ποιέ ου	ἐποιοῦ	ἐ-δουλό ου	ἐδουλοῦ
ἐ-τῑμά ε-το	ἐτῑμᾶτο	ἐ-ποιέ ε-το	ἐποιεῖτο	ἐ-δουλό ε-το	ἐδουλοῦτο
ἐ-τῑμα ό-μεθα	ἐτῑμώμεθα	ἐ-ποιε ό-μεθα	ἐποιούμεθα	ἐ-δουλο ό-μεθα	ἐδουλούμεθα
ἐ-τῑμά ε-σθε	ἐτῑμᾶσθε	ἐ-ποιέ ε-σθε	ἐποιεῖσθε	ἐ-δουλό ε-σθε	ἐδουλοῦσθε
ἐ-τῑμά ο-ντο	ἐτῑμῶντο	ἐ-ποιέ ο-ντο	ἐποιοῦντο	ἐ-δουλό ο-ντο	ἐδουλοῦντο

VERBA LIQUIDA

		Aktiv		Medium	
		Futur	Aorist	Futur	Aorist
Indikativ	Sg. 1.	ἀγγελ ῶ	ἤγγειλ-α	ἀγγελ οῦμαι	ἠγγειλ-ά-μην
	2.	ἀγγελ εῖς	ἤγγειλ-α-ς	ἀγγελ ῇ (-εῖ) (1)	ἠγγείλ-ω
	3.	ἀγγελ εῖ (1)	ἤγγειλ-ε (ν)	ἀγγελ εῖται	ἠγγείλ-α-το
	Pl. 1.	ἀγγελ οῦμεν	ἠγγείλ-α-μεν	ἀγγελ ούμεθα	ἠγγειλ-ά-μεθα
	2.	ἀγγελ εῖτε	ἠγγείλ-α-τε	ἀγγελ εῖσθε	ἠγγείλ-α-σθε
	3.	ἀγγελ οῦσι(ν)	ἤγγειλ-α-ν	ἀγγελ οῦνται	ἠγγείλ-α-ντο
Konjunktiv	Sg. 1.		ἀγγείλ-ω		ἀγγείλ-ω-μαι
	2.		ἀγγείλ-ῃς		ἀγγείλ-ῃ 2
	3.		ἀγγείλ-ῃ 2		ἀγγείλ-η-ται
	Pl. 1.		ἀγγείλ-ω-μεν		ἀγγειλ-ώ-μεθα
	2.		ἀγγείλ-η-τε		ἀγγείλ-η-σθε
	3.		ἀγγείλ-ω-σι(ν)		ἀγγείλ-ω-νται
Optativ	Sg. 1.	ἀγγελ οίη-ν	ἀγγείλ-αι-μι	ἀγγελ οί-μην	ἀγγειλ-αί-μην
	2.	ἀγγελ οίη-ς	ἀγγείλ(-αι-ς) -ειας	ἀγγελ οῖ-ο	ἀγγείλ-αι-ο
	3.	ἀγγελ οίη	ἀγγείλ(-αι) -ειεν	ἀγγελ οῖ-το	ἀγγείλ-αι-το
	Pl. 1.	ἀγγελ οῖ-μεν	ἀγγείλ-αι-μεν	ἀγγελ οί-μεθα	ἀγγειλ-αί-μεθα
	2.	ἀγγελ οῖ-τε	ἀγγείλ-αι-τε	ἀγγελ οῖ-σθε	ἀγγείλ-αι-σθε
	3.	ἀγγελ οῖ-εν	ἀγγείλ(-αι-εν)-ειαν	ἀγγελ οῖ-ντο	ἀγγείλ-αι-ντο
Imperativ	Sg. 2.		ἀγγειλ-ον		ἀγγειλ-αι
	3.		ἀγγειλ-ά-τω		ἀγγειλ-ά-σθω
	Pl. 2.		ἀγγείλ-α-τε		ἀγγείλ-α-σθε
	3.		ἀγγειλ-ά-ντων		ἀγγειλ-ά-σθων
Infinitiv		ἀγγελ εῖν	ἀγγεῖλ-αι	ἀγγελ εῖ-σθαι	ἀγγείλ-α-σθαι
Partizip		ἀγγελ ῶν, -οῦντος ἀγγελ οῦσα,-ούσης ἀγγελ οῦν, -οῦντος	ἀγγείλ-ᾱς, -α-ντ-ος ἀγγείλ-ᾱσα,-άσης ἀγγεῖλ-αν, -α-ντ-ος	ἀγγελ ού-μενος ἀγγελ ου-μένη ἀγγελ ού-μενον	ἀγγειλ-ά-μενος ἀγγειλ-α-μένη ἀγγειλ-ά-μενον

MEDIUM/PASSIV VERBA LIQUIDA PERF. und PLQU.

λ-, ρ- Stöcke		ν- Stöcke			
Perfekt	Plusquamperfekt	Perfekt	Plusquamperfekt		
ἤγγελ-μαι	ἠγγέλ-μην	πέφασ-μαι	ἐ-πεφάσ-μην	Sg. 1.	
ἤγγελ-σαι	ἤγγελ-σο	(πέφαν-σαι) πεφασμένος εἶ }	(ἐ-πέφαν-σο) πεφασμένος ἦσθα }	2.	Indikativ
ἤγγελ-ται	ἤγγελ-το	πέφαν-ται	ἐ-πέφαν-το	3.	
ἠγγέλ-μεθα 3	ἠγγέλ-μεθα 3	πεφάσ-μεθα	ἐ-πεφάσ-μεθα	Pl. 1.	
ἤγγελ-θε 4	ἤγγελ-θε 4	πέφαν-θε 5	ἐ-πέφαν-θε	2.	
ἠγγελμένοι, -αι εἰσί(ν)	ἠγγελμένοι, -αι ἦσαν	πεφασμένοι, -αι εἰσί(ν)	πεφασμένοι, -αι ἦσαν	3.	
ἠγγελμένος, -η, -ον ὦ usw.		πεφασμένος, -η, -ον ὦ usw.		Sg. 1. usw.	Konjunktiv
ἠγγελμένος, -η, -ον εἴην usw.		πεφασμένος, -η, -ον εἴην usw.		Sg. 1. usw.	Optativ
ἤγγελ-σο ἠγγέλ-θω ἠγγέλ-θε 4 ἠγγέλ-θων(-θωσαν)		(πέφαν-σο) πεφασμένος ἴσθι } πεφάν-θω πέφαν-θε 5 πεφάν-θων(-θωσαν)		Sg. 2. 3. Pl. 2. 3.	Imperativ
ἠγγέλ-θαι		πεφάν-θαι		Infinitiv	
ἠγγελ-μένος ἠγγελ-μένη ἠγγελ-μένον		πεφασ-μένος πεφασ-μένη πεφασ-μένον		Partizip	

MEDIUM / PASSIV   VERBA MUTA

			K-Stöcke πράττω ich tue	P-Stöcke κρύπτω ich verberge	T-Stöcke πείθω ich überrede
Perfekt	Indikativ	Sg. 1. 2. 3. Pl. 1. 2. 3.	πέπραγμαι πέπραξαι πέπρακται πεπράγμεθα πέπραχθε 1 πεπραγμένοι, -αι εἰσίν	κέκρυμμαι κέκρυψαι κέκρυπται κεκρύμμεθα κέκρυφθε 2 κεκρυμμένοι, -αι εἰσίν	πέπεισμαι πέπεισαι πέπεισται πεπείσμεθα πέπεισθε 3 πεπεισμένοι, -αι εἰσίν
	Konj.	Sg. 1. usw.	πεπραγμένος,-η,-ον ὦ usw.	κεκρυμμένος,-η,-ον ὦ usw.	πεπεισμένος,-η,-ον ὦ usw.
	Opt.	Sg. 1. usw.	πεπραγμένος,-η,-ον εἴην usw.	κεκρυμμένος,-η,-ον εἴην usw.	πεπεισμένος,-η,-ον εἴην usw.
	Imperativ	Sg. 2. 3. Pl. 2. 3.	πέπραξο πεπράχθω πέπραχθε 1 πεπράχθων (-θωσαν¹)	κέκρυψο κεκρύφθω κέκρυφθε 2 κεκρύφθων (-θωσαν¹)	πέπεισο πεπείσθω πέπεισθε 3 πεπείσθων (-θωσαν¹)
	Infinitiv		πεπράχθαι	κεκρύφθαι	πεπεῖσθαι
	Partizip		πεπραγμένος πεπραγμένη πεπραγμένον	κεκρυμμένος κεκρυμμένη κεκρυμμένον	πεπεισμένος πεπεισμένη πεπεισμένον
Plusquamperf.	Indikativ	Sg. 1. 2. 3. Pl. 1. 2. 3.	ἐπεπράγμην ἐπέπραξο ἐπέπρακτο ἐπεπράγμεθα ἐπέπραχθε πεπραγμένοι, -αι ἦσαν	ἐκεκρύμμην ἐκέκρυψο ἐκέκρυπτο ἐκεκρύμμεθα ἐκέκρυφθε κεκρυμμένοι, -αι ἦσαν	ἐπεπείσμην ἐπέπεισο ἐπέπειστο ἐπεπείσμεθα ἐπέπεισθε πεπεισμένοι, -αι ἦσαν
Perfektfutur	Indikativ	Sg. 1. 2. 3. Pl. 1. 2. 3.	πεπράξομαι πεπράξῃ πεπράξεται πεπραξόμεθα πεπράξεσθε πεπράξονται	κεκρύψομαι κεκρύψῃ κεκρύψεται κεκρυψόμεθα κεκρύψεσθε κεκρύψονται	πεπεισμένος, -η, -ον ἔσομαι usw.

¹) Vgl. S. 108⁶; E 75, 2 -σαν

II. VERBA AUF -ω

(THEMATISCHE KONJUGATION)

1. Die vom Präsensstamm gebildeten Formen §131

1. Der **Präsensstamm** der Verba auf -ω ergibt sich, wenn man in der 1. u. 2. Plur.Ind. Präs.Akt. (unkontrahiert!) die Endung -μεν bzw. -τε abtrennt:

παιδεύω ich erziehe παιδευε/ο-   λέγω ich sage λεγε/ο-
τῑμάω ich ehre τῑμαε/ο-   στέλλω ich sende στελλε/ο-

2. Vom Präs.-Stamm werden alle Formen des Präs. und Impf. Akt. und Med./Pass. gebildet.
3. Die Formen des Präsensstammes der ω-Konjugation werden gebildet aus

   Präsensstamm + (Moduszeichen) + Endung

4. **Themavokal** bzw. **Moduszeichen** (113, 4; 115) sind für Aktiv und Medium/Passiv gleich, verschieden sind nur die Endungen.

   Themavokal vor μ, ν, ι : **-ο-**,   vor σ und τ : **-ε-**

   Im **Konjunktiv** ist der **Themavokal lang: ω** bzw. **η**; folgendes ι wird subskribiert.
   Im **Optativ** wird Themavokal ο + Moduszeichen ῑ > **οι**
   Im **Infinitiv** wird Themavokal ε + Endung -εν > **-ειν** mit unechtem ει (= $\bar{e}$: E 8).

5. Das **Imperfekt** hat als Zeichen der Vergangenheit das **Augment** (118ff.).
6. Die **Endungen** sind **primär** im Präsens (außer im Optativ),

   sekundär im Impf. und Opt.Präs. (Ausn.: 116; E 75).

7. **Themavokal + Endung = Ausgang.**

Ausgänge der ω-Konjugation (E 82)
Präsens

	Aktiv				Medium/Passiv			
	Ind.	Konj.	Opt.	Imp.	Ind.	Konj.	Opt.	Imp.
Sg. 1.	-ω	-ω	**-οιμι**		-ομαι	-ωμαι	-οίμην	
2.	-εις	-ῃς	-οις	-ε	-ῃ (-ει)	-ῃ	-οιο	-ου
3.	-ει	-ῃ	-οι	-έτω	-εται	-ηται	-οιτο	-έσθω
Pl. 1.	-ομεν	-ωμεν	-οιμεν		-όμεθα	-ώμεθα	-οίμεθα	
2.	-ετε	-ητε	-οιτε	-ετε	-εσθε	-ησθε	-οισθε	-εσθε
3.	-ουσι(ν)	-ωσι(ν)	**-οιεν**	-όντων -έτωσαν[1])	-ονται	-ωνται	-οιντο	-έσθων -έσθωσαν[1])
Inf.		-ειν				-εσθαι		
Part.		-ων, -ουσα, -ον				-όμενος, -ομένη, -όμενον		

[1]) Vgl. S. 108⁶; E 75, 2 -σαν

Anm. In der 2.Sing.Ind.Präs.Med. findet sich **nur -ει** bei: οἴει du meinst, βούλει du willst, δέει du bedarfst, bittest (ebenso Fut. ὄψει du wirst sehen; vgl. 189, 109)

Imperfekt

	Aktiv		Med./Pass.	
	Sing.	Plur.	Sing.	Plur.
1. Pers.	-ον	-ομεν	-όμην	-όμεθα
2. Pers.	-ες	-ετε	-ου	-εσθε
3. Pers.	-ε(ν)	-ον	-ετο	-οντο

Erläuterungen (E 82; vgl. E 75).
Die lautliche Entwicklung der alten Endungen hat deren ursprüngliche Gestalt stark verändert.
Akt.Ind.Präs. 2. Sg.: *-ε-σι > *-ει (R 16) > -εις (Analogie zu παιδεύοι-ς, ἐπαίδευε-ς).— 3. Sg.: nach παιδεύοις: παιδεύοι und ἐπαίδευες : ἐπαίδευε analog παιδεύεις : παιδεύει. — 3. Pl.: -ο-ντι (vgl. lat. -nt) > *-ονσι (R 20) > -ουσι (R 22 f; R 11); ebenso im Konj. *-ωντι > *-ωνσι > -ωσι. — Vgl. ἄγω : lat. agō, ἄγε-τε : lat. agi-te.
Konj. Reste des *langen* Themavokals noch in lat. *laudēs* usw. (Konj. Pr.) und *agētis* usw. (Fut. = ehem. Konj. der 3. Konjugation). — 2. und 3. Sg.: -ῃς, -ῃ (statt *-ησι, *-ητι) ist Analogie zum Indikativ.
Opt. 1. Sg. -μι statt der Sekundärendung ist griech. Neuerung. — 3. Pl. -εν < *-ent (R 18) von den Opt. der μι-Verba übernommen (E 104, 4 -εν).
Imp. Vgl. ἄγε : lat. *age*, ἄγε-τε : lat. *agi-te*, ἀγέ-τω : lat. *agi-tō*, ἀγό-ντω-ν : lat. *agu-ntō;* das -ν ist (nur im Ion.-Att.) als Kennzeichen der 3. Pl. (vgl. Impf.) angefügt (und ins Medium übertragen: -σθω-ν).
Inf. -ειν < *-ε-εν (R 8 a) < *-ε-σεν (R 16) wie lat. *agere* < *age-se (vgl. *es-se*).
Part. -ων Dehnstufe zu -οντ (R 18); vgl. γέρων : γέροντ-ος (48).
Impf. 1. Sg.: -ν < *-m (R 14) vgl. ἔφερον : lat. *fereba*-m. — 3. Sg. ἔφερε < *ἔφερετ (R 18) vgl. lat. *fereba*-t. — 3. Pl. ἔφερον < *ἔφερεντ (R 18) vgl. lat. *fereba*-nt.
Med./Pass. Ausfall des intervokalischen σ (R 16) hat in folgenden Formen gewirkt: **Präs.** 2. Sg.Ind. -ε-σαι > -εαι > -ῃ (R 8 b 2), dafür später auch -ει; Konj. -η-σαι > -ηαι > -ῃ (R 8 b 2); Opt. -οι-σο > -οιο; Imp. -ε-σο > -εο > -ου (R 8 b 1); **Impf.** 2. Sg. -ε-σο > -εο > -ου (R 8 b 1).

§ 132 Die Verba contracta

1. Die **Verba auf -άω, -έω, -όω** kontrahieren im Präs. und Impf. ihren Stockauslaut -α-, -ε-, -ο- mit dem Themavokal; darum heißen sie „*Verba contracta*".

2. Beachte die Kontraktionsregeln (**R 8**; 196) und Akzentgesetze (19, 3 Anm.; 21, 2 d). Die **Kontraktionsergebnisse** sind:

   a) für die **Verba auf -άω**: α + e-Laut > α (ᾳ)
   α + o-Laut > ω (ῳ)

   b) für die **Verba auf -έω**: ε + ε > ει
   ε + ο > ου
   ε + Länge > Länge

   c) für die **Verba auf -όω**: ο + ε, ο, ου > ου
   ο + η und ω > ω
   ο + ι-Diphthong > οι
   (auch ῃ!)

3. **Beachte:**

a) Im Sing. des **Opt.Präs.Akt.** der Verba contracta verwendet das Att. als Moduszeichen gewöhnlich -ιη- statt -ῑ- (E 83), die Ausgänge sind also **-οίην, -οίης, -οίη** (statt -οιμι, -οις, -οι, das aber bei den Verba auf -έω daneben auch vorkommt).

b) Im Ausgang des **Inf.Präs.** erscheint bei den Verba contracta **kein ι** (subscriptum) (E 8; E 83): τῑμᾶν, δουλοῦν.

c) Die 3. Sg.Impf.Akt. kann bei den Verba contracta **kein νῦ ἐφελκυστικόν** bekommen, da dieses nur hinter den kurzen Vokalen ι und ε steht (204, 2 Anm.); also nur ἐτίμᾱ, ἐφίλει, ἐδούλου.

Erläuterungen.
Opt. -ιη- als Opt.-Zeichen wurde von den μι-Verba übernommen. — Inf. -ειν < *-ε-εν wurde -ẹ̄n gesprochen (nicht -ein: E 8), daher *-α-ẹ̄n > -ᾶν, *-ο-ẹ̄n > -οῦν (ου hier **kein** Diphthong: E 11).

Besonderheiten bei den Verba contracta § 133

1. Verba auf -ήω.
Der Verbalstock von ζῆν „leben", πεινῆν „hungern", διψῆν „dürsten", χρῆν „ein Orakel geben" und χρῆσθαι „gebrauchen" endigte auf -η-; die Kontraktionsergebnisse sind daher:

η + e-Laut > **η (ῃ)**   und   η + o-Laut > **ω (ῳ)**

also Ind. und Konj.: ζῶ, ζῇς, ζῇ   usw.   χρῶμαι, χρῇ, χρῆται   usw.
Optativ: ζῴην, ζῴης, ζῴη usw.   χρῴμην, χρῷο, χρῷτο   usw.
Imperfekt: ἔζων, ἔζης, ἔζη usw.   ἐχρώμην, ἐχρῶ, ἐχρῆτο usw.

2. Verba auf -ώω.
Zu ῥῑγῶν „frieren" lautet der Verbalstock ῥῑγω-; daher **stets ω (ῳ)**, also

Ind. und Konj.: ῥῑγῶ, ῥῑγῷς, ῥῑγῷ   usw.
Optativ: ῥῑγῴην, ῥῑγῴης, ῥῑγῴη   usw.
Imperfekt: ἐρρίγων, ἐρρίγως, ἐρρίγω usw.

3. Unkontrahiert bleiben (da nach Schwund von ϝ (**R 13**) nur gleichartige Vokale kontrahiert werden: 196 b 4 Anm.):

a) sämtliche Formen von **κάω** (< *καϝ-ι̯ω) = καίω ich zünde an
und **κλάω** (< *κλαϝ-ι̯ω) = κλαίω ich weine,

b) die Formen der **einsilbigen Verbalstöcke auf -ε-** (< *-εϝ-), außer wenn ει entsteht:

πλέω ich segle   (< *πλεϝ-ω)   ῥέω   ich fließe   (< *σρεϝ-ω)
πνέω ich wehe   (< *πνεϝ-ω)   δέω   ich ermangle (< *δεϝ-ω)
θέω   ich laufe   (< *θεϝ-ω)   δέομαι ich bedarf,   (< *δεϝ-ομαι)
νέω   ich schwimme (< *σνεϝ-ω)   bitte (aber δέει!)

ebenso τρέω ich zittere (< *τρεσ-ω: R 16)

also Ind. πλέω, πλεῖς, πλεῖ, πλέομεν, πλεῖτε, πλέουσι(ν)   Inf. πλεῖν
Konj. πλέω, πλέῃς, πλέῃ usw.
Opt. πλέ**οιμι**, πλέ**οις**, πλέ**οι** usw. (stets so! Kein Verb. contr.!)
Part. πλέων, πλέουσα, πλέον   Impf. ἔπλεον, ἔπλεις, ἔπλει usw.

Anm. δέομαι „ich bedarf" hat *stets* δέει „du bedarfst, du bittest" (131, 7 Anm.) zum Unterschied von δεῖ „es ist nötig". — δέω (< *δει̯-ω: R 12) „ich binde" kann in allen Formen kontrahieren, da es ι̯-Stock ist: Ind. δῶ (später auch δέω), δεῖς, δεῖ, δοῦμεν (später auch δέομεν) usw.

2. Die von den übrigen Tempusstämmen gebildeten Formen

a) TEMPORA PRIMA § 134

1. Die meisten Verba bilden ihre Tempusstämme **mit Tempuszeichen** (113, 6; 125), d. h. ihre Formen (ausgenommen Perf. u. Plqu.Med./Pass.) bestehen aus

(Augment + Reduplikation +) Verbalstock + Tempuszeichen + (Charaktervokal + Modusvokal +) Endung

Da die **Tempusstämme vom Verbalstock aus** gebildet werden, müssen alle nur dem *Präsens*stamm eigenen Veränderungen des Verbalstockes und die dadurch bewirkten lautlichen Umbildungen verschwinden (124).

2. Im **Perf. u. Plqu.Med./Pass.** aller Verba aber treten die Endungen **ohne Tempuszeichen** unmittelbar an den durch die Reduplikation gekennzeichneten Perfektstamm.

3. Die „regelmäßige" Tempusbildung geschieht also auf folgende Weise:

Tempus	Präfix	Tempuszeichen (+ Charaktervokal)
Fut.Akt.	—	-σε/ο-
Med.	—	-σε/ο-
Pass.	—	-θησε/ο-
Aor.Akt.	Augment	-σ-(α-)
Med.	Augment	-σ-(α-)
Pass.	Augment	-θη-
Perf.Akt.	Reduplikation	-κ-(α-)
Med.	Reduplikation	—
Pass.	Reduplikation	—
Plqu.Akt.	Augment + Reduplikation	-κ-(ε-) bzw. -κ-(ει-)
Med.	Augment + Reduplikation	—
Pass.	Augment + Reduplikation	—
Pf.Fut.(Akt.)	(meist umschrieben)	(meist umschrieben)
Med.	Reduplikation	— -σε/ο-
Pass.	Reduplikation	— -σε/ο-
Verbaladj. 1	—	-τος
Verbaladj. 2	—	-τέος

§ 135   CHARAKTERISIERUNG DER EINZELNEN TEMPORA
(Konjugationstabellen S. 124—129)

1. **Futur Akt. und Med. (E 84):**

Tempuszeichen **-σε/ο-**

Ausgänge = **Präsensausgänge** (Konj. und Imp. fehlen!)

Besonderheit: σ zwischen zwei Vokalen fällt nicht aus.

Anm. 1. Die Verba liquida (147, 2), die mehr als zweisilbigen Verba auf -ίζω (145, 5), ferner καλέω ich rufe (141), τελέω ich vollende (137), πίπτω ich falle (183, 74), καθέζομαι ich setze mich; ich sitze (189, 108) u. a. „unregelmäßige" Verba bilden sog. „**attisches Futur**" (E 84, 2), auch „*Futurum contractum*" genannt, dessen Ausgänge **Akt. -ῶ, -εῖς, -εῖ** usw., **Med. -οῦμαι, -ῇ (-εῖ), -εῖται** usw. unmittelbar an den Verbalstock treten, z. B. μένω ich bleibe: V.Stock μεν-, Fut. μενῶ, μενεῖς, μενεῖ usw. Die Konjugation folgt der der Verba contracta auf -έω wie ποιῶ; Verba mit α im Verbalstock gehen nach dem Muster der Verba contracta auf -άω wie τιμῶ, z. B. βιβάζω ich bringe zum Gehen: Fut. βιβῶ, βιβᾷς, βιβᾷ usw. (< *βιβασ-ω: R 16).

Anm. 2. Die Verba νέω ich schwimme, πλέω ich segle, πνέω ich wehe (139), φεύγω ich fliehe (171, 9) haben neben dem Futur auf -σομαι auch sog. „dorisches Futur" (E 84, 3) auf **-σοῦμαι** (stets *medial*!); also νεύσομαι, πλεύσομαι, πνεύσομαι, φεύξομαι und νευσοῦμαι, -ῇ (-εῖ), -εῖται usw., πλευσοῦμαι, πνευσοῦμαι, φευξοῦμαι.

Erläuterungen (E 84).
1. παιδεύσω: gegen R 16 ist σ in Analogie zu den konsonantisch auslautenden Wz. (ἄξω, πέμψω) erhalten.
2. „Att. Fut.": hier tritt neben der gebräuchlichen eine zweisilbige Wz.-Form auf kurzen Vokal auf: zu δέρω „ich schinde" Wz. δερ- und (im Fut.) δερε-; folglich: *δερεσ-ω > *δερεω (R 16) > δερῶ (R 8 b 1).

2. Aorist Akt. und Med. (E 85):

Augment — Tempuszeichen **-σ-** (sog. *„sigmatischer Aorist"*)
Charaktervokal **-α-** (außer Konj., 3. Sg.Ind.Akt., 2. Sg.Imp.Akt.)
Ausgänge des **Konj.Aor.** = Ausgänge des **Konj.Präs.**

Besonderheiten: -σον = 2. Sg.Imp.Aor.Akt.   **-σαι** = 2. Sg.Imp.Aor.Med.
-σαι = Inf.Aor.Akt.   **-σ-** zw. Vokalen fällt nicht aus (E 84, 1).

Im **Optativ** sind die sog. „aiolischen" Formen gebräuchlicher als die regelmäßigen bei der
2. Sg. **-ειας**   (häufiger als -αις)   3. Sg. **-ειε(ν)**   (häufiger als -αι)
3. Pl. **-ειαν**   (häufiger als -αιεν).

Merke: Nur durch den Akzent unterscheiden sich:

παίδευσον = 2. Sg.Imp.Aor.Akt.   **παιδεῦσαι** = Inf.Aor.Akt.
παιδεύσον = Neutr.Sg.Part.Fut.Akt.   **παιδεύσαι** = 3. Sg.Opt.Aor.Akt.
    παίδευσαι = 2. Sg.Imp.Aor.Med.

Erläuterungen.
ἐπαίδευσα: gegen R 16 bleibt σ erhalten (Analogie zu ἔπεμψα usw.) wie beim Futur. — α als Charaktervokal entstand aus athematischer Bildung des Aor.: 1. Sg. *ἐπαιδευσ-m̥ (Sekundärendung: 116) > -σα (R 2), 3. Pl. ἐπαιδευσ-n̥t (116) > *-σατ (R 2) > -σα (R 18) + -ν (Kennzeichen der 3. Pl. wie im Impf. -ο-ν; vgl. ἀγόντω-ν : 131 Erl.Imp.); von 1. Sg. ἐπαίδευσα u. 3. Pl. ἐπαίδευσαν auch auf die übrigen Pers. und auf Opt. und Part. übertragen. — **2. Sg.Ind.Med.** -σ-α-σο > -σαο (R 16) > -σω (R 8 b 1). — **Imp.Med.** -σαι ist ursprünglicher Infinitiv (als Imp.; vgl. dt. „Setzen!"). — Lat. *s*-Perfekt = gr. σ-Aorist; vgl. lat. *dīx-ī* : ἔ-δειξ-α.

3. Aorist Pass. (E 86):

Augment — Tempuszeichen **-θη-** (-θε- vor -ντ-: R 5, vor Vokal: R 4)
Endungen **aktiv** (Sekundärendungen; 3. Pl. -σαν!)
Besonderheit: -θη-τι = 2. Sg.Imp.Aor.Pass.
Merke: Inf. immer **-θῆ-ναι**

Erläuterungen.
Opt. *-θη-ῑ-μεν > -θεῖμεν (R 4); danach auch -θείην statt *-θη-ιη-ν. — Imp. *-θη-ντων > -θέντων (R 5); *-θη-θ > -θη-τι (R 17), hier ausnahmsweise bei der 2. Aspirata, um Tempuszeichen -θη- zu erhalten. — Part. *-θη-ντ-ς > *-θε-ντς (R 5) > *-θενς (R 22 d) > -θείς (R 22 f).

4. Futur Pass. (E 87):

Tempuszeichen **-θησε/ο-** — Endungen *medial*.

5. Perfekt Akt. (E 88):

Reduplikation — Tempuszeichen **-κ-** + Charaktervokal **-α-**
Ausgänge: Ind. wie im Aor. (nur 3. Pl. -ᾱσιν), sonst wie im Präsens.
Besonderheiten: -έναι = Inf.Perf.Akt.
-ώς, -υῖα, -ός = Part.Perf.Akt. (Dekl.: 70).

Anm. 1. Konj. und Opt. werden häufiger durch Part. + Konj. bzw. Opt. von εἰμί „ich bin" umschrieben: Konj. πεπαιδευκὼς ὦ usw., Opt. πεπαιδευκὼς εἴην usw. für πεπαιδεύκω, πεπαιδεύκοιμι.
Anm. 2. Die *P*- und *K*-Stöcke bilden stets Perf. II (154f.).

Erläuterungen.
Das κ-Perfekt ist griech. Neuerung, hat daher keine Vergleichsmöglichkeiten in anderen Sprachen. Das Ursprüngliche war das Wurzelperfekt (169; **E** 112). — 3. Pl. *-nti > *-ṇti (nach Kons.) > *-ατι (**R 2**) > *-αντι (Analogie zu sonstigem -ντ- als Kennzeichen der 3. Pl.) > *-ανσι (**R 20**) > -ᾱσι (**R 22f** und **R 11**).

6. Plusquamperfekt Akt. (E 89):

Augment + Reduplikation — -κ- + Charaktervokal -ε- (-ει-)
Endungen: sekundär (3. Pl. -σαν).

Erläuterung. 1. Sg. -η < -ε-α (hom.); 3. Sg. -ει < -ε-ε (in Analogie dazu wurde später 1. Sg. -ειν, 2. Sg. -εις gebildet).

7. Perfektfutur Akt.:

(auch *Futurum exactum* genannt) gewöhnlich nur Ind.; erhalten nur noch bei

τέθνηκ-α ich bin gestorben: *τεθνηκ-σω > τεθνήξω ich werde tot sein;
ἕστηκ-α ich habe mich gestellt = ich stehe: *ἑστηκ-σω > ἑστήξω ich werde stehen;

sonst umschrieben (Part. Perf. Akt. + Fut. von εἰμί „ich bin"): πεπαιδευκὼς ἔσομαι usw.

8. Perfekt Med./Pass. (E 90):

Reduplikation — *kein* Tempuszeichen — Endungen *primär*.
Besonderheiten: -σ- zwischen Vokalen fällt *nicht* aus (**E 90**). Konj. und Opt. werden umschrieben: Part. Perf. Med./Pass. + Konj. bzw. Opt. von εἰμί (**E 75**, 3 Pl. 3).

Merke den Akzent
von

> πεπαιδευμένος = Part. Perf. Med./Pass.
> πεπαιδεῦσθαι = Inf. Perf. Med./Pass.

Anm. Nur κέκτημαι „ich habe mir erworben = ich besitze" und μέμνημαι „ich bin eingedenk" (= lat. *meminī*) bilden einen Konj. mit den gewöhnlichen Modusvokalen ω/η; der Opt. mit dem Modusvokal -ι- wird athematisch *und* thematisch gebildet:

	Konjunktiv	Optativ		Konjunktiv	Optativ	
Sing. 1.	κεκτῶμαι	κεκτῄμην	oder κεκτῴμην	μεμνῶμαι	μεμνῄμην	oder μεμνῴμην
2.	κεκτῇ	κεκτῇο	κεκτῷο	μεμνῇ	μεμνῇο	μεμνῷο
3.	κεκτῆται	κεκτῇτο	κεκτῷτο	μεμνῆται	μεμνῇτο	μεμνῷτο
	usw.	usw.	usw.	usw.	usw.	usw.

Ebenso bildet κέκλημαι „ich bin genannt, ich heiße" den Opt. κεκλήμην, -ῇο, -ῇτο usw.

Erläuterung. 3. Pl. *-ntai nach Kons. > *-ṇtai > -αται (**R 2**) konnte (weil ohne -ν- als Kennzeichen der 3. Pl.) als Singular mißdeutet werden; daher die Umschreibung mit Part. + εἰσίν.

9. Plusquamperfekt Med./Pass. (E 90):

Augment + Reduplikation — *kein* Tempuszeichen — Endungen *sekundär*.

Erläuterung. 3. Pl. *-nto nach Kons. > *-ṇto > -ατο (**R 2**) wird wie 3. Pl. Perf. -αται gemieden und umschrieben.

10. Perfektfutur Med./Pass. (E 91)

(auch *Futurum exactum* oder *Futurum III* genannt)

Perfektstamm + σ + mediale Präsensausgänge.
Gebräuchlich sind nur Ind. und Part., selten Opt. und Inf.

Anm. Von Verben ohne konsonantische Reduplikation ist ein Perfektfutur selten.

11. Verbaladjektiva (E 76):

Verbalstock + **-τος, -τη, -τον** = Ausdruck der Möglichkeit oder
 = Part. Perf. Pass.,
Verbalstock + **-τέος, -τέᾱ, -τέον** = Ausdruck der Notwendigkeit,

z. B. παιδευτός „erziehbar" oder „erzogen" (= lat. *ērudītus*)
ἀπαίδευτος „unerziehbar" oder „unerzogen"
παιδευτέος „einer, der erzogen werden muß" (= lat. *ērudiendus*).

α) VERBA MIT VOKALISCHEM STOCKAUSLAUT § 136

1. Die *Verba vocalia* haben (Perf. und Plqu. Med./Pass. ausgenommen) nur *Tempusbildung* mit *Tempuszeichen* (113, 6; 125).

2. Bei den Verba vocalia erscheint vom Futur an durch alle Tempora **kurzer Stockauslaut gedehnt** (E 92; langer Vokal oder Diphthong als Stockauslaut bleibt also unverändert); der Stockauslaut wird gedehnt bei den

 Verba auf -ἄω zu **η** (nach ε, ι, ρ zu **ᾱ**)
 Verba auf -έω zu **η** Verba auf -ῐω zu **ῑ**
 Verba auf -όω zu **ω** Verba auf -ῠω zu **ῡ**

Anm. Das ρ wirkt auch über ο hinweg (s. S. 182[1]), darum ἀκροάομαι : ἀκροάσομαι usw.

Präsens	παιδεύω ich erziehe	μηνύω ich zeige an	τῑμάω ich ehre
Verbalstock	παιδευ-	μηνῡ-	τῑμᾰ-
Fut. Akt. Med. Pass.	παιδεύ σω παιδεύ σο-μαι παιδευ θήσο-μαι	μηνύ σω μηνύ σο-μαι μηνῡ θήσο-μαι	τῑμή σω τῑμή σο-μαι τῑμη θήσο-μαι
Aor. Akt. Med. Pass.	ἐ-παίδευ σ-α ἐ-παιδευ σ-ά-μην ἐ-παιδεύ θη-ν	ἐ-μήνῡ σ-α ἐ-μηνῡ σ-ά-μην ἐ-μηνύ θη-ν	ἐ-τίμη σ-α ἐ-τῑμη σ-ά-μην ἐ-τῑμή θη-ν
Perf. Akt. Med./Pass.	πε παίδευ κ-α πε παίδευ-μαι	με μήνῡ κ-α με μήνῡ-μαι	τε τίμη κ-α τε τίμη-μαι
Plqu. Akt. Med./Pass.	ἐ-πε παιδεύ κ-η (-ειν) ἐ-πε παιδεύ-μην	ἐ-με μηνύ κ-η (-ειν) ἐ-με μηνύ-μην	ἐ-τε τῑμή κ-η (-ειν) ἐ-τε τῑμή-μην
Pf. Fut. (Akt.) Med./Pass.	(πεπαιδευκὼς ἔσομαι) πε παιδεύ σο-μαι	(μεμηνῡκὼς ἔσομαι) με μηνύ σο-μαι	(τετῑμηκὼς ἔσομαι) τε τῑμή σο-μαι
Verbaladj. 1. Verbaladj. 2.	παιδευ-τός παιδευ-τέος	μηνῡ-τός μηνῡ-τέος	τῑμη-τός τῑμη-τέος

Präsens	θηράω ich jage	ποιέω ich tue	δουλόω ich knechte
Verbalstock	θηρᾰ-	ποιε-	δουλο-
Fut. Akt. Med. Pass.	θηρά σω θηρά σο-μαι θηρᾱ θήσο-μαι	ποιή σω ποιή σο-μαι ποιη θήσο-μαι	δουλώ σω δουλώ σο-μαι δουλω θήσο-μαι
Aor. Akt. Med. Pass.	ἐ-θήρᾱ σ-α ἐ-θηρᾱ σ-ά-μην ἐ-θηρά θη-ν	ἐ-ποίη σ-α ἐ-ποιη σ-ά-μην ἐ-ποιή θη-ν	ἐ-δούλω σ-α ἐ-δούλω σ-ά-μην ἐ-δουλώ θη-ν
Perf. Akt. Med./Pass.	τε θήρᾱ κ-α τε θήρᾱ-μαι	πε ποίη κ-α πε ποίη-μαι	δε δούλω κ-α δε δούλω-μαι
Plqu. Akt. Med./Pass.	ἐ-τε θηρά κ-η (-ειν) ἐ-τε θηρά-μην	ἐ-πε ποιή κ-η (-ειν) ἐ-πε ποιή-μην	ἐ-δε δουλώ κ-η (-ειν) ἐ-δε δουλώ-μην
Pf. Fut. (Akt.) Med./Pass.	(τεθηρᾱκὼς ἔσομαι) τε θηρά σο-μαι	(πεποιηκὼς ἔσομαι) πε ποιή σο-μαι	(δεδουλωκὼς ἔσομαι) δε δουλώ σο-μαι
Verbaladj. 1. Verbaladj. 2.	θηρᾱ-τός θηρᾱ-τέος	ποιη-τός ποιη-τέος	δουλω-τός δουλω-τέος

Besonderheiten in der Tempusbildung einiger Verba vocalia
§ 137 1. Verbalstock auf -σ-

Einige Verba treten im Präsensstamm als *scheinbare* Verba vocalia auf, da der Stockauslaut σ zwischen zwei Vokalen ausfällt (**R 16**); bei der Tempusbildung erscheint das **σ wieder vor T-Laut und μ** (**E 93**); kurzer Vokal im Stockauslaut wird in diesem Falle *nicht* gedehnt, da ja **σ** Auslaut des Verbalstockes ist.

Präsens	Bedeutung	V. Stock	Futur	Aorist	Perfekt
αἰδέομαι	ich scheue mich	αἰδεσ-	αἰδέσομαι	ἠδέσ-θην[1])	ᾔδεσ-μαι
(vgl. ἡ αἰδώς die Ehrfurcht)					
ἀκούω	ich höre	ἀκουσ-	ἀκούσομαι[2])	ἤκουσα	ἀκήκοα[3])
(vgl. τὸ οὖς das Ohr; 52, 1 Anm.) (ἀκουσ-τός hörbar)			ἀκουσ-θήσομαι	ἠκούσ-θην	ἤκουσ-μαι
ἀρκέω	ich genüge	ἀρκεσ-	ἀρκέσω	ἤρκεσα	—
γελάω	ich lache	γελᾰσ-	γελάσομαι[2])	ἐγέλασα	γεγέλακα
(vgl. ὁ γέλως[4]) das Gelächter) (γελασ-τός lächerlich)			γελασ-θήσομαι	ἐγελάσ-θην	γεγέλασ-μαι
ἐράω = ἔραμαι	ich liebe	ἐρᾱσ-	ἐρασ-θήσομαι[1])	ἠράσ-θην[1])	ἐρασ-τός
(vgl. ὁ ἔρως[4]) die Liebe)				ich gewann lieb	geliebt, lieblich,
σείω	ich schüttle, er-	σεισ-	σείσω	ἔσεισα	σέσεικα
	schüttere (σεισ-τός erschüttert)		—	ἐσείσ-θην	σέσεισ-μαι
(vgl. ὁ σεισμός die Erderschütterung; ἡ σεισ-αχθεια die Lastenabschüttelung)					

[1]) Deponentia: 129, 2 u. 3   [2]) Med. Fut.: 127, 2α   [3]) Perf. II: 155, 1 c; att. Red. 122, 1   [4]) alter σ-Stamm!

σπάω	ich ziehe	σπᾰσ-	σπάσω	ἔσπασα	ἔσπακα
(vgl. ὁ σπασμός das Ziehen, die Zuckung)			σπασ-θήσομαι	ἐσπάσ-θην	ἔσπασ-μαι
τελέω	ich vollende	τελεσ-	τελῶ[1])	ἐτέλεσα	τετέλεκα
(vgl. τὸ τέλος das Ende)		(ἀτέλεσ-τος unvollendet)	τελεσ-θήσομαι	ἐτελέσ-θην	τετέλεσ-μαι
τρέω	ich zittere	τρεσ-	τρέσω	ἔτρεσα	ἄτρεσ-τος unerschrocken
χρίω	ich salbe	χρῑσ-	χρῑ́σω	ἔχρῑσα	κέχρῑκα
(vgl. τὸ χρῖσμα die Salbe)		(χρῑσ-τός gesalbt)	χρῑσ-θήσομαι	ἐχρῑ́σ-θην	κέχρῑ(σ)μαι

Erläuterungen (E 93). Fut. αἰδέσσομαι (hom.) > αἰδέσομαι: **R 22 e**; ebenso Aor. ἐτέλεσσα > ἐτέλεσα: **R 22 e**.
— Perf. τετέλεκα (< *τε-τελεσ-κ-α) ist analogische Ausgleichung. — Perf. τετέλεσμαι gegen **R 22 a**.

Parasitisches σ § 138

In Analogie zu Verben mit σ-Stock (und denen mit T-Stock: 144) drang das σ auch bei einzelnen ursprünglich vokalisch auslautenden Verbalstöcken ein:

a) vor T-Laut und μ:

(ἑλκύω)}[2]) ἕλκω	ich ziehe	ἕλξω ἑλκυσθήσομαι	εἵλκυσα εἱλκύσθην	εἵλκυκα εἵλκυσμαι
κελεύω	ich befehle	κελεύσω (κελευστός)	ἐκέλευσα ἐκελεύσθην	κεκέλευκα κεκέλευσμαι
κλάω	ich (zer)breche	κλάσω (κλαστός)	ἔκλασα ἐκλάσθην	— κέκλασμαι
πλέω[3])	ich segle	πλεύσομαι[4]) (πλευστός)	ἔπλευσα ἐπλεύσθην	πέπλευκα πέπλευσμαι

b) nur vor T-Laut:
(außer in der 3. Sg. vor -ται bzw. -το)

δράω[5])	ich tue	δέδρᾱμαι	aber ἐδράσθην	δρᾱστέον
κλαίω κλάω }[3])	ich weine	κέκλαυμαι	aber ἐκλαύ(σ)θην	κλαυ(σ)τός
κλείω κλῄω }	ich schließe	⌈κέκλειμαι ⌊κέκλημαι	aber ἐκλείσθην aber ἐκλῄσθην	κλειστός κλῃστός
κρούω	ich stoße	κέκρουμαι auch: κέκρουσται	aber ἐκρούσθην	κρουστός
(κατα)λεύω	ich steinige	—	(κατ)ελεύσθην	—
πνέω[3])	ich wehe	—	ἐπνεύσθην	ἄπνευστος atemlos
χρήομαι	ich gebrauche	κέχρημαι nur: κέχρηται	aber ἐχρήσθην	χρηστός
χρήω	ich gebe ein Orakel	auch: κέχρησται	ἐχρήσθη	—

c) nur im Verbaladjektiv:

καίω	ich verbrenne	κέκαυμαι	ἐκαύθην	aber: καυ(σ)τός (139)
νέω	ich schwimme	—	—	νευστέον (139)
παύω	ich hemme	πέπαυμαι	ἐπαύθην	aber: παυστός

---
[1]) Att.Fut.: 135, 1 Anm. 1   [2]) Vgl. 119, 1; 122, 2   [3]) Vgl. 139
[4]) Med.Fut. 127, 2α; daneben auch „dorisches Fut." (135,1 Anm. 2.; E 84, 3): πλευσοῦμαι
[5]) Vgl. *Drama*: *drastisch*

§ 139 2. Verbalstock auf -ϝ-.

Wegen Ausfall des Stockauslautes ϝ zwischen zwei Vokalen (R 13) treten einige Verba im Präsensstamm als *scheinbare* Verba vocalia auf; bei der Tempusbildung kommt das ϝ vor Konsonanten als **υ** wieder zum Vorschein; damit entfällt auch die Dehnung des nur im *Präsens*stamm auslautenden kurzen Vokals, da er ja nicht der Auslaut des Verbalstockes ist.

νέω	ich schwimme	νεϝ-/νευ-	νεύσομαι¹)	ἔνευσα	νένευκα (138 c)
πλέω	ich segle	πλεϝ-/πλευ-	πλεύσομαι¹)	ἔπλευσα	πέπλευκα (138 a)
			(πλευστός)	ἐπλεύσθην	πέπλευσμαι
πνέω	ich wehe	πνεϝ-/πνευ-	πνεύσομαι¹)	ἔπνευσα	πέπνευκα (138 b)
			πνευσθήσομαι	ἐπνεύσθην	(ἄπνευστος atemlos)
θέω	ich laufe	θεϝ-/θευ-	θεύσομαι²)	(durch andere Verba ersetzt: 189, 113)	

dazu die beiden Verba mit *j*-Erweiterung im Präsensstamm (124, 2 b)

καίω, κάω	ich verbrenne	καϝ-/καυ-	καύσω	ἔκαυσα	κέκαυκα
(133, 3a; 138 c)			καυ(σ)τός	ἐκαύθην	κέκαυμαι
κλαίω, κλάω	ich weine	κλαϝ-/κλαυ-	κλαύσομαι²)	ἔκλαυσα	κέκλαυκα
(133, 3a; 138 b)			κλαύ(σ)τός	ἐκλαύ(σ)θην	κέκλαυμαι

§ 140 3. Verba vocalia mit beschränkter Dehnung

Einige Verba vocalia dehnen

a) nur vor Tempuszeichen σ:

δέω	ich binde	δήσω³)	ἔδησα	aber: δέδεκα	δέδεμαι	ἐδέθην	δετός
δύω⁴)	ich versenke	δύσω	ἔδῡσα	aber: δέδῠκα	δέδῠμαι	ἐδύθην	
δύομαι⁴)	ich versinke	δύσομαι	ἔδῡν⁵)	auch: δέδῡκα⁶)			
θύω⁴)	ich opfere	θύσω	ἔθῡσα	aber: τέθῠκα	τέθῠμαι	ἐτύθην⁷)	θυτέον
λύω⁴)	ich löse	λύσω³)	ἔλῡσα	aber: λέλῠκα	λέλῠμαι	ἐλύθην	λῠτός

b) nur im Perf. Pass.:

ἐπ-αινέω	ich lobe	ἐπαινέσομαι²)	ἐπήνεσα	ἐπήνεκα	ἐπήνημαι	ἐπῃνέθην
παρ-αινέω	ich rede zu	παραινέσω	παρήνεσα	παρήνεκα	παρήνημαι	παρῃνέθην

§ 141 4. Verba vocalia mit Ablaut

Ablaut (*Schwundstufe*) haben im Perf. (A, M/P), Aor./Fut. Pass. und Verbaladjektiv (E 94):

καλέω	ich rufe, nenne	καλε-/κλη-	καλῶ⁸)	ἐ-κάλε-σα	κέ-κλη-κα
			κλη-τός	ἐ-κλή-θην	κέ-κλη-μαι⁹)
χέω	ich gieße	χεϝ-/χυ-	χέω	ἔ-χε-α	κέ-χυ-κα
				ἐ-χύ-θην	κέ-χυ-μαι

Erläuterungen (E 94).

καλε-/κλη- ist zweisilbige Wurzel (E 84, 2). — **χέω**: Wz. χε(ϝ)- vor Vok., χευ- vor Kons. (R 13), χυ-Schwundstufe (R 3 b 1); Aor. ἔχεα < *ἔχεϝα (Wz. Aor.: 168) = hom. ἔχευα.

---

¹) Mediales Futur: 127, 2α; daneben auch „dorisches Futur": νευσοῦμαι, πλευσοῦμαι, πνευσοῦμαι (135, 1 Anm. 2; E 84, 3)   ²) Mediales Futur: 127, 2α u. γ   ³) Auch Perf. Fut. δεδήσομαι, λελύσομαι: E 91
⁴) Bei diesen Verben schwankt im Präs. u. Impf. die Quantität, im Att. meist δύω, θύω, λύω
⁵) Wz.-Aor. nur intr.: 168 b δ   ⁶) Nur intr.: 126, 3   ⁷) Hauchdissimilation: R 17.
⁸) Att. Fut. 135, 1 Anm. 1   ⁹) Opt. κεκλήμην: 135, 8 Anm.

β) VERBA MIT KONSONANTISCHEM STOCKAUSLAUT § 142

1. Man unterscheidet (125)
   a) **Verba muta**: ihr Verbalstock endigt auf eine Muta,
   b) **Verba liquida**: ihr Verbalstock endigt auf eine Liquida (14).

2. Die Verba mit konsonantischem Stockauslaut bilden ihre Tempora teils *mit*, teils *ohne* Tempuszeichen (113, 6).

3. Tempuszeichen, Charaktervokale, Moduszeichen und Endungen sind die gleichen wie bei den Verba vocalia; doch ergeben sich äußere Unterschiede gegenüber den Verba vocalia, da sich der stockauslautende Konsonant mit Tempuszeichen bzw. Endung *verbindet* oder sich an den folgenden Konsonanten *angleicht*.

4. Der **Verbalstock** erscheint nur bei einem kleinen Teil der Verba mit konsonantischem Stockauslaut im Präsensstamm unverändert, z. B. bei

   λέγω   ich sage   Verbalstock λεγ-   Präs. Stamm λεγε/ο-
   μένω   ich bleibe Verbalstock μεν-   Präs. Stamm μενε/ο-.

Meist ist der Verbalstock im Präsensstamm nicht mehr klar erkennbar, da er sich teils durch konsonantische Zusätze (113, 5; 124) teils durch Ablautwechsel veränderte, z. B. bei

φυλάττω (<*φυλακ-ι̯-ω: R 21 g) ich bewache V. Stock φυλακ- Pr. St. φυλαττε/ο-.

1. VERBA MUTA

Einteilung § 143

1. Nach dem Auslaut des Verbalstockes ergeben sich drei Gruppen von Verba muta:

a) **Verba gutturalia** = **K-Stöcke** auf γ, κ, χ:
   λέγω ich sage, διώκω ich verfolge, ἄρχω ich herrsche

b) **Verba labialia** = **P-Stöcke** auf β, π, φ:
   τρίβω ich reibe, βλέπω ich blicke, γράφω ich schreibe

c) **Verba dentalia** = **T-Stöcke** auf δ, τ, θ:
   ψεύδω ich täusche, ἀρύτω ich schöpfe, πείθω ich überrede.

2. Nach 124, 2b sind

a) **K-Stöcke** die Verba auf **-ττω** (κι̯, χι̯ > ττ: R 21g; -ττ- trotz γι̯: E 95), z. B.
   φυλάττω < *φυλακ-ι̯ω   (τὸν φύλακ-α den Wächter)   ich bewache
   ταράττω < *ταραχ-ι̯ω   (ἡ ταραχ-ή die Verwirrung)   ich verwirre
   πράττω trotz *πρᾱγ-ι̯ω (τὸ πρᾱγ-μα die Tatsache)   ich tue.

Erläuterungen.
πράττω (trotz *πρᾱγι̯ω nach πρᾶγμα) ist Analogie zu den Verbalstöcken auf -κ- und -χ-: nach φυλάξω, ἐφύλαξα zu φυλάττω und ταράξω, ἐτάραξα zu ταράττω hat man zu πράξω, ἔπραξα auch πράττω gebildet.

Anm. Einige Verba auf **-ττω** sind **T-Stöcke**, z. B.
ἁρμόττω (dichterisch ἁρμόζω) trotz *ἁρμοδ-ι̯ω (vgl. ἁρμόδ-ιος zusammenpassend)   ich füge zusammen
   ἐρέττω   trotz *ἐρετ-ι̯ω (vgl. ὁ ἐρέτ-ης der Ruderer)   ich rudere
   πλάττω   trotz *πλαθ-ι̯ω (vgl. ὁ *πλαθ-της > πλάστης der Bildner)   ich forme

b) **P-Stöcke** die Verba auf **-πτω** (β*i̯*, π*i̯*, φ*i̯* > πτ: **R 21d**), z. B.
  βλάπτω < *βλαβ-*i̯*ω (ἡ βλάβ-η der Schaden)   ich schade
  κλέπτω < *κλεπ-*i̯*ω (ἡ κλοπ-ή der Diebstahl) ich stehle
  θάπτω   < *θαφ-*i̯*ω   (ὁ τάφ-ος das Grab)   ich begrabe.

c) **T-Stöcke** die Verba auf **-ζω** (δ*i̯* > ζ: **R 21f**), z. B.
  ἐλπίζω < *ἐλπιδ-*i̯*ω (τῆς ἐλπίδ-ος der Hoffnung) ich hoffe
  ἐρίζω   < *ἐριδ-*i̯*ω   (τῆς ἔριδ-ος des Streites)   ich streite
  φράζω   < *φραδ-*i̯*ω   (ἀ-φραδ-ής unverständig)   ich zeige; sage

und einzelne Verba auf -ττω trotz *-τ*i̯*ω (s. o. 2a Anm.). Auch ἁρπάζω (obgleich <*ἁρπαγ-*i̯*ω: vgl. ἅρπαξ, ἅρπαγος räuberisch) wird im Att. als *T*-Stock behandelt.

Anm. 1. Einige Verba auf -ζω, vor allem die einen Schall bezeichnenden, sind **K-Stöcke** (ζ< γ*i̯*: **R 21h**):
  ἀλαλάζω < *ἀλαλαγ-*i̯*ω (ἀλαλαγ-ή   Kampfgeschrei)   ich erhebe das Kampfgeschrei
  κράζω   < *κραγ-*i̯*ω   (ἡ κραυγ-ή das Geschrei)   ich schreie
  οἰμώζω   < *οἰμωγ-*i̯*ω   (ἡ οἰμωγ-ή der Wehruf)   ich wehklage
  στενάζω < *στεναγ-*i̯*ω (τὸ στέναγ-μα das Gestöhn)   ich seufze
  σαλπίζω < *σαλπιγγ-*i̯*ω (τῆς σάλπιγγ-ος der Trompete) ich trompete
  κλάζω   < *κλαγγ-*i̯*ω   (ἡ κλαγγ-ή, lat. *clangor* das Geräusch) ich ertöne (durchdringend).

Anm. 2. Als **P-Stock** erscheint im Griech. νίζω (später νίπτω) ich wasche (beachte E 95, 2!).

§ 144 Tempusbildung

1. Die **Tempora prima** der *Verba muta* werden mit den gleichen Tempuszeichen gebildet wie die der *Verba vocalia*.
2. **K-Perfekt bilden nur die T-Stöcke.** Die *K*- und *P*-Stöcke bilden ihr Perf. Akt. stets ohne Tempuszeichen (154f.).
3. Die **3. Pl. Ind. Perf.** und **Plqu. Med./Pass.** auf -νται und -ντο werden **umschrieben** (Part. Perf. Pass. auf -μένοι + εἰσίν bzw. ἦσαν: E 75, 3 Pl. 3).
4. **Perfektfutur** nur bei *K*- und *P*-Stöcken: πεπράξομαι, κεκρύψομαι; die *T*-Stöcke geben es gewöhnlich durch Umschreibung (Part. Perf. Pass. -μένος + ἔσομαι) wieder; nur vereinzelt sind Fälle wie δεδικάσομαι (zu δικάζω ich richte) u. dgl.
5. Aus dem Zusammentreffen des stockauslautenden Konsonanten mit dem Tempuszeichen oder dem anlautenden Konsonanten einer Endung entwickeln sich lautgesetzlich folgende Ergebnisse:

aus		+σ	+κ	+μ	+τ	+σθ
Guttural	γ, κ, χ	ξ	—	γμ[1]	κτ[2]	χθ[3]
Labial	β, π, φ	ψ	—	μμ[4]	πτ[2]	φθ[3]
Dental	δ, τ, θ	σ[5]	κ[6]	σμ[1]	στ[7]	σθ[8]

[1]) E 96   [2]) Teilweise Assimilation: **R 23 d**   [3]) **R 22 g; R 23 d**   [4]) **R 23 a**
[5]) **R 22 d**   [6]) 213, 2 a Anm.   [7]) Dissimilation: **R 24**   [8]) **R 22 g; R 24**

Anm. Anhäufungen gleicher Konsonanten werden vermieden:
  *πεπεμπ-μαι > *πεπεμμ-μαι > πέπεμμαι (von πέμπω ich schicke)
  *ἐληλεγχ-μαι > *ἐληλεγγ-μαι > ἐλήλεγμαι (von ἐλέγχω ich überführe, prüfe),
dagegen regelmäßig: πέπεμψαι, πέπεμπται, πέπεμφθε, ἐλήλεγξαι, ἐλήλεγκται, ἐλήλεγχθε usw.

6. Beispiele (E 96): Konjugation s. Tabelle S. 134!

	K-Stöcke		P-Stöcke	
	διώκω ich verfolge	πράττω ich tue	πέμπω ich schicke	κρύπτω ich verberge
V. Stock	διωκ-	πρᾱγ-	πεμπ-	κρυφ-
Akt. Fut.	διώξω	πράξω	πέμψω	κρύψω
Aor.	ἐδίωξα	ἔπρᾱξα	ἔπεμψα	ἔκρυψα
Perf.	[δεδίωχα¹)]	[πέπρᾱχα¹)]	[πέπομφα¹)]	[κέκρυφα¹)]
M/P Perf.	δεδίωγμαι	πέπρᾱγμαι	πέπεμμαι	κέκρυμμαι
Pf. Fut.	δεδιώξομαι	πεπράξομαι	—	κεκρύψομαι
Pass. Aor.	ἐδιώχθην	ἐπράχθην	ἐπέμφθην	ἐκρύφθην
Fut.	διωχθήσομαι	πρᾱχθήσομαι	πεμφθήσομαι	κρυφθήσομαι
Verbaladj.	διωκτός	πρᾱκτός	πεμπτός	κρυπτός

¹) Perf. II: 154 f.

	T-Stöcke		
	πείθω ich überrede	κομίζω ich besorge	φράζω ich zeige; sage
V. Stock	πειθ-	κομιδ-	φραδ-
Akt. Fut.	πείσω	(κομιῶ¹)	φράσω
Aor.	ἔπεισα	ἐκόμισα	ἔφρασα
Perf.	πέπεικα	κεκόμικα	πέφρακα
M/P Perf.	πέπεισμαι	κεκόμισμαι	πέφρασμαι
Pf. Fut.	—²)	—²)	—²)
Pass. Aor.	ἐπείσθην	ἐκομίσθην	ἐφράσθην
Fut.	πεισθήσομαι	κομισθήσομαι	φρασθήσομαι
Verbaladj.	πειστέον	κομιστός	φραστέον

¹) Att. Fut. 135, 1 Anm. 1; E 84, 2
²) Bei T-Stöcken gewöhnlich umschrieben: -μένος + ἔσομαι

Erläuterungen (E 96).

δεδίωγμαι, τετάραγμαι (V. Stock διωκ-, ταραχ-) ist Analogie zu dem allein lautgesetzlichen πέπρᾱγμαι (V. Stock πρᾱγ-). — Wie τετέλεσμαι (gegen R 22a) in Analogie zu τετέλεσται, so ist ἔψευσμαι (statt *ἔψευδμαι) in Analogie zu ἔψευσται (< *ἔψευδται: R 24) gebildet.

§ 145 Besonderheiten in der Tempusbildung einiger Verba muta

1. **σπένδω** „ich bringe ein Trankopfer dar", Med. σπένδομαι „ich schließe einen Vertrag", hat (außer im Präs. und Impf.) in allen Tempora Ersatzdehnung:

σπείσω   ἔσπεισα   ἔσπεικα   ἔσπεισμαι   ἐσπείσθην

Erläuterung. *σπενδσω > *σπενσω (R 22d) > σπείσω (R 22f; R 11).

2. **σῴζω** (< *σωιδ-ι̯-ω) „ich rette" hat zwei Verbalstöcke: σῳδ- (< *σωιδ-) im Präs.- und med./pass. Perf.-Stamm, σω- (vgl. ὁ σω-τήρ der Retter) in allen übrigen Tempusstämmen:

σῴζω   σώσω   ἔσωσα   σέσωκα
σωστός[1])   σωθήσομαι   ἐσώθην   σέσῳσμαι

3. **στρέφω** „ich drehe", **τρέπω** „ich wende", **τρέφω** „ich nähre" haben im med./pass. Perf.-Stamm Ablaut (Schwundstufe): ἔστραμμαι, τέτραμμαι, τέθραμμαι.

Erläuterungen. ἔστραμμαι, τέτραμμαι, τέθραμμαι < *ἐστρ̥φμαι, *τετρ̥πμαι, *τεθρ̥φμαι: Schwundstufe (R 3 b 1) führte nach Kons. zu r̥ > ρα (R 2).

4. Das Hauchdissimilationsgesetz (R 17) ist zu beachten bei τρέφω „ich ernähre" (vgl. Ziff. 3!) und θάπτω „ich begrabe":

| τρέφω | θρέψω | ἔθρεψα | [τέτροφα[2])] | τέθραμμαι | [ἐτράφην[3])] | θρεπτός |

jedoch regelwidrig: τεθράφθαι usw.[1])

| θάπτω | θάψω | ἔθαψα | [τέταφα[2])] | τέθαμμαι[4]) | [ἐτάφην[3])] | θαπτός |

jedoch regelwidrig: τεθάφθαι usw.[1])

5. **Die mehr als zweisilbigen Verba auf -ίζω** bilden im Akt. und Med. „**attisches Futur**" (135, 1 Anm. 1; vgl. 147, 2); es wird behandelt wie ein *Verbum contractum* auf -έω (ποιῶ):

κομίζω   ich bringe   Fut. κομιῶ   κομίζομαι   ich trage davon   Fut. κομιοῦμαι
νομίζω   ich glaube   Fut. νομιῶ   λογίζομαι   ich überlege   Fut. λογιοῦμαι

auch:

καθίζω   ich setze   Fut. καθιῶ (obwohl von zweisilbigem ἵζω „ich setze (mich)" abgeleitet!).

Regelmäßig sind dagegen **die zweisilbigen Verba auf -ίζω**, z. B.

            κτίζω   ich gründe   κτίσω
ausnahmsweise auch   ἐρίζω   ich streite   ἐρίσω
            ἀθροίζω ich versammle ἀθροίσω.

Anm. 1. Ähnlich zu βιβάζω ich bringe zum Gehen: Fut. βιβῶ, βιβᾷς, βιβᾷ usw. (wie τιμῶ usw.).
Anm. 2. „*Attisches Futur*" hat ferner καθέζομαι ich lasse mich nieder: Fut. καθεδοῦμαι (189, 108).

§ 146   2. VERBA LIQUIDA

1. Verba mit Verbalstock auf λ, μ, ν, ρ werden als *Verba liquida* bezeichnet.
2. Nur selten ist bei Verba liquida im Präsensstamm der Verbalstock unverändert, z. B.

μένω   ich bleibe   V. Stock μεν-   Präs. Stamm μενε/ο-
δέρω   ich schinde   V. Stock δερ-   Präs. Stamm δερε/ο-.

Zumeist ist der Verbalstock im Präsensstamm durch ι̯ erweitert (124, 2 b).
Beachte dabei die Veränderungen nach den Lautgesetzen R 21 a—c!

---

[1]) E 97   [2]) Perf. II: 155 d u. c.   [3]) Aor. II Pass.: 153 a   [4]) Perf.Fut. τεθάψομαι

Kennzeichen im		Präsens	Pr. Stamm	V. Stock	Vergleiche:	
Pr. St.	V. Stock					
λλ	λ	ἀγγέλλω ich melde	ἀγγελλε/ο-	ἀγγελ-	ὁ ἄγγελ-ος	der Bote
αι	α	⎰φαίνω ich zeige	φαινε/ο-	φαν-	φαν-ερός	offenbar
		⎱καθαίρω ich reinige	καθαιρε/ο-	καθαρ-	καθαρ-ός	rein
ει	ε	σπείρω ich säe	σπειρε/ο-	σπερ-	τὸ σπέρ-μα	der Same
ῑ	ῐ	κλίνω ich lehne	κλῑνε/ο-	κλῐν-	ὁ κλιν-τήρ	das Sofa
ῡ	ῠ	ἀμύνω ich wehre ab	ἀμῡνε/ο-	ἀμῠν-	ὁ ἀμύν-τωρ	der Helfer

Tempusbildung §147
(Konjugation s. Tabelle S. 132 f.)

1. Die **Tempora prima** der *Verba liquida* werden mit den gleichen Tempuszeichen gebildet wie die der *Verba vocalia* und der Verba muta.

2. **Futur Akt. und Med.** der *Verba liquida* zeigt die Form des sog. „*Attischen Futurs*", auch „*Futurum contractum*" genannt (135, 1 Anm. 1), dessen Ausgänge (-ῶ, -εῖς, -εῖ usw. im Akt.; -οῦμαι, -ῇ (-εῖ), -εῖται usw. im Med.) an den Verbalstock treten. Die Konjugation folgt der der Verba contracta auf -έω, z. B. ποιῶ (E 84, 2).

μένω	ich bleibe	μεν-	μενῶ	κρίνω	ich richte	κρῐν-	κρινῶ
ἀγγέλλω	ich melde	ἀγγελ-	ἀγγελῶ	αἰσχύνω	ich schände	αἰσχῠν-	αἰσχυνῶ
φαίνω	ich zeige	φαν-	φανῶ	ἅλλομαι	ich springe	ἁλ-	ἁλοῦμαι
καθαίρω	ich reinige	καθαρ-	καθαρῶ	ἀμύνομαι	ich wehre von mir ab	ἀμῠν-	ἀμυνοῦμαι.
σπείρω	ich säe	σπερ-	σπερῶ				

Anm. Das *Attische Futur* wurde auch auf andere Verba übertragen: 135, 1 Anm. 1; 145, 5.

3. Der **Aorist Akt. und Med.** (E 98, 1) verlor nach λ, μ, ν, ρ unter Dehnung des vorausgehenden Vokals das Tempuszeichen σ (**R 22f**); gedehnt wird α gewöhnlich zu η, aber nach ι und ρ zu ᾱ (**R 1**), ε zu ει, ῐ zu ῑ, ῠ zu ῡ, z. B.

στέλλω	ich schicke	στελ-	ἔ-στειλ-α	(< *ἔ-στελ-σ-α)
νέμω	ich teile zu	νεμ-	ἔ-νειμ-α	(< *ἔ-νεμ-σ-α)
φαίνω	ich zeige	φᾰν-	ἔ-φην-α	(< *ἔ-φᾰν-σ-α)
περαίνω	ich vollende	περᾱν-	ἐ-πέρᾱν-α	(< *ἐ-περᾰν-σ-α)
κρίνω	ich richte	κρῐν-	ἔ-κρῑν-α	(< *ἐ-κρῐν-σ-α)
ἀμύνω	ich wehre ab	ἀμῠν-	ἤμῡν-α	(< *ἠμῠν-σ-α)
καθαίρω	ich reinige	καθᾰρ-	ἐ-κάθηρ-α	(< *ἐ-καθᾰρ-σ-α)

Anm. 1. Nach μιαίνω ich beflecke, Aor. ἐμίᾱνα, περαίνω ich vollende, Aor. ἐπέρᾱνα ist ᾱ (statt η) auch in anderen Verben auf -αίνω eingedrungen; so κερδαίνω ich gewinne, Aor. ἐκέρδᾱνα (neben ἐκέρδηνα), ὑφαίνω ich webe, Aor. ὕφᾱνα (neben ὕφηνα).

Anm. 2. Im Anlaut erscheint in den nichtaugmentierten Aor.-Formen ᾱ statt η bei
ἅλλομαι ich springe V.Stock ἁλ-: ἡλάμην, ἅλωμαι, ἅλαι, ἅλασθαι, ἁλάμενος.
αἴρω ich hebe V.Stock ἀρ- (< *ἀϝερ-, daher: Fut. ἀρῶ): Aor. ἦρα, ἄρω, ἄραιμι, ἆραι usw.
(dicht. ἀείρω). ἠράμην, ἄρωμαι, ἄρασθαι usw.

Erläuterungen.
ἡλάμην < *ἁλσαμην (**R 22f**); trotzdem Konj. ἅλωμαι usw., weil ἡλάμην als **Augment** (nicht als Ersatzdehnung *ἁλσ- > ἡλ-) empfunden wurde; ebenso ἦρα : ἄρω.

4. Im **Perf. und Plqu. Med./Pass.** wird **umschrieben** (Part. Perf. Med./Pass. + εἰμί):
zumeist die **2. Sg.** auf -νσαι, -νσο bei den ν-Stöcken, also πεφασμένος εἶ (statt πέφανσαι), πεφασμένος ἴσθι (statt πέφανσο), πεφασμένος ἦσθα (statt ἐπέφανσο);
immer die **3. Pl.** (Ind. Perf. und Plqu.), also ἠγγελμένοι εἰσί(ν), πεφασμένοι ἦσαν.

Beachte: Formen auf -νται, -ντο sind also bei ν-Stöcken stets 3. *Singularis*.

5. Das **Perf. Fut.** wird bei den Verba liquida durch Part. Perf. Med./Pass. + ἔσομαι usw. umschrieben, z. B. διεφθαρμένος ἔσομαι (von διαφθείρω ich vernichte).

6. Beim Zusammentreffen der Liquida mit dem anlautenden Konsonanten eines folgenden Bestandteils (Tempuszeichen, Endung) ergeben sich

aus	+ σ	+ κ	+ μ	+ τ	+ σθ
Nasal **ν**	ν¹)	γκ	σμ²)	ντ	νθ³)
Liquida **λ**	λ¹)	λκ	λμ	λτ	λθ³)
Liquida **ρ**	ρ¹)	ρκ	ρμ	ρτ	ρθ³)

¹) Mit Ersatzdehnung des vorhergehenden Vokals: **R 22f**; jedoch im Perf. u. Plqu. Med./Pass. unverändert erhalten: Analogie (**E 98, 3**)

²) Die lautgesetzlich zu erwartende Assimilation (**R 23 c**) haben nur die beiden Verba ὀξύνω ich schärfe, Perf. ὤξυμμαι und αἰσχύνω ich beschäme, Perf. ᾔσχυμμαι (vgl. **E 98, 2**)

³) σ zwischen zwei Konsonanten wird ausgestoßen: **R 22g**

Erläuterung. πέφασμαι (gegen **R 23 c**: νμ > μμ) ist Analogie zu τετέλεσμαι, ἔψευσμαι (**E 96, 2; E 98, 2**). Analogie ist auch ἤγγελσαι, ἔφθαρσο (gegen **R 22f**).

§ 148 Besonderheiten in der Tempusbildung einiger Verba liquida

1. **Ablautwechsel** in der Wurzel (*e*-Stufe/Schwundstufe) zeigen außer im Fut. und Aor. Akt. u. Med. **alle einsilbigen Verbalstöcke mit -ε-** (**E 99**):

δέρω	ich schinde	δερ-/δr̥-	δερῶ	ἔ-δειρ-α	—
			δαρ-τός	[ἐ-δάρη-ν¹)]	δέ-δαρ-μαι
κείρω	ich schere	κερ-/κr̥-	κερῶ	ἔ-κειρ-α	κέ-καρκ-α
(< *κερ-ι̯ω)				[ἐ-κάρη-ν¹)]	(κέ-καρ-μαι)
σπείρω	ich säe	σπερ-/σπr̥-	σπερῶ	ἔ-σπειρ-α	ἔ-σπαρκ-α
(< *σπερ-ι̯ω)			σπαρ-τέον	[ἐ-σπάρη-ν¹)]	ἔ-σπαρ-μαι
στέλλω	ich schicke	στελ-/στl̥-	στελῶ	ἔ-στειλ-α	ἔ-σταλκ-α
(< *στελ-ι̯ω)			σταλ-τέον	[ἐ-στάλη-ν¹)]	ἔ-σταλ-μαι
φθείρω	ich verderbe	φθερ-/φθr̥-	φθερῶ	ἔ-φθειρ-α	(ἔ-φθαρκ-α)²)
(< *φθερ-ι̯ω)			φθαρ-τός	[ἐ-φθάρη-ν¹)]	ἔ-φθαρ-μαι
τείνω	ich spanne	τεν-/τn̥-	τενῶ	ἔ-τειν-α	τέ-τακ-α
(< *τεν-ι̯ω)			τα-τός	ἐ-τά-θην	τέ-τα-μαι

Dagegen *ohne* Ablaut, weil *zwei*silbig:

ἀγγέλλω	ich melde	ἀγγελ-	ἀγγελῶ	ἤγγειλ-α	ἤγγελκ-α
(< *ἀγγελ-ι̯ω)				ἠγγέλ-θην	ἤγγελ-μαι

¹) Aor. II Pass.: **153b**   ²) und ἔφθορα Perf. II Akt.: **155, 2**

Erläuterungen. δέδαρμαι < *δε-δr̥-μαι (**R 2**: Schwundstufe *dr-: Vollstufe *der-); ebenso
ἔσταλκα < *ἐ-στl̥-κα, τέτακα < *τε-τn̥-κα.

2. Das ν des Präsensstammes (124, 3 a) ist auch im Fut./Aor. Akt. u. Med. beibehalten bei

κλίνω	ich lehne,	κλῑν-/κλῐ-	κλῐνῶ	ἔ-κλῑν-α	aber κέ-κλῐ-κα
(< *κλῐ-ν-ι̯ω)	neige			ἐ-κλῐ́-θην¹)	κέ-κλῐ-μαι
κρίνω	ich richte,	κρῑν-/κρῐ-	κρῐνῶ	ἔ-κρῑν-α	aber κέ-κρῐ-κα
(< *κρῐ-ν-ι̯ω)	urteile		κρῐ-τός	ἐ-κρῐ́-θην	κέ-κρῐ-μαι
πλύνω	ich wasche	πλῡν-/πλῠ-	πλῠνῶ	ἔ-πλῡν-α	—
(< *πλῠ-ν-ι̯ω)			πλῠ-τός	ἐ-πλῠ́-θην	aber πέ-πλῠ-μαι
κερδαίνω	ich gewinne	κερδᾰν-/κερδη-	κερδανῶ	ἐ-κέρδᾱν-α	aber κε-κέρδη-κα
(< *κερδᾰ-ν-ι̯ω)				(ἐ-κέρδην-α: 147, 3 Anm. 1)	

b) TEMPORA SECUNDA § 149

1. Eine beschränkte Anzahl von Verben bildet **Tempusstämme ohne Tempuszeichen** (113, 6), d. h. ihre Formen bestehen aus

(Augment +) Tempusstamm + (Charaktervokal + Modusvokal +) Endung

Der **Verbalstock** wird dabei häufig **abgelautet** (vgl. im Dt. *singe : sang : gesungen*).
Da diese Tempusstämme (wie die der Tempora prima) vom Verbalstock aus gebildet werden, müssen die Veränderungen des Präsensstammes auch hier verschwinden. Beachte also 124!

2. Tempusstämme *ohne* Tempuszeichen treten auf
   a) im Aor. Akt. u. Med.,   c) im Perf. u. Plqu. Akt.,
   b) im Aor. u. Fut. Pass.,   d) *immer* im Perf. u. Plqu. Med./Pass.: 134, 2; 135, 8/9.

3. Die Tempora II haben oft **intransitive oder reflexive Bedeutung**, besonders wenn bei einem Verbum im gleichen Tempus Bildung mit *und* ohne Tempuszeichen vorkommt:

πείθω ich überrede   πέπεικ-α ich habe überredet   πέποιθ-α (ich habe *mich* überzeugt) = ich vertraue
φαίνω ich zeige   πέφαγκ-α ich habe gezeigt   πέφην-α ich habe *mich* gezeigt = ich bin erschienen
                     ἐ-φάνθη-ν ich wurde gezeigt   ἐ-φάν-ην ich zeigte *mich* = ich erschien

(Vgl. im Dt.: *ich erschrecke, erschreckte, habe erschreckt: ich erschrak, bin erschrocken.*)

Aorist II im Aktiv und Medium § 150

1. Der Aor. II Akt. u. Med. wird vielfach von der **Schwundstufe der Wurzel** gebildet (λειπ-/λιπ-, φευγ-/φυγ-, τρεπ-/τραπ- < *τr̥π-: **E 100**).

2. Die **Ausgänge** sind im Indikativ gleich denen des Imperfekts, in allen übrigen Formen gleich denen des Präsens (**E 100**).
Der **Akzent** weicht in vier Formen ab; sie sind stets **endbetont** (auch Komposita!):

   Inf. Akt. **-εῖν**   2. Sg. Imp. Med. **-οῦ**
   Part. Akt. **-ών, -οῦσα, -όν**   Inf. Med.   **-έσθαι**.

Beachte also den Unterschied (Beispiel: καταλείπω ich lasse zurück):

   Präsens: καταλείπειν   καταλείπων   καταλείπου   καταλείπεσθαι
   Aorist II: καταλιπεῖν   καταλιπών   καταλιποῦ   καταλιπέσθαι.

---
¹) Auch Aor. II ἐκλίνην: 153 b

3. Dasselbe Verbum bildet nicht zugleich Aor. I *und* Aor. II (einzige Ausn.: 151a Anm.).

	Indikativ	Konjunktiv	Optativ	Imperativ	Infinitiv
Sg. 1.	ἔ-λιπ ο-ν 1	λίπ ω	λίπ οι-μι		λιπ **εῖν**
2.	ἔ-λιπ ε-ς	λίπ ῃς	λίπ οι-ς	λίπ ε	
3.	ἔ-λιπ ε(ν)	λίπ ῃ 2	λίπ οι	λιπ έ-τω	Partizip
Pl. 1.	ἐ-λίπ ο-μεν	λίπ ω-μεν	λίπ οι-μεν		λιπ **ών**
2.	ἐ-λίπ ε-τε	λίπ η-τε	λίπ οι-τε	λίπ ε-τε	λιπ **οῦσα**
3.	ἔ-λιπ ο-ν 1	λίπ ω-σι(ν)	λίπ οι-εν	λιπ ό-ντων	λιπ **όν**
Sg. 1.	ἐ-λιπ ό-μην	λίπ ω-μαι	λίπ οί-μην		Infinitiv
2.	ἐ-λίπ ου	λίπ ῃ 2	λίπ οι-ο	λιπ **οῦ**	λιπ **έ-σθαι**
3.	ἐ-λίπ ε-το	λίπ η-ται	λίπ οι-το	λιπ έ-σθω	
Pl. 1.	ἐ-λιπ ό-μεθα	λίπ ώ-μεθα	λίπ οί-μεθα		Partizip
2.	ἐ-λίπ ε-σθε	λίπ η-σθε	λίπ οι-σθε	λίπ ε-σθε	
3.	ἐ-λίπ ο-ντο	λίπ ω-νται	λίπ οι-ντο	λιπ έ-σθων	λιπ ό-μενος
					λιπ ο-μένη
					λιπ ό-μενον

Anm. Ausnahmsweise endbetont sind die fünf Imperative: εἰπέ sag!, ἐλθέ komm!, εὑρέ finde!, ἰδέ sieh!, λαβέ nimm!. Ihre Komposita jedoch rücken den Akzent, der Normalregel entsprechend, möglichst weit vom Wortende ab: ἄπειπε versage!, ἔξελθε komm heraus!, σύλλαβε nimm zusammen! usw. (123,1).

§ 151 Aor. II Akt. (und Med.) haben:
a) die **Verba muta**

λείπω	ich verlasse	λειπ-/λιπ-	ἔλιπον, ἐλιπόμην
φεύγω	ich fliehe	φευγ-/φυγ-	ἔφυγον
(ἀνα)κράζω[1])	ich schreie auf	κράγ-	(ἀν)έκραγον
ἄγω	ich führe	ἀγ-	ἤγ-αγον[2]) (ἀγάγω, ἀγάγοιμι usw.)
			ἠγ-αγόμην (ἀγαγέσθαι usw.)

Anm. τρέπω „ich wende" bildet im Aktiv Aor. I ἔτρεψα (dichterisch auch Aor. II ἔτραπον), im Medium Aor. I *und* II mit verschiedener Bedeutung (149,3):
Aor. I ἐτρεψάμην ich wendete von mir = ich schlug in die Flucht
Aor. II ἐτραπόμην ich wandte mich zur Flucht (V. Stock τρεπ-, Schwundstufe *trp- > τραπ-: R 2).

b) die **Verba liquida** βάλλω ich werfe βαλ- ἔβαλον
  κατα-καίνω ich töte καν- κατ-έκανον.

Anm. ἐγείρω „ich wecke auf" hat im Aktiv den Aor. I ἤγειρα, im Medium ἐγείρομαι „ich erwache" aber den Aor. II ἠγρόμην (Schwundstufe ἐγρ- zu ἐγερ-: vgl. 122,1).

c) Sehr häufig ist der Aor. II bei den sog. **„unregelmäßigen"** Verben (171 ff.).

§ 152 Aorist II und Futur II im Passiv

1. Der *Aor. II Pass.* und das davon gebildete *Fut. II Pass.* zeigen den **Verbalstock um -η- erweitert** (E 101). Verbalstöcke mit ε zeigen Ablaut (einzige Ausnahme συλ-λέγω ich sammle), Stämme mit ῑ und ῡ quantitativen Ablaut ῐ und ῠ (R 3 b 2).

---

[1]) K-Stock: 143,2c Anm. 1   [2]) Aor.-Reduplikation: 122,2 Anm. b

2. An diesen Tempusstamm treten **die aktiven Endungen** (E 86). Die Ausgänge sind also die gleichen wie im Aor. I u. Fut. I Pass. (ohne deren -θ-); 2.Sg.Imp. -θι bleibt unverändert, auch wenn der V. Stock auf Aspirata endigt (entgegen R 17): φάνηθι (zu φαίνομαι ich zeige mich, erscheine), auch τάφηθι (zu θάπτω ich begrabe).

3. Aor. II (und Fut. II) *Pass.* bilden nur Verba, die keinen Aor. II *Akt.* haben.

Anm. Einzige Ausnahme: τρέπω „ich wende" (vgl. 151a Anm.) bildet nebeneinander ἐτρέφθην „ich wurde gewendet" und ἐτράπην „ich wurde gewendet" und „ich wandte mich"; ἐπιτρέπω „ich überlasse, vertraue an": ἐπετρέφθην und ἐπετράπην.

Aor. II und Fut. II Pass. haben: § 153

a) die **Verba muta**

βάπτω	ich tauche	βαφ-	ἐβάφην
βλάπτω	ich schädige	βλαβ-	ἐβλάβην (u. ἐβλάφθην)
γράφω	ich schreibe	γράφ-	ἐγράφην
θάπτω	ich bestatte	*θαφ-	ἐτάφην
κόπτω	ich schlage	κοπ-	ἐκόπην
ῥάπτω	ich nähe	(ϝ)ῥαπ-	ἐρράφην[1])
ῥίπτω	ich werfe	(ϝ)ῥῑπ-/(ϝ)ῥῐπ-	ἐρρίφην[1]) (u. ἐρρίφθην)
σήπομαι	ich verfaule	σηπ-/σᾰπ-	ἐσάπην
σκάπτω	ich grabe	σκαπ-	ἐσκάφην[1])
τρίβω	ich reibe	τρῑβ-/τρῐβ-	ἐτρίβην (u. ἐτρίφθην)
ἀλλάττω	ich ändere	ἀλλαγ-	ἠλλάγην (u. ἠλλάχθην)
πνίγω	ich ersticke, erwürge	πνῑγ-/πνῐγ-	ἐπνίγην
σφάττω	ich schlachte	σφαγ-	ἐσφάγην
τήκομαι	ich schmelze (intr.)	τηκ-/τᾰκ-	ἐτάκην
ψύχω	ich kühle ab	ψῡχ-/ψῠχ-	ἐψύχην (u. ἐψύχθην)

Mit **Ablaut** (*e*-Stufe/Schwundstufe: 145, 3; E 102)

κλέπτω	ich stehle	κλεπ-/κλ̥π-	ἐκλάπην
στρέφω	ich drehe	στρεφ-/στρ̥φ-	ἐστράφην
τρέπω	ich wende	τρεπ-/τρ̥π-	ἐτράπην (u. ἐτρέφθην: 152, 3 Anm.)
τρέφω	ich ernähre	*θρεφ-/*θρ̥φ-	ἐτράφην
πλέκω	ich flechte	πλεκ-/πλ̥κ-	ἐπλάκην

Einzige **Ausnahme:**

συλ-λέγω	ich sammle	λεγ-	συν-ελέγην[2])

Unterscheide:

πλήττω	ich schlage	πληγ-/πλᾱγ-	ἐπλήγην
ἐκ-πλήττομαι	ich erschrecke		ἐξ-επλάγην (126, 4)
κατα-πλήττομαι	(intr.)		κατ-επλάγην (126, 4)

b) die **Verba liquida**

κλίνω	ich lehne, neige	κλῐ(ν)-	ἐκλίνην (u. ἐκλίθην)
κατακλίνομαι	ich lege mich nieder		κατεκλίνην (u. κατεκλίθην)[3])
μαίνομαι	ich rase	μαν-	ἐμάνην[4])
σφάλλομαι	ich täusche mich	σφαλ-	ἐσφάλην

[1]) φ Analogie (?) vgl. 155, 1a   [2]) dagegen λέγω „ich sage" Aor.Pass. ἐλέχθην: 171, 3
[3]) Med. *und* pass. Fut.: 130, 2   [4]) Med.Fut. μανοῦμαι: 126, 2

Mit **Ablaut** (*e*-Stufe/Schwundstufe: 148, 1; **E 99**; **E 102**):

δέρω	ich schinde, häute ab	δερ-/δρ̥-	ἐδάρην
κείρω	ich schere, verheere	κερ-/κρ̥-	ἐκάρην
σπείρω	ich säe	σπερ-/σπρ̥-	ἐσπάρην
στέλλω	ich sende	στελ-/στλ̥-	ἐστάλην
(δια)φθείρω	ich verderbe, zerstöre	φθερ-/φθρ̥-	(δι)ἐφθάρην

Unterscheide: φαίνομαι ich werde gezeigt φαν- ἐφάνθην ⎫
φαίνομαι ich zeige mich = ich erscheine ἐφάνην ⎬ 149,3

c) Auch „**unregelmäßige**" **Verba** (171 ff.) bilden mehrfach Aor. II und Fut. II Pass.

§ 154 Perfekt II und Plusquamperfekt II im Aktiv

1. Das *Perf. II Akt.* und das davon gebildete *Plqu. II Akt.* werden (**ohne κ**) vom reduplizierten Verbalstock gebildet. Dabei erscheint der Verbalstock häufig in abgelauteter Form (**E 103, 1**; qualitativer Ablaut ε/o, ει/οι; quantitativer Ablaut: ᾰ/η).

2. Die Flexion ist die gleiche wie beim Perf. I und Plqu. I Akt.

3. Perf. II und Plqu. II Akt. bilden alle *P*- und *K*-Stöcke (häufig mit Aspiration des Stockauslauts: **E 103, 2**) und einige Liquida-Stöcke.

§ 155 Perf. II und Plqu. II Akt.

1. **bei P- und K-Stöcken:**

a) *mit Aspiration* des Stockauslauts (**E 103, 2**):

βλάπτω	ich schädige	βλαβ-	βέβλαφα
κόπτω	ich schlage	κοπ-	κέκοφα
ῥάπτω	ich nähe	(ϝ)ῥαπ-	ἔρραφα
ῥίπτω	ich werfe	(ϝ)ῥῑπ-	ἔρρῑφα
σκάπτω	ich grabe	σκαπ-	ἔσκαφα
τρίβω	ich reibe	τρῑβ-/τρῐβ-	τέτρῐφα
ἄγω	ich führe	ἀγ-	ἦχα
ἀλλάττω	ich ändere	ἀλλαγ-	ἤλλαχα
διώκω	ich verfolge	διωκ-	δεδίωχα
κηρύττω	ich verkünde	κηρῡκ-	κεκήρῡχα
πλέκω	ich flechte	πλεκ-	πέπλεχα
πράττω	ich tue	πρᾱγ-	πέπρᾱχα ich habe getan
			(aber: πέπρᾱγα ich befinde mich)
τάττω	ich ordne	ταγ-	τέταχα
φυλάττω	ich bewache	φυλακ-	πεφύλαχα

b) *mit Aspiration und Ablaut* ε/o (**E 103**):

κλέπτω	ich stehle	κλεπ-/κλοπ-	κέκλοφα
(συλ)λέγω	ich sammle	λεγ-/λογ-	(συν)είλοχα (122,2; **E 79**)
πέμπω	ich schicke	πεμπ-/πομπ-	πέπομφα
τρέπω	ich wende	τρεπ-/τροπ-	τέτροφα

c) *mit unverändertem Verbalstock:*

ἀλείφω	ich salbe	ἀλιφ-	ἀλ-ήλιφα[1])
γράφω	ich schreibe	γραφ-	γέγραφα
θάπτω	ich begrabe	*θαφ-	τέταφα
κρύπτω	ich verberge	κρυφ-	κέκρυφα
ἄρχω	ich herrsche	ἀρχ-	ἦρχα
ὀρύττω	ich grabe	ὀρυχ-	ὀρ-ώρυχα[1])
πλήττω	ich schlage	πληγ-	πέπληγα
τήκομαι	ich schmelze (intr.)	τηκ-	τέτηκα
φεύγω	ich fliehe	φευγ-	πέφευγα

ferner:

ἀκούω	ich höre	ἀκουσ-	ἀκ-ήκοα[1])

Präsensbedeutung hat das Perf. II Akt. bei

σήπομαι	ich verfaule	σηπ-	σέσηπα	ich bin morsch
κλάζω	ich töne	κλαγγ-[2])	κέκλαγγα	ich töne
κράζω	ich schreie	κρᾱγ-[2])	κέκρᾱγα[3])	ich schreie
φρίττω	ich schaudere	φρῑκ-	πέφρῑκα	ich schaudere
πρᾱ́ττω	ich tue	πρᾱγ-	(εὖ) πέπρᾱγα ich befinde mich (wohl)
			(aber: πέπρᾱχα ich habe getan)

d) *mit Ablaut* (ε/ο, ει/οι, η/ω: E 103, 1):

λείπω	ich lasse zurück	λειπ-/λοιπ-	λέλοιπα
στρέφω	ich drehe	στρεφ-/στροφ-	ἔστροφα
τρέφω	ich ernähre	*θρεφ-/*θροφ-	τέτροφα

ebenso:

πείθω	ich überrede	πειθ-/ποιθ-	πέποιθα (intr.) ich vertraue
		(aber: πέπεικα (trans.) ich habe überredet)
—	gleichen	*(ϝ)εικ-[4])/(ϝ)οικ-	ἔοικα (< *ϝε-ϝοικ-α: 121,5) Plqu. ἐῴκη
			ich gleiche, scheine
—	gewöhnen	*σϝηθ-[5])/σϝωθ-	εἴωθα (< *σε-σϝωθ-α: E 79) Plqu. εἰώθη
			ich bin gewohnt, pflege

Anm. Unterscheide: Part. ἐοικώς gleichend, ähnlich; εἰκός (Neutr.!) ἐστι(ν) es ist wahrscheinlich, natürlich, billig.

2. **bei den Verba liquida** (sämtlich mit Ablaut: E 103, 1):

ἀπο-κτείνω	ich töte	κτεν-/κτον-	ἀπέκτονα
(δια)φθείρω	ich verderbe	φθερ-/φθορ-	(δι)έφθορα u. (δι)έφθαρκα

Intransitive Bedeutung bekommt Perf. II Akt. bei

ἐγείρω	ich erwecke:		
ἐγείρομαι	ich erwache	ἐγερ-/ἐγορ-	ἐγρ-ήγορ-α ich bin wach (122, 1)
μαίνω	ich mache rasend:		
μαίνομαι	ich rase	μαν-/μην-	μέ-μην-α ich bin rasend
φαίνω	ich zeige:		
φαίνομαι	ich erscheine	φαν-/φην-	πέφηνα ich bin erschienen (149, 3)

---

[1]) Att. Red. (122,1); *ἀκ-ηκουσ-α > *ἀκ-ηκοϝα (R 16; R 13a) > ἀκ-ήκοα (R 13b; vgl. 137)   [2]) 143, 2c Anm. 1
[3]) Perf.-Fut. κεκράξομαι ich werde schreien   [4]) Vgl. ἡ εἰκών das Bild
[5]) Vgl. τὸ ἦθος die Sitte, das Herkommen

AKTIV — VERBA AUF -μι — Präs. u. Impf.

	μι-Verba		mit -νŏ-Erweiterung	mit Präsensreduplikation			
	Verbalstock		δεικ-	δω-/δο-	θη-/θε-	ἡ-/ἑ-	στη-/στᾰ-
	Präsensstamm		δεικνῡ-/δεικνῠ-	διδω-/διδο-	τιθη-/τιθε-	ἱη-/ἱε-	ἱστη-/ἱστᾰ-
Präsens	Indikativ	Sg.1.	δείκνῡ-μι	δίδω-μι	τίθη-μι	ἵη-μι	ἵστη-μι
		2.	δείκνῡ-ς	δίδω-ς	τίθη-ς	ἵη-ς	ἵστη-ς (16)
		3.	δείκνῡ-σι(ν)	δίδω-σι(ν)	τίθη-σι(ν)	ἵη-σι(ν)	ἵστη-σι(ν)
		Pl.1.	δείκνῠ-μεν	δίδο-μεν	τίθε-μεν	ἵε-μεν (9)	ἵστᾰ-μεν (17)
		2.	δείκνῠ-τε 1	δίδο-τε 3	τίθε-τε 6	ἵε-τε 10	ἵστᾰ-τε 18
		3.	δεικνῠ-ᾶσι(ν)	διδό-ᾱσι(ν)	τι θέ-ᾱσι(ν)	ἱ ᾶσι(ν)[8]	ἱ στᾶσι(ν)[8]
	Konjunktiv	Sg.1.	δεικνύω	δι δῶ[3])	τι θῶ[3])	ἱῶ[3])	ἱ στῶ[3])
		2.	δεικνύῃς	δι δῷς	τι θῇς	ἱῇς	ἱ στῇς
		3.	δεικνύῃ 24	δι δῷ 4	τι θῇ 7	ἱῇ 11	ἱ στῇ 19
		Pl.1.	δεικνύω-μεν	δι δῶ-μεν	τι θῶ-μεν	ἱῶ-μεν	ἱ στῶ-μεν
		2.	δεικνύη-τε	δι δῶ-τε	τι θῆ-τε	ἱῆ-τε	ἱ στῆ-τε
		3.	δεικνύω-σι(ν)	δι δῶ-σι(ν)	τι θῶ-σι(ν)	ἱῶ-σι(ν)	ἱ στῶ-σι(ν)
	Optativ	Sg.1.	δεικνύοι-μι	δι δοίη-ν	τι θείη-ν	ἱ είη-ν	ἱ σταίη-ν
		2.	δεικνύοι-ς	δι δοίη-ς	τι θείη-ς	ἱ είη-ς	ἱ σταίη-ς
		3.	δεικνύοι	δι δοίη	τι θείη	ἱ είη	ἱ σταίη
		Pl.1.	δεικνύοι-μεν	δι δοῖ-μεν[4])	τι θεῖ-μεν[4])	ἱ εῖ-μεν[4])	ἱ σταῖ-μεν[4])
		2.	δεικνύοι-τε	δι δοῖ-τε	τι θεῖ-τε	ἱ εῖ-τε	ἱ σταῖ-τε
		3.	δεικνύοι-εν	δι δοῖ-εν	τι θεῖ-εν	ἱ εῖ-εν	ἱ σταῖ-εν
	Imperativ	Sg.2.	δείκνῡ	δίδου[5])	τίθει[5])	ἵει[5]) (12)	ἵστη (20)
		3.	δεικνύ-τω	δι δό-τω	τι θέ-τω	ἱ έ-τω	ἱ στᾰ-τω
		Pl.2.	δείκνῠ-τε 1	δίδο-τε 3	τίθε-τε 6	ἵε-τε 10	ἵστᾰ-τε 18
		3.	δείκνῠ-ντων	δι δό-ντων	τι θέ-ντων	ἱ έ-ντων	ἱ στᾰ-ντων
	Inf.		δεικνύ-ναι	δι δό-ναι	τι θέ-ναι	ἱ έ-ναι	ἱ στᾰ-ναι
	Part.		δεικνύς[1]), -ύ-ντ-ος δεικνῦσα, -ύσης δεικνύν, -ύ-ντ-ος	δι δούς[6]), -ό-ντ-ος δι δοῦσα, -ούσης δι δόν, -ό-ντ-ος	τι θείς[1]), -έ-ντ-ος τι θεῖσα, -είσης τι θέν, -έ-ντ-ος	ἱ είς[1]), ἱ έ-ντ-ος ἱ εῖσα, ἱ είσης ἱ έν, ἱ έ-ντ-ος	ἱ στάς[1]), -ᾰ-ντ-ος ἱ στᾶσα, -άσης ἱ στᾰν, -ᾰ-ντ-ος
Imperfekt	Indikativ	Sg.1.	ἐ-δείκνῡ-ν	ἐ-δίδου-ν[7])	ἐ-τί θη-ν	ἵ ει-ν[7])	ἵ στη-ν
		2.	ἐ-δείκνῡ-ς	ἐ-δίδου-ς	ἐ-τί θει-ς[7])	ἵ ει-ς	ἵ στη-ς (16)
		3.	ἐ-δείκνῡ	ἐ-δίδου	ἐ-τί θει	ἵ ει (12)	ἵ στη (20)
		Pl.1.	ἐ-δείκνῠ-μεν	ἐ-δί δο-μεν	ἐ-τί θε-μεν	ἵ ε-μεν (9)	ἵ στᾰ-μεν (17)
		2.	ἐ-δείκνῠ-τε	ἐ-δί δο-τε	ἐ-τί θε-τε	ἵ ε-τε (10)	ἵ στᾰ-τε (18)
		3.	ἐ-δείκνῠ-σαν	ἐ-δί δο-σαν	ἐ-τί θε-σαν	ἵ ε-σαν	ἵ στᾰ-σαν

[1])—[8]) s. S. 157!

Präs. u. Impf.   VERBA AUF -μι   MEDIUM / PASSIV

mit -νŭ- Erweiterung	mit Präsensreduplikation				μι-Verba
δεικ-	δω-/δο-	θη-/θε-	ἡ-/ἑ-	στη-/στᾰ-	Verbalstock
δεικνῠ-	διδο-	τιθε-	ἱε-	ἱστη-	Präsensstamm
δείκ νυ-μαι	δί δο-μαι	τί θε-μαι	ἵ ε-μαι	ἵ στα-μαι	Sg.1. Indikativ
δείκ νυ-σαι [2])	δί δο-σαι [2])	τί θε-σαι [2])	ἵ ε-σαι [2])	ἵ στα-σαι [2])	2.
δείκ νυ-ται	δί δο-ται	τί θε-ται	ἵ ε-ται	ἵ στα-ται	3.
δεικ νύ-μεθα	δι δό-μεθα	τι θέ-μεθα	ἱ έ-μεθα (13)	ἱ στά-μεθα(21)	Pl. 1.
δείκ νυ-σθε 2	δί δο-σθε 5	τί θε-σθε 8	ἵ ε-σθε 14	ἵ στα-σθε 22	2.
δείκ νυ-νται	δί δο-νται	τί θε-νται	ἵ ε-νται	ἵ στα-νται	3.
δεικ νύ ω-μαι	δι δῶ-μαι [3])	τι θῶ-μαι [3])	ἱ ῶ-μαι [3])	ἱ στῶ-μαι [3])	Sg.1. Konjunktiv
δεικ νύ ῃ 24	δι δῷ 4	τι θῇ 7	ἱ ῇ 11	ἱ στῇ 19	2.
δεικ νύ η-ται	δι δῶ-ται	τι θῆ-ται	ἱ ῆ-ται	ἱ στῆ-ται	3.
δεικ νυ ώ-μεθα	δι δώ-μεθα	τι θώ-μεθα	ἱ ώ-μεθα	ἱ στώ-μεθα	Pl. 1.
δεικ νύ η-σθε	δι δῶ-σθε	τι θῆ-σθε	ἱ ῆ-σθε	ἱ στῆ-σθε	2.
δεικ νύ ω-νται	δι δῶ-νται	τι θῶ-νται	ἱ ῶ-νται	ἱ στῶ-νται	3.
δεικ νυ οί-μην	δι δοί-μην	τι θεί-μην	ἱ εί-μην	ἱ σταί-μην	Sg.1. Optativ
δεικ νύ οι-ο	δι δοῖ-ο	τι θεῖ-ο	ἱ εῖ-ο	ἱ σταῖ-ο	2.
δεικ νύ οι-το	δι δοῖ-το	τι θεῖ-το	ἱ εῖ-το	ἱ σταῖ-το	3.
δεικ νυ οί-μεθα	δι δοί-μεθα	τι θεί-μεθα	ἱ εί-μεθα	ἱ σταί-μεθα	Pl. 1.
δεικ νύ οι-σθε	δι δοῖ-σθε	τι θεῖ-σθε	ἱ εῖ-σθε	ἱ σταῖ-σθε	2.
δεικ νύ οι-ντο	δι δοῖ-ντο	τι θεῖ-ντο	ἱ εῖ-ντο	ἱ σταῖ-ντο	3.
δείκ νυ-σο [2])	δί δο-σο [2])	τί θε-σο [2])	ἵ ε-σο [2]) (15)	ἵ στα-σο [2])(23)	Sg.2. Imperativ
δεικ νύ-σθω	δι δό-σθω	τι θέ-σθω	ἱ έ-σθω	ἱ στά-σθω	3.
δείκ νυ-σθε 2	δί δο-σθε 5	τί θε-σθε 8	ἵ ε-σθε 14	ἵ στα-σθε 22	Pl. 2.
δεικ νύ-σθων	δι δό-σθων	τι θέ-σθων	ἱ έ-σθων	ἱ στά-σθων	3.
δείκ νυ-σθαι	δί δο-σθαι	τί θε-σθαι	ἵ ε-σθαι	ἵ στα-σθαι	Inf.
δεικ νύ-μενος	δι δό-μενος	τι θέ-μενος	ἱ έ-μενος	ἱ στά-μενος	Part.
δεικ νυ-μένη	δι δο-μένη	τι θε-μένη	ἱ ε-μένη	ἱ στα-μένη	
δεικ νύ-μενον	δι δό-μενον	τι θέ-μενον	ἱ έ-μενον	ἱ στά-μενον	
ἐ-δεικ νύ-μην	ἐ-δι δό-μην	ἐ-τι θέ-μην	ἱ έ-μην	ἱ στά-μην	Sg.1. Imperfekt Indikativ
ἐ-δείκ νυ-σο [2])	ἐ-δί δο-σο [2])	ἐ-τί θε-σο [2])	ἵ ε-σο [2]) (15)	ἵ στα-σο [2])(23)	2.
ἐ-δείκ νυ-το	ἐ-δί δο-το	ἐ-τί θε-το	ἵ ε-το	ἵ στα-το	3.
ἐ-δεικ νύ-μεθα	ἐ-δι δό-μεθα	ἐ-τι θέ-μεθα	ἱ έ-μεθα (13)	ἱ στά-μεθα(21)	Pl. 1.
ἐ-δείκ νυ-σθε	ἐ-δί δο-σθε	ἐ-τί θε-σθε	ἵ ε-σθε (14)	ἵ στα-σθε (22)	2.
ἐ-δείκ νυ-ντο	ἐ-δί δο-ντο	ἐ-τί θε-ντο	ἵ ε-ντο	ἵ στα-ντο	3.

[1]) < *δεικνυ-ντ-ς, *τιθε-ντ-ς, *ἱε-ντ-ς, *ἱστα-ντ-ς: 72,1-3; E48   [2]) 156,5; E75, 3 Sg. 2   [3]) < *διδώ-ω, *τιθή-ω, *ἱή-ω, *ἱστή-ω usw.: 156,4   [4]) Daneben auch διδοίη-μεν, διδοίη-τε, διδοίη-σαν — τιθείη-μεν usw. — ἱείη-μεν usw. — ἱσταίη-μεν usw.   [5]) Analogie zu den ω-Verba: E 104, 4   [6]) < *διδο-ντ-ς (Analogiebildung!): 71,2; E 104, 4   [7]) E 104, 2   [8]) < *ἱέ-ᾱσι(ν), *ἱστά-ᾱσι(ν): vgl. 196 b 3 u. Anm.

AKTIV VERBA AUF -μι Aorist

Verbalstock	δω-/δο-	θη-/θε-	ἡ-/ἑ-	στη-
Indikativ Sg. 1.	ἔ-δω κ-α¹)	ἔ-θη κ-α¹)	ἧ κ-α¹)	ἔ-στη σ-α
2.	ἔ-δω κ-α-ς	ἔ-θη κ-α-ς	ἧ κ-α-ς	wie
3.	ἔ-δω κ-ε(ν)	ἔ-θη κ-ε(ν)	ἧ κ-ε(ν)	ἐ-παίδευ σ-α
Pl. 1.	ἔ-δο-μεν	ἔ-θε-μεν	εἷ-μεν³) 3	(S. 124f.)
2.	ἔ-δο-τε	ἔ-θε-τε	εἷ-τε 4	
3.	ἔ-δο-σαν	ἔ-θε-σαν	εἷ-σαν	
Konjunktiv Sg. 1.	δῶ (< *δώ-ω)	θῶ (< *θή-ω)	ὧ (< *ἥ-ω)	
2.	δῷς	θῇς	ᾗς	
3.	δῷ 1	θῇ 2	ᾗ 5	
Pl. 1.	δῶ-μεν	θῶ-μεν	ὧ-μεν	
2.	δῶ-τε	θῆ-τε	ἧ-τε	
3.	δῶ-σι(ν)	θῶ-σι(ν)	ὧ-σι(ν)	
Optativ Sg. 1.	δοίη-ν⁴)	θείη-ν⁴)	εἴη-ν⁴)	
2.	δοίη-ς	θείη-ς	εἴη-ς	
3.	δοίη	θείη	εἴη	
Pl. 1.	δοίη-μεν, δοῖ-μεν	θείη-μεν, θεῖ-μεν	εἴη-μεν, εἶ-μεν 3	
2.	δοίη-τε, δοῖ-τε	θείη-τε, θεῖ-τε	εἴη-τε, εἶ-τε 4	
3.	δοίη-σαν, δοῖ-εν	θείη-σαν, θεῖ-εν	εἴη-σαν, εἶ-εν	
Imperativ Sg. 2.	δό-ς¹)	θέ-ς¹)	ἕ-ς¹)	
3.	δό-τω	θέ-τω	ἕ-τω	
Pl. 2.	δό-τε	θέ-τε	ἕ-τε	
3.	δό-ντων	θέ-ντων	ἕ-ντων	
Infinitiv	δοῦ-ναι¹)	θεῖ-ναι¹)	εἷ-ναι¹)	
Partizip	δούς²) δό-ντ-ος	θείς, θέ-ντ-ος	εἵς, ἕ-ντ-ος	
	δοῦσα, δούσης	θεῖσα, θείσης	εἷσα, εἵσης	
	δόν, δό-ντ-ος	θέν, θέ-ντ-ος	ἕν, ἕ-ντ-ος	

¹) 167; E 111   ²) < *δο-ντ-ς (Analogiebildung!): 71,2; E 104, 4   ³) <* ἑ-ἑ-μεν usw.: E 110
⁴) < *δο-ιη-ν bzw. *δο-ι-μεν usw., *θε-ιη-ν bzw. *θε-ι-μεν usw., *ἑ-ιη-ν bzw. *ἑ-ι-μεν usw.: 196 c 1 α

Aorist		VERBA AUF -μι			MEDIUM
Verbalstock		δο-	θε-	ἑ-	στη-/στᾰ-
Indikativ	Sg. 1.	ἐ-δό-μην	ἐ-θέ-μην	εἵ-μην 6	ἔ-στη-ν
	2.	ἔ-δου¹⁾	ἔ-θου¹⁾	εἶ-**σο**¹⁾³⁾	Wz.-Aor.
	3.	ἔ-δο-το	ἔ-θε-το	εἶ-το 7	(168) **nur** als
	Pl. 1.	ἐ-δό-μεθα	ἐ-θέ-μεθα	εἵ-μεθα 8	intr. Med.
	2.	ἔ-δο-σθε	ἔ-θε-σθε	εἶ-σθε 9	gebraucht
	3.	ἔ-δο-ντο	ἔ-θε-ντο	εἶ-ντο 10	(166, 2)
Konjunktiv	Sg. 1.	δῶ-μαι	θῶ-μαι	ὧ-μαι	
	2.	δῷ 1	θῇ 2	ἧ 5	
	3.	δῶ-ται	θῆ-ται	ἧ-ται	
	Pl. 1.	δώ-μεθα	θώ-μεθα	ὥ-μεθα	
	2.	δῶ-σθε	θῆ-σθε	ἧ-σθε	
	3.	δῶ-νται	θῶ-νται	ὧ-νται	
Optativ	Sg. 1.	δοί-μην⁴⁾	θεί-μην⁴⁾	εἵ-μην⁴⁾ 6	
	2.	δοῖ-ο	θεῖ-ο	εἷ-ο³⁾	
	3.	δοῖ-το	θεῖ-το	εἷ-το 7	
	Pl. 1.	δοί-μεθα	θεί-μεθα	εἵ-μεθα 8	
	2.	δοῖ-σθε	θεῖ-σθε	εἷ-σθε 9	
	3.	δοῖ-ντο	θεῖ-ντο	εἷ-ντο 10	
Imperativ	Sg. 2.	δοῦ²⁾	θοῦ²⁾	οὗ²⁾	
	3.	δό-σθω	θέ-σθω	ἕ-σθω	
	Pl. 2.	δό-σθε	θέ-σθε	ἕ-σθε	
	3.	δό-σθων	θέ-σθων	ἕ-σθων	
Infinitiv		δό-σθαι	θέ-σθαι	ἕ-σθαι	
Partizip		δό-μενος δο-μένη δό-μενον	θέ-μενος θε-μένη θέ-μενον	ἕ-μενος ἑ-μένη ἕ-μενον	

¹⁾ < *ἐ-δο-σο, *ἐ-θε-σο, *ἐ-ἑ-σο: R 16; R 8 b 1   ²⁾ < *δο-σο, *θε-σο, *ἑ-σο: R 16; R 8 b 1
³⁾ 167 e Ausn.   ⁴⁾ < *δο-ι-μην usw., *θε-ι-μην usw., *ἑ-ῐ-μην usw.: 196 c 1α

III. VERBA AUF -μι
(ATHEMATISCHE KONJUGATION)

§ 156 1. DIE VOM PRÄSENSSTAMM GEBILDETEN FORMEN

1. Der **Präsensstamm** der Verba auf -μι ergibt sich, wenn man jeweils von der 1. Sg. und 1. Pl. Ind. Präs. Akt. die Endung -μι bzw. -μεν abtrennt.

  δείκνῡμι ich zeige : δείκνῠμεν Präs. Stamm δεικνῡ-/δεικνῠ-
  ἵστημι ich stelle : ἵστᾰμεν   Präs. Stamm ἱστη-/ἱστᾰ-
  φημί   ich sage : φᾰμέν   Präs. Stamm φη-/φᾰ-

2. **Ablaut** (E 104, 1). *Langer* Präsensstammauslaut erscheint nur im Singular der Indikative des Aktivs (ἵστη-μι, ἵστη-ν), in der 2. Sg. Imp. (ἵστη) und in allen Konjunktivformen (*διδω-ῃς > διδῷς, *διδω-η-τε > διδῶτε); *kurzer* Stammauslaut erscheint in allen übrigen Formen des Aktivs (ἱστᾰ-μεν, ἱστᾰ-ναι) und im ganzen Medium (ἵστᾰ-μαι usw.).

3. Die **Formen des Präsensstammes** der μι-Konj. werden gebildet aus

> Präsensstamm + (Moduszeichen +) Endung

(Einzelne ausnahmsweise *thematisch* gebildete Formen: E 104, 2).

4. **Moduszeichen** (E 104, 3) sind im
Konj. -η/ω-, die mit dem Stammauslaut (jedoch nicht mit ι und υ) kontrahiert werden:
  *ἱστη-ω-μεν > ἱστῶμεν, *ἱστη-η-τε > ἱστῆτε,
Opt. -ιη- im Sing. Akt., -ιη- oder -ῑ- im Plur. Akt., -ῑ- im Medium,
die sich mit dem Stammauslaut zu einem Diphthong verbinden (196c 1 α):
  *ἱστα-ιη-ν > ἱσταίην, *ἱστα-ῑ-μεν > ἱσταῖμεν, *ἱστα-ῑ-μην > ἱσταίμην.

5. **Endungen** (E 104, 4). Die Endungen sind zwar (abgesehen von dem -μι der 1. Sg. Ind. Präs. Akt.) ursprünglich die gleichen wie bei der ω-Konj., haben aber z. T. Wandlungen durchgemacht. So erscheinen schließlich

> im **Akt.** Ind. Präs.: -μι, -ς, -σι(ν), -μεν, -τε, -ᾱσι(ν)
>   Imperfekt: -ν, -ς, —, -μεν, -τε, -σαν
>   Imperativ: — (bzw. -θι), -τω, -τε, -ντων (-τωσαν)
> im **Med. und Pass.**: wie bei der ω-Konjugation

Das -σ- der Endungen der 2. Sg. Med. -σαι bzw. -σο bleibt (mit wenigen Ausnahmen: 163, 2b) zwischen Vokalen im Ind. Präs., im Imp. Präs. und im Impf. erhalten: δείκνυσαι, δίδοσο, ἐτίθεσο. Sonst schwindet es lautgesetzlich (R 16).

Erläuterungen.
Neigung zur Angleichung an die **Bildung mit Themavokal**: Opt. δεικνύοιμι — Imp. δίδου, τίθει, ἵει (< *δίδοε, *τιθεε *ἱεε) — Impf. ἐδίδουν, ἐτίθεις, -ει, ἵειν (in Analogie zu) ἵεις, ἵει (< *ἐ-δίδοον, *τιθεες usw.). — **Endungen.** 2. Sg. -ς (Sekundärendung) statt -σι (Primärendung) zur Verdeutlichung der 2. Sg. gegenüber der 3. Sg. -σι < *-τι (R 20; noch in ἐσ-τί) — 3. Pl. *-nti nach Kons. > *-ṇti > *-ăτι (R 2) > -αντι (Analogie zu sonstigem -ντι der 3. Pl.) > -ανσι (R 20) > -ᾱσι (R 22f; R 11) — 3. Pl. Impf. -σαν ist Analogie nach ἦσαν, ἐπαίδευσαν (E 75, 2 -σαν). — 3. Pl. Opt. -εν < *-εντ (R 18); vgl. E 104,4 — Imp. 2. Sg. Endungsloser Präs. St. (wie ἄγε): δείκνυ, ἵστη; -θι ist alte 2. Sg. Imp. bei athematischer Bildung: ἴθι, φάθι. — δείκνυσαι, δείκνυσο, ἐδείκνυσο (gegen R 16) ist Analogie (vgl. E 75, 3 Sg. 2.). — Part. *δεικνυ-ντ-ς > *δεικνυνς (R 22 d) > δεικνύς (R 22f; R 11); ebenso ἱστάς usw.

6. **Akzent.** Der Akzent tritt auch hier (123) möglichst weit zurück. Beachte:

a) die *Konjunktiv*-Formen sind auf der Kontraktionssilbe betont: ἀπῶμεν = 1. Pl. Konj. Präs. von ἄπειμι ich bin abwesend (Ausnahmen: 157, 1 Anm. 2; 163, 2a);

b) die *Optativ*-Formen sind auf dem Moduszeichen betont: ἀπεῖμεν = 1. Pl. Opt. Präs. von ἄπειμι (Ausnahmen: 157, 1 Anm. 2; 163, 2a);

c) *Infinitive* auf -ναι sind stets auf der vorletzten Silbe betont: ἱστάναι, ἱέναι, φάναι, εἶναι usw.;

d) *Komposita* werden wie das Simplex betont; nur im Ind. Präs. und Imp. wird der Akzent meist zur Präposition hin verlagert: ἄπειμι ich werde weggehen, ἄπιθι, aber ἀπῇα, ἀπιών.

7. **Einteilung.** Nach der Bildung des Präs.-Stammes unterscheidet man drei Gruppen:

a) *Verba mit Präsensreduplikation* (Reduplikationsvokal ist **-ι-**: 122, 2 Anm. a):
τί-θη-μι ich setze, Pr. St. τιθη-/τιθε-, V. Stock (= Wz.) θη-/θε-.

b) *Verba mit Nasalerweiterung* -νῠ- im Präs. St. = Verba auf -(ν)νῡμι (E 104, 5):
δείκνῡμι ich zeige Pr. St. δεικνῡ-/δεικνῠ- V. Stock δεικ- (vgl. ἡ δεῖξις der Beweis)
ζώννῡμι ich gürte Pr. St. ζωννῡ-/ζωννῠ- V. Stock ζωσ- (vgl. ὁ ζωσ-τήρ der Gürtel).

c) *Verba mit unverändertem Verbalstock* (= Wz.) = „Wurzelpräsentien":
φημί ich sage Pr. St. = V. Stock = Wz. φη-/φᾰ-.

a) VERBA AUF -μι MIT PRÄSENSREDUPLIKATION § 157
(s. Tabelle S. 156f.)

1. Verba auf -μι mit Präsensreduplikation (122, 2 Anm. a) sind:

δίδωμι (τὸ δῶ-ρον das Geschenk) ich gebe V. Stock δω-/δο-
τίθημι (< *θι-θη-μι: R 17) ich setze V. Stock θη-/θε-
ἵημι (< *ji-jη-μι[1]); vgl. lat. *iē-cī*) ich sende V. Stock ἡ-/ἑ-
ἵστημι (< *σι-στᾰ-μι: R 15, R 1; vgl. lat. *si-stō*) ich stelle V. Stock στη-/στα-

Anm. 1. Von δίδωμι, τίθημι, ἵημι werden einige Formen nach Art der Kontrakta auf -όω bzw. -έω gebildet (E 104, 2): **immer** 2. Sg. Imp. Präs. Akt.: δίδου — τίθει — ἵει,
Sg. Impf. Akt.: ἐδίδουν, ἐδίδους, ἐδίδου — ἐτίθεις, ἐτίθει — (ἵειν), ἵεις, ἵει,
zuweilen 2. 3. Sg. Ind. Präs. Akt.: τιθεῖς, τιθεῖ — ἱεῖς, ἱεῖ,
Opt. Präs. Med.: τιθοῖο, τιθοῖτο, τιθοῖντο — προ-ιοῖτο, ἀφ-ιοῖντο.

Anm. 2. Im Medium kommt bei den Konjunktiven und Optativen auch abweichende Betonung vor: τίθηται (statt τιθῆται), τίθοιτο (statt τιθοῖτο) u. ä.

2. Wie ἵστημι wird im Präsensstamm konjugiert:

κίχρημι ich leihe (einem) κίχραμαι ich entlehne: V. Stock χρη-/χρᾰ-
πίμπλημι (< *πιλ-πλη-μι: E 105; τὸ πλῆ-θος die Fülle, lat. *plē-re*) ich fülle V. Stock πλη-/πλᾰ-
πίμπρημι (< *πι-πρη-μι: E 105) ich zünde an, verbrenne V. Stock πρη-/πρᾰ-
ὀνίνημι (E 105) ich nütze ὀνίναμαι ich habe Vorteil V. Stock ὀνη-/ὀνᾰ-

Erläuterung.

πίμπλᾰμεν < *πιμ-πḷ-μεν (R 2): Vollstufe *plē-, Schwundstufe *pḷ- (mit *Schwund* des *ē*, statt *plĕ-* nach R 3 b 2).

Anm. 1. Komposita mit ἐν- von πίμπλημι und πίμπρημι werden ohne die vollere Art der Reduplikation (E 105) gebildet; also ἐμπίπλημι ich fülle an, ἐμπίπρημι ich stecke in Brand.

Anm. 2. Statt des Impf. Akt. von ὀνίνημι „ich nütze" wird ὠφέλουν (von ὠφελέω ich nütze) verwendet.

---

[1]) Vgl. E 110

§ 158　　　　　　　b) **VERBA AUF -(ν)νῡμι**

(s. Tabelle S. 156f.)

1. Verschiedene Formen der Verba auf-(ν)νῡμι gleichen sich an die Verba auf -ω an:
immer Konj. Präs. -νύω, -νύωμαι und Opt. Präs. -νύοιμι, -νυοίμην
zuweilen auch andere Formen, z. B.
3. Sg.Ind.Präs.Akt. δείκνῡσι(ν) und δεικνύει　　　Part.Präs.Akt. δεικνύς und δεικνύων
3. Pl.Ind.Präs.Akt. δεικνύᾱσι(ν) und δεικνύουσι(ν)　3. Sg.Impf.Akt. ἐδείκνῡ und ἐδείκνυε(ν) u.a.

2. Bei einzelnen Verben gibt es nebeneinander Bildungen auf -νῡμι und -ω, z. B.

ἀνοίγω ich öffne　　　ἀνοίγνῡμι　ἀπ-είργω ich trenne ab　ἀπ-είργνῡμι
εἴργω[1]) ich schließe aus, ein　εἴργνῡμι[1])　(καθ-)κατ-είργω ich schließe ein (κατ-)καθ-είργνῡμι.

§ 159　　　　　　　c) **WURZELPRÄSENTIEN**

Wurzelverba (die die Personalendung unmittelbar an die Wurzel fügen) sind:

1. φη-μί　ich sage　　　　φη-/φα-　(vgl. lat. *fārī*)
   εἶ-μι　ich werde gehen　εἶ-/ἰ-　(vgl. lat. *eō* < *ei-ō : ī-te*)
   εἰ-μί　ich bin　　　　　ἐσ-/σ-　(vgl. lat. *es-se : s-ī-m*)

2. die Deponentia (129, 3 β)

ἄγα-μαι ich bewundere ἀγα-　　　　　　　　　　κρέμα-μαι ich hange κρεμη/ᾰ-
δύνα-μαι ich kann δυνη/ᾰ- (δύνα-μις Gewalt)　κάθ-η-μαι ich sitze καθ-η(σ)-
ἐπίστα-μαι[2]) ich verstehe ἐπιστη/ᾰ- (ἐπιστή-μη Wissen)　κεῖ-μαι ich liege κει- (κοί-τη Lager)

§ 160　　　　　1. **φη-μί ich sage, behaupte**
(Wz. = V. Stock φη-/φᾰ-; vgl. lat. *fā-rī*) Nebenform φάσκω

	Präsens					Imperfekt
	Indikativ	Konjunktiv	Optativ	Imperativ	Infinitiv	
Sg.1.	φη-μί	φῶ	φαίη-ν		φά-ναι	ἔ-φη-ν
2.	φή-ς (φῄς)*	φῇς	φαίη-ς	φά-θι		ἔ-φη-σθα
3.	φη-σί(ν)	φῇ	φαίη	φά-τω	Partizip	ἔ-φη
Pl.1.	φα-μέν	φῶ-μεν	(φαῖ-μεν) φαίη-μεν		φάς, φά-ντ-ος	ἔ-φα-μεν
2.	φα-τέ	φῆ-τε	(φαῖ-τε) φαίη-τε	φά-τε	φᾶσα, φάσης	ἔ-φα-τε
3.	φᾱσί(ν)	φῶ-σι(ν)	φαῖ-εν* (φαίη-σαν)	φά-ντων	φάν, φά-ντ-ος	ἔ-φα-σαν

Futur: φήσω, φήσων, φήσειν　Aor. I: ἔφησα, φήσω, φήσαιμι, φῆσαι, φήσᾱς
Verbaladjektiv: φα-τός, φα-τέος　　　　　　　　　　　　*) E 104, 4 Akt. 2. Sg.; -εν

Erläuterungen. 2. Sg. *φᾰ-σι > *φᾱι (R 16) > *φηι (R 1) > *φηι-ς (-ς Kennzeichen der 2. Sg.: E 104, 4). —
3. Pl. *φα-ντι > *φα-νσι (R 20) > φᾱσί (R 22 f). — Impf. ἔφην : ἔφησθα : ἔφασαν Analogie zu ἦν : ἦσθα : ἦσαν
(162; E 107 Impf. 2. Sg.; E 113 Plqu.).

---

[1]) Später wird unterschieden: εἴργω ich schließe *aus*, verhindere, verbiete; εἴργνῡμι ich schließe *ein*,
werfe ins Gefängnis　　[2]) Neubildung aus ἐπί + ἵσταμαι; vgl. dt. *ver-stehen*!

Merke:
1. Die Formen des Ind. Präs. sind **enklitisch** außer 2. Sg. φής (φής).
2. Der **Akzent** der Komposita richtet sich nach den allgemeinen Regeln (123; 156, 6 d): σύμφημι ich stimme bei, ἀντίφησι(ν) er widerspricht, **aber** Konj. ἀντιφῶ, Opt. συμφαῖμεν.
3. Der Inf. φάναι und das Impf. ἔφην haben auch **Aoristbedeutung**: ἔφη = lat. *inquit*, dagegen ἔφησε er bejahte, behauptete.
4. **οὔ φημι** = lat. *negō* ich sage, daß ... nicht; verneine, leugne, weigere mich.
5. Bei Einschiebung in die direkte Rede steht das Verbum *vor* dem Subjekt: φησὶ Πλάτων.
6. Es gibt **auch mediale Formen** in aktiver Bedeutung: φάσθαι, φάμενος, ἐφάμην usw.

Anm. Im Dialog finden sich die Formen ἦ-μί (vgl. lat. *a-iō*) sage ich, ἦν δ' ἐγώ sagte ich, ἦ δ' ὅς sagte er, (vgl. 94 Anm.), ἦ sprach's.

2. εἶ-μι ich werde gehen (E 106) § 161
(Wz = V. Stock εἰ-/ἰ-; vgl. lat. 2. Sg. *īs* < **ei-si* : *ĭ-ter*)

	Präsens					Imperfekt
	Indikativ	Konjunktiv	Optativ	Imperativ	Infinitiv	
Sg. 1.	εἶ-μι	ἴω	ἴ οι-μι[1])		ἰ-έναι	ἦ-ει-ν, ἦ-α
2.	εἶ	ἴ ῃς	ἴ οι-ς	ἴ-θι		ἦ-ει-ς, ἦ-ει-σθα
3.	εἶ-σι(ν)	ἴ ῃ	ἴ οι	ἴ-τω	Partizip	ἦ-ει
Pl. 1.	ἴ-μεν	ἴ ω-μεν	ἴ οι-μεν		ἰ ὤν, ἰ ό-ντ-ος	ἦ-μεν
2.	ἴ-τε	ἴ η-τε	ἴ οι-τε	ἴ-τε	ἰ οῦσα, ἰ ούσης	ἦ-τε
3.	ἴ-ᾱσι(ν)	ἴ ω-σι(ν)	ἴ οι-εν	ἰ ό-ντων (ἴ-τωσαν)	ἰ όν, ἰ ό-ντ-ος	ἦ-σαν, ἦ-ε-σαν
Verbaladjektiv: ἰ-τός, ἰ-τέον (ἰτητέον[2])			[1]) Auch ἰοίην		[2]) Vgl. lat. *ītāre*	

Erläuterungen. Präs. 2. Sg. **εἰ-σι* > **εἰ-ι* (R 16) > εἶ (R 8). — 3. Sg. εἶ-τι (dor.) > εἶσι (R 20; E 75, 2 Sg. 3.). — **Impf.** ἠ- ist normal augmentiertes εἰ-. — *1. Sg.* ** ḗi-m̥* > **ḗïa* (R 2) > **ḗā* (R 12) > ᾖα (mit ι subscr. in Analogie zum Plur.). ᾔειν: Analogie zu ᾔει. — *3. Sg.* **ēi-es-e* (E 113) > **ḗïee* (R 16) > **ḗee* (R 12) > **ḗei* (R 8) > ᾔει (mit ι subscr. in Analogie zum Plur.); davon ausgehend die übrigen Formen mit -ει-.

Merke:
1. **Bedeutung**: Der *Ind.* Präs. hat in Prosa stets *Futur*bedeutung (das Präs. wird durch ἔρχομαι ausgedrückt), die übrigen Formen des Präs. haben Futur- *und* Präsensbedeutung.
2. **Betonung** der Komposita nach den allgemeinen Regeln (123; 156, 6 d): ἄπειμι, ἄπιμεν, ἄπιθι, aber ἀπῇα, ἀπιέναι, ἀπιών.

3. εἰ-μί ich bin (E 107) § 162
(Wz. = V. Stock ἐσ-/σ-; vgl. lat. *es-se* : *s-um*)

1. **Akzent.** Der Ind. Präs., als „*Kopula*" gebraucht, ist **enklitisch** (ausgenommen 2. Sg. εἶ), aber *betont* in der Bedeutung „da sein, vorhanden sein": z. B. εἰσίν, οἵ.. = lat. *sunt, quī* ..; in diesem Fall lautet die 3. Sg. ἔστιν: ἔστιν θεός es gibt einen Gott; ἔστιν steht ferner
a) nach ὡς, οὐκ, εἰ — τοῦτ', ἀλλ', καί, z. B. τοῦτ' ἔστιν das heißt;
b) am Satzanfang, besonders in festen Formeln:
ἔστιν ὅστις mancher   ἔστιν ὅτε manchmal   οὐκ ἔστιν ὅπως οὐ auf jeden Fall
ἔστιν οὗ da und dort   οὐκ ἔστιν ὅτε niemals

c) wenn ἔστιν = ἔξεστιν „es ist möglich, es ist erlaubt" steht, z. B. ἔστιν ὁρᾶν man kann sehen, οὐκ ἔστιν es ist unmöglich.

Betonung der **Komposita** nach den allgemeinen Regeln: 123; 156, 6d.

2. In **χρή** liegt ein indeklinables Subst. χρή „Bedürfnis" vor, das in der Bedeutung „es ist nötig, man muß" = lat. *opus est* mit den Formen von εἶναι verschmolzen ist; ausgenommen ist die 3. Sg. Ind. Präs. χρή, wo (wie ja auch sonst oft) die Kopula ἐστί(ν) ausgefallen ist.

Konj. χρῇ	(< *χρὴ ᾖ)	Fut. χρῆσται	(<*χρὴ ἔσται) oder χρήσει
Opt. χρείη	(< *χρὴ εἴη)	Part. τὸ χρεών	**indeklinabel**
Impf. χρῆν	(< *χρὴ ἦν)		(< *χρὴ ὄν mit quantitativer Metathese: R 7)
daneben ἐχρῆν		Inf. χρῆναι	(< *χρὴ εἶναι).

Anm. ἀπόχρη „es genügt" bildet seine Formen wie χρήω ich gebe Orakel (133, 1): Konj. ἀποχρῇ, Inf. ἀποχρῆν, Part. ἀποχρῶν, Impf. ἀπέχρη.

	Präsens					Imper-fekt	Futur	
	Ind.	Konj.	Optativ	Imperativ	Inf.		Ind.	Opt.
Sg. 1.	εἰ-μί	ὦ	εἴη-ν		εἶ-ναι	ἦ-ν(ἦ)	ἔσο-μαι	ἐσοί-μην
2.	**εἶ**	ᾖς	εἴη-ς	**ἴσ-θι**		ἦσ-θα	ἔσῃ (ἔσει)	Infinitiv
3.	ἐσ-τί(ν)	ᾖ	εἴη	ἔσ-τω	Partizip	ἦ-ν	**ἔσ-ται**	ἔσε-σθαι
Pl. 1.	ἐσ-μέν	ὦ-μεν	εἴη-μεν (εἶ-μεν)		ὤν, ὄντος οὖσα,	ἦ-μεν	ἐσό-μεθα	
2.	ἐσ-τέ	ἦ-τε	εἴη-τε (εἶ-τε)	ἔσ-τε	οὔσης	ἦ-τε	ἔσε-σθε	Partizip
3.	εἰσί(ν)	ὦ-σι(ν)	(εἴη-σαν) εἶ-εν	⎰ἔσ-των ⎱ἔσ-τωσαν ((ὄντων))	ὄν, ὄντος	(ἦσ-τε) ἦσ-αν	ἔσο-νται	ἐσό-μενος, -η, -ον

Erläuterungen.

Präs.: 1. Sg. *ἐσ-μι > εἰμί (R 22f; R 11). — 2. Sg. ἐσ-σί (hom.) > *ἐσι (R 22e) > εἶ (R 16). — 3. Sg. ἐσ-τί: -τι nach σ erhalten (gegen R 20). — 3. Pl. εἰσί < ἐντί (dor.): E 107. — Konj. *ἐσ-ω (= lat. *erō* < *esō*: E 74) > hom. ἔω (R 16) > ὦ (R 8). — Opt. *ἐσ-ιη-ν > εἴην, *ἐσ-ῑ-μεν > εἶμεν (R 16; 196c 1 α); vgl. alat. *s-ie-m* (> *sim*): *s-ī-mus* (Schwundstufe *s-*/Vollstufe *ἐσ-*). — εἴημεν, εἴητε: Analogie zum Singular. — εἶεν < *es-ī-ent (R 18; R 16; 196 c 1 α) vgl. alat. *s-i-ent*: E 104, 4. — Inf. *ἐσ-ναι > εἶναι (R 22 f; R 11). — Part. *ἐσ-ων > hom. ἐών (R 16) > ὤν (R 8); Gen. ὄντος (trotz hom. ἐόντος!) ist Analogie nach -ων : -οντος der übrigen Part.; ebenso Neutr. ὄν (trotz hom. ἐόν).

Impf.: 1. Sg. *ēs-m (temporales Augment: 118, 2) > *ēsṃ > *ἦσα (R 2) > hom. ἦα (R 16) > ἦ (att.) > ἦν (-ν analogisch nach ἔπαυον). — 2. Sg. ἦσ-θα zeigt alte Perf.-Endung (vgl. οἶσθα; E 113 Plqu.). — 1. Pl. *ἦσ-μεν > ἦμεν (R 22a); analog 2. Pl. ἦτε (statt ἦστε). — 3. Pl. *ēs-nt > *ēsṇt > *ἦσα (R 2; R 18) > ἦσαν (-ν analogisch nach ἔπαυον; vgl. ἔδειξαν: E 85); -σ- (gegen R 16) erhalten.

Fut.: hom. ἔσσο-μαι > ἔσομαι (R 22e) usw.

§ 163 4. **δύνα-μαι** ich kann (E 108)

(V. Stock δυνη-/δυνα-; vgl. ἡ δύνα-μις die Gewalt)

Beachte:

1. Wie δύναμαι konjugieren die Verba

ἄγα-μαι ich bewundere — ἐπίστα-μαι ich verstehe — κρέμα-μαι ich hange ἐ-πριά-μην ich kaufte, nur Aor. (Ersatz im Präs. ὠνέομαι, Impf. ἐωνούμην: vgl. 189, 115).

2. Abweichungen vom Paradigma ἵσταμαι:
a) trotz Kontraktion (E 108,2) wird der **Akzent** im Konj. und Opt. zurückgezogen: Konj. δύνωμαι, ἐπίστηται, πρίωνται usw., Opt. ἄγαιο, ἐπίσταισθε, πρίαιντο;

b) das -σ- von -σο schwindet, z. B. 2. Sg. Imp. πρίω (< *πρία-σο), ἐπίστω (< *ἐπίστα-σο), Impf. ἐδύνω (< *ἐ-δύνα-σο), ἠπίστω (< *ἠπίστα-σο).

Anm. δύναμαι hat neben dem normalen Impf. ἐδυνάμην auch ἠδυνάμην (119, 4 Anm.).

	Präsens					Imperfekt
	Indikativ	Konjunktiv	Optativ	Imperativ	Infinitiv	
Sg. 1.	δύνα-μαι	δύνω-μαι	δυναί-μην		δύνα-σθαι	ἐ-δυνά-μην
2.	δύνα-σαι	δύνῃ	δύναι-ο	δύνω	Partizip	ἐ-δύνω
3.	δύνα-ται	δύνη-ται	δύναι-το	δυνά-σθω		ἐ-δύνα-το
Pl. 1.	δυνά-μεθα	δυνώ-μεθα	δυναί-μεθα		δυνά-μενος	ἐ-δυνά-μεθα
2.	δύνα-σθε	δύνη-σθε	δύναι-σθε	δύνα-σθε	δυνα-μένη	ἐ-δύνα-σθε
3.	δύνα-νται	δύνω-νται	δύναι-ντο	δυνά-σθων	δυνά-μενον	ἐ-δύνα-ντο

Verbaladjektiv: δυνα-τός vermögend, fähig, möglich

5. **κάθ-η-μαι** ich sitze (E 109)   § 164
(V. Stock ἡ(σ)-)

	Präsens			Imperfekt	
	Indikativ	Imperativ	Infinitiv		
Sg. 1.	κάθη-μαι		καθῆ-σθαι	ἐ-καθή-μην	καθ-ή-μην
2.	κάθη-σαι	κάθη-σο	Partizip	ἐ-κάθη-σο	καθ-ῆ-σο
3.	κάθη-ται	καθή-σθω		ἐ-κάθη-το	καθ-ῆ(σ)-το
Pl. 1.	καθή-μεθα		καθή-μενος	ἐ-καθή-μεθα	καθ-ή-μεθα
2.	κάθη-σθε	κάθη-σθε	καθη-μένη	ἐ-κάθη-σθε	καθ-ῆ-σθε
3.	κάθη-νται	καθή-σθων	καθή-μενον	ἐ-κάθη-ντο	καθ-ῆ-ντο

Erläuterung. ἧμαι < *ἧσ-μαι (R 22a) usw. bei allen mit μ oder ν beginnenden Endungen; ἧσαι < *ἧσ-σαι (R 22e) usw. bei allen mit σ beginnenden Endungen.

Beachte: intr. ich sitze: κάθημαι, καθίζομαι, καθέζομαι
refl. ich setze mich: καθίζω, καθίζομαι, καθέζομαι
trans. ich setze nieder, lasse sitzen: *nur* καθίζω.

Anm. 1. Da das Simplex ἧμαι in Prosa nicht gebräuchlich ist, empfand man die Zusammensetzung nicht mehr; so kam neben der Impf.-Form καθ-ή-μην usw., deren -η- bereits das Augment enthält, auch die doppelt augmentierte Form ἐ-καθή-μην usw. auf.

Anm. 2. Konj. καθῶμαι, καθῇ, καθῆται usw., Opt. καθοίμην, καθοῖτο neben καθήμην, καθήμεθα sind selten. Fehlende Formen werden durch καθίζομαι und καθέζομαι ersetzt, so auch das Futur: καθεδοῦμαι, -ῇ, -εῖται usw. (135, 1 Anm. 1; 189, 108).

§ 165   6. κεῖ-μαι ich liege
                  (Wz. = V. Stock κει-; vgl. ἡ κοί-τη das Lager)

| | Präsens | | | Imperfekt | Futur |
	Indikativ	Imperativ	Infinitiv		
Sg.1.	κεῖ-μαι		κεῖ-σθαι	ἐ-κεί-μην	κείσο-μαι
2.	κεῖ-σαι	κεῖ-σο		ἔ-κει-σο	κείσῃ
3.	κεῖ-ται	κεί-σθω	Partizip	ἔ-κει-το	κείσε-ται
Pl. 1.	κεί-μεθα		κεί-μενος	ἐ-κεί-μεθα	κεισό-μεθα
2.	κεῖ-σθε	κεῖ-σθε	κει-μένη	ἔ-κει-σθε	κείσε-σθε
3.	κεῖ-νται	κεί-σθων	κεί-μενον	ἔ-κει-ντο	κείσο-νται

Beachte:

1. **Akzent der Komposita** (123; 156, 6 d): παράκειμαι ich liege in der Nähe, παράκεισο; aber παρακεῖσθαι.

2. κεῖμαι und Komposita dienen als Ersatz für das seltene Perf. Med./Pass. τέθειμαι von τίθημι (166), z. B.   νόμος κεῖται   ein Gesetz ist gegeben, besteht
                                    τρίπους ἀνάκειται ein Dreifuß ist aufgestellt, geweiht.

Anm. Konjunktiv (nur κέ η-ται, κέ ω-νται < *κεί η-ται usw.: **R 12**) und Optativ (nur κέ οι-το, κέ οι-ντο < *κεί οι-το usw.) sind selten.

§ 166 2. Die von den übrigen Tempusstämmen gebildeten Formen

1. Die Formen der nichtpräsentischen Zeiten der Verba auf -μι sind (von einigen Besonderheiten abgesehen) gebildet wie die der Verba vocalia (134 ff.). Beachte jedoch die teilweise abweichenden *Bedeutungen* dieser normal gebildeten Formen (s. Ziff. 2)!

Wz. = V. Stock	δεικ- zeigen	δω-/δο- geben	θη-/θε- legen	ἡ-/ἑ- schicken	στη-/στα stellen
Fut. A	δείξω	δώ σω	θή σω	ἥ σω	s. u. Ziff. 2!
M	δείξο-μαι	δώ σο-μαι	θή σο-μαι	ἥ σο-μαι	
Aor. A	ἔ-δειξ-α	ἔ-δω κ-α[1])	ἔ-θη κ-α[1])	ἧ κ-α[1])	
M	ἐ-δειξ-ά-μην	[ἐ-δό-μην]	[ἐ-θέ-μην]	[εἵ-μην]	
Perf. A	δέ δειχ-α	δέ δω κ-α	τέ θη κ-α	εἷ κ-α[3])	
Plqu. A	ἐ-δε δείχ-η (-ειν)	ἐ-δε δώ κ-η (-ειν)	ἐ-τε θή κ-η (-ειν)	εἵ κ-η (-ειν)	
Perf. M/P	δέ δειγ-μαι	δέ δο-μαι	(κεῖ-μαι[2])	εἷ-μαι[3])	
Plqu. M/P	ἐ-δε δείγ-μην	ἐ-δε δό-μην	(ἐ-κεί-μην[2])	εἵ-μην	
Aor. P	ἐ-δείχ θη-ν	ἐ-δό θη-ν	ἐ-τέ θη-ν	εἵ θη-ν[3])	
Fut. P	δειχ θήσο-μαι	δο θήσο-μαι	τε θήσο-μαι	ἑ θήσο-μαι	
Verb.Adj.	δεικ-τός	δο-τός	θε-τός	ἑ-τός	
	δεικ-τέος	δο-τέος	θε-τέος	ἑ-τέος	

¹) 167, 1   ²) 165   ³) **E 110**

2. Die **Bedeutungen von ἵστημι** verteilen sich auf die einzelnen Formen, wie folgt:

	Aktiv ich stelle	trans. Med. ich stelle f. mich	intr. Med. ich stelle mich = ich trete	Passiv ich werde gestellt
Präs.	ἵστημι	ἵσταμαι	ἵσταμαι	ἵσταμαι
Fut.	στήσω	στήσομαι	στήσομαι	σταθήσομαι
Aor.	ἔστησα	ἐστησάμην	ἔστην¹) ich trat	ἐστάθην
Perf.	—	—	ἔστηκα ich stehe	—
Plqu.	—	—	εἱστήκη(-ειν) ich stand	—
Pf.Fut.	—	—	ἑστήξω ich werde stehen	—

¹) Zur Bildung s. Wurzelaorist: 168!

Erläuterung. ἕστηκα < *σε-στηκ-α ist unregelmäßige Reduplikation: 121, 5.

3. Entsprechend lauten auch die **Zeiten der übrigen Verba auf -μι** (157, 2; 159, 2):

κί χρη-μι ich leihe (einem)	χρη-/χρα-	χρήσω	ἔ-χρη σ-α	κέ χρη κ-α
κί χρα-μαι ich entlehne		—	ἐ-χρη σ-ά-μην	
πίμ πλη-μι ich fülle	πλη-/πλα- (< *pḷ-)	πλήσω πλησ θήσο-μαι¹)	ἔ-πλη σ-α ἐ-πλήσ θη-ν¹)	πέ πλη κ-α πέ πλη σ-μαι¹)
πίμ πρη-μι ich zünde an	πρη-/πρα-	πρήσω πρησ θήσο-μαι¹)	ἔ-πρη σ-α ἐ-πρήσ θη-ν¹)	πέ πρη κ-α πέ πρη σ-μαι¹)
ὀ-νί-νη-μι ich nütze	ὀνη-/ὀνα-	ὀνήσω	ὤνη σ-α	
ὀ-νί-να-μαι ich habe Vorteil		ὀνήσο-μαι	ὠνή θη-ν, ὠνή-μην²)	

und die Wurzelverba:

ἄγα-μαι ich bewundere	ἀγα-	ἀγά σο-μαι	ἠγάσ θη-ν¹)	(ἀγασ-τός¹)
δύνα-μαι³) ich kann	δυνη/α-	δυνή σο-μαι	{ἐ-δυνή θη-ν (ἐ-δυνάσ θη-ν¹)}	δε δύνη-μαι (δυνα-τός fähig)
ἐπίστα-μαι ich verstehe	ἐπιστη/α-	ἐπιστή σο-μαι	ἠπιστή θη-ν	—
κρέμα-μαι ich hange	κρεμη/α-	κρεμή σο-μαι		—

BESONDERHEITEN IN DER TEMPUSBILDUNG DER VERBA AUF -μι

§ 167 1. Aorist von δίδωμι, τίθημι, ἵημι (s. Tabelle S. 158f.)

a) Im **Sing.** des Ind. Aor. Akt. erscheint **-κ-** als Tempuszeichen (E III, 1): ἔ-δωκ-α, ἔ-θηκ-α, ἧκ-α usw. Die Flexion ist der des σ-Aorists gleich.

Anm. Später (ab 385 v. Chr.) wurde dieser κ-Aor. auch im Plural verwendet: ἐδώκαμεν, ἐδώκατε, ἔδωκαν usw.

b) **Die übrigen Formen** des Akt. und das ganze Med. fügen die **Personalendungen unmittelbar an die Wz.** (*Wurzelaorist:* 168), die hier *kurz* erscheint (*Schwundstufe*): ἔ-δο-μεν, ἔ-θε-μεν, (*ἔ-ἑ-μεν >) εἷμεν usw., ἐ-δό-μην, ἐ-θέ-μην, εἷ-μην usw. (E III, 2).

c) Im **Imperativ** tritt in der 2. Sg. ausnahmsweise ein **-ς** an die Wz. (E III, 3):
δό-ς, θέ-ς, ἕ-ς, (ebenso σχές zu ἔσχον: 171, 11).

---

¹) „Parasitisches σ": 138 a   ²) Nur: Ind.Sg. ὠνήμην, ὤνησο, ὤνητο; Opt. (ganz) ὀναίμην usw.; Imp. ὄνησο; Inf. ὄνασθαι; Part. ὀνήμενος   ³) 163, 2 Anm.

d) Der **Infinitiv** ist mit -εναι gebildet, dessen ε mit dem vorhergehenden kurzen Vokal kontrahiert wird: *δο-εναι, *θε-εναι, *ἐ-εναι > δοῦναι, θεῖναι, εἶναι (E 111, 4).

e) Im **Medium** schwindet das -σ- der 2. Sg. -σαι bzw. -σο (R 16): Ind. (*ἐ-δο-σο, *ἐ-θε-σο >) ἔδου, ἔθου; Konj. (*δο-η-σαι, *θε-η-σαι, *ἐ-η-σαι >) δῷ, θῇ, ᾗ; Imp. (*δο-σο, *θε-σο *ἐ-σο >) δοῦ, θοῦ, οὗ.

Ausnahme: Vom Aor. zu ἵημι lautet die 2. Sg. *Ind.* **εἷ-σο**; aber: 2. Sg. *Opt.* **εἷ-ο**.

f) **Akzent der Komposita** (123): ἀφ-ῆκα ich entließ, ἀπό-δος gib zurück!, παρέν-θες schieb ein!, ἀπό-δου verkaufe!, ὑπ-έκ-θου bring heimlich weg!; *aber* ἐφ-οῦ begehre!, προ-δῶμεν laßt uns preisgeben!

§ 168 2. Der Wurzelaorist

a) **Aorist II zu ἵσταμαι** (Tabelle s. nebenan): Von der Wz. στη- „stellen" wird neben dem Aor. I ἔ-στησ-α „ich stellte" auch ein Aor. II ἔ-στη-ν „ich stellte mich, ich trat" gebildet (Bedeutung: 166, 2). In ihm treten die **Endungen unmittelbar an die Wz.** (Ind.Sekundärendungen, 2. Sg.Imp. -θι). Die **Wurzel hat langen Auslaut** (στη-); lediglich vor dem -ι- des Opt.-Zeichens und vor -ντ- des Part. und der 3. Pl.Imp. erscheint στᾰ- (R 4; R 5).

Im Konj. und Opt. wird der Wz.-Auslaut -η- bzw. -α- mit dem Moduszeichen kontrahiert: (*στη-ω >) στῶ usw., (*στα-ιη-ν >) σταίην, (*στα-ι-μεν >) σταῖμεν

b) Auch einige Verba auf -ω mit **Wz. auf langen Vokal** bilden einen Wurzelaorist, der, wie ἔστην, meist *intransitive* Bedeutung hat. Diese Verba sind:

α) *Wurzel auf a-Laut (ᾱ, η/ᾰ):*

βαίνω	ich gehe	βη-/βᾰ-	ἔ-βη-ν
—	ich ertrage, wage	τλη-/τλᾰ-	ἔ-τλη-ν
φθάνω	ich komme zuvor	φθη-/φθᾰ-	ἔ-φθη-ν (neben ἔ-φθᾰσ-α)
γηράσκω	ich altere	γηρᾱ-/γηρᾰ-	ἐ-γήρᾱ-ν (neben ἐ-γήρᾰ σ-α)
ἀπο-διδράσκω	ich entlaufe	δρᾱ-/δρᾰ-	ἀπ-έ-δρᾱ-ν

β) *Wurzel auf e-Laut (η/ε):*

ῥέω	ich fließe	ῥυη-[1]/ῥυε-	ἐρ-ρύη-ν
σβέννυμαι[2]	ich erlösche	σβη-/σβε(σ)-	ἔ-σβη-ν

γ) *Wurzel auf o-Laut (ω/ο):*

[βιόω[3]]	ich lebe	βιω-/βιο-	ἐ-βίω-ν
γιγνώσκω	ich erkenne	γνω-/γνο-	ἔ-γνω-ν
ἁλίσκομαι	ich werde gefangen	ἁλω-/ἁλο-	ἑ-άλω-ν[4]

δ) *Wurzel auf u-Laut (ū/ŭ):*

δύομαι[5]	ich versinke	δῡ-/δῠ-	ἔ-δῡ-ν
φύομαι[6]	ich wachse, entstehe	φῡ-/φῠ-	ἔ-φῡ-ν

Beachte: Alle diese Verba haben **mediales Futur und Perfekt I,** z. B.

—	ich ertrage	τλήσομαι	ἔτλην	τέτληκα
ῥέω	ich fließe	ῥυήσομαι	ἐρρύην	ἐρρύηκα
[βιόω[3]]	ich lebe	βιώσομαι	ἐβίων	βεβίωκα
φύομαι	ich wachse	φύσομαι	ἔφυν	πέφῡκα ich bin (von Natur)

---

[1] Schwundstufe zu ῥεϝη- [2] Vgl. 179, 52 [3] Präs. selten, dafür gewöhnlich βιοτεύω od. ζήω (133, 1; 189, 104)
[4] Augment: E 78; vgl. 182, 63 [5] 140 a [6] 126, 3

Wurzelaorist

	Wurzel	auf **a**-Laut	auf **e**-Laut	auf **o**-Laut	auf **u**-Laut
Indikativ	Sg. 1.	ἔ-στη-ν	ἔ-δρᾱ-ν¹)	ἔ-σβη-ν	ἔ-γνω-ν	ἔ-δῡ-ν
	2.	ἔ-στη-ς	ἔ-δρᾱ-ς	ἔ-σβη-ς	ἔ-γνω-ς	ἔ-δῡ-ς
	3.	ἔ-στη	ἔ-δρᾱ	ἔ-σβη	ἔ-γνω	ἔ-δῡ
	Pl. 1.	ἔ-στη-μεν	ἔ-δρᾱ-μεν	ἔ-σβη-μεν	ἔ-γνω-μεν	ἔ-δῡ-μεν
	2.	ἔ-στη-τε	ἔ-δρᾱ-τε	ἔ-σβη-τε	ἔ-γνω-τε	ἔ-δῡ-τε
	3.	ἔ-στη-σαν	ἔ-δρᾱ-σαν	ἔ-σβη-σαν	ἔ-γνω-σαν	ἔ-δῡ-σαν
Konjunktiv	Sg. 1.	στῶ (< *στη-ω)	δρῶ (< *δρᾱ-ω)	σβῶ (< *σβη-ω)	γνῶ (< *γνω-ω)	δύω²)
	2.	στῇς	δρᾷς	σβῇς	γνῷς	δύῃς
	3.	στῇ	δρᾷ	σβῇ	γνῷ	δύῃ
	Pl. 1.	στῶ-μεν	δρῶ-μεν	σβῶ-μεν	γνῶ-μεν	δύω-μεν
	2.	στῆ-τε 1	δρᾶ-τε 2	σβῆ-τε 3	γνῶ-τε 4	δύη-τε
	3.	στῶ-σι(ν)	δρῶ-σι(ν)	σβῶ-σι(ν)	γνῶ-σι(ν)	δύω-σι(ν)
Optativ	Sg. 1.	σταίη-ν	δραίη-ν	σβείη-ν	γνοίη-ν	(δύη-ν < *δυ-ιη-ν)
	2.	σταίη-ς	δραίη-ς	σβείη-ς	γνοίη-ς	(δύη-ς)
	3.	σταίη	δραίη	σβείη	γνοίη	(δύη)
	Pl. 1.	σταῖ-μεν	δραῖ-μεν	σβεῖ-μεν	γνοῖ-μεν	(δῦ-μεν)
	2.	σταῖ-τε	δραῖ-τε	σβεῖ-τε	γνοῖ-τε	(δῦ-τε) 5
	3.	σταῖ-εν	δραῖ-εν	σβεῖ-εν	γνοῖ-εν	(δῦ-εν)
Imperativ	Sg. 2.	στῆ-θι	δρᾶ-θι	σβῆ-θι	γνῶ-θι	δῦ-θι
	3.	στή-τω	δρά-τω	σβή-τω	γνώ-τω	δύ-τω
	Pl. 2.	στῆ-τε 1	δρᾶ-τε¹) 2	σβῆ-τε 3	γνῶ-τε 4	δῦ-τε 5
	3.	στά-ντων	δρά-ντων	σβέ-ντων	γνό-ντων	δύ-ντων
Infinitiv		στῆ-ναι	δρᾶ-ναι	σβῆ-ναι	γνῶ-ναι	δῦ-ναι
Partizip		στάς, στά-ντος στᾶσα, στάσης στάν, στά-ντος	δράς, δρά-ντος δρᾶσα, δράσης δράν, δρά-ντος	σβείς, σβέ-ντος σβεῖσα, σβείσης σβέν, σβέ-ντος	γνούς, γνό-ντος γνοῦσα, γνούσης γνόν, γνό-ντος	δύς, δύ-ντος δῦσα, δύσης δύν, δύ-ντος

¹) Gewöhnlich nur ἀπ-έδρᾱν; beachte: ἀποδρᾶτε (Konj.), ἀπόδρᾱτε (Imp.)   ²) Vokalkürzung: R 6

§ 169 3. Wurzelperfekt (E 112)

a) Zu **ἕστηκα** „ich habe mich gestellt, ich stehe" finden sich neben den regelmäßigen Formen des κ-Perfekts ältere Formen eines Wurzelperfekts (die Endungen treten **ohne Tempuszeichen** unmittelbar an die reduplizierte Wz.):

Perf. Ind. ἕ στα-μεν, ἕ στα-τε, ἑ στᾶσιν (< *ἑστα-ασι) Konj. ἑ στῶ-μεν, ἑ στῶ-σιν
Opt. ἑ σταίη-ν usw. Imp. ἕ στα-θι, ἑ στά-τω usw. Inf. ἑ στά-ναι
Part. ἑ στώς, ἑ στῶσα, ἑ στός (ἑ στώς) — ἑ στῶτος, ἑ στώσης, ἑ στῶτος
Plqu. ἕ στα-μεν, ἕ στα-τε, ἕ στα-σαν (ohne Augment!).

b) In gleicher Weise haben sich Reste dieser alten Bildung erhalten zu
τέθνηκα ich bin gestorben, bin tot (= Perf. zu ἀπο-θνῄσκω: V. Stock θνη-/θνᾰ-)
Perf. Ind. τέ θνα-μεν, τέ θνα-τε, τε θνᾶσιν (< *τεθνα-ασι)
Opt. τε θναίη-ν usw. Imp. τέ θνα-θι, τε θνά-τω Inf. τε θνά-ναι
Part. τε θνε-ώς, τε θνε-ῶσα, τε θνε-ός — τε θνε-ῶτος, τεθνε-ώσης, τε θνε-ῶτος
Plqu. ἐ-τέ θνα-σαν

δέδοικα ich fürchte (Präsensbedeutung!): V. Stock δει-/δοι-/δι-[1])
Perf. Ind. δέ δι-α, δέ δι-ας, δέ δι-ε(ν), δέ δι-μεν, δέ δι-τε, δε δί-ᾱσιν Konj. δε δί-ω usw.
Imp. δέ δι-θι, δε δί-τω usw. Inf. δε δι-έναι
Part. δε δι-ώς, δε δι-υῖα, δε δι-ός — δε δι-ότος, δε δι-υίᾱς, δε δι-ότος
Plqu. ἐ-δέ δι-μεν, ἐ-δέ δι-τε, ἐ-δέ δι-σαν (ἐδεδίεσαν)

βέβηκα ich bin gegangen (= Perf. zu βαίνω: V. Stock βη-/βᾰ-)
Perf. Ind. βέ βα-μεν, βε βᾶσιν (< *βεβα-ασι) Inf. βε βά-ναι Part. βε βώς (< *βεβα-ως)

Erläuterungen.
Part. Mask. *ἑστα-ως > ἑστώς. — *τε θνη-ως > τεθνεώς (R 6), *τεθνη-ότος > *τεθνεῶτος (R 7; 21, 2 d Anm.). — Fem. ἑστῶσα, τεθνεῶσα Analogie zu ἱστάς: ἱστᾶσα. (E 112, 2) — Neutr. ἑστός (statt *ἑστα-ος > ἑστώς), τεθνεός (statt *τεθνη-ός > *τεθνεώς: R 7) sind Analogie zum Paradigma (πεπαιδευ)κώς : -κός.

c) Hierher gehört, trotz Fehlens der Reduplikation, das präsentische Perfekt (wie lat. *nōvī*)
οἶδα ich weiß (E 113)
(Wz. = V. Stock ϝειδ(ε)-/ϝοιδ-/ϝιδ-; vgl. Aor. II εἶδ-ον ich sah < *ἐ-ϝιδ-ον, lat. *vid-ēre*, dt. *ich weiß*)

	Perfekt (= Präsens)				Plusquamperfekt (= Imperfekt)	
	Indikativ	Konjunktiv	Optativ	Imperativ		
Sg. 1.	οἶδ-α	εἰδῶ	εἰδείη-ν		ᾔδη	ᾔδ-ει-ν
2.	οἶσ-θα	εἰδῇς	εἰδείη-ς	ἴσ-θι	ᾔδη-σθα	ᾔδ-ει-ς
3.	οἶδ-ε(ν)	εἰδῇ	εἰδείη	ἴσ-τω	ᾔδει	ᾔδ-ει
Pl. 1.	ἴσ-μεν	εἰδῶ-μεν	εἰδεῖ-μεν		ᾔδε-μεν	(ᾖσ-μεν)
2.	ἴσ-τε	εἰδῆ-τε	εἰδεῖ-τε	ἴσ-τε	ᾔδε-τε	(ᾖσ-τε)
3.	ἴσ-ᾱσι(ν)	εἰδῶ-σι(ν)	εἰδεῖ-εν	ἴσ-των (ἴσ-τωσαν)	ᾔδε-σαν	(ᾖσ-αν)
Inf. εἰδ-έναι Part. εἰδ-ώς, εἰδ-υῖα, εἰδ-ός Fut. εἴσο-μαι						
Verb. Adj. ἰσ-τέον εἰδ-ότος, εἰδ-υίᾱς, εἰδ-ότος (εἰδήσω)						

---

[1]) Hom. Nebenformen: δείδω (auch δείδοα für *δεδϝοͅα), Fut. δείσο-μαι selten, Aor. ἔ-δεισ-α

Erläuterungen.
*ϝοιδ-: 2. Sg. *ϝοιδ-θα > οἶσθα (R 24).
*ϝειδ-: Inf. εἰδ-έναι, Part. εἰδ-ώς, Fut. *ϝειδ σο-μαι > εἴσομαι (R 22d).
*ϝιδ- (Schwundstufe): 2. Pl. *ϝιδ-τε > ἴστε, Imp. *ϝιδ-θι usw. > ἴσθι usw. (R 24).
  Analogie dazu: 1. Pl. ἴσμεν und 3. Pl. ἴσασιν.
*ϝειδε- (zweisilbige Wz.-Form) in der Bildung eines σ-Aor.: ϝειδεσ- (vgl. lat. *vīderō* < *vīdesō*, *vīderim* < *vīdesim*): Konj. *ϝειδεσ-ω > εἰδῶ (R 16), Opt. *ϝειδεσ-ιη-ν > εἰδείην (R 16; 196 c 1 α), Fut. εἰδήσω, Plqu. *ἠ-ϝει-δεσ-ṃ > *ἠϝειδεσα (R 2) > hom. ᾔδεα (R 13; R 8; R 16) > att. ᾔδη (R 8), danach 2. Sg. ᾔδη-σθα (E 113 Plqu.); 3. Sg. *ἠ-ϝειδεσ-ε > hom. ᾔδεε > att. ᾔδει; 3. Pl. *ἠ-ϝειδεσ-ṇτ > *ἠϝειδεσα (R 2; R 18) > ᾔδεσαν (-ν wie bei ἔδειξαν; -σ- gegen R 16: vgl. E 85).

Beachte:
1. Futur und Konj., Opt., Inf. Perfekt bedeuten auch „einsehen, erkennen, erfahren".
2. **Komposita** werden wie üblich (123; 156, 6d) betont: σύν-οιδα ich bin Mitwisser, πρό-ισμεν wir wissen vorher, σύν-ισθι sei dir bewußt!; aber συνειδῶ, προειδέναι, προειδώς.

IV. „UNREGELMÄSSIGE" VERBA

EINTEILUNG § 170

1. „Unregelmäßige" Verba nennt man
    a) Verba, deren Präs. Stamm erhebliche Veränderungen gegenüber dem V. Stock aufweist,
    b) Verba, deren Tempora von verschiedenen Wurzeln gebildet werden.
2. Man unterscheidet folgende Klassen (vgl. 124 Anm.):
    a) **Verba mit Ablaut** (ohne besondere Präsenserweiterung);
    b) **Nasalklasse:** der Präsensstamm ist durch -ν-, -αν-, -νε-, -νῡ- oder Infix -ν- in Verbindung mit -αν- erweitert;
    c) **Incohativklasse:** der Präsensstamm ist durch -(ι)σκ- erweitert;
    d) **Verba mit Präsensreduplikation:** der Präsensstamm ist durch Präsensreduplikation, teilweise in Verbindung mit -(ι)σκ-, erweitert;
    e) **E-Klasse:** das sind Verba von zweisilbigen Wurzeln, die in den verschiedenen Tempusstämmen teils mit teils ohne den *e*-Laut auftreten;
    f) **Mischklasse** („*Verba suppletiva*"): die einzelnen Tempusstämme sind von verschiedenen Wurzeln gebildet, deren Tempora sich also gegenseitig ergänzen.

a) VERBA MIT ABLAUT § 171
(ohne besondere Präsenserweiterung*)

1. Verba muta:

1. ἀλείφω	ich salbe	ἀλειφ-/ἀλιφ-	ἀλείψω	ἤλειψα / ἠλείφθην	ἀλήλιφα[1]) / ἀλήλιμμαι[1])
2. κλέπτω (< *κλεπ-ι̯-ω)	ich stehle	κλεπ-/κλοπ-/κλπ-	κλέψω	ἔκλεψα / ἐκλάπην	κέκλοφα / κέκλεμμαι
3. λέγω	ich sage	λεγ-/λογ- (λεκτός)	λέξω	ἔλεξα / ἐλέχθην	— / λέλεγμαι
διαλέγομαι aber:	ich unterrede mich		διαλέξομαι	διελέχθην	διείλεγμαι[2])
συλλέγω	ich sammle		συλλέξω	συνέλεξα / συνελέγην[4])	συνείλοχα[3]) / συνείλεγμαι

---
*) Hier sind nur diejenigen Verba zusammengestellt, deren Formen bisher nur einzeln, an verschiedenen Stellen verstreut, vorgekommen sind   [1]) Att. Red. 122, 1   [2]) E 79   [3]) 155b   [4]) 153a Ausn.

4. λείπω	ich (ver)lasse	λειπ-/λοιπ-/λιπ-	λείψω	ἔλιπον ἐλείφθην	λέλοιπα λέλειμμαι
5. πλέκω	ich flechte	πλεκ-/πλοκ-/πλ*κ-	πλέξω	ἔπλεξα ἐπλάκην } ἐπλέχθην }	πέπλοχα πέπλεγμαι
6. σήπομαι	ich verfaule	σηπ-/σᾰπ-	σαπήσομαι	ἐσάπην	σέσηπα
7. τήκομαι	ich schmelze (intr.)	τηκ-/τᾰκ-	τακήσομαι	ἐτάκην	τέτηκα
8. τρέπω	ich wende	τρεπ-/τροπ-/τ*π-	τρέψω	ἔτρεψα¹) ἐτράπην } ἐτρέφθην }	τέτροφα τέτραμμαι
τρέπομαι	ich wende von mir ab		τρέψομαι	ἐτρεψάμην¹)	
τρέπομαι	ich wende mich		{τρέψομαι {τραπήσομαι	ἐτραπόμην¹) } ἐτράπην¹) }	τέτραμμαι
9. φεύγω	ich fliehe	φευγ-/φυγ-	{φεύξομαι (φευξοῦμαι²)	ἔφυγον	πέφευγα
10. ἕπομαι (< *σεπομαι)	ich folge (Impf. εἱπόμην)	σεπ-/σπ-	ἕψομαι	ἑσπόμην³)	—
11. ἔχω (< *σεχω)	ich habe (Impf. εἶχον)	σεχ-/σχ-/σχη-	{ἕξω {σχήσω	ἔσχον⁴)	ἔσχηκα
ἔχομαι	ich halte mich (Impf. εἰχόμην)		{ἕξομαι {σχήσομαι	ἐσχόμην⁴)	ἔσχημαι (ἑκτός, σχετός)
ἀνέχομαι	ich ertrage (Impf. ἠνειχόμην⁵)		{ἀνέξομαι (ἀνασχήσομαι)	ἠνεσχόμην⁵)	ἠνέσχημαι⁵)
12. πέτομαι	ich fliege	πετ-/πτ-/πτη-	πτήσομαι	ἐπτόμην (und ἐπτάμην)	—
13. ἄχθομαι	ich ärgere mich	ἀχθ(εσ)-	ἀχθέσομαι	ἠχθέσθην	—
14. ἐθίζω	ich gewöhne (Impf. εἴθιζον)	σϝεθιδ-/σϝηθ-/σϝωθ-	ἐθιῶ	εἴθισα	εἴθικα⁶) εἴθισμαι⁶)
ἐθίζομαι	ich gewöhne mich (Impf. εἰθιζόμην)		ἐθισθήσομαι	εἰθίσθην	εἴωθα⁶) (ich bin gewohnt, pflege)

§ 172   2. Verba liquida:

15. βάλλω (< *βαλ-*j*-ω)	ich werfe	βαλ(ε)-/βλη-	βαλῶ (βλητός)	ἔβαλον ἐβλήθην	βέβληκα βέβλημαι

¹) 151a Anm.; 152,3 Anm.   ²) Dor. Fut.: 135, 1 Anm. 2
³) Konj. σπῶμαι, σπῇ, σπῆται usw., aber ἐπίσπωμαι usw.
    Opt. σποίμην, σποῖο, σποῖτο usw., aber ἐπισποίμην, ἐπίσποιο usw.
    Imp. σποῦ, σπέσθε, aber ἐπίσπου, ἐπίσπεσθε (123, 2 Anm.).
    Inf. σπέσθαι und ἐπισπέσθαι, Part. σπόμενος und ἐπισπόμενος.
⁴) Konj. σχῶ, σχῇς, σχῇ usw., aber πρόσχω usw., παράσχω usw.
        σχῶμαι, σχῇ, σχῆται usw., aber πρόσχωμαι usw., παράσχωμαι usw.
    Opt. σχοίην, σχοίης, σχοίη usw., aber πρόσχοιμι, παράσχοιμι usw.
        σχοίμην, σχοῖο, σχοῖτο usw., aber προσχοίμην, πρόσχοιο usw., παρασχοίμην, παράσχοιο usw.
    Imp. σχές (167c) σχέτω, σχέτε, σχόντων, aber πρόσχες, παράσχες
        σχοῦ, σχέσθω, σχέσθε, σχέσθων, auch προσχοῦ, aber παράσχου (123, 2 Anm.).
    Inf. σχεῖν und παρασχεῖν, σχέσθαι und παρασχέσθαι
    Part. σχών und παρασχών, σχόμενος und παρασχόμενος
⁵) 120, 3 c   ⁶) 122, 2; E 79

16. ἐγείρω (< *ἐγερ-i̯-ω) ἐγείρομαι	ich wecke ich wache auf	ἐγερ-/ἐγορ- ἐγρ(η)-	ἐγερῶ ἐγεροῦμαι	ἤγειρα ἠγέρθην ἠγρόμην	ἐγήγερκα¹) ἐγήγερμαι¹) ἐγρήγορα¹)
17. μαίνομαι (< *μαν-i̯-ομαι)	ich rase	μαν-/μην- μανη-	μανοῦμαι	ἐμάνην	μέμηνα (ich bin rasend)
18. φαίνω (< *φαν-i̯-ω) φαίνομαι aber: ἀποφαίνομαι	ich zeige ich zeige mich, erscheine ich lege dar	φαν-/φην- φανη-	φανῶ φανθήσομαι φανοῦμαι ⎫ φανήσομαι ⎭ ἀποφανοῦμαι	ἔφηνα ἐφάνθην ἐφάνη ἀπεφηνάμην	πέφαγκα πέφασμαι ⎰πέφηνα ⎱πέφασμαι —

b) NASALKLASSE

1. Präsenserweiterung durch -ν-   § 173
(Vgl. lat. *contem-n-ō* : *contem-(p)sī*; *si-n-ō* : *sī-vī*)

19. βαίνω (trans.) (< *βα-ν-i̯-ω)²) (intr.)	ich mache gehen ich gehe, schreite	βη- βᾰ-	βήσω (βατός) βήσομαι	ἔβησα ἐβάθην ἔβην	— βέβαμαι βέβηκα³)
20. φθάνω	ich komme zuvor	φθη- φθᾰ-	φθήσομαι	ἔφθην (ἔφθασα)	ἔφθᾰκα
21. δάκνω	ich beiße	δηκ- δᾰκ-	δήξομαι δηχθήσομαι	ἔδακον ἐδήχθην	δέδηχα δέδηγμαι
22. κάμνω	ich ermüde	καμ-/κμη-	καμοῦμαι⁴)	ἔκαμον	κέκμηκα
23. τέμνω	ich schneide	τεμ- τμη-	τεμῶ⁴) (τμητός)	ἔτεμον ἐτμήθην	τέτμηκα τέτμημαι
24. ἐλαύνω (< *ἐλαυν-i̯-ω zu ἐλάω)	ich treibe	ἐλα-	ἐλῶ⁴), -ᾷς	ἤλασα ἠλάθην	ἐλήλακα¹) ἐλήλαμαι¹)
25. πίνω	ich trinke	πῑ- πο-/πω-	πίομαι⁵) (ποτός)	ἔπιον⁶) ἐπόθην	πέπωκα πέπομαι
26. τίνω⁷) (< *τι-ν-ϝω) τίνομαι	ich bezahle, büße ich strafe	τει- τι-	τείσω τείσομαι	ἔτεισα ἐτεισάμην	τέτεικα τέτεισμαι⁸)
27. φθίνω⁷) (< *φθι-ν-ϝω) φθίνω⁷) ⎱ φθίνομαι ⎰	ich lasse schwinden, vernichte ich schwinde hin, vergehe	φθει- φθι-	φθείσω (φθίσω) φθείσομαι (φθίσομαι)	ἔφθεισα (ἔφθισα) ἐφθίμην	— ἔφθιμαι

2. Präsenserweiterung durch -αν-   § 174

28. αἰσθάνομαι	ich fühle, merke, nehme wahr	αἰσθ- αἰσθη-	αἰσθήσομαι (αἰσθητός)	ᾐσθόμην	ᾔσθημαι

---

¹) Att. Red. 122, 1   ²) Doppelte Präsenserweiterung
³) Vereinzelt Formen eines Wurzelperfekts (169b): βέβαμεν, βεβᾶσι(ν), βεβάναι, βεβώς
⁴) Att. Fut. 135, 1 Anm. 1
⁵) Ursprünglich *kurz*vokalischer Konj. zu athematischem Ind. wie ἴ-ο-μεν : ἴ-μεν (E 74), ἔδ-ο-μεν : *ἔδ-μι (189, 107)
⁶) Imp. πῖθι!   ⁷) Hom. τίνω, φθίνω   ⁸) Parasitisches σ: 138

29. ἁμαρτάνω	ich fehle, irre	ἁμαρτ- ἁμαρτη-	ἁμαρτήσομαι	ἥμαρτον ἡμαρτήθην	ἡμάρτηκα ἡμάρτημαι
30. ἀπεχθάνομαι	ich werde verhaßt	ἐχθ(η)-	ἀπεχθήσομαι	ἀπηχθόμην	ἀπήχθημαι
31. ὀσφραίνομαι (< *ὀσφρ-αν-i̯-ομαι¹)	ich wittere, rieche	ὀσφρ- ὀσφρη-	ὀσφρήσομαι	ὠσφρόμην	—
32. ὀφλισκάνω²) (< *ὀφλ-ισκ-αν-ω¹)	ich bin schuldig	ὀφλ- ὀφλη-	ὀφλήσω	ὦφλον	ὤφληκα
33. αὐξάνω αὐξάνομαι	ich vermehre ich wachse, nehme zu	αὐξ- αὐξη-	αὐξήσω {αὐξήσομαι αὐξηθήσομαι}	ηὔξησα ηὐξήθην	ηὔξηκα ηὔξημαι

§ 175   3. Präsenserweiterung durch -νε-

34. (ἀφ)ικνέομαι	ich komme (an)³)	ἱκ-	(ἀφ)ίξομαι	(ἀφ)ικόμην	(ἀφ)ῖγμαι
35. ὑπισχνέομαι⁴)	ich verspreche	σχ(η)-	ὑποσχήσομαι	ὑπεσχόμην⁵)	ὑπέσχημαι

4. Präsenserweiterung durch -νῠ-

§ 176   α) Gutturalstock

36. ἄγνῡμι ἄγνῠμαι	ich breche (trans.) ich zerbreche (intr.)	ϝᾰγ-	ἄξω	ἔᾱξα⁶) ἐάγην⁷)	— ἔᾱγα (ich bin zerbrochen)
37. δείκνῡμι	ich zeige	δεικ-	δείξω	ἔδειξα ἐδείχθην	δέδειχα δέδειγμαι
38. εἴργνῡμι⁸) (εἴργω)	ich schließe ein	εἰργ-	εἴρξω	εἶρξα εἴρχθην	— εἶργμαι
39. ζεύγνῡμι	ich verbinde	ζευγ- ζυγ-	ζεύξω	ἔζευξα ἐζεύχθην ἐζύγην }	ἔζευγμαι
40. μείγνῡμι	ich mische	μειγ- μιγ-	μείξω	ἔμειξα ἐμείχθην ἐμίγην }	— μέμειγμαι
41. ἀνοίγνῡμι⁸) (ἀνοίγω)	ich öffne	ϝοιγ-	ἀνοίξω ἀνοιχθήσομαι	ἀνέῳξα⁷) ἀνεῴχθην⁷)	ἀνέῳχα ἀνέῳγμαι ἀνέῳγα (ich bin offen)
42. πήγνῡμι πήγνῠμαι	ich mache fest ich werde fest	πηγ- πᾰγ-	πήξω παγήσομαι	ἔπηξα ἐπάγην	πέπηχα πέπηγα (ich bin fest)
43. ῥήγνῡμι ῥήγνῠμαι	ich breche (trans.) ich zerbreche (intr.)	ϝρηγ- ϝρᾰγ-	ῥήξω ῥαγήσομαι	ἔρρηξα ἐρράγην	— ἔρρωγα (ich bin zerrissen)

---

¹) Doppelte Präsenserweiterung   ²) Vgl. 187, 96   ³) Ebenso ἐξ- und ἐφ-ικνέομαι ich gelange wohin, erreiche
⁴) Aus redupl. Nebenform von ἔχω: *σι-σχ-ω > *ἱ-σχ-ω > ἰ-σχ-ω (Hauchdissimilation: R 17)
⁵) Vgl. S. 172⁴: Imp. ὑπόσχου: 123, 2 Anm.
⁶) Trotz ἔᾱξα häufig Imp. ἆξον, Inf. ἆξαι
⁷) Durch quantitative Metathese (R 7) aus *ἠϝάγην, *ἤϝοιξα, *ἠϝοίχθην mit altem Augment ἠ- (E 78); Imp. οἶξον; Inf. οἶξαι   ⁸) Vgl. 158, 2

β) Liquidastock § 177

44. ἀπόλλῡμι	ich verderbe,	ὀλ-	ἀπολῶ ²)	ἀπώλεσα	ἀπολώλεκα ³)
(< *ὀλ-νῡ-μι¹)	vernichte	ὀλε-			
ἀπόλλῡμαι	ich gehe zugrunde		ἀπολοῦμαι ²)	ἀπωλόμην	ἀπόλωλα ³)
45. ὄμνῡμι	ich schwöre	ὀμ-	ὀμοῦμαι ²)	ὤμοσα	ὀμώμοκα ³)
		ὀμο-	ὀμο(σ)θήσομαι	ὠμό(σ)θην ⁴)	ὀμώμο(σ)μαι ³)⁴)

γ) σ-Stock § 178
(Verba auf -ννῡμι)

1. *Stock mit* α:

46. κεράννῡμι	ich mische	κερᾰσ-	κερῶ ²),-ᾷς	ἐκέρασα	—
(< *κερασ-νῡ-μι)		κρᾱ-		{ ἐκράθην ἐκεράσθην }	
			κρᾱθήσομαι		κέκρᾱμαι
47. κρεμάννῡμι	ich hänge auf	κρεμᾰσ-	κρεμῶ ²),-ᾷς	ἐκρέμασα	—
(< *κρεμασ-νῡ-μι)				ἐκρεμάσθην	[κρέμαμαι ⁵)]
					(intr.: ich hange)
48. πετάννῡμι	ich breite aus	πετᾰσ-	πετῶ ²),-ᾷς	ἐπέτασα	
(< *πετασ-νῡ-μι)		πτᾰ-		ἐπετάσθην	πέπταμαι
49. σκεδάννῡμι	ich zerstreue	σκεδᾰσ-	σκεδῶ ²),-ᾷς	ἐσκέδασα	—
(< *σκεδασ-νῡ-μι)				ἐσκεδάσθην	ἐσκέδασμαι

2. *Stock mit* ε: § 179

50. ἀμφιέννῡμι	ich kleide an	ϝεσ-	ἀμφιῶ ²),-εῖς	ἠμφίεσα ⁶)	—
(< *ϝεσ-νῡ-μι)					
ἀμφιέννῡμαι	ich kleide mich an		ἀμφι**έσο**μαι	ἠμφιεσάμην ⁶)	ἠμφίεσμαι
					(ich habe an)
51. κορέννῡμι	ich sättige	κορεσ-	κορέσω	ἐκόρεσα	
(< *κορεσ-νῡ-μι)				ἐκορέσθην	κεκόρεσμαι
52. σβέννῡμι	ich lösche aus	σβεσ-	σβέσω	ἔσβεσα	—
(< *σβεσ-νῡ-μι)	(trans.)	σβη-	σβεσθήσομαι	ἐσβέσθην	ἔσβεσμαι
σβέννῠμαι	ich erlösche (intr.)		σβήσομαι	ἔσβην	ἔσβηκα
					(ich bin erloschen)

3. *Stock mit* ω: § 180

53. ζώννῡμι	ich gürte	ζωσ-	ζώσω	ἔζωσα	ἔζωκα
(< *ζωσ-νῡ-μι)			ζωσθήσομαι	ἐζώσθην	ἔζωσμαι
54. ῥώννῡμι	ich stärke	ῥω-⁷)	ῥώσω	ἔρρωσα	—
			ῥω**σ**θήσομαι⁴)	ἐρρώ**σ**θην⁴)	ἔρρωμαι⁸)
					(ich bin stark, gesund)
55. στρώννῡμι⁹)	ich breite aus,	στρω-⁷)	στρώσω	ἔστρωσα	
	strecke hin		στρωθήσομαι	ἐστρώθην	ἔστρωμαι

---

¹) 213, 1c   ²) Att. Fut. 135, 1 Anm. 1   ³) Att. Redupl. 122, 1   ⁴) Parasitisches σ: 138
⁵) Ein Präsens: 159, 2; 166, 3   ⁶) Augment: 120, 3 a   ⁷) Analogische Übertragung des -νν-
⁸) ἔρρωσο leb wohl! bleib gesund! = lat. *valē!*   ⁹) Auch στόρ-νῡ-μι, στορῶ, ἐστόρεσα; vgl. lat. *ster-n-ō!*

§ 181   5. Präsenserweiterung durch Wurzelinfix -ν- (bzw. -μ-)
in Verbindung mit -αν-

(Vgl. lat. *vi-n-c-ō : vīc-ī ; ru-m-p-ō : rūp-ī*)

56. θιγγάνω	ich berühre	θιγ-	θίξομαι	ἔθιγον	—
57. λαμβάνω	ich nehme, empfange	λαβ- ληβ-	λήψομαι (ληπτός)	ἔλαβον[1] ἐλήφθην	εἴληφα[2] εἴλημμαι[2]
58. λανθάνω ἐπιλανθάνομαι	ich bin verborgen ich vergesse	λαθ- ληθ-	λήσω ἐπιλήσομαι	ἔλαθον ἐπελαθόμην	λέληθα ἐπιλέλησμαι
59. λαγχάνω	ich erlose	λαχ-/ληχ-	λήξομαι	ἔλαχον	εἴληχα[3]
60. μανθάνω	ich lerne	μαθ- μαθη-	μαθήσομαι (μαθητός)	ἔμαθον	μεμάθηκα
61. πυνθάνομαι	ich erfrage, erfahre	πευθ- πῠθ-	πεύσομαι (πευστέος)	ἐπυθόμην	πέπυσμαι
62. τυγχάνω	ich treffe, erreiche	τευχ-/τῠχ- τῠχη-	τεύξομαι	ἔτυχον	τετύχηκα

§ 182   c) INCOHATIVKLASSE

Präsenserweiterung durch -σκ- bzw. -ισκ-

(Vgl. lat. *crē-sc-ō : crē-vī ; pac-īsc-or : pac-tus*)

63. ἁλίσκομαι	ich werde gefangen	ϝᾰλω-	ἁλώσομαι (ἁλωτός)	ἑάλων[4] (ἥλων)	ἑάλωκα[5] (ἥλωκα)
64. ἀναλίσκω (< *ἀνα-ϝαλ-ισκ-ω)	ich wende auf	ἀνᾱλ(ω)-	ἀνᾱλώσω (ἀνᾱλωτέος)	ἀνήλωσα ἀνηλώθην	ἀνήλωκα ἀνήλωμαι
65. ἀρέσκω	ich gefalle	ἀρε-	ἀρέσω	ἤρεσα	—
66. γηράσκω	ich altere	γηρᾱ- γηρᾰ-	γηράσομαι	ἐγήρᾱσα (ἐγήρᾱν)	γεγήρᾱκα
67. ἡβάσκω	ich werde mannbar	ἡβη- ἡβᾰ-	ἡβήσω	ἥβησα	ἥβηκα
68. εὑρίσκω	ich finde	εὑρ- εὑρη/ε-	εὑρήσω (εὑρετός)	ηὗρον[6] ηὑρέθην	ηὕρηκα ηὕρημαι
69. ἀποθνῄσκω (< *θνη-ισκ-ω)	ich sterbe, werde getötet	θαν- θνη-	ἀποθανοῦμαι[7]	ἀπέθανον	τέθνηκα[8] Pf.Fut. τεθνήξω (ich werde tot sein)
70. ἱλάσκομαι (< *σι-σλα-σκ-ομαι)	ich besänftige	ἱλα(σ)-	ἱλάσομαι	ἱλασάμην ἱλάσθην	—
71. μεθύσκω	ich berausche	μεθυ-	—	ἐμέθυσα ἐμεθύσθην[9]	—
72. πάσχω (< *παθ-σκ-ω)	ich leide, erdulde	πενθ-/πονθ- πῠθ- > παθ-	πείσομαι (< *πενθ σο-μαι)	ἔπαθον	πέπονθα

---

[1] Imp. λαβέ, aber κατάλαβε ergreife!: 123, 1 Ausn.   [2] < *σε-σλᾱφ-α usw.: E 79
[3] Analogie zu εἴληφα: E 79   [4] Augment: 119, 4; E 78   [5] < *ϝε-ϝαλω-κα: 121, 5
[6] Imp. εὑρέ: 123, 1 Ausn.   [7] Att. Fut.: 135, 1 Anm. 1; E 84, 2
[8] Formen des Wz.-Perf. τέθναμεν usw.: 169 b   [9] Parasitisches σ: 138

d) VERBA MIT PRÄSENSREDUPLIKATION
1. Präsenserweiterung durch Reduplikation allein § 183

73.	γίγνομαι	ich werde, entstehe	γεν-/γον- γν-/γενη-	γενήσομαι	ἐγενόμην	γέγονα γεγένημαι
	(γί-γν-ομαι)					
74.	πίπτω¹⁾	ich falle	πετ-/πτ- πτω-	πεσοῦμαι²⁾	ἔπεσον³⁾	πέπτωκα
	(< *πι-πτ-ω)					
75.	τίκτω⁴⁾	ich erzeuge, gebäre	τεκ-/τοκ- τκ-	τέξομαι	ἔτεκον	τέτοκα
	(< *τι-τκ-ω)					

2. Präsenserweiterung durch Reduplikation in Verbindung mit -(ι)σκ- § 184

76.	βιβρώσκω	ich verzehre, esse	βρω-	(s. Nr. 107) βρωθήσομαι	(s. Nr. 107) ἐβρώθην	βέβρωκα βέβρωμαι
77.	γιγνώσκω	ich erkenne	γνω-	γνώσομαι (γνωστός⁵⁾)	ἔγνων ἐγνώσθην⁵⁾	ἔγνωκα ἔγνωσμαι⁵⁾
78.	τιτρώσκω	ich verwunde	τρω-	τρώσω τρωθήσομαι	ἔτρωσα ἐτρώθην	τέτρωκα τέτρωμαι
79.	διδάσκω	ich lehre	διδαχ-	διδάξω διδαχθήσομαι	ἐδίδαξα ἐδιδάχθην	δεδίδαχα δεδίδαγμαι
	(< *δι-δακ-σκ-ω⁶⁾)					
	διδάσκομαι	ich lerne		διδάξομαι	ἐδιδαξάμην	(διδακτός)
80.	ἀποδιδράσκω	ich entlaufe	δρᾱ-	ἀποδράσομαι	ἀπέδρᾱν	ἀποδέδρᾱκα
81.	(ἀνα)μιμνήσκω	ich erinnere	μνη-	(ἀνα)μνήσω	(ἀν)έμνησα	—
	(< *μι-μνη-ισκ-ω)					
	(ἀνα)μιμνήσκομαι	ich erinnere mich		(ἀνα)μνησθήσομαι⁵⁾	(ἀν)εμνήσθην⁵⁾	μέμνημαι⁸⁾ Pf.Fut. μεμνήσομαι

e) E-KLASSE

Wz. teils *zwei*silbig, d. h. am Ende *mit e*-Laut (ε oder η), teils *ein*silbig, d. h. *ohne e*-Laut

1. e-Laut nur im Präsensstamm § 185
(Vgl. lat. *mane-ō : man-sī*)

82.	δοκέω	ich scheine	δοκε- δοκ-	δόξω	ἔδοξα	—
	δοκεῖ (μοι)	es scheint (mir), ich beschließe		δόξει	ἔδοξε(ν)	δέδοκται⁹⁾ (es ist beschlossen)
83.	ὠθέω	ich stoße	ϝωθε- ϝωθ-	ὤσω ὠσθήσομαι	ἔωσα¹⁰⁾ ἐώσθην¹⁰⁾	ἔωκα¹⁰⁾ ἔωσμαι¹⁰⁾
	ὠθέομαι	ich stoße von mir		ὤσομαι	ἐωσάμην¹⁰⁾	ἔωσμαι¹⁰⁾

---

¹⁾ ῑ statt ῐ ist Analogie nach ῥίπτω ²⁾ Att. Fut.: 135, 1 Anm. 1; E 84, 2
³⁾ Dor. ἔπετον: -σ- vermutlich analogische Übernahme aus dem σ-Aorist
⁴⁾ Metathese wegen der schwer sprechbaren Konsonantengruppe -τκ- ⁵⁾ Parasitisches σ: 138
⁶⁾ Vgl. lat. *doc-eō*! Die Präsensreduplikation wurde nicht mehr als solche empfunden und so auch in die anderen Tempora übernommen ⁸⁾ Konj. u. Opt.: 135, 8 Anm. ⁹⁾ τὰ δεδογμένα der Beschluß
¹⁰⁾ Augment: 119, 2; E 78; Redupl. 121, 5

§ 186   2. e-Laut im Präsens- und Perfekt-Stamm

84. γαμέω (γυναῖκα)	ich heirate (eine Frau)	γαμε/η-	γαμῶ	ἔγημα	γεγάμηκα
γαμέομαι (ἀνδρί)	ich heir. (einen Mann) = lat. *nūbō*	γαμ-	γαμοῦμαι	ἐγημάμην	γεγάμημαι (γαμητέον)

§ 187   3. e-Laut in allen Tempora außer im Präsensstamm

85. ἀλέξω	ich helfe, stehe bei	ἀλεξ(η)-	ἀλεξήσω	ἠλέξησα	—
ἀλέξομαι	ich wehre von mir ab		ἀλεξήσομαι	ἠλεξάμην	—
86. βούλομαι¹⁾	ich will	βουλ(η)-	βουλήσομαι	ἐβουλήθην²⁾	βεβούλημαι
87. δέω³⁾	ich ermangle	δεϝ(η)-	δεήσω	ἐδέησα	δεδέηκα
δεῖ μοί τινος	es ist mir etw. nötig		δεήσει	ἐδέησεν	δεδέηκεν
δέομαί τινος¹⁾³⁾	ich bedarf, bitte		δεήσομαι	ἐδεήθην	δεδέημαι
88. (ἐ)θέλω	ich will	(ἐ)θελ(η)-	(ἐ)θελήσω	ἠθέλησα⁴⁾	ἠθέληκα⁴⁾
89. καθεύδω⁵⁾	ich schlafe	ευδ(η)-	καθευδήσω	—	—
90. μάχομαι	ich kämpfe	μαχ(ε)- μαχη-	μαχοῦμαι	ἐμαχεσάμην	μεμάχημαι
91. μέλει μοί τινος	etw. liegt mir am Herzen	μελ(η)-	μελήσει	ἐμέλησεν	μεμέληκεν
ἐπιμέλομαί ἐπιμελέομαί} τινος	ich sorge für jmd.		ἐπιμελήσομαι	ἐπεμελήθην	ἐπιμεμέλημαι
μεταμέλομαί τινος	ich bereue etw.		μεταμελήσομαι	μετεμελήθην	μεταμεμέλημαι
92. μέλλω	ich bin im Begriff, zaudere	μελλ(η)-	μελλήσω	ἐμέλλησα²⁾	—
93. οἴομαι¹⁾⁶⁾	ich glaube, meine	οἰ(η)-	οἰήσομαι	ᾠήθην	—
94. οἴχομαι	ich gehe (bin) fort	οἰχ(η)-	οἰχήσομαι	—	—
95. ὄζω (< *ὀδ-ι̯-ω)	ich rieche (intr.), dufte	ὀζ(η)-⁷⁾ ὀδ-	ὀζήσω	ὤζησα	ὄδωδα⁷⁾ (ich rieche)
96. ὀφείλω⁸⁾ (< *ὀφελ-ι̯-ω)	ich schulde, soll	ὀφειλ(η)-⁷⁾ ὀφελ-	ὀφειλήσω	ὤφειλησα ὤφελον⁷⁾	ὠφείληκα
97. ῥέω⁹⁾	ich fließe	ῥεϝ-/ῥυ- ῥυη-	ῥυήσομαι	ἐρρύην	ἐρρύηκα
98. τύπτω (< *τυπ-ι̯-ω)	ich schlage	τυπτ(η)-	τυπτήσω¹⁰⁾	(s. Nr. 110)	(s. Nr. 110)
99. χαίρω (< *χαρ-ι̯-ω)	ich freue mich	χαρ(η)-	χαιρήσω¹⁰⁾	ἐχάρην	κεχάρηκα

§ 188   4. e-Laut nur im Perfekt- und Aor. Pass.-Stamm

100. μένω	ich bleibe	μεν(η)-	μενῶ	ἔμεινα	μεμένηκα

---

¹) 2. Sg. Ind. *immer* βούλει, δέει, οἴει: 131, 7 Anm.   ²) Auch ἠβουλήθην, ἠμέλησα: 119, 4 Anm.
³) Kontraktion beschränkt: 133, 3b Anm.   ⁴) 119, 4 Anm.; E 79   ⁵) Impf. καθηῦδον und ἐκάθευδον: 120, 3a
⁶) Nebenform οἶμαι, Impf. ᾤμην
⁷) Das ζ bzw. ει des Präs. bei ὄζω bzw. ὀφείλω drang in alle Tempora ein, außer Perf. II ὄδωδα bzw. Aor. II ὤφελον   ⁸) Vgl. 174, 32   ⁹) Kontraktion beschränkt: 133, 3b Anm.
¹⁰) Das -τ- des Präs. τύπτω < *τυπ-ι̯-ω ist auch ins Fut. eingedrungen; ebenso das -αι- des Präs. χαίρω < *χαρ-ι̯-ω

| 101. νέμω | ich teile zu | νεμ(η)-
(νεμητέος) | νεμῶ | ἔνειμα
ἐνεμήθην | νενέμηκα
νενέμημαι |

Beachte: Auch bei Verben anderer Klassen kommt dies Nebeneinander von ein- und zweisilbiger Wz.-Form (193) bei Verben mit Präsenserweiterung vor: vgl. φαίνω (Nr. 18), αὐξάνω (Nr. 33), τυγχάνω (Nr. 62), εὑρίσκω (Nr. 68) und andere.

f) MISCHKLASSE § 189
(Verba suppletiva)

(Vgl. lat. *ferō, tulī, lātum*)

102. ἀγορεύω λέγω φημί	} ich sage, rede, spreche (vgl. Nr. 3!)	ἀγορευ- λεγ- φη- ϝεπ-/ϝπ- ϝερε-/ϝρη-	{ἐρῶ¹) {λέξω {φήσω {ῥηθήσομαι {λεχθήσομαι	{εἶπον²)³) {ἔλεξα {ἔφην {ἐρρήθην {ἐλέχθην	εἴρηκα⁴) {εἴρημαι⁴) {λέλεγμαι
103. αἱρέω αἱρέομαι αἱρέομαι	ich nehme ich wähle ich werde gewählt	αἱρε- αἱρη- ἑλ-	αἱρήσω αἱρήσομαι αἱρεθήσομαι (αἱρετός)	εἷλον⁵) εἱλόμην ᾑρέθην	ᾕρηκα ᾕρημαι ᾕρημαι
104. βιοτεύω ζήω	} ich lebe	βιο(τευ)- βιω-, ζη-	βιώσομαι	ἐβίων	βεβίωκα
105. ἔρχομαι⁶) ἥκω	} ich gehe, komme	ἐρχ-, ἡκ-, εἰ- ἐλευθ-/ἐλυθ- ἐλθ-	{εἶμι {ἐλεύσομαι {ἥξω	} ἦλθον²)⁷)	ἐλήλυθα⁸) (ἥκω ich bin da)
106. ἐρωτάω	ich frage	ἐρω(τα)- ἐρε/ο-, ἐρ-	{ἐρωτήσω {ἐρήσομαι	ἠρώτησα ἠρόμην }	ἠρώτηκα
107. ἐσθίω βιβρώσκω	} ich esse, verzehre	ἐδ- βρω- φαγ-	ἔδομαι⁹) βρωθήσομαι	ἔφαγον {ἐβρώθην {ᾐδέσθην	{βέβρωκα {ἐδήδοκα⁸) {βέβρωμαι {ἐδήδεσμαι⁸)
108. καθίζω¹⁰)	ich setze nieder; setze mich	ἱδ-/ἱζ(ε)- ἑδ-	καθιῶ	ἐκάθισα¹¹) (καθῖσα)	—
καθίζομαι καθέζομαι	} ich lasse mich nieder; sitze		{καθιζήσομαι {καθεδοῦμαι¹)	ἐκαθισάμην (ἐκαθεζόμην) }	κάθημαι¹²)
109. ὁράω (Impf. ἑώρων)	ich sehe	ϝορα- ὀπ- ϝιδ-	ὄψομαι¹³) ὀφθήσομαι (ὀπτός, ὁρατός)	εἶδον²) ὤφθην	ἑόρᾱκα¹⁴) {ἑόρᾱμαι¹⁴) {ὦμμαι

---

¹) Att. Fut. 135, 1 Anm. 1   ²) Imp. εἰπέ, ἐλθέ, ἰδέ: 123, 1 Ausn.
³) < *ἐ-ϝε-ϝπ-ον: E 79; zu εἶπον gewöhnlich 2. Sg. Ind. εἶπας; im Imp. auch εἰπάτω, εἴπατε
⁴) εἴρηκα, εἴρημαι < *ϝε-ϝρη-κα, *ϝε-ϝρη-μαι: E 79   ⁵) Inf. ἑλεῖν, Part. ἑλών
⁶) Nur Ind.Präs. gebräuchlich; sonst durch εἶμι (161) oder ἥκω ersetzt
⁷) Wodurch ἦλθον (statt hom. ἤλυθον) veranlaßt wurde, ist nicht eindeutig geklärt   ⁸) Att. Redupl. 122, 1
⁹) ἔδομαι ist (ebenso wie πί-ο-μαι: 173, 25) als Futur gebrauchter *kurz*vokalischer Konj. von einem ausgestorbenen athematischen Präs. *ἔδ-μι: vgl. ἴ-ο-μεν : ἴ-μεν (E 74)   ¹⁰) ἵζω < *σι-σδ-ω wie lat. *si-sd-ō > sīdō
¹¹) Augment: 120, 3a   ¹²) Ein Präsens: 164   ¹³) 2. Sg. *immer* ὄψει: 131, 7 Anm.
¹⁴) ἑόρᾱκα < *ϝε-ϝορᾱ-κα: 121, 5; später (Analogie!) ἑώρᾱκα, ἑώρᾱμαι (119, 4; E 78)

110. παίω πλήττω τύπτω	} ich schlage	παι- πληγ-/πλᾱγ- τυπτε- παταγ-	παίσω τυπτήσω πατάξω }	ἔπαισα ἐπάταξα }	πέπληγα
			πληγήσομαι	ἐπλήγην	πέπληγμαι
					Pf. Fut. πεπλήξομαι

aber:

ἐκπλήττω	ich erschrecke (jmd.)		ἐκπλήξω	ἐξέπληξα	ἐκπέπληγα[1])
ἐκπλήττομαι	ich erschrecke (selber)		ἐκπλαγήσομαι	ἐξεπλάγην	ἐκπέπληγμαι

ebenso: καταπλήττω ich erschrecke (jmd.) und καταπλήττομαι ich erschrecke (selber)

111. πωλέω ἀποδίδομαι πιπράσκω	} ich verkaufe	πωλε- δω-/δο- πρᾱ-	πωλήσω ἀποδώσομαι (πρᾱτός)	ἐπώλησα ἀπεδόμην ἐπράθην	πεπώληκα πέπρᾱκα πέπρᾱμαι
112. σκοπέω σκοπέομαι	} ich beobachte, spähe, schaue	σκοπε- σκεπτ-	σκέψομαι	ἐσκεψάμην	ἔσκεμμαι
113. τρέχω θέω	} ich laufe	τρεχ- θεf-/θευ- δραμ(ε)-	δραμοῦμαι[2]) θεύσομαι }	ἔδραμον	δεδράμηκα
114. φέρω	ich trage	φερ-, οἰ- ἐνεκ-/ἐνοκ- ἐγκ-	οἴσω ἐνεχθήσομαι (οἰστός)	ἤνεγκον[3]) ἠνέχθην	ἐνήνοχα[4]) ἐνήνεγμαι[4])
φέρομαι	ich trage (für mich) davon		οἴσομαι	ἠνεγκάμην[3])	ἐνήνεγμαι[4])
115. ὠνέομαι (Impf. ἐωνούμην[6])	ich kaufe	fωνε- πρια-	ὠνήσομαι ὠνηθήσομαι	ἐπριάμην[5]) ἐωνήθην[6])	ἐώνημαι[6]) ἐώνημαι[6])

§ 190 V. ANHANG: DER DUAL BEIM VERBUM

Der Dual in der Konjugation hat besondere Endungen nur für 2. und 3. Person; für die 1. Person des Duals wird immer die 1. Plur. gebraucht[7]).

Die Endungen des Duals

		Haupttempora u. Konjunktive	Nebentempora u. Optative	Imperative
Aktiv	2. P.	-τον	-τον	-τον
(u. Aor. Pass.)	3. P.	-τον	-την	-των
Medium/Passiv	2. P.	-σθον	-σθον	-σθον
(außer Aor. Pass.)	3. P.	-σθον	-σθην	-σθων

---

[1]) Später auch intransitiv   [2]) Att. Fut. 135, 1 Anm. 1
[3]) 122, 2 Anm. b; zu ἤνεγκον 2. Sg. Ind. *nur* ἤνεγκας; außerdem auch ἤνεγκαν, ἐνέγκαιμι usw., ἐνεγκάτω, ἐνέγκατε; im Med. *nur* ἠνεγκάμην   [4]) Att. Redupl. 122, 1   [5]) 163, 1
[6]) Augment: 119, 2; **E** 78; Reduplikation: 121, 5
[7]) Die nur vereinzelt belegte 1. Du. Med. -μεθον ist für -μεθα nach dem Vorbild -σθον : -σθε geschaffen

DUAL

a) Verba auf -ω:

		Präsens				Imperfekt	Futur		
		Indikativ	Konjunktiv	Optativ	Imperativ		Indikativ	Optativ	
Akt.	2. D. 3. D.	παιδεύ ε-τον παιδεύ ε-τον	παιδεύ η-τον παιδεύ η-τον	παιδεύ οι-τον παιδευ οί-την	παιδεύ ε-τον παιδεύ ε-των	ἐ-παιδεύ ε-τον ἐ-παιδε ύ ε-την	παιδεύ σε-τον παιδεύ σε-τον	παιδεύ σοι-τον παιδεύ σοί-την	
Med./Pass.	2. D. 3. D.	παιδεύ ε-σθον παιδεύ ε-σθον	παιδεύ η-σθον παιδεύ η-σθον	παιδεύ οι-σθον παιδευ οί-σθην	παιδεύ ε-σθον παιδεύ ε-σθην	ἐ-παιδεύ ε-σθον ἐ-παιδε ύ ε-σθην	παιδεύ σε-σθον παιδεύ σε-σθον	παιδεύ σοι-σθον παιδεύ σοί-σθην	

		Aorist				Perfekt			Plusquam-perfekt
		Indikativ	Konjunktiv	Optativ	Imperativ	Indikativ	Konj.	Opt.	Imperativ
Akt.	2. D. 3. D.	ἐ-παιδεύ σ-α-τον ἐ-παιδεύ σ-ά-την	παιδεύ σ-η-τον παιδεύ σ-η-τον	παιδεύ σ-αι-τον παιδεύ σ-αί-την	παιδεύ σ-α-τον παιδεύ σ-ά-των	πε παιδεύ κ-α-τον πε παιδεύ κ-α-τον	—	—	ἐ-πε παιδεύ κ-ε-τον ἐ-πε παιδεύ κ-έ-την
Med.	2. D. 3. D.	ἐ-παιδεύ σ-α-σθον ἐ-παιδεύ σ-ά-σθην	παιδεύ σ-η-σθον παιδεύ σ-η-σθον	παιδεύ σ-αι-σθον παιδεύ σ-αί-σθην	παιδεύ σ-α-σθον παιδεύ σ-ά-σθων	πε παιδεύ-σθον¹ πε παίδευ-σθον¹	πε παιδευ-μένω ἦτον ἦτον	πε παιδεύ-σθον εἴτον εἴτην	πε παιδεύ-σθον πε παιδεύ-σθων
Pass.	2. D. 3. D.	ἐ-παιδεύ θη-τον ἐ-παιδεύ θή-την	παιδεύ θῆ-τον παιδεύ θῆ-τον	παιδεύ θεῖ-τον παιδεύ θεί-την	παιδεύ θη-τον παιδεύ θή-των				wie im Medium

¹) βέβλασφθον, τέτριφθον: R 23 d

b) Verba auf -μι:

		Präsens				Imperfekt	Aorist			
		Indikativ	Konjunktiv	Optativ	Imperativ		Indikativ	Konjunktiv	Optativ	Imperativ
Akt.	2. D. 3. D.	δί δο-τον δί δο-τον	δι δῶ-τον δι δῶ-τον	δι δοί-τον δι δοί-την	δί δο-τον δι δό-των	ἐ-δί δο-τον ἐ-δί δό-την	ἔ-δο-τον ἐ-δό-την	δῶ-τον δῶ-τον	δοῖ-τον δοί-την	δό-τον δό-των

usw.

IV. TEIL: LAUTLEHRE

A. VOKALE

§ 191   1. DIE IDG. VOKALE IM GRIECHISCHEN

Im Griechischen haben sich die idg. Vokale am besten von allen idg. Sprachen erhalten.

a) Kurze Vokale:

 idg. ă = gr. ᾰ: ἀγρός — lat. ager   — dt. Acker
 idg. ĕ = gr. ε: ἐστί   — lat. est   — dt. ist
 idg. ĭ = gr. ῐ: (ϝ)ίδμεν — vgl. lat. vidēmus — dt. wissen (Bedeutung!)
 idg. ŏ = gr. ο: ὀκτώ   — lat. octō   — dt. acht
 idg. ŭ = gr. ῠ: ζυγόν   — lat. iugum Joch.

b) Lange Vokale:

 idg. ā = gr. ᾱ > ion. η > **att. η,** jedoch nach ε, ι, ρ > ᾱ[1])
    dor. μάτηρ, ion.-att. μήτηρ — lat. māter Mutter
    ion. φρήτρη Brüderschaft, att. φράτηρ Mitglied einer Brüderschaft
                 — lat. frāter Bruder
 idg. ē = gr. η: μήν   — lat. mēnsis Monat
 idg. ī = gr. ῑ: ἶς (< *ϝῑς) — lat. vīs Kraft
 idg. ō = gr. ω: δῶρον — lat. dōnum Geschenk
 idg. ū = gr. ῡ: μῦς   — lat. mūs — dt. Maus.

Anm. Im Ion.-Att. kann also ein η entweder ursprünglichem η < idg. ē entsprechen (μήν — mēnsis) oder ursprünglichem ᾱ (μήτηρ — māter). So erklärt sich auch der Ablautwechsel ᾰ : ion.-att. η < ᾱ (192b 2), z. B. ἵσταμεν : ἵστημι (ἵστᾱμι). Unstimmigkeiten erklären sich aus dor. Herkunft eines Wortes (z. B. Φοιβίδᾱς, darum auch Gen. Φοιβίδᾱ: 39 Anm. 2) oder aus Analogie (z. B. χορηγός nach στρατηγός) oder daraus, daß früher vor dem ᾱ ein inzwischen geschwundenes ε oder ι (202, 1) stand (στοά < *στοϝῐᾱ, ἐλάᾱ < ἐλαίϝᾱ, Ἀθηνᾶ < Ἀθηναίᾱ); in κόρη < κόρϝᾱ (arkadisch) schwand ϝ erst, als die Rückverwandlung ρη > ρᾱ nicht mehr wirkte.

Die att. Rückverwandlung des η nach ε, ι, ρ zu ᾱ hatte die Aufteilung der femininen ā-Stämme in zwei Gruppen zur Folge: χώρᾱ gegenüber νίκη; aus demselben Grund bei den Verben auf -άω einerseits δράω : δράσω, anderseits τιμάω : τιμήσω, und bei den Verben auf -αίνω einerseits μιαίνω : ἐμίανα, anderseits φαίνω : ἔφηνα[2]).

c) Diphthonge:

 idg. ai = gr. αι: αἰών (< *αἰϝων) — lat. aevum — dt. Ew(igkeit)
 idg. ei = gr. ει: εἶμι   — lat. īre gehen

---

[1]) ρ hat über ο hinweg gewirkt in ἀθρόᾱ „versammelt" und ἀκροάσομαι „ich werde hören"; ῥοή (< *ῥοϝη) „Strömung" scheint Analogie nach βοή „Geschrei", πνοή „Wehen" zu sein
[2]) ἐκέρδᾱνα und das seltene ὕφᾱνα (147, 3 Anm. 1) sind Analogiebildungen nach ἐμίανα.

idg. *oi* = gr. **οι** :   **οἰνή** Eins   — lat. *ūnus* < alat. *oinos* — dt. ei*n*s
idg. *au* = gr. **αυ** :   **αὐξάνω**   — lat. *augeo* ich vermehre
idg. *eu* = gr. **ευ** :   λευκός weiß   — lat. *lūx* Licht
idg. *ou* = gr. **ου** :   λοῦσσον (< *λουκįον) weißer Kern im Tannenholz
                            — lat. *lūcēre* < *loucēre* leuchten
idg. *āi* = gr. **ᾳ (ῃ)** : χώρᾳ, νίκῃ   — lat. *terrae* < *terrāi* (dem) Land
idg. *ōi* = gr. **ῳ** :   λύκῳ   — lat. *lupō* < *lupōi* (dem) Wolf.

Anm. Die Langdiphthonge der idg. Grundsprache mit langem erstem Bestandteil *āi, ēi, ōi, āu, ēu, ōu* sind meist zu Kurzdiphthongen geworden; erhalten sind sie nur noch im Auslaut als Dat.Sg.-Ausgänge -ῳ, -ᾳ (-ῃ); ein mittelbarer Rest auch noch bei ναῦς „Schiff": Nom. Pl. ion.-att. νῆες < *νᾱϝες (= νᾶυες) wie lat. *nāvis* (vgl. 194a).

d) Vokalisches *r̥, l̥, m̥, n̥*:

Die Grundsprache besaß neben den konsonantischen auch *vokalische* oder silbebildende Liquiden und Nasale (in der Sprachwissenschaft mit *r̥, l̥, m̥, n̥* bezeichnet), gesprochen etwa wie die Schlußsilben in unserem „*Vater, Vogel, Atem, Laden*" (gesprochen *fātr̥, fōgl̥, ātm̥, lādn̥*). In den einzelnen Sprachen wurden die idg. vokalischen Liquiden verschieden verändert:

idg.	r̥	l̥	m̥	n̥
germ.	ur	ul	um	un
lat.	or	ol	em	en (> in)
griech.	ρα, αρ	λα, αλ	α	α

1. **idg. *r̥ — l̥* > gr. ρᾰ́ bzw. ᾰ́ρ — λᾰ́ bzw. ᾰ́λ:**

πατήρ Vater: πατράσι < *πατρ̥σι (vgl. 192 b 1 Anm. 1)   πίμπλημι ich fülle: πίμ-πλᾰ́-μεν < *πιμπλ̥μεν
δέρω ich schinde: δέ-δαρ-μαι < *δε-δρ̥-μαι   στέλλω (< *στελ-įω) ich sende: ἔ-σταλ-κα < *ἔ-στλ̥-κα

2. **idg. *m̥ — n̥* > gr. ᾰ́:**

πόδ-α (= lat. *pedem*) < ποδ-m̥, πόδ-ας < *ποδ-n̥ς
ἀ- < *sm̥- eins, zusammen („α copulativum") in ἅ-πλοῦς einfach, ἅ-παξ einmal usw. — ἁ-, wenn Aspirata folgt (208): ἀ-κόλουθος der den Weg mit einem zusammen hat = Begleiter < *sm̥ + κέλευθος Pfad
τείνω (< *τεν-įω) ich spanne: τα-τός < *τn̥-τος = lat. *ten-tus*
ἑκατόν < *ἑκn̥τομ (E 69) = lat. *centum* = dt. *hundert*.

So entstand auch das sog. „α privativum" (vor Vokalen ἀν- infolge schon grundsprachlicher Entwicklung eines konsonantischen Übergangslautes: 215): ἄ-(δικος) < *n̥-(δικος) = lat. *in-*(iustus) = dt. *un-*(gerecht).

2. DER ABLAUT § 192

Als Folge wechselnder Betonung im Idg. zeigt der Vokalismus innerhalb einer etymologisch zusammengehörigen Wort- oder Formengruppe in der Wurzel- oder Suffixsilbe bereits *grundsprachliche* Veränderungen, die man als „Ablaut" (auch „Vokalabstufung") bezeichnet. Der Ablaut findet sich als qualitativer und als quantitativer Ablaut.

a) Qualitativer Ablaut: es tritt Wechsel in der *Klangfarbe* des Vokals ein, indem *e* (selten auch *a*) mit *o* wechselt („*o*-Stufe"); es entsprechen sich also:

ε : ο   λέγω : λόγος   η : ω   ῥήγνῡμι : ἔρρωγα
         λέγε-τε : λέγο-μεν   ει : οι λείπω : λοιπός
         ἵππε : ἵππο-ς   ευ : ου σπεύδω : σπουδή
α : ω   φᾱμί (att. φημί) : φωνή

b) Quantitativer Ablaut: es tritt Wechsel zwischen sog. *Vollstufe, Dehnstufe* und *Schwundstufe* ein; man unterscheidet dabei

1. Ablaut **kurzer** Vokale:

Vollstufe mit *e* („*e*-Stufe") oder mit *o* („*o*-Stufe")
Dehnstufe: das *e* bzw. *o* ist bereits grundsprachlich zu *ē* bzw. *ō* gedehnt.
Schwundstufe, d.i. die infolge ursprünglicher Unbetontheit geschwächte (*reduzierte*) Form, z.B.

Vollstufe : Schwundstufe: ε/ο : —,   ει/οι : ι,   ευ/ου : υ.

Anm. 1. Von Lautfolgen wie ει/οι, ευ/ου bleibt in der Schwundstufe stets das ι bzw. υ als Silbenträger übrig, z. B. λείπω : λιπεῖν (vgl. dt. *weiß* : *wissen*); φεύγω : φυγή. Schwindet aber vor bzw. hinter Liquida oder Nasal ein Vokal, so werden diese, wenn ein *Konsonant* folgt, zum Träger des Silbentones, d. h. zum „Vokal" der Silbe; vor *Vokal* bleiben sie konsonantisch: Vollstufe πατέρ-ες, Schwundstufe *πατṛ-σι > πατρά-σι, aber πατρ-ός; *ne- „nicht" (vgl. lat. *ne-sciō*) > ṇ- > „α privativum" (vgl. 191 d 2).

Anm. 2. Die Fachausdrücke für die einzelnen Stufen sind in der Literatur sehr unterschiedlich gebraucht, ohne immer identisch zu sein; die hier gewählten werden durch die praktische Verwendbarkeit im Unterricht bestimmt. Die anderwärts vorkommenden Bezeichnungen sind folgendermaßen zu verstehen: Es gibt *Stark-* und *Schwach-*Stufen (auch *Hoch-* und *Tief-*Stufen genannt).
Die **Starkstufen** gliedern sich in *Grund- (Normal-)* und *Dehn-*Stufen; die **Grundstufe** findet sich wiederum als *Vollstufe 1 (=V= e-Stufe)* oder *Vollstufe 2 (=V⁰=o-Stufe)*; auch die **Dehnstufe** gliedert sich in *ē*-Stufe und *ō*-Stufe.
Die **Schwachstufen** sind *Reduktions-* und *Schwund-*Stufe (letztere oft, nicht immer, geradezu *Null-*Stufe).

2. Ablaut **langer** Vokale *ā, ē, ō*:

Vollstufe ᾱ, η, ω   **Schwundstufe** ᾰ, ε, ο   **Dehnstufe** entfällt.

Beispiele:

1. Ablaut kurzer Vokale:

Vollstufe		Schwundstufe	Dehnstufe	
e-Stufe	*o*-Stufe	*Vokal schwindet*	*e*-Stufe	*o*-Stufe
πάτερ Vater V.Sg.	προπάτορος Vorfahr G.Sg.	πατρός (vor Vokal) G.Sg. πατράσι (vor Kons.) Dat. Pl.	πατήρ N.Sg.	προπάτωρ N.Sg.
φέρω ich trage	φόρος Tribut	δίφρος Wagen	—	φώρ Dieb
ἐγενόμην ich wurde	γέγονα ich bin geworden	γίγνομαι ich werde		
λείπω ich lasse	λέλοιπα ich habe gelassen	ἔλιπον ich ließ		
*πόλειες (> πόλεις) Städte N. Pl.	—	πόλις Stadt N. Sg.		
ἐλεύσομαι ich werde kommen	εἰλήλουθα[1]) ich bin gekommen	ἤλυθον[1]) ich kam		
σπεύδω ich eile	σπουδή der Eifer	—	—	—
φεύγω ich fliehe	—	ἔφυγον ich floh		

2. Ablaut langer Vokale

| Vollstufe: | δίδωμι ich gebe | τίθημι ich setze | ἵστημι ich stelle (< ἱ-στᾱ-μι) |
| Schwundstufe: | δίδομεν wir geben | τίθεμεν wir setzen | ἵσταμεν wir stellen |

---

[1]) So Homer statt ἐλήλυθα (εἰ- ist metrische Dehnung für ἐ-) und ἦλθον (vgl. S. 179⁷)

Ablaut zweisilbiger Wurzeln §193

Es gab im Idg. zweisilbige Wurzeln, bei denen je nach der ursprünglichen Akzentlage die Ablauterscheinungen bald in der ersten, bald in der zweiten Silbe, bald auch in beiden Silben auftraten. Spuren davon finden sich besonders bei den „unregelmäßigen" Verben.

Wurzel	1. Silbe *Vollstufe* 2. Silbe *Schwundstufe*	1. Silbe *Schwundstufe* 2. Silbe *Vollstufe*	beide Silben *Schwundstufe*	beide Silben *Vollstufe*
γενη-	γένε-σις Ursprung	κασί-γνη-τος leiblicher Bruder	γέ-γα-μεν (< *γε-γη̣-μεν) wir sind geworden	—
	γόνο-ς Abkunft	—	γί-γνο-μαι ich werde	γονή Geburt
	γένο-ς Geschlecht	γνω-τός Blutsverwandter	—	—
τεμη-	τέμε-νος heiliger Bezirk	τέ-τμη-κα ich habe geschnitten	ἔ-τμᾰ-γον ich schnitt	—
	τόμο-ς Stück	—	—	τομή Schnitt

3. VOKALKÜRZUNG §194

a) Langdiphthonge kürzen inlautend vor Konsonant ihren ersten Vokal:

*βασιληυς > βασιλεύς (vgl. hom. βασιλῆ(ϝ)ος usw.) König; *dịēus > *Zηυς > Ζεύς (vgl. hom. Akk. Ζῆν)
*-θη-ῑ-μεν > *-θηιμεν > -θεῖμεν 1. Pl. Opt.Aor.Pass.; *νᾱυς > ναῦς (aber νηί, νῆες: 191c Anm.) Schiff
*γνω-ῑ-μεν > γνοῖμεν (1. Pl. Opt.Wz.-Aor. zu ἔγνων ich erkannte)

Anm. Auslautend bleiben die Langdiphthonge -ῳ, -ᾳ (-η) als Dat.Sg.-Ausgang erhalten: 191c Anm.

b) Langer Vokal vor Nasal + Konsonant wird gekürzt:

*βᾱ-ντ-ες > βάντες (Part. zu ἔβην < ἔβᾱν ich ging); *γνω-ντ-ες > γνόντες (Part. zu ἔγνων ich erkannte)
*-θη-ντ-ς > *-θεντς > -θείς (200) Part.Aor. Pass.
*ἠγερθη-ντ > hom. ἤγερθεν (209, 2) sie versammelten sich (3. Pl.Ind.Aor.Pass. zu ἀγείρω).

Anm. Hom. ἤγερθεν, μίγεν (zu μείγνῡμι ich mische) beweist, daß *zuerst* die Vokalkürzung erfolgt war und erst später das auslautende -τ schwand (209, 2).

c) Langer Vokal vor langem Vokal wird gekürzt:

hom. ἠώς   > att. ἕως   Morgenröte   hom. βασιλήων > att. βασιλέων (der) Könige
hom. νηῶν > att. νεῶν (der) Schiffe   hom. τεθνηώς > att. τεθνεώς gestorben.

4. QUANTITATIVE METATHESE §195

Umstellung der Quantitäten erfolgt bei **ηο, ηᾰ > εω, εᾱ**

ναός > hom. νηός > att. νεώς Tempel   lakonisch ἴληϝος > att. ἵλεως freundlich, mild
hom. πόληος > att. πόλεως (der) Stadt   *χρή + ὄν > χρεών notwendig
hom. βασιλῆος > att. βασιλέως (des) Königs   *ἤϝοραον > ἑώρων ich sah
                 hom. βασιλῆᾰ > att. βασιλέᾱ (den) König.

Anm. 1. Neutr. τεθνεώς (statt *-εώς < -ηός) ist zur Unterscheidung vom Mask. -ώς geschaffene Analogiebildung nach εἰδώς, -ός usw.
Anm. 2. Der Austausch der Quantität trat erst ein, als die Betonung schon festgelegt war, darum die scheinbar gegen das Akzentgesetz verstoßenden Formen wie πόλεως mit Akut auf der drittletzten Silbe (gegen 21, 2c).

§ 196 5. KONTRAKTION

a) Um die unmittelbare Aufeinanderfolge zweier Vokale im Wort (Vokal + Vokal, Vokal + Diphthong), den „Binnenhiat", zu beseitigen, wurden vielfach zusammenstoßende Vokale zu *einer* Silbe (langem Vokal oder Diphthong) verschmolzen („kontrahiert"). Das Zusammentreffen von Vokalen und Diphthongen ist normalerweise durch Schwund eines zwischenstehenden Konsonanten bedingt; da dieser Schwund bei den einzelnen Konsonanten (σ, ι̯, ϝ) zu verschiedenen Zeiten erfolgte, entstanden immer wieder neue Hiate, die wiederum, je nachdem das Kontraktionsgesetz noch lebendig war oder nicht, neue Kontraktionen veranlassen konnten.

b) **Beachte:**
1. Nicht alle Dialekte kontrahieren wie das Att., vielfach bleiben die Vokale getrennt (vor allem bei Homer).
2. Auch die Kontraktions*ergebnisse* sind nicht überall gleich: Gen. σέο deiner > att. σοῦ, ion. σεῦ; Gen. Pl. -άων > att. -ῶν, dor. -ᾶν.
3. Gleiche Vokale verschmelzen leichter als ungleiche: *ἱστάασι > ἱστᾶσι sie stellen, aber τιθέασι, sie setzen, διδόασι sie geben.
Anm. In ἱᾶσι < *ἱέᾱσι „sie senden" wird dennoch kontrahiert, weil die Neigung zur Kontraktion besonders stark war, wenn sich *zwei* Hiate zwischen drei benachbarten Vokalen unmittelbar folgten.
4. Chronologische Unterschiede spielen eine bedeutende Rolle: -σ- schwand zu einer Zeit, als die Kontraktionsgesetze noch voll wirksam waren: *γενεσος, *γενεσα > γένους, γένη (Gen. Sg. bzw. Nom. Pl. zu γένος Geschlecht). ϝ schwand aber erst, als die Kontraktionsgesetze nicht mehr voll wirkten: *ἡδεϝος > ἡδέος (Gen. Sg. zu ἡδύς angenehm).
Anm. Bei Schwund von intervokalischem ϝ, der erst spät erfolgte, werden meist nur mehr *gleichartige* Vokale kontrahiert: also

zwar *πλεϝεις > *πλεεις > πλεῖς du segelst   aber *πλεϝομεν > πλέομεν wir segeln
     *-κλεϝης > *-κλεης > -κλῆς   *-κλεϝεσος > *-κλεεος > -κλέους
     *ἡδεϝες > *ἡδεες > ἡδεῖς angenehm (N. Pl. Mask.) *ἡδεϝος > ἡδέος angenehm (G. Sg.)
                  (gegenüber *σαφεσ-ος > *σαφεος > σαφοῦς deutlich (G. Sg.): σ-Stamm!)
     *δεϝεις > *δεεις > δεῖς du ermangelst   *δεϝομεν > δέομεν wir ermangeln
                  (gegenüber *δειο̯μεν > *δεομεν > δοῦμεν wir binden: ι̯-Stamm!)
     (*ἀστεϝα > ἀστεα > ἄστη „Städte" ist Analogie zu γένη < *γενεσα „Geschlechter" usw.)

5. Die *Analogie* hat zu Kontraktionsprodukten geführt, die sich *nicht* aus den üblichen Lautgesetzen herleiten: σαφέα > σαφῆ (zu σαφής deutlich), aber *ὀστέα > ὀστᾶ Knochen (Pl.): das ist Analogie nach dem Verhältnis δῶρον : δῶρα = ὀστοῦν (ου gesprochen als Länge zu ο: E 11): ὀστᾶ: „**grammatische Kontraktion**".

c) **Kontraktionsregeln.**
1. **Kontraktion mit ι:**
   α) *Kurzer* Vokal + ῐ > entsprechendem Diphthong

α + ῐ > αι: hom. πάϊς > att. παῖς, *στα-ῐ-μεν > σταῖμεν   ε + ῐ > ει: hom. πόλεϊ > att. πόλει, *ἐσ-ῐ-μεν > εἶμεν
                                                              ο + ῐ > οι: *ἠχο(ϝ̣)-ι > ἠχοῖ, *γνο-ῐ-μεν > γνοῖμεν

   β) *Langer* Vokal + ι (oder *i*-Diphthong) > langem Vokal mit ι subscriptum

ᾱ + ι > ᾳ: *χωρᾱ-ι > χώρᾳ   η + ι > ῃ: ion. κληΐς > att. κλῇς Schlüssel   ζήει > ζῇ (s. 2!)
                                 ω + ι > ῳ: ῥῑγώῃ > ῥῑγῷ (s. 3 α!)

2. **Kontraktion gleichartiger Vokale bzw. Diphthonge** (*a-, e-, o*-Laut):
Vokal + Vokal (Diphthong) gleicher Art > langem Vokal (Diphthong) gleicher Art:

ᾰ + ᾰ > ᾱ: *κρέᾰσᾰ > *κρέᾱᾰ > κρέᾱ	η + ει > ῃ:	ζήεις > ζῇς (s. 1β!)
ᾰ + ᾱ > ᾱ: *ἱστάᾱσι > ἱστᾶσι, Ἀθηνάᾱ > Ἀθηνᾶ	ο + ο > ου[2]:	νόος > νοῦς, δουλόομεν > δουλοῦμεν
ᾱ + ᾰ > ᾱ: ἐλάᾱς > ἐλᾶς (G. Sg. zu ἐλάᾱ Ölbaum)	ο + ω > ω:	δουλόωμεν > δουλῶμεν
ᾱ + ᾱ > αι: μνάᾱι > μναῖ (N. Pl. zu μνᾶ Mine)	ο + ῳ > ῳ:	ῥόῳ > ῥῷ
ε + ε > ει[1]): *Περικλέϝες > -κλεες > Περίκλεις (Vok.)	ο + ου > ου:	ῥόου > ῥοῦ
ε + η > η: *Περικλέϝης > -κλέης > Περικλῆς	ο + οι > οι:	δουλόοι > δουλοῖ
ε + η > η: ποιέῃς > ποιῇς	ω + ο > ω:	ῥῑγώοντες > ῥῑγῶντες
ε + ει > ει: ποιέεις > ποιεῖς	ω + ω > ω:	ῥῑγώω > ῥῑγῶ
η + ε > η: βασιλῆες > βασιλῆς	ω + ου > ω:	ῥῑγώουσα > ῥῑγῶσα
η + η > η: ζήητε > ζῆτε	ω + οι > ῳ:	ῥῑγώοιεν > ῥῑγῷεν (s. 1β!)

[1]) „unechtes ει" = ē̱: E 8   [2]) „unechtes ου" = ō̱ > ū: E 11

3. **Kontraktion ungleichartiger Vokale bzw. Diphthonge:**

α) *o*-Laut setzt sich immer durch (*i*-Diphthong bewirkt Diphthong bzw. ι subscr.):

ο + α	> ω:	*ἠχό(ι̯)α > ἠχώ, *ἐλάττο(σ)α > ἐλάττω		ε + ου	> ου:	ποιέουσα > ποιοῦσα
α + ο	> ω:	ὁράομεν > ὁρῶμεν, *ἐδύνα(σ)ο > ἐδύνω		ε + ω	> ω:	ποιέω > ποιῶ
α + ω	> ω:	*μνάων > μνῶν, ὁράωμεν > ὁρῶμεν		ε + ῳ	> ῳ:	ὀστέῳ > ὀστῷ
α + ου	> ω:	ὁράουσι > ὁρῶσι		ε + οι	> οι:	ποιέοι > ποιοῖ
α + οι	> ῳ:	τῑμαοίη > τῑμῴη		η + ο	> ω:	ζήομεν > ζῶμεν
ο + ε	> ου¹):	δουλόετε > δουλοῦτε		η + ου	> ω:	ζήουσι > ζῶσι
ο + ει	> οι:	δουλόει > δουλοῖ		η + ω	> ω:	ζήω > ζῶ
(aber: ο + unechtes ει > ου: δουλόειν > δουλοῦν)				η + οι	> ῳ:	ζηοίην > ζῴην (s. 1β!)
ο + η	> ω:	δουλόητε > δουλῶτε		ω + ε	> ω:	ῥῑγόετε > ῥῑγῶτε
ο + ῃ	> οι:	δουλόῃ > δουλοῖ		ω + η	> ω:	ῥῑγώητε > ῥῑγῶτε
ε + ο	> ου¹):	ποιέομεν > ποιοῦμεν, *ὀστέον > ὀστοῦν, *παιδεύεσο > παιδεύου		ω + ῃ	> ῳ:	ῥῑγώῃ > ῥῑγῷ (s. 1β!)
				ω + ει	> ῳ:	ῥῑγώει > ῥῑγῷ (s. 1β!)

β) Bei *a*-Laut und *e*-Laut setzt sich im Att. der vorausgehende gegenüber dem folgenden durch (*i*-Diphthong bewirkt ι subscriptum):

α + ε	> ᾱ:	τῑμαε > τῑμᾶ		α + ει	> ᾳ:	τῑμάει > τῑμᾷ
α + η	> ᾱ:	τῑμάητε > τῑμᾶτε		(aber: α + unechtes ει > ᾱ: τῑμάειν > τῑμᾶν)		
α + ῃ	> ᾳ:	τῑμάῃ > τῑμᾷ		ε + α	> η:	*γένε(σ)α > γένη²)

Ausnahmen: *ἰέᾱσι > ἰᾶσι (196b 3 Anm.), *χρύσεᾰ > χρῡσᾶ (Analogie: **E 45; E 23**).

d) **Akzentuierung** bei Kontraktion: 19,3 Anm.; 21, 2 d.

6. KRASIS³) § 197

Die Kontraktion von auslautendem Vokal (bzw. Diphthong) eines Wortes mit dem anlautenden des folgenden zu einem langen Mischlaut nennt man Krāsis (κρᾶσις „Mischung" von κεράννῡμι ich mische). Durch sie wachsen die zwei Wörter zu einer Einheit zusammen.

Merke:
1. Das Zeichen für Krasis ist die **Koronis** (16, 4), die über den neuentstandenen Laut gesetzt wird; *Spiritus asper* bleibt erhalten und verdrängt die Koronis; Verschiebung der Aspiration kommt dabei vor: τὸ ὄνομα > τοὔνομα, ἃ ἐγώ > ἁγώ, τὰ ἱμάτια > θαἰμάτια.
2. Der **Akzent** des ersten Wortes geht verloren, ausschlaggebend ist der Akzent des *zweiten* Wortes (21e): ὦ ἀγαθέ > ὠγαθέ, ὁ ἐφόρει > οὑφόρει. Ausnahmen kommen vor: τὰ ἄλλα > τἄλλα.
3. Der Mischlaut bekommt ι **subscriptum**, wenn der *zweite* Laut ein echter *i*-Diphthong war: καὶ εἶτα > κᾆτα, ἐγὼ οἶμαι > ἐγᾦμαι.
4. Als **Kontraktionsregeln** gelten zunächst die bei Inlautkontraktion üblichen (196c), doch erscheinen neben dieser rein lautgesetzlichen auch mehrfach die sog. *„grammatische Kontraktion"* (196b 5), die den Vokal des zweiten, wichtigsten Wortes festgehalten hat: ὁ ἀνήρ > att. ἁνήρ (gegenüber dor. ὡνήρ!), οἱ ἄνδρες > ἅνδρες (statt *ᾦνδρες), τὸ αὐτό > att. ταὐτό (gegenüber ion. τωὐτό!), ἑο(ῖ) αὐτῷ > att. ἑαυτῷ (ohne Koronis!; gegenüber ion. ἑωυτῷ: **E 61** Refl.), ὁ ἅτερος (**E 68**) > ἅτερος, τὸ ἅτερον > θάτερον (ohne Koronis: 102 Anm. 2)

Krasis wird besonders häufig angewendet
a) beim Artikel und bei der Vokativinterjektion ὦ,
b) bei Pronomina, besonders bei Relativen,
c) bei πρό und καί (wobei das ι zunächst konsonantisch (ι̯) wird, dann intervokalisch schwindet: 202,1).

---

¹) „unechtes ου" = $\bar{o}$ > $\bar{u}$: **E 11**
²) Nach ε und ι wurde auch dieses η > att. ᾱ (191b), sofern die Kontraktion *vor* dem Wandel von ion. εη, ιη > εᾱ, ιᾱ erfolgt war: darum Neutr. Pl. *εὐκλέϝε(σ)α > *εὐκλέ(ϝ)η > εὐκλεᾶ; ebenso Akk. *Περικλέϝε(σ)α > *Περικλέ(ϝ)η > Περικλέᾶ
³) Unter dem Begriff **Synaloiphe** (συναλοιφή Verschmelzung) faßt man Krasis, Elision, Aphärese (s. u.) und Synizese zusammen; als **Synizese** (συνίζησις Zusammensitzen, -fallen) bezeichnet man die Verbindung zweier Vokale zu einem Laut, wenn sie in der Schrift nicht bezeichnet ist, aber durch Metrik oder Rhythmus verlangt wird; sie kann wie die Kontraktion in *einem* Worte stattfinden (z. B. ἡμέας, zu lesen als *hāmęas*, das ist mit konsonantischem ę < ĕ) oder (wie die Krasis) in *zwei* aufeinanderfolgenden Wörtern (z. B. ἦ οὐχ ἅλις, zu lesen als *eūkhalis* –∪∪ mit konsonantischem ę < ĕ < ē).

§ 198 7. ELISION[1])

Elision (lat. *ēlīdere* ausstoßen) nennt man die Ausstoßung eines kurzen Endvokals (außer ῠ; jedoch auch -αι der Verbalendungen) vor vokalischem Anlaut.

Merke:
1. Das Zeichen für Elision ist der **Apostroph** (16, 3).
2. Trägt die elidierte Silbe einen **Akzent,** so geht dieser bei Präpositionen und Konjunktionen verloren, bei anderen Wörtern rückt er als Akut auf die vorhergehende Silbe (21 f): ἐπ' ἐμοί, aber φημὶ ἐγώ > φήμ' ἐγώ, δεινὰ ἔδρασας > δείν' ἔδρασας.
3. **Nicht elidiert** werden die Einsilbler τί was?, τι irgend etwas, ὅ was, τό, τά, das, die, πρό vor; ferner: ἄχρι und μέχρι bis, περί um, ὅτι daß, weil: περὶ Ἀθηνᾶς, πρὸ οἴκου.
4. Die Aspirierung vorausgehender Mutae infolge Elision wird in der Schrift ausgedrückt: ἀπὸ οὗ > ἀφ' οὗ, νύκτα ὅλην > νύχθ' ὅλην.

Aphärese[1]) (ἀφαίρεσις Wegnehmen) oder „*elisio inversa*" nennt man die Ausstoßung eines *an*lautenden kurzen Vokals (ε, selten ο) nach auslautendem langen Vokal oder Diphthong, z. B. γενήσομαι 'γώ.

§ 199 8. ASSIMILATION

Gelegentlich gleicht sich ein Vokal an den Vokal der vorausgehenden oder der folgenden Silbe an: ion. μέγαθος (zu μέγας groß) > att. μέγεθος Größe, delphisch ἕβδεμος > att. ἕβδομος der siebente, *βυβλίον (nach βύβλος Bast) > att. βιβλίον Buch.

§ 200 9. ERSATZDEHNUNG

Bei Vereinfachung gewisser Konsonantengruppen durch Ausfall eines Konsonanten (vor allem ν und σ: 212) wird ein vorhergehender kurzer Vokal meist gedehnt. Dabei wird

ᾰ teils > η: *ἀσμ- > ἀμ(ός) (dor.) unser > ἡμ(εῖς) (ion.-att.) wir
               *ἐφᾰνσα > ἔφηνα (s. Anm. 1) ich zeigte
   teils > ᾱ: *πᾰντσι > *πᾱνσι > πᾶσι allen,   *τᾰνς > τᾱς die (Akk. Pl.)
               *πᾰντι͜α > *πᾱνσα > πᾶσα ganze (Fem.), *γιγᾰντς > γίγᾱς (s. Anm. 1) Riese
ῐ > ῑ: *κλίνι͜ω > κλίνω ich neige, *ἐκλῐνσα > ἔκλῑνα ich neigte (gegenüber Fut. κλῑνῶ)
ῠ > ῡ: *δεικνῠντς > *δεικνῠνς > δεικνύς zeigend
ε > ει[2]):   *-θεντς > *-θενς (194b) > *-θενς > -θείς Part. Aor. Pass., *ἐνς > εἰς ein,
               *ἔμενσα > ἔμεινα ich blieb, *χαριεντς > *χαριενς > χαρίεις anmutig, *ἤγγελσα
               > ἤγγειλα ich meldete, *ἐσμι > εἰμί ich bin, *σεσϝωθα > εἴωθα ich pflege
ο > ου[3]):   τόνς (kretisch) > τούς (gesprochen zunächst *tọ̄s*, dann *tūs*) die (Akk. Pl.),
               *ὀδοντς > ὀδούς Zahn, *γεροντσι > γέρουσι (den) Greisen.

Anm. 1. Daß einerseits *παντσι > πᾶσι, andererseits *ἐφανσα > ἔφηνα wird, erklärt sich daraus, daß bei πᾶσι die Vereinfachung der Konsonantengruppe und die darauf folgende Dehnung des α erst sehr spät erfolgte, als der ion.-att. Wandel von ᾱ > η (191b) schon abgeschlossen war, während in ἔφηνα die Ersatzdehnung so früh eintrat, daß das daraus hervorgegangene ᾱ noch dem Übergang ᾱ > η unterlag.

Anm. 2. In Fällen wie ἡγεμόσι, λιμέσι ist kein ν geschwunden, daher keine Ersatzdehnung: 212, 2e Anm. 1.

§ 201 10. VOKALENTFALTUNG[4]) UND PROTHETISCHE VOKALE

Zwischen *Liquida* + *Konsonant* oder *Konsonant* + *Liquida* (selten auch zwischen *Konsonant* + *Nasal*) entwickelt sich gelegentlich ein Vokal als Übergangslaut, der teils (ohne Rücksicht auf die Lautumgebung) durch ι oder ε wiedergegeben wird, teils die Färbung des Vollvokals der folgenden oder der vorhergehenden Silbe erhält. Diese Erscheinung findet sich besonders häufig in Inschriften, die die Umgangssprache wiedergeben. In einigen Fällen ist dieser „**Sproßvokal**", der in der Umgangssprache je nach dem Sprechtempo fakultativ ist, fester Bestandteil des Wortes geworden:

*sebdmos > delph. ἕβδεμος (> att. ἕβδομος: 199) (der) siebente (vgl. E 69, 2 Ordnungszahlen).

[1]) s. Seite 187[3] [2]) „unechtes ει" = $\bar{e}$: E 8 [3]) „unechtes ου" = $\bar{o}$ > $\bar{u}$: E 11
[4]) Auch Anaptyxe genannt (von ἀνα-πτύσσω ich entwickle, entfalte).

Besonders vor ρ, aber auch vor λ, μ, ν, ϝ erscheinen im Griechischen sog. **prothetische Vokale** (ε, α, ο). Ihre Entstehung ist nicht geklärt, vielleicht gab es z. T. schon in der Grundsprache bei diesen Wörtern nebeneinander zweierlei Formen:

ἐ-ρυθρός: lat. *ruber* (neben *rūfus*) = dt. *rot* (vgl. 206) *ἐ-ϝῑκοσι > att. εἴκοσι(ν): dor. ϝίκατι = lat. *vīgintī*
ἐ-λεύθερος: lat. *līber* frei (vgl. dt. *Leute* : 206) ἀ-νήρ Mann: lat. *Nerō*.

B. KONSONANTEN

1. DIE IDG. KONSONANTEN IM GRIECHISCHEN

a) Die Halbvokale i und u: § 202

Die idg. Laute *i* und *u* sind *Vokale*, wenn sie vor Konsonanten stehen; sie erscheinen jedoch als *Konsonanten* (i und u), wenn sie vor Vokale zu stehen kommen.

Während i stets irgendwelche Veränderungen hervorrief und so als Laut im Griechischen nicht mehr erscheint, war u im ältesten Griechisch noch erhalten und wurde als ϝ = *Digamma*[1]) in vielen Dialekten als Erbstück aus der Grundsprache bewahrt. (Sein Lautwert entspricht zunächst dem engl. *w*, später wurde es spirantisch = dt. *w*.) Im Griechischen läßt sich daher nur noch *u* und u als der gleiche Laut nachweisen, während die Identität von *i* und i nur noch zu erschließen ist.

idg. *i* vor Konsonant (gr. **ι**) = idg. i vor Vokal:
  (Schwundst. πολι- in) **πόλις** : (Vollst. πολει- in) ***πολει̯ες** > πόλεες > πόλεις N. Pl.

idg. *u* vor Konsonant (gr. **υ**) = idg. u vor Vokal (gr. **ϝ**):
  (Schwundst. ἡδυ- in) **ἡδύς** : (Vollst. *ἡδευ- in) ***ἡδεϝος** > ἡδέος.

Die wichtigsten Veränderungen von idg. i und u im Griechischen:

1. **Idg. i**:

Im *An*laut wird idg. i-

  α) > gr. Spiritus asper: **ἧπαρ** = lat. *iecur* Leber
  β) > gr. ζ- : **ζυγόν** = lat. *iugum* Joch

Im *In*laut ist idg. -i-

  α) zwischen Vokalen meist geschwunden (auch im Lat.):
    τρεῖς < τρέες (kret.) < **trei̯es* = lat. *trēs* < *trees < **trei̯es* drei

  β) in Verbindung mit vorhergehendem Konsonanten mannigfach verändert worden (211).

2. **Idg. u**:

*An*lautendes idg. u- > gr. ϝ- ist im Ion.-Att. schon früh geschwunden:

  argiv. **ϝέργον** Werk > ion.-att. ἔργον = dt. **Werk**
  delph. **ϝοῖκος** Haus > ion.-att. οἶκος = lat. *vīcus*
  lesb. **ϝρῆξις** Reißen zu ion.-att. ῥήγνῡμι zu dt. **Wrack**

*In*lautendes idg. -u- :

  α) -ϝ- zwischen *Vokalen* fällt aus:

phok. κλέϝος > ion.-att. κλέος Ruhm *βασιληϝες > hom. βασιλῆες > att. βασιλῆς Könige
*νηϝες > att. νῆες (vgl. lat. *nāvēs*) Schiffe argiv. ὄϝις > att. οἶς = lat. *ovis* Schaf

Über die Beschränkung der Kontraktion nach Schwund von ϝ: 196b 4 Anm.

---

[1]) Die Bezeichnung „aiolisches Digamma" entstand bei den alten Grammatikern, weil ihnen die Bewahrung dieses Lautes speziell aus der lesbischen Mundart bekannt war

β) -ϝ- hinter *Konsonanten* im Inlaut fällt teils spurlos, teils mit Ersatzdehnung aus:
böot. καλϝός : hom. κᾱλός : att. κᾰλός schön, *σε-σϝωθα > *εἴωθα > εἴωθα (208) ich pflege.

Beachte aber: -τϝ- im Inlaut > -σσ- > att. -ττ- : *τετϝαρες > ion. τέσσαρες > att. τέτταρες
τϝ- im Anlaut > σ- : *τu̯ε > σέ dich
σϝ- im Anlaut > Spir. asper: *su̯os > att. ὅς sein.

Anm. Daß ϝ in der Entstehungszeit des *Epos* noch lebendig war, beweisen (der Überlieferung zum Trotz, die es nicht mehr schrieb) mehrfache prosodische Nachwirkungen:
1. *Nichtelision* eines vorhergehenden kurzen Vokals:
τέκνον ἐμόν, ποῖόν σε (ϝ)έπος φύγεν ἕρκος ὀδόντων;
2. *Nichtkürzung* langer Vokale und Diphthonge vor Wörtern mit ursprünglich anlautendem ϝ- :
μᾶλλον ἐποτρύνω καί (ϝ)οἱ μένος ἐν φρεσὶ θῆω. (ϝοι auf arkadischen Inschriften belegt!)
3. *Positionslänge* von Schlußsilben, die auf kurzen Vokal + Konsonant endigen, vor ϝ-Anlaut:
εὖ μὲν τόξον (ϝ)οἶδα ἐΰξοον ἀμφαφάασθαι.
4. *Positionslänge* einer kurzvokalisch endigenden Schlußsilbe vor ursprünglich anlautender Konsonantengruppe mit ϝ: αἰδοῖός τέ μοί ἐσσι, φίλε ἑκυρέ, δεινός τε.
 (ἑκυρός < *σϝεκυρός, vgl. ahd. swehur „Schwiegervater", δεινός < *δϝεινός).

§ 203 b) Die Liquidae *r* und *l*:

1. idg. *r* = gr. **ρ**: φέρω ich trage = lat. *ferō* zu dt. *Bahre*.

Anm. Vor ρ ist im *Anlaut* vielfach ein σ (212, 1a) oder ϝ (202, 2) geschwunden; daher erscheint anlautendes ρ, wenn es in den Inlaut gerät (z. B. in Zusammensetzung und beim Augment), verdoppelt:
διαρρήγνῡμι < *διαϝρηγνῡμι ich durchbreche, ἔρρεον < *ἔσρεϝον ich floß.

2. idg. *l* = gr. **λ**: κλυτός = lat. *in-clutus* berühmt.

§ 204 c) Die Nasale *m, n, ŋ*:

1. idg. *m* = gr. **μ**: μήτηρ = lat. m*āter* = dt. M*utter*
aber *auslautendes* idg. -*m* > gr. -**ν**:

ἕν ein   vgl. lat. *sem-el*   Akk.Sg. -ον, -ᾱν = lat. -*om*, *-ām > -um, -ăm
ἑκατόν hundert   vgl. lat. *centum*   Gen.Pl. -ων   = idg. *-ōm > lat. -*um*.
ζυγόν Joch   = lat. *iugum*

2. idg. *n* = gr. **ν**: νέος = lat. *novus* = dt. n*eu*.

Anm. Das sog. „νῦ ἐφελκυστικόν" (nur hinter den kurzen Vokalen ι und ε!) ist eine Eigentümlichkeit des Ion.-Att., die in älterer Zeit den anderen Dialekten fehlt. Es ist nicht *lautlich* entwickelt, sondern analogische Übertragung von einigen Fällen, in denen es Formen mit und ohne -ν gab. Die Verwendung zur Hiattilgung im Satzinnern ist sekundär und in klassischer Zeit nicht ausnahmslos. Vor allem wurde es am Satzende angewandt.
Bewegliches -ν haben folgende Formen:
1. Dat. (Lok.) Pl. -σι(ν): φύλαξι(ν) (den) Hütern, Ἀθήνησι(ν) in Athen, παντάπᾱσι(ν) (Adv.) gänzlich;
2. die 3. Sg. -ε(ν): Impf. ἐπαίδευε(ν), Aor. ἐπαίδευσε(ν), Perf. πεπαίδευκε(ν);
3. die 3. Sg. und Pl. -σι(ν) bzw. -τι(ν): ἵστησι(ν) er stellt, ἐστί(ν) er ist, παιδεύουσι(ν) sie bilden παιδεύσουσι(ν) sie werden bilden, πεπαιδεύκᾱσι(ν) sie haben gebildet;
4. εἴκοσι(ν) zwanzig.

3. idg. ŋ = gr. ŋ (nur vor gutturalem Verschlußlaut; geschrieben ursprünglich -ν-, später -γ-: 14): ὄγκος Haken = lat. *uncus* = dt. *Angel*.

§ 205 d) Die Spiranten:

1. *Erhalten ist idg. s*
α) im Auslaut: Endung -ς im Nom. Sg.: ἵππο-**ς** = alat. *equo*-s Pferd,
in der 2.Sg. (Sekundärendung): ἔ-φερε-**ς** = lat. *ferē-bā*-s du trugst;

β) in Verbindung mit stimmlosem Verschlußlaut:
ἵ-στη-μι ich stelle, ἔ-στη-ν ich trat zu lat. st*ā-re*   σπονδαί Vertrag zu lat. s*pondēre*
γιγνώ-σκω ich erkenne = lat. *nō-scō*   *φυλακ-σι > φύλαξι (den) Wächtern
Konsonantenverbindungen mit σ, die Veränderungen erfuhren: 212.

2. *Veränderungen des idg. s:*
α) *s-* > *h-* (= Spiritus asper) im Anlaut vor Vokal:
ἑπτά = lat. *septem* = dt. *sieben*   ἵστημι < *σιστᾱμι ich stelle zu lat. s*istō*

β) *-s-* schwindet im Inlaut zwischen Vokalen (lat. > *r*: „Rhotazismus"):
*-āsōm > hom. -άων > att. -ῶν (lat. -*ārum*) Gen.Pl.Fem.
*Fῖσος > ἰός = lat. *vīrus* Gift
*γευσομαι (vgl. γευσ-τέος) > γεύομαι zu lat. *gustō* ich koste, dt. *kiesen*
*νεσομαι (vgl. νόστος Rückkehr) > νέομαι ich kehre heim zu dt. *ge-nesen*
*γενεσος > hom. γένεος > att. γένους (des) Geschlechtes = lat. *generis*
*φερεσαι > hom. φέρεαι > att. φέρῃ du trägst (gegenüber γέγραψαι < *γεγραπ-σαι).

Anm. 1. Wo im historischen Griech. -σ- zwischen Vokalen steht, ist es entweder aus anderen Lauten hervorgegangen (μέσος < *μεθjος: 211, 4; ἔπεσι < ἔπεσσι: 212, 2d) oder durch Analogie beibehalten (z. B. im sigmatischen Aorist: ἐφίλησα nach ἔδειξα).
Anm. 2. Sog. bewegliches -*s* haben οὕτω(ς) „so" und ἐκ (ἐξ) „aus": vor Vokalen stehen nur die Formen mit -*s*: οὕτος εἶπον, aber οὕτω(ς) λέγουσιν; ἐξ αὐτοῦ, aber ἐκ τούτου.
Anm. 3. Vor tönenden Verschlußlauten (Mediae und Mediae aspiratae) kannte das Idg. auch tönendes *s* (sprachwissenschaftlich wie im Französischen durch *z* wiedergegeben); im Griech. erscheint es so in der Lautverbindung ζ (14 Schluß): ὄζος = dt. *Ast* (*d* > *t* infolge der 1. Lautverschiebung: 206).

e) **Die Mutae = Verschlußlaute** (Einteilung 13; Aussprache 14):   **§ 206**

Um das Weitere verstehen zu können, muß man folgende Gleichungen berücksichtigen:

	idg.	griech.	lat.	germ.	
				1. (germ.)	2. (hochdt.)
	p	π	p	f	= f
Tenues	t	τ	t	þ	> d
	k	κ	c	ch	> h
	b	β	b	p	> pf (f)
Mediae	d	δ	d	t	> z (s)
	g	γ	g	k	= k *an*lautend
					> ch *in*lautend
			Anlaut Inlaut		
	bh	φ¹)	f b	b	= b
Mediae aspiratae	dh	θ¹)	f d (b)	d	> t
	gh	χ¹)	h, g h, g	g	= g

Anm. Unter den **Gutturalen** (*k, g, gh*) sind dabei die *reinen Velare* (am Gaumensegel = lat. *vēlum* artikuliert, wie in dt. *Kalb*) und die *Palatale* (am harten Gaumen = lat. *palātum* artikuliert, wie in dt. *Kind*) aus Gründen der Leichtverständlichkeit zusammengenommen, da sie in allen westlichen Sprachen als Gutturale erscheinen. Über die *Labiovelare* s. u. 207!

¹) Beachte, daß im klassischen Griech. hierfür wirklich *ph, th, kh,* **nicht** *f, þ, ch* gesprochen wurde (14)

Beispiele:

griech.	lat.	deutsch	griech.	lat.	deutsch
πατήρ	*pater*	*V*ater	φέρω	*ferō*	vgl. *B*a*h*re, *Zu-b*er
τρεῖς	*trēs*	*d*rei	νέφος	vgl. *neb*u*la*	*N*ebel
κέρας	*cornū*	*H*orn	ἔ-θηκα	*fēcī*	*t*a*t*
δείκνῡμι	*dīcō*	(ich) *z*eige	ἐ-ρυθρός	*ruber*	*r*o*t*
γόνυ	*genū*	*K*nie	ἐ-λεύθερος	*liber*	*L*eu*t*e
ζυγόν	*iugum*	*J*och	χόρτος	*hortus*	*G*arten

§ 207   f) **Die idg. Labiovelare** q^u, g^u, $g^u h$:

Im Idg. gab es drei Reihen von Gutturalen: reine Velare, Palatale, Labiovelare (206 Anm.). Diese letzteren, wie Velare am Gaumensegel (*vēlum*) artikuliert, wurden mit gleichzeitigem Vorstülpen der Lippen gesprochen (etwa so wie in dt. *K*u*h* das *k* gesprochen wird; man kann sich von dem Vorstülpen der Lippen beim *k* überzeugen, wenn man vor der Artikulation des *u* abbricht; vgl. das andersartige *k* in dt. *Kalb*!).

Anm. Während in den östlichen idg. Sprachen (Indo-Iranisch, Baltisch-Slavisch, Armenisch, Albanesisch) die Labiovelare in der Entwicklung mit den reinen Velaren zusammenfielen und daher als *Gutturale*[1]) erscheinen, macht sich in den westidg. Sprachen (Germanisch, Keltisch, Italisch, Griechisch) vielfach das *labiale* Element irgendwie geltend, ja es setzt sich bisweilen allein durch und führt so diese Laute in die labiale Reihe über. Auf diesen Unterschied in der Entwicklung gründet sich die Bezeichnung **Satem-Sprachen** (avestisch = altiranisch: *satəm* = 100) für die ostidg., **Kentum-Sprachen** (lat. *centum* = 100) für die westidg. Sprachen.

Die Vertretung der idg. **Labiovelare** ist gerade im Griechischen sehr verwickelt: sie erscheinen bald als **Labiale**, bald als **Dentale**, bald als **Gutturale**. Im allgemeinen gilt:

> idg. Labiovelar > gr. **Labial**   vor *a*, *o*, Konsonant
> idg. Labiovelar > gr. **Dental**   vor *e* und *i*
> idg. Labiovelar > gr. **Guttural** vor oder nach *u*-Lauten

Der Wechsel von *P*- und *T*-Lauten in verwandten griech. Wörtern erklärt sich somit durch den gemeinsamen Ursprung aus Wurzeln, die idg. Labiovelar hatten.

	Griechisch			Lat.	Germ.
vor *a*, *o*, Kons. π, β, φ	vor *e*, *i* τ, δ, θ	vor od. nach *u*-Lauten κ, γ, χ			
λείπω	—	—	*linquō*	*leihen*
βοῦς	—	—	*bos*	*Kuh*
—	τε	—	*-que*	
—	θερμός	—	*formus*	*warm*
—	—	λύκος	*lupus*	*Wolf*
ποινή	—	—	(*poena* : Lehnw.!)	(*Pein* : Lehnw.!)
πέμπτος	τίνω	—	*quinque*	
πέντε				
πῶς; πότε; πότερος;	τίς; hom. τέο; (> τοῦ;)	ion.*) { πῶς; κότε; κότερος; }	*quis? quod?*	*wer?*
ἱππο-πόλος αἰ-πόλος	—	βου-κόλος	alat. *quolō* > *colō*	—

*) s. u. Anm. 2

---

[1]) Sekundär vor ursprünglichen *e*- und *i*-Lauten „*palatalisiert*", d. h. zu Zischlauten geworden

Anm. 1. Durch analogische Ausgleichungen ist diese lautgesetzliche Entwicklung mehrfach verdunkelt; z. B. müßte zu ἕπομαι lat. *sequor* die 3. Sg. *ἔτεται lauten (Labiovelar vor ε > τ), wurde aber nach ἕπομαι zu ἕπεται ausgeglichen.

Anm. 2. In den einzelnen Dialekten des Griech. ist die Entwicklung keineswegs einheitlich: so erscheinen im Aiolischen auch vor *e*- und *i*-Laut nicht Dentale, sondern Labiale, z. B. att. τέτταρες vier = böot. πέτταρες = lesb. πέσ(σ)υρες = hom. πίσυρες; vgl. auch in der Tabelle ion. κῶς᾽ usw. gegenüber att. πῶς usw. Im *gesamten* Griech. erscheint *Labial* in der Sippe von βίος „Leben" (noch ungeklärt!) zu lat. *vīvō*, dt. Queck*silber*, er-qui*cken*.

2. WICHTIGE LAUTGESETZE ÜBER ALLEINSTEHENDE KONSONANTEN

a) Das Hauchdissimilationsgesetz § 208

Die Aspiration der 1. Aspirata bzw. anlautender Spiritus asper geht verloren, wenn im gleichen Wort eine weitere Aspirata (jedoch nicht unmittelbar darauf) folgt (214, 2b).

τίθημι ich setze < *θίθημι, ἐτέθην ich wurde gesetzt < *ἐθέθην (zu Wz. *θη/θε-)
πέφευγα ich bin geflohen < *φεφευγα (zu Wz. *φευγ-)
ἔχειν haben < *ἕχειν < *σεχειν (205, 2α) : σχεῖν (σ- vor Konsonant blieb lautgesetzlich)
εἴληφα ich habe genommen < *εἴλαφα (< *σεσλᾶφα: 205, 2α; 212, 1b)
πείθω ich überrede (zu Wz. *φειθ-) : lat. *fīdō*

So erklärt sich der Wechsel von Tenuis mit Aspirata am Wortanfang in Formen von Wurzeln mit zwei Aspiraten:

τριχός, τριχί usw.: θρίξ, θριξί (von *θριχ- Haar, dessen θ- nur erhalten bleiben konnte, wenn die Aspiration des folgenden -χ- durch Verschmelzung von χ + σ > ξ verlorengegangen war);

ebenso τρέφω ich ernähre: Fut. θρέψω, Aor. ἔθρεψα (zu *θρεφ-: φ + σ > ψ: 212, 2b)
ταχύς schnell: Komparativ θάττων < *θαχίων (χί > ττ: 211, 6)
ἔχω ich habe (< *ἕχω < *σεχω): Fut. ἕξω (zu *σεχ-> ἑχ-(205, 2α); χ + σ > ξ: 212, 2a).

Anm. Durch Analogiebildung wurde die Wirkung dieses Gesetzes oft zugunsten der *ersten* Aspirata aufgehoben; so erklärt sich ἐχύθην (zu χέω ich gieße), ἐφάνθην (zu φαίνω ich zeige), ὠρθώθην (zu ὀρθόω ich richte gerade), ἐκαθάρθην (zu καθαίρω ich reinige), φάθι sag! (nach φάτω, φάτε); τεθάφθαι, τεθάφθαι (nach τέθαμμαι, τέθραμμαι zu θάπτω ich begrabe, τρέφω ich ernähre); ἐθῆναι (nach εἶναι, εἶμαι zu ἵημι ich schicke).

Unter dem Einfluß der übrigen Formen („Systemzwang") wird in der Bildungssilbe -θη- des Aor. Pass. die Aspirata auch in der 2. Sg. Imp. beibehalten und dafür ausnahmsweise die Aspiration der *zweiten* Aspirata in der Endung -θι beseitigt: παιδεύθητι < *παιδεύθηθι.

Auch in den Komposita wird das Gesetz vielfach mißachtet, da die Präposition selbständig empfunden wird: ἀμφιχέω ich gieße herum, verbreite.

b) Konsonanten im Auslaut § 209

Am Ende eines griechischen Wortes kommen normalerweise nur ν, ρ, ς (ξ, ψ) vor; alle anderen Konsonanten werden verändert oder beseitigt.

1. **Auslautendes** *-m* > **-ν**: 204, 1.

2. **Mutae am Wortende fallen ab**:

τ: *ἔφῡ-τ > ἔφῡ er wurde,   *φεροντ > φέρον (G. φέροντ-ος) tragend (Neutr.)
   *μελιτ > μέλι Honig (G. μέλιτ-ος)   *γεροντ > γέρον (G. γέροντ-ος) Greis (V. Sg.)

δ: *ἔστωδ > ἔστω (= alat. *estōd*) er soll sein   *τιδ > τί = lat. *quid*? was?; *τοδ > τό das
   *ἀλλοδ > ἄλλο (= lat. *aliud*) anderes   *παιδ > παῖ (G. παιδ-ός) Kind (V. Sg.)

κ: *γυναικ > γύναι (G. γυναικ-ός) Weib (V. Sg.)
*ἀνακτ > ἄνα (G. ἄνακτ-ος) Herrscher (V. Sg.)
*γαλακτ > γάλα (G. γάλακτ-ος) Milch (N./A. Sg.).

Anm. 1. Daß in οὐκ (οὐχ) das κ (χ) vor folgendem Vokal erhalten blieb, beruht darauf, daß es wegen seiner engen Zusammengehörigkeit mit dem folgenden Wort (vgl. οὐκέτι nicht mehr) als nicht im Auslaut stehend empfunden wurde; darum οὐκ ἔχω, οὐχ ὁράω, οὐ παρέχω.

Anm. 2. Bewegliches -ν („νῦ ἐφελκυστικόν"): 204, 2 Anm.; bewegliches -ς: 205, 2 Anm. 2.

3. Kommt durch Verlust eines Vokals **Tenuis vor Spiritus asper** zu stehen, so vereinigen sich beide **zur Aspirata** (besonders bei Zusammensetzung und bei Elision im Satz):

ἐπί + ἕπομαι > ἐφέπομαι   κατά + ἡμέραν > καθ' ἡμέραν.

§ 210   c) **Altes -τι > -σι**

Endung 3. Sg. -τι nach Vokal > -σι:
   dor. τίθητι > ion.-att. τίθησι er setzt (nach σ auch att. erhalten: ἐστί!)
Endung 3. Pl. -ντι nach Vokal > -νσι:
   dor. φέροντι > *φερονσι > att. φέρουσι sie tragen (212, 2e)
Suffix -τι- (meist Abstrakta bildend) nach Vokal > -σι-:
   *δο-τι-ς > δόσις Geben, Gabe   dor. φα-τι-ς : ion.-att. φάσις Ausspruch
Stockauslautendes -τ- + Adjektivsuffix -ιο- > -σιο-:
   πλοῦτος Reichtum : πλούσ-ιο-ς reich
Ebenso -τ- + Abstraktsuffix -ιᾱ > -σιᾱ:
   εὐεργέτης Wohltäter : εὐεργεσ-ίᾱ Wohltat
Ähnlich: dor. Ϝίκατι (= lat. *vīgintī*) : att. εἴκοσι zwanzig; dor. -κάτιοι : att. -κόσιοι -hundert.

3. WICHTIGE LAUTGESETZE ÜBER KONSONANTENGRUPPEN

§ 211   a) **Verbindungen mit ι̯**

NB. Diese ι̯-Verbindungen haben zu starken Veränderungen geführt: 1. bei der Femininbildung, 2. bei der Bildung der unregelmäßigen Komparative, 3. bei den ι̯-Präsentia der Verba muta und liquida.

1. **νι̯, ρι̯, Ϝι̯**:

α) nach α oder ο *verbindet sich* ι̯ *mit diesen zu* αι *oder* οι[1]):

*μελαν-ι̯α > μέλαινα schwarz   *ἐχθαρ-ι̯ω > ἐχθαίρω ich feinde an
*φαν-ι̯ω > φαίνω ich zeige   *μορ-ι̯α > μοῖρα Anteil, Geschick
*κλαϜ-ι̯ω > *κλαιϜω > κλαίω ich weine (att. κλάω) gegenüber κλαύ-σομαι;

β) nach ε, ι, υ *schwindet* ι̯ *mit Ersatzdehnung von* ε > ει[2]), ῐ > ῑ, ῠ > ῡ:

*τεν-ι̯ω > τείνω ich spanne : Fut. τενῶ
*φθερ-ι̯ω > φθείρω ich verderbe : Fut. φθερῶ — φθορ-ά (o-Stufe!) Verderben
*κρῐν-ι̯ω > κρίνω ich urteile : Aor. Pass. ἐκρίθην — κρίσις Urteil
*ἀμῠν-ι̯ω > ἀμύνω ich wehre ab : Fut. ἀμυνῶ.

Anm. Das -εύω von Verben wie βασιλεύω „ich bin König" ist nicht lautgesetzlich (die Grundform lautete *βασιληϜ-ι̯ω), sondern Analogie nach den anderen Tempora wie Fut. βασιλεύσω, Aor. ἐβασίλευσα.

---
[1]) Diese Erscheinung wird als „*Epenthese*" bezeichnet (von ἐπ-εν-τίθημι ich setze dazwischen)
[2]) „Unechtes ει" = langes geschlossenes ẹ̄: E 8

2. **λi̯ > λλ:**

*ἄλι̯ος > ἄλλος   ein anderer (vgl. lat. *alius* < *alios*)
*ἀγγελ-ι̯-ω > ἀγγέλλω   ich melde : Fut. ἀγγελῶ — ἄγγελος Bote
*στελ-ι̯-ω > στέλλω   ich schicke : Fut. στελῶ — στόλος (*o*-Stufe!) Kriegszug.

3. **πι̯, βι̯, φι̯, > πτ:**

*κλεπ-ι̯-ω > κλέπτω ich stehle : κλοπ-ή (*o*-Stufe!) Diebstahl
*θαφ-ι̯-ω > θάπτω ich begrabe : τάφ-ος (208) Grab.

4. **τι̯, θι̯ > ion. σσ > att. σ:**

*παντ-ι̯α > *πανσσα > πάνσα (kret.) > πᾶσα (212, 2e) ganz
*φεροντ-ι̯α > *φερονσσα > *φερονσα > φέρουσα (212, 2e) tragend
*μεθ-ι̯ος (= lat. *medius*) > hom. μέσσος > att. μέσος (der) mittlere.

Anm. Nicht lautgesetzlich ist ion. πλάσσω > att. πλάττω ich bilde (Grundform *πλαθ-ι̯ω!); es stellt Analogie, z. B. zu ταράττω ich verwirre (< *ταραχ-ι̯ω: 211, 6), dar. In gleicher Weise ist κρείττων stärker, besser (ion. κρέσσων < *κρετ-ι̯ων) durch Analogie zu ἥττων geringer (< *ἡκ-ι̯ων 211, 6) entstanden: E 58. Über χαρίεσσα < *χαριϝατ-ι̯α „anmutig", das im Att. Überbleibsel aus dem epischen Dialekt ist, vgl. E 49.

5. **δι̯ > ζ:**

*ἐλπιδ-ι̯ω > ἐλπίζω ich hoffe : ἐλπίδ-ος (der) Hoffnung
*τρα-πεδ-ι̯α > τράπεζα Tisch (eigtl. „vierfüßig")   *di̯ēus > Ζεύς Zeus.

Anm. Der Ausgang -ζω, zunächst aus *-δι̯ω oder *-γι̯ω entstanden, wurde schon früh (ohne lautgesetzliche Entwicklung) zur Bildung von Verben verwendet; die zahlreichen Verba auf -ζω, -άζω, -ίζω sind also keineswegs immer aus einem T- oder K-Stamm gebildet, z. B. ὀνομάζω ich nenne : ὄνομα Name.

6. **κι̯, χι̯ > ion. σσ > att. ττ:**

*φυλακ-ι̯-ω > ion. φυλάσσω > att. φυλάττω ich bewache : φύλακ-ος (des) Wächters
*ἡκ-ι̯ων > ion. ἥσσων > att. ἥττων geringer, schwächer : ἥκ-ιστα am wenigsten, gar nicht.

Anm. Gelegentliche durch *Analogie* entstandene Abweichungen: *ἐλαχ-ι̯ων > ion. ἐλάσσων > att. ἐλάττων „geringer" gegenüber ἐλάχ-ιστος „(der) geringste" zeigt sekundäre Länge; ebenso θάττων „schneller": E 57.

7. **γι̯ > ζ:**

*ἁρπαγ-ι̯-ω > ἁρπάζω ich raube : ἁρπαγ-ή Raub.

Anm. 1. τάττω ich ordne (trotz τάγμα Heerschar) und πράττω ich tue (trotz πρᾶγμα Handlung) sind Analogiebildungen: E 95. — Zu den Bildungen auf -ζω s. o. Ziff. 5 Anm.
Anm. 2. *μεγ-ι̯ων > ion. μέζων : att. μείζων (vgl. Ziff. 6, Anm.) zeigt sekundäre Länge (E 57).

8. **σι̯ > ι̯,** das oft schwindet oder mit vorhergehendem Vokal zu *i*-Diphthong wird (196 c 1):

*τελεσ-ι̯-ω > hom. τελείω > att. τελέω > τελῶ ich vollende : τέλος Ende
*tosi̯o > hom. τοῖο > *τοο > att. τοῦ des
*ἐσ-ιη-ν > εἴην ich möchte sein : ἐσ-τί er ist.

b) Verbindungen mit σ   § 212

1. **σ vor Konsonanten:**

   a) *im Anlaut* **σμ-, σν-, σλ-, σρ- > μ-, ν-, λ-, ῥ-:**

   *σμ-ια (*sm- = Schwundstufe zu *sem- ein in gr. ἕν < *sem, vgl. lat. *sem-el*) > μία
   *σνέϝω > νέω ich schwimme (daher hom. Impf. ἔννεον)
   *σλαβών > λαβών Part. Aor. zu λαμβάνω ich nehme : Perf. εἴληφα < *σεσλάφα (vgl. 1b)
   σϝ- im Anlaut > Spir. asp.: 202, 2β.

Anm. Warum in einzelnen Formen σμ- im Anlaut erhalten blieb, so in σμῑκρός (neben μῑκρός) klein, σμερδαλέος furchtbar, ist nicht eindeutig geklärt.

Anlautendes σρ-, das durch Zusammensetzung oder Augmentierung in den *Inlaut* gerät, erscheint als -ρρ- (203 Anm.):

*σρεϝω > ῥέω ich fließe, aber *ἐ-σρεϝον > ἔρρεον ich floß

*σροϝος > ῥόος > ῥοῦς Flut, aber *κατα-σροϝος > κατάρρους (das) Herunterfließen

b) *im Inlaut* **-σμ-, -σν-, -σλ-, -σρ-** > **-μ-, -ν-, -λ-, -ρ-** mit Ersatzdehnung:

*ἐσ-μι > εἰμί ich bin

*ἀλγεσ-νος > ἀλγεινός schmerzhaft (zu ἄλγος Schmerz)

*σε-σλᾱφ-α > *εἴλᾱφα > εἴληφα (208) Perf. zu λαμβάνω ich nehme.

-σϝ- im Inlaut: 202, 2 β.

Anm. 1. Durch Analogie blieb auch hier (vgl. intervokalisches -σ-: 205, 2 Anm. 1) -σ- oft erhalten: ἐσμέν (hom. εἰμέν) nach ἐστέ, τετέλεσμαι nach τετέλεσται (E 96, 2).

Anm. 2. In ζώννυμι < *ζωσ-νῡμι ich gürte, Πελοπόννησος < *Πελοποσ-νησος, ἕννυμι < *ϝεσ-νῡμι ich bekleide (ion. regelrecht zu εἴνῡμι geworden!) war durch Beeinflussung von ζωσ-τήρ Gürtel, Gen. Πέλοπος und ἐσθής „Bekleidung" das -σν- zunächst bewahrt und später zu -νν- assimiliert worden.

2. **σ hinter Konsonanten:**

a) **κ, γ, χ + σ > ξ:**

*φυλακ-ς > φύλαξ Wächter : Gen. φύλακ-ος

*πρᾱγ-σω > πρᾱ́ξω ich werde tun : πρᾶγ-μα Handlung

*ταραχ-σω > ταράξω ich werde verwirren : ταραχ-ή Verwirrung.

b) **π, β, φ + σ > ψ:**

*γῡπ-ς > γύψ Geier : Gen. γῡπ-ός

*'Αραβ-ς > Ἄραψ Araber : Gen. Ἄραβ-ος

*γραφ-σω > γράψω ich werde schreiben : γράφ-ω.

c) **τ, δ, θ + σ > σσ >** att. **σ** (vgl. lat. *pot-sum > possum, *ad-sistō > assistō gegenüber *ad-spiciō > aspiciō, laed-sī > laesī):

*νυκτ-ς > *νυκς > νύξ Nacht : Gen. νυκτ-ός

*ἐλπιδ-ς > ἐλπίς Hoffnung : Gen. ἐλπίδ-ος

*ὀρνιθ-ς > ὄρνις Vogel : Gen. ὄρνῑθ-ος

*ποδ-σι > hom. ποσσί > att. ποσί (den) Füßen : Gen. ποδ-ός

*ἐ-πειθ-σα > *ἔπεισσα > ἔπεισα Aor. zu πείθ-ω ich überrede

d) **σ + σ >** att. **σ:**

*ἔπεσ-σι > hom. ἔπεσσι > att. ἔπεσι Dat. Pl. zu ἔπος Wort

*ἐ-τελεσ-σα > hom. ἐτέλεσσα > att. ἐτέλεσα Aor. zu *τελεσίω > τελῶ (211, 8) ich vollende

lesb. ἔσσονται > att. ἔσονται sie werden sein.

e) **μσ, νσ, λσ, ρσ > μ, ν, λ, ρ** mit Ersatzdehnung:

*ἐ-νεμ-σα > ἔνειμα Aor. zu νέμω ich teile zu

*ἐ-μεν-σα > ἔμεινα Aor. zu μένω ich bleibe

*ἐ-φαν-σα > dor. ἔφᾱνα > att. ἔφηνα Aor. zu *φανίω > φαίνω ich zeige

*ἐ-δερ-σα > ἔδειρα Aor. zu δέρω ich schinde

*ἠγγελ-σα > ἤγγειλα Aor. zu *ἀγγελίω > ἀγγέλλω ich melde.

Anm. 1. In Formen wie Dat. Pl. ἡγεμόσι, ποιμέσι liegt *nicht* Ausfall von ν vor σ zugrunde; sie gehen auf Schwundstufe *ἡγεμηνσι, *ποιμηνσι > *ἡγεμασι, *ποιμασι (nach 191 d 2) zurück, die durch Analogie zu den übrigen Kasus, die ja alle -ο- bzw. -ε- enthalten, umgestaltet wurden.

Anm. 2. In einigen Fällen blieb ρσ, λσ erhalten; solches ρσ wurde att. zu ρρ, z.B. hom. ἄρσην > att. ἄρρην männlich. Fälle wie ῥήτορσι (Dat. Pl. zu ῥήτωρ Redner), θηρσί (Dat. Pl. zu θήρ Tier), κάθαρσις Reinigung, ἀλσί (Dat. Pl. zu ἅλς Salz) sind Analogiebildungen durch „Systemzwang". Über μάρτυς usw. vgl. 214, 2 b!

Im Auslaut **-νς** > **-ς** *mit Ersatzdehnung*:

τόνς (kretisch) > τούς, *τᾱνς (194 b) > τᾱ́ς die (Akk. Pl.)
*sem-s > *ἑν-ς (205, 2α; 204, 1) > εἷς ein: Gen. ἑν-ός
*μελαν-ς > μέλᾱς schwarz: Gen. μέλαν-ος
ἐν-ς (argiv.) > εἰς in — hinein (griech. Neubildung: ἐκ : *ἐκ-ς > ἐξ = ἐν : *ἐν-ς > εἰς).

Anm. 3. ἐς statt εἰς entwickelte sich lautgesetzlich dort, wo ἐνς in enger Verbindung mit einem folgenden *konsonantisch* anlautenden Wort stand: ἐνς τόν > ἐς τόν (vgl. *συν-σκευάζω > συσκευάζω s. Ziff. 3 a!).

Im Inlaut **-νσ-** > **-σ-** *mit Ersatzdehnung* nur, wo -νσ- erst im *Griechischen* aus anderen Lauten entwickelt worden war:

-νσ- < -νδσ- : *ἐ-σπενδ-σα > *ἐσπενσα (212, 2c) > ἔσπεισα Aor. zu σπένδ-ω ich spende
-νσ- < -ντσ- : *παντ-σι > *πανσσι > *πανσι (212, 2c) > πᾶσι allen: Gen. παντ-ός
-νσ- < -ντι̯- : *παντ-ι̯α > kret. πάνσα (211, 4) > att. πᾶσα ganz (N. Sg. Fem.)
-νσ- < -ντ- : dor. φέρο-ντι > *φερονσι (210) > att. φέρουσι sie tragen
(dagegen *altererbtes* -νσ- > **-ν-** mit Ersatzdehnung: *ἐ-μεν-σα > ἔμεινα s. o.).

Anm. 4. Die Verschiedenheit in der Behandlung des durch die Ersatzdehnung entstandenen ᾱ (*ἔφανσα > dor. ἔφᾱνα > att. ἔφηνα gegenüber *παντσι > πᾶσι: vgl. 25!) zeigt, daß das ᾱ hier ein *jüngeres* Produkt ist.

3. **σ zwischen Konsonanten**:

a) *Der erste Konsonant schwindet* in der Verbindung **ν + σ + Konsonant**:

*συνσκευάζω > συσκευάζω ich packe zusammen
*τριᾱκοντ-τος > τριᾱκονστος (214, 1) > τριᾱκοστός (der) dreißigste
*χαριεντ-τερος > *χαριενστερος (214, 1) > χαριέστερος anmutiger.

b) *In allen sonstigen Verbindungen schwindet das* **σ**:

*γε-γραφ-σθαι > γεγράφθαι Inf. Perf. Pass. zu γράφω ich schreibe
*πε-φυλακ-σθαι > πεφυλάχθαι (213, 2a) Inf. Perf. Pass. zu φυλάττω ich bewache
*πε-πεμπ-σθε > πέπεμφθε (213, 2a) 2. Pl. Ind. Perf. Pass. zu πέμπω ich schicke
*ἑκσ-τος (lat. *sextus*) > ἕκτος (der) sechste
*ἑκσ-και-δεκα > ἑκκαίδεκα sechzehn.

c) **Assimilation** § 213

Aufeinanderfolgende Konsonanten gleichen sich oft aneinander an. Diese Angleichung (Assimilation) kann *vollständig* (z.B. *γραφ-μα > γράμμα Buchstabe) sein
oder *teilweise* (z. B. *ζευγτος > ζευκτός Verb. Adj. zu ζεύγνυμι ich spanne an).

1. **Völlige Assimilation.**

a) **Einzelfälle**: zu -ϝρ- > -ρρ- s. 203 Anm. -σρ- > -ρρ- s. 203 Anm.; 212, 1a
-σν- > -νν- s. 212, 1b Anm. 2. T-Laut + σ > -σ- s. 212, 2c.

b) **Labial + μ > μμ**:

*ὀπ-μα > ὄμμα Auge: ὄψομαι ich werde sehen
*λε-λειπ-μαι > λέλειμμαι Perf. Pass. zu λείπω ich lasse
*τε-τρῑβ-μαι > τέτρῑμμαι Perf. Pass. zu τρίβω ich reibe
*γε-γραφ-μαι > γέγραμμαι Perf. Pass. zu γράφω ich schreibe.

Anm. Entsprechende Assimilation lag wohl vor, wenn -γν- > -ŋn- (14) wurde, so daß z. B. γίγνομαι „ich werde" gíŋnomai gesprochen wurde. Hier findet dieser *lautliche* Vorgang lediglich keinen Ausdruck in der *Schrift*. Dann trat völlige Assimilation ein, wie γίννομαι zeigt, das schließlich durch eine Art Ersatzdehnung zu γίνομαι wird (seit 300 v. Chr. auch att.).

c) **λν > λλ**:

*ὄλ-νῡμι > ὄλλῡμι ich verderbe: Fut. ὀλῶ.

Anm. In frühgriechischer Zeit war teilweise λν > λ mit Ersatzdehnung geworden: *σταλνᾱ > dor. στά-λᾱ > att. στήλη Säule (gegenüber lesb. στάλλᾱ mit Assimilation!); *ὀφελνω > att. ὀφείλω ich schulde, muß (gegenüber hom.-aiol. ὀφέλλω).

d) **νλ > λλ** (nur in Zusammensetzungen):

σύν + λέγω > συλλέγω ich sammle (vgl. lat. *con* + *legō* > *colligō*).

e) **νμ > μμ**:

*ἤσχυν-μαι > ἤσχυμμαι Perf. zu αἰσχύνομαι ich schäme mich
*ἐν + μένω > ἐμμένω ich bleibe darin.

Anm. Wo bei der Perfektbildung an Stelle eines ν ein σ vor μ steht (πέφασμαι!), ist das lediglich Analogiewirkung nach den *s*- und *T*-Stöcken: nach Fällen wie τετέλεσται, τετέλεσθε : τετέλεσμαι (212,1b Anm. 1) hatte man zum lautgesetzlichen πέπεισται (< *πεπειθται: 214,1) und πέπεισθε (< *πεπειθσθε: 212,3 b) auch ein πέπεισμαι gebildet; ebenso nach ἴστε auch ἴσμεν statt lautgesetzlichem ἴδμεν (hom.); dieses σ breitet sich in der Perfektbildung aus, so daß auch πέφασμαι gebildet wird (statt eines aus *πεφανμαι lautgesetzlich zu erwartenden *πεφαμμαι).

2. **Teilweise Assimilation.**

a) **Verbindung mehrerer Verschlußlaute (Mutae):**

Der erste Verschlußlaut nimmt die Artikulations*art* (13 I c 1) des zweiten an (vgl. lat. *scrībō* : *scrīptus*, *iungō* : *iūnctus*, mhd. *houbet* > nhd. *Haupt*), so daß im Endergebnis immer Verschlußlaute *gleicher* Artikulations*art* (Tenues, Mediae, Aspiratae) aufeinander folgen:

βτ, φτ > πτ : βέβλαπται zu βλάβη Schaden; γέγραπται zu γράφω ich schreibe
γτ, χτ > κτ : ζευκτός zu ζεύγνῡμι ich spanne an; ἀρκτέον zu ἄρχω ich herrsche
πθ, βθ > φθ : ἐπέμφθην zu πέμπω ich schicke; τέτριφθε zu τρίβω ich reibe
κθ, γθ > χθ : ἐφυλάχθην zu *φυλακίω > φυλάττω ich bewache; ἤχθην zu ἄγω ich führe
πδ   > βδ : ἕβδομος[1]) (der) siebente zu ἑπτά sieben
κδ   > γδ : ὄγδοος[1]) (der) achte zu ὀκτώ acht.

Anm. *T*-Laut vor κ fällt aus: *πεπειθκα > πέπεικα, *πεφροντιδκα > πεφρόντικα, *πεπλαθκα > πέπλακα. Unregelmäßig ist ἔσπεικα in Analogie zu Fut. σπείσω, Aor. ἔσπεισα gebildet.

b) **Nasal + Verschlußlaut:**

Der Nasal wird in der Artikulations*stelle* (13 I c 2) dem Verschlußlaut angeglichen:

ν + *Labial* > **μ** + *Labial*(vgl. lat. *im-pūnītus*): **ν** + *Guttural* > **γ** (gesprochen ŋ) + *Guttural*:

σύν + πέμπω > συμπέμπω ich schicke mit   ἐν + κλίνω   > ἐγκλίνω   ich lehne an
ἐν + βαίνω > ἐμβαίνω   ich betrete   ἐν + γίγνομαι > ἐγγίγνομαι ich bin darin
ἐν + φύω   > ἐμφύω   ich pflanze ein   σύν + χέω   > συγχέω[2]) ich verwirre.

Entsprechend bei *Nasalinfix*:

λα-μ-β-άν-ω (zu ἔ-λαβ-ον) ich nehme (vgl. lat. *ru-m-p-ō* : *rūp-ī*)
λα-γ-χ-άν-ω (zu ἔ-λαχ-ον) ich erlange (vgl. lat. *vi-n-c-ō* : *vīc-ī*)
λα-ν-θ-άν-ω (zu ἔ-λαθ-ον) ich bin verborgen (vgl. lat. *tu-n-d-ō* : *tu-tud-ī*)

Anm. Nur *scheinbare* Teilassimilation ist es, wenn in der Perfektbildung immer *Guttural* + μ > γμ wird; in Wirklichkeit ist dies Analogie zu Fällen, wo das γ im Stamm enthalten war: nach πέπρᾱγμαι (zu πρᾶγμα Handlung), τέταγμαι (zu τάγμα Heerschar) wurde dieses γ auf *alle* K-Stöcke übertragen: also δεδίωγμαι trotz διώκω ich verfolge, τετάραγμαι trotz ταραχή Verwirrung.

---

[1]) Vgl. E 69,2 Ordnungszahlen
[2]) Dadurch verständlich, daß χ im Griech. ja als *kh* ausgesprochen wurde (14).

d) Dissimilation § 214

Oft werden gleichartige Konsonanten voneinander *verschieden* gestaltet (Dissimilation).

1. Dissimilation tritt ein, wenn durch die Formenbildung gleiche Konsonanten nebeneinander zu stehen kommen:

Dental + Dental > σ + Dental:

*ἐψευδ-ται > ἔψευσται   er ist getäuscht worden   *ϝοιδ-θα > οἶσθα   du weißt
*ἐψευδ-θην > ἐψεύσθην   ich wurde getäuscht   *ϝιδ-θι > ἴσθι   wisse
*τριᾱκοντ-τος > *τριᾱκοντος > τριᾱκοστός (212, 3a) (der) dreißigste
*πενετ-τατος > πενέστατος (der) ärmste : Gen. πένητ-ος.

2. Dissimilation tritt oft auch ein, wenn in zwei aufeinanderfolgenden Silben jeweils der gleiche Konsonant erscheint, besonders dann, wenn er an der gleichen Silbenstelle auftritt:

a) durch *Veränderung* eines der beiden gleichen Konsonanten:
ἄλγος Schmerz : *ἀλγαλέος > ἀργαλέος mühevoll

b) durch *Verlust* eines der beiden gleichen Konsonanten:
*μαρτυρ-ς > μάρτυς Zeuge, *μαρτυρ-σι(ν) > μάρτυσι(ν) Dat. Pl.

Hierher gehört auch der Verlust eines *h* durch *Hauchdissimilation* (208):
*hεχω > ἔχω ich habe, *hειωθα > εἴωθα ich bin gewohnt usw.

e) Übergangslaute § 215

Neben Assimilation, Dissimilation oder Verdrängung von Konsonanten kann in einer beschränkten Anzahl von Fällen auch zwischen aufeinanderstoßenden Konsonanten (*Nasal + Liquida*) zur Erleichterung der Aussprache ein Übergangslaut als eine Art Puffer eingeschoben werden (vgl.dt. *str* < *sr* in *Strom* zu *σρεϝω > ῥέω ich fließe). Steht die Gruppe im Anlaut, so schwindet der Nasal. Eingeschoben wird:

δ zwischen -νρ-: *ἀνρ-ος (Schwundstufe zu ἀνερ-) > ἀνδρός (des) Mannes
(vgl. dt. *Fähndrich, Dirndl*)

β zwischen -μρ-: *μεσημριᾱ (zu ἡμέρᾱ Tag) > μεσημβρίᾱ Mittag
*ἀ-μροτος > ἄμβροτος unsterblich
*μροτος > *μβροτος > βροτός sterblich

β zwischen -μλ-: *με-μλω-κα (Perf. zu Aor. μολεῖν gehen) > μέμβλωκα
*μλω-σκω > *μβλω-σκω > βλώσκω ich gehe, komme.

V. TEIL: ERGÄNZENDE SPRACHGESCHICHTLICHE ERLÄUTERUNGEN FÜR DIE OBERKLASSEN

E 1. Die Zwischenstufe zwischen Bilderschrift und reiner Lautschrift findet sich beispielsweise noch im 4. Jh. v. Chr. auf der Insel Kypros in der sogenannten **kyprischen Silbenschrift,** die Zeichen für *ta, te, ti, to, tu* usw. hat und griechische Wörter folgendermaßen schreibt: θεσμός = *te·se·mo·se* oder τᾶς Ἀθᾶνᾶς = *ta·se·a·ta·na·se* oder τὸν ὅρκον = *to·no·ro·ko·ne.*

E 2. Für die Ableitung des griechischen Alphabets aus dem altsemitischen sprechen die in beiden Alphabeten gleichen oder ähnlichen Buchstaben*formen,* die gleiche *Reihenfolge* der Buchstabenanordnung, die Buchstaben*namen,* die antike *Überlieferung* — Herodot 5, 58 berichtet, daß von dem phoinikischen Königssohn Kadmos, der Theben in Boiotien gründete, die Griechen die Buchstabenschrift lernten, die sie bis dahin nicht gekannt hatten — und die ursprüngliche Schrift*richtung.* Diese lief von rechts nach links wie im Semitischen; mehrzeilige Inschriften wurden zunächst βουστροφηδόν = „wie man das pflügende Ochsengespann wendet", d. h. abwechselnd von rechts nach links und von links nach rechts geschrieben. Die einheitlich rechtsläufige Schriftrichtung, in Attika schon um 500 v. Chr. vorherrschend, setzt sich schließlich allgemein durch.

E 3. In den einzelnen Ländern ist die **Aussprache** des Griechischen auch heute noch gänzlich verschieden: die Griechen z. B. sprechen das Altgriechische nach ihren heutigen, neugriechischen Aussprachregeln aus; in Holland, Belgien und England betont man griechische Wörter nach der lateinischen Betonungsregel, also *anthrṓpos, lámbanō* usw. In dieser Betonungsweise lernten wahrscheinlich noch Lessing und Klopstock das Griechische kennen. Ein besonders heftiger Streit aber spaltete die Gelehrten seit dem Humanismus wegen der neugriechischen Aussprache des Altgriechischen in zwei Lager; dabei ging es vor allem um die Aussprache des η: Reuchlin und Melanchthon sprachen das η nach neugriechischer Lautgebung als „*i*" (vgl. Κύριε ἐλέησον in der Kirchensprache „*Kýrie eléison*") und in dieser lautlichen Form lernte vermutlich auch noch Goethe das Griechische. Erasmus von Rotterdam aber forderte schon 1528 die Aussprache von η als langes, offenes *ē̆* = *ā̆,* was dazu führte, daß z. B. der Homerübersetzer Joh. Heinr. Voß sogar im Deutschen „Homāros" usw. schrieb. Diese beiden Richtungen, als **„Itazismus"** und **„Etazismus"** bezeichnet, bekämpften sich lange und heftig. Heute hat sich die etazistische Aussprache im gesamten deutschen Sprachgebiet und auch anderwärts als die historisch richtige durchgesetzt.

E 4. Nur so ist es zu verstehen, daß bei Homer die Ziegen, offensichtlich lautnachahmend, als μηκάδες „die Meckernden" bezeichnet werden, und daß bei Komikern das Blöken der Schafe mit βῆ βῆ wiedergegeben wird. Wir müssen also Ἀθῆναι als *athā̂nai* sprechen, obgleich wir im Dt. in Anlehnung an das Lat.*Athen* schreiben und sprechen. Die geschlossene Aussprache des *e,* z. B. in *Athen,* ist erst die Folge der in hellenistischer Zeit eingetretenen Entwicklung zu geschlossenem *ẹ̄,* die schließlich zu *i* führte (*Kýrie eléison*: E 3).

E 5. Vereinzelte Fälle, in denen ι vor anderem Vokal bei Dichtern als unsilbisch, d. h. konsonantisch *i̯,* nachweisbar ist, erklären sich aus metrischen Schwierigkeiten, z. B. bei Homer δ 229 Αἰγυπτίη als — — — gemessen, was die Aussprache *ai̯güptíi̯ā* verlangt. Ebenso bei ε, z. B. Α 1 Πηληιάδεω — — ⌣ ⌣ —, sprich *pā-lā-i-a-di̯ō.*

E 6. Daß υ ursprünglich *u* (nicht *ü*) war, erweist z. B. die Tatsache, daß Homer das Brüllen der Rinder, wiederum lautnachahmend, mit μυκᾶσθαι „muhen" wiedergibt. Auch bei Übernahme des griech. Alphabets durch die Römer muß das Zeichen Y in der Form V noch den Lautwert *u* gehabt haben; nur dann konnten die Römer dieses Zeichen zur Darstellung ihres eigenen Lautes *u* verwenden.

E 7. Daß im Boiotischen z. B. noch im 4. Jh. v. Chr. τύχᾱ als *túchā* gesprochen wurde, zeigt der Umstand, daß dort nach Übernahme des ionischen Alphabets um 370 v. Chr. (7 Schluß) ΤΟΥΧΑ geschrieben wurde, weil Υ in der Aussprache *ü* geworden und der einheimische Laut *u* durch ΟΥ wiedergegeben wurde.

E 8. Schon die klassische Zeit des 5. Jh. v. Chr. sprach jedoch keinen Diphthong mehr für das Schriftzeichen ει, sondern ein langes geschlossenes *ẹ̄,* etwa wie in dt. *See;* δείκνυμι „ich zeige" wurde also *dẹ̄knými* gesprochen. Daraus erklärt sich, daß in der Kontraktion ε + ε > ει, in der Ersatzdehnung kurzes ε > ει, d. h. eben zu langem, geschlossenem *ẹ̄* werden konnte[1]), z. B. τρέες = τρεῖς „drei", gesprochen *trẹ̄s,* *χαρίεντς > χαρίεις „anmutig", gesprochen *kharíẹ̄s.* Dieses aus Kontraktion oder Ersatzdehnung entstandene ει war also **nie** di-

---

[1]) η war für die Darstellung des langen geschlossenen *ẹ̄* nicht zur Verfügung, da η ja offen als *ā̆* gesprochen wurde (10 η; E 4)

phthongisch, darum τῑμά-ειν > τῑμᾶν (**ohne** ι subscr.: 132, 3 b), δουλόειν > δουλοῦν, dagegen τῑμά-εις (mit echtem, d. h. diphthongischem ει) > τῑμᾷς (**mit** ι subscr.), δουλό-εις > δουλοῖς. Später, im 3./2. Jh. v. Chr., entwickelte sich ει = $\bar{e}$ zu $\bar{\imath}$ weiter und so wird es auch heute noch im Neugriech. gesprochen (s. S. 21²). Die verschiedenen Entwicklungsstufen spiegeln sich deutlich in Namen wieder, die das Lat. aus dem Griech. übernahm: Αἰνείας = *Aenēās*, Δαρεῖος = *Darēus*, später *Darīus*, Ἰφιγένεια jedoch nur in der Form *Iphigenīa*.

E 9. Das υ in αυ hat sich im Neugriech. über eine halbvokalische Aussprache als *aw* schließlich zur Spirans entwickelt: αυ wird dort als *aw* (wie dt. *w*), vor stimmlosen Konsonanten sogar als *af* gesprochen (s. auch E 10).

E 10. Die bei uns gebräuchliche Aussprache $\widehat{oi}$ oder $\overline{oo}$, von der Aussprache unseres dt. *eu* auf das griech. Schriftbild übertragen, ist historisch unrichtig. Nur ein wie *e* + *u* ausgesprochenes ευ konnte von εὐαγγέλιον zu *Evangelium* führen. Die halbvokalische Aussprache *eu*, die (in Parallele von αυ > *aw* > neugriech. *aw/af*) ευ über *eu* > neugriech. *ew/ef* führte, zeigt sich schon in der Tatsache an, daß z. B. εὖ vor Vokal nicht als Hiat empfunden wird. Vgl. außerdem den Übergang von -ε-ο > -ευ (10 ●).

E 11. Ursprünglich war diphthongisch *o* + *u* gesprochen worden (wie mhd. *frouwe*). Wie aber ει > $\bar{e}$, so war Ende des 6. Jh. v. Chr. ου > $\bar{o}$ (lang und geschlossen) monophthongiert worden; nur darum konnte in der Kontraktion o + o durch ου, und bei Ersatzdehnung kurzes *o*, das zu langem $\bar{o}$ geworden war, ebenfalls durch ου wiedergegeben werden, z. B. Gen. Sing. *τοο > τοῦ = *tō*, Akk. Plur. τόνς (kretisch) > τούς = *tōs*, wie die älteren Inschriften zahlreich beweisen, die noch ΤΟ für τοῦ und ΤΟΣ für τούς schreiben. Erst um 400 v. Chr. war dieses $\bar{o}$ > $\bar{u}$ geworden, wie wir es heute auszusprechen pflegen.

E 12. Auch hier spiegeln die ins Lat. übernommenen griech. Wörter die verschiedenen Entwicklungsstufen klar wieder: lat. *tragoedia* (*oe* = Diphthong!) wurde offensichtlich zu einer Zeit übernommen, als man τραγῳδίᾱ noch als *tragōidíā* sprach und hörte; das Wort Θρᾷξ zeigt das Übergangsstadium: der Lateiner kennt sowohl *Thraex* wie *Thrāx*; dagegen war das ι offensichtlich schon ganz verstummt bei der Übernahme von Ἀΐδης als *Hādes*.

E 13. Daß dies bis zur Kaiserzeit so war, ergibt sich aus der Tatsache, daß die Römer φ durch *p*, **nicht** durch *f* wiedergaben: das Wort πορφύρᾱ wird als lat. Lehnwort *purpura* „Purpurschnecke", χάλιξ wird c*alx* „Kieselstein, Kalkstein", θύος wird *tūs* „Weihrauch". Erst in der Kaiserzeit begegnen in lat. Inschriften Fälle, wo für griech. φ lat. *f* geschrieben wird, was beweist, daß nun erst φ in der Aussprache zu einer Spirans, d. h. *f*, geworden war. Die gleiche lautliche Entwicklung hat χ und θ durchgemacht. Während wir nun bei φ und χ die neugriech. Aussprache als *f* und *ch* übernahmen, weil uns diese Laute in der eigenen Sprache geläufig sind, haben wir bei θ = *þ* diese Möglichkeit nicht, weil wir im Dt. diesen Laut nicht kennen. Man vergleiche eine ähnliche Entwicklung vom Verschlußlaut *p* zum Reibelaut *f* im Dt., wo beim gleichen Wort in verschiedenen Dialekten verschiedene Laute gesprochen werden, z. B. *p*, *pf*, *f* : lat. *palatium* — P^halz — *Pfalz* — *Falz* ; lat. *paraverēdus* — P^herd — *Pferd* — *Ferd*.

E 14. Die Aussprache ζ = σ + δ berichten ausdrücklich die antiken Grammatiker; es ergibt sich aber auch aus folgenden Tatsachen: wie οἴκόνδε „nach Hause" muß auch „nach Athen" Ἀθήνασ-δε gelautet haben; geschrieben erscheint es aber Ἀθήναζε. Dem dt. Wort *Ast* entspricht lautgesetzlich genau ὄζος, also gesprochen *ózdos*. Es erscheint auch die Lautgruppe *zd* in fremdländischen Namen als ζ im Griech., z. B. der persische Gott *Auramazdā* als Ὡρομάζης. Erst nach 400 v. Chr. vereinfachte sich wohl ζ im Att. in der Aussprache in ein stimmhaftes *s* (= franz. *z*).

E 15. Wiederum zeigen die Inschriften deutlich die Entwicklung: die att. Denkmäler des 5. Jh. v. Chr. bieten uns noch Schreibungen wie ΗΕΚΑΤΟΝ = ἑκατόν, ΗΙΕΡΟΣ = ἱερός. Das Fortbestehen des *h*-Lautes in Attika, dem Fehlen eines besonderen Zeichens nach Einführung des ionischen Alphabets zum Trotz, zeigt deutlich eine Schreibung wie ΥΦΕΝΟΣ = ὑφ' ἑνός sprich *hyp-henós* (aspirierte, nicht spirantische Aussprache von φ: E 13); hätte man das *h* nicht mehr gehört, wäre ΥΠΕΝΟΣ geschrieben worden.

E 16. Für die Annahme, der Spiritus lenis könnte einen „harten Einsatz" mit einem „Knackgeräusch" bezeichnet haben, etwa wie er bei unserm überraschten Ausruf „*Aber*"! hörbar ist, lassen sich sichere Anhaltspunkte nicht finden.

E 17. Daß auch wir im Dt. neben der *lauteren* Aussprache einer betonten Silbe Unterschiede in der Tonhöhe je nach der Stellung eines Wortes im Satz kennen, mag folgendes Beispiel veranschaulichen: „Haben Sie gut geschlafen?" gegenüber „Ich habe etwas geschlafen". Bei dem Worte „*geschlafen*" ist die Aufeinanderfolge der Tonhöhe in den beiden letzten Silben „*-schla-fen*" im ersten Beispiel „tief-hoch", im zweiten aber „hoch-tief", wobei sich in beiden Fällen die Tonhöhe des „hoch" bzw. „tief" etwa entspricht.

E 18. Dieser Erscheinung liegt folgendes Gesetz zugrunde: Ist die letzte Silbe lang, so darf der Hochton nicht weiter als nur *eine* More davon zurücktreten. Dies ist auch der Grund, warum aus δῆμος mit Zirkumflex δήμου mit Akut wird (vgl. 21, 2b); denn δημου mit Zirkumflex würde ja ‿‿ — bedeuten, d. h. den Hochton weiter, als nach obigem Gesetz erlaubt, von der langen Endsilbe abrücken.

E 19. Wie in fast allen idg. Sprachen war auch im Griech. der **Dual** dem Aussterben geweiht. In manchen griech. Dialekten setzt das völlige Aussterben des Duals schon früh ein; im Attischen ist er etwa seit Ausgang des 4. Jh. v. Chr. gänzlich außer Gebrauch gekommen. Doch blieben auch im Griech. (wie im Lat.) einzelne Formen für immer erhalten: δύο lat. *duo* zwei, ἄμφω lat. *ambō* beide.

E 20. Grund für diese Regel ist die Tatsache, daß der **Neutr.-Plur.-Ausgang -α** bei den *o*-Stämmen ursprünglich ein **Singular** auf -α war, der kollektive Bedeutung hatte, d. h. einen Sammelbegriff darstellte. Wie der dt. Plur. „*die Berge*" durch den singularen Sammelbegriff „*das Gebirge*" ersetzt werden kann (ebenso: *der Busch — die Büsche — das Gebüsch* usw.), so stellte das Wort φύλλον „Blatt" den Pluralbegriff „die Blätter" durch ein ursprünglich *singularisches* Wort φύλλα „Blattwerk" dar. Der Satz: „Die Blätter grünen" wurde im Griech. also ursprünglich in der Form „Das Blattwerk grünt" gebildet. In späterer Zeit, besonders im Hellenismus, wird statt Sing. mehr und mehr der Plur. gesetzt.

E 21. Bereits in der Grundsprache waren die Stämme *so- (nur im Nom. Sing. Mask. und Fem.) und *to- in **einem** Paradigma zusammengeschlossen.

1. **Sing. Nom. Mask. und Fem.:** ὁ, ἡ gehen auf endungslosen Nom. *so, *sā zurück (*s*- > *h*-: **R 15**; ā > η: **R 1**). Die Nebenform ὅς des Mask. zeigt sigmatische Nom.-Bildung aus *so-s. Die Plurale οἱ, αἱ sind im Att. und in einigen anderen Dialekten erst nachträglich in Analogie zu ὁ, ἡ entstanden; das ursprüngliche τοί, ταί ist bei Homer noch das Gebräuchliche. — **Nom. Akk. Neutr.:** τό < *to-d (**R 18**); -*d* ist echt pronominale Endung des Neutr. (aus lat. is*tud*, il*lud*, quo*d*, aliu*d* bekannt) gegenüber dem nominalen -*m* > -*v* in -ον = lat. -*um* (**R 14**); entsprechend τόδε, τοῦτο, ἐκεῖνο, αὐτό, ἄλλο, ὅ (Rel.) und τί (lat. *quid*). — **Gen. τοῦ:** Die pronominale Gen.-Endung *-*sjo* führte von *to-sjo > τοῖο (hom.) > *τοjο > *τοο (**R 12**) > τοῦ (gesprochen *tọ̄*: **E 11**). Dieser pronominale Gen.-Ausgang ist dann auf alle Nomina der *o*-Dekl. übergegangen. — **Gen. τῆς** < *τᾶς: Der alte nominale Gen.-Ausgang -*ās* findet sich im klassischen Latein noch in der festen Formel „*pater familiās*". — **Dat. τῷ, τῇ** < τῶι, τᾶι (12): Hier liegt **nominale** Bildung vor. Lat. -*ō* als Dat.- und Abl.-Ausgang der *o*-Dekl. ist ebenfalls aus -*ōi* durch Abfall des -*i* entstanden, wie der auf einer sehr alten Inschrift erhaltene Dat. eines Eigennamens NVMASIOI = *Numeriō* zeigt. Lat. -*ae* als Dat.-Ausgang der *ā*-Dekl. war -*āi*; so noch alat. FORTVNAI = *fortūnae*. — **Akk. τόν, τήν** < *tom, *tām entspricht genau lat. -*um*, -*am* im Akk. Sing. der *o*- und *a*-Dekl. (-*m* > -*v*: **R 14**).

2. **Plur. Gen. τῶν:** Der Gen. Mask. Neutr. τῶν ist **nominalen** Ursprungs aus *to-ōm (-*m* > -*v*: **R 14**); Reste davon sind im klassischen Latein (wo -*ōm* > -*um* gekürzt wurde) erhalten in den Formen *deum* (nicht *deūm*!) statt *deōrum*, *nummum* statt *nummōrum*. Der Gen. Fem. τῶν hingegen ist **pronominalen** Ursprungs: das hom. τάων läßt die Grundform *tā-sōm erkennen, das in lat. *istā-rum* seine Entsprechung findet (intervokalisches -*s*- im Griech. geschwunden, im Lat. zu -*r*- geworden: **R 16**). — **Dat. τοῖς:** Ursprünglich τοῖσι, so noch bei Homer und altattisch bis etwa 450 v. Chr. Die Endung -σι ist gleichen Ursprungs wie die Endung des Dat. Plur. der 3. Dekl. (d. h. alter *Lokativ*). Daß davor der Stamm τοι- statt το- erscheint, ist unregelmäßig, aber schon ursprachlich; -οισι > -οις entwickelte sich zuerst beim Artikel, dessen Formen proklitisch, d. h. unbetont, waren; diesen Übergang haben die lesbischen Inschriften festgehalten, die regelmäßig ΤΟΙΣ ΘΕΟΙΣΙ schreiben. Die Übertragung dieser Kürzung vom Artikel auf das Nomen ist das Ende der Entwicklung (**E 22, 2**). — **Dat. ταῖς:** Die ursprüngliche Form *τᾶσι ist in att. Inschriften des 5. Jh. v. Chr. als τῆσι (η < α : **R 1**) bezeugt; das ι drang in Angleichung an τοῖσι ein, woraus hom. -ῃσι beim Nomen sich entwickelte (**E 25, 2**). Nach dem Verhältnis οἱ : αἱ entstand nach τοῖς auch ταῖς. — **Akk. τούς, τάς** < τό-νς, *τᾰ-νς (Ausfall von ν vor σ mit Ersatzdehnung: **E 11**; ᾰ in *τᾰ-νς: **R 5**). ου als ọ̄ gesprochen: **E 11**.

E 22. 1. **Sing. Nom.** Sogar im klassischen Lat. kommt noch *equŏs* vor. — **Gen.** -**ου** < -οο < -οιο: so noch bei Homer (**E 21, 1**). — **Dat.** Im Altlat. ist NUMASIOI (= *Numeriō*) belegt. — **Akk.** -**ον** < *-*om* wie lat. *servum*, das sich inschriftlich sogar noch in klassischer Zeit als SERVOM findet (**E 21**). — **Vok.** -**ε** ist keine Endung, sondern *e*-Ablaut des *o*-Stammes, z. B. ἵππο- : ἵππε = lat. *equo-* : *eque*.

2. **Plur. Nom.** -**οι** (= lat. -*ī* in *equī*) ist vom Pronomen übernommen (vgl. die alte Pluralform τοί beim Artikel: **E 21, 1**); die alte Pluralendung -ες (in der 3. Dekl. erhalten) wurde dadurch verdrängt: *toi hippōs (< *hippo-es) wurde analogisch zu τοί ἵπποι umgestaltet. -αι in der *ā*-Dekl. ist der *o*-Dekl. angeglichen. — **Dat.** -**οις** < -οισι (so noch bei Homer): vgl. lat. -*īs* < -*ois*, das in Dialektinschriften erhalten ist; im Pälignerland findet sich z. B. *suois cnatois* = *suīs nātīs*; -οι- statt -ο- vor -σι vermutlich pronominalen Ursprungs (**E 21, 2**). σ (gegen **R 16** erhalten) ist Analogie zu den Konsonantenstämmen (25 Ende). Vom Artikel, der zuerst die gekürzte Form aufweist (**E 21, 2**), wurde -οις dann erst auf das Nomen übertragen. — **Akk.** -**ους** < *-ο-νς: Ausfall des ν vor σ mit Ersatzdehnung des vorhergehenden Vokals (**R 22f**); -ου als Zeichen für Kontraktionslänge von ο (**E 11**). — **Neutr. Pl. N. A.:** Das griech. -ᾰ ist in seiner Herkunft nicht identisch mit dem lat. -*ă* (< *-*ā*) der Neutra (**E 20**).

E 23. Neutr. Plur. -ᾰ < *-εα: hier hat die Analogie gewirkt: das -ου- in ὁστοῦν war lautlich nichts anderes als die dem -ο- von δῶρον entsprechende Länge (**E 11**). So wählte man entsprechend auch zum Plur. -ᾰ von δῶρα die Länge -ᾱ in ὁστᾶ. Das Verhältnis von δῶρᾰ : ὁστᾶ entspricht also dem von δῶρον : ὁστοῦν.

E 24. 1. **Die attische Deklination** ist nicht etwa ein besonderes Kennzeichen des att. Dialekts; sie kommt ebenso im Ionischen vor. Der Ausdruck ist vielmehr von späten Grammatikern geprägt, für die „Attisch" = „gutes altes Attisch" im Gegensatz zu der von ihnen selbst gebrauchten Koiné bedeutete.

2. Die att. Dekl. hat ihre Entstehung von Wörtern her genommen, bei denen auf Grund des Gesetzes der „quantitativen Metathese" (**R 7**) ein alter Nom. Sing. auf -ηος > -εως geworden war, z. B. in den beiden Wörtern λᾱός (hom.) > ion. ληός > att. λεώς und νᾱός (hom.) > ion. νηός > att. νεώς. Auch durch Kontraktion waren Wörter auf -ώς entstanden, die sich dieser Gruppe anschlossen, so λαγώς = *λαγωος. Erst später gesellten sich auch noch einige andere Nomina dazu, die ursprünglich anderen Deklinationsklassen angehört hatten, so ἡ ἕως (< hom. ἠώς) „die Morgenröte", das ursprünglich ein σ-Stamm war (wie αἰδώς: 54). Der Akk. Sing. ohne -ν (35 Anm.) ist also bei ἕω nur beibehaltene rechtmäßige Form.

E 25. 1. **Sing. Nom.**: Im Gegensatz zu dem -*s* der *o*-Stämme ist in der *a*-Dekl. der Nom. Sing. der Feminina **endungslos** (wie im Lat.). — **Gen.**: -*ās* war auch im Lat. der ursprüngliche Gen.-Ausgang (-*ae* ist Neubildung); erhalten in der alten Formel „*pater familiās*". — Über Nom. Gen. Sing. der **Maskulina**: 39,2 und 3. — **Dat.**: -ᾳ < -*āi* (12) ist in alat. FORTVNAI (erst später zu *fortūnae* geworden) inschriftlich belegt. — **Akk.**: lat. -*ăm* < *-*ām*.
2. **Plur. Nom.**: Alter Ausgang war -*ās* (25 Schluß). — **Gen.**: -ῶν entstand über folgende Zwischenstufen: *-*āsōm* (= lat. -*ārum*) > -ἀων (R 16; R 14) > -ἠων (R 1) > -ἑων (R 6) > -ῶν (R 8). Das ursprünglich nur pronominale *-*āsōm* (vgl. hom. τἀων: E 21, 2) wurde im Griech. (wie im Lat.) auf die Nomina übertragen, z. B. θεάων (hom.). Da die zweisilbige Gen.-Form -ἀων den Akzent wegen der langen letzten Silbe immer auf der vorletzten Silbe tragen mußte (21, 2c), erscheint bei **allen** *a*-Stämmen in der att. kontrahierten Form Zirkumflex auf der Endsilbe: -ῶν. Anders die **Adjektiva** der *a*- und *o*-Deklination (64, 3). — **Dat.**: -ᾱισ(ι) ist Analogieform zu Nom. Plur. -ᾱι, entsprechend dem -οισ(ι) : -οι der *o*-Dekl. (33). Die eigentlich zu erwartende regelmäßige Form -ᾱσι, -ησι findet sich auf att. Inschriften des 5. Jh. v. Chr. und ist auch noch in adverbiellen Lokativen wie Ἀθήνησι „in Athen", Πλαταιᾶσι „in Plataiai" erhalten. Um 420 v. Chr. wird -αις der allgemeine att. Ausgang (E 21). — **Akk.**: -ᾱς < *-ᾰνς (R 5); ebenso im Lat. *terrās*; da Ausfall des -*v*- und die dafür eintretende Ersatzdehnung (R 22f) erst erfolgte, als R 1 (ᾱ > η) nicht mehr wirksam war, erscheint hier auch nach Konsonanten -ᾱς (nie -ης).

E 26. Die Stämme auf -ᾰ sind aus Bildungen mit einem Suffix -*i̯ᾰ* entstanden, dessen *i̯* je nach dem Charakter der vorausgehenden Laute die verschiedenartigsten Veränderungen bewirkt hat, z. B. *μαχαρi̯α > μάχαιρα, *τραπεδi̯α > τράπεζα (R 21). Das -*i̯ᾰ* im Nom., Akk., Vok. ist Ablaut (Schwundstufe: R 3 b 2) zu dem -*i̯ā* mit langem *ā* im Gen. und Dat.

E 27. Bei den Kontrakta auf -ᾱ erscheint -α, nicht -η (R 1), weil ein urspr. ε oder ι ausgefallen war (191b Anm.): Ἀθηνᾶ < -άᾰ < -αία „Athene"; μνᾶ < μνάᾰ „Mine" ist hebräisches Lehnwort und hatte urspr. ε: jon. Plur. μνέαι. In βορεᾶ- wurde das -ε- (wie das auch bei -ι- der Fall ist) vor Vokal konsonantisch; man sprach also *bori̯ās*; in manchen Dialekten (Lesbisch, Thessalisch) ging in solchen Fällen das *i̯* in der Verdoppelung des vorausgehenden Konsonanten auf; so entstand auch das -ρρ- in βορρᾶς.

E 28. 1. **Sing. Nom.**: Er ist teils, wie bei den *a*-Stämmen, **endungslos** gebildet (vgl. lat. *ōrātŏr*, *ōrātŏris*), wobei gewöhnlich der Stammablaut in Form der *Dehnstufe* auftritt (vgl. lat. *orīgō*, *orīginis*, z. B. ἡγεμών, -όνος; λιμήν, -ένος; zum anderen Teil wird der Nom. Sing., wie bei den *o*-Stämmen, **mit der Endung** -*s* gebildet: „sigmatischer Nominativ" (vgl. lat. *rēx*, *rēgis*), z. B. in φύλαξ, φύλακος. — Bei den schon idg. immer endungslosen **Neutra** tritt Stammablaut in Form der *o*-Stufe auf, z. B. in γένος, *γενεσ-ος (> γένους). Mutae im Auslaut fallen beim endungslosen Nom. stets ab (R 18), z. B. in τὸ γάλα „die Milch" aus *γαλακτ (vgl. lat. *lac* < **lact*). Andersartige Verteilung der Ablautstufen bei den -ι- und -ŭ-Stämmen: E 38. — **Gen.**: Auch im Lat. war ursprünglich die Gen.-Endung der 3. Dekl. -*os*, wie eine alat. Inschrift beweist, die statt *Iovis* noch DIOVOS schreibt; über die *e*-Ablautform -*es* entstand dann die uns geläufige Endung -*is* z. B. in *ōrātŏr-is*. — **Dat.**: Hier hat die alte Lokativ-Endung -ι (vgl. οἴκοι zu Hause, Ἰσθμοῖ auf dem Isthmos: 33 Anm. 2) die ursprüngliche Dat.-Endung -*ai* oder -*ei* verdrängt, die im lat. -*ī* z. B. in VIRTUTEI = *virtūtī* noch vorliegt. — **Akk.**: Die ursprüngliche Endung -*m* wurde zu -ν (R 14), wenn sie unmittelbar hinter einen **Vokal** zu stehen kam, z. B. in ἰχθῦ-ν, πόλι-ν. Bei **konsonantischem** Stammauslaut wurde dieses -*m* silbebildend (R 2) und damit im Griech. zu -ᾰ, im Lat. zu -*em*; daher: πόδ-α < **pod-m̥*, lat. *ped-em* < **ped-m̥*; -ᾰ bzw. -ν als Akk.-Endung gehen also auf die gleiche Endung -*m*, nur mit verschiedener Entwicklung je nach der Lautumgebung, zurück. — **Vok.**: Der Vok. war ursprünglich überall endungslos, zeigte also den bloßen Stamm, ist aber dann häufig dem Nom. gewichen (30a). Reste des alten Zustandes der Endungslosigkeit finden sich noch in Formen wie ὦ τυραννί (< *τυραννιδ), ὦ πόλι, ὦ παῖ (< *παιδ), ὦ γύναι (< *γυναικ), ὦ ἄνα (< *ἄνακτ), ὦ Αἶαν (< *Αἰαντ) unter Abfall der Mutae am Wortende (R 18). Das Vordringen des Nom. gegenüber dem alten Vok. zeigt sich darin, daß bei einigen dieser Wörter sich auch die Nom.-Formen als Vok. finden: ὦ τυραννίς, ὦ πόλις, ὦ ἄναξ, ὦ Αἴας.

2. **Plur. Nom.**: -ες ist das Ursprüngliche gegenüber dem lat. -*ēs*, welch letzteres sich zunächst nur bei *i*-Stämmen durch Verschmelzung des Stammauslautes mit der Endung -*ĕs* entwickelte (wie in griech. πόλεις < *πολεi̯ες) und dann erst auf die gesamte 3. Dekl. überging. — **Akk.**: -ᾰς geht auf die alte Endung *-*ns* zurück (E 21, 22, 25). Das *n* in -*ns*, nach Konsonanten silbebildend geworden, ergab die Endung -ᾰς, wie ja auch im Sing. silbebildendes -*m̥* nach Konsonant zu -ᾰ geworden war. Völlig lautgesetzlich ergibt sich also: **pod-m̥* > πόδ-α = **pod-n̥s* > πόδ-ας, ebenso wie lat. **ped-m̥* > *ped-em* = **ped-n̥s* > *ped-ens* > *ped-ēs*.

E 29. Ablaut in Form von Dehnstufe im Nom. Sing. ist in dieser Gruppe nur bei ἡ ἀλώπηξ, ἀλώπεκος „der Fuchs" erhalten.

E 30. 1. Die Neutra auf -μα stellen sich uns zwar als regelmäßige *T*-Stämme dar, aber der Vergleich von ὄνομα „Name" mit lat. *nōmen*, von νεῦμα „Wink" mit lat. *nūmen* läßt erkennen, daß hier alte neutrale *n*-Stämme vorliegen; dies beweist auch die Verbalableitung ὀνομαίνω < *ὀνομαν-i̯ω (R 21a). Das -α in ὄνομα usw. ist also nicht anders als das -α- in -ας < *-*n̥s* der Akk. Plur.-Endung, nämlich aus silbebildendem -*n̥*, entstanden. Dem entspricht auch im Lat. *nōmen* < **nōmn̥*. Wieso diese Wörter *T*-Stämme wurden, ist nicht geklärt.

2. Einer Anzahl von Neutra, die der Bedeutung nach wohl zum ältesten Wortbestand des Idg. gehören, liegt im Nom. Akk. ein *r*-Stamm, im Gen.-Dat. aber ein *n*-Stamm zugrunde; das zwischen Konsonanten zu -*n̥*- gewordene -*n*- erscheint im Griech. als -α-: ἧπαρ, ἥπα-τος < *ἥπη-τος Leber. Vergleiche lat. *femur, feminis* „der

Schenkel" und *iter*, das in *iti*n-*er*-*is* beide Stämme verquickt hat. Die Überführung des ursprünglichen *n*-Stammes der obliquen Kasus in die Klasse der *T*-Stämme im Griech. ist eine sekundäre Erscheinung.

E 31. πούς ist eine unregelmäßige, sprachwissenschaftlich ungeklärte Form. Ersatzdehnung kann es nicht sein, da Ausfall von *T*-Laut vor σ nicht Ersatzdehnung bewirkt (vgl. Dat. Plur. ποσίν < *ποδσίν: **R 22d**). Dehnstufe des Stammes, wie in lat. *pēs* (*e*-Ablaut), zeigt die dorische Nom.-Form πώς (mit *o*-Ablaut).

E 32. Daß bei *γεροντ- und verwandten Wörtern ein anderer Weg gegangen wurde als bei den sonstigen Wörtern der ντ-Stämme, ist vermutlich durch Adj. und Part. auf -οντ- veranlaßt, die sich an die ν-Stämme der Adj. angeglichen haben: nach dem regelmäßig gebildeten πῖον : πίων „fett" (76) hatte man nämlich vom Neutr. des Part. φέρον (< *φεροντ) ein Mask. φέρων analog entwickelt. Nach dem Verhältnis φέροντος : φέρων hatte man dann wohl zu γέροντος analog den Nom. γέρων gebildet. (Jedoch διδούς: **E 104, 4** Ende.) Diese Einwirkung der Part. auf die Bildung der Form γέρων wird auch durch die Tatsache wahrscheinlich, daß ντ-Stämme, in denen andere Vokale als -ο- vor -ντ- stehen, niemals diese Neubildung mitmachen, sondern *immer* sigmatischen Nom. bilden. — Zu dieser Gruppe der ντ-Stämme haben sich nachträglich noch einige ursprüngliche *n*-Stämme gesellt: so ὁ λέων, λέοντος der Löwe (vgl. ἡ λέαιν-α die Löwin), ὁ δράκων, δράκοντος der Drache, ὁ θεράπων, θεράποντος der Diener.

E 33. Das „spurlose" Verschwinden des -ν- vor -σι(ν) im Dat. Plur. entgegen den Lautgesetzen (**R 22f**) ist folgendermaßen zu erklären: der Dat. Plur. wurde ursprünglich mit **Schwundstufe** des Stammes gebildet; z. B. ἡγεμών, λιμήν (Vollstufe ἡγεμον-, λιμεν-) bildeten den Dat. Plur. *ἡγεμν-σι(ν), *λιμν-σι(ν), was lautgesetzlich zu sonantischem -ṇ-, d. h. im Griech. zu -α-, führen mußte (vgl. die Endungen -α und -ας im Akk. Sing.und Plur.: **E 28**); daß also die ursprüngliche Form *ἡγεμασι(ν), *λιμασι(ν) hieß, zeigt auch der bei Pindar erhaltene Dat. Plur. φρασί(ν) zu φρένες „Eingeweide; Sinn" (vgl. auch πατρασι(ν) < **patṛsi*: 51). Die Einführung des -ο- bzw. -ε- in ἡγεμόσι(ν), λιμέσι(ν) ist lediglich eine nachträgliche Analogie zu den übrigen Kasus.

E 34. Der **Ablautwechsel** hat seinen Ursprung in der schon im Idg. wechselnden Betonung. — Die Schwundstufe von ἀνήρ heißt an sich *ἀνρ-; zur Erleichterung der Aussprache entstand der Übergangslaut -δ- (215), darum für Schwundstufe stets ἀνδρ-.

E 35. Dat. Plur. γένεσι(ν) ist lautliche Vereinfachung für γένεσ-σι(ν) (**R 22 e**); Homer hat z. B. noch ἔπεσσι, wie er auch noch vielfach die unkontrahierten Formen gebraucht, z. B. γένεος, ἔπεα; auch in anderen Dialekten wurden offene Formen beibehalten. — Das -η des **Neutr. Plur.** in γένη bleibt auch nach -ρ-, z. B. in τὰ ὄρη „die Berge", τὰ μέρη „die Teile", da die Kontraktion erst erfolgte, als der att. Lautwandel ρη > ρᾱ (**R 1**) schon vollzogen war. — Bei den mit -κλῆς zusammengesetzten Eigennamen ist zu beachten, daß hier auch noch ϝ geschwunden ist (**R 13 b**): *-κλεϝης > -κλέης > -κλῆς; Im Dat. Sing. wird also *-κλεϝεσι > *-κλεέϊ (**R 16**) > -κλέει (196 c 1 α) > -κλεῖ (**R 8 a**); hier ist zweimalige Kontraktion eingetreten (vgl. dazu die beschränkte Kontraktion nach Schwund von ϝ: 196 b 4 Anm.).

E 36. Gegenüber dem belegten Vok. ὦ αἰδώς ist ὦ αἰδοῖ nur spätere Grammatikererfindung nach ὦ ἠχοῖ (60).

E 37. Die genaue Parallele zu den ū-Stämmen im Griech. wie ὁ (ἡ) σῦς, συός ist lat. *sūs, suis*. — Wie das lat. *mūs, mūris* beweist, war auch der griech. ὁ μῦς, μυός „die Maus" ursprünglich σ-Stamm (intervokalisches -*s*- > lat. -*r*-, fällt im Griech. aus: **R 16**). — Im **Dat. Plur.** ist die Kürze nicht ursprünglich, sondern wurde durch die Formen der anderen Kasus beeinflußt (vgl. lat. *sŭbus*). — Im **Akk. Plur.** hat sich aus der alten Endung -νς durch Schwund des -ν- vor -σ (**R 22f**) Ersatzdehnung eingestellt. Gleichgültig, ob die Wörter nun langes -ū- vor Konsonant bewahrt hatten (ἰχθῦς) oder schon durchgehend kurzes -ŭ- zeigten (πίτυς), aus *πιτυνς mußte ebenso πίτῡς mit langem -ū- werden wie aus *ἰχθυνς > ἰχθῦς.

E 38. Die Merkwürdigkeiten in der Dekl. der **i-Stämme** wie πόλις erklären sich aus den verschiedenen Ablautvarianten, die in diesen Wörtern in den verschiedenen Kasus auftreten. Im Kapitel über den Ablaut (192 b 1) ist dargelegt, daß zu -ει- (das vor Vokalen zu -ει̯- mit Schwund des *i̯* wurde) die Schwundstufe ein einfaches -ι- ist. Dieser Wechsel liegt zugrunde, wenn zum Nom. Sing. πόλι-ς der **Nom. Plur.** πόλεις heißt: ursprünglich *polei-es > *poleies (202) > πόλεες (**R 12**) > πόλεις (sprich *polēs*: **E 8**). Im Lat. wurde das in gleicher Weise zunächst nur bei den *i*-Stämmen aus *-e(i̯)es kontrahierte -*ēs* des Nom. Plur. auf die ganze 3. Dekl. übertragen. Durch Schwund des intervokalischen -*i̯*- entstand also im Griech. praktisch ein Stamm πολε-; nachträglich wurde dieser analogisch auch auf Formen übertragen, deren Endungen *konsonantisch* beginnen, bei denen also lautlich der Schwund des -*i̯*- gar nicht eintreten konnte; so entstand πόλε-σι(ν) im **Dat. Plur.** und aus *πολε-νς der **Akk. Plur.** πόλεις. Der ionische Akk. Plur. πόλῑς (so oft bei Herodot) stellt dagegen nur die aus *πολι-νς (Schwundstufe) normal entwickelte Form (Ausfall von -ν- vor -ς mit Ersatzdehnung: **R 22f**) dar. Der **Gen. Sing.** πόλεως ist durch quantitative Metathese (**R 7**) aus πόληος entstanden (das seinerseits nach dem hom. Dat. πόληϊ analog nachgebildet ist: Erklärung umstritten). Der **Gen. Plur.** ist aus *πολείων entstanden, wobei der Akzent wohl durch den Gen. Sing. beeinflußt wurde. — Der Vergleich mit den lat. *i*-Stämmen ergibt für die Endungen folgende lautgesetzlich einwandfreien Parallelen: πόλις - *turris*, πόλιν - *turrim*, πόλεις - *hostēs*, (Akk. Plur. πόλῑς - Akk. Plur. *turrīs*). — Bei den **u-Stämmen** liegen parallele Verhältnisse vor: dem *ei* : *ei̯* : *i* der *i*-Stämme entspricht hier *eu* : *eu̯* (*eϝ*) : *u*. Zur Bildung von Subst. wie πῆχυς vgl. lat. *manus*, zu der Bildung von ἄστυ vgl. lat. *cornu*! — Die Gen. Sing.-Endung -εως wurde bei den *u*-Stämmen von den *i*-Stämmen übernommen, ebenso die Akzentuierung der Gen. Plur.-Form. — Bei den **Neutra** ist die Plur.-Form ἄστη eine Analogieform, die wohl durch die lautliche Parallele γένεσι(ν) : γένη ⇒ ἄστεσι(ν) : ἄστη veranlaßt wurde; denn nach Schwund des ϝ in *ἀστεϝα wäre -εα (wie in ἡδέα) unkontrahiert geblieben (196 b 4 Anm.).

E 39. In allen Kasus, ausgenommen Vok. Sing., der normal vom bloßen Stamm gebildet ist, geht -ευ- auf Dehnstufe -ηυ- zurück; -ηυ- mußte (R 4) vor Konsonanten zu -ευ- gekürzt werden (daher βασιλεύς, βασιλεῦσιν), vor Vokalen aber als -ηϝ- erscheinen (R 13), dessen ϝ dann zwischen zwei Vokalen schwand (R 13). Die Entwicklungsstufen waren also: *βασιληϝ-ος > βασιλῆος > βασιλέως (quantitative Metathese: R 7), *βασιληϝ-α > βασιλῆα > βασιλέᾱ, *βασιληϝ-ας > βασιλῆας > βασιλέᾱς; im **Nom. Plur.** wurde lautgesetzlich *βασιληϝ-ες > βασιλῆες > βασιλῆς (R 8a); im **Gen. Plur.** wird Vokal vor Vokal gekürzt (R 6): *βασιληϝ-ων > βασιλήων > βασιλέων. Im **Dat. Sing.** hat sich statt hom. βασιλῆϊ (< *βασιληϝ-ι) βασιλεῖ eingebürgert, weil sich inzwischen in allen anderen Kasus statt -η- ein -ε- als Stammcharakter durchgesetzt hatte. Bei Homer sind die nach Schwund des ϝ unveränderten Formen noch die Regel: βασιλῆος, βασιλῆϊ, βασιλῆα, βασιλῆες, βασιλήων, βασιλῆας.

E 40. Eindeutig ist der *oi*-Charakter dieser Stämme aus dem Vok. zu erschließen. Der **Nom. Sing.** ist asigmatisch mit der Dehnstufe -*ōi* gebildet. Überlieferung von Schreibungen wie Λητώ zeigen, daß der Langdiphthong, somit also auch das -ι, noch hörbar war. — Das -οι des Stammauslautes unterliegt den gleichen Gesetzen wie das -ευ der Wörter auf -εύς: vor vokalisch anlautenden Endungen wurde das -*i*- (wie -*u*- in -ευ-) konsonantisch, d. h. zu -*i̯*-, und schwindet (R 12) wie ϝ zwischen zwei Vokalen (R 13); also war der Verlauf der Entwicklung: *ἠχοι̯ος > ἠχόος > ἠχοῦς, *ἠχοι̯ι > ἠχόι > ἠχοῖ (196 c 1 α). Der Akut im **Akk.** ist Analogie zum Nom.; denn -ω des Akk. (< -όα < *-οι̯α) müßte ja eigentlich Zirkumflex tragen (19, 3 Anm.; 21, 2d); dagegen regelrecht τὴν αἰδῶ, da hier der Nom. Analogie nicht nahelegte. Der **Vok. Sing.** ist, wie bei allen Vokalstämmen, gleich dem bloßen Stamm.

E 41. Der **Nom. Sing.** ist Neubildung für *-ous < *-ōus. In den übrigen Kasus ist -ωυ- über -ωϝ- > -ω- geworden. (Vgl. Wörter auf -εύς und -ώ: 59f.) Der **Vok. Sing.** ist hier — unter den Vokalstämmen eine Ausnahme — gleich dem Nom. gebildet.

E 42. 1. **βοῦς**: Der Stamm βου- erscheint vor Vokalen lautgesetzlich als βοϝ-, was genau lat. *bov-is* usw. entspricht; da ϝ zwischen zwei Vokalen schwindet (R 13), ist hom. βόας (< *βοϝ-ας) das Regelmäßige. Die att. Akkusative βοῦν im Sing. und βοῦς im Plur. sind als Analogiebildungen zum Nom. Sing. βοῦς anzusehen. Im **Vok. Sing.** und im **Dat. Plur.** (echtes, d. h. diphthongisches -ου-!) zeigt sich der reine Stamm. **Nom. Sg.** βοῦς ist gekürzte Dehnstufe < *βωυς (191c Anm.; R 4).

2. **ναῦς**: mit altem Langdiphthong -*āu*- (lat. *nāvis*!), der vor Konsonant gekürzt wurde (191c Anm.; R 4). Nom. Sing. ναῦς ist also aus *νᾱυς (wie βοῦς < *βωυς) entstanden; auch hier wird der **Akk. Sing.** ναῦν und der **Akk. Plur.** ναῦς an diesen Nom. Sing. angeglichen. Der **Dat. Plur.** zeigt auch hier den reinen Stamm. Da nun ναυ- im Ion.-Att. zu νηυ- werden mußte (R 1), erklären sich die übrigen Formen (nach Ausfall des intervokalischen ϝ: R 13) teils als regelmäßig (νηΐ, νῆες), teils durch quantitative Metathese (νηός > νεώς: R 7), teils durch Vokalkürzung (νηῶν > νεῶν: R 6).

3. **Ζεύς**: Ursprünglicher Langdiphthong im Nom. *di̯ēus, der lautgesetzlich (191c Anm.; R 4; R 21f) zu Ζεύς gekürzt wurde (alat. *Diēs-piter*!); erhalten noch im hom. Akk. Ζῆν < *di̯ē(u)m (wie häufig mit Verlust der 2. Komponente eines Langdiphthongs). Danach hypertrophisch Akk. Ζῆν-α (doppelte Akk.-Endung!), ja Ζηνός, Ζηνί (vgl. **E 66** Akk. Sg. Mask.). Die folgenden Kasus sind von der Schwundstufe Διϝ- nach Verlust des -ϝ- (R 13) gebildet. Der **Vokativ** zeigt die Normalstufe *di̯eu; da *eu* im Lat. zu *ou* und weiter zu *u* wurde, entspricht *Iuppiter* < *Iūpiter* < *Di̯ou-pater* (fürs Lat. der einzige Rest des endungslosen Vok. der 3. Dekl.) sprachlich genau dem griech. Vok. Ζεῦ πάτερ.

E 43. Die dreigeschlechtige **Adj.-Bildung** auf -*os*, -*ā*, -*om* (= griech. -ον: R 14) ist eine idg. Erbschaft, wie auch lat. *novos* (> *novus*), *nova*, *novom* (> *novum*) zeigt. — Im **Gen. Plur. Fem.** wird entgegen dem aus der Kontraktion von -άων > -ῶν stets zu erwartenden Zirkumflex in Analogie zu den entsprechenden Formen des Mask. und Neutr. akzentuiert. Die Ausgleichung ist hier wegen der durch die **drei** Geschlechter vorhandenen vielen ähnlichen Formen sehr naheliegend.

E 44. Entstanden ist diese Gruppe der zweiendigen Adj. aus ursprünglichen *Subst. communia*, die zu Adj. umgedeutet wurden; dies lag besonders bei den Komposita nahe, die ursprünglich appositionelle Subst. waren: ῥοδοδάκτυλος Ἠώς = „Eos Rosenfinger" wie dt. „Friedrich Rotbart".

E 45. Wenn die üblichen **Kontraktionsgesetze** ε+α > η und ο+α > ω **nicht beachtet** werden, so ist das durch Analogie veranlaßt. Neutr. Plur. χρῡσᾶ ist, wie ὀστᾶ, angeglichen (**E 23**); im Fem. haben die normalen Fem.-Endungen des Subst. und Adj. (-η, -ης, -ῃ, -ην bzw. -ᾱ, -ᾶς, -ᾳ, -ᾶν im Sing. und -αι, -ων, -αις, -ᾱς im Plur.) gewirkt. — Bei den **Akzentbesonderheiten** liegt Parallele zu den *Subst.* zugrunde bei εὔνοι, das als Fälle wie οἱ οἶκοι „die Häuser" angeglichen wurde; die Wirkung der übrigen Kasus des *Adj.* aber zeigt sich im Akzent von χρῡσοῦς, das sich (obgleich < χρύσεος) nach χρῡσοῦ (regulär aus χρῡσέου), χρῡσῷ (regulär aus χρῡσέῳ) richtet.

E 46. Im Nom. Sing. -(ϝ)ώς bzw. -(ϝ)ός gegenüber Gen. Sing. -(ϝ)ότος liegt nicht etwa Ausfall von -τ- vor -ς vor, sondern ein schon idg. in doppelter Form vorhandenes Suffix -*u̯es*- und -*u̯et*-, das hier in der *o*-Stufe als -*u̯os*- und -*u̯ot*- auftritt. Diese *o*-Stufe zeigt das Mask. und Neutr., und zwar im Nom. Sing. in der *s*-Form (Mask. in der Dehnstufe), in den obliquen Kasus und im Plur. in der *t*-Form (ϝ nach Kons. geschwunden: 202, 2 β). Das äußerlich so stark abweichende Fem. ist sprachgeschichtlich ganz normal erklärbar: zugrunde liegt die zu -*u̯es*- durch Schwund des -*e*- normal gebildete Schwundstufe -*us*-; aus *-υσ-ι̯ᾰ wurde durch Schwund des -σ- vor -*i̯*- (R 21i) -υῖα. (Vgl. die parallelen Ablautsverhältnisse bei εἷς, μία, ἕν: **E 69**, 1). — Die Fem.-Formen ἑστῶσα und τεθνεῶσα zu ἑστώς und τεθνεώς sind Neubildungen (**E 112**, 2).

E 47. Die Bildung des **Nom. Sing. Neutr.** ἑκόν < *ἑκοντ ist gesetzmäßig (Abfall der Muta: **R 18**). Über den daraus entwickelten **asigmatischen Nom. Sing. Mask.** ἑκών (durch Vermittlung der Part. Präs.-Formen in Anlehnung an die ν-Stämme wie πίων, πῖον fett): **E 32**; über die trotz ο-Vokalismus **sigmatische Nom.-Bildung** διδούς usw.: **E 104, 4** Schluß. Der **Nom. Sing. Fem.** *ἑκοντ-ja, *παιδευοντ-ja wird lautgesetzlich (**R 21 e**) zu *ἑκονσα, *παιδευονσα und dieses (**R 22f**) zu ἑκοῦσα, παιδεύουσα. — Der **Dat. Plur.** ἑκοῦσι(ν), παιδεύουσι(ν) ist regulär aus *ἑκοντ-σι(ν), *παιδευοντ-σι(ν) entstanden: **R 22d, f**.

E 48. Nom. Sing. Mask. πᾶς: Lediglich der Zirkumflex statt des sonst üblichen Akut (φύς, παιδευθείς) ist eine Besonderheit (Länge im einsilbigen Wort wurde früher wohl einmal zirkumflektiert gesprochen). — Der **Nom. Sing. Neutr.** ist regelrecht (wie bei allen Neutra) endungslos vom bloßen Stamm παντ- usw. unter Wegfall des -τ (**R 18**) gebildet. Die Dehnung des -α- bei πᾶν ist Analogie zum Mask. πᾶς; die ursprüngliche Kürze noch in den zahlreichen Zusammensetzungen mit παν-, wie πἄνῆμαρ den ganzen Tag lang, πάμπᾰν gänzlich.

E 49. Das Nebeneinander eines Stammes auf -εντ- und eines **scheinbaren** Stammes auf -ετ- erklärt sich daraus, daß zu dem Stammsuffix -ϝεντ- die normale Schwundstufe -ṇt- war, das griech. regulär zu -ϝατ- wurde (**R 2**). Das griech. **Fem.** lautete also wohl ursprünglich auf *-ϝατ-ja aus, das aber nach dem Vorherrschen des -ε- in allen übrigen Formen zu -ϝετ-ja umgebildet wurde (**E 33**: λιμέσιν statt *λιμασιν!). So wurde *χαριϝατja über *χαριϝετja > χαρίεσσα (**R 13; R 21 e**). Daß hier das aus τ + j entstandene -σσ- auch im Att. erhalten blieb, ist ein Überbleibsel aus dem epischen Dialekt. — Der **Dat. Plur. Mask. und Neutr.** χαρίεσι(ν) ohne Ersatzdehnung erklärt sich in gleicher Weise durch die Entwicklung aus der Schwundstufe *χαριϝατ-σι(ν) (**E 33**).

E 50. Nom. Sing. Mask. ist (wie bei den Subst. der ν-Stämme) teils *sigmatisch* gebildet, z. B. μέλας < *μελαν-ς (wie δελφίς < *δελφῑν-ς : 49, 3 Ausn.), teils *asigmatisch*, z. B. τέρην (wie λιμήν : 50). Während im letzteren Falle alte Dehnstufe -ην des Stammes auf -εν vorliegt, ist das lange -ᾱ- in μέλᾱς usw. Ersatzdehnung (wegen Ausfall von -ν-: **R 22f**). Der **Nom. Sing. Neutr.** ist regulär endungslos gebildet.

E 51. Gen. Sing. Mask. und Neutr. ἡδέος < *ἡδεϝ-ος ist ursprünglicher als πήχεως und ἄστεως, Formen, die aus Angleichung an die *i*-Stämme (πόλεως) entstanden sind (**E 38**). Ebenso ist die Akzentuierung des **Gen. Plur.** ἡδέων < *ἡδεϝ-ων das Regelmäßige gegenüber πήχεων und ἄστεων, die sich auch hierin an das Vorbild der *i*-Stämme anlehnen. Auch die unkontrahierte Form des **Nom. Plur. Neutr.** ἡδέα < *ἡδεϝ-α ist das Reguläre; denn nach Schwund von ϝ wird nur noch kontrahiert, wenn helle Vokale (ε + ε, ε + ι) aufeinandertreffen (196 b 4 Anm.), darum ἡδεῖ, ἡδεῖς, aber ἡδέος, ἡδέα (ἄστη ist regelwidrig kontrahiert: **E 38**). Die Übertragung des durch Schwund von -ϝ- zwischen zwei Vokalen entstandenen Stammes ἡδε- auf Kasus, deren Endung *konsonantisch* anlautete, wo also die Bedingungen für Schwund von -ϝ- fehlten, zeigt sich, wie bei den Subst., auch bei den Adj. im **Dat. Plur. Mask. und Neutr.** ἡδέσι(ν) und im **Akk. Plur. Mask.** ἡδεῖς < *ἡδε-νς (**E 38**). Die Tatsache, daß das Ergebnis im Nom. *und* im Akk. Plur., obwohl von verschiedenen Grundformen ausgehend, das gleiche, nämlich -εις, war, führte dazu, daß bei allen kontrahierenden Adj. der 3. Dekl. der Akk. Plur. Mask. die gleiche Form erhielt wie der Nom. Plur.: κακίους (76), σαφεῖς (77), τρεῖς (105).

E 52. Besonderheiten der ν-Stämme, nämlich asigmatische Bildung des Nom. Sing. Mask., Dehnstufe nur im Nom. Sing. (Mask.), „spurloses" Verschwinden des -ν- vor -σ- im Dat. Plur.: s. 49, 3 und 50 mit **E 33**. — Der **Komparativ** auf -ίων, -ῑον (-jων : **E 57**) zeigt neben der *n*-Stammbildung auch noch die Überbleibsel einer alten auf -jos- endigenden Stammform (**E 55**, 1; Dehnstufe -jōs- in lat. *meliōr-is* < *mel-jōs-is*: Rhotazismus!; Schwundstufe -is in lat. *mag-is*); so ist κακίω < *κακjο(σ)α, κακίους < *κακjο(σ)ες entstanden; die Akk. Plur.-Form κακίους (die nicht lautgesetzlich aus *κακjο(σ)ας entstanden sein kann) ist, wie bei allen kontrahierenden Adj. der 3. Dekl., dem Nom. angeglichen (**E 51** Schluß).

E 53. Wie bei den substantivischen Sigma-Stämmen (52 ff.) erfolgt nach Ausfall des intervokalischen -σ- (**R 16**) in **allen** Fällen Kontraktion nach den üblichen Regeln (während bei Schwund von -ϝ- nur beschränkt kontrahiert wurde: **E 51**). Warum -η nach -ρ- s. **E 35**. — Die adjektivischen Sigma-Stämme zeigen (im Gegensatz zum Subst., das im Nom. Sing. ο-Stufe hat : γένος) **durchwegs *e*-Stufe**, im Nom. Sing. Mask. und Fem. deren Dehnstufe *ē*. — Der **Akk. Plur.** σαφεῖς ist nicht lautgesetzlich entstanden (ion. σαφέας konnte nicht zu σαφεῖς werden!), sondern ist Analogie: N. ἡδεῖς : A. ἡδεῖς = N. σαφεῖς : A. σαφεῖς (**E 51** Schluß).

E 54. Die Entstehung des Stammwechsels μεγα-/μεγαλο- ist nicht eindeutig geklärt. Sicher ist jedoch, daß der Stamm μεγαλο- alt ist, wie auch das mhd. *michel* „groß" zeigt. Daß hom. einerseits neben πολύς, πολύν auch πολλός, πολλόν, andererseits aber neben πολλοῦ usw. auch Gen. Sing. πολέος, im Plur. Nom. πολέες, Gen. πολέων, Dat. πολέσι(ν) und πολέ(ε)σσι(ν), Akk. πολέας vorkommt, zeigt den Wechsel der beiden Stämme sehr deutlich, wobei πολλο- (< *πολυλο-?) vermutlich eine Analogiebildung zu μεγαλο- darstellt.

E 55. 1. Die beiden alten **Komp.-Suffixe** des Idg. sind -jos- und -tero-; während im Lat. -jōs- (Dehnstufe zu -jos) in dem -*iōr*- der Komparative weitaus überwiegt und -*tero*- auf den ursprünglichen Gebrauch „vergleichender Gegenüberstellung" beschränkt bleibt (**E 62, E 66**) — *dex-ter* : *sinis-ter* = δεξι-τερό-ς rechts : ἀρισ-τερό-ς links; *nos-ter* : *ves-ter*; *u-ter*; *al-ter* —, ist die Entwicklung im Griech. den umgekehrten Weg gegangen: hier wurde -τερο- im Gebrauch stark erweitert und das Suffix -jos- auf die wenigen Komparative auf -ίων eingeschränkt; auch in diesen tritt es unerweitert nur noch in den Formen ἡδίω < *ἡδίο(σ)α und ἡδίους < *ἡδίοσες auf; Länge des ι im Att. und teilweise bei Homer (sonst meist ῐ) ist nicht sicher erklärt; in den übrigen Formen ist die Schwundstufe von -jos-, nämlich -is-, um -ōn- (substantivierendes Suffix) erweitert: *-is-ōn- > -ίον- (**E 52; E 57**)

2. Die beiden alten **Superl.-Suffixe** sind -isto- (zu -jos-) und -tṃmo- (zu -tero-). Bei der Superl.-Bildung wurde im Lat. das zu -jos- gehörige Superl.-Suffix -isto- (= Schwundstufe -is- + -to-) in **dieser** Form völlig verdrängt

(Reste davon in umgebildeter Form sind zahlreich, so in -*issimus*, -*rimus*, -*limus*, -*simus*), während das Griech. konsequenterweise zu den Komp. auf -ίων auch die Superl. auf -ιστος bildet : ἥδ-ιστο-ς usw. Das dem -*tero*- des Komp. entsprechende Superl.-Suffix -*tṃmo*- findet sich im Lat. noch in Resteń als -*timo*-, z. B. in *intimus* der innerste, *optimus* der beste usw.; im Griech. mußte -*tṃmo*- > *-ταμο-ς werden, das aber zu -τατο-ς umgestaltet wurde, wohl unter dem Einfluß der Bildung auf -ισ-το- und der Ordinalia wie δέκατος (E 69,2 Schluß), die mit den Superlativen bedeutungsverwandt und daher vielfach auch gleich geformt sind (vgl. dt. „der er*ste*, der zwanzig*ste*" wie „der schön*ste*").

E 56. Die Längung des stammauslautenden -o- nach kurzer Silbe bei Adj. der o-Dekl. geht auf das Bestreben zurück, die Aufeinanderfolge allzu vieler Kürzen zu vermeiden („rhythmische Dehnung").

E 57. Dieses Komp.-Suffix tritt bald als -ίων (E 52; E 55, 1) bald als -ίων auf (Einfluß der alten Formen auf -*i̯os-?*); so erklärt sich das Nebeneinander von κακίων usw. auf der einen Seite, von θάττων, μείζων usw. auf der andern Seite; die beiden letzteren können nur aus *θαχ-ίων, *μεγ-ίων entstanden sein. (Wechsel von θ und τ in ταχύς und θάττων: R 17). Dabei ist die lautgesetzlich aus *μεγ-ίων zu erwartende Form μέζων auch tatsächlich im Ionischen vertreten; das att. μείζων zeigt ει als Länge zu ε (E 8), wohl in Analogie zu Fällen, wo durch Schwund eines Nasals vor σ Ersatzdehnung eingetreten war: zu ἄγχι „nahe" z. B. gibt es einen hom. Komp. ἆσσον (Superl. ἄγχιστα), über *ἄνσσον (R 22f) aus *ἀγχ-ίον (R 21 g) entstanden. Dieselbe sekundäre Länge liegt in θάττων vor und zeigt sich auch noch in anderen Fällen wie κρείττων, ἐλάττων (E 58), μᾶλλον (E 59). — Statt regulär entwickeltem *plē̆i̯ōn > πλήων (dor.) > πλέων (hom.; R 6) ist att. πλείων wohl Analogie zu πλεῖστος. — Das in att. Inschriften belegte ὀλείζων (< *ὀλειγ-ίων: R 21 h) gegenüber ὀλίγος zeigt, daß bei dieser alten Art der Komparation auch Ablautdifferenzen auftreten können (ει / ι : R 3 b).

E 58. Das Prinzip, die Komp.-Grade von verschiedenen Wurzeln zu bilden, ist alt, wie das Vorhandensein dieser Bildungsweise in den verschiedenen idg. Sprachen beweist (lat. *bonus, melior, optimus*; dt. *gut, besser, beste*). Der Grund dafür liegt darin, daß nicht jede Wurzel infolge ihrer Bedeutung die Möglichkeit in sich trug, alle Steigerungsgrade zu liefern. So bedeutet die Wurzel *mei, *mi „vermindern, kleiner machen", war also ihrem Bedeutungsinhalt nach vom vornherein komparativisch und konnte daher keinen Positiv haben, es tritt dafür μῑκρός oder ὀλίγος ein. Daher auch im Lat. *parvus* als Ersatz des Positivs zu *minor, minimus*. — **κρείττων, ἐλάττων**: Auch hier liegt im Att., wie bei μείζων, θάττων (E 57), sekundäre Länge vor. Das ion. und dor. κρέσσων zeigt noch die normale Entwicklung aus *κρετ-ίων (τί > σσ: R 21 e); att. -ττ- (gegen R 21 e) ist ungeklärt.

E 59. In der **Bildung auf -ως** vermutet man den alten idg. Abl. der o-Dekl. auf -*ōd*, der im Griech. als -ω erscheinen mußte (vgl. lat. *rārō, meritō*!) und schließlich verallgemeinert wurde. Die Tatsache, daß neben οὕτως „so" auch οὕτω gebräuchlich ist, weist darauf hin, daß das -ς ursprünglich beweglich war (was νῦ ἐφελκυστικόν); seine Herkunft ist ungeklärt. Das -α der Adv. auf -α ist teils Neutr.Plur. wie in σφόδρα, teils anderer Herkunft wie in μάλα sehr, ἅμα zugleich, κρύφα heimlich (Erklärung umstritten). — **εὖ** „gut" ist nichts anderes als ursprünglicher Sing.Neutr. zu epischem ἐΰς gut, tüchtig; bei Homer noch ἠΰ und ἐΰ. — **μᾶλλον** entstand aus *μαλ-ίον unter sekundärer Dehnung, wie sie in μείζων, θάττων, κρείττων, ἐλάττων vorliegt (E 57, E 58).

E 60. Die Wortklasse der **Pronomina** ist, wie kaum eine andere, überall den weitestgehenden Umbildungen ausgesetzt gewesen. Dennoch ist der großenteils gemeinsame Ursprung, ebenso wie bei den Zahlwörtern, unverkennbar. Als besondere Merkmale der Entwicklung, die in verstärktem Maße beim Personalpronomen zutage treten, lassen sich herausschälen:

1. Formen ohne Kasusendung sind zahlreicher als in der Nominaldeklination: ἐγώ, σύ, (ἐ)μέ, σέ usw.
2. Die Kasusendungen sind andere als beim Nomen: Nom. Sing. Neutr. auf *-o-d : ἄλλο = *aliud* usw.
3. Öfter als beim Nomen ergänzen sich **verschiedene Stämme zu einem Paradigma**: ἐγώ zu (ἐ)μοῦ usw.
4. Nominale und pronominale Flexion gleichen sich teilweise aus, wobei besonders **pronominale Formen** für die Nomina vorbildlich werden: Gen. Sing. -οιο, Dat. Plur. -οισι, Nom. Plur. -οι, Gen. Plur. Fem. -άων, während der umgekehrte Fall, d. h. die Ausbreitung **nominaler Formen** auf Pronomina, seltener ist: ἡμεῖς, ἡμῶν, ἡμᾶς.
5. Die häufige Verbindung des Pronomens mit hervorhebenden Partikeln läßt diese mit dem Pronomen zu einem festen Wortkörper verwachsen: οὗτος (E 63), ὅδε usw.
6. Der alte Unterschied zwischen orthotonierten (betonten) und enklitischen (unbetonten) Formen bleibt in weitem Umfang erhalten.

E 61. 1. Person: Sing. Nom. Der Stammwechsel ist alt, wie die Gleichungen ἐγώ = lat. *ego* = dt. *ich* : (ἐ)μοῦ = lat. *meī* = dt. *meiner* zeigen. Das anlautende ἐ- der orthotonierten Formen ἐμοῦ usw. ist offensichtlich von dem nur starktonig gebrauchten Nom. ἐγώ bezogen. — **Gen.** (ἐ)μοῦ < hom. ἐμέο (neben ἐμεῖο). — **Akk.** (ἐ)μέ zeigt den reinen Stamm der obliquen Kasus idg. *me-. — Im **Plural** herrschte ursprünglich ebenfalls Stammwechsel zwischen Nom. einerseits und obliquen Kasus andererseits, wie dt. „wir : uns" zeigt. Im Griech. ist aber der Stamm der obliquen Kasus in den Nom. eingedrungen. Die Stammform der obliquen Kasus lautete *n̥s-, was dt. *uns* entspricht; *n̥s- stellt Schwundstufe zu *nēs-, nōs- dar, dessen Stamm in lat. *nōs* erscheint. Der den **obliquen Kasus** des Plurals zugrundeliegende Stamm idg. *n̥s-me wurde griech. zu *ἅσμε (R2), das im Aiolischen in akkusativischer Verwendung als ἄμμε (-σμ- > -μμ-) erscheint und sich ion.-att. zu ἡμε- (-σμ- > -μ- mit vorhergehender Ersatzdehnung: R 22a) entwickelte; der Spiritus asper ist dabei von der 2. Plur. übernommen. Die nachträglich angefügte Akk.-Endung -ας der konsonantischen Dekl. ergab ἡμέας, das mit regelwidriger Kontraktion von ε + α > ᾱ zu ἡμᾶς wurde. In gleicher Weise sind **Nom.** und **Gen.** mit den Endungen der konsonantischen Dekl. gebildet: *ἥμε-ες > ἡμεῖς, ion. ἡμέ-ων > att. ἡμῶν. Der **Dat.** ἡμῖν zeigt wohl eine alte Lokativendung -*in*.

2. Person. Der Stamm ist idg. *tṷe und *te. Im Anlaut wurde tṷ- > σ- (202, 2 β); darum σέ. — **Nom.** att. σύ ist Neubildung und hat sein σ- aus den obliquen Kasus bezogen, während das dor. τύ (dem lat. tu, dt. du entsprechend) das Ursprüngliche darstellt. — **Gen.** hom. σεῖο neben σέο (> hom. σεῦ: 10 „ο") > att. σοῦ (vgl. 1. Pers.). — Im **Plural** der obliquen Kasus liegt ein Stamm *us-me (= Schwundstufe zu *ṷés-, *ṷós- = lat. vōs; vgl. 1. Pers.) zugrunde, der im Aiolischen in akkusativischer Verwendung als ὔμμε erscheint, im Ion.-Att. aber zu ὑμε- wird (**R 22a**). Die Bildungen ion. ὑμέ-ας > att. ὑμᾶς, ion. ὑμέ-ων > att. ὑμῶν, (alter Lokativ als Dat.) hom. ὑμμῐν > att. ὑμῖν, *ὑμέ-ες > att. ὑμεῖς vgl. mit denen der 1. Person! Der Spiritus asper erklärt sich aus der Tatsache, daß im Griech. jedes anlautende υ- einen Asper bekam (soweit nicht Psilose eintrat: 15).

3. Person. Zugrunde liegt ein Stamm *s(ṷ)e-, *s(ṷ)o-, *se-, vertreten in dem sicher alten possessiven *sṷo-s; daraus haben manche Sprachen ein Reflexivum geschaffen (vgl. 92, 2 δς). So ist das (bei Homer nicht reflexiv gebrauchte) Personalpronomen **Gen.** εἶο neben ἕο > att. οὗ, **Dat.** οἷ, **Akk.** ἕ (vgl. lat. sē, dt. si-ch) zu erklären. Die Formen des **Plurals** mit σφ- sind zweifellos griech. Neubildungen; ihre Erklärung ist problematisch. Ion. und episch **μιν** = dor. und att. **νιν** als Akk. Sing. 3. Pers. aller drei Geschlechter (wie lat. eum, eam, id), stets enklitisch, ist seiner Herkunft nach nicht eindeutig geklärt.

Reflexivum. Die verschmolzenen Formen ἐμαυτοῦ, σεαυτοῦ, ἑαυτοῦ hatten wohl **lange Diphthonge**, also -ᾱυ-, wie das im Ion. dafür auftretende -ωυ- in ion. ἐμεωυτοῦ usw. nahelegt. Entstanden sind die Diphthonge (ion. -ωυ-, att. -ᾱυ-) wohl zuerst im Dat., z. B. ἑο(ῖ) αὐτῶι > ion. ἑωυτῶι, att. ἑαυτῷ, von wo sie sich dann ausbreiteten. Erst nachträglich erfolgte die Übertragung auch auf den Plural; Formen wie ἑαυτῶν usw. sind also sekundär.

Reziprokes Pronomen. Vom Fem. *ἀλλᾱ-ἀλλᾱν und Neutr. *ἀλλα-ἀλλα ausgehend verallgemeinerte man die daraus entstandene Form *ἀλλᾱλλ- und vereinfachte das zweite Doppel-λλ durch quantitative Dissimilation zu ἀλλᾱλο-, das att. zu ἀλληλο- wurde.

E 62. Die **Poss.-Pron.** für den Sing. des Besitzers sind dadurch gebildet, daß die Stämme der Pers.-Pron. zu Adjektiven der o- und a-Dekl. erweitert wurden; im Plural des Besitzers wurde noch das Suffix *-tero-, *-terā- eingefügt, das zunächst für vergleichende Gegenüberstellung von Begriffen gebräuchlich war (δεξι-τερό-ς : ἀρισ-τερό-ς = lat. dex-ter : sinis-ter) und dadurch zum Komparativsuffix wurde (**E 55**). — Das ἐ- von ἐ-μός gegenüber lat. meus ist vom Pers.-Pron. übernommen. — σός aus *tṷos (202, 2 β; vgl. **E 61** 2. Pers.), während lat. tuus (< alat. tovos) und hom. τεός „dein" aus *toṷos, *teṷos (Vollstufe!) herzuleiten sind. — Die Verhältnisse liegen genau so bei hom. ὅς < *sṷos, gegenüber hom. ἑός „sein" und lat. suus (< alat. sovos), die auf *seṷos, *soṷos zurückgehen.

E 63. ὅδε: Das -δε ist die gleiche hinweisende Partikel wie in οἰκόν-δε, οἶκα-δε nach Hause. — **οὗτος:** Das -υ- ist wohl eine hervorhebende Partikel, wie sie noch in πάνυ „ganz und gar" erhalten ist. Ausgangspunkt der Entwicklung war wohl das Neutr. mit wiederholtem το (*το-υ-το), worauf dann das übrige Paradigma durch partikelhafte Verwendung des -το auch im Mask. und Fem. aufgebaut wurde. Das Fem. war ursprünglich wohl *αὐτο. Das -ς von οὗτος ist nachträglich als Nom.-Kennzeichen angetreten und hat zusammen mit τοῦτο, das nach τό, ἐκεῖνο usw. als neutrale Pronominalform angesehen werden konnte, zu der Fem.-Form αὕτη geführt. — **ἐκεῖνος:** Da sich bei den Epikern daneben die Form κεῖνος findet, im Dorischen κῆνος, ist das anlautende ἐ- möglicherweise wiederum eine demonstrative Partikel; doch kann es sich auch um ein wurzelhaftes Element *eko- neben bloßem *ko- handeln (vgl. ἐκεῖ dort; lat. ec-ce).

E 64. Die Etymologie von **αὐτός** ist nicht eindeutig geklärt; doch ist wahrscheinlich, daß die Partikel αὖ „wiederum, andererseits" darin enthalten ist.

E 65. Das idg. **Relativum** war *i̯o-s, *i̯ā, *i̯o-d; im Lat. wurde es vom Stamm des Indefinitums quis, quid = τις, τι (101) verdrängt. — Das verstärkende **-περ** ist mit περι- in Zusammensetzungen wie περιφραδής „sehr klug" und lat. per- in permagnus „sehr groß" verwandt. — Die Formen **ὅτου, ὅτῳ** (selten ὅτων und ὅτοις) sind wohl vom Neutr. aus entstanden, wo ὅ- als erstarrter erster Bestandteil nicht mitdekliniert wurde; die Übertragung aufs Mask. war naheliegend, da ja auch sonst im Gen. und Dat. die Formen des Mask. und Neutr. zusammenfallen. — Über **-του** statt -τινος usw.: **E 66**! Die Entstehung der Form **ἄττα** ist zu kompliziert, um hier erklärt werden zu können (vgl. Schwyzer Griech. Gramm. I, 616 Ziff. 2 u.). — Das **Neutr. ὅ τι** ist auch zur Konjunktion „daß, weil" geworden; den gleichen Vorgang zeigt lat. quod „weil" und dt. „das : daß". Die übliche Schreibung ὅ τι oder ὅ, τι für das Relativum dient lediglich zur Unterscheidung von ὅτι „daß, weil".

E 66. Dem griech. **τίς, τί** entspricht genau lat. quis, quid; beide gehen auf idg. *q^ui-s, *q^ui-d zurück, dessen Labiovelar (207) im Griech. vor **hellem** Vokal zu τ-, im Lat. zu qu- wurde; das Verhältnis ist also dasselbe wie bei **τέτταρες** : quattuor, **πέντε** : quinque. — Der **Nom. Sing. Neutr.** hat mit der dafür üblichen pronominalen Endung -d *q^uι-δ gelautet, dessen -δ (ebenso wie bei τό, αὐτό, ἐκεῖνο usw.) abfiel (**R 18**). Erhalten noch in hom. τίπτε; „was doch?", das aus *τιπτε (< *τιδ-πε: 213, 2a) entstand (Metathese bei schwer sprechbaren Konsonantengruppen; vgl. τίκτω < *τι-τκ-ω s. S. 177⁴). Der i-Stamm *q^ui̯- bildete den **Akk. Sing. Mask.** zunächst normal: *q^ui-m > *τι-ν. Durch Anfügen der Akk. Sing.-Endung der Konsonantenstämme -α entstand τίνα (vgl. **E 61** 1. Pers. Plur.). Daraus leitete man τιν- als Stamm ab, was zu den übrigen Formen τίνος usw. führte. — Neben dem i-Stamm *q^ui- gab es auch den o-Stamm *q^uo-, abgelautet *q^ue-. Den o-Stamm zeigt noch lat. cuius, cui < alat. quoius, quoi und die zahlreichen mit πο- anlautenden Interr.-Pron. und -Adv., deren π- gegenüber dem τ- von τίς lautgesetzlich ist (Labiovelar vor **dunklem** Vokal: 207), z. B. πόσος; Wie groß?, πότε; Wann? usw. Der **abgelautete** Stamm *q*ᵘ*e*- liegt vor in den Nebenformen τοῦ, τῷ, die hom. noch τέο und ion. τέῳ lauten. — In πό-τερο-ς, ὁπό-τερο-ς ist das vom Komparativ (81; **E 55**) und von ἡμέ-τερο-ς, ὑμέ-τερο-ς (92; **E 62**) her bekannte Suffix für vergleichende Gegenüberstellung *-tero-* enthalten. Vgl. noch ἕτερος, ἑκάτερος, ἀμφότερος, οὐδέτερος (102).

E 67. Der Unterschied zwischen orthotonierter und enklitischer Form bei den Pronomina ist altererbt (vgl. Personalpronomina!); bei τίς, ποῖος, πόσος ist damit ein durchgehender Bedeutungsunterschied verbunden: orthotonierte Form = interrogative Bedeutung, enklitische Form = indefinite Bedeutung. Diese Unterscheidung ist schon indogermanisch. — Die Entstehung der Form **ἄττα** kann hier, der komplizierten Vorgänge wegen, nicht erklärt werden (vgl. Schwyzer Griech. Gramm. I, 616 Ziff. 2 u.).

E 68. ἕκαστος < *ἑκάς τις: ἑ-κάς „für sich, abseits, fern" enthält das Pron. *sᵤe*, das im Reflexivpronomen der 3. Pers. οὗ, οἷ, ἕ und ἑ-αυτοῦ usw. bewahrt ist. — **ἄλλος** < *ἀλjος, genau dem lat. *alius* entsprechend (*j* nach Konsonant wird lat. vokalisches *i*). — **ἕτερος** lautet in anderen Dialekten ἅτερος und entstand aus *sm̥-tero-s*, dessen erster Bestandteil die Schwundstufe von *sem-* „ein" darstellt; das ἁ- von ἅτερος ist also das gleiche wie in ἅ-παξ, ἁ-πλοῦς (**E 69,1**). Über die Bildungen mit *-tero-* vgl. **E 55, E 62, E 66**. Durch Vokalassimilation (möglicherweise auch durch Einfluß von ἕν oder auch ἕκαστος) wurde ἅτερος > att. ἕτερος. In der Krasis bleibt aber auch im Att. die Form mit ἁ- erhalten, darum ἅτερος usw.

E 69. 1. Grundzahlen. Die Formen von **εἷς, μία, ἕν** sind sprachgeschichtlich einwandfrei erklärbar: wie das lat. *sem-el, sim-plex* zeigt, war der ursprüngliche Stamm für „ein" *sem*-. Das endungslose Neutr. mußte ἕν werden (*s-* > *h-*: **R 15**; *-m* > *-v*: **R 14**). Danach ergab sich ἑν-ός, ἑν-ί und ebenso Nom. Sing. Mask. εἷς < *ἕν-ς (**R 22f**). Das Fem. wird (vgl. χαρίεσσα **E 49**) von der Schwundstufe *sm̥*- aus gebildet; mit dem Suffix -*ja* verbunden, für Adj. mit kons. Stamm geläufig (68 Erl.), ergab das *σμ-jα; infolge der vorausgehenden Konsonantengruppe σμ- erscheint aber *j* hier silbebildend, d. h. als *i*, also *σμία, das zu μία wurde (**R 22a**). Die Ablautform *sm̥- wurde zu ἁ- (**R 2, R 15**); so ist ἅ-παξ „ein-mal", ἁ-πλοῦς „ein-fach", ἅ-τερο-ς „der eine (von zweien)" zu verstehen. — **δύο** = lat. *duo*: es ist naheliegend, daß sich gerade hier die Endungen des Duals (108) erhalten haben. Darum ist ursprünglich wohl mit **langem** *ō* zu rechnen, was auch durch δώ-δεκα, durch hom. δύω und durch ἄμφω = lat. *ambō* „beide zusammen" bestätigt wird. Wie δύο mit **kurzem** *o* entstand, ist strittig. — **τρεῖς** = lat. *trēs* = dt. **drei**: zugrunde liegt ein alter *i*-Stamm, der die ursprüngliche Deklination reiner bewahrt hat als die Subst. wie πόλις (**E 38**): Gen. τριῶν (aber πόλεων), Dat. τρισίν (aber πόλεσιν), Nom. Akk. Neutr. τρία. Der Nom. Mask. Fem. τρεῖς ist (wie πόλεις) über τρέες < *τρεj-ες entstanden. Der Akk. τρεῖς ist Analogie zum Nom. (**E 51** Schluß); der alte Akk. τρῖς < *τρι-νς ist möglicherweise noch in dem hom. τρισκαίδεκα = 13 enthalten. — **τέτταρες**: der Anlaut τ-, auf idg. Labiovelar *qᵘ* (207) zurückgehend, entspricht lautgesetzlich dem *qu-* von lat. *quattuor*. Das hom. **πίσυρες** und lesb. **πέσ(σ)υρες** = **τέτταρες** zeigt die in den Dialekten verschiedenartige Entwicklung für den idg. Labiovelar *qᵘ*. — **πέντε** = lat. *quinque* < **penque*: das Verhältnis von griech. τ zu lat. *qu* ist hier das gleiche wie in τέτταρες = quattuor; das anlautende π- in πέντε ist alt; das lat. *qu-* ist nachträglich an das folgende *-que* assimiliert (sog. „Fernassimilation"). — **ὀκτώ** < idg. **oktō(u)*. — **ἐννέα** = lat. *novem*, dt. **neun**: Es gibt nebeneinander idg. **eneun̥* (Schwundstufe *enun̥*) > ἐννέα (**R 2, R 13**) und **neun̥* > lat. *novem*, dt. **neun**. Das doppelte -νν- bleibt dunkel. — **δώδεκα**: im Idg. standen nebeneinander **duu̯ō* (> hom. δύω) und **du̯ō* (so **δϝω-δεκα > δώ-δεκα). — **τρεῖς καὶ δέκα**: Einfügung von καί ab 13 ist griech. Neuerung. — **εἴκοσι(ν)** < *ἐ-ϝίκοσι mit prothetischem Vokal (201) entstanden. Das ältere ϝίκατι (**R 20**; so dor. und boiotisch) entspricht der Bildung su. *vīgintī*. Über die Bildung s.u. -κοντα! Das -ν-, in εἴκοσι, ist wohl von den folgenden Zehnern mit Ausgang auf -κοντα und -κοστός herübergenommen. Das νῦ ἐφελκυστικόν hat dieselbe Funktion wie bei den anderen bekannten Fällen (204, 2 Anm.: -σι(ν) u. a.). — **-κοντα**: das lat. *-gintā* ist offensichtlich damit verwandt, die Einzelheiten dieser Entsprechung sind noch nicht völlig geklärt. Zugrunde liegt von der Ursprache her ein Wort für „Dekade" **komt*, das auf *dek̑m̥* = 10 zurückgeht; die Schwundstufe *(d)k̑m̥t* liegt noch in dem -κατ- von dor. ϝίκατι vor; ϝίκατι bedeutet also „beide Dekaden" (ϝῑ- < **du̯ī-*: -ῑ̄ ist alte Dualendung des Neutrums: **E 70**) -α bei den übrigen Zehnern ist Neutr. Pl.: τριάκοντα usw. — **τριάκοντα**: -ᾱ- (ion. τριήκοντα) wohl nach πεντήκοντα (lat. *quīnquāgintā*: -ā- unerklärt), von dem -η- auf die folgenden Zehner überging. — **ἑβδομήκοντα**: hier ist *nicht* vom Ordinale auszugehen, wie von vielen angenommen wird, ohne daß sie für diese Besonderheit eine Erklärung geben könnten. Es liegt vielmehr **septm̥* zugrunde, das im Griech. vor Vokal als ἑβδ(ο)μ̥- (vgl. unten ἕβδομος), vor Konsonant bzw. am Wortende aber als ἑπτα- (< **septm̥*) erscheint. — **ὀγδοήκοντα**: auch dies ist nicht vom Ordinale aus gebildet, sondern aus der älteren antevokalischen Form der Schwundstufe **oktm̥*- (vgl. ὄγδοος). — **ἐνενήκοντα**: wie ἑβδομ-ήκοντα, ὀγδο(ϝ)-ήκοντα von der Schwundstufe der Grundzahl gebildet, die hier vor Vokal **ἐνϝαν*- lautete (vgl. ἔνατος); aus *ἐν(ϝ)ανήκοντα wurde ἐνενήκοντα: die ε-farbige Umgebung hat das -α- der zweiten Silbe zu -ε- assimiliert. — **ἑκατόν**: zugrunde liegt **km̥tóm*, das lat. *centum*, griech. *κατόν wurde. Das griech. Wort ist wohl über *ἁ-κατόν = „ein-hundert" (s. o. zu εἷς!) durch Einwirkung der Vorstellung *ἕν κατόν zu ἑκατόν geworden. — **-κόσιοι**: dem bei ἑκατόν Dargelegten entspricht, daß in verschiedenen Dialekten (Dorisch, Boiotisch u. a.) -κάτιοι, arkadisch -κάσιοι erscheint; das -ο- in att. -κόσιοι ist von -κοντα herübergenommen. Das -α- in der Wortfuge, das in ἑπτα-κόσιοι und τετρα-κόσιοι berechtigt war, ging auch auf die anderen Hunderter über, so πεντακόσιοι, ἑξακόσιοι, ὀκτακόσιοι. — **χίλιοι**: dies ist die att. Form, die ebenso wie ion. χίλιοι, lesb. χέλλιοι und lakonisch χήλιοι durch Ersatzdehnung (die in den verschiedenen Dialekten verschiedene Wege ging) aus *χεσλιοι entstanden ist. Att. χίλιοι ist einer der seltenen Fälle, wo als Ersatzdehnung für ε statt unechtem (= nicht diphthongischem) ει ein ῑ erscheint, wohl unter dem assimilierenden Einfluß des ι der zweiten Silbe.

2. **Ordnungszahlen.** Daß die Ordinalia für 1 und 2 nicht vom gleichen Stamm gebildet sind wie die Kardinalzahlen, war in allen idg. Sprachen üblich. Das Dt. bildet bei „*zwei*" eine Ausnahme. — **πρῶτος**: der Zusammenhang mit πρότερος (von πρό) ist unzweifelhaft, jedoch ist die lautliche Entwicklung des -ω- nicht eindeutig geklärt. — **δεύτερος**: gehört zu hom. δεύομαι (att. δέομαι) „ich ermangle" und hatte wohl ursprünglich die Bedeutung „hinter etwas zurückbleibend". Homer kennt dazu auch den Superlativ δεύτατος „der letzte". *-tero*-Suffix vergleichender Gegenüberstellung: E 55, E 62, E 66. — **τέταρ-τος** = hom. τέτρα-τος (R 2). — **ἕβδομος**: *septm̥-o-s* wurde *sebdmos*, das über (delphisch) ἔβδεμος mit Sproßvokal (201) zu ἕβδομος wurde. Die Mediae -βδ- statt der Tenues -πτ- haben sich schon in der Ursprache lautgesetzlich vor -*m*- entwickelt. — **ὄγδοος**: das Auftreten von -γδ- statt -κτ- erklärt sich aus schwundstufigem *oktṃ-o-s* (genau wie *septm̥-o-s* gebaut!), dessen -κτ- durch das folgende -*m̥*- ebenso zu -γδ- umgebildet wurde, wie -πτ- in *septm̥-o-s* durch das folgende -*m*- zu -βδ- geworden war, und dessen mittleres -*o*- wiederum Sproßvokal ist. — **ἔνατος**: aus *enm̥n̥* (Schwundstufe zu *enem̥*: s. ἐννέα!) wurde vor *Konsonant* *ἔνϝα- (ἐνακόσιοι), vor *Vokal* aber *enm̥n- > *ἔνϝαν- (vgl. ἐνενήκοντα!); so entstand *ἔνϝαν-ο-ς (wie ἕβδομ-ο-ς, ὄγδοϝ-ο-ς gebildet), das durch δέκα-τος zu ἔνατος umgestaltet wurde. — **δέκατος**: vorauszusetzen ist ein älteres *δέκαμος, das lat. *decimus* entspricht; hier zeigt sich die Verbindung mit dem Superlativ-Suffix -*tm̥mo*- (lat. -*timus* in *intimus*) zu dem Komparativ-Suffix -*tero*-, das auch in der Form -*m̥mo*- (lat. *īnfimus*) zu komparativischem -*ero*- vorkommt; dieses -*m̥mo*- mußte griech. zu -αμο-ς werden. Erst sekundär wurde -το-ς von τέταρ-τος usw. auf die übrigen Ordinalia ausgedehnt und damit *δέκαμος > δέκατος. — **εἰκοστός**: aus *ϝῑκατ-τος ist regelrecht boiotisch ϝῑκαστός (R 24) geworden, das noch die ältere Lautierung gegenüber att. εἴκοσι(ν) (s. d.) zeigt, zu welchem natürlich als Ordinale εἰκοστός erscheinen mußte.

E 70. Schon im Idg. war das Kasussystem im **Dual** ärmer als im Singular und Plural. Im Att. (wie auch in anderen Dialekten) trat an die Stelle des Duals mehr und mehr der Plural, bis schließlich (etwa z. Z. Alexanders d. Gr.) der Dual gänzlich verschwand. In den anderen Mundarten verschwindet er zum Teil schon in sehr früher Zeit; z. B. findet sich bei *Herodot* der Dual in allen Handschriften nur an zwei Stellen. — **Nom. Akk. Vok.** auf -**ω**, unverändert bewahrt in δύω (hom.), δώ-δεκα, ἄμφω, ist auch in anderen idg. Sprachen erhalten, so in lat. *duo*, *ambō*; -ω entspricht dem idg. Dualausgang -*ō* bei *o*-Stämmen; auf die **Neutra**, die ursprünglich eine eigene Dualendung hatten (s. u.), wurde die mask. Endung erst im Griech. übertragen. — **Gen. Dat.** auf -**οιν** geht auf -οιιν (so noch bei Homer) zurück. Das -οι- entstammt wohl dem Zahlwort „zwei", für das außergriechisch eine Stammform *dyoi-* nachweisbar ist. Das -ιν ist wohl Übernahme einer *pronominalen* Form, wie sie sich in hom. νῶϊν, σφῶϊν und auch in hom. ἥμιν widerspiegelt. Die nur im Att. gebräuchlichen Dualendungen -**ᾱ**, -**αιν** der **a-Dekl.** sind griech. Neuschöpfungen nach dem -ω, -οιν der *o*-Dekl. — Das -**ε** für N. A. Mask. und Fem. der **3. Dekl.** ist alt = idg. *-e*. Auch hier fand im Griech. nachträglicher Übergang des -ε auf die Neutra statt. — Die alte **Dualendung des Neutrums** -*ī* verschwand; ein Rest ist in ϝῑ-κατι, lat. vī-*gintī* (E 69, 1 -κοντα) möglicherweise erhalten. — Das -**οιν** (hom. z. B. ποδοῖιν) ist Analogie zu den *o*-Stämmen. — Beim **Personalpronomen** stehen die Dualformen der 2. Person σφώ, σφῷν völlig isoliert: die Herkunft dieses Stammes ist ungeklärt.

E 71. Das griech. **Verbalsystem** ist in seinen Formen und seinen Funktionen weit ursprünglicher als das lateinische. Der Vergleich mit anderen idg. Sprachen (besonders mit dem Altindischen) ergibt, daß im **Tempussystem** durch den Aorist Ursprüngliches gegenüber dem Lat. bewahrt ist, in dessen Perf. *formell* idg. Aor. und Perf. zusammengefallen sind: *dīxī* ist z. B. alte sigmatische Aoristform wie ἔδειξα. Weil das Lat. den Aor. nicht mehr kannte, wurde der griech. Name beibehalten (χρόνος ἀ-όριστος παρῳχημένος = unbestimmtes Präteritum: „unbestimmt" genannt, weil der Aor. die Handlung ohne Rücksicht auf Dauern oder Nichtdauern bezeichnet). Auch bei den **Modi** hat das Griech. Konj. und Opt. getrennt bewahrt, die das Lat. miteinander verschmolz: z. B. liegt in lat. *sim* < altlat. *siem* (vgl. εἴην) der *Form* nach noch ein Optativ vor. Bei den **Genera verbi** ist der Unterschied zwischen Aktiv und Medium altererbt. Das Pass. ist im Griech. (wie im Lat.) eine Neuentwicklung aus dem Med. heraus (Einzelheiten s. Satzlehre!).

E 72. Die früher für „**Themavokal**" gebräuchliche Bezeichnung „Bindevokal" ging von der falschen Annahme aus, daß der Vokal -ε/ο- die Wz. mit der Endung „verbindet". Diese Auffassung hat sich, vom sprachgeschichtlichen Standpunkt aus gesehen, als falsch erwiesen: -ε/ο- gehört mit zum Stamm! Beispiel: von φέρω „ich trage" lautet die **Wz.** φερ-, der davon gebildete Präsensstamm aber erscheint ablautend als φερε- oder φερο- (vgl. ξενε-/ξενο- beim Nomen!). Der Themavokal hat **keine Tempusbedeutung,** wie sich leicht daraus erkennen läßt, daß er außer im Präs. auch im Fut. A M P und Aor. II A M vorkommt; jedoch **kann er Modusbedeutung haben:** E 74. Über „*thematische*" und „*athematische*" Konjugation s. E 80.

E 73. Das **α** des **σ-Aor.** hat sich von der 1. Sg. und der 3. Pl. aus, wo es das Ergebnis der lautgesetzlichen Entwicklung der Endungen -*m̥* und -*n̥t* war, als **Charaktervokal** auch bei den übrigen Formen des σ-Aor. herausgebildet (E 85). Ähnlich beim **α** des **Perf. Akt.**, das zunächst ebenfalls nur in der 1. Sg. (< idg. *-a*) und 3. Pl. (< idg. *-nti*) die lautgesetzliche Entwicklung der Endungen ist (E 88). Die Deutung des **ε** im **Plqu.**-Ausgang hom. -εα > att. -η usw. ist umstritten. Erst ab etwa 400 v. Chr. tritt dafür -ει- als Charaktervokal ein, im Plur. sogar erst in nachklassischer Zeit (E 89).

E 74. Der ursprüngliche Zustand beim **Konj.** war so, daß **bei thematischem Ind.** der Konj. durch die entsprechende Länge des Themavokals, also -η/ω-, ausgedrückt wurde, **bei athematischem Ind.** aber lediglich durch Einfügung des Themavokals; so erscheint bei Homer und in außerattischen Dialekten noch der **kurzvokalische Konj. auf -ε/ο-** zu athematischen Indikativen (besonders häufig im σ-Aor.): zum Ind. Präs. ἴ-μεν

„wir werden gehen" heißt der Konj. ῐ-ο-μεν, der erst später in Analogie zu den Verba auf -ω in ῐ-ω-μεν umgestaltet wurde; ebenso im Aor. zu ἔ-τειο-α „ich büßte" hom. Konj. 1. Pl. τείσ-ο-μεν. Das lat. Fut. *erō* < *$esō$ „ich werde sein" ist in Wirklichkeit genaue Entsprechung zum griech. Konj. ὦ < ἔω (R 8) < *ἔσ-ω (R 16), d. h. ursprünglicher Konj. zu der Wz. *es- „sein", der ganz wie ein thematischer Ind. Präs. flektiert; so wird zum athematischen Ind. *es-ti > lat. *est* „er ist" der thematische Konj. *es-e-ti > lat. *erit* „er wird sein" gebildet. Die **kurzvokalische** Konjunktivbildung war also altererbt, wurde aber im Att. von der **langvokalischen** schließlich ganz verdrängt. — Das **Optativ**zeichen -ῑ- ist nichts anderes als regelrechte Schwundstufe zu -ιη-; dieser Ablautwechsel tritt regelmäßig bei den athematischen Verben auf: Sing. Akt. -ιη-, sonst (im Plur. Akt. und im ganzen Medium) -ῑ-. Eine Spur dieses Wechsels auch noch im Alat., wo der (auf den Opt. zurückgehende) Konj. von *esse* im Sing. als *s-ie-m*, *s-iē-s*, *s-ie-t*, im Plur. aber als *s-ī-mus*, *s-ī-tis*, *s-ī-ent* (-*ent*: 104, 4 -εν) vorkommt.

E 75. 1. Die Zweiteilung in **Personalsuffixe** der „*Haupttempora*" mit „*Primärendungen*" und in solche der „*Nebentempora*" mit „*Sekundärendungen*" ist altererbt. Im Griech. ist das Bild mehrfach verändert durch Übertragung von Sekundärendungen auf Haupttempora und von Primärendungen auf Nebentempora, sowie durch Umgestaltung einzelner Formen (-σαν statt -ν als 3. Plur. der Sekundärendungen).

2. **AKTIV. Sing. 1.** *Primär*endung -ω < idg. *-$ō$ (in der „thematischen Konjugation": vgl. ἄγ-ω = lat. *ag-ō* ich führe, φέρ-ω = lat. *fer-ō* ich trage). Daneben -μι < idg. *-mi (in der „athematischen Konjugation"). Das Lat. hat -*mi* völlig beseitigt und dafür überall -$ō$ gesetzt: vgl. εἶ-μι, aber lat. *ei-ō* > *e-ō* ich gehe. *Sekundär*endung -ν < idg. *-m hinter Vokal: vgl. ἔ-φερο-ν = lat. *ferē-ba-m* (R 14). -α < idg. *-$ṃ$ < *-m hinter Konsonant: *ἔ-δειξ-ṃ > ἔδειξα (R 2). — **Sing. 2.** *Primär*endung *-σι noch in hom. ἐσ-σί = alat. *es-s* du bist. Sonst im Griech. starke Veränderungen (E 82; E 104, 4). *Sekundär*endung -ς: ἔ-φερε-ς = lat. *ferē-bā-s* (im lat. möglicherweise verallgemeinerte Primärendung -*si* > -*s*). — **Sing. 3.** *Primär*endung -τι hinter σ erhalten in ἐσ-τί = lat. *es-t* er ist; erscheint ion.-att. als -σι (R 20) bei den Verba auf -μι: δίδω-σι er gibt; sonst verändert (E 82). *Sekundär*endung -τ fällt im Griech. ab (R 18): *ἔ-φερε-τ > ἔ-φερε; das -*t* von lat. *ferē-ba-t* ist verallgemeinerte Primärendung; (die Sekundärendung mußte im Lat. lautgesetzlich *-t > -d werden, das sich noch im alat. FECED (= *fēcit*) und im Oskisch-Umbrischen erhalten hat). — **Plur. 1.** Im Plur. unterschied das Griech. nur in der 3. Pers. die Personalendungen von Haupt- und Nebentempora. -μεν ist verwandt, aber nicht identisch mit lat. -*mus* < *-*mos*, dessen Ablautform *-*mes* in dor. φέρο-μες „wir tragen" vorliegt. Die Herkunft des -ν von ion.-att. -μεν ist noch nicht geklärt. — **Plur. 2.** -τε ist idg. nur *Sekundär*endung gewesen, wurde aber im Griech. verallgemeinert; Impf. ἐ-φέρε-τε „ihr trugt" ist also alt, Präs. φέρε-τε das nachträglich Eingeführte. Lat. -*tis* ist einzelsprachliche Bildung, während im Imperativ das alte -*te* bewahrt ist (s. 4. Imperative). — **Plur. 3.** *Primär*endung *-ντι ist noch in dor. φέρο-ντι „sie tragen" und lat. *feru-nt* deutlich erkennbar; im Ion.-Att. wurde (wie in der 3. Sing.) -τι > -σι (R 20), also: dor. φέροντι > ion.-att. *φέρονσι > φέρουσι (R 22f, R 11). Sonstige Veränderungen: E 104, 4. *Sekundär*endung *-nt steht der Primärendung *-nti gegenüber wie im Sing. die *i*-losen Sekundärendungen -*m*, -*s*, -*t* den Primärendungen -*mi*, -*si*, -*ti*. -τ im Auslaut fällt ab (R 18), daher -ν als Sekundärendung: ἔ-φερο-ν. Das lat. *ferē-ba-nt* ist (wie -*t* im Sing.) verallgemeinerte *Primär*endung (die Sekundärendung hätte im Lat. lautgesetzlich *-nt > -ns werden müssen, was wieder im Osk.-Umbr. erhalten ist). — -σαν als Sekundärendung der 3. Plur. Akt. ist Analogie zum regulär entstandenen -σα-ν im Aor. Akt. (z. B. ἐπαίδευσαν: E 85) und zu ἦσαν < *ἔs-ṇt sie waren (E 107). Es wurde übertragen auf Optative (εἴη-σαν, παιδευθείη-σαν), auf Plqu. (ἐπεπαιδεύκε-σαν), Impf. der Verba auf -μι (ἵστα-σαν), Wurzelaoriste (ἔγνω-σαν), später auch auf 3. Plur. Imp. (παιδευέτω-σαν, sogar M/P -σθω-σαν) und (weil mit akt. Endungen: E 86) auch auf Aor. Pass. (ἐπαιδεύθη-σαν).

3. **MEDIUM (UND PASSIV).** Während das Griech. die alten medialen Endungen erhalten hat, entwickelte das Lat. einen völlig anderen Typus, kann also mit dem Griech. nicht verglichen werden. — **Sing. 1.** Neubildungen des Griech. scheinen zu sein das *primäre* -μαι (vielleicht aber auch alt?) und das (unerklärte) *sekundäre* -μην. — **Sing. 2.** *Primär* -σαι und *sekundär* -σο konnten sich lautgesetzlich nur nach Konsonanten halten; zwischen Vokalen mußte das -σ- schwinden (R 16), was weitere Veränderungen (Kontraktion der Vokale) zu Folge hatte. Doch wurde verschiedentlich das -σ- bewahrt oder analogisch wieder eingeführt (z. B. im Perf. und Plqu. πεπαίδευσαι, ἐπεπαίδευσο und bei den Verba auf -μι z. B. ἵστασαι usw.) nach dem Vorbild der Fälle, wo es hinter Konsonant lautgesetzlich erhalten war. — **Sing. 3.** Primär -ται und sekundär -το sind ererbt. — **Plur. 1.** Wie im Akt. ist auch hier im Plur. (ausgenommen 3. Pers.) kein Unterschied zwischen Haupt- und Nebentempora. -μεθα entspricht einer ursprünglichen Sekundärendung; die Nebenform -μεσθα bei Homer ist möglicherweise alter Herkunft. — **Plur. 2.** -σθε ist seiner Entstehung nach nicht geklärt. — **Plur. 3.** Dem Verhältnis im Akt. primär -*ti* : -*nti*, sekundär -*t* : -*nt* entspricht im Medium primär -*tai* : -*ntai*, sekundär -*to* : -*nto*. Das -*ntai*, -*nto* wurde nach Konsonant lautgesetzlich *-$ṇtai$, *-$ṇto$, was griech. zu -αται, -ατο (R 2) führte; so findet es sich bei Homer und im Neuionischen, während im Att., wo es nur nach Konsonant im Perf. vorkommt (z. B. ἀναγεγράφαται, ἐτετάχατο), die Umschreibung mit dem Partizip üblich geworden ist (z. B. γεγραμμένοι εἰσίν), da -ται, -το (ohne -ν-!) als singularisch mißverstanden werden konnte.

4. **IMPERATIVE.** Die 2. Sing. Akt. stellt den nackten Präsensstamm dar: ἄγε = lat. *age* „treibe!". Die 2. Plur. Akt. und die 2. Sing. und Plur. Med. haben *Sekundär*endungen: das -τε in ἄγε-τε = lat. *agi-te* „treibt!" ist also alt (vgl. Akt. Plur. 2.), ebenso wie -σο und -σθε im Medium. Die 3. Sing. Akt. hatte ursprünglich die Endung *-$tōd$, wie alat. Inschriften noch schreiben (VIOLATOD, DATOD); das -*d* ist im Griech. (R 18) und Lat. abgefallen: ἀγέ-τω = lat. *agi-tō* „er soll treiben!". Dazu wurde im Griech. eine 3. Plur. geschaffen nach dem Verhältnis *ἄγε-τι (> ἄγει) : *ἄγο-ντι (> ἄγουσι) = ἀγέ-τω : ἀγό-ντω (lat. *aguntō*); -όντω ist in verschiedenen Dialekten (Dorisch u. a.) erhalten; das Att. hat noch die Sekundärendung für 3. Plur. -ν angefügt: -όντων.

Im Med. entstand nach dem Verhältnis akt. -τε: med. -σθε auch zu akt. -τω ein med. -σθω, das wieder mit Kennzeichnung des Plur. durch -ν zu -σθων führte. — Über -θι im Imp. des Präs. (ἴθι, φάθι usw.): E 104, 4; über -ς des Wurzel-Aor. (δός, θές, ἕς): E 111, 3; über -σον bzw. -σαι in der 2. Sing. Imp. Aor. Akt. bzw. Med.: E 85.

E 76. 1. **INFINITIV.** Die Infinitive, ursprünglich Kasus von substantivischen Verbalnomina, heben sich im Griech. in der Form durchweg scharf von den lebendigen Deklinationsformen ab. Sie wurden erst nachträglich durch Verbindung mit dem Artikel (wieder) substantiviert. **-εν** tritt nur bei thematischer Bildung in Verbindung mit Themavokal auf; so wurde -ε-εν > -ειν mit *nicht*diphthongischem ει (R 8a), wie die Inschriften (z. B. dor. -ην) beweisen; darum bei den Verba contracta kein ι subscriptum: τῑμᾶν, δουλοῦν (E 82, E 83). **-ναι**, bei athematischer Bildung, enthält eine alte Dat.-Endung -ai und läßt so diese Infinitivform als ursprünglich finalen Dat. erkennen. **-σαι** (formell gleich zu werten mit der 2. Sing. Imp. Aor. Med.: E 85) ist alter Dat. eines σ-Stammes und wurde wegen seines -σ- dem sigmatischen Aorist zugeteilt. **-σθαι**: -αι ist wohl wieder Dat.; -σθ- noch nicht geklärt.

2. **PARTIZIPIEN. -ντ-** beim **Präs. Akt.** ist altererbt, wie neben ἄγοντ-ος auch lat. *ag*ent-*is* und dt. *treib*end zeigen. Die Übertragung auch auf andere Tempora erfolgte erst im Griechischen. **-μενο-ς** fürs **Med.** ist ebenfalls alt; Reste im Lat. sind *alumnus* < **alo-m(e)nos*, *fē-mina* eigentlich „die Säugende" (vgl. τι-θή-νη Amme, Inf. Aor. θῆ-σθαι saugen: lat. *f-* = griech. θ- wie in lat. *fēcī* = ἔ-θηκα). — Über das **Part. Perf.** auf -(ϝ)οτ-: E 46.

3. **VERBALADJEKTIVA. -τος** formal = lat. -*tus*; die Bedeutung der Möglichkeit entwickelte sich zuerst in der Negierung: „ungelöst" war gleichzeitig „unlösbar", wie lat. *invictus* nicht nur „unbesiegt", sondern auch „unbesiegbar" bedeutet. Danach gebrauchte man auch das positive λυτός neben „gelöst" in der Bedeutung „lösbar". Die Bedeutung „gelöst" konnte um so eher in den Hintergrund treten, als ja ein eigenes Part. Perf. Pass. (λελυμένος) vorhanden war. — **-τέος** ist noch nicht sicher gedeutet.

E 77. Das Augment als Kennzeichen eines Präteritums ist altererbt. Im Lat. ganz abhanden gekommen, war es im Griech. zunächst fakultativ: Homer und andere Dichter können das Augment setzen oder weglassen; die sekundären Endungen genügten ja schon zur Charakterisierung der Vergangenheit. In der Prosa ist das Augment dann obligatorisch geworden. Die **Verdoppelung des ρ** nach syllabischem Augment hat ihren Ausgang von Verben genommen, die ursprünglich auf σρ- oder ϝρ- anlauteten (203 Anm.), so **ἐ-σρεϝον* > ἔρρεον (von ῥέω ich fließe), **ἐ-ϝρῖπτον* > ἔρρῑπτον (von ῥίπτω ich werfe). Das **temporale Augment** geht ebenfalls auf vorgesetztes ἐ- zurück, ausgegangen von Wz. mit *e-* (**e-es-m̥* > **ēs-m̥* > ἦα ich war) und dann auf andersfarbigen Anlaut in Form der Dehnung des betr. Vokals übertragen.

E 78. Daß einerseits **ἐϝεστιαον* > **εἱστίων** (R 13; R 8 b 1; Asper nach ἑστιάω) wurde, anderseits aber **ἐώθουν** (< **ἐϝωθεον*) erhalten blieb, entspricht der Regel, daß nach Schwund von ϝ nur bei gleichlautenden Vokalen kontrahiert wurde (196 b 4 Anm.). In gleicher Weise wie εἷλκον < **ἔϝελκον* < **ἔσελκον* (R 16) sind auch entstanden: εἱστήκη < **ἐ-σε-στηκα* (1. Sing. Ind. Plqu. zu ἵσταμαι ich stelle mich), εἷμεν usw. < **ἐ-ἱε-μεν* (R 12; 1. Plur. Ind. Aor. Akt. zu ἵημι ich schicke) usw., εἵθην usw. < **ἐ-ἱε-θην* (R 12; 1. Sing. Ind. Aor. Pass. zu ἵημι ich schicke) usw. In ἑώρων, ἑάλων usw. tritt eine alte (auch anderwärts bezeugte) Nebenform des Augments **ē-* (mit Länge) auf; der Entwicklungsgang war also: **ἤ-ϝοραον* > **ἤοραον* (R 13) > ἑώρων (R 7); der Spiritus asper wurde durch ὁράω veranlaßt; ebenso **ἤ-ϝάλων* > **ἥάλων* > ἑάλων (Asper nach ἁλίσκομαι), **ἤ-ϝάγην* > ἐ-άγην, **ἤ-ϝοιξα* > ἔῳξα. Daraus erklärt sich auch hom. ἤδεα = ᾔδη, später ᾔδειν (1. Sing. Ind. Plqu. Akt. zu οἶδα ich weiß: E 113), das sich aus **ἤ-ϝειδεσ-α* (alter σ-Aor.) herleitet.

E 79. Die Reduplikation mit -ε- in der Reduplikationssilbe des Perf.-Stammes als Mittel der Tempusstammbildung bei konsonantisch anlautenden Verbalstöcken geht auf das Idg. zurück; vgl. lat. *canō : ce-cinī*; die Angleichung des Reduplikationsvokals an den Stammvokal ist im Lat. eine spätere Erscheinung; ursprünglich hieß es *me-mordī*, *pe-pugī* statt *mo-mordī*, *pu-pugī*. Das Griech. kennt keinen einzigen derartigen Fall. Wo **ἐ- als Reduplikation** erscheint (121, 4), kann es sich nicht ums Augment handeln, was sich schon daraus ergibt, daß seit idg. Urzeit das Augment *nur dem Indikativ* zukommt, während dieser „Vorschlag" ἐ- im Perf. auch durch alle anderen Formen (Konj., Opt., Imp., Inf., Part.) beibehalten wird. — Bei **vokalisch anlautenden** Verbalstöcken verschmolz das ἐ- der Reduplikationssilbe (wie beim Augment) mit dem Stockanlaut schon in der Urzeit zur betreffenden Länge: ἐθέλω: **ἐ-εθελκα* > ἠθέληκα, wie lat. *edō* „ich esse": **e-edī* > *ēdī*. — Bei **Konsonantengruppen** stand ursprünglich wohl nur der *erste* Konsonant in der Reduplikationssilbe; im Griech. ist dies in der Hauptsache nur bei Muta cum liquida und in Einzelfällen wie κέκτημαι, μέμνημαι, ἕστηκα (< **σε-στηκα) so geblieben. — Für die Bezeichnung „**attische**" **Reduplikation** gilt das zur „att. Dekl." (E 24, 1) Gesagte. Diese Erscheinung ist bei einer Reihe von vokalisch anlautenden Verbalstöcken alt; auch außerhalb des Perf. kommt das gleiche Wiederholungsprinzip vor: Aor. ἤγ-αγον (122 Anm. b), Präs. ἀρ-αρίσκω ich füge zusammen, Aor. ἤρ-αρον; vgl. εἶπον < **ἐ-ϝε-ϝπ-ον (ϝπ- = Schwundstufe zur Wz. **ϝεπ- sagen). — **εἰ- als Reduplikation** ist von Verben ausgegangen, in denen es Ersatzdehnungsprodukt nach Schwund eines Konsonanten (σ, ϝ, *i*) war (R 11; R 22a; 202, 2 β), z. B. in **σε-σλαφ-α* > **εἴλαφα* > εἴληφα (R 17); ebenso **σε-σϝωθ-α* (vgl. lat. *suē-scō*, *suē-vī*) > **εἴωθα* > εἴωθα (R 17) und **ϝε-ϝρη-κα* > εἴρηκα. Fälle wie εἴληχα, συν-είλοχα, δι-είλεγμαι usw. beruhen auf Analogie.

E 80. Die Bezeichnung „**thematische**" bzw. „**athematische**" **Konjugation** (113, 4) für die Verba auf -ω bzw. -μι gründet sich einzig auf die Tatsache, daß im **Präsens**stamm die ω-Verba thematische, die μι-Verba athematische Bildung zeigen. Die Tatsache, daß auch die ω-Verba in außerpräsentischen Tempora athematische, die μι-Verba dagegen auch thematische Formen bilden (z. B. σ-Aor. der ω-Verba, Fut. der μι-Verba) bleibt dabei unberücksichtigt. — Die zwei Hauptgruppen der thematischen und der athematischen Konjugation sind altererbt. Ihr Hauptunterschied besteht nicht etwa in der Verschiedenartigkeit der Personalendungen (*nur* die 1. Sing. zeigte in der Ursprache im Ind. Präs. eine Besonderheit), sondern in der Beschaffenheit des *Stammes* vor der Personalendung. Während im Griech. die athematische Konj. nur z. T. an Boden verlor, hat im Lat. die thematische fast vollständig die athematische verdrängt; nur wenige Verben (*esse* sein, *ēsse* essen, *ferre* tragen, *velle* wollen, *īre* gehen) bilden noch einen Teil ihrer Formen athematisch. — Die übliche Einteilung der Schulgrammatiken in „*Verba pura*" und „*Verba impura*" und die Unterteilung der letzteren in „*Verba muta*" und „*Verba liquida*" wird auch hier aus didaktischen Gründen beibehalten; es ist für den Lernenden praktisch, wenn er nach der rein *äußerlichen* Übereinstimmung in den Formen der verschiedenen Tempusstämme lernen kann: die Übereinstimmung z. B. der Verba liquida im Futur μενῶ, τενῶ, Aor. ἔμεινα, ἔτεινα — der Verba muta im Fut. διώξω, φυλάξω, Aor. ἐδίωξα, ἐφύλαξα läßt μένω, τείνω bzw. διώκω, φυλάττω als Angehörige der jeweils gleichen Verbalklasse erscheinen. Man muß sich aber darüber im klaren sein, daß gerade im Präs. dieser Verba völlig verschiedene Bildungen vorliegen: während einerseits μέν-ω, διώκ-ω auch im Präs. mit unverändertem Verbalstock gebildet sind, tritt dieser bei den Verben τείνω, φυλάττω erst im Fut. zutage; das Präs. aber erweist diese beiden Verba als zu ein und derselben Gruppe gehörig, nämlich der mit *i̯*-Erweiterung: τείνω < *τεν-i̯-ω (R 21 b), φυλάττω < *φυλακ-i̯-ω (R 21 g). Die den Verba auf -έω in der Gruppe der *Verba pura* ohne Unterschied zugerechneten Verba πλέω, τρέω, φιλέω sind auch nur *scheinbar* gleicher Bildung: πλέω < *πλεϝ-ω (R 13 b), τρέ-ω, < *τρεσ-ω (R 16) gehören eigentlich zu der Gruppe μέν-ω, διώκ-ω, während φιλέω < *φιλε-i̯-ω sich zu *τεν-i̯-ω, *φυλακ-i̯-ω stellt. Für die Lautgestalt des **Präs.** gegenüber den anderen Tempora ist also vor allem entscheidend, ob es **mit oder ohne Erweiterung** gebildet ist. Darum bietet § 124 einen Überblick über die verschiedenen Stammbildungen im Präsens.

E 81. Die Verben, die **mediales Futur in passiver Bedeutung** haben, sind Reste des ursprünglichen Zustandes; so sind Homer besondere Fut. Pass.-Formen noch gänzlich unbekannt: er gebraucht dafür überall das *mediale* Futur. Die nächste Entwicklungsstufe stellt das Nebeneinander von medialen und passiven Futurformen für passive Bedeutung dar, wie sie noch in einigen Verben erhalten blieb. Den Abschluß der Entwicklung bildet dann die Sonderung der medialen Futurform mit medialer Bedeutung von der (erst im Griech. entwickelten) passiven Futurform mit passiver Bedeutung (vgl. E 71 Schluß).

E 82. Zu den einzelnen Endungen vgl. E 75. — **Ind. Präs. Akt.:** Stark verändert erscheinen die 2. und 3. Sing. -εις, -ει, deren Entstehung nicht eindeutig geklärt ist. Vermutlich zog die 2. Sg., die aus *-ε-σι > *-ε-ι > *-ει geworden war, das sekundäre -ς als Kennzeichen der 2. Sg. (παιδεύοι-ς, ἐπαίδευε-ς) zur Verdeutlichung heran; nach dem Verhältnis παιδεύοις : παιδεύοι, ἐπαίδευες : ἐπαίδευε kann dann zur 2. Sg. παιδεύεις die 3. Sg. παιδεύει hinzugebildet sein. **Ind. Präs. u. Impf. Med.:** Homer kennt noch die aus -εσαι, -εσο durch Schwund des -σ- (R 16) entstandenen Zwischenformen -εαι, -εο. Daß neben -ῃ auch -ει geschrieben wird, geht darauf zurück, daß der Langdiphthong ηι (später geschrieben ῃ) schon um 400 v. Chr. in der Aussprache als Monophthong mit dem Lautwert eines langen *geschlossenen* *ẹ̄* gesprochen wurde (ebenso wie ει). — **Konj. Präs.:** Die Länge des thematischen Vokals als Kennzeichen des Konj. ist altes Erbgut (E 74). — **Inf. Präs.:** -ειν < *-ε-εν < *-ε-σεν, das wohl dasselbe *s*-Element (alter Lok. eines *s*-Stammes) enthält wie lat. *leg-e-re* < *leg-e-se* (vgl. *esse*!); die Herkunft des -ν ist umstritten.

E 83. Das Moduszeichen **-η- im Opt. Sg.** der Kontrakta ist wiederum wie das -εν von -οιεν (E 104, 4) Einfluß der Verba auf -μι (156, 4): nach dem Muster διδοῖμεν : διδοίην lag es nahe, zu δουλοῖμεν ein δουλοίην zu bilden. Das bot sich um so mehr an, als bei Bewahrung der „regelmäßigen" Bildung auf -οιμι usw. die 2. und 3. Pers. im Opt. der Verba auf -όω gleich dem Ind. gelautet hätten: -ό-οις, -ό-οι wäre ja ebenso wie -ό-εις, -ό-ει zu -οῖς, -οῖ geworden. Durch Einführung von -οίην usw. war eine klare Scheidung des Opt. vom Ind. möglich. — Der **Inf.** τιμᾶν, δουλοῦν **ohne ι subscr.** gegenüber Ind. (2. 3. Sg.) τιμᾷς, τιμᾷ, δουλοῖς, δουλοῖ offenbart deutlich den verschiedenen Lautwert des in beiden Fällen zugrunde liegenden ει: während in -άεις, -άει, -όεις, -όει ein **echter** Diphthong vorliegt, dessen ι gesprochen wurde, daher auch in der Kontraktion bewahrt bleiben mußte, war das aus Kontraktion entstandene ε + ε > ει in der Aussprache ein langes *ẹ̄* gewesen, so daß ᾱ < *a* + *ẹ̄*, ου < *o* + *ẹ̄* entstand (E 8). — Die **Verba auf -άω** sind bei Ableitungen von Subst. der *ā*-Dekl., so τιμάω von τιμή < τιμᾱ (dor.), entstanden, die Kürze des α ist wohl Analogie zu -έω, -όω (vgl. E 92).

E 84. Futur: 1. Die Bildung auf *-so-* hatte zunächst wohl konjunktivische Bedeutung (*kurzvokalischer* Konjunktiv: E 74); der Übergang ist verständlich, da Konj. und Fut. einander syntaktisch sehr nahe stehen. (Vgl. den Übergang der ursprünglichen Konj.-Formen lat. *agētis* usw. in ihr Futur: 131 Erl.). — Das Tempuszeichen σ hätte (R 16) zwischen Vokalen schwinden müssen — einzig erhaltener Regelfall(?) Fut. χέω, (von χέω ich gieße), Aor. ἔχεα (E 94) —, ist aber nach dem Vorbild der konsonantisch auslautenden Wurzeln, z. B. ἄξω (von ἄγω ich führe), πέμψω (von πέμπω ich schicke) auch in Fällen wie παιδεύσω geblieben wie auch im σ-Aor. und in den Personalendungen -σαι, -σο der 2. Sg. Perf. u. Plqu. Med./Pass.

2. Der Name „**Attisches Futur**" ist ebenso zu erklären wie der der „Att. Dekl." (E 24, 1) und der „Att. Reduplikation" (122, 1). Das „Att. Fut." ist nur eine Abart des gewöhnlichen σ-Futurums; es hat sich aus zweisilbigen Wurzeln auf kurzen Vokal entwickelt: bei ihnen erscheint die 2. Silbe unter bestimmten Ablautverhältnissen geschwächt oder ganz beseitigt (bes. im Präsens); auch im Lat. treten außerhalb des Präs. solche Vokale (allerdings als Länge) wieder in Erscheinung: *sprēvī* zu *sper-n-ō*, *trī-vī* zu *ter-ō*; vgl. dazu auch ἐθέλ-ω „ich will": Fut. ἐθελή-σω usw. (187, 88), εὑρ-ίσκ-ω „ich finde": Fut. εὑρή-σω usw. (182, 68), ἁλ-ίσκ-ομαι „ich werde

gefangen": Fut. ἁλώ-σομαι usw. (182, 63), ὄμ-νῡ-μι „ich schwöre": Aor. ὤμο-σα usw. (177, 45). Im Falle des „Att. Fut." tritt im Fut. die **zweisilbige** Wurzelform ein; nach Schwund des intervokalischen -σ- (**R 16**) tritt Kontraktion ein: δέρω „ich schinde", Wz. δερ- und δερε-; Fut. *δερε-σ-ω > *δερεω > δερῶ. So stets bei den Verba liquida schon von der Grundsprache her. Erst im Griech. erfolgte die Ausdehnung dieses Typus auch auf andere Verba (vor allem die auf -ίζω). In πεσοῦμαι ist wohl das σ vom Aor. ἔπεσον (183, 74) übernommen; als Vorform ist also vermutlich *πετοῦμαι < *πετεσομαι anzusetzen (nicht *πετσεομαι, was „*dor*. Fut." wäre).

3. Das **„Dorische Futur"**, das tatsächlich im Dorischen die herrschende Form ist, hat in seiner Entstehung noch keine eindeutige Erklärung gefunden. Möglicherweise stellt es eine Verquickung der normalen σ-Futur-Bildung mit dem „attischen Futur" dar.

E 85. σ als Kennzeichen des **Aor.** ist idg. (lat. *dīxī* = ἐ-δειξα: **E 71**); bei diesem **„sigmatischen Aorist"** traten die Personalendungen unmittelbar an das -σ- („athematisch"); die 1. Sg. lautete also regulär *ἔδειξ-ṃ > ἔδειξα (**R 2**). Die Fortsetzung zu ἔδειξα hätte urgriech. lauten müssen: *ἔδειξ-ς > *ἔδειξ, *ἔδειξ-τ > *ἔδειξ (**R 18**), *ἔδειξ-μεν, *ἔδειξ-τε > *ἔδεικτε (**R 22 g**), *ἔδειξ-*ṇt* > *ἔδειξ-στ (**R 2**) > ἔδειξα (**R 18**); an diese 3. Pl. trat zur Verdeutlichung das -ν der Sekundärendung wie im Impf. Plur., also ἔδειξαν (vgl. ἦσαν: **E 107**, dazu **E 75,2** -σαν). Nach dem Muster ἔδειξα und ἔδειξαν drang nun das -α- auch in die übrigen Personen ein, um die oben geschilderte unbequeme Flexion zu beseitigen. Nur in der 3. Sg. wurde, um eine Verwechslung mit dem ἔδειξα der 1. Sg. zu verhüten, das -ε aus dem Perf., dessen Flexion vielfach mit der aoristischen gleich geworden war, übernommen. So wurde im Griech. das Kennzeichen des σ-Aor. gewissermaßen zu -σα- erweitert. Es ist daher verständlich, daß zum Opt. Präs.-ο-ι-μι ein Opt.Aor.-σ-α-ι-μι, zum Part. Präs.-ο-ντ- ein Part.Aor. -σ-α-ντ- gebildet wurde. — **Die „aiolischen" Formen des Opt.** -ειας, -ειε(ν), -ειαν sind noch nicht sicher gedeutet. — **2. Sg. Med.** wurde regelrecht aus *-ασο > -αο (so noch bei Homer) > -ω. — Der **Konj.** hatte bei athematischer Flexion ursprünglich *kurzen* Modusvokal (so noch bei Homer: τείσ-ο-μεν, τείσ-ε-τε als Konj. Aor. zu τίνω „ich büße, zahle": **E 74**); im Ion.-Att. wurde aber nach dem Beispiel des Präs. *langer* Modusvokal eingeführt. — **Inf. Akt.** -σαι = Dat. eines σ-Stammes (**R 76**); identisch damit 2. **Sg.Imp.Med.**, also „*Infinitivus imperativus*"; in imperativischer Verwendung wurde dieses -σαι als˙ Personalendung empfunden und wegen des Anklangs an das -σαι der 2. Sg.Med. aufs Medium festgelegt. Der Akzentunterschied von Inf. παιδεῦσαι und Imp. παίδευσαι ist sekundär eingeführt; im Imp. ist ja die Akzentverlagerung zum Wortanfang hin allgemein üblich. — Ungeklärt ist das **-σον** der 2. Sg.Imp.Akt.

E 86. Daß die Konjugation des Aor. *Pass.* **aktivisch** erscheint, erklärt sich aus seiner Entstehung: ausgehend von (aktivisch flektierenden) Aoristen II auf -ην (152; **E 101**), ihrer Bedeutung nach intransitiv-reflexiv, entwickelte sich auf Grund einer grundsprachlich medialen Sekundärendung -*thēs*, deren Ausgang -*ēs* wie die 2. Sg.Akt. aussah, die θη-Bildung: ἐδό-θης (zu δί-δωμι ich gebe) verführte wohl dazu, das -ης von ἐδόθης auf gleiche Stufe mit dem von ἐφάνης zu stellen und so nach ἐφάν-ην, ἐφάν-ης, ἐφάν-η (zu φαίνομαι ich erscheine, zeige mich) zu ἐδόθης ein ganz neues Paradigma ἐδό-θην, ἐδό-θη usw. zu bilden. Daß die Verwendung ursprünglich nicht *nur* passivisch war, zeigen Fälle wie ἐπορεύθην (zu πορεύομαι ich reise, marschiere), ἐπεμελήθην (zu ἐπιμελέομαι ich sorge). — Die **Besonderheiten** beim Zusammenstoß von -θη- mit dem vorhergehenden Element (ἐπέμφθην zu πέμπω ich schicke: **R 23 d**; ἐψεύσθην zu ψεύδω ich täusche: **R 24**; ἐτύθην zu θύω ich opfere: **R 17**) ergeben sich aus den Lautgesetzen. — Der **Opt.** entstand aus *-θη-ιη-ν > -θείην wohl in Analogie zum Plur. (dort statt -ιη- gewöhnlich -ῑ-): *-θη-ῑ-μεν > -θεῖμεν, wo die Vokalkürzung lautgesetzlich ist (**R 4**). Lautgerecht ist auch die Kürzung des η vor Nasal + Konsonant (**R 5**) in der 3. Pl.Imp. -θέ-ντων, im Part. *-θη-ντ-ς > *-θεντ-ς > -θείς (**R 22d** u. **f**) usw. (vgl. hom. ἤγερθεν (**R 18**)< *ἠγερθηντ-ς = 3. Pl.Ind.Aor.Pass. von ἀγείρω ich versammle). Die Umbildung der 2. **Sg.Imp.** *-θη-θι (auch die athematischen Wurzelaoriste (168), unter deren Einfluß der θην-Typus steht, bilden ihre 2. Sg.Imp. auf -θι) zu -θη-τι geschah nach dem Hauchdissimilationsgesetz (**R 17**), das hier. ausnahmsweise die 2. Silbe ergriff, weil sonst das Tempuszeichen -θη- in dieser einzigen Form undeutlich geworden wäre.

E 87. Das **pass. Fut.** ist eine griech. Neubildung, die au fden Stamm des Aor. Pass. die mediale Futurbildung mit -σο-μαι aufpfropft.

E 88. Das **κ-Perf.**, nur im Griech. vorhanden, wurde nach dem Muster der κ-Aor. (ἔθη-κ-α, ἔδω-κ-α: 167, 1 a) an Stelle des altererbten Wurzelperfekts (**E 112, 1**) zunächst wohl nur für *vokalisch* auslautende Verbalstöcke zur Vermeidung lautlicher (infolge Kontraktion entstehender) Undeutlichkeiten neu geschaffen; dieser Ursprung zeigt sich deutlich darin, daß Homer von *konsonantisch* auslautendem Verbalstock noch kein κ-Perf. kennt; die Übertragung auf Verba liquida und einen Teil der Verba muta setzt erst in nachhomerischer Zeit ein. Die **Flexion** zeigt im Ind. noch Reste alter Endungen: das -α der **1. Sg.** geht nicht wie das -α des Aor. auf -*ṃ* zurück, sondern auf idg. -*a*; ebenso entspricht das -ε der 3. Sg. einer idg. Endung -*e*. Die **3. Pl.** wurde aus -*ṇti* (nach Konsonant) > -ᾱτι (**R 2**) > -ᾱσι (**R 20**; so noch vereinzelt bei Homer: λε-λόγχᾱσιν zu λαγχάνω „ich erlange"); sonst war -ᾱτι nach dem sonstigen -ντι der 3. Pl. gewöhnlich zu -αντι umgestaltet worden (wie auch in der 3. Pl.Ind.Aor.Akt. ἔδειξαν das -ν als Kennzeichen der 3. Pl. angefügt worden war: **E 85**), das zu -ᾱσι wurde (**R 20; R 22f, R 11**). Wie beim Aor. hat sich dann von der 1. Sg. und der 3. Pl. aus α als Charaktervokal ausgebreitet (**E 73**) und so die **2. Sg.** -ας (an Stelle des älteren -θα, noch in οἶσθα „du weißt" erhalten: 169 c; **E 113**) hervorgerufen. **Konj., Opt., Imp.**, Neubildungen nach dem Muster des thematischen Präsens, sind nur wenig gebraucht. Der **Inf.** -έναι zeigt die gleiche Endung wie das athematische Präs. -(ε)ναι. Zum **Part.** vgl. **E 46**.

E 89. Zur Frage der Entstehung des **Plqu.** vgl. besonders E 113! Die *älteste Form*, die an den augmentierten Perf.-Stamm Sekundärendungen fügte, ist im Akt. bis auf wenige Reste (hom. ἐ-πέπιθ-μεν „wir vertrauten" zu πέποιθ-α, att. ἐ-δέδι-σαν „sie fürchteten" zu δέδι-α = δέδοικ-α: 169b) verdrängt, während sie sich im Med. behauptet hat. Die Erklärung der *Neubildung* -η, -ης, -ει usw. ist strittig. Jedenfalls ist hom. 1. Sg. -εα (< *-e-s-m̥*: E 113) > att. -η geworden (ἐ-μεμαθήκ-η zu μανθάνω ich lerne (kennen)), 3. Sg. hom. -εε > att. -ει; dazu 3. Pl. -εσαν (unter Erhaltung des -σ-!). Nach dem Beispiel ἐτίθεμεν, ἐτίθετε zu ἐτίθεσαν (= Impf. zu τίθημι ich setze) wurde dann auch zu dem -εσαν des Plqu. ein -εμεν, -ετε geschaffen. Für die 2. Sg. liegen *alt*att. Belege nicht vor. Die bezeugten **altatt.** Formen (bis um 400 v. Chr.) sind also: 1. Sg. -η, (2. Sg. —), 3. Sg. -ει, Plur. -εμεν, -ετε, -εσαν. Von der 3. Sg. -ει aus wurde **später** auch in die 1. u. 2. Sg. das ει eingeführt; so entstanden -ειν, -εις; im Pl. findet sich -ειμεν, -ειτε erst in nachklassischer Zeit, in der Koinē schließlich sogar -εισαν.

E 90. Da im **Perf. Med.** die primären, im **Plqu. Med.** die sekundären Endungen unmittelbar an den Perfektstamm gefügt werden, der infolge des Fehlens eines Tempuszeichens sich vom Präs. nur durch die Reduplikation unterscheidet, gerät in der 2. Sg. -σαι, -σο bei vokalisch auslautendem Stamm das -σ- zwischen zwei Vokale; es bleibt entgegen dem Gesetz (R 16), wie das -σ- des Fut. und σ-Aor. (E 84, 1), nach Analogie der konsonantisch auslautenden Stämme erhalten. Bei deren Perfektbildung sind die Veränderungen des auslautenden Konsonanten je nach dem Anlaut der folgenden Personalendung zu beachten (Assimilation: R 23; Ausfall von -σ- zwischen Mutae: R 22g). Zur 3. Pl. und deren Umschreibung bei konsonantisch auslautenden Stämmen s. E 75, 3 Plur. 3.

E 91. Daß das **Perf.-Fut.** ursprünglich nichts mit dem Perfektstamm zu tun hat, sondern ein redupliziertes Futur ist, zeigen Fälle wie δέω ich binde, dessen Perf. Med./Pass. δέδεμαι, dessen Perf.-Fut. aber δεδήσομαι (nach Fut. δήσομαι) lautet; ebenso λύω ich löse, Perf. λέλυμαι, aber Perf.-Fut. λελύσομαι (nach Fut. λύσομαι). Durch die Reduplikation wurde aber die Beziehung zu den reduplizierten Perfekta hergestellt, was um so näher lag, da es sich ja um den gleichen Aspekt handelt.

E 92. Die außerpräsentische Vokallänge ging wohl von Stämmen aus, die auf langen Vokal endigten; so war bei den Verba auf -ἀω, die ja Ableitungen von *ā*-Stämmen sind, die Länge das Ursprüngliche, das ᾰ des Präs. aber wohl nur Analogie zu -έω, -όω. Ebenso kann bei den Verba auf -ύω dieser Gegensatz ursprünglich sein: daß zu εἰλύ-ω „ich wälze, umhülle" wie zu lat. *volvō* die Wz. auf -ū endigte, zeigt *volū-tus*, *volū-men* ebenso wie εἰλῦ-μα (< *ἐ-Fελῦ-μα Umhüllung): vor Vokal stand bei *ū*-Wurzeln seit Urzeit Kürze (vgl. lat. *sūs* : *sŭis*, ὀφρῦς: ὀφρύ-ος 56). Demnach kann man den Wechsel εἰλύ-ω, εἰλύ-σω usw. als gesetzmäßig betrachten und nach τῑμά-ω: (τῑμά-σω > att.) τῑμή-σω (R 1) mag die weitere Ausbreitung erfolgt sein: φιλέ-ω: φιλή-σω, δουλό-ω: δουλώ-σω.

E 93. Vor dem Tempuszeichen σ ist das **σ des Stockauslauts** geschwunden: episch αἰδέσ-σο-μαι > att. αἰδέσομαι (R 22e); dieser Schwund setzte sich analogisch auch vor κ durch. Daß in der Tempusbildung das σ erhalten blieb, wo es vor *T*-Laut zu stehen kam, entspricht den Lautgesetzen; das Erscheinen von -σι- ist eine Ausnahme von der Normalregel, daß σ vor ν mit Ersatzdehnung schwindet (R 22a); vgl. E 96, 2; E 98, 2.

E 94. Zu dem Nebeneinander von **καλε-** und **κλη-** bei καλέω vgl. βαλ(ε)- und βλη- bei βάλλω (172, 15) und das über zweisilbige Wz. Gesagte (E 84, 2). — χέω ist F-Stock: χευ- vor Konsonant, χεϝ- vor Vokal, χυ- Schwundstufe; der Aor. ἔχεα ist wohl aus Wz.-Aor. (168) ἔχεϝα (hom. ἔχευα) entstanden (in diesem Fall Fut. χέω analogisch?), nicht aus sigmatischem Aor. *ἔχευσα mit *geschwundenem* (R 16) intervokalischem -σ- (im Gegensatz zu ἐπαίδευσα mit *beibehaltenem* -σ-; E 84, 1). — Auftreten der **Schwundstufe im Perf.** usw.: vgl. Verba liquida mit einsilbigem Verbalstock, z. B. στέλλω ich schicke, Perf. ἔ-σταλ-κα < *ἐ-στḷ-κα usw. (E 99).

E 95. 1. **K-Stöcke:** Während -κi̯ω und -χi̯ω regulär (R 21g) > -ττω wurde, hätte -γi̯ω > -ζω (R 21h) werden müssen, wie das in einigen Fällen auch geschah (143, 2c Anm. 1); daß die Mehrzahl der Verba auf -γi̯ω im Att. trotzdem in der Form auf -ττω erscheint, ist Analogie zu den Stöcken auf -κ- und -χ-, veranlaßt durch den gleichen Ausgang beider Gruppen im Fut. -ξω und Aor. -ξα. — 2. νίζω geht auf Wz. *n(e)ig*- zurück, entstand also aus *nig*-i̯ō. Die Besonderheit in der Tempusbildung (Einreihung in die *P*-Stöcke) geht auf die je nach der Lautumgebung verschiedenartige Entwicklung des Labiovelars im Griech. zurück.: *nig*i̯ō > νίζω (R 21h), aber Fut. νίψω, Aor. ἔνιψα (Labiovelar vor Kons.: 207); dies hat sekundär erst in späterer Zeit zu der Präsensbildung νίπτω geführt.

E 96. 1. Lautgesetzlich ist -**γμ**- nur bei Verbalstock auf -γ- berechtigt, z. B. πέπραγμαι (von πράττω ich tue, V. Stock πραγ-), τέταγμαι (von τάττω ich ordne, V. Stock ταγ-) usw. In Analogie dazu wurde auch *πεφυλακ-μαι > πεφύλαγμαι (von φυλάττω ich bewache, V. Stock φυλακ-), *τεταραχ-μαι > τετάραγμαι (von ταράττω ich verwirre, V. Stock ταραχ-).

2. Daß *T*-Laut + μ als -**σμ**- erscheint, ist ebenfalls Analogie: nach τετέλεσται (zu τελέω ich vollende, V. Stock τελεσ-), wo das σ Stockauslaut ist (R 24), wurde σ auch in τετέλεσμαι, wo es lautgesetzlich mit Ersatzdehnung hätte schwinden müssen (R 22a), beibehalten und in ἔψευσμαι analog eingeführt. Vgl. E 93; E 98, 2.

E 97. σωστός entstand wohl aus *σωστος, bei dem allein das σ lautlich berechtigt ist: *σωιδ-τος > *σωιστος (R 24). — τεθράφθαι, τεθάφθαι widersprechen dem Hauchdissimilationsgesetz (R 17); obwohl durch das θ der Endung (-σθαι) der Stockauslaut als Aspirata φ erscheint (R 23d), ist nach τέθραμμαι, -ψαι usw., τέθαμμαι, -ψαι usw. das erste θ analogisch beibehalten worden.

E 98. 1. Im **Aor. Akt. und Med.** verraten die *Verba liquida* das alte σ nach λ, μ, ν, ρ noch durch die lautgesetzliche Ersatzdehnung des vorausgehenden Vokals (R 22f: *ἤγγελ-σ-α, *ἐ-νεμ-σ-α, *ἐ-μεν-σ-α, *ἐ-δερ-σ-α > ἤγγειλα, ἔνειμα, ἔμεινα, ἔδειρα); demgegenüber entspricht das σ der σ-*Stöcke* der lautgesetzlichen Entwicklung (z. B. ἐτέλεσα < *ἐ-τελεσ-σ-α: R 22e), während das σ bei den *Verba vocalia*, wo es hätte schwinden sollen, wie im Futur analogisch beibehalten wurde (ἐ-παίδευ-σ-α, ἐ-φίλη-σ-α usw.: 135, 2; E 84, 1).
2. Daß im **Perf. u. Plqu. Med./Pass.** -νμ- als -σμ- erscheint, anstatt zu -μμ- assimiliert zu werden (**R 23c**), ist analogischer Einfluß der σ-Stöcke (E 96, 2: τετέλεσται führte zu τετέλεσμαι) und der *T*-Stöcke (ἔψευσται veranlaßte ἔψευσμαι). Daß bei ὤξυμμαι und ἤσχυμμαι lautgesetzlich assimiliert wird, ist dadurch zu erklären, daß wegen des σ in der vorhergehenden Silbe die analogische Einführung des -σ- unterblieb.
3. Im **Perf. u. Plqu. Med./Pass.** wird (-νσ-, -λσ-, -ρσ- durch Analogie zu den übrigen Verbalstöcken beibehalten: (πέφανσαι: nicht sicher belegt), ἤγγελσαι, ἔφθαρσαι (zu φθείρω ich verderbe); dagegen *ἔμενσα > ἔμεινα im Aor.-Stamm (**R 22f**).

E 99. Das α von δέ-δαρ-μαι ebenso wie das von τέ-τα-κα ist das Ergebnis einer vokalisch gewordenen Liquida: zur Wz. *der- lautet die Schwundstufe *dr̥-, was griech. δαρ- wird (R 2); Schwundstufe zu *ten- ist *tn̥- > griech. τα- (R 2). Zum Auftreten der Schwundstufe vgl. χέω (E 94).

E 100. Der Themavokal (113, 4) ist, wie beim Präsens, der (mit ε/ο ablautende) Auslaut des Tempusstammes λιπε-/λιπο-. Das häufige Auftreten der **Schwundstufe im Aor. II** ist die Folge der schon im Idg. üblichen Unbetontheit der Wz. im Aor., die sich noch in den vier endbetonten Formen (150, 2) widerspiegelt.

E 101. Das η gehört zur Wz. und ist Überrest zweisilbiger Wurzeln auf -ē- (**E 84, 2**), nach Art der „Wz.-Aoriste" (168), die ebenfalls intr. Präsentien aufweisen. Die gleiche intr. Funktion des -ē- zeigt lat. *iacēre* „hingeworfen sein = daliegen". Das Verhältnis *iac-i-ō* (i̯-Präs.) zu *iacē-re* entspricht also genau dem von φαίνω < *φαν-i̯-ω (R 21a) zu φανῆ-ναι. Aus der **intr.** Bedeutung hat sich erst allmählich die **passive** entwickelt (s.a. E 86).

E 102. Der **Wechsel α/α** ist Wechsel von Vollstufe/Schwundstufe: in all diesen Fällen ist in der Schwundstufe (nach Schwund des ε) die Liquida sonantisch geworden, was im Griech. zur Entwicklung eines α führte (**R 2**); also δέρ-ω ich schinde: Schwundstufe *dr̥- > δαρ- usw. (E 99).

E 103. 1. Das Griech. hat im **Perf. II** deutlich Spuren alter Ablautbesonderheiten bewahrt: der *o*-Ablaut (λέ-λοιπ-α, τέ-τροφ-α, ἀπ-έ-κτον-α usw.) findet sich auch im Germanischen (dort großenteils ohne Reduplikation): das *a* im got. Prät. *brak* „ich brach" z. B. entspricht idg. *o* (vgl. *acht* : *octō*, *Nacht* : *nox* usw.).
2. Das **aspirierte Perfekt** (nur bei Stöcken auf κ, γ, π, β vorhanden), eine speziell griech. Erscheinung, beruht auf analogischer Veränderung des Wz.-Auslauts, wie sie uns schon bei der Lautgruppe -γμ- im Perf. Med. begegnete (E 96, 1). Der Ausgangspunkt ist im medio-passiven Perf. zu suchen: zur 2. Pl. γέγραφθε > *γεγραφ-σθε (**R 22g**) heißt bei Homer die 3. Pl. γεγράφ-αται < *γεγραφ-n̥ται (E 75, 3 Plur. 3.); nach diesem lautgesetzlich zu Recht bestehenden Verhältnis wurde die an den ebenfalls lautgesetzlich entstandenen τέτραφθε < *τετραπ-σθε (R 22g, R 23d) entsprechende die 3. Pl. τετράφαται (zu τρέπω ich wende) gebildet, was, im weiteren Verlauf auch aufs Akt. übertragen, zu τέ-τροφ-α führte; ebenso πέ-πομφ-α zu πέμπ-ω „ich schicke" usw. Im Att. findet das aspirierte Perf. erst allmählich im Laufe des 5. Jh. v. Chr. Eingang.

E 104. 1. Der **quantitative Ablaut** bei den athematischen Präsentia ist von der Grundsprache ererbt; er ist die Folge der herrschenden Betonungsweise: wie in der 3. *Dekl.* schon in der Grundsprache Ablautwechsel dadurch hervorgerufen wurde, daß ein Teil der *Kasus*endungen den Akzent auf sich zog (πατρ-ές: πατρ-ός : 51), so hatten bei den athematischen *Verbal*formen alle Personen mit Ausnahme der 1. 2. 3. Sg. Akt. den Ton auf der *Personal*endung, woraus sich Schwächung des vorhergehenden Elementes ergab. Der Ind. Präs. von „ich gehe" hieß also ursprünglich: *ei̯-mi, *ei̯-si, *ei̯-ti, aber im Plur. *i-més, *i-té. Im Griech. ist zwar die ursprüngliche Akzentstelle nachträglich verschoben, aber der alte *Ablautwechsel* erhalten: εἶμι, εἶ, εἶσι(ν), aber ἴμεν, ἴτε; ebenso φη-μί : φᾰ-μέν, δίδω-μι : δίδο-μεν usw.
2. Merkwürdig ist das teilweise **Eindringen thematischer Bildung** in verschiedenen Formen: so im Opt. Präs. ἴοιμι (von εἶμι ich werde gehen) und in der gesamten νῡμι-Klasse, z. B. δεικνύοιμι: im Imp. Akt. 2. Sg. δίδου, τίθει, ἵει (vgl. Ziff. 4) und 3. Pl. ἰόντων (von εἶμι), sowie im Impf. ἐδίδουν, -ους, -ου (< *-οε-ν, *-οε-ς, *-οε), ferner ἐτίθεις, -ει (< *-εε-ς, *-εε) und ἵειν, ἵεις, ἵει, wobei ἵειν Neubildung zu ἵεις (< *ἵεε-ς) und ἵει (< *ἵεε) ist (statt des bei thematischer Bildung zu erwartenden *ἵεο-ν). Der Ausgangspunkt für diese Bildungen ist wohl im Imp. zu suchen (s. Ziff. 4). Auch die selteneren Formen des Opt. Med. von τίθημι und ἵεμαι wie τιθοῖτο, ἰοῖν-το usw. zeigen die auch sonst vorhandene Neigung zur Angleichung an die thematische Bildung.
3. Über die ursprünglich kurzvokalische Konjunktivbildung der athematischen Verba und die erst später in Analogie zur ω-Konjugation eingeführte langvokalische auf -η/ω-: **E 74.** Ebenso über den Ablautwechsel -ιη-/-ῑ- im Optativ: **E 74.**
4. Über die **Endungen** insgesamt vgl. E 75.

Aktiv: 2. Sg. *primär* -σι: *φᾱ-σι > *φᾱι (R 16) wurde wohl zur Verdeutlichung der 2. Sg. mit der *Sekundär*endung -ς versehen (vgl. φέρεις: E 82), da 3. Sg. *-τι (noch in ἐσ-τί) > -σι (R 20) geworden war; also *φᾱι-ς > ion.-att. φῇς (R 1; 196 c I β). Dieses verdeutlichende -ς trat dann wohl bei allen athematischen Präsentien an die Stelle von -(σ)ι: δίδω-ς, δείκνῡ-ς, φῇς. — Die 3. Pl. -*nti* wurde *nach Konsonanten* > -n̥ti > gr. *-ᾱτι (R 2); unter Einfluß des sonstigen -ντι (vgl. dor. φέροντι sie tragen: E 75, 2) entstand -ανσι; dies wurde weiter zu *-ανσι (R 20) > -ᾱσι (R 22f; R 11) umgestaltet und auch mit konsonantisch auslautende Wurzeln übertragen. -σαν < E 75, 2 -σαν; E 85. — -εν < *-εντ (R 18) in der 3. Pl. Opt. (εἶεν, φαῖεν, διδοῖεν usw.) ist alt, wie alat. *s-ī-ent* beweist (E 74). — Imp.: Die von den ω-Verba bekannte Bildung der 2. Sg. durch den endungslosen Stamm zeigen ἴστη und δείκνῡ. Analogie nach thematischen Formen wie ἄγε liegt in τίθει, δίδου, ἵει < *τιθεε usw. vor; das -ε in ἄγε usw. wurde als Charakteristikum für 2. Sg.Imp. empfunden. -θι in ἴ-θι „geh"!, φά-θι „sage!" ist Rest einer besonderen grundsprachlichen Endung der athematischen 2. Sg.Imp. (lat. *ī* „geh!" dagegen ist endungslos wie ἴστη gebildet!). — **Part.** (E 76): Die sigmatische Nom.Sg.-Form in ἱστάς, τιθείς, δεικνύς (< *ἰστα-ντ-ς, *τιθε-ντ-ς, *δεικνυ-ντ-ς: R 22d u. f, R 11) entspricht der Gepflogenheit, daß asigmatischer Nom.Sg. nur bei o-Vokalismus üblich geworden ist (E 32; E 47); demnach ist ἰών und (ἐ)ών nach φέρων regulär; διδούς trotz o-Vokalismus sigmatisch, weil die Parallelität von ἱστάς, τιθείς wirkte.

5. Die **Verba auf -νῡμι** sind ausgegangen von Verben, bei denen dem -νῡμι ein -σ- vorausging, das sekundär an das folgende -ν- angeglichen wurde (212,1b Anm. 2): ἕννυμι < *Fεσ-νῡμι ich bekleide, (vgl. lat. *ves-tis*), κρεμάννῡμι < *κρεμασ-νῡμι ich hänge auf (vgl. ἐ-κρεμά-σθην, κρεμασ-τός). Zu der νῡμι-Gruppe gehört auch (ἀπ)όλλῡμι < *(ἀπ)όλ-νῡμι (213, 1 c) ich verderbe.

E 105. In **πίμπλημι** (und πίμπρημι Analogie?) liegt wohl eine vollere Art der Reduplikation vor (*πιλ-πλη-μι), die durch Dissimilation (214, 2a) zu *πιν-πλη-μι > πίμ-πλη-μι (R 23e) umgestaltet wurde. Die Annahme, daß Nasalinfix -μ- (wie in λα-μ-β-άν-ω : ἔ-λαβ-ον, vgl. lat. *ru-m-p-ō* : *rūp-ī*) vorliege, ist unwahrscheinlich, da dies bei der *Reduplikation* sonst nirgends belegt ist. — Bei **ὀνίνημι** ist die Reduplikation von der Wz. *nā-* „helfen" gebildet, das o-Präfix steht *vor* ihr.

E 106. 2. Sg.Imp. ἴ-θι gegenüber lat. *ī*: E 104, 4. Zum Eindringen thematischer Bildung (ἴ-ο-ι-μι, ἰ-ό-ντων): E 104, 2. — Konj. ursprünglich *kurz*vokalisch ἴ-ο-μεν usw.: E 74. — Part. ἰών mit asigmatischem Nom. wie φέρων: E 104, 4 Part. (vgl. E 32; E 47). — Impf. ἤ- ist normale Augmentierung zu εἰ-; doch hätte 1. Sg. *ēi-m > *eįm > *ἤα werden müssen; das ι subscriptum ist aus dem Plur., wo es lautgesetzlich ist, in den Sing. übernommen worden. In der 3. Sg. ein Element -εσ- wie bei ᾔδη (E 113): *ἠι-εσ-ε > *ἠ(į)ε(σ)ε > ᾔει, an dessen Stelle (ebenfalls in Analogie zum Plur.) ᾖει *mit* ι subscriptum erscheint; von dieser 3. Sg. aus entwickelten sich dann die anderen Bildungen mit -ει-. 2. Sg. ᾔεισθα zeigt Ausgang -σθα (Analogiebildung zu ᾖσθα: E 107 Impf., οἶσθα: E 113 Plqu.).

E 107. Inf. εἶναι < *ἐσ-ναι (oder *ἐσ-εναι wie ἰ-έναι?). — 2. Sg. hom. noch ἐσ-σί mit der alten Endung -σι, die sonst stark verändert wurde (E 75, 2 Sg. 2.); eine bereits grundsprachliche Nebenform *esi mit Vereinfachung des -ss- führte zu εἶ (R 16). — 3. Sg. ἐσ-τί zeigt die alte Endung -τι (im Gegensatz zu dem Ausgang -ει der ω-Verba E 82) unverändert. — 3. Pl. εἰσί < ἐντί (dor.) wie φέρουσι < φέροντι (dor.): R 20; R 22f, R 11; ἐντί mit Spiritus lenis ist in Analogie zu den übrigen Formen des Ind.Präs. (εἰμί, ἐστέ usw.) für *ἕντι < *s-enti (R 15; Schwundstufe s- der Wz. es-) eingetreten. Hier die einzige Form, die im Griech. die alte (auch im übrigen Idg. nachweisbare) Endung -enti bewahrt hat. — Imp. ἴσ-θι zeigt auffallende Veränderung des Wurzelvokalismus, die ungeklärt ist. — Impf. 1. Sg. *ēs-m > hom. ἦα (R 8, R 11), att. ἦ (R 8), an das später das -ν der historischen Tempora angehängt wurde: ἦ-ν. — In der 2. Sg. ἦσ-θα wurde eine alte Perfektendung -θα (οἶσ-θα: E 113 Plqu.) übernommen, veranlaßt durch die Tatsache, daß mit dem alten ἦα auch die ursprüngliche *Perfekt*form idg. *ēs-a (Endung idg. *-a: E 88) zusammengefallen war. — 3. Sg. ἦν < ἦεν (hom.) möglicherweise auf Umwegen aus einer Plur.-Form *ἦσ-εντ. — 3. Pl. ἦσ-αν behielt analogisch nach ἦσ-τε sein intervokalisches -σ- (gegen R 16). Das Verhältnis ἦμεν : ἦσαν hat vor allem zu einer weiteren Ausbreitung von -σαν geführt: εἴημεν — εἴησαν, ἐδίδομεν — ἐδίδο**σαν** usw. (E 75, 2 -σαν). — **Part.** *ἐσ-ων > ἐών (R 16; hom.) > ὤν (R 8; Akzent: 19, 3 Anm.); asigmatischer Nom. wegen des o-Vokalismus wie bei φέρων (E 32; E 47; E 104, 4). — **Fut.** ἔσται ist entweder aus ἔσσεται (hom.) über *ἔσεται (R 22e) entstanden in Fällen, wo es als Kopula in unbetonter Stellung stand, oder es zeigt als Einzelfall athematische Bildung.

E 108. 1. ἄγα-μαι, κρέμα-μαι enthalten zweisilbige Wurzeln; sie sind echte Wurzelverba wie φη-μί usw.; das gleichflektierende δύναμαι gehörte aber ursprünglich zu einer Präsensklasse mit Suffix -νᾰ- (Reste in der poetischen Sprache: δάμ-νη-μι ich bändige u. ä.), ist also aus δύ-να-μαι zusammengefügt. ἐπίσταμαι ist eine Neubildung aus ἐπί + ἵσταμαι.

2. Daß trotz Kontraktion (123, 3; 156, 6a u. b) der Akzent zum Wortanfang rückt, erklärt sich daraus, daß die Kontraktion schon in *vor*geschichtlicher Zeit stattgefunden hatte.

E 109. Das -σ- der Wz. zeigt sich noch in der 3. Sg.Impf. καθ-ῆσ-το.

E 110. Das bei ἵημι auftretende ει als Reduplikation im Perf. und Plqu. wie auch als Augment im Aor. A M P wird damit erklärt, daß die Grundform der Wz. *įē- (vgl. ἥ-κ-α = lat. *iē-c-ī*) oder *sē- war; in beiden Fällen ist der Anlaut zu *h* geworden (202, 1 a; R 15); so wird bei Reduplikation *įe-įek-α, *įe-įe-μαι > εἷκα, εἷμαι (R 12; R 8), bei Augment *ἐ-įeθη-ν > εἵθην bzw. εἵμην u. εἷμεν.

E 111. 1. *k*-Erweiterungen der Wz. kommen auch außerhalb der κ-Aoriste vor (ἡ θήκ-η „der Behälter" zu ἔ-θηκ-α) und finden sich auch in anderen Sprachen (alat. *fēc-ed* = (ἐ)-θηκ-ε, was eine *k*-Erweiterung zur Wz. *dhē-* ist; vgl. *ia-c-iō* : *iē-c-ī*); ihr Auftreten im Sg. des griech. Aor. ist jedoch ungeklärt.

2. Da die Flexion des Wz.-Aor. athematisch ist, erklärt sich die häufige Übereinstimmung mit den Formen des ebenfalls athematischen Präsensstammes von selbst.

3. In δός, θές, ἕς scheint die Sekundärendung der 2. Sg. -ς zur Verwendung gelangt zu sein; der Grund hierfür ist nicht bekannt.

4. Die Erklärung der Inf. δοῦναι, θεῖναι, εἶναι bleibt fraglich: -έναι (wie in ἰ-έναι) als Grundlage für δοῦναι usw. wird durch kypr. δοϝέναι nahegelegt. Für θεῖναι, εἶναι eine Vorform *θεσναι, *έσναι anzusetzen, ist unrichtig.

E 112. 1. Der hier vorliegende Wechsel ἕστη κ-α : ἕστα-μεν, τέ θνη κ-α : τέ θνᾰ-μεν, δέ δοι κ-α : δέ δι-μεν (Wz.-Perf. δέ δια usw. im Sg. ist sekundär!) ist gleich dem in ἔ-θηκ-α : ἔ-θε-μεν, ἔ-δωκ-α : ἔ-δο-μεν; diese Aoriste sind die einzigen κ-Formen, die *außergriechische* Verwandte aufweisen (lat. *fēc-ī* : ἔ-θηκ-α !). So ist der Schluß naheliegend, daß das griech. κ-*Perf.* nach dem Muster der κ-*Aor.* gebildet ist (vgl. E 88) und anfänglich auf den Sg. beschränkt war; von da hat es sich im *Perf.* dann auch auf die anderen Formen ausgebreitet und ist so zu einem einheitlichen κ-Perfekt-System entwickelt worden, das naturgemäß zunächst nur bei *vokalischen* Stämmen angewandt und erst in nachhomerischer Zeit auch auf *Verba liquida* (διέφθαρκα) und einen Teil der *Verba muta* (κεκόμικα, γεγύμνακα) übertragen wurde.

2. Die **Part.**-Formen ἑστώς (< *ἑσταώς) und δεδιώς sind normal gebildet. Akzent von ἑστῶτος < *ἑστα-ότος ist Analogie nach dem allgemeinen Akzentgesetz (21, 2 d Anm.). — **Fem.** ἑστῶσα und τεθνεῶσα sind Neubildungen nach dem Mask., wobei wohl die Analogie von ἱστάς, ἱστᾶσα gewirkt hat (vgl. auch **E 46**).

E 113. οἶδα ist sprachgeschichtlich ein seit alter Zeit unredupliziertes Perf. von der Wz. *vid-* erkennen, sehen. Der *o*-Vokalismus im Perf. *ϝοιδ-α ist das Übliche (wie in λέ-λοιπ-α : λείπ-ω, τέ-τροφ-α : τρέφ-ω usw.). οἶδα zeigt dazu noch den alten Wechsel zwischen Vollstufe im Sg. (*ϝοιδ-α) und Schwundstufe im Pl. (*ϝιδ-τε > ἴσ-τε: **R 24**), die im Griech. bei der Masse der übrigen Verba durch Angleichung an den Sg. verschwunden war (λελοίπαμεν, τετρόφαμεν), im Germ. aber noch nachweisbar ist (*ich ward — wird wurden, ich weiß — wir wissen;* früher auch: *ich sang — wir sungen, ich band — wir bunden*). Die präsentische Bedeutung des Perf. „ich habe erkannt = ich weiß" hat eine genaue Parallele in lat. *nōvī.* — **Ind.** 2. Sg. οἶσθα < *ϝοιδ-θα (**R 24**; vgl. dt. *du weiß*-t!) hat die alte perfektische Endung -θα bewahrt (wie ἦσ-θα : 162; **E 107**). Nach 2. Pl. *ϝιδ-τε > *ϝισ-τε > ἴστε wurde das -σ- auch in die 3. Pl. ἴσασι(ν) und 1. Pl. ἴσμεν analogisch übertragen, während es im **Imp.** wegen der Aufeinanderfolge δ + *T*-Laut überall schon lautgesetzlich zu σ + *T*-Laut werden mußte (**R 24**). — Die *e*-Stufe ϝειδ- ist im **Inf.** εἰδ-έναι und **Part.** εἰδ-ώς vertreten. Eine zweisilbige Wz.-Form ϝειδε- liegt im **Konj.** und **Opt.** zugrunde, die der Bildung nach zu einem σ-Aor. gehören: *ϝείδεσ-ω, *ϝείδεσ-ιη-ν > εἰδῶ, εἰδείην (vgl. lat *vīdesō, *vīdesim > vīderō, vīderim*); auf diese zweisilbige Wz.-Form geht auch das seltenere **Fut.** εἰδήσω zurück, während εἴσο-μαι < *ϝειδ-σο-μαι von der einsilbigen Wz. *ϝειδ- gebildet ist. Auch im **Plqu.** zeigt sich die Nachwirkung eines σ-Aor. von zweisilbiger Wz.: *ἠ-ϝειδεσ-α (-α < -ṃ) > hom. ᾔδεα > altatt. ᾔδη, das wohl ᾔδη-σθα nach sich zog (Augment ἠ- vor ϝ wie in ἑώρων < *ἠ-ϝοραον, ἑάλων < *ἠ-ϝάλων: **E 78**); dadurch daß ἦσ-θα (von εἰμί ich bin: **E 107** Impf. 2. Sg.) und οἶσ-θα (<*ϝοιδ-θα) fälschlich als ἤ-σθα, οἶ-σθα empfunden wurden, entstand ein neuer Ausgang -σθα, der auf andere Formen übertragen wurde: ἔφη-σθα von φημί ich sage, ἤεισθα von εἰμί ich werde gehen (**E 106**) u. a. Dazu regelrecht 3. Sg. *ἤ-ϝειδεσ-ε > hom. ᾔδεε > att. ᾔδει und 3. Pl. ᾔδεσ-αν (statt *ἤ-ϝειδεσ-α < *ἤ-ϝειδεσ-ṇτ; das -α wie im Aor. zu -αν erweitert: **E 85**) unter Beibehaltung des -σ- nach dem Vorbild der 2. Pl., die ursprünglich auf *-σ-τε ausging (vgl. ᾔσ-τε = ἦσαν: **E 107**). Nach Mustern wie ἐτίθεμεν, ἐτίθετε zu ἐτίθεσαν wurde dann aber auch zum ᾔδεσαν ein ᾔδεμεν, -ετε geschaffen; die Formen ᾔσμεν, ᾔστε, ᾔσαν gehen demgegenüber auf die *alte* Bildung (Schwundstufe im Pl. wie im reduplizierten ἐ-πέ-πιθ-μεν : πέ-ποιθ-α, ἔ-δέ-δι-μεν : δέ-δοι-κ-α) zurück: nach dem Vorbild ᾔσ-τε < *ἤ-ϝιδ-τε drang das -σ- auch in der 1. und 3. Pl. ᾔσ-μεν, ᾔσ-αν ein (wie bei ἴσμεν, ἴσασιν: s. o.).

Berichtigungen

S. 22 § 10 „0" lies: σέ-**ο** (statt σε-**ο**)

S. 32 § 25 Z. 17 v. u. lies: *μεθ*ί*ος* (statt *μεθιος*)

S. 108 § 116 Übersicht 1. Sg. (2. Spalte) lies: *-m* (statt *-μ*)

S. 111 § 120,3 a füge ein: κάθημαι ich sitze — ἐκαθήμην (neben καθήμην)

S. 140 § 135,5 E letzte Z. lies: > -αντι (statt > *-αντι)

S. 143 § 138 b lies: δράω (statt δρά̄ω)

S. 160 § 156,5 (2. Z. vor E) lies: (163, 2 b; 167 e)

S. 197 § 212,3 a lies: *τριᾱκονστος (statt τρ...)

VI. TEIL: REGISTER

1. Alphabetisches Verbalverzeichnis

1. ἄγαμαι ich bewundere: (ἄγωμαι, ἄγαιο), ἀγάσομαι, ἠγάσθην, ἀγαστός
2. ἀγγέλλω ich melde: ἀγγελῶ, ἤγγειλα, ἤγγελκα, ἤγγελμαι (ἠγγέλθαι), ἠγγέλθην, ἀγγελθήσομαι
3. ἀγείρω ich sammle: ἀγερῶ, ἤγειρα, ἀγήγερκα, ἠγηγέρκη, ἀγήγερμαι, ἠγηγέρμην, ἠγέρθην, ἀγερθήσομαι
4. ἄγνυμι, κατ-άγνυμι ich zerbreche (trans.): (κατ)άξω, (κατ)έαξα, —
   ἄγνυμαι ich zerbreche (intr.): —, ἐάγην, ἔαγα
5. ἀγορεύω ich sage: ἐρῶ, εἶπον (εἴπω, εἰπέ aber ἄπειπε usw.), εἴρηκα, εἴρημαι, ἐρρήθην, ῥηθήσομαι, ῥητός
6. ἄγω ich führe: ἦγον, ἄξω, ἤγαγον (ἀγάγω, ἀγαγεῖν), ἦχα, ἦγμαι (ἦχθαι), ἤχθην, ἀχθήσομαι und ἄξομαι; s. a. ἀνάγομαι
7. ἀδικέω ich behandle ungerecht: ἠδίκουν, ἀδικήσω usw.
   ἀδικέομαι ich werde ungerecht behandelt: ἀδικήσομαι, ἠδικήθην, ἠδίκημαι
8. ᾄδω ich singe: ᾖδον, ᾄσομαι, ᾖσα, —, ᾖσται, ᾔσθη
9. ἀθροίζω ich versammle: ἀθροίσω, ἤθροισα, —
   ἀθροίζομαι ich versammle mich: ἀθροισθήσομαι, ἠθροίσθην, ἤθροισμαι, ἀθροιστέος
10. ἀθυμέω ich bin mutlos: ἠθύμουν, ἀθυμήσω usw.
11. αἰδέομαι ich scheue mich, achte: αἰδέσομαι, ᾐδέσθην, ᾔδεσμαι (ᾔδεσαι, ᾔδεσται, ᾐδέσθαι)

12. αἰνέω ich lobe: s. ἐπαινέω und παραινέω
13. αἱρέω ich nehme, erobere: αἱρήσω, εἷλον (ἕλω, ἑλεῖν), ᾕρηκα, ᾕρημαι, ᾑρέθην, αἱρεθήσομαι
    αἱρέομαι wähle: αἱρήσομαι, εἱλόμην (εἷλον, ἑλοῦ), ᾕρημαι
    αἱρέομαι werde gewählt: αἱρεθήσομαι, ᾑρέθην, ᾕρημαι, αἱρετός
14. αἴρω, ἀείρω ich hebe: ᾖρον, ἀρῶ, ἦρα (ἄρω, ἄραι), ἦρκα, ἦρμαι (ἦρθαι), ἤρθην, ἀρθήσομαι, ἀρτέος
    αἴρομαι ich hebe für mich auf, trage davon: ἀροῦμαι, ἠράμην (ἄρωμαι, ἄραι, ἄρασθαι), ἦρμαι
15. αἰσθάνομαι ich fühle, merke: αἰσθήσομαι, ᾐσθόμην (αἰσθέσθαι), ᾔσθημαι, αἰσθητός
16. αἰσχύνω ich beschäme: αἰσχυνῶ, ᾔσχῡνα (αἰσχῦναι), ᾔσχυγκα, ᾔσχυμμαι (ᾐσχύνθαι), ᾐσχύνθην, αἰσχυνθήσομαι
    αἰσχύνομαι ich schäme mich: αἰσχυνοῦμαι und αἰσχυνθήσομαι, ᾐσχύνθη, ᾔσχυμμαι, αἰσχυντέον
17. αἰτιάομαι ich beschuldige: αἰτιάσομαι, ᾐτιασάμην, ᾐτίαμαι ich habe beschuldigt und ich bin beschuldigt worden, ᾐτιάθην ich wurde beschuldigt, αἰτιαθήσομαι, αἰτιατέος
18. ἀκούω ich höre: ἀκούσομαι, ἤκουσα, ἀκήκοα, ἀκηκόη, ἤκουσμαι, ἠκούσμην, ἠκούσθην, ἀκουσθήσομαι, ἀκουστός, -τέος
19. ἀκροάομαι ich höre: ἀκροάσομαι, ἠκροασάμην (ἀκροᾶσαι), ἠκρόαμαι (ἠκροᾶσθαι)
20. ἀλαλάζω ich erhebe das Kampfgeschrei: (ἀλαλάξω und) ἀλαλάξομαι, ἠλάλαξα, —

21. ἀλείφω ich salbe: ἀλείψω, ἤλειψα, ἀλήλιφα, ἠλήλίφη, ἀλήλιμμαι, ἠληλίμμην, ἠλείφθην, ἀλειφθήσομαι

22. ἀλέξω ich helfe, stehe bei: ἀλεξήσω, ἠλέξησα, —
ἀλέξομαι ich wehre von mir ab: ἀλεξήσομαι, ἠλεξάμην, —

23. ἁλίσκομαι werde gefangen, erobert: ἁλώσομαι, ἑάλων oder ἥλων (ἁλῶ, ἁλωθι, ἁλῶναι, ἁλούς, -οῦσα, -όν), ἑάλωκα (ἥλωκα), ἁλωτός

24. ἀλλάττω ich ändere: ἀλλάξω, ἤλλαξα, ἤλλαχα, ἤλλαγμαι, ἠλλάχθην ich wurde geändert — ἠλλάγην ich änderte mich; s. a. διαλλάττω

25. ἅλλομαι ich springe: ἁλοῦμαι, ἡλάμην (ἅλωμαι, ἅλασθαι, ἅλαι), —

26. ἁμαρτάνω ich fehle, verfehle: ἁμαρτήσομαι, ἥμαρτον (ἁμάρτε), ἡμάρτηκα, ἡμάρτημαι, ἡμαρτήθην, —, ἁμαρτητός, -τέον

27. ἁμιλλάομαι ich wetteifere: ἁμιλλήσομαι, ἡμιλλήθην, ἡμίλλημαι, ἁμιλλητέον

28. ἀμύνω ich helfe: ἀμυνῶ, ἤμυνα (ἀμῦναι), ἤμυγκα
ἀμύνομαι ich wehre von mir ab: ἀμυνοῦμαι, ἠμυνάμην, ἤμυσμαι (ἤμυνται, ἠμυσμένοι εἰσίν)

29. ἀμφι-γνοέω ich zweifle: ἠμφιγνόουν und ἠμφεγνόουν

30. ἀμφι-έννυμι ich kleide an: ἀμφιῶ, ἠμφίεσα (ἀμφίεσον, ἀμφιέσαι), —
ἀμφιέννυμαι ich ziehe mir an: ἀμφιέσομαι, ἠμφιεσάμην, ἠμφίεσμαι

31. ἀμφι-σβητέω ich (be)streite: ἠμφισβήτουν und ἠμφεσβήτουν

32. ἀναγκάζω ich zwinge: ἠνάγκαζον, ἀναγκάσω, ἠνάγκασα, ἠνάγκακα, ἠνάγκασμαι, ἠναγκάσθην, ἀναγκασθήσομαι, ἀναγκαστέος

33. ἀν-άγομαι ich segle ab: ἀνάξομαι, ἀνηγαγόμην und ἀνήχθην

34. ἀν-αλίσκω ich wende auf: ἀναλώσω, ἀνήλωσα, ἀνήλωκα, ἀνήλωμαι, ἀνηλώθην, ἀναλωθήσομαι, ἀναλωτέος

35. ἀνα-μιμνήσκω ich erinnere jmd.: ἀναμνήσω, ἀνέμνησα, —
ἀναμιμνήσκομαι ich erinnere mich: ἀναμνησθήσομαι, ἀνεμνήσθην, μέμνημαι ich bin eingedenk (μεμνῶμαι, μεμνῄμην und μεμνῴμην), μεμνήσομαι ich werde eingedenk sein

36. ἀν-έχομαι ich ertrage: ἠνειχόμην, ἀνέξομαι und ἀνασχήσομαι, ἠνεσχόμην (ἀνάσχου, ἀνασχέσθαι), ἠνέσχημαι

37. ἀνιάω ich betrübe: ἀνιάσω usw.
ἀνιάομαι ich bin mißmutig: ἀνιάσομαι, ἠνιάθην, ἠνίαμαι (ἠνιᾶσθαι)

38. ἀν-οίγνυμι, ἀν-οίγω ich öffne: ἀνέῳγον, ἀνοίξω, ἀνέῳξα (ἄνοιξον, ἀνοῖξαι), ἀνέῳχα — ἀνέῳγα ich bin offen, ἀνέῳγμαι (ἀνεῴχθαι), ἀνεῴχθην (ἀνοιχθῆναι), ἀνοιχθήσομαι

39. ἀντι-δικέω ich prozessiere: ἠντιδίκουν und ἠντεδίκουν usw.

40. ἀπ-αλλάττω ich entferne: ἀπαλλάξω usw.
ἀπαλλάττομαι ich entferne mich, ἀπαλλάξομαι und ἀπαλλαγήσομαι, ἀπηλλάγην und ἀπηλλάχθην, ἀπήλλαγμαι

41. ἀπ-αντάω ich begegne: ἀπήντων, ἀπαντήσομαι, ἀπήντησα, ἀπήντηκα, ἀπαντητέος

42. ἀπατάω ich täusche: ἠπάτων, ἀπατήσω, ἠπάτησα usw.

43. ἀπειλέω ich drohe: ἠπείλουν, ἀπειλήσω, ἠπείλησα usw.

44. ἀπ-εχθάνομαι ich werde verhaßt: ἀπεχθήσομαι, ἀπηχθόμην (ἀπεχθέσθαι), ἀπήχθημαι (ἀπηχθῆσθαι)

45. ἀπο-δίδομαι ich verkaufe: s. δίδωμι und πιπράσκω

46. ἀπο-διδράσκω ich entlaufe: ἀποδράσομαι, ἀπέδρᾶν (ἀπόδρᾶθι), ἀποδέδρᾱκα

47. ἀπο-θνήσκω ich sterbe, werde getötet: ἀποθανοῦμαι, ἀπέθανον, τέθνηκα (τέθναμεν, τέθνατε, τεθνᾶσιν, τεθνάναι, τεθνεώς, -ῶσα, -ός, ἐτέθνασαν), τεθνήξω ich werde tot sein

48. ἀπο-κρίνομαι ich antworte: ἀποκρινοῦμαι, ἀπεκρινάμην, ἀποκέκριμαι (ἀποκέκρινται, ἀποκεκρίσθαι)

49. ἀπο-κτείνω ich töte: ἀποκτενῶ, ἀπέκτεινα, ἀπέκτονα; als Pass. dient ἀποθνήσκω

50. ἀπο-λαύω ich genieße: ἀπολαύσομαι, ἀπέλαυσα, ἀπολέλαυκα
51. ἀπο-λείπω (κατα-, ὑπο-) ich lasse zurück: ἀπολείψω usw.; s. λείπω
ἀπολείπομαι (κατα-, ὑπο-) ich bleibe zurück: ἀπολείψομαι, ἀπελείφθην, ἀπολέλειμμαι
52. ἀπ-όλλῡμι ich verderbe, vernichte: ἀπολῶ (ἀπολεῖς), ἀπώλεσα (ἀπολέσαι), ἀπολώλεκα, ἀπωλωλέκη
ἀπόλλυμαι ich gehe zugrunde: ἀπολοῦμαι, ἀπωλόμην (ἀπολοῦ, ἀπολέσθαι), ἀπόλωλα ich bin verloren, ἀπωλώλη
53. ἀπο-νοέομαι ich verzweifle: ἀπονοήσομαι, ἀπενοήθην, ἀπονενόημαι
54. ἀπορέω bin in Not, Verlegenheit: ἠπόρουν, ἀπορήσω, ἠπόρησα, ἠπόρηκα
55. ἀπο-στερέω ich beraube: ἀποστερήσω usw.
ἀποστερέομαι ich werde beraubt: ἀποστερήσομαι und ἀποστερηθήσομαι, ἀπεστερήθην, ἀπεστέρημαι
56. ἀπο-φαίνομαι ich tue von mir aus dar: ἀποφανοῦμαι, ἀπεφηνάμην, ἀποπέφασμαι (ἀποπεφάνθαι); vgl. φαίνω
57. ἀρέσκω ich gefalle: ἀρέσω, ἤρεσα, —
58. ἀρκέω ich genüge: ἀρκέσω, ἤρκεσα, —
59. ἁρμόττω, ἁρμόζω ich füge zusammen: ἁρμόσω, ἥρμοσα, ἥρμοκα, ἥρμοσμαι, ἡρμόσθην, ἁρμοσθήσομαι
60. ἀρνέομαι ich leugne: ἀρνήσομαι, ἠρνήθην, ἤρνημαι
61. ἁρπάζω ich raube: ἁρπάσω und ἁρπάσομαι, ἥρπασα usw.
62. ἄρχω ich herrsche: ἄρξω, ἦρξα (ἄρξαι), ἦρχα, ἦργμαι, ἤρχθην, ἄρξομαι
ἄρχομαι ich fange an: ἄρξομαι, ἠρξάμην, ἦργμαι
63. αὐξάνω ich vermehre: ηὔξανον, αὐξήσω, ηὔξησα, ηὔξηκα, ηὔξημαι, ηὐξήθην, αὐξηθήσομαι und αὐξήσομαι
64. ἀφ-ικνέομαι ich komme an: ἀφίξομαι, ἀφικόμην, ἀφῖγμαι (ἀφῖχθαι);
ebenso ἐξικνέομαι, ἐφικνέομαι ich gelange wohin, erreiche
65. ἄχθομαι ich ärgere mich: ἀχθέσομαι, ἠχθέσθην, —

66. **β**αδίζω ich schreite: βαδιοῦμαι, ἐβάδισα, βεβάδικα
67. βαίνω ich mache gehen: βήσω, ἔβησα, —, βέβαμαι, ἐβάθην, βατός
βαίνω ich gehe, schreite: βήσομαι, ἔβην (βῆθι, ἀνάβηθι und ἀνάβᾱ), βέβηκα (βέβαμεν, βεβᾶσιν, βεβᾶναι, βεβώς)
68. βάλλω ich werfe: βαλῶ, ἔβαλον (βάλε, βαλεῖν), βέβληκα, βέβλημαι, ἐβλήθην, βληθήσομαι, βλητός
69. βάπτω ich tauche ein: βάψω, ἔβαψα, —, βέβαμμαι, ἐβάφην, βαφήσομαι
70. βιάζομαι ich zwinge: βιάσομαι, ἐβιασάμην, βεβίασμαι ich habe gezw. und ich bin gezw., ἐβιάσθην ich wurde gezwungen, βιασθήσομαι
71. βιβάζω ich bringe zum Gehen: βιβῶ (βιβᾷς, -ᾷ), ἐβίβασα, —
72. βιβρώσκω ich verzehre, esse: —, —, βέβρωκα, βέβρωμαι, ἐβρώθην, βρωθήσομαι; s. a. ἐσθίω
73. βιόω, βιοτεύω ich lebe: βιώσομαι, ἐβίων (βιῶναι, βιούς und βιώσᾱς), βεβίωκα
74. βλάπτω ich schädige, schade: βλάψω, ἔβλαψα, βέβλαφα, βέβλαμμαι, ἐβλάβην und ἐβλάφθην, βλαβήσομαι
75. βλέπω ich blicke: βλέψω und βλέψομαι, ἔβλεψα usw.
76. βοάω ich rufe: βοήσομαι, ἐβόησα usw.
77. βούλομαι ich will: (nur βούλει!), ἐβουλόμην und ἠβουλόμην, βουλήσομαι, ἐβουλήθην und ἠβουλήθην, βεβούλημαι

78. **γ**αμέω ich heirate (eine Frau): γαμῶ, ἔγημα, γεγάμηκα
γαμέομαι ich heirate (einen Mann): γαμοῦμαι, ἐγημάμην (γήμασθαι), γεγάμημαι, γαμητέον
79. γελάω ich lache: γελάσομαι, ἐγέλασα (γελάσαι), γεγέλακα, γεγέλασμαι, ἐγελάσθην, γελασθήσομαι, γελαστός, -τέος
80. γηράσκω ich altere: γηράσομαι, ἐγήρᾱσα und ἐγήρᾱν, γεγήρᾱκα
81. γίγνομαι ich werde: γενήσομαι, ἐγενόμην, γεγένημαι und γέγονα

82. γιγνώσκω ich erkenne: γνώσομαι, ἔγνων (γνῶθι, γνῶναι, γνούς), ἔγνωκα, ἔγνωσμαι, ἐγνώσθην, γνωσθήσομαι, γνωστός

83. γνωρίζω ich erkenne: γνωριῶ, ἐγνώρισα, ἐγνώρικα usw.

84. γράφω ich schreibe: γράψω, ἔγραψα, γέγραφα, γέγραμμαι (γεγράφθαι), ἐγράφην, γραφήσομαι, γραπτός

85. δάκνω ich beiße: δήξομαι, ἔδακον, δέδηχα, δέδηγμαι, ἐδήχθην, δηχθήσομαι

86. δέδια, δέδοικα ich fürchte: ἔδεισα, δέδοικα und δέδια (-ας, -ε, δεδιέναι, δεδιώς), ἐδεδοίκη (ἐδέδιμεν, -τε, -σαν und ἐδεδίεσαν)

87. δεῖ es ist nötig: δεήσει, ἐδέησεν, δεδέηκεν

88. δείκνῡμι ich zeige: δείξω, ἔδειξα, δέδειχα, δέδειγμαι, ἐδείχθην, δειχθήσομαι, δεικτός, -τέος

89. δέομαι ich bedarf, bitte: (immer δέει, δεῖται, δεόμεθα), δεήσομαι, ἐδεήθην, δεδέημαι

90. δέρω, δείρω ich schinde: δερῶ, ἔδειρα, —, δέδαρμαι, ἐδάρην, δαρήσομαι, δαρτός

91. δέχομαι ich nehme auf, empfange: δέξομαι, ἐδεξάμην, δέδεγμαι ich habe aufgenommen und ich bin aufgenommen worden, ἐδέχθην

92. δέω ich fehle, ermangle: (δεῖς, δεῖ, δέομεν), ἔδεον, δεήσω, ἐδέησα, δεδέηκα

93. δέω ich binde: (δῶ, δεῖς, δεῖ, δοῦμεν), ἔδουν, δήσω, ἔδησα, δέδεκα, δέδεμαι, δεδήσομαι, ἐδέθην, δεθήσομαι, δετός

94. δια-λέγομαι ich unterrede mich: διαλέξομαι, διελέχθην, διείλεγμαι, διαλεκτέος; vgl. λέγω, συλλέγω

95. δι-αλλάττω ich versöhne: διαλλάξω usw. διαλλάττομαι ich versöhne mich: διαλλαγήσομαι und διαλλαχθήσομαι, διηλλάγην und διηλλάχθην, διήλλαγμαι; ebenso συναλλάττω ich versöhne; vgl. ἀλλάττω

96. δια-νοέομαι ich (durch)denke, überlege: διανοήσομαι, διενοήθην, διανενόημαι, διανοητέος

97. δια-φθείρω ich verderbe, zerstöre: s. φθείρω

98. διδάσκω ich lehre: διδάξω, ἐδίδαξα, δεδίδαχα, δεδίδαγμαι, ἐδιδάχθην, διδαχθήσομαι, διδακτός
διδάσκομαι ich lerne: διδάξομαι, ἐδιδαξάμην

99. δίδωμι ich gebe: δώσω, ἔδωκα (δός, δοῦναι, δούς, δοῦσα, δόν), δέδωκα, δέδομαι, ἐδόθην, δοθήσομαι, δοτός, -τέος
ἀπο-δίδομαι ich verkaufe: ἀποδώσομαι, ἀπεδόμην (ἀπέδου, ἀπόδου, ἀποδόσθαι), πέπρᾱκα; s. a. πιπράσκω

100. διώκω ich verfolge: διώξω und διώξομαι, ἐδίωξα, δεδίωχα, δεδίωγμαι, δεδιώξομαι, ἐδιώχθην, διωχθήσομαι, διωκτέος

101. δοκεῖ μοι ich beschließe: δόξει, ἔδοξεν, δέδοκται es ist beschlossen, τὰ δεδογμένα der Beschluß

102. δοκέω ich scheine: δόξω, ἔδοξα, —

103. δράω ich tue: δράσω, ἔδρᾱσα (δρᾶσαι), δέδρᾱκα, δέδρᾱμαι, δεδράσομαι, ἐδράσθην, —, δραστέος

104. δύναμαι ich kann: (δύνωμαι, δύναιο), ἐδυνάμην und ἠδυνάμην, δυνήσομαι, ἐδυνήθην und ἠδυνήθην, auch ἐδυνάσθην, δεδύνημαι, δυνατός fähig

105. δυστυχέω ich bin unglücklich: ἐδυστύχουν, δυστυχήσω, ἐδυστύχησα, δεδυστύχηκα

106. δύω (δύω) ich tauche, versenke: δύσω, ἔδῡσα (δῦσαι), δέδῡκα, δέδῠμαι, ἐδύθην, δυθήσομαι, δυτέος
δύομαι ich tauche unter (intr.), versinke: δύσομαι, ἔδῡν (δῦναι), δέδῡκα

107. δωρέομαι ich schenke: δωρήσομαι, ἐδωρησάμην, δεδώρημαι ich habe geschenkt und ich bin gesch. worden, ἐδωρήθην, —

108. ἐάω ich lasse: εἴων, ἐάσω, εἴᾱσα, εἴᾱκα, εἴᾱμαι, εἰάθην, ἐᾱτέος

109. ἐγείρω ich wecke auf: ἐγερῶ, ἤγειρα, ἐγήγερκα, ἐγηγέρκη, ἐγήγερμαι, ἐγηγέρμην, ἠγέρθην, ἐγερθήσομαι
ἐγείρομαι ich erwache: ἐγεροῦμαι, ἠγρόμην (ἤγρου, ἐγροῦ), ἐγρήγορα, ἐγρηγόρη

110. ἐγκωμιάζω ich preise: ἐγκωμιάσω und ἐγκωμιάσομαι, ἐνεκωμίασα usw.

111. ἐθέλω, θέλω ich will: ἤθελον, (ἐ)θελήσω, ἠθέλησα, ἠθέληκα
112. ἐθίζω ich gewöhne: εἴθιζον, ἐθιῶ, εἴθισα, εἴθικα, εἴθισμαι, ἐθίσμην, εἰθίσθην, ἐθισθήσομαι
    ἐθίζομαι ich gewöhne mich: ἐθισθήσομαι, εἰθίσθην, εἴθισμαι = εἴωθα, εἰθίσμην = εἰώθη, ἐθιστέος
113. εἰκάζω ich vergleiche: ᾔκαζον und εἴκαζον, εἰκάσω usw.
114. εἶμι ich werde gehen: (ἴθι, ἰέναι), ᾖειν und ᾖα, ἰτός, ἰτέον und ἰτητέον
115. εἰμί ich bin: (ἴσθι, εἶναι), ἦν und ἦ, ἔσομαι (ἔσται)
116. εἴργνῡμι, εἴργω ich schließe ein: εἴρξω, εἶρξα, —, εἴργμαι, εἴρχθην, εἰρκτέος
117. εἴωθα (= εἴθισμαι) ich bin gewohnt, pflege: εἰώθη; s. ἐθίζω
118. ἐκ-πλήττω ich setze in Schrecken: ἐκπλήξω, ἐξέπληξα, ἐκπέπληγα
    ἐκπλήττομαι ich gerate in Schrecken: ἐκπλαγήσομαι, ἐξεπλάγην, ἐκπέπληγμαι; ebenso καταπλήττω
119. ἐλαύνω (ἐλάω) ich treibe, reite, marschiere: ἐλῶ (-ᾷς, -ᾷ), ἤλασα (ἐλάσαι), ἐλήλακα, ἐληλάκη, ἐλήλαμαι (ἐληλάσθαι), ἐληλάμην, ἠλάθην, —, ἐλατέος
120. ἐλέγχω ich überführe prüfe: ἐλέγξω, ἤλεγξα (ἐλέγξαι), —, ἐλήλεγμαι (ἐλήλεγξαι), ἐληλέγμην, ἠλέγχθην, ἐλεγχθήσομαι, ἐλεγκτέος
121. ἐλίττω ich winde, drehe: εἴλιττον, ἐλίξω, εἴλιξα, —, εἴλιγμαι, εἱλίχθην
122. ἕλκω (ἑλκύω) ich ziehe: εἷλκον, ἕλξω, εἵλκυσα (ἑλκύσαι), εἵλκυκα, εἵλκυσμαι, εἱλκύσμην, εἱλκύσθην, ἑλκυσθήσομαι, ἑλκτέος
123. ἐναντιόομαι ich widersetze mich: ἠναντιούμην, ἐναντιώσομαι, ἠναντιώθην, ἠναντίωμαι
124. ἐν-θῡμέομαι ich erwäge: ἐνθῡμήσομαι, ἐνεθῡμήθην, ἐντεθύμημαι, ἐνθῡμητέον; ebenso προθῡμέομαι ich bin geneigt
125. ἐν-νοέομαι ich erwäge: ἐννοήσομαι, ἐνενοήθην, ἐννενόημαι, ἐννοητέος
126. ἐν-οχλέω ich falle lästig: ἠνώχλουν, ἐνοχλήσω, ἠνώχλησα usw.

127. ἐξ-ικνέομαι ich erreiche: s. ἀφικνέομαι
128. ἔοικα ich bin ähnlich, gleiche: (ἐοικώς ähnlich, εἰκός ἐστιν es ist wahrscheinlich, natürlich, billig), ἐῴκη
129. ἑορτάζω ich feiere ein Fest: ἑώρταζον, ἑορτάσω, ἑώρτασα usw.
130. ἐπ-αινέω ich lobe: ἐπαινέσομαι und ἐπαινέσω, ἐπῄνεσα, ἐπῄνεκα, ἐπῄνημαι, ἐπῃνέθην, ἐπαινεθήσομαι, ἐπαινετέος; vgl. dagegen παραινέω!
131. ἐπ-αν-ορθόω ich richte auf: ἐπηνώρθουν, ἐπανορθώσω, ἐπηνώρθωσα, ἐπηνώρθωκα
132. ἐπείγω ich treibe an, dränge: ἤπειγον, ἐπείξω, ἤπειξα (ἐπεῖξαι), —
    ἐπείγομαι ich eile: ἐπείξομαι, ἠπείχθην, ἤπειγμαι, ἐπεικτέον
133. ἐπι-λανθάνομαι ich vergesse: ἐπιλήσομαι, ἐπελαθόμην (ἐπελάθου, ἐπιλαθοῦ), ἐπιλέλησμαι; s. auch λανθάνω
134. ἐπι-μελέομαι, ἐπι-μέλομαι ich sorge: ἐπιμελήσομαι, ἐπεμελήθην, ἐπιμεμέλημαι
135. ἐπι-ορκέω ich schwöre falsch: ἐπιώρκουν, ἐπιορκήσω und ἐπιορκήσομαι, ἐπιώρκησα, ἐπιώρκηκα
136. ἐπίσταμαι ich verstehe: (ἐπίστωμαι, ἐπίσταιο), ἠπιστάμην, ἐπιστήσομαι, ἠπιστήθην, —
137. ἕπομαι ich folge: εἱπόμην, ἕψομαι, ἑσπόμην (σπῶμαι aber ἐπίσπωμαι, σποίμην aber ἐπίσποιτο, σποῦ aber ἐπίσπου, σπέσθαι), —
138. ἐράω = ἔραμαι ich liebe: ἐρασθήσομαι, ἠράσθην ich gewann lieb, —, ἐραστός geliebt, lieblich
139. ἐργάζομαι ich arbeite: ἠργαζόμην (und εἰργαζόμην), ἐργάσομαι, ἠργασάμην und εἰργασάμην, εἴργασμαι (akt. und pass.), ἠργάσθην, ἐργασθήσομαι, ἐργαστέος
140. ἐρέττω ich rudere: ἐρέσω, ἤρεσα, —
141. ἐρίζω ich streite: ἐρίσω, ἤρισα, ἤρικα
142. ἕρπω ich krieche: εἷρπον, ἕρψω und ἑρπύσω, εἵρπυσα, —
143. ἔρχομαι ich gehe: ᾖειν und ᾖα (v. εἶμι), εἶμι (ἴθι, ἰέναι) und ἐλεύσομαι, ἦλθον (ἐλθέ aber ἔξελθε usw., ἐλθεῖν), ἐλήλυθα, ἐληλύθη

144. ἐρωτάω ich frage: ἐρωτήσω und ἐρήσομαι, ἠρώτησα und ἠρόμην (ἐρέσθαι), ἠρώτηκα usw.

145. ἐσθίω ich esse, verzehre: ἔδομαι, ἔφαγον, (κατα)βέβρωκα und ἐδήδοκα, ἐδηδόκη, (κατα)βέβρωμαι und ἐδήδεσμαι, (κατ)ἐβρώθην und ἠδέσθην, (κατα-)βρωθήσομαι

146. ἑστιάω ich bewirte: εἱστίων, ἑστιάσω, εἱστίᾱσα (ἑστιᾶσαι), εἱστίᾱκα
ἑστιάομαι ich speise: εἱστιώμην, ἑστιάσομαι, εἱστιάθην, εἱστίᾱμαι (εἱστιᾶσθαι)

147. εὐεργετέω ich erweise Wohltaten: εὐεργέτουν und εὐηργέτουν, εὐεργετήσω, εὐεργέτησα und εὐηργέτησα usw.

148. εὐλαβέομαι ich hüte mich: εὐλαβήσομαι, ηὐλαβήθην (εὐλαβήθητι), ηὐλάβημαι, εὐλαβητέον

149. εὑρίσκω ich finde: ηὕρισκον und εὕρισκον, εὑρήσω, ηὗρον (εὑρέ), ηὕρηκα, ηὕρημαι, ηὑρέθην, εὑρεθήσομαι, εὑρετός

150. εὐτυχέω ich bin glücklich: ηὐτύχουν usw.

151. εὐφραίνω ich erfreue: εὐφρανῶ, ηὔφρᾱνα (εὐφρᾶναι), ηὔφραγκα
εὐφραίνομαι ich freue mich: εὐφρανοῦμαι und εὐφρανθήσομαι, ηὐφράνθην, —

152. εὔχομαι ich bete: εὔξομαι, ηὐξάμην (εὖξαι), ηὖγμαι, εὐκτός

153. ἐφ-ικνέομαι ich erreiche: s. ἀφικνέομαι

154. ἔχω ich habe: εἶχον, ἕξω und σχήσω, ἔσχον (σχῶ aber παράσχω, σχοίην aber παράσχοιμι, σχές aber παράσχες, σχεῖν, σχών), ἔσχηκα
ἔχομαι ich halte mich: ἕξομαι und σχήσομαι, ἐσχόμην (σχοῦ auch προσχοῦ, aber παράσχου), ἔσχημαι, ἑκτός und σχετός; s. a. ἀνέχομαι

155. ζεύγνῡμι ich verbinde: ζεύξω, ἔζευξα, —, ἔζευγμαι, ἐζεύχθην und ἐζύγην, ζευχθήσομαι

156. ζημιόω ich bestrafe: ζημιώσω, ἐζημίωσα, ἐζημίωκα usw.
ζημιόομαι ich werde bestraft: ζημιώσομαι, ἐζημιώθην, ἐζημίωμαι

157. ζώννῡμι ich gürte: ζώσω, ἔζωσα, ἔζωκα, ἔζωσμαι, ἐζώσθην, ζωσθήσομαι, ζωστός

158. **ἡβάσκω** ich werde mannbar: ἡβήσω, ἥβησα, ἥβηκα

159. ἥδομαι ich freue mich: ἡσθήσομαι, ἥσθην (ἥσθητι), —

160. ἡττάομαι ich unterliege, werde besiegt: ἡττηθήσομαι, ἡττήθην, ἥττημαι

161. **θάπτω** ich bestatte, begrabe: θάψω, ἔθαψα, τέταφα, τέθαμμαι (τεθάφθαι), τεθάψομαι, ἐτάφην, ταφήσομαι, θαπτός

162. θαυμάζω ich bewundere: θαυμάσω und θαυμάσομαι, ἐθαύμασα usw.

163. θεάομαι ich schaue: θεάσομαι, ἐθεασάμην, τεθέᾱμαι, θεᾱτός

164. θέλω ich will: s. ἐθέλω

165. θέω ich laufe: (θεῖς, θεῖ, θέομεν), θεύσομαι oder δραμοῦμαι, ἔδραμον, δεδράμηκα

166. θιγγάνω ich berühre: θίξομαι, ἔθιγον, —

167. θυμόω ich mache zornig: θυμώσω usw.
θυμόομαι werde zornig, zürne: θυμώσομαι, ἐθυμώθην, τεθύμωμαι

168. θύω (θύω) ich opfere: θύσω, ἔθυσα, τέθυκα, τέθυμαι (τεθύσθαι), ἐτύθην, τυθήσομαι, θυτέος

169. **ἰάομαι** ich heile: ἰάσομαι, ἰασάμην, ἴᾱμαι (ἰᾶσθαι) ich habe geheilt und ich bin geheilt worden, ἰάθην ich wurde geheilt, ἰαθήσομαι

170. ἵημι ich schicke, sende: ἥσω, ἧκα (εἷμεν, ὧ, εἵην, ἐς aber ἄφες, εἶναι, εἵς, εἷσα, ἕν), εἷκα, εἷμαι, εἵθην (ἐθῆναι), ἐθήσομαι, ἑτός, ἑτέος
ἵεμαι ich eile: ἥσομαι, εἵμην (εἷσο, εἷο, οὗ auch ἐφοῦ)

171. ἱκνέομαι ich komme (an): s. ἀφικνέομαι

172. ἱλάσκομαι ich besänftige: ἱλάσομαι, ἱλασάμην, —, ἱλάσθην, ἱλασθήσομαι

173. ἵστημι ich stelle: στήσω, ἔστησα, —, —, ἐστάθην, σταθήσομαι
ἵσταμαι ich stelle für mich: στήσομαι, ἐστησάμην, —

ἵσταμαι ich stelle mich, trete: στήσομαι, ἔστην (στῆθι aber ἀνάστᾱ, στῆναι), ἕστηκα ich stehe (ἕσταμεν, ἕστατε, ἑστᾶσιν), εἱστήκη ich stand (ἕσταμεν, ἕστατε, ἕστασαν: ohne Augment!), ἑστήξω ich werde stehen

174. **καθαίρω** ich reinige: ἐκάθαιρον, καθαρῶ, ἐκάθηρα, κεκάθαρκα, κεκάθαρμαι, ἐκαθάρθην, καθαρθήσομαι

175. **καθ-έζομαι** ich setze mich, sitze: (= καθ-ίζομαι): Impf. u. Aor. ἐκαθεζόμην, καθεδοῦμαι, Perf. κάθημαι ich sitze

176. **καθ-είργνῡμι** ich schließe ein: = κατ-είργνῡμι = κατείργω = καθείργω s. εἴργνῡμι (εἴργω)

177. **καθ-εύδω** ich schlafe: ἐκάθευδον und καθηῦδον, καθευδήσω, —

178. **κάθ-ημαι** ich sitze: ἐκαθήμην und καθήμην, (καθεδοῦμαι)

179. **καθ-ίζω** ich setze nieder; setze mich: ἐκάθιζον und καθῖζον, καθιῶ, ἐκάθισα und καθῖσα
    καθίζομαι ich setze mich, sitze (= καθ-έζομαι): καθιζήσομαι und καθεδοῦμαι, ἐκαθισάμην und ἐκαθεζόμην, Perf. κάθ-ημαι ich sitze

180. **καίω, κάω** (kontrahiert nie!) ich verbrenne (trans.): καύσω, ἔκαυσα, κέκαυκα, κέκαυμαι, ἐκαύθην, καυθήσομαι, καυ(σ)τός

181. **καλέω** ich rufe, nenne: καλῶ, ἐκάλεσα, κέκληκα, κέκλημαι ich bin genannt, heiße (Opt. κεκλήμην, -ῇο, -ῇτο), κεκλήσομαι ich werde heißen, ἐκλήθην, κληθήσομαι, κλητός

182. **κάμνω** ich werde müde: καμοῦμαι, ἔκαμον, κέκμηκα

183. **κατ-άγνῡμι** ich breche: s. ἄγνῡμι

184. **κατα-καίνω** ich töte: κατακανῶ, κατέκανον, —

185. **κατα-κλίνω** ich lege nieder: κατακλινῶ, κατέκλῑνα usw.
    κατακλίνομαι ich lege mich nieder: κατακλινοῦμαι und κατακλιθήσομαι und κατακλινήσομαι, κατεκλίθην und κατεκλίνην, κατακέκλιμαι (κατακεκλίσθαι)

186. **κατα-λείπω** ich lasse zurück: s. ἀπολείπω

187. **κατα-λεύω** ich steinige: s. λεύω

188. **κατα-πλήττω** ich setze in Schrecken: s. ἐκπλήττω

189. **κατα-στρέφομαι** ich unterwerfe mir: καταστρέψομαι, κατεστρεψάμην, κατέστραμμαι (κατεστράφθαι); s. auch στρέφω

190. **κατ-είργω** ich schließe ein: = καθ-είργω s. εἴργνῡμι (εἴργω)

191. **κεῖμαι** ich liege: ἐκείμην, κείσομαι, —

192. **κείρω** ich schere: κερῶ, ἔκειρα, κέκαρκα, κέκαρμαι, ἐκάρην, καρήσομαι

193. **κελεύω** ich befehle: κελεύσω, ἐκέλευσα, κεκέλευκα, κεκέλευσμαι, ἐκελεύσθην, κελευσθήσομαι, κελευστός

194. **κεράννῡμι** ich mische: κερῶ (-ᾷς, -ᾷ), ἐκέρᾱσα (κεράσαι), —, κέκρᾱμαι (κεκρᾶσθαι), ἐκράθην und ἐκεράσθην, κρᾱθήσομαι

195. **κερδαίνω** ich gewinne: κερδανῶ, ἐκέρδᾱνα und ἐκέρδηνα, κεκέρδηκα

196. **κηρύττω** ich verkünde: κηρύξω, ἐκήρυξα, κεκήρῡχα, κεκήρῡγμαι, ἐκηρύχθην, κηρυχθήσομαι (auch κηρύξεται)

197. **κῑνέω** ich bewege: κῑνήσω usw.
    κῑνέομαι ich bewege mich: κῑνήσομαι und κῑνηθήσομαι, ἐκῑνήθην, κεκίνημαι, κῑνητέος

198. **κίχρημι** ich leihe (einem): χρήσω, ἔχρησα, κέχρηκα
    κίχραμαι ich entlehne: —, ἐχρησάμην, —

199. **κλάζω** ich ertöne (durchdringend): κλάγξω, ἔκλαγξα, κέκλαγγα ich töne

200. **κλαίω, κλᾱω** (kontrahiert nie!) ich weine, beweine: κλαύσομαι, ἔκλαυσα, κέκλαυκα, κέκλαυμαι, ἐκλαύ(σ)θην, κλαυ(σ)θήσομαι, κλαυ(σ)τός

201. **κλάω** ich (zer)breche: κλάσω, ἔκλασα, —, κέκλασμαι, ἐκλάσθην, κλασθήσομαι, κλαστός

202. **κλείω, κλῄω** ich schließe: κλείσω, ἔκλεισα, κέκλεικα, κέκλειμαι, ἐκλείσθην, κλεισθήσομαι, κλειστός

203. **κλέπτω** ich stehle: κλέψω (und κλέψομαι), ἔκλεψα, κέκλοφα, κέκλεμμαι, ἐκλάπην, —, κλεπτός, -τέος

204. **κλίνω** ich lehne, neige: κλῑνῶ, ἔκλῑνα (κλῖνον), κέκλικα, κέκλιμαι (κέκλῑται, κέκλῑνται, κεκλίσθαι), ἐκλίθην u. ἐκλίνην; s. auch κατακλίνω

205. **κοιμάω** ich schläfere ein: κοιμήσω usw.
    κοιμάομαι ich schlafe ein, gehe zu Bett: κοιμήσομαι und κοιμηθήσομαι, ἐκοιμήθην, κεκοίμημαι

206. κομίζω ich bringe, besorge: κομιῶ (-εῖς), ἐκόμισα, κεκόμικα, κεκόμισμαι, ἐκομίσθην, κομισθήσομαι, κομιστέος
207. κόπτω ich haue: κόψω, ἔκοψα, κέκοφα, κέκομμαι (κεκόφθαι), κεκόψομαι, ἐκόπην, κοπήσομαι
208. κορέννῡμι ich sättige: κορέσω, ἐκόρεσα, —, κεκόρεσμαι, ἐκορέσθην, κορεσθήσομαι
209. (ἀνα-)κράζω ich schreie: (κράξω), ἀνέκρᾰγον, κέκρᾱγα ich schreie (κέκρᾱχθι), ἐκεκράγη ich schrie, κεκράξομαι ich werde schreien
210. κρέμαμαι ich hange: ἐκρεμάμην, κρεμήσομαι, —
211. κρεμάννῡμι ich hänge auf: κρεμῶ (-ᾷς, -ᾷ), ἐκρέμασα, —, (κρέμαμαι ich hange), ἐκρεμάσθην, —, κρεμαστός
212. κρίνω ich richte, urteile: κρῐνῶ, ἔκρῑνα (κρῖνον), κέκρῐκα, κέκρῐμαι (κέκριται, κέκρινται, κεκρίσθαι), ἐκρίθην, κρῐθήσομαι, κρῐτός; s. auch ἀποκρίνομαι
213. κρούω ich stoße: κρούσω, ἔκρουσα, κέκρουκα, κέκρουμαι (κέκρουσται), ἐκρούσθην, —, κρουστέος
214. κρύπτω ich verberge: κρύψω, ἔκρυψα, κέκρυφα, κέκρυμμαι (κεκρύφθαι), κεκρύψομαι, ἐκρύφθην, κρυφθήσομαι, κρυπτός
215. κτάομαι ich erwerbe: κτήσομαι, ἐκτησάμην, κέκτημαι ich besitze und ich bin erworben worden (κεκτῶμαι, κεκτήμην und κεκτῴμην), ἐκεκτήμην ich besaß, κεκτήσομαι ich werde besitzen, ἐκτήθην ich wurde erworben, κτηθήσομαι, κτητέος

216. λαγχάνω ich erlose: λήξομαι, ἔλαχον (λάχε, λαχεῖν, λαχών), εἴληχα
217. λαμβάνω ich erhalte, nehme, empfange: λήψομαι, ἔλαβον (λαβέ aber παράλαβε), εἴληφα, εἴλημμαι (εἰλῆφθαι), ἐλήφθην, ληφθήσομαι, ληπτός
218. λανθάνω ich bin verborgen: λήσω, ἔλαθον (λάθε, λαθεῖν, λαθών), λέληθα; s. a. ἐπιλανθάνομαι
219. λέγω ich sage: λέξω, ἔλεξα, —, λέλεγμαι, ἐλέχθην, λεχθήσομαι, λεκτέος; s. a. διαλέγομαι, συλλέγω

220. λείπω ich verlasse: λείψω, ἔλιπον, λέλοιπα, λέλειμμαι (λελεῖφθαι), λελείψομαι, ἐλείφθην, λειφθήσομαι, λειπτέος; s. a. ἀπολείπω
221. λεύω (κατα-λεύω) ich steinige: λεύσω, usw., Aor. Pass. ἐλεύσθην, λευσθήσομαι
222. λογίζομαι ich berechne, überlege: λογιοῦμαι, ἐλογισάμην, λελόγισμαι (auch Pass.), ἐλογίσθην, λογισθήσομαι
223. λοιδορέομαι ich schelte: λοιδορήσομαι, ἐλοιδορησάμην und ἐλοιδορήθην, λελοιδόρημαι
224. λῡμαίνομαι ich beschimpfe: λῡμανοῦμαι, ἐλῡμηνάμην, λελύμασμαι
225. λῡπέω ich betrübe: λῡπήσω usw. λῡπέομαι ich betrübe mich: λῡπήσομαι, ἐλῡπήθην, λελύπημαι
226. λύω (λύω) ich löse: λύσω, ἔλῡσα, λέλῠκα, λέλῠμαι, λελύσομαι, ἐλύθην, λῠθήσομαι, λῠτός, -τέος

227. μαίνω ich mache rasend: —, ἔμηνα, — μαίνομαι ich werde rasend, rase: μανοῦμαι, ἐμάνην, μέμηνα ich bin rasend
228. μανθάνω ich lerne: μαθήσομαι, ἔμαθον (μάθε, μαθεῖν, μαθών), μεμάθηκα, μαθητός
229. μάχομαι ich kämpfe: μαχοῦμαι, ἐμαχεσάμην, μεμάχημαι
230. μεθύσκω ich berausche: μεθύσω, ἐμέθυσα, —, —, ἐμεθύσθην, μεθυσθήσομαι
231. μείγνῡμι ich mische: μείξω, ἔμειξα, —, μέμειγμαι, ἐμείχθην und ἐμίγην, μειχθήσομαι und μιγήσομαι, μεικτός, -τέος
232. μείρομαι ich erhalte Anteil: Perf. εἵμαρται es ist vom Schicksal bestimmt, Plqu. εἵμαρτο
233. μέλει (μοί τινος) es gereicht (mir etw.) zur Sorge: μελήσει, ἐμέλησεν, μεμέληκεν
234. μέλλω ich bin im Begriffe, zaudere: ἔμελλον und ἤμελλον, μελλήσω, ἐμέλλησα und ἠμέλλησα, —
235. μέμφομαι ich tadle: μέμψομαι, ἐμεμψάμην, —
236. μένω ich bleibe: μενῶ, ἔμεινα, μεμένηκα
237. μετα-μέλομαι ich bereue: μεταμελήσομαι, μετεμελήθην, μεταμεμέλημαι

238. μετα-πέμπομαι ich rufe herbei, hole: μεταπέμψομαι, μετεπεμψάμην, μεταπέπεμμαι ich habe herbeigerufen und ich bin herbeigerufen worden, μετεπέμφθην ich wurde herbeigerufen, μεταπεμφθήσομαι; s. a. πέμπω

239. μιαίνω ich beflecke: μιανῶ, ἐμίᾱνα (μιᾶναι), μεμίαγκα, μεμίασμαι (μεμίανσαι, μεμίανται, μεμιάνθαι), ἐμιάνθην, —

240. μῑμέομαι ich ahme nach: μῑμήσομαι, ἐμῑμησάμην, μεμίμημαι (auch: Pass.), ἐμῑμήθην, μῑμηθήσομαι, μῑμητός

241. μιμνήσκω ich erinnere: μνήσω, ἔμνησα, — μιμνήσκομαι ich erinnere mich: μνησθήσομαι, ἐμνήσθην, μέμνημαι, (μεμνήσομαι); s. a. ἀναμιμνήσκω

242. **νέμω** ich teile zu: νεμῶ, ἔνειμα, νενέμηκα, νενέμημαι, ἐνεμήθην, νεμηθήσομαι, νεμητέος

243. νέω ich schwimme: (νεῖς, νεῖ, νέομεν), νεύσομαι und νευσοῦμαι, ἔνευσα, νένευκα, νευστέον

244. νίζω (νίπτω) ich wasche: νίψω, ἔνιψα, —, νένιμμαι, ἐνίφθην, —

245. **ὀδύρομαι** ich jammere: ὀδῠροῦμαι, ὠδῠράμην, —

246. ὄζω ich dufte, rieche: ὀζήσω, ὤζησα, ὄδωδα ich rieche

247. οἶδα ich weiß: (εἰδῶ, ἴσθι, εἰδέναι, εἰδώς), ᾔδη und ᾔδειν, εἴσομαι und εἰδήσω, ἰστέον

248. οἰκέω ich wohne, verwalte: οἰκήσω usw. οἰκέομαι ich werde verwaltet: οἰκήσομαι, ᾠκήθην, ᾤκημαι

249. οἰμώζω ich wehklage: ᾤμωζον, οἰμώξομαι, ᾤμωξα (οἰμῶξαι), —

250. οἴομαι, οἶμαι ich glaube: (nur οἴει!), οἰήσομαι, ᾠήθην, —, οἰητέος

251. οἴχομαι ich gehe fort, bin fort: ᾠχόμην, οἰχήσομαι, —

252. ὄλλῡμι ich verderbe, vernichte: s. ἀπόλλῡμι

253. ὄμνῡμι ich schwöre: ὀμοῦμαι, ὤμοσα (ὀμόσαι), ὀμώμοκα, ὠμωμόκη, ὀμώμο(σ)μαι, ὠμό(σ)θην, ὀμο(σ)θήσομαι

254. ὀνίνημι ich nütze: ὠφέλουν, ὀνήσω, ὤνησα, —, —, ὠνήθην, — ὀνίναμαι ich habe Vorteil: ὀνήσομαι, ὠνήμην (ὄναιο, ὄνασθαι), —

255. ὀξύνω ich schärfe: ὀξῠνῶ usw.; Perf. Pass. ὤξυμμαι (ὤξυνσαι, ὤξυνται)

256. ὁπλίζομαι ich bewaffne mich: ὁπλιοῦμαι, ὡπλισάμην und ὡπλίσθην, ὥπλισμαι, ὁπλιστέον

257. ὁράω ich sehe: ἑώρων, ὄψομαι (immer ὄψει!), εἶδον (ἰδέ aber πρόιδε, ἰδεῖν), ἑόρακα und ἑώρακα, ἑόραμαι (ἑώ-) u. ὦμμαι (ὦφθαι), ὤφθην, ὀφθήσομαι, ὀπτός und ὁρᾱτός

258. ὀργίζω ich erzürne: ὀργιῶ usw. ὀργίζομαι ich zürne: ὀργιοῦμαι und ὀργισθήσομαι, ὠργίσθην, ὤργισμαι, ὀργιστέον

259. ὀρέγω ich recke: ὀρέξω, ὤρεξα, — ὀρέγομαι ich recke mich, begehre: ὀρέξομαι, ὠρέχθην, —

260. ὁρμάω ich treibe an (eile, stürme): ὁρμήσω usw. ὁρμάομαι ich breche auf: ὁρμήσομαι, ὡρμήθην, ὥρμημαι

261. ὀρύττω ich grabe: ὀρύξω, ὤρυξα, ὀρώρυχα, ὠρωρύχη, ὀρώρυγμαι, ὠρωρύγμην, ὠρύχθην, ὀρυχθήσομαι, ὀρυκτός

262. ὀσφραίνομαι ich wittere, rieche: ὀσφρήσομαι, ὠσφρόμην, —

263. ὀφείλω ich schulde, soll: ὀφειλήσω, ὠφείλησα und ὤφελον, ὠφείληκα

264. ὀφλισκάνω ich bin schuldig: ὀφλήσω, ὦφλον, ὤφληκα

265. **παίω** ich schlage: παίσω, ἔπαισα; s. πλήττω

266. παρ-αινέω ich rede zu: παραινέσω, παρῄνεσα usw. wie ἐπαινέω

267. πάσχω ich leide, erdulde: πείσομαι, ἔπαθον, πέπονθα

268. παύω ich hemme: παύσω, ἔπαυσα, πέπαυκα, πέπαυμαι, ἐπαύθην, παυθήσομαι, παυστέος
παύομαι ich höre auf: παύσομαι, ἐπαυσάμην, πέπαυμαι

269. πείθω ich überrede: πείσω, ἔπεισα, πέπεικα ich habe überredet — πέποιθα ich

vertraue, πέπεισμαι, ἐπείσθην, πεισθήσομαι, πειστέος
πείθομαι ich gehorche: πείσομαι, ἐπείσθην, πέπεισμαι

270. πειράομαι ich versuche: πειράσομαι, ἐπειρᾱσάμην und ἐπειράθην, πεπείρᾱμαι, πειρᾱτέος

271. πέμπω ich schicke: πέμψω, ἔπεμψα, πέπομφα, πέπεμμαι (πέπεμψαι, πεπέμφθαι), ἐπέμφθην, πεμφθήσομαι, πεμπτός, -τέος; s. a. μεταπέμπομαι

272. περαίνω ich vollende: περανῶ, ἐπέρᾱνα, πεπέραγκα, πεπέρασμαι (πεπεράνθαι), ἐπεράνθην, περανθήσομαι

273. πετάννῡμι ich breite aus: πετῶ (-ᾷς, -ᾷ), ἐπέτᾰσα, —, πέπτᾰμαι, ἐπετάσθην, —

274. πέτομαι ich fliege: πτήσομαι, ἐπτόμην (und ἐπτάμην)

275. πήγνῡμι ich mache fest: πήξω, ἔπηξα, πέπηχα
πήγνυμαι ich werde fest: παγήσομαι, ἐπάγην, πέπηγα ich bin fest

276. πηδάω ich springe: πηδήσομαι, ἐπήδησα usw.

277. πίμπλημι ich fülle an: πλήσω, ἔπλησα, πέπληκα, πέπλησμαι, ἐπλήσθην, πλησθήσομαι, πληστέος

278. πίμπρημι ich verbrenne etw.: πρήσω, ἔπρησα, πέπρηκα, πέπρησμαι, ἐπρήσθην, πρησθήσομαι

279. πίνω ich trinke: πίομαι, ἔπιον (πῖθι), πέπωκα, πέπομαι, ἐπόθην, ποθήσομαι, ποτός, -τέος

280. πιπράσκω ich verkaufe: πωλήσω oder ἀποδώσομαι, ἐπώλησα oder ἀπεδόμην, πέπρᾱκα oder πεπώληκα, πέπρᾱμαι, ἐπράθην, πρᾱθήσομαι, πρᾱτός

281. πίπτω ich falle: πεσοῦμαι, ἔπεσον, πέπτωκα

282. πλανάω ich führe irre: πλανήσω usw.
πλανάομαι irre umher: πλανήσομαι, ἐπλανήθην, πεπλάνημαι

283. πλάττω ich bilde, forme: πλάσω, ἔπλᾰσα, πέπλακα, πέπλᾰσμαι, ἐπλάσθην, πλασθήσομαι, πλαστός

284. πλέκω ich flechte: πλέξω, ἔπλεξα, πέπλοχα, πέπλεγμαι, ἐπλέχθην und ἐπλάκην, πλεχθήσομαι, πλεκτός

285. πλέω ich segle: (πλεῖς, πλεῖ, πλέομεν), ἔπλεον, πλεύσομαι und πλευσοῦμαι, ἔπλευσα, πέπλευκα, πέπλευσμαι, ἐπλεύσθην, πλευσθήσομαι, πλευστέον

286. πλήττω ich schlage: (παίσω - τυπτήσω - πατάξω, ἔπαισα - ἐπάταξα), πέπληγα, πέπληγμαι, πεπλήξομαι, ἐπλήγην, πληγήσομαι; s. dagegen ἐκπλήττω

287. πλύνω ich wasche: πλυνῶ, ἔπλῡνα, —, πέπλῠμαι (πέπλυται, πέπλυνται), ἐπλύθην, πλῠτέος

288. πνέω ich wehe: (πνεῖς, πνεῖ, πνέουσιν), πνεύσομαι und πνευσοῦμαι, ἔπνευσα, πέπνευκα, —, ἐπνεύσθην, πνευσθήσομαι, (ἄπνευστος atemlos)

289. πνίγω ich ersticke, erwürge: πνίξω, ἔπνῖξα (aber πνῖξον), —, πέπνῑγμαι, ἐπνίγην, πνῑγήσομαι

290. πολεμέω ich bekriege: πολεμήσω usw.
πολεμέομαι ich werde bekriegt: πολεμήσομαι, ἐπολεμήθην, πεπολέμημαι

291. πολιορκέω ich belagere, bedränge: πολιορκήσω usw.
πολιορκέομαι ich werde belagert, bedrängt: πολιορκήσομαι und πολιορκηθήσομαι, ἐπολιορκήθην, πεπολιόρκημαι

292. πολῑτεύομαι ich verwalte den Staat: πολῑτεύσομαι, ἐπολῑτευσάμην und ἐπολῑτεύθην, πεπολίτευμαι

293. πορεύω ich bringe fort: πορεύσω usw.
πορεύομαι ich reise, marschiere: πορεύσομαι, ἐπορεύθην, πεπόρευμαι

294. πράττω ich tue: πράξω, ἔπρᾱξα (πρᾶξαι), πέπρᾱχα ich habe getan — εὖ (κακῶς) πέπρᾱγα ich befinde mich wohl (schlecht), πέπρᾱγμαι (πεπρᾶχθαι), πεπράξομαι, ἐπράχθην, πρᾱχθήσομαι, πρᾱκτέος

295. πρίαμαι ich kaufe: ἐπριάμην (πρίωμαι, πρίαιο); s. a. ὠνέομαι

296. προ-θῡμέομαι ich bin geneigt: s. ἐνθῡμέομαι

297. προ-νοέομαι ich sorge vor: προνοήσομαι, προὐνοήθην, προνενόημαι
298. πυνθάνομαι ich erfrage, erfahre: πεύσομαι, ἐπυθόμην, πέπυσμαι, πευστέος

299. **ῥ**άπτω ich nähe: ῥάψω, ἔρραψα, ἔρραφα, ἔρραμμαι, ἐρράφην, ῥαφήσομαι, ῥαπτός
300. ῥέω ich fließe: (ῥεῖς, ῥεῖ, ῥέομεν), ῥυήσομαι, ἐρρύην (ῥυῆναι), ἐρρύηκα, ῥυτός
301. ῥήγνῡμι ich zerreiße, zerbreche etw.: ῥήξω, ἔρρηξα, —
ῥήγνυμαι ich zerreiße (intr.): ῥαγήσομαι, ἐρράγην, ἔρρωγα ich bin zerrissen
302. ῥίπτω ich werfe: ῥίψω, ἔρριψα (ῥῖψαι), ἔρριφα, ἔρριμμαι (ἐρρῖφθαι), ἐρρίψομαι, ἐρρίφθην und ἐρρίφην (ῥιφῆναι)
303. ῥώννῡμι ich stärke: ῥώσω, ἔρρωσα, —, ἔρρωμαι (ἔρρωσο lebe wohl, ἐρρωμένος stark), ἐρρώσθην, ῥωσθήσομαι

304. **σ**αλπίζω ich trompete: σαλπίγξω, ἐσάλπιγξα, —
305. σβέννῡμι ich lösche etw. aus: σβέσω, ἔσβεσα, —, ἔσβεσμαι, ἐσβέσθην, σβεσθήσομαι
σβέννυμαι ich erlösche: σβήσομαι, ἔσβην (σβείην, σβέντων, σβείς), ἔσβηκα
306. σείω ich schüttle, erschüttere: σείσω, ἔσεισα, σέσεικα, σέσεισμαι, ἐσείσθην, —, σειστός
307. σήπω ich mache faulen: σήψω, ἔσηψα, —
σήπομαι ich verfaule: σαπήσομαι, ἐσάπην, σέσηπα ich bin morsch
308. σῑγάω ich schweige: σῑγήσομαι, ἐσίγησα, σεσίγηκα usw.
309. σιωπάω ich schweige: σιωπήσομαι, ἐσιώπησα usw.
310. σκάπτω ich grabe: σκάψω, ἔσκαψα, ἔσκαφα, ἔσκαμμαι (ἐσκάφθαι), ἐσκάφην, σκαφήσομαι
311. σκεδάννῡμι ich zerstreue: σκεδῶ (-ᾷς, -ᾷ)' ἐσκέδασα, —, ἐσκέδασμαι, ἐσκεδάσθην, σκεδασθήσομαι
312. σκοπέω (σκοπέομαι) ich betrachte: σκέψομαι, ἐσκεψάμην, ἔσκεμμαι, σκεπτέος

313. σκώπτω ich verspotte: σκώψομαι, ἔσκωψα, —, ἔσκωμμαι usw.
314. σπάω ich ziehe: σπάσω, ἔσπασα, ἔσπακα, ἔσπασμαι, ἐσπάσθην, σπασθήσομαι, σπαστός
315. σπείρω ich säe: σπερῶ, ἔσπειρα, ἔσπαρκα, ἔσπαρμαι, ἐσπάρην, σπαρήσομαι, σπαρτέος
316. σπένδω ich gieße aus, spende: σπείσω, ἔσπεισα, ἔσπεικα, ἔσπεισμαι, ἐσπείσθην, —
σπένδομαι ich schließe einen Vertrag: σπείσομαι, ἐσπεισάμην, ἔσπεισμαι
317. σπουδάζω ich bemühe mich: σπουδάσομαι, ἐσπούδασα, ἐσπούδακα
318. στέλλω ich sende, schicke: στελῶ (-εῖς), ἔστειλα, ἔσταλκα, ἔσταλμαι, ἐστάλην, σταλήσομαι, σταλτέος
319. στενάζω ich stöhne: στενάξω, ἐστέναξα, —, στενακτός, -τέος
320. στερέω (ἀπο-στερέω) ich beraube: στερήσω, ἐστέρησα usw.
στερέομαι ich werde beraubt: στερήσομαι und στερηθήσομαι, ἐστερήθην, ἐστέρημαι
321. στόρνῡμι ich breite aus, strecke hin: στορῶ, ἐστόρεσα, —; s. a. στρώννῡμι
322. στρέφω ich drehe, wende: στρέψω, ἔστρεψα, ἔστροφα, ἔστραμμαι (ἐστράφθαι), ἐστράφην, στραφήσομαι, στρεπτός
στρέφομαι ich wende mich: στραφήσομαι, ἐστράφην, ἔστραμμαι
s. a. καταστρέφομαι
323. στρώννῡμι ich breite aus, strecke hin: στρώσω, ἔστρωσα, —, ἔστρωμαι, ἐστρώθην, στρωθήσομαι
324. συλ-λέγω ich sammle: συλλέξω, συνέλεξα (σύλλεξον), συνείλοχα, συνείλεγμαι, συνελέγην (συλλεγῆναι), —; vgl. dagegen λέγω, διαλέγομαι
325. συν-αλλάττω ich versöhne: s. διαλλάττω
326. σφάλλω ich täusche: σφαλῶ, ἔσφηλα, ἔσφαλκα
σφάλλομαι ich täusche mich: σφαλήσομαι, ἐσφάλην, ἔσφαλμαι

327. σφάττω ich schlachte: σφάξω, ἔσφαξα, —, ἔσφαγμαι, ἐσφάγην, σφαγήσομαι

328. σῴζω ich rette: σώσω, ἔσωσα, σέσωκα, σέσῳσμαι, ἐσώθην, σωθήσομαι, σωστέος
σῴζομαι ich rette mich: σωθήσομαι, ἐσώθην, σέσῳσμαι, σωστέος
σῴζομαι ich rette für mich = erhalte mir: σώσομαι, ἐσωσάμην

329. ταράττω ich verwirre: ταράξω, ἐτάραξα, τετάραχα, τετάραγμαι, ἐταράχθην, ταραχθήσομαι

330. τάττω ich ordne: τάξω, ἔταξα, τέταχα, τέταγμαι (τετάχθαι), ἐτάχθην, ταχθήσομαι, τακτός

331. τείνω ich dehne, spanne: τενῶ, ἔτεινα, τέτακα, τέταμαι (τέταται, τέτανται), ἐτάθην, ταθήσομαι, τατέος

332. τελέω ich vollende: τελῶ, ἐτέλεσα, τετέλεκα, τετέλεσμαι, ἐτελέσθην, τελεσθήσομαι, τελεστέος

333. τέμνω ich schneide: τεμῶ, ἔτεμον, τέτμηκα, τέτμημαι, ἐτμήθην, τμηθήσομαι, τμητέος

334. τήκω ich schmelze etw.: τήξω, ἔτηξα, —
τήκομαι ich schmelze (intr.): τακήσομαι, ἐτάκην, τέτηκα ich bin geschmolzen, τηκτός

335. τίθημι ich setze, lege: θήσω, ἔθηκα (ἔθεμεν, θές aber ἔκθες, θεῖναι, θείς), τέθηκα, κεῖμαι, ἐτέθην, τεθήσομαι, θετός, -τέος
τίθεμαι ich lege für mich: θήσομαι, ἐθέμην (ἔθου, θοῦ und σύνθου, aber ἐπίθου, θέσθαι und ἐπιθέσθαι), κεῖμαι

336. τίκτω ich gebäre: τέξομαι, ἔτεκον (οἱ τεκόντες die Eltern), τέτοκα

337. τῑμάω ich ehre: τῑμήσω usw.
τῑμάομαι ich werde geehrt: τῑμήσομαι und τῑμηθήσομαι, ἐτῑμήθην, τετίμημαι

338. τίνω (τίνω) ich bezahle, büße: τείσω, ἔτεισα, τέτεικα
τίνομαι ich räche mich, strafe: τείσομαι, ἐτεισάμην, τέτεισμαι

339. τιτρώσκω ich verwunde: τρώσω, ἔτρωσα, τέτρωκα, τέτρωμαι, τετρώσομαι, ἐτρώθην, τρωθήσομαι, τρωτός

340. τλη-/τλᾰ- ich ertrage, wage: τλήσομαι, ἔτλην, τέτληκα

341. τρέπω ich wende: τρέψω, ἔτρεψα, τέτροφα, τέτραμμαι (τετράφθαι), ἐτράπην und ἐτρέφθην, τραπήσομαι, τρεπτέος und τραπητέος
τρέπομαι ich wende mich, fliehe: τραπήσομαι, ἐτράπην und ἐτραπόμην (τραπέσθαι)
ἐτρεψάμην ich wendete von mir ab, schlug in die Flucht

342. τρέφω ich ernähre: θρέψω, ἔθρεψα, τέτροφα, τέθραμμαι (τεθράφθαι), ἐτράφην, θρέψομαι werde genährt werden, θρεπτός

343. τρέχω ich laufe: δραμοῦμαι oder θεύσομαι, ἔδραμον, δεδράμηκα

344. τρέω ich zittere: τρέσω, ἔτρεσα, —, (ἄτρεστος unerschrocken)

345. τρίβω ich reibe: τρίψω, ἔτρῑψα (τρῖψαι), τέτρῑφα, τέτρῑμμαι (τετρῖφθαι), ἐτρίβην und ἐτρίφθην, τρῐβήσομαι

346. τυγχάνω ich treffe, erreiche: τεύξομαι, ἔτυχον (τύχε, τυχεῖν), τετύχηκα

347. τύπτω ich schlage: τυπτήσω; s. πλήττω

348. ὑπ-ισχνέομαι ich verspreche: ὑποσχήσομαι, ὑπεσχόμην (ὑπόσχου, ὑποσχέσθαι), ὑπέσχημαι

349. ὑπο-λείπω ich lasse zurück: s. ἀπολείπω

350. ὑπ-οπτεύω ich argwöhne: ὑπώπτευον usw.

351. ὑφαίνω ich webe: ὑφανῶ, ὕφᾱνα und ὕφηνα usw.

352. φαίνω ich zeige: φανῶ, ἔφηνα (φῆνον, φῆναι, φήνᾱς), πέφαγκα, πέφασμαι (πέφανσαι, πέφανται, πεφάνθαι), ἐφάνθην, φανθήσομαι
φαίνομαι ich scheine, erscheine: φανοῦμαι und φανήσομαι, ἐφάνην (φάνηθι), πέφηνα und πέφασμαι; s. a. ἀποφαίνομαι

353. φέρω ich trage: οἴσω, ἤνεγκον (aber ἤνεγκας; ἐνεγκεῖν), ἐνήνοχα, ἐνήνεγμαι (ἐνηνέ-

χθαι, ἐνήνεκται), ἐνηνέγμην, ἠνέχθην, ἐνεχθήσομαι, οἰστός, -τέος

φέρομαι ich eile, stürze: οἴσομαι und ἐνεχθήσομαι, ἠνέχθην

(ἀπο-)φέρομαι ich trage (für mich) davon: ἀποίσομαι, ἀπηνεγκάμην, ἀπενήνεγμαι

354. φεύγω ich fliehe: φεύξομαι und φευξοῦμαι, ἔφυγον (φύγω, φύγε, φυγεῖν), πέφευγα, φευκτέος

355. φημί ich sage: φήσω, ἔφην (und ἔφησα ich bejahte, behauptete), φατός, -τέος

356. φθάνω ich komme zuvor: φθήσομαι, ἔφθην und ἔφθᾰσα, ἔφθακα

357. φθείρω ich verderbe etw.: φθερῶ, ἔφθειρα, ἔφθαρκα und ἔφθορα, ἔφθαρμαι, ἐφθάρην, φθαρήσομαι, φθαρτός; ebenso διαφθείρω ich verderbe, zerstöre

358. φθίνω (φθίνω) ich lasse schwinden, vernichte: φθείσω (φθίσω), ἔφθεισα (ἔφθισα), —

φθίνομαι (und φθίνω) ich schwinde hin, vergehe: φθείσομαι (φθίσομαι), ἐφθίμην, ἔφθιμαι

359. φοβέω ich schrecke jmd.: φοβήσω usw. φοβέομαι ich fürchte mich, erschrecke (intr.): φοβήσομαι, ἐφοβήθην, πεφόβημαι, φοβητέος

360. φράζω ich zeige, sage: φράσω, ἔφρασα, πέφρακα, πέφρασμαι, ἐφράσθην, φρασθήσομαι, φραστέος

361. φρίττω ich schaudere: φρίξω, ἔφρῑξα, πέφρῑκα ich schaudere

362. φυλάττω ich behüte: φυλάξω, ἐφύλαξα, πεφύλαχα, πεφύλαγμαι, ἐφυλάχθην, φυλάξομαι ich werde behütet werden, φυλακτέος

φυλάττομαι ich nehme mich in acht: φυλάξομαι, ἐφυλαξάμην, πεφύλαγμαι ich bin auf der Hut

363. φύω ich erzeuge, lasse wachsen: φύσω, ἔφῡσα, —,

φύομαι ich wachse, entstehe: φύσομαι, ἔφῡν (φῦναι), πέφῡκα ich bin (von Natur)

364. (χαίνω) Präs. Impf. meist χάσκω ich gähne: χανοῦμαι, ἔχανον, κέχηνα ich gähne

365. χαίρω ich freue mich: χαιρήσω, ἐχάρην (χάρηθι), κεχάρηκα

366. χέω ich gieße: χέω, ἔχεα (-ας, -εν, χέαι), κέχυκα, κέχυμαι, ἐχύθην, χυθήσομαι, χυτός

367. χρή es ist nötig: (χρῆναι), χρῆν und ἐχρῆν, χρῆσται und χρήσει

368. χρήομαι ich gebrauche, bediene mich: (χρῇ, χρῆται), χρήσομαι, ἐχρησάμην, κέχρημαι ich habe in Gebrauch (κέχρηται), ἐχρήσθην ich wurde gebraucht, χρηστός brauchbar, tüchtig

369. χράω ich gebe ein Orakel: (χρῇς, χρῇ, χρῆν), χρήσω, ἔχρησα, —, κέχρησται, ἐχρήσθη

370. χρίω ich salbe: χρίσω, ἔχρῑσα, κέχρῑκα, κέχρῑ(σ)μαι, ἐχρίσθην, χρῑσθήσομαι, χρῑστός

371. χωρέω ich weiche: χωρήσω und χωρήσομαι, ἐχώρησα usw.

372. ψεύδω ich täusche, betrüge: ψεύσω, ἔψευσα, —, ἔψευσμαι, ἐψεύσθην, ψευσθήσομαι

ψεύδομαι ich lüge (= täusche für mich): ψεύσομαι, ἐψευσάμην, ἔψευσμαι

ψεύδομαι ich täusche mich: ψευσθήσομαι, ἐψεύσθην, ἔψευσμαι

373. ψύχω ich kühle ab: ψύξω, ἔψῡξα, —, ἔψῡκται, ἐψύχην und ἐψύχθην

374. ὠθέω ich stoße: ἐώθουν, ὤσω, ἔωσα (ὦσαι), ἔωκα, ἔωσμαι, ἐώσθην, ὠσθήσομαι

ὠθέομαι ich stoße von mir: ὤσομαι, ἐωσάμην, ἔωσμαι

375. ὠνέομαι ich kaufe: ἐωνούμην, ὠνήσομαι, ἐπριάμην (πρίωμαι, πρίαιο), ἐώνημαι ich habe gekauft, bin gekauft worden, ἐωνήθην, ὠνηθήσομαι, ὠνητός

376. ὠφελέω ich helfe, fördere: ὠφελήσω usw. ὠφελέομαι ich werde gefördert, mir wird geholfen: ὠφελήσομαι, ὠφελήθην, ὠφέλημαι

2. SACHREGISTER

Zitiert ist nach §§; E vor der Zahl verweist auf Teil V, E hinter der Zahl auf die kurzen Erläuterungen bei den §§; A. = Anmerkung; M. = Merke; R = Regel in § 26; D = Dekl.-Beispiel. Beispiele: 82, 3³ = § 82 Ziffer 3 Fußnote 3; 91, 3 A. 2 = § 91 Ziffer 3 Anmerkung 2; 143, 2a E = § 143 Ziffer 2a Erläuterungen

Ablativ = gr. Gen. 29c A.; -ōd E 59
Ablaut 25; R 3; 192; b. Steigerung E 57; b. Verben 141; 145, 3; 148, 1; 149, 1; 150, 1; 152, 1; 154, 1; 156, 2; 167b; E 103, 1; E 104, 1; E 113
Achaiisch 3 II A.
Adjektiv 28 ff.; 63 ff.; 3- u. 2-endig 65, 3 A. 1; nur 2-endig E 44; E 52/3; 1-endig 63 A.; stets 3-endig 65, 3 A. 2; Pronominal- 102; E 68; Zahl- 107, 1
Adverb 28; 86 ff.; E 59; Pron.-Adv. 89
Ägyptisch 2 A.
Aiolisch 3 II; bei Homer 3; Opt. 135, 2; E 85; Labiovelar im -en 207 A. 2
Akkusativ A. Pl. = N. Pl. 77, 3 + E; E 51; als Adv. 88, 1c+A.
Akut 19; i. d. Schrift 20; i. Wort 21, 2
Akzent 16, 5; 18; E 17; -zeichen 19; -stellung 20; 21; -regeln 21, 2; Ausn. 195 A. 2; b. Enklitikon 22, 7; 24; b. Kontraktion 19, 3 A.; 21, 2d; 123, 3; b. Krasis 21, 2e; 197 M. 2.; b. Elision 21, 2f; 198 M. 2; R 10; auf Atonon 22, 6 A. 2; z. Wortbezeichnung 22; b. Nomen 30d; b. Vok. 30d Ausn. 1; b. Kompositum 30d Ausn. 1; 53, 3; 3. Dekl. 44; b. Verbum 123; Ausn. 150, 2; μι-Konj. 156, 6; s. a. Genetiv
Albanisch 1
Alphabet phoinikisch 6, 3; E 2; griech. 7; b. d. Römern 7, 2; E 6; kleinasiatisch-ion. 8; E 15; b. d. Boiotern E 7; d. Eukleides 7; für Zahlen 104, 2
Analogie 25
Anaptyxe 201⁴
Anführungszeichen 16, 6e
Aorist 110 Id; E 71; Bedtg. 111d; -Red. 122, 2 A.; σ-Aor. 135, 2 E; E 85; E 113; Aor. II m. Schwundst. 150, 1; E 100; E 102; -bedtg. b. φημί 160 M. 3; κ- 167; E 88; E 111, 1; E 112, 1; Wz.- 167b; 168; E 111
Aphärese 197³; 198
Apostroph 16, 3; R 10; 198 M. 1
Arkadisch 3 II A.
Armenisch 1

Artikel 28 ff.; 32; urspr. Dem. Pron. 93a; 94; unbestimmter 32, 2; D 32; als Poss. Pron. 92, 1; b. Poss. Pron. 92, 2 M.+A.; b. Dem. Pron. 96, 1; Dual 108, 2 A.; m. Krasis 197a
Artikulationsart 13 Ic1; assimiliert R 23d; 213, 2a
Artikulationsstelle 13 Ic2; assimiliert R 23e; 213, 2b
asigmatisch s. Nominativ
Aspekt = Vollzugsstufe 111 Id
Aspirata 13 I c 1; 14; < Tenuis + Spiritus asper R 19; s. a. Hauchdissimilation
Aspiration im Pf. Akt. 154, 3; 155, 1a, b; E 103, 2; b. Krasis 197 M. 1; b. Elision 198 M. 4; s. a. Hauchdissimilation
Assimilation 25; b. Augmentierung 120, 1; Vokal- 199; Kons.- 213; R 23; Fern- E 69, 1 πέντε
athematisch 113, 4; 125; E 80; s. a. Konjugation
Atonon 22, 6; m. Akzent 22, 6 A. 2; als Stützwort 24; Artikel 32, 2
Attisch 3 I B; i. d. Κοινή 4; -e Dekl. 35; E 24; 67; -Red. 122, 1; E 79; -es Fut. 135, 1 A. 1+ E; E 84, 2
attributive Stellung 92, 2 M.; 92, 3; 98, 2a β
Augenblickslaute s. Mutae
Augment 118 ff.; 134, 3; E 77; E 78; εἰ- 119, 1; E 78; „doppeltes" 119, 4; 120, 3; 164, A. 1; b. α-priv., εὐ-, δυσ- 120, 2; Akz. 123, 1; *ἠ- E 78
Auramazda = Ὠρομάζης E 14
Ausgänge 27; o-Dekl. 33, 4; a-Dekl. 36; ω-Konj. 131, 7; μι-Konj. 156, 5
Ausrufezeichen 16, 6

Baltisch 1
Barbaren 3
Barytona 22, 5 A.
Baumnamen = f. 29a
Betonung d. Griech. E 3; -swechsel > Ablaut E 34; E 100; E 104, 1
Beugung s. Flexion
Bilderschrift 6, 1; E 1
Bindevokal E 72
Binnenhiat 196a
Boghazköi 1²
Boioter m. ion. Alphabet E 7

Bruchzahlen 106, 5
Buchstaben -formen, -reihenfolge, -namen E 2; s. a. Alphabet, Schrift

Charaktervokal 114; E 73

Dativ -η Adv. 88, 1b; fin. E 76, 1
Dauerlaute 13 Ib; 14
Dehnstufe R 3b; 192b+A. 2; E 28, 1; s. a. Ablaut
Dehnung d. Stockauslauts 136, 2; beschränkt 140; entfällt 137; 139; „rhythmische"- E 56
Deklination 28 ff.; -sklassen 29a; 31; d. Adj. 64 ff.; b. Zahlen 105; s. a. Attische D.
Deminutiva Genus 29a
demonstrative Bedeutung b. ἔνθα, ἔνθεν 89 A. 1; b. ὥς, ὅς 89 A. 1; b. ὁ, ἡ, τό 93a; 94
Dental 13 Ic2; 14; D.+D. R 24; 214, 1; -stämme b. Nomen 41 A Ic; 47; Adj. 69 Iα; 70; E 30; -stöcke b. Verbum 125; 143, 1c+2c; κ-Pf. 144, 2; < Labiovelar 207; vor κ fällt aus 213, 2a A.
Deponentia 111 Ie; 128; 129
Dialekte griech. 3; versch. Kontraktion 196b 1+2
Digamma i. d. Schrift 7, 1; = μ 202; -stöcke b. Verbum 125; „aiolisches"- 202¹
Diphthong idg. 191c; Kurz- 11; Lang- 12; 191c A.; Quantität 12; Stämme 41 BIII; 58 ff.; Akz. 44, 2 A.
Dissimilation 25; R 24; 214; E 105; s. a. Hauchdiss.
Distributiva 104, 1; 106, 4
doppelstämmig Adj. 69 IV; 80; s. a. Stammwechsel
Dorisch 3 III; -er Gen. -ᾶ 39 A. 2; 40, 3; -es Fut. 135, 1 A. 2; 127²; E 84, 3
Dual 29b; d. Nomens 108; E 70; E 69, 1 δύο; d. Verbums 111 Ib; 190; fehlt 34, 5; stirbt aus E 19

E-Klasse 170, 2e; 185 ff.; e-Stufe 192b A. 2
Eigennamen -ης 53, 1 A.; A. Sg. 53, 3 A. 1; weibl. -ώ 60; s. a. Volksnamen
Elision R 10; 198; 197³; Akzent 21, 2f; 24 A.; s. a. Apostroph

Endbetonung 3. Dekl. 44, 1; γυνή 46, 3; -εύς 59; -ώ 60; Adj. 68 A.; Adj. -υς, -εια, -υ 75, 2; Imp. Aor. II 150, 2+3 A.
Endungen 27; 3. Dekl. 42; Personal- 116; E 75; akt. - i. Aor. Pass. E 86; 152, 2; Neutra E 28, 1; Vok. E 28,1; pronominal, nominal E 60; s. a. Flexion
Enklitikon 21, 2c A.; 22, 7; 23f.; E 66; b. Pron. 90, 3; 91, 4; E 60, 6; φημί 160 M. 1; εἰμί 162, 1
Epenthese 211[1]
Ersatzdehnung R 11; R 21 b; 200; 211, 1β; 212, 1b+2e; 147, 3
Erweiterung d. V.Stocks 113, 5; 124, 2—5; 125; 146, 2; E 80; Aor. II Pass. 152, 1; Präs.- auch in and. Temp. 184[6]; 187[7]; 187[10]
Etazismus E 3
Eukleides Schriftreform 7
Explosivlaute s. Mutae
exspiratorischer Akzent 18; E 17

Flexion 27; s. a. Endung
Flußnamen = *m.* 29a
Fragezeichen 16, 6d
Futur < Konj. E 74; E 84; F.ex. = Fut. III 111 I d; contr. 135, 1 A. 1; att. 135, 1 A. 1+E; E 84, 2; dor. 135, 1 A. 2; 127[2]; E 84, 3; med.- 127; E 81; Pass. E 87; 135, 4
Genetiv 29c; *f.* -ῶν 36, 3; b. Adj. 64, 3; 68, 2; E 43; E 25, 2; -ου b. *a*-Dekl. 39, 3; dor. -α 39 A. 2; 40, 3; als Adv. 88, 1a; b. Zahlsubst. 107, 2 A.
Genus Verteilung 29a; -regeln 3. Dekl. 43; -verbi 110 I e; 111 I e; E 71; Besonderheiten 126 ff.; E 81
Germanisch 1
Gerundiv = -τέος 111 II b
Geschlecht natürliches, grammatisches, Gruppen- 29a; s. a. Genus
grammatisch s. Kontraktion, Geschlecht
Gravis 19; 20; 21, 2
Griechisch idg. 1; Alter 2; Ausbreitung 2; Mundarten 3; Name 3; Κοινή 4; Neugr. 5; Schrift 6, 3; Alphabete 7; Aussprache 8; E 3
Grundsprache s. Indogermanisch
Grundstufe 192 b A. 2
Guttural 13 I c 2; 14; i.Idg. 206 A.; 207; -stämme b. Nomen 41 A I a; 46; -stöcke b. Verbum 125; 143, 1a+2a+2c A. 1; < La-

biovelar 207; G.+μ > γμ 213, 2 b A.; s. a.Velar, Palatal, Labiovelar

h Laut u. Zeichen 7, 3; 15; i. Att. E 15; < *i̯*- 202, 1α; < *si̯*- 202, 2β; < *s*- 205, 2α
Halbvokale 13 I a; 202; *u̯* > Spirans 14
Hauchdissimilation R 17; 208; b. Reduplikation 121, 2; b. d. 2. Asp. 135, 3 E; 208 A.; E 86; außer Kraft 145,4; 152,2; 208A.
Hauchzeichen s. Spiritus
Haupt-tempora 110 A.; E 75, 1; -endungen 116
Hellenen 3
Hethitisch 1; 1[2]; 2 A.
Hiat 196a; -tilgung (-ν) 204, 2 A.
Hieroglyphen 6, 1
Hochstufe 192b A. 2
Humanismus E 3

Impersonalia 111 I a A.
Incohativ-Klasse 124, 4; 170, 2 c; 182
Indisch 1
Indogermanisch 1; west-, ost- 207 A.
Infinitiv Akz. 123, 4; -endungen 117; E 76, 1; ohne ι subscr. 132, 3b; E 83; = Imp. E 85
Infix 27c
Inselnamen = *f.* 29a
Instrumentalis = gr. Dat. 29c A.; -ω Adv. 88, 1 e
Interjektion 28; s. a. Vok. 29a
Interpunktionszeichen 16, 6
intervokalisches -*i̯*- schwindet R 12; 202, 1α; -*i̯*- < -σi̯- R 21 i; s. a. -ϝ-, -σ-
intransitive Bedtg. 126; b. Tempora II 149, 3; E 101
Ionisch 3 I A; i. d. Κοινή 4; Alphabet 7
Iranisch 1
Italisch 1
Itazismus E 3

K-Laute usw. s. Guttural
Kadmos = Vermittler d. Schrift E 2
Kapitalschrift 7
Karisch σαμπῖ 104, 2
Kasus im Gr. 29c; als Adv. 86, 3; 88, 1; ohne Endg. E 60; nominale, pronom. -Endgn. E 60
Kehllaute s. Guttural
Keltisch 1
Kentum-Sprachen 207 A.
Knackgeräusch E 16
Kolon 16, 6c
Komma 16, 6a

Komparativ s. Steigerung
Kompositum 27; Akz.30 dAusn.2; 66, 2d; 123, 2; 150, 3 A.; 156, 6 d; *o*-Kontrakta 34, 4; Adj. 2-endig 65, 2; E 44; Augment b. - 120; Hauchdiss. b. - 208 A.
Konjugation ω-K. = thematische 125; 131 ff.; E 80; μι-K.= athematische 125; 156ff.; E 80; Angleichung 156, 3+5 E; 157, 1 A. 1; 158, 1; E 104, 2
Konjunktion 28; b. Elision 21 f; R 10, 2
Konjunktiv E 71; E 74; kurzvokalisch 173[5]; 189[9]; > Fut. E 74; E 84
Konsonanten im Idg. 202 ff.; einfache 13; -verbindungen 13 II; Doppel- 13[5]; -zeichen 14; Lautwert 14; Ausfall m. Ersatzdehnung R 11; 200; m. Kontr. 119, 1; Anhäufung vermieden 144, 5 A.
Kontraktion Akz. 21, 2d; Ausn. 21, 2d A.; 163, 2a; E 108, 2; Regeln R 8; 196; gramm. R 9[3]; 196b 5; 197 M. 4; beschränkt 75 M.; 196b 4+A.; i. Opt. 123, 3 A.; i. d. Dialekten 196b 1—2
Koph s. Semitisch
Koronis 16, 4; R 9; 197 M. 1; ohne - 102 A. 2; 197 M. 4
Korrelative Pron.-Adv. 89; Pron. 103
Krasis R 9; 197; 197[3]; 16, 4; Akz. 21, 2e; b. αὐτός 98, 2a A.; b. ἕτερος 102 A. 2
Kretisch-minoische Schrift 2[8]; Karisch-Kr. σαμπῖ 104, 2
Kunstsprache 3
Kursivschrift 7
Kurzdiphthonge s. Diphthonge
Kyprisch 3 II A.; Silbenschrift 7; E 1

Labial 13 I c 2; 14; -stämme b. Nomen 41 A I b; 46; -stöcke b. Verbum 125; 143, 1 b+2 b; < Labiovelar 207+A.
Labiovelar 207; E 66; E 69 τέτταρες
Ladinisch 1
Ländernamen = *f.* 29a
Langdiphthonge 12; gekürzt R 4; 191 c A.; 194a; s. a. Diphthonge
Lateinische Betonung d. Griech. E 3
Latinisch 1
Laut 27; -gesetz 25; -nachahmung E 4; E 6; -schrift 6, 3; -wert s. d. betr. Buchstaben
Lippenlaute s. Labial
Liquida im Idg. 203; Nasal+L. 215; 13 I b 1; 14; -sonans R 2;

233

191 d; 192 b A. 1; -stämme b. Nomen 41 A II; 49 ff.; Verba-125; 142; 146 ff.; E 80; E 98; E 99; att. Fut. 135, 1 A. 1; 147, 2; *i̯*-Erweiterung 146, 2; κ-Pf. E 88; E 112, 1
Literatursprache 3
Lokativ = gr. Lok. 29 c A.; = Präp. m. Dat. 29 c A.; -ι, -οι Adv. 88, 1 d

Majuskeln 7
Media 13 Ic 1; 14
Metathese, quantitative 21, 2 c A.; R 7; 195; 47, 2; 119, 3; 176[7]; b. Kons.-Gruppen 183[4]; E 66
Minuskeln 7
Mischklasse 170, 2 f; 189
Modus 110 Ic; 111 Ic; E 71; E 72; -stämme 115; -zeichen 115; 123, 3 A.; 131, 4; 156, 4; E 74
Monatsnamen = *m*. 29 a A.
More 19[1]; Akz. 19, 1; 19, 3; E 18
musikalischer Akzent 18; E 17
Muta im Idg. 206; 13 Ic; 14; auslautende fällt ab R 18; 209, 2; M.+M. R 23 d; 213, 2 a; Nasal +M. R 23 e; -stämme b. Nomen 41 A I; 45 ff.; M.+Liquida b. Red. 121, 3; Verba muta 125; 142 ff.; E 80; κ-Pf. E 88; E 112, 1

Nasal N+Liquida 215; 13 I b 2; 14; i. Idg. 204; gutt. N. 13[2]; 14; 204, 3; -is sonans R 2; 191 d; 192 b A. 1; N.+Muta R 23 e; 213, 2 b; -klasse 124, 3; 170, 2 b; 173 ff.; -stämme 41 A IIa; E 30; als Präs.-Erw. 113, 5; 156, 7 b; 158; E 105; s. a. ν-
Nasenlaute s. Nasal
Neben-tempora 110 A.; E 75, 1; Augment 118; -endungen 116
Neugriechisch 5; -e Ausspr. d. Altgr. E 3
Neutrum 29 a; gleiche Kasus 30 b; -Pl. Subj. 30 c; N. Sg. endungslos 42, 2; E 28, 1; = Adv. 87, 2+A.; 87, 3; 88, 1c A.; Dual E 69, ἴ -κοντα; E 70
Nomen 28 ff.; Wurzel- 62 A.; Verbal- E 76, 1
Nominalformen d. Verbums 109, 1; b. Pron. E 60, 4
Nominativ N.Sg. endungslos = asigmatisch: 36 E; E 25, 1; E 28, 1; 42, 2 + E; 45, 1; 48, 1; 49, 3; 52, 4; 55, 1; E 50; sigmatisch: 33 E; E 28, 1; 39, 2; 42, 2 + E; 45, 1; 48, 1; 53, 2; 55, 1; E 50; N.Pl. d. Adj. 64, 3
Normalstufe 192 b A. 2

Nullstufe 192 b A. 2
Numerale 28 f.
Numerus 29 b

o-Stufe 192 b A. 2
Optativ E 71; E 74; 111 Ic; -σι, -οι lang 123, 1; aiol. E 85
Orthotonierung b. Enklitika 24 A.; E 60; E 66
Oskisch 1
Oxytonon 22, 1; 24, 1

P-Laute usw. s. Labial
Palatal 206 A.; 207[1]
Paradigma 28 A.
parasitisches σ s. -σ-
Paroxytonon 22, 2
Partikel in οὗτος 95, 2; s. a. -γε; -δε
Partizip 28 ff.; Akz. 123, 4; -suffixe 117; 1-silbige St. nie endbetont 68 A.; -μενος, -η, -ον 64, 2; -ώς, -υῖα, -ός D 70; -ων, -ουσα, -ον D 71; -ᾱς, -ᾱσα, -αν D 72
Passiv 111 Ie; E 71; med. Endg. 116; E 81; Aor. akt. Endg. 116; E 86
Perfekt m. Präs.-Bedtg. 111 d; κ-Pf. 135, 5 E; 144, 2; E 88; E 112, 1; Wz.- 135, 5 E; 169; E 112; E 88; M/P E 90; m. Ablaut E 103, 1; m. Asp. E 103, 2
Perfektfutur 110 I d; 111 I d; Akt. 135, 7; M/P 135, 10; E 91; P-, K-St. 144, 4; T-St. 144, 4; Liqu.-St. 147, 5
Perispomenon 22, 4
Phoinikische Schrift 6, 2
Plural 29 b; Vok. = Nom. 30 a; *a*-Dekl. 36, 3; statt Dual E 70
Plusquamperfekt ohne Augment 122, 1
Positiv 81, 1; Adv. 87, 1+2 A.
Potentialis = Opt. m. ἄν 111 Ic
prädikative Stellung 92[1]; 92, 3; 96, 1; 98, 2 a α; 102 A. 1
Präfix 27 c; Augm. ἐ- 27 c; ἀ- priv. 27 c
Präposition 28; Akz. b. Elision 21 f; R 10, 2; Pers. Pron. nach – 91, 4
Präteritum 110 A.
Primärendungen 116; E 75
Proklitikon 22, 6; Artikel 32, 3
Pronomen 28 ff.; 90 ff.; E 60; -inal-Adj. 102; E 68; -Formen b. Nomen E 60, 4; Krasis 197 b; m. Partikeln E 60, 5
Proparoxytonon 22, 3; 24, 2
Properispomenon 22, 5; 24, 2
prothetische Vokale 201[4]; E 69, 1
Psilosis 7, 3; 15; 15[1]; E 61, 2
Punkt 16, 6 b

qualitativ s. Ablaut
Quantität d. Vok. 10; d. Diphth. 12
quantitativ s. Ablaut, Metathese

r/n-Stämme 47, 2; E 30, 2
rechtsläufige Schrift E 2
Reduktionsstufe 192 b A. 2
Reduplikation E 79; Präs.- 113, 5; 124, 5; 125; 156, 7a; 157; 170, 2 d; 183 f.; E 105; in allen Temp. 184[9]; Aor.- 122, 2 A.; Akz. 123, 1; Perf.- 121 f.; 134, 3; att. 122, 1; εἱ- 122, 2
reflexiv indirekt refl. 91, 3 A. 2; Pers. Pron. 91, 2; Poss. Pron. 92, 3; Bedtg. b. M/P 130, 1; b. Temp. II 149, 3
Reibelaute s. Spiranten
reziprokes Pron. 91, 6; E 61
Rhotazismus R 16; 41 A III; 205, 2β
rhythmisch s. Dehnung

Satem-Sprachen 207 A.
Schrift Entwicklung 6; Kretisch-minoisch B 2[3]; Karisch-Kretisch 104, 2; Kyprisch E 1; griech. < semit. E 2; -richtung E 2; v. d. Phoinikern E 2; s. a. Alphabet
Schriftsprache 5
Schwachstufe 192 b A. 2
Schwundstufe R 3 b; 192 b+A. 2; Akz.-Verlagerung 44, 2 A.; b. Liquida-St. 50 E; E 33; 51; E 99; b. Tempusbildg. 141; 145, 3; 148, 1; 150, 1; 167 b; E 94; E 99; E 100; E 102; i. Plur. E 113; s. a. Ablaut
Sekundärendungen 116; E 75
Semikolon 16, 6 c
Semitische Schrift E 2; Koph = κόππα 104, 2
Sigma -stämme 41 A III; Akz. 44, 2 A.; D 52 ff.; Adj. 69 IIβ; 77; E 53 -stöcke b. Verbum 125; 137; -tisch s. Nominativ, Aorist

Silbe 17; Trennung 17; Akz. 21; E 18; -bildend R 2; 191 d
Silbenschrift 6, 2; E 1
Singular 29 b; Vok. 30 a; 35, 4; 37, 2; 38, 2
Slavisch 1; im Neugriech. 5
Spiranten 13 Ib 3; 14; 205
Spiritus 15; 16, 1; -lenis Lautwert E 16
Sproßvokal 201[4]
Städtenamen = *f*. 29 a; -οι *m*. 29 a[1]; *n*. 29 a[1]
Stamm 27; E 72; -bildung 27 c; b. Steigerung 81 Vorbem.

-charakter 27; -gruppen d. 3. Dekl. 41; -wechsel 57 A. 2; 80, 1; 91 E; E 60; 1-silb. St. 44, 1; Verbal- 113; Modus-115; r/n-St. 47, 2; s-St. 42, 2 A.; 47, 2; u-St. 47, 2; n-St. ὄνομα 47 E
Starkstufe 192 b A. 2
Steigerung 81 ff.; Grade 81, 1; Adv. 87, 2; Umschreibung 81, 2; Verstärkung 81, 3 + 4; Suffixe 81, 1+E; 100, 3 E; E 55, 1; 57; m. versch. Wz. 85; E 58; m. Ablaut E 57; auf -τερος, -τατος 82; E 55; E 56; auf -ίων, -ιστος 84; E 55; E 57; auf -έστερος, -έστατος 83, 1; auf -αίτερος, -αίτατος 83, 3
Stellung s. attributive, prädikative St.; b. φημί 160 M. 5
Stock Verbal- 113, 1; E 80; -auslaut 113, 2; gedehnt 136, 2; E 92; aspiriert 154, 3; 155, 1a+b; s. a. Wortstock
Stützwort 22, 7; Akz. 24; s. a. Enklitikon
Substantiv 28 ff. -um commune 29 a; i. d. 3. Dekl. 43 IV; 47, 3; -um mobile 29a; Zahl- 107, 2; -isch: Inf. 109, 1 II
Subtraktion 106, 2
Suffix 27 c; -τωρ 27 c; Steigerungs- 81, 1+E; Adverbial- 86,3; 88, 2
Superlativ s. Steigerung
suppletiva: Verba- s. Mischklasse
syllabisch s. Augment
Synaloiphe 197³
Synizese 197³
Systemzwang 212, 2e A. 2

T-Laute usw. s. Dental
Temporal s. Augment
Tempus Haupt-, Neben- 111 Ia A.; E 75, 1; -stämme 113, 3+6; -zeichen 113, 6; 125; 134; 135;
167; -pora I 113, 6; II 113, 6; Bildung 149 ff.; E 71; intr. Bedtg. 149, 3
Tenuis 13 Ic 1; 14; > Aspirata R 10, 4; R 19; 208; 209, 3
Thematisch 113, 4; 125; E 80; s. a. Konjugation
Themavokal 113, 4; 125; E 72; E 74; lang i. Konj. 115; 131, 4 +E; E 82; kontr. i. Opt. 123, 3 A.
Tiefstufe 192 b A. 2
Tocharisch 1¹
Transitive Bedtg. 126
Trema 16, 2
Türkisch im Neugriech. 5

Umbrisch 1
Umschreibung b. Pf. Akt. 135, 5 A. 1; Pf. M/P 135, 8 + E; 144, 3; 147, 4; E 75, 3; Plqu. M/P 135, 9 E; 144, 3; 147, 4; Pf. Fut. Akt. 111 Id; 134, 3; 135, 7; M/P d. T-St. 144, 4; d. Liqu. St. 147, 5

Velar 206 A.; 207
Verbal-Adj. 111 IIb; 117; Akz. 123, 4; -Stock 113, 1+2; erw. 113, 5; 124; 125; 152, 1; abgelautet 141; 148, 1; 149, 1; 152, 1; -Klassen 124 f.; E 80; Augm. vor V. St. 120, 1; Red. 121
Verbum 28; Formenbestand 109ff.; Bestandteile 112 ff.; impersonale 111 Ia A.; „unregelmäßige" Verba 124 A.; 170 ff.; Einteilung 124; 125; 143; -a pura, impura 125; E 80; -a muta, liquida E 80; s. a. Stock, Wurzel
Verschlußlaute s. Muta
Verwandtschaftsnamen 51; 61
Vokal i. Idg. 191; Aussprache 10; Quantität 10; -kürzung R 5;
R 6; 194; Thema- 113, 4; 131, 4; Binde- E 72; -dreieck 10; -abstufung 192; -assimilation 199; -entfaltung 201; prothetischer- 201; Charakter- 114; E 73; -Stämme b. Nomen 41 B; Akz. 42, 2 A.; s. a. Halbvokale
vokalisch s. silbebildend
Vokativ Bildung 30 a; 42, 3; E 28, 1; Akz. 30 d Ausn. 1; 44, 3; fehlt 32, 4; 90, 4
Volksnamen = m. 29 a; -ης 39, 4
Volkssprache im Vordringen 5; ὁ δεῖνα 101, 2 A. 2
Vollstufe R 3 b; 192 b + A. 2; s. a. Ablaut

Windnamen = m. 29 a
Wort Bestandteile u. Begriff 27; -familie 27; -arten 28; s. a. Kompositum, Wurzel
Wortstock 27; b. Steigerung 84, 1; b. Adv. 87, 1
Wurzel 27 a; E 72; a. lang. Vok. 168 b; 2 silb. E 108, 1; Ablaut 193; i. att. Fut. 135, 1 E; E 84, 2; καλε- 141 E; E 94; οἶδα 169 c E; E 113; i. Aor. II Pass. E 101; E-Klasse 185; 188 nach Nr. 101; -Präs. 156, 7 c; 159 ff.; -Aor. 167 b; 168; E 111; -Perf. 135, 5 E; 169; E 88; E 112; -Nomina 62 A.; -Verba E 108, 1; Wz. m. komp. Bedtg. E 58

Zahl-Wörter 104 ff.; E 60; E 69; D 105; -Zeichen 104, 2; -Adj. 107, 1; -Subst. 107, 2; -Adv. 104, 1; zusammengesetzte -en 106; Bruch- 106, 5
Zahnlaute s. Dental
Zirkumflex 19; i. d. Schrift 20; i. Wort 21, 2; im Gen. Dat. 30 d 3; b. Kontrakta 34, 2

3. WORTREGISTER

Zitiert ist nach §§; E vor der Zahl verweist auf Teil V, E hinter der Zahl auf die kurzen Erläuterungen bei den §§; A. = Anmerkung; M. = Merke; R = Regel in § 26; D = Dekl.-, K = Konj.-Beispiel; T = Tempora; (3) (2) (1) = 3, 2, 1 endig; A = Aktiv, M = Medium, P = Passiv; Komp. = Komparation. Beispiele: 82, 3³ = § 82 Ziffer 3 Fußnote 3; 91, 3 A. 2 = § 91 Ziffer 3 Anmerkung 2; 143, 2a E = § 143 Ziffer 2a Erläuterungen

α Lautwert 10; copulativum 191 d 2; privativum R 2; 27 c; 191 d 2; 192 b A. 1; Adj. m. ἀ- priv. 65,2; Augm. b. ἀ- priv. 120,2; purum, impurum 36, 2 A.; Charaktervokal 114; 135, 2 +E; 135, 5 +E; E 73; E 85; E 88; in Kontraktion R 8; 196 c
ᾱ < idg. ā 191 a; < n̥, m̥ R 2; 191 d
ᾱ > ion. att. η (> att. ᾱ) 25; R 1; 191 b; 36, 2; 37, 1; 39, 1; 136, 2 A.; < Kontr. R 8; < ᾰ m. Ers. Dehn. R 11
ᾳ s. ᾱι
ἀ- prothetisch 201
ἀ- < *sm̥- 104 E; 191 d 2; E 68; E 69, 1; > ἀ- vor Asp. 191 d 2
-ᾰ Fem. E 26; V. Sg. 39, 4; A. Sg.
191 d 2; E 28, 1; Neutr. Pl. 30 b + c; E 22, 2; < Sing. E 20; Adv. E 59; 1. sg. 116; 116⁹; E 75, 2; E 88
-ᾱ G. Sg. < -ᾱο 39 A. 2; V. Sg. 39, 4; Dual E 70; 108, 2
-ᾰ Neutr. Pl. 34, 2 + E; 66, 2 a + E 23; E 44; G. Sg. 40, 3
ἀγαθός Komp. 85, 1; Adv. 87, 3

ἄγαμαι 129, 3 β; 159, 2; K 163; E 108, 1; T 166, 3
'Αγάμεμνον 44, 3; 49, 4 A. 2
ἀγγέλλω R 21 c; 146, 2; 211, 2; Fut. 147, 2; T 148, 1; E 98, 3; Aor. 200; 212, 2 e; R 11; R 22 f; E 98, 1
ἄγγελος 14; ὁ, ἡ 33, 2; 146, 2
ἀγείρω Red. 122, 1; Aor. Pass. E 86
ἀγήραος 67 A.
ἀγήρως 67 A.
ἄγκυρα 14
ἄγνυμι Augm. ἐ- 119, 4; E 78; Red. ἐ- 121, 5; T 126, 2; 176, 36
ἀγνώς m. u. f. 79
ἀγορεύω Perf. 122, 2; T 189, 102
ἀγροῖκος (2) 65, 2
ἀγρός 1; 191 a
ἄγχι E 57
'Αγχίσης 14
ἄγχιστα E 57
ἄγω Augm. 118, 2; Pf. Red. 121, 4 c; Aor. Red. 122, 2 A.; E 79; Pr. St. 124, 1; Fut. 127, 1; Aor. II 151 a; Pf. II 155, 1 a
ἀγώ 197 M. 1
ἀγών D 50
ἄδελφε 30 d 1 Ausn.; 33 A. 1
"Αιδης 12; = Hādes E 12
ἀδικέω Red. ἠ- 121, 6; Fut. 127, 1
ἄδικος < *ῃ̄- R 2
ᾄδω Augm. 118, 2; Fut. 127, 2
ἀείρω s. αἴρω
ἀετός m. 29 a
-άζω 211, 5 A.
'Αθηνᾶ 191 b A.; E 27
'Αθήναζε < *-ᾱς-δε 88, 2; E 14
'Αθῆναι Ausspr. E 4
'Αθήνηθεν 88, 2
'Αθήνησι 88, 1 d + 2 a; E 25, 2
ἀθρόα 64, 1 c; 191 b¹
ἀθροίζω 130, 3; Fut. -σω 145, 5
ἀθυμέω Augm. 120, 2
"Αθως Akk. 35 A.
αι < idg. ai 191 c; = a + ĭ 11; > ā 11; 11¹; Kontr. R 8
ᾱι (ᾳ) < idg. āi 191 c + A.; 194 a A.; Lautwert 12; E 12; Kontr. R 8
-αι Quantität; 30 d 2; 36, 4; 123, 1; N. Pl. 25; 36 E; E 22, 2; Elision R 10; 198
Αἴας Vok. 48 A.; E 28, 1
Αἰγυπτίη - - - (-tjā) E 5
Αἴγυπτος ἡ 33, 3 b
αἰδέομαι 128, 3; 129, 3; T 137; E 93
-αιδέσσομαι E 93
-αιδοῖ Vok. E 36
αἰδώς ἡ 43 III a 1 Ausn.; 52, 3; D 54 + E; 137; V. Sg. E 36
-αιν Dual 108, 2; E 70
Αἰνείᾱς = -ἐᾱς E 8
αἴξ = αἴς 44¹; Akz. 44, 1
-αιος Steigerung 83, 3
αἰπόλος π < Labiovelar 207

αἱρέω T 189, 103
αἴρω (ἀείρω) 147, 3 A. 2; Impf. ἠ- 118, 2; Aor. ἠ-, ἀ- 147, 3 A. 2 + E
-αις statt -ᾱσι (-ησι) 25; 36 E; E 25, 2
αἰσθάνομαι T 174, 28
αἰσχρός Komp. 84, 3
αἰσχύνω 130, 2; Fut. 147, 2; Pf. 147, 6²; 213, 1 c; E 98, 2
-αίτερος, -αίτατος 83, 3
αἰτέω Red. 121, 4 c
αἰτιάομαι 128, 1; 129, 1
αἰών 191 c
ἀκόλουθος ἀ- 191 d 2
ἀκούω Red. 122, 1; Fut. 127, 2 α; Pf. II 155, 1 c; T 137
ἀκροάομαι Fut. -ᾱ- 136, 2 A.; 191 b¹
αλ < l̥ R 2; 191 d
ἀλαλάζω K-St. 143, 2 c A. 1
ἀλγεινός < *-εσνος 212, 1 b
ἀλείφω Red. 122, 1; Pf. II 155, 1 c; T 171
ἀλεκτρυών ὁ, ἡ 43 IV; 49, 2
ἀλέξω T 187, 85
ἁλίσκομαι Augm. ἑᾱ- 119, 4; E 78; Red. ἑ- 121, 5; Wz. Aor. 168 b γ; T 182, 63; E 84, 2
ἀλλάττω Aor. II P 153 a; Pf. II 155, 1 a
ἄλλῃ 89
ἀλλήλων usw. 91, 6; E 61
ἄλλοθεν, -θι 88, 2; 89
ἀλλοῖος 103
ἅλλομαι 124, 2 b; Fut. 147, 2; Aor. ἡ-, ἀ- 147, 3 A. 1 + E
ἄλλος 102 + E; 103; 211, 2; E 68
ἄλλοσε 88, 2; 89
ἄλλοτε 89
ἄλλως 89
ἅλς D 50; 49, 1; -ς 49, 3 Ausn.; D. Pl. 212, 2 e A. 2
ἀλώπηξ Ablaut E 29
ἁμαρτάνω 127, 2 β; T 174, 29
ἄμβροτος < -μρ- 215
ἀμείνων 85, 1; Adv. 87, 3
ἁμιλλάομαι 129, 3
ἄμμε aiol. < *ἄσμε E 61
ἀμός dor. 200
ἄμπελος ἡ 33, 3 a
ἀμύνω R 21 b; 124, 2 b; 146, 2; 211, 1 β; Fut. 147, 2; Aor. 147, 3
ἀμφιγνοέω Augm. 120, 3 b
ἀμφιέννυμι Augm. 120, 3 a; T 179, 50; < -ϝεσνῡ- 212, 1 b A. 2; E 104, 5
ἀμφισβητέω Augm. 120, 3 b
ἀμφιχέω doppelte Asp. 208 A.
ἀμφότεροι 102 + E; 103; Stellg. 102 A. 1
ἄμφω 102; 103; E 19; E 69, 1; E 70; Stellg. 102 A. 1; D 104 A. 2; 108, 1
-αν- Präs. Erw. 124, 3 b + e; 174

-ᾱν < *-ām R 14; 204, 1
-ᾶν dor. = -ῶν 196 b 2; Inf. E 83
ἄν m. Opt. 111 I e
ἀνά Vok. R 18; 209, 2; 47, 6; auch ἄναξ E 28, 1
ἀνάγω 130, 2
ἀνακράζω s. κράζω
ἀναλίσκω T 182, 64
ἀναλογίᾱ 25
ἀναμιμνήσκω s. μιμνήσκω
ἀνάπλεως (2) 67, 2
ἀναπτύσσω 201⁴
ἀνδρ- < *ἀνρ- 51 E; 215; E 34
ἄνδρες = οἱ ἄνδρες 197 M. 4
ἀνδριάς D 48; St. auch -αντ- 48¹
ἄνερ 30 d Ausn. 1; 42, 3 A.; 44, 3; 51 A. 1
ἀνέχομαι Augm. 120, 3 c; T 171, 11
ἀνήρ D 51; ἀ- 201
ἀνήρ 197 M. 4
ἄνθρωπος D 33
ἀνιάω 130, 1
'Αννίβᾱς G. Sg. -ᾱ 39 A. 2
ἀνοίγνυμι s. ἀνοίγω
ἀνοίγω Augm. 119, 4; E 78; Red. 121, 5; -νῡμι 158, 2; T 176, 41
-αντι 3. pl. 135, 5 E; 156, 5 E
ἀντιδικέω Augm. 120, 3 b
ἄνυδρος ἡ 33, 3 c; Adj. (2) 65, 2
ἄνω 88, 1 e
ἄξαι, ἄξον trotz ἔαξα 176⁶
ἀξιόχρεως (2) 67, 2
-αο 2. sg. E 85
-ᾱο G. Sg. > -ᾱ 39 A. 2
ἄπαις m. u. f. 79
ἀπαλλάττω 130, 2
ἀπαντάω Augm. 120, 2 M.; Fut. 127, 2
ἅπαξ 191 d 2; E 68; E 69, 1
ἅπᾱς D 72, 1 a
ἀπατάω Augm. 120, 2 M.
ἀπάτωρ (2) 78
ἀπειλέω Augm. 120, 2 M.
ἀπείργω = -γνῡμι 158, 2
ἀπεχθάνομαι T 174, 30
ἄπιστος (2) 65, 2; D 65, 3
ἁπλαῖ trotz -όαι 66, 2 b
ἁπλῆ trotz -όη 66, 2 b
ἁπλοῦς (2) 66, 3 c; Akz. 66, 2 d
ἁπλοῦς D 66, 4; Komp. 83, 1 b; Adv. 87, 1; ἀ- 191 d 2; E 68; E 69, 1
ἀποδίδομαι T 189, 111
ἀποδιδράσκω Fut. 127, 2 β 2; Wz.-Aor. 168 b α; K 168; T 184, 80
ἀποθνῄσκω 113, 5; Fut. 127, 2 β; Wz. Pf. 169 b; E 112; Pf. Fut. 135, 7; T 182, 69
ἀποκτείνω Pf. II 155, 2; E 103, 1
ἀπολαύω Fut. 127, 2
ἀπολείπω 130, 1
ἄπολις D 78
"Απολλον 30 d Ausn. 1; 49, 4 A. 2

ἀπόλλυμι T 126, 1; 177, 44; Red. 122, 1
ἀπονοέομαι 129, 3
ἀπόπλου trotz -όου 34, 4
ἀπόπλους Akz. 30 d Ausn. 2; 34, 4; D 34
ἀπορέω Augm. 120, 2 M.
ἀπορρέω Augm. 120, 2 M.
ἀποφαίνομαι T 172, 18
ἀπόχρη K 162, 2 A.
αρ < ṛ R 2; 191 d
ἀραρίσκω Aor. Red. E 79
῎Αραψ D 46; < -βς 212, 2 b
ἀργαλέος < *ἀλγ- 214, 2 a
ἀργυροῦς D 66, 4
ἀρέσκω T 182, 65
῎Αρης D 53, 3 A. 2
ἀριστερός - tero - 81, 1 E; E 55, 1
ἄριστος 85, 1; Adv. 87, 3
ἀρκέω T 137
ἄρκτος ὁ, ἡ 33, 2
ἁρμόττω (ἁρμόζω) T-St. 143, 2a A.
ἀρνέομαι 129, 3
ἁρπαγή 211, 7; 124, 2 b
ἁρπάζω 124, 2 b; 211, 7; gilt als T-St. 143, 2 c; Fut. 127, 2 γ
ἅρπαξ m. u. f. 79; 143, 2 c
ἄρρην (2) 78; < -ρσ- 212, 2e A. 2
ἄρσην hom. 212, 2e A. 2
ἄρχω Fut. 127, 1; Pf. II 155, 1c; ἀρκτέον < -χτ- 213, 2 a
-ᾱς < *-ηs 42 E; 191 d 2; E 28, 2
-ᾱς, -ᾱδος Zahlsubst. 107, 2
-ᾶς alter N. Pl. 39 | E 25, 2; G. Sg. 39, 3; E 21, 1; E 25, 1; A. Pl. . < *-ᾰνς 36 E; E 25, 2
-ᾱς, -αινα, -αν Adj. D 74
-ᾱς, -ᾱσα, -ᾱν Part. D 72, 1 b; 156, 5 E
-ᾱσι (-ησι) D. Pl. Fem. 25; E 21, 2; E 25, 2; 3. pl. 135, 5 + E; 156, 5 + E; E 88; E 104, 4
ἆσσον hom. E 57
ἀστήρ D 51 A. 2
ἄστυ D 57 + E; E 38; -η 196 b 4 A.; E 38
-αται 3. pl. Pf. M/P 135, 8 E; E 75, 3
ἅτερος E 68; E 69, 1
ἅτερος 102 A. 2; 197 M. 4; E 68
-ατο 3. pl. Plqu. M/P 135, 9 E; E 75, 3
᾿Ατρείδης D 39; -είδης 16, 2; -ᾶ 108, 4
ἄττα 23 b; E 66
ἄττα 99, 2a; E 65
αυ < idg. au 191 c; = a + u 11; > neugr. aṷ > aw/af E 9
αὖ E 64
αὐξάνω Augm. 118, 2; Red. 121, 4 c; -αν- 124, 3 b; αὐ- 191 c; T 174, 33
ἄυπνος Schreibung 16, 2
αὕτη E 63; s. οὗτος
αὐτή = ἡ αὐτή 98, 2 a A.
αὑτῇ 96 A.
αὐτίκα 89
αὐτόθεν, -θι 88, 2; 89
αὐτοῖν 108, 3
αὐτός 103; D 98, 1; E 64; Bedtg. 98, 2; in ἑαυτοῦ 91, 2; = Pers.-Pron. 3. P. 91, 3 + 7; ὁ αὐτός, ὥσπερ 99, 1 M.
αὑτός = ὁ αὐτός 98, 2a A.
αὐτόσε 88, 2; 89
αὐτοῦ Adv. 89; Gen. 88, 1 a + 2 a; Poss. Pron. 92, 3—5
αὑτοῦ usw. 91, 2 A. + 7; = Poss.-Pron. 92, 3—5
αὐτώ 108, 3
αὕτως 89
ἀφαίρεσις 198
ἀφικνέομαι T 175, 34
ἄχθομαι 129, 3 γ; T 171, 13
ἄχρι nicht elidiert R 10, 3; 198 M. 3
-άω E 83; E 92
-άων < *-ᾱσωμ 205, 2 β; E 25, 2; E 60, 4; > -ῶν, -ᾶν 196 b 2

β < idg. b 206
βαδίζω Fut. 127, 2
βαίνω T 126, 3; 173, 19; Fut. 127, 2 β 2; Wz. Aor. 168 b α; Wz. Pf. 169 b
βάλλω 115; Aor. II 151 b; T 172, 15
βάπτω Aor. II P 153 a
βάρβαρος (2) 65, 2 c
βᾶς Akz. 68 A.; βάντες 194 b
βασιλέα < -ῆα R 7; 195; E 39
βασίλεια ἡ 29 a; 59 A. 2
βασιλεῖς statt -ῆς 59 A. 3; E 39
βασιλεύς 29 a; < *-ηυς 194 a; D 59 + E; E 39; Dual 108, 4
βασιλέων < -ήων R 6; 194 c; E 39
βασιλέως < -ῆος 195; E 39
βασιλῆ Dual 108, 4
βασιλῆᾱ > -έᾱ R 7; 195; E 39
βασιληρ-/βασ.λην- 202, 2 α; E 39
βασιλῆς R 13 b; 202, 2 α; > -εῖς 59 A. 3; E 39
βασιλήων -έων R 6; 194 c; E 39
βδ < πδ 213, 2 a; E 69, 2
βέβαιος meist (3) 65, 3 A. 1
βέβηκα s. βαίνω
βελτίων, -ιστος 85, 1
βῆ E 4
βιάζομαι 129, 1
βιβάζω Fut. 135, 1 A. 1; 145, 5 A. 1
βιβλίον assimiliert 199
βίβλος ἡ 33, 3 a
βιβρώσκω T 184, 76; 189, 107
βίος β < Labiovelar 207 A. 2
βιοτεύω Fut. 127, 2 β 2; T 189, 104
βιόω Ersatz 168³; Wz. Aor. 168 b γ
βλάπτω P-St. 143, 2 b; Aor. II P 153 a; Pf. II 155, 1 a; βέβλαπται < -βτ- 213, 2 a
βλέπω Fut. 127, 2 γ
βλώσκω < *μβλ- 215
βόας hom. A. Pl. E 41

βοάω Fut. 127, 2
βορρᾶς D 40; < *borḡās E 27
βότρυς ὁ 56, 1
βουκόλος κ < Labiovelar 207
βούλομαι Augm. 119, 4 A.; T 187, 86; 129, 3 γ; nur -ει 131, 7 A.
βοῦς R 13 a; ὁ, ἡ 43 IV; D 62 + E; E 41, 1; β < Labiovelar 207
βουστροφηδόν E 2
βροτός < *μβρ- 215
βύβλος ἡ 33, 3 a; 199

γ < idg. g 206; = ŋ 14; 204, 3; Präs. Erw. 27 c; 124, 3 e
γάλα 42 E; 209, 2; 47, 1; 47, 6; E 28, 1
γαμέω T 186, 84
γαστήρ ἡ 43 I a 3 Ausn.; D 51 A. 4
-γγ- < -νγ- R 23 e
γδ < κδ 213, 2 a; E 69, 2
γε enkl. 23 e; b. Pers. Pron. 91, 5
γέγαμεν 193
γέγραμμαι < -φμ- 213, 1 b
γέγραπται < -φτ- R 23 d
γεγράφαται s. γράφω
γεγράφθαι < *-φσθαι R 22 g; 212, 3 b
γελάω Fut. 127, 2 α; T 137
γέλως ὁ 43 II a 2 Ausn.; σ-St. 137⁴
γένει Dual 108, 4
γένεος hom. 205, 2 β; E 35
γένεσιν < γένεσσιν (hom.) 53 E; E 35
γένεσις 193
γένος D 53; E 35; Dual 108, 4; in Eigennamen 53, 1 A.; Ablaut 193; E 28, 1
γένους R 16; 196 b 4 + A.; 205, 2 β
γεραιός Komp. 83, 3
γέρας 54, 1
γέρον < *-οντ R 18; 48²; 209, 2
γέρουσι < *-οντσι 200
γέρων D 48; E 32
γεύομαι < *γευσο- 205, 2 β
γῆρας 54, 1
γηράσκω -σκ- 124, 4; Fut. 127, 2 β 2; Wz. Aor. 168 b α; T 182, 66
γίγαν < *-αντ 48²
γίγᾱς < *-αντς R 11; 200; D 48
γιγνώμαι Präs.-Red. 122, 2 A.; 124, 5 a; T 183, 73; Ablaut 192 Beisp. 1.; 193; > γίννο- > γινο- 213, 1 b A.
γιγνώσκω 113, 4—6; Red. 121, 5; -σκ- 124, 5 b; 205, 1 β; Fut. 127, 2 β 2; Wz. Aor. 168 b γ; K 168; T 184, 77; γνο- 194 b
γίννομαι < γιγν- 213, 1 b A.
γίνομαι < γιγν- < γιγν- 213, 1 b A.
-γκ- < -νκ- R 23 e
γλῶττα D 38
-γμαι Analogie 144, 5 + E; E 96, 1
-γν- > ην > νν > ν 213, 1 b A.
γνώμη 113, 5

γνωρίζω Red. 121, 5
γνωτός 193
γονή 193
γόνος 193
γόνυ idg. 206; ŭ-St. 47, 2
γράμμα < -φμ- 213
γράφω Red. 121, 3; Pr.St. 124, 1;
Aor. II P 153 a; Pf. II 155, 1 c;
γεγράφαται Ε 75, 3; Ε 103, 2
γράφω < *-φσω R 22c; 212, 2 b
γύναι Vok. R 18; 209, 2; Ε 28, 1;
Akz. 30 d Ausn. 1; 42, 3 Α.;
44, 3; 46, 2 Ausn.
γυνή Akz. 44, 1 Α.; D 46, 3; Dual
108, 4
γύψ < -πς 212, 2 b; D 46
-γχ- < -νχ- R 23 e

δ < idg. d 206; -δ fällt ab R 18;
209, 2; Ε 66
δαίμων D 50; D.Pl. 50 E
δάκνω -ν- 124, 3 a; Fut. 127, 2 β;
Τ 173, 21
δάμνημι Ε 108, 1
Δᾱμοκλῆς 53, 1 A.
Δαρεῖος = -ēus > -īus E 8
δαρτός < *δρ̥τος R 2
δᾷς, δᾴδων 44, 1 Ausn.
-δε Suff. 23 e; Adv. 86, 3; 88, 2;
ὅδε 95, 1; Ε 60, 5; Ε 63
δέδια s. δέδοικα
δεδογμένα, τά 184⁹
δέδοικα Wz.Pf. 169 b; Ε 89; Ε 112;
Ε 113; Τ 169¹
δέει zu δέομαι 133, 3 b Α.
δεῖ 111 I a A.; 133, 3 b Α.; Τ 187, 87
δείδω < δείδοα 169¹
δείκνῡμι idg. 206; 113, 4+5; Ausspr.
E 8; -νῡ- 124, 3 d; 156, 7 b;
Τ 166, 1; 176, 37
δεικνύς < *-νυντς R 11; 200
δεῖνα ὁ D 101, 2 A. 2
δεινός τοῦ 101, 2 A. 2
δεινός < *δϝει- 7, 1; 202, 2 Α.; Adv.
87, 2
δέκα 1; 104 Ε
δέκατος Ε 55, 2; Ε 69, 2
δελφίς 49, 3 Ausn.
Δελφοί οἱ 29 a¹; 33, 3 b Ausn.
δεξιτερός -tero- 81, 1 Ε; Ε 55, 1
δέομαι 129, 3 γ; nur δέει 131, 7 Α.;
133, 3 Α.; Kontr. 133, 3 b;
Τ 187, 87
δέρω Pr.St. 124, 1; Fut. 135, 1 Ε;
Ε 84, 2; Τ 148, 1; Aor. II P
153 b; -δαρ- 191 d 1; Ε 99; Aor.
212, 2 e; R 22 f; Ε 98, 1
δέσποτα 30 d 1 Ausn.; 39 A. 1
δεῦρο 89
δεύτερος 104; -tero- 104 Ε; Ε 69, 2
δέχομαι 129, 1
δέω < *δεϝω Kontr. 133, 3 b;
196 b 4 Α.; Τ 187, 87

δέω < *δεϳω Kontr. 133, 3 Α.;
196 b 4 Α.; Τ 140 a; Pf.Fut.
140³; Ε 91
δέων b. Zahlen 106, 2
Δῆλος ἡ 33, 3 b
δῆλος (3) D 64, 4
Δημήτηρ D 51 A. 3
Δημοκράτης 53, 1 A.
Δημοσθένης Vok. 44, 3
δημοσίᾳ Adv. 88, 1 b
δήν Adv. 88, 1 c
διᾱκόσιοι -ᾱ- 104 Ε
διαλέγομαι Red. 122, 2; Ε 79;
Τ 171, 3; 129, 3
διάλεκτος ἡ 33, 3 c
διαλλάττω 130, 3
διανοέομαι 129, 3
διαρρήγνῡμι < -ϝρ- 203, 1 Α.
διαφθείρω Aor. II P 153 b; Pf. I
u. II 155, 2
διδάσκω Präs.-Red. 122, 2 A.;
Τ 184, 79
διδόᾱσι unkontr. 196 b 3
δίδομεν R 3 b 2
διδούς D 71, 2; Ε 32; Ε 104, 4
διδράσκω s. ἀποδιδράσκω
δίδωμι Ablaut R 3 b 2; 192 Beisp. 2.;
Ε 104, 1; Präs.Red. 122, 2 A.;
124, 5 c; 157, 1; Τ 166, 1; Aor.
167; Ε 111
Διϝ- s. Ζεύς
δικαστής D 39
Διός usw. s. Ζεύς
δίπους D 78
δίς 104 + Ε
δίφρος Ablaut 192 Beisp. 1
διψήω Kontr. 133, 1
διώκω E 80; Pr.St. 124, 1; Fut.
127, 2 γ; Τ 144, 6; -γμαι 144, 6 Ε;
213, 2 b A.; Pf. II 155, 1 a
δμώς Akz. 44, 1 Ausn.; 61 A. 2
δορέναι Ε 111, 4
δοκεῖ Τ 185, 82
δοκέω Τ 185, 82
δόξα D 38
δόρυ u-St. 47, 2
δόσις < *-τις 210
-δοῦ Akz. 123, 2 Α.; 167 f
δοῦλος D 33
δουλόω < *-οϳω 124, 2 a; T 136
δούς D 71, 2
δράκων urspr. n-St. Ε 32
δράω Red. 121, 3; Τ 138 b; 191 b A.
δρῦς ἡ 56, 1
δύναμαι Augm. 119, 4 A.; 129, 3 β;
159, 2; Κ 163; Ε 108, 1; Τ 166, 3
δύο 104 + Ε; D 105; Ε 19; Ε 69, 1
δυσ- Augm. 120, 2; Red. 121, 6
δύω Τ 126, 3; 140 a; -όω 140⁴; Wz.-
Aor. 168 b 8; Κ 168; Konj. -ῠ-
168
δύω = δύο Ε 69, 1; Ε 70
δώδεκα Ε 69, 1; Ε 70

δωρέομαι 129, 1
Δωριεύς D 59 A. 1
δῶρον D 33; idg. ŏ 191 b

ε < idg. ĕ 191 a; = ĕ̆ 10; = ę 10;
Ε 5; Ε 27; Name 11¹; Kontr.
R 8; > ει R 11; Charaktervokal
114; 135, 6; Ε 73; Präs.Erw.
113, 5; 125; in Perf.Red. 121 b
ἑ- Augm. 118 ff.; Ε 77; Red. 121, 4;
Ε 79; proth. Vok. 201; b. ἐμοῦ
usw. E 61; b. ἐκεῖνος E 63
-ε 3. sg. Perf. 116⁹; Aor. Ε 85;
E 88; V.Sg. E 22, 1; Dual 108;
Ε 70
ἔ, ἑ 3. Pers. 91, 3 A. 2; 91, 7; Ε 61, 3;
Ε 68; enkl. 23 a
-εα Plqu. > -η 135, 6 Ε; Ε 73; Ε 89
ἐάγην 176⁷; Ε 78
-εαι 2. sg. E 82
ἑάλων Ε 78
ἔαρ kontr. ἦρος, ἦρι 50 A. 4
ἑαυτοῦ usw. 197 M. 4; Ε 68; D
91, 7; Ε 61 Refl.; > αὑτοῦ usw.
91, 2 A.; = Poss.Pron. 92, 3—5
ἐάω Augm. 119, 1; Red. 122, 2
ἕβδεμος 199; 201; Ε 69, 2
ἑβδομήκοντα Ε 69, 1
ἕβδομος < -πδ- R 23 d; 213, 2 a;
< *sept- 104 Ε; Ε 69, 1 + 2;
-ο- 199; Sproßvok. 201
ἐγγίγνομαι < -νγ- 213, 2 b
ἐγγύς Komp. 88, 1 e
ἐγείρω Red. 122, 1; Plqu. 122, 1;
Τ 126, 1; 172, 16; Aor. II M
151 b A.; Pf. II 155, 2
ἐγκλίνω < -νκ- R 23 e; 213, 2 b
ἐγκωμιάζω Augm. 120, 1; Fut.
127, 2 γ
ἐγρήγορα Präs.Bed. 111 d; Red.
122, 1
ἐγώ D 91, 7; 91 Ε; Ε 61
ἔγωγε Akz. 91, 5
ἔγῳμαι 197 M. 3
*ἐδ- Red. 122, 1; Plqu. 122, 1;
Τ 189, 107; s. a. ἐσθίω
ἐδέδισαν s. δέδοικα
ἐδήδοκα Plqu. 122, 1; 189, 107
ἔδομαι < Konj. 173⁵; 189, 107⁹
ἐθέλω Augm. 119, 4 A.; Ε 79; Red.
121, 4 c E; Ε 79; Τ 187, 88;
Ε 84, 2
ἐθίζω Augm. 119, 1; Red. 122, 2;
Τ 126, 1; 171, 14; 130, 3
ει < idg. ei 191 c; = e + i 10; Ε 8;
> ę > ῑ 8²; Ε 8; „unechtes"
R 8 a¹; R 11¹; R 22 a¹; R 22 f¹;
< ε + ε Ε 8; R 8; < ε m. Ers.
Dehn. R 11; 211, 1 β; 200; Ε 8;
Charaktervok. 114; 135, 6 + Ε;
Ε 73; Ε 89
εἰ- Augm. 119, 1; E 78; Red. 122, 2;
E 79

-ει 3. sg. A 131, 7+E; E 82; E 89; 2. sg. M 131, 7+A.; E 82
εἰ 161 E; E 107
-ειαν, -ειας „aiol." 135, 2; E 85
εἶδον s. ὁράω
-ειε(ν) „aiol." 135, 2; E 85
εἴην R 211; 211, 8
εἴθε m. Opt. 111 Ic
εἴθην E 78; E 110
εἶκα s. ἵημι
εἰκάζω Augm. 118, 2
εἰκῇ Adv. 88, 1 b
εἴκοσι(ν) 201; 204, 2 A.; 210; E 69, 1
εἰκοστός E 69, 2
εἰκών D 50; D.Pl. 50 E; 155 d⁴
εἰλήλουθα 192 Beisp. 1
εἴληφα 122, 2; 208; 212, 1a+b; E 79
εἴληχα 122, 2; E 79
εἷλον T 189, 103
εἴλυμα E 92
εἰλύω E 92
εἷμαι s. ἵημι
εἵμαρται 122, 2
-ειμεν Plqu. E 89
εἶμεν E 78
εἰμέν hom. 212, 1 b A. 1
εἶμι idg. ei- 191c; 159, 1; E 75, 2; E 106; K+T 161; 189, 105; Bedtg. 161 M. 1; Konj. E 74; Ablaut E 104, 1; them. Formen E 104, 2
εἰμί R 22a; 200; 212, 1b; Fut. 127, 2; 159, 1; K+T 162; E 107; enkl. 23 d; b. Umschreibung 135, 5 ff.; 144, 3; 147, 4
-ειν Inf. 131, 4; E 76, 1; E 82; Verba contr. 132, 3 b+E; E 76, 1; E 83; Plqu. 1. sg. 135, 6 E; 156 E; 161 E; E 89
εἴνυμι ion. 212, 1 b A. 2
εἷο hom. E 61, 3
εἶπας usw. 189, 102³
εἰπέ 123, 1 Ausn.; 150, 3 A.; 189, 102²
εἶπον 189, 102³; E 79
εἴργνῡμι (εἴ-) s. εἴργω
εἴργω (εἴ-) = -νῦμι 158, 2; Unterschied 158, 2¹; T 176, 38
εἴρηκα 122, 2; E 79
-εις 2. sg. 131, 7+E; 135, 6 E; E 82; E 89
-εις, εἶσα, -εν Part. D 72, 3; 200
-εις, -εσσα, -εν Adj. 73; E 49
εἰς < ἑνς argiv. 212, 2e+A. 3
εἷς, μία, ἕν v-St. 74; 200; 212, 2e; E 69, 1; Zahlwort 104+E; D 105+A.1; b: Ordinalia 106, 1 A. 2
εεισαν Plqu. 3. pl. E 89
-ίσοδος ἡ 33, 3 d
εἴσομαι 127, 2; E 113

-ειτε Plqu. 2. pl. E 89
εἴτι dor. 161 E
εἴωθα 155, 1 d; 171, 14; 200; 202, 2β; 214, 2b; E 79; Plqu. 155, 1 d
ἑκάς E 68
ἕκαστος 102; 103; E 68
ἑκάστοτε 89
ἑκάτερος 102; 103; Stellg. 102 A. 1; -tero- 102 E
ἑκατόν 104+E; E 69, 1; -α- 191 d 2; -ν 204, 1; Inschr. HE... E 15
ἐκεῖ, -θεν 88, 2; 89; E 63
ἐκείνη Adv. 89
ἐκεῖνος 103; 95, 3; E 63; -ο < *-od 95, 3 E; = 3. Pers. 91, 3+7; = Poss. Pron. 92, 3—5; Gebrauch 96
ἐκεινοσί 96 A.
ἐκείνως 89
ἐκεῖσε 88, 2; 89
ἑκκαίδεκα R 22g; 212, 3b
ἑκουσῶν Akz. 68, 2
ἐκπλήττω T 126, 4; 189, 110; 130, 3; Aor. II P 153a
ἕκτος 104+E; 212, 3 b
ἑκυρός < *σϜε- 202, 2 A.
ἑκών D 71; E 47
ἐλάᾱ 37¹; 191 b A.
ἐλάσσων ion. 85 E; 211, 6 A.
ἐλάττων 85, 3+4; 85 E; 211, 6 A.; E 57—59
ἐλαύνω Red. 122, 1; Plqu. 122, 1; T 173, 24
ἔλαφος ὁ, ἡ 33, 2
ἐλαχύς 85, 3
ἐλάω Red. 122, 1; Plqu. 122, 1
ἐλέγχω Red. 122, 1; Plqu. 122, 1; 144, 5 A.
*ἐλευθ- Ablaut 192 Beisp. 1; Red. 122, 1; Plqu. 122, 1; T 189, 105; ἦλθον 189, 105⁷
ἐλεύθερος (3) D 64, 4; ἐ- 201; -θ- 206
ἐλήλυθα Plqu. 122, 1
ἐλθέ 123, 1 Ausn.; 150, 3 A.; 189, 105²
ἔλιπον Ablaut R 3 b 1
ἐλίττω Augm. 119, 1
ἑλκύω Augm. 119, 1; Red. 122, 2; T 138a
ἕλκω Augm. 119, 1; E 78; Red. 122, 2; T 138a
Ἕλλην D 50
Ἑλληνίς nur f. 79
ἐλπίζω T-St. R 21 f; 211, 5; 124, 2 b; 143, 2c; Augm. 118, 2; Red. 121, 4 c
ἐλπίς 47, 1; 212, 2c; D 47
ἐμαυτοῦ usw. 91, 2+7; E 61 Refl.; = Poss. Pron. 92, 3—5
ἐμβαίνω < ἐνβ- 213, 2 b
ἐμέ D 91, 7; E 61; E 62
ἐμεῖο, ἐμέο hom.. E 61
ἐμεωυτοῦ usw. ion. E 61 Refl.

ἐμμένω < *ἐνμ- R 23c; 213, 1 e
ἐμός (3) 92+E; ἐ- E 62
ἐμοῦ D 91, 7+E; E 61; E 62
ἐμοί D 91, 7; E 62
ἔμοιγε Akz. 91, 5
ἐμπίπλημι 157, 2 A. 1
ἐμπίπρημι 157, 2 A. 1
ἐμφύω < ἐνφ- 213, 2 b
-(ε)ν < *-ent 3. pl. 116; 131, 7+E; E 104, 4; Inf. 117; E 76, 1
ἐν < *sem- 204, 1; E 69, 1
-(ἐ)ναι Inf. 117; 135, 5; 167d; E 88; E 111, 4
ἐνακόσιοι E 69, 2
ἔναντα Adv. 65, 2 A.
ἐναντιόομαι 129, 3; Augm. 120, 3 a; Red. 121, 6
ἐναντίος (3) 65, 2 A.
ἔνατος E 69, 2
*ἐνεκ- Pf.Red. 122, 1; Plqu. 122, 1; Aor. Red. 122, 2 A.; ἤνεγκας usw. 189, 114³
ἐνενήκοντα E 69, 1 + 2
ἐνήνοχα Plqu. 122, 1
ἔνθα, -δε Rel. 89; Dem. 89 A. 1
ἔνθεν, -δε 89
ἐνθυμέομαι 129, 3
ἔνιοι 103
ἐνίοτε 89
ἐννέα 104 E; E 69, 1
ἐννοέομαι 129, 3
ἕννῡμι s. ἀμφιέννυμι
ἐνοχλέω Augm. 120, 3 c
ἑνς argiv. 212, 2e+A. 3
-εντ- Part. 72, 3; Adj. 73; E 49
ἐνταῦθα 89
ἐντεῦθεν 89
ἐντί dor. 162 E; E 107
ἐξ Komp. 83, 2; -ς 205, 2 A. 2
ἕξ = sex 1; 104 E
ἑξακόσιοι E 69, 1
ἔξεστιν = ἔστιν 162, 1 c
ἐξικνέομαι T 175, 34⁸
ἔξοδος ἡ 33, 3 d
ἔξω Adv. 88, 1 e
ἔξω h- 208
-εο 2. sg. E 82; G.Sg. > -ευ E 10; 100
ἕο hom. E 61, 3
ἔοικα Augm. 119, 4; Red. 121, 5; 155, 1 d
ἑορτάζω Augm. 119, 3
ἑός hom. = ὅς E 62
ἐπαινέω Fut. 127, 28; T 140c
Ἐπαμεινώνδᾱς -ου 39 A. 2
ἐπανορθόω Augm. 120, 3c; Red. 121, 6
ἐπείγω 130, 1; Augm. 120, 2 M.
ἐπεντίθημι 211¹
ἐπετίθμεν E 89; E 113
ἔπεσι < ἔπεσσι R 22e; 205, 2 A. 1; 212, 2d; E 35
ἔπεσον 183³; E 84, 2

ἔπεσσι hom. R 22e; 212, 2d; E 35
ἔπεται statt *ἔτεται 207 A. 1
ἔπετον dor. = ἔπεσον 183³
ἐπιμελέομαι 129, 3; E 86; T 187, 91
ἐπιμέλομαι 129, 3γ; T 187, 91
ἐπιορκέω Augm. 120, 1; Fut. 127, 2γ
ἐπίσταμαι 129, 3 β; 159, 2²; K 163;
 E 108, 1; T 166, 3; Augm.
 120, 3 a
ἕπομαι < *se- R 15; Augm. 119, 1;
 T 171, 10; Aor. K 171, 10³;
 ἕπεται 207 A. 1
ἔπος < ϝε- 202, 2 A.; σ-St. E 35
ἐπριάμην K 163
ἑπτά R 15, 1; 104 E; 205, 2α; E 69, 1
ἑπτακόσιοι E 69, 1
ἑπτάμην Aor. s. πέτομαι
ἔραμαι (= ἐράω) 129, 2; T 137
ἐράω s. ἔραμαι
ἐργάζομαι 129, 1; Augm. 119, 1 A.;
 Red. 122, 2
ἔργον < ϝε- 202, 2
ἐρέττω T-St. 143, 2a A.
ἔρημος meist (3) 65, 3 A. 1
ἐρίζω T-St. 143, 2c; Fut. 145, 5
Ἐρινύς D 56; ἡ 56, 1
ἔρις -ιν, -ι 47, 4 A.
Ἑρμῆς D 40
ἕρπω Augm. 119, 1
ἔρρεον 203, 1 A.; 212, 1a; E 77
ἐρρίπτουν E 77
ἐρρωμένος Komp. 83, 1c
ἔρρωσο Imp. 180, 54⁸
ἐρυθρός ἐ- 201; -θ- 206
ἔρχομαι T 189, 105; s. a. εἶμι, ἥκω
ἔρως ὁ 43 IIa 2 Ausn.; σ-St. 137⁴
ἐρωτάω T 189, 106
-ες N. Pl. 42 E; E 22, 2; E 28, 1
*-εσαι > -η 25; R 16; E 82
ἐσθής D 47
ἐσθίω Fut. 127, 2β; T 189, 107
ἐσμέν 212, 1b A. 1
ἔσομαι, -νται < -σσ- 212, 2d
ἔσσεται E 107
ἐσσί hom. 162 E; E 75, 2; E 107
ἔσσομαι, -νται hom. 162 E; 212, 2d
ἔσται E 107
-έστερος b. Komp. 83, 1
ἕστηκα Wz. Pf. 169a; Plqu. E 78;
 ἑ- E 79; E 112; s. ἵστημι
ἔστην K 168; -στ- 205, 1 β
ἐστήξω Pf. Fut. 135, 7
ἑστιάω 130, 1; Augm. 119, 1; E 78;
 Red. 122, 2
ἐστί(ν) athem. 113, 4; 156, 5 E;
 idg. 191; -τι 210; E 75, 2; ἔστιν
 162, 1
ἐστός 169b E
ἑστῶσα 169b E; E 46; E 112, 2
ἑστῶτος Akz. 19, 3 A.; 21, 2d A.;
 E 112, 2
ἔσχατος zu ἐξ 83, 2; Adv. 87, 2 A.
ἔσω 88, 1e

ἕτερος 102+E; 103; E 68; Krasis
 102 A. 2
ἔτμαγον 193
ευ < idg. eu 191 c; < εο 10 o; E 10;
 = e+u 11; E 10; > neugr.
 eu > ew/ef E 10
εὐ- Augm. 120, 2; s. aber εὐεργετέω
εὖ < ἐύ 16, 2; 87, 3; E 59; kein
 Hiat E 10
εὐαγγέλιον > Ev- E 10
εὔδαιμον Akz. 44, 3; 76 M.
εὐδαίμων D 76; Akz. 76 M.; Komp.
 83, 1a
εὔελπις D 78
εὐεργεσία < *-τιᾱ R 20; 210
εὐεργετέω Augm. 120, 2; Red. 121, 6
εὐήρης Akz. 77, 2 A.
εὐθύς 87, 2 A.
εὐκλεής D 77; -ᾱ 77, 4; 196, 3²
εὐλαβέομαι 129, 3
εὔνοα unkontr. 66, 3 c A.
εὐνοέστερος unkontr. 83¹
εὔνους (2) 66, 3c; D 66, 4+E; Akz.
 66, 2d +E; E 45; Kontr. 66,
 2a, b; Komp. 83, 1b
εὔορκον = EΥHOPKON 15 A. 1
εὑρέ 123, 1 Ausn.; 150, 3 A.
εὑρίσκω Augm. 118, 2; Präs. Erw.
 124, 4; T 182, 68; E 84, 2; εὑρέ
 182⁶; 123, 1 Ausn.; 150, 3 A.
εὔρους (2) 66, 3c; Akz. 66, 2d
Εὐρώτᾱς G. Sg. -ᾱ 39 A. 2
-εύς <*-ηυς 194a; E 39
εὔς hom. E 59
εὐφραίνω 130, 2
εὐφυᾶ u. -ῆ 77, 4 A.
εὔχαρις D 78
εὔχομαι 129, 1
εὐώδης Akz. 77, 2 A.
ἐφέπομαι 15
ἔφη Aor. Bedtg. 160 M. 3
ἔφηνα < *ἔφανσα R 11; R 22f; 200;
 212, 2e + A. 4; s. φαίνω
ἔφησε Bedtg. 160 M. 3
ἔφησθα s. φημί
ἐφικνέομαι T 175, 34³
ἔφυγον Ablaut R 3 b 1
ἔχεα Wz. Aor. 141 E; E 84, 1
ἔχευα E 94
ἐχθαίρω 211, 1α
ἐχθρός Komp. 84, 3
ἔχις ὁ 43 IIb 1 Ausn.; 57, 1A.
ἐχρῆν neben χρῆν 162, 2
ἔχω < *σε- R 17; 208; 214, 2b;
 Augm. 119, 1; T 171, 11; Aor. K
 171, 11⁴
ἔψευσται < -δτ- R 24
ἑῴ hom. 162 E; E 74
ἐών hom. 19, 3 A.; 162 E; E 107
ἔωξα E 78
ἑώρων 195; E 78
ἕως Akk. 35 A.; E 24, 2; D 54,2 A.;
 < ἠώς 194c; σ-St. E 24, 2

ἑωυτῷ usw. ion. 197 M. 4; E 61
 Refl.

ϝ < idg. u̯ 202; i. Griech. 202;
 i. Epos 202, 2 A.; geschrieben
 7, 1; = lat. F 7,2; als Zahl 104,2;
 Lautgesch. 14; vor Kons. > υ
 R 13; 139; nach Kons. 202, 2β;
 geschwunden R 13; 202, 2α;
 34, 1; 82, 3; beschr. Kontr.
 196 b 4 A.
ϝαγ- s. ἄγνυμι
ϝαλω- s. ἁλίσκομαι
*-ϝατιᾱ > -ϝετιᾱ 73 E
ϝειδ(ε)- s. οἶδα, ὁράω
ϝεικ- s. ἔοικα
ϝελ- s. ἐλίττω
ϝεπ- s. ἔπος, εἶπον
ϝεργ- s. ἐργάζομαι, ἔργον
ϝεσνῦμι s. ἀμφιέννυμι
ϝεστια- s. ἑστιάω
*-ϝετιᾱ, -ϝετσι 73 E
ϝιδ- s. οἶδα, ὁράω
ϝιδεῖν, ϝίδμεν 1; 191a
ϝίκαστός E 69, 2
ϝίκατι dor. 201; 210; E 69, 1; E 70
ϝῖς = ἴς 191b
*ϝῖσος = ἴσος 205, 2β
ϝοι ark. = οἱ 202, 2 A.
ϝοιδ- s. οἶδα, ὁράω
ϝοικ- s. ἔοικα
ϝοῖκος 1; 7, 1; 202, 2
ϝοῖνος 7, 1
*-ϝοτ- Part. Perf. Akt. 117
ϝραπ- s. ῥάπτω
ϝρη- s. εἴρηκα
ϝρῆξις lesb. 202, 2
ϝρῖπ- s. ῥίπτω
ϝωθε- s. ὠθέω
ϝωνε- s. ὠνέομαι
*-ϝως/-ϝος s. -ώς, -υῖα, -ός

ζ Lautwert 14; 205, 2 A. 3; E 14
ζ- < i̯- 202, 1β
ζ- < -δi̯- R 21f; 211, 5;
 < -γi̯- R 21h; 211, 7
ζευκτός < -γτ- 213
ζεύγνῡμι T 176, 39; 213, 2a
Ζεύς D 62+E; E 42, 3; 194a; 211, 5
ζηλόω Red. 121, 4b
ζημιόω Fut. 127, 1
Ζῆν 194a; E 42, 3; -α, -ός, -ί E 42,3
ζήω 133, 1; T 189, 104'
ζυγόν idg. 206; -ν R 14; 204, 1;
 -υ- 191a; ζ- 202, 1β
ζῶ 211, 5 A.; T-St. 143, 2c; K-St.
 (Schall) 143, 2c A. 1; E 95, 1
ζώννῡμι 124, 3d; 156, 7b; 212, 1 b
 A. 2; T 180, 53

H = h 7; 15; E 15; = ā 7,3; 15
η < idg. ē 191b+A.; E 78; < idg. ā
 R 1; 191b+A.; = ā > ę̄ > i̯

E 3; E 4; 10; < ă m. Ers. Dehn.
R 11; 200 + A. 1
η s. ηι
*ή- Augm. E 78; E 113
-η < -εα Plqu. 135, 6 E; E 73; E 89
-η 2. sg. M < -εσαι, -ησαι 25; 1167;
131,7 + E; 205, 2β; E 82; 3. sg.
A 131, 7 + E; Adv. 88, 1 b
ή D 32; s. ὁ
ή b. Komp. 81, 5
ή Poss. Pron. 92, 2
ή = ήν 162 + E; E 107; ή δ'ὅς
94, 2 A.; 160A.
ή Adv. 89
ηᾱ > εᾱ R 7; 195
ήα E 77; 162 E; E 107
ήα 161 E; E 106
ήβάσκω T 182, 67
ήγεμόσι 212, 2e A. 1; E 33
ήγεμών E 28, 1
ήγερθεν < *-θηντ 194b; 209, 2; E 86
ήδεα hom. = ήδη 169c + E; E 78;
E 106; E 113
ήδεϝ- s. ήδύς
ήδειν E 78
ήδη < ήδεα hom. 169c + E; E 78
ήδησθα 169c + E; E 113
ήδί 96 A.
ήδομαι 129, 2
ήδύς D 75; E 51; Ablaut 75, 3 +
E; Komp. 84, 3; Adv. 87, 1 +
2; Kontr. beschr. 196b 4 A.;
υ > ϝ 202
ἥεισθα E 106; E 113
ήεν > ήν E 107
ήθος < *σϝηθ- 155 d⁵
ηι (η) < idg. āi 191c + A.; erh.
194a A.; Lautwert 12; > ẹ̄ 12;
E 82; Kontr. R 8
ήκιστα Adv. 85, 2; 87, 2 A.; 211, 6
ήκω Augm. 118, 2; T 189, 105;
s. ἔρχομαι, εἶμι
ήλθον statt ήλυθον 189, 105⁷
ήλίκος 99, 1 d; 103; -περ 99, 1 A.
ήλιξ m. u. f. 79; 99, 1 d
ήλυθον 189, 105⁷; 192 Beisp. 1
ήμαι 164 A. 1; s. κάθημαι
ήμᾶς D 91, 7; E 60, 4; E 61; -αὐ-
τούς, -ᾶς 91, 7
ήμε- hom. < *ἄσμε 200; E 61
ήμεῖς D 91, 7; E 60, 4; E 61; <
*ἄσμ- 200; E 61
ήμερος (2) 65, 2c
ήμέτερος 92, 2; 81, 1 E; 92 E; 100,
3 E; E 62; Vok. -ρε 90, 4; -αὐ-
τῶν 92, 3 A. + 5
ήμί 160 A.
ήμιν E 70
ήμίν D 91, 7; E 61; -αὐτοῖς, -αῖς 91, 7
ήμισυς Akz. 75, 2
ήμῶν D 91, 7; E 60, 4; E 61;
-αὐτῶν 91, 7; = Poss. Pron. 92,
3—5

-ην Akk. R 14; dor. Inf. = -ειν
E 76, 1; Aor. II Pass. E 86
ήν δ'ἐγώ 160 A.; Impf. zu εἰμί
162 E; E 107
ήνεγκον Aor. Red. 122, 2 A.; -ας
usw. 189, 114³; s. *ἐνεκ-
ηο > εω R 7; 195; E 24, 2
ήπαρ r/n-St. 47, 2; E 30, 2; b < i̯-
202, 1α
Ἤπειρος ή 33, 3 b
ήπειρος ή 33, 3 c
ήπερ Adv. 89
Ἡράκλεις 44, 3; 53, 3
ήρος, ήρι < ἔαρ- 50 A. 4
ήρως V. Sg. 42, 3 A.; 55, 3 Ausn.;
D 61 + A. 1
-ης Adj. 77 M.; Plqu. 2. sg. E 89
-ης 2. sg. Konj. A 131, 7 + E
ήσαν 162 + E; E 75, 2; E 107
ήσαν E 113
-ησι D. Pl. Fem. 25; E 21, 2; E 25, 2
-ησι hom. D. Pl. E 21, 2
ήσμεν E 113
ήσσων ion. 85 E; 211, 6
ήσυχαῖος Komp. 83, 3
ήσυχῇ Adv. 88, 1 b
ήσυχος (2) 65, 2c; Komp. 83, 3
ήτις D Rel. 99, 2a; Interr. 100, 2
ήττάομαι 128, 2; 129, 2
ήττων 85, 2 + E; 211, 4 A. + 6;
Adv. 87, 2 A.
ηυ Lautwert 12
ηύ hom. E 59
ήχθην < -γθ- R 23d; 213, 2a
ήχοῦς < *-οι̯ος R 12; E 40
ήχώ D 60 + E; E 40; A. Sg. E 38
-ήω Verba 133, 1
ήώς hom. 54, 2 A.; 194c; E 44

θ < idg. dh 206; = lat. f E 76, 2;
206; Lautwert 14; E 13
-θα 2. sg. Perf. 116⁹; 160 E; 161;
162 E; 169c + E; E 88; E 106;
E 107; E 113
θαιμάτια 197 M. 1
θάλαττα D 38
Θάλεω Gen. zu Θαλῆς 40 A.
θάπτω P-St. R 21 d; 124, 2b; 211,3;
143, 2b; T 145, 4; Hauchdiss.
145, 4; E 97; τάφηθι 152, 2; Aor.
ΙΙ P R 153a; Pf. II 155, 1c
θάσσων ion. 84 E
θάτερον usw. 102 A. 2; 197 M. 4;
-α- E 68
θάττων 84, 3 + E; 211, 6 A.; E 57;
θ- 208
θαυμάζω Fut. 127, 2 γ
θεά 29a; -άων hom. E 25, 2
θεάομαι 129, 1
θεέ ὦ 33 A. 1
-θείην E 86
-θεῖμεν < *-θηῖμεν R 4; 194a; E 86
θεῖος (3) D 64, 4

-θείς < *-θηντς R 11; 194 b; 200; E 86
θείς D 72, 3
θέλω s. ἐθέλω
θέμα 27; 113, 4
θεν Adv. 86, 3; 88, 2; 3. pl. Aor. P
< *-θηντ 194b; 209, 2; E 86
-θέντων < *-θηντων R 5; E 86
θεοῖσι E 21, 2
θεός θ-14; ὁ, ή 29a; 33, 2; Vok.
33 A. 1
θεράπων urspr. n-St. E 32
θερμός θ- < Labiovelar 207
θέω Fut. 127, 2α; kontr. 133, 3 b;
T 139; 189, 113
-θη- Aor. Pass. 113, 6a; 134, 3;
135, 3; E 86; > -θε- 135, 3 + E
θήκη E 111, 1
θῆλυς Akz. 75, 2
θήρ D. Pl. 212, 2e A. 2
θηράω T 136
θηρεύω Red. 121, 2
-θησε/ο- Fut. Pass. 113, 6a; 134, 3;
135, 4
θῆσθαι E 76, 2
-θητι < *-θηθι 208 A., E 86
-θι Adv. 86, 3; 88, 2; 2. sg. Imp.
116⁵; 156, 5 + E; E 104, 4; > -τι
135, 3 + E; 208 A.; E 86; -θι
trotz Asp. 152, 2
θιγγάνω Fut. 127, 2β; T 181, 56
θνητός 113, 5
θοῦ Akz. 123, 2 A.; 167 f
Θρᾷξ = Thraex, Thrāx E 12
Θρασυμήδης 53, 1 A.
θρίξ D 46; θ-/τ- R 17; 208
θύγατερ 30d Ausn. 1; 44, 3; 51 A. 1
θυγάτηρ D 51
θυμόομαι 129, 2
θύος = tūs E 13
θύραξε, -άθεν, -ᾱσι 88, 1d + 2
θύω T 140a; -ῡ- 140⁴; Hauchdiss.
140⁷
θώραξ ὁ 43 IIa 1 Ausn.

ι < idg. i̯ 191a; = i 10; = i̯ E 5;
i. Langdiphth. 12; i. Präs. Red.
122, 2 A.; ι adscr., subscr. 12
ῑ < idg. ī 191b; < ῐ m. Ers. Dehn.
R 11; 200; 211, 1β
-ῑ- Opt. 115; 123, 3 A.; 131, 4; 156,
4; E 74
-ι Lok. = Adv. 88, 1d; = D. Sg.
E 28, 1
-ῑ (δεικτικόν) 96 A.
ἰάομαι 129, 1
ἰᾶσι Kontr. 196b 3 A.
ἰδέ 123, 1 Ausn.; 150, 3 A.; 189, 109²
ἰδίᾳ Adv. 88, 1 b
ἴδμεν hom. 213, 1e A.
ἱδρύω Red. 121, 4 c
ἱείν 156, 5 E; E 104, 2
ἱείς, -εῖ them. 157, 1 A. 1
ἱέρεια 59 A. 2

ἱερεύς 59 A. 3
ἱερός geschr. HIE... E 15
-ίζω Fut. 135, 1 A. 1; 145, 5; E 84, 2; Bildg. 211, 5 A.
ἵζω 145, 5; 189¹⁰; T 189, 108
-ιη- Opt. 115; E 74; 132, 2a; E 83; 156, 4
ἵημι Augm. Red. 122, 2; 157, 1; E 110; T 166, 1; Aor. 167; E 78; E 111
ἱκετεύω Augm. 118, 2
ἱκνέομαι -νε- 124, 3c; T 175, 34
-(ι)κός (3) 65, 3 A. 2
ἵκω Augm. 118, 2
ἱλάσκομαι T 182, 70
ἱλεᾶ 67 E
ἵλεως D 67+E; 195
Ἴλιον, τὸ 29a¹
-ιμος (2) 65, 2b
-ιν Dual E 70
Ἰνδοί *Hindus* 15
ἱοῖτο, ἱοῖντο thematisch 157, 1 A. 1; E 104, 2
ἴομεν kurzvok. Konj. 173⁵; E 74
-ιον- Komp. Suffix 76 E; E 55, 1
-ιοσ- Komp. Suffix 76 E; E 55, 1
ἰός < *Fἰσός 205, 2β
ἱπποπόλος -πολ- < Labiovelar 207
ἵππος R 3a; 192a; Genus 29a
-ις, -ιδος Adj. nur *f*. 79
ἴς < *Fἴς 191b
ἱσᾶσιν 169c E; E 113
ἴσθι < *Fιδθι 214, 1; zu εἰμί E 107
Ἰσθμοί Lok. 33 A. 2; = Adv. 88, 1d
-(ι)σκ- Präs. Erw. 113, 5; 124, 4+5; 125; 182; 184
ἴσμεν 169c E; 213, 1e A.; E 113
ἴσος Adv. 87, 1
ἵσταμεν R 3b 2; 192, 2; 191b A.
ἱστάς D 72, 1b
ἱστᾶσι 196b 3
ἵστη Imp. E 104, 4
ἵστημι 1-205, 2α; στ 205, 1β; η < ᾱ 191b A.; 192, 2; Ablaut R 3b 2; Präs. Red. 122, 2 A.; 124, 5c; 157, 1; Pf. Red. 121, 5; E 79; Wz. Aor. 168a; Wz. Pf. 169a; E 112; Pf. Fut. 135, 7; T 126, 3; 166, 2
-ιστο- Superl. Suff. 81, 1+E; E 55, 2; 84
ἰσχύς ἡ 43 Ib 1 Ausn.
ἴσχω = ἔχω 175⁴
Ἰφιγένεια = -ῖα E 8
ἰχθῦς ὁ 56, 1; D 56; A. Sg. -ν E 28, 1; A. Pl. < *-υνς E 37
-ίων Komp. Suff. 81, 1+E; 84; D 76; E 52; E 57

κ < idg. *k* 206; Lautwert 14; κ-Perf. 113, 6a; 134, 3; 135, 5 + E; E 88; E 112, 1; κ-Aor. 167; E 88; E 111, 1; E 112, 1

-κ fällt ab 209, 2; R 18
καθαιρέω Augm. 120, 2 M.
καθαίρω 146, 2; Augm. 120, 2 M.; Fut. 147, 2; Aor. 147, 3; ἐκαθάρθην 2 Asp. 208 A.
κάθαρσις 212, 2e A. 2
καθέζομαι Augm. 120, 3a; Fut. 135, 1 A. 1; 145, 5 A. 2; f. κάθημαι 164 + A. 2; T 189, 108
καθείργνυμι, -γω auch κατ- 158, 2
καθεύδω Augm. 120, 3a; T 187, 89
κάθημαι 159, 2; 189, 108; K 164; E 109; Augm. 164 A. 1; Ersatz 164 A. 2
καθίζω Augm. 120, 3a; Fut. 145, 5; Pf. 164; -ομαι für κάθημαι 164 A. 2; T 189, 108
κάθοδος 15
καί b. Zahlen 106, 1; E 69, 1; καὶ ὅς 94, 2 A.; m. Krasis 197c
Καῖσαρ Aussprache 11
καίω s. κάω
κακίων, -ίους, -ίω D 76 + E; 84, 3; 85, 2; E 52; E 55, 1; E 57
κακοδαίμων Akz. 30d Ausn. 2
κακός Komp. 84, 3; 85, 2
καλέω Fut. 135, 1 A. 1; Opt. Pf. P 135, 8 A.; T 141; E 94
καλϜός böot. = καλός 202, 2β
καλλίων D 76 + E; 84, 3
καλός (3) D 64, 4; hom. καλός, böot. καλϜός 64, 4¹; 84, 3.¹; 202, 2β; Komp. 84, 3; Adv. 87, 2
Καλυψώ D 60
κάμνω Fut. 127, 2β; T 173, 22
κανοῦν trotz κάνεον 34, 2 +3
κανών ὁ 43 Ia 3 Ausn.
κἄπειτα 21, 2e
καρποφόρος (2) 65, 2
κασίγνητος 193
-κάσιοι arkad. -κόσιοι E 69, 1
κᾆτα Akz. 21, 2e; R 9; 197 M. 3
κατάγνυμι s. ἄγνυμι
κατακαίνω Aor. II 151b
κατακλίνω 130, 2; Aor. II P 153b
καταλείπω 130, 1
καταλεύω 138b
καταπλήττω T 126, 4; 189, 110; 130, 3; Aor. II P 153a
κατάρρους < -σρ- 212, 1a
καταστρέφομαι T 126, 4
κατείργω, -γνυμι, καθ- 158, 2
-κάτιοι dor. = -κόσιοι 210; E 69, 1
κάτω Adv. 88, 1e
κάω (καίω) 139; kontr. nicht 133, 3a; T 138c; 139
κεῖμαι 159, 2; K + T 165 + A.; für τέθειμαι 165, 2
κεῖνος E 63
κείρω T 148, 1; Aor. II P 153b
κέκρᾱγα Fut. 127, 2α; s. κράζω
κελεύω T 138a
κενός Komp. 82, 3

κεράννυμι T 178, 46
κέρας idg. 206; σ-St. 42, 2 A.; 47, 2; 52, 1 A.; 54, 1; > T-St. 54, 1 A.
κερδαίνω Aor. 147, 3 A. 1; 191b A.²; T 148, 2
Κέως Akk. 35 A.
κῆνος dor. = ἐκεῖνος E 63
κηρύττω Pf. II 155, 1a
κινέω 130, 2
-κις b. Zahladv. 104 E
κίχρημι 157, 2; T 166, 3
κλάζω K-St. 143, 2c A. 1; Pf. II 155, 1c
κλαίω (κλάω) R 21a; 124, 2b; 211, 1a; Fut. 127, 2; T 138b; 139
κλαπείς < *κλ/πεις R 2
κλάω T 138a
κλάω 133, 3a; s. κλαίω
κλείω (κλήω) Red. 121, 3; T 138b
κλέος 53, 1 A.; -ϝ- 202, 2α
κλέπτω P-St. 143, 2b; 113, 5; 124, 2b; 211, 3; Fut. 127, 2γ; Aor. II P 153a; Pf. II 155, 1b; T 171, 2
-κλῆς D 53 E; E 35; Kontr. beschr. 196b 4 A.; -κλέᾱ 196, 3²
κλήω s. κλείω
κλῖμαξ ἡ 43 IIa 1 Ausn.
κλίνω 146, 2; 200; T 148, 2; Aor. II P 153b
κλοπή 113, 5
κλυτός 203, 2
κοιμάω 130, 2
Κοινή 4
κοινῇ Adv. 88, 1b
κολάζω Red. 121, 1
κομίζω T-St. T 144, 6; Fut. 145, 5
κόμμα 16, 6a
-κοντα 104 M.+E; E 69, 1
κόππα 10, 4
κόπτω Aor. II P 153a; Pf. II 155, 1a
κοράσιον, τὸ 29a
κορέννυμι T 179, 51
κόρη < κόρϝᾱ 191b A.
Κόρινθος ἡ 33, 3
κόρυς D 47; -υν, -υ 47, 4 A.
κορωνίς 16, 4
-κός (3) 65, 3 A. 2
-κόσιοι, -κοσιοστός 104 M. + E; E 69, 1; 210
-κοστός 104 M.+E
κότε, κότερος ion. κ < Labiovelar 207
κράζω K-St. 143, 2c A. 1; Aor. II 151a; Pf. II 155, 1c; Pf. Fut. 155, 1c³; 127, 2α
κρᾶσις 197
κρᾱτήρ D 50
κράτιστος 85 + E
κράτος 53, 1 A.
κρέας D 54
κρείττων 85, 1+E; 211, 4A.; E 57-E 59

κρέμαμαι 159, 2; Κ 163; Ε 108, 1; Τ 166, 3; 176, 47
κρεμάννυμι Τ 178, 47; Pf. 163; 166, 3; Ε 104, 5
κρέσσων 85 Ε; 211, 4 Α.; Ε 58
κρίνω R 11; R 21b; 124, 2b; 211, 1β; Fut. 147, 2; Aor. 147, 3; Τ 148, 2
κρίσις 211, 1β
Κροῖσος Aussprache 11
κρούω Τ 138b
κρύπτω P-St. Τ 144, 6; Pf. II 155, 1c
κρύφα Ε 59
-κτ- < -γτ-, -χτ- 213, 2a
κτάομαι Red. 121, 5; Ε 79; 129, 1; 135, 8 Α.
κτίζω Red. 121, 4b; Fut. 145, 5
κύων D 51
κῶλον 16, 6c
κῶς ion. κ- < Labiovelar 207

λ < idg. *l* 203, 2; < σλ- R 22a; 212, 1a
-λ- m. Ers. Dehn. < -λσ- R 22f; 212, 2e; < -σλ- R 22a; 212, 1b; < -λν- 213, 1c Α.
λα < *l̥* R 2; 191d
λαβέ 123, 1 Ausn.; 150, 3 Α.
λαγχάνω Red. 122, 2; Ε 79; -γ- 124, 3e; 213, 2b; Fut. 127, 2β; Τ 181, 59; λελόγχᾶσιν Ε 88
λαγώς Akk. 35 Α. + Ε; 67 Α.; Ε 24, 2
λάλος (2) 65, 2c
λαμβάνω < *σλ- 212, 1a; Red. 122, 2; Ε 79; -μ- 124, 3e; 213, 2b; Fut. 127, 2β; Τ 181, 57; λαβέ 123, 1 Ausn.; 150, 3 Α.
λανθάνω -ν- 124, 3e; 213, 2b; Τ 181, 58
λᾱός hom. Ε 24, 2
λέαινα 29a; -ν- Ε 32
λέγω R 3a; 192a; Τ 171, 3; 189, 102
λείπω Ablaut R 3a+b 1; 192a+b Α. 1; 113, 6b; Aor. II Κ 150, 3; 151a; Pf. II 155, 1c; Ε 103, 1; Τ 171, 4; π < Labiovelar 207; λέλειμμα 213, 1b; R 23a
λελόγχᾶσιν Ε 88
λευκός 1; 191c
Λεῦκτρα, τά 29a¹
λεύω 138b
λέων 29a; urspr. *n*-St. Ε 32
Λεωνίδᾱς -ου 39 Α. 2
λεώς < λη̣ός < λᾱός 35 Ε; Ε 24, 2
Λητώ 60; -ῷ Ε 40
λιμήν Ε 28, 1; D.Pl. Ε 33
λιπών D 71, 1
λλ < λι̯ R 21c; 146, 2; 211, 2; <νλ R 23b; 213, 1d; < λν 213, 1c
λογίζομαι 129, 1; Fut. 145, 5
λόγος Ablaut R 3a; 192a
λοιδορέομαι (-έω) 129, 3 Α.

λοιπός R 3a; 192a+b Α. 1
λοῦσσον 191c
λσ > σ m. Ers. Dehn. R 22f; erh. 147, 6 Ε
λύκος κ < Labiovelar 207
λῡμαίνομαι 129, 1
λῡπέω 130, 1
λύω Pr.St. 124, 1; Τ 140a; ῡ 140⁴; Pf.Fut. 140³; Ε 91; λυτός Ε 76, 3
λώων, -στος 85, 1

μ < idg. *m* 204, 1; „Liquida" 14
μ- < σμ- R 22a; 212, 1a
-μ- m. Ers. Dehn. < -μσ- R 22f; 212, 2e; < -σμ- R 22a; 212, 1b; Präs.Erw. 27c; 124, 3e
-μα urspr. *n*-St. Ε 30, 1; 47 Ε
-μαι 1. sg. 116; Ε 75, 3
μαίνω Τ 126, 2; 172, 17; Aor. II Ρ 153b; Fut. 153b⁴; Pf. II 155, 2
μάκᾱρ *m. u. f.* 79
μακρᾱ́ν Adv. 88, 1c
μάλα -α Ε 59; Komp. 87, 3
μάλιστα Umschr. d. Superl. 81, 2
μᾶλλον Komp. 87, 3; Ε 57; Ε 59; Umschr. d. Komp. 81, 2
μανθάνω Fut. 127, 2β; Τ 181, 60
μάντις ὁ 57, 1 Α.
μάρτυς < -τυρς 214, 2b; 49, 3 Ausn.; V. Sg. 42, 3 Α.; 49, 4 Α. 1; D. Pl. 50, 2 Α.; 214, 2b
μάτην Adv. 88, 1c
μάτηρ dor. 25; R 1; 191b
μάχαιρα D 38; Ε 26
μάχη D 37
μάχομαι Τ 187, 90
-μβ- < -νβ- R 23e
με enkl. 23a; D 91, 7; Ε 61
μέγαθος ion. 199
μεγάλε V. Sg. 80 Α.
μεγαλο- 80, 1; Ε 54
μέγας D 80; Ε 54; V. Sg. 80 Α.; Komp. 84, 3; Adv. 87, 1+2 Α.
μέγεθος 199
μέζων ion. 84 Ε; 211, 7 Α. 2; Ε 57
-μεθα 1. pl. 116; Ε 75, 3
-μεθον 1. Dual M/P 190⁷
μεθύσκω Τ 182, 71
μείγνυμι Τ 176, 40
μείζων 84, 3+Ε; 211, 7 Α. 2; Ε 57; Adv. 87, 2 Α.
μειράκιον, τό 29a
μείρομαι Red. 122, 2
μείων 85, 3+4
μέλαινα R 21a; 74 Ε; 211, 1a
μέλᾱς D 74+Ε; Ε 50; Komp. 82, 3; < -ᾰνς 212, 2e
μέλει Τ 187, 91
μέλι < -τ 209, 2
μέλλω Augm. 119, 4 Α.; Τ 187, 92
μέμβλωκα < -μλ- 215
μέμνημαι s. μιμνήσκω
μέμφομαι 129, 1

-μεν 1. pl. 116; 156, 5; Ε 75, 2
Μενέλεως D 35
-μενος (3) Part. 64, 2; 117; Ε 76, 2
μένος 53, 1 Α.
μένω 113, 2; Ε 80; Fut. 135, 1 Α. 1; 147, 2; Τ 188, 100; Aor. 212, 2e; 200; Ε 98, 1
μέρη -η trotz ρ Ε 35
-μες dor. = -μεν Ε 75, 2
μεσημβρίᾱ < -μρ- 215
-μεσθα 1. pl. Ε 75, 3
μέσος 25; R 21e; 205, 2 Α. 1; 211, 4
μέσσος 25; R 21e; 211, 4
μεταμέλομαι 129, 3γ; Τ 187, 91
μεταπέμπομαι 129, 1
μέχρι R 10, 3; 198 Μ. 3
μηδείς 103; ν-St. 74; D 102; 104 Α. 1
μηδέτερος 102 +Ε; 103
μῆδος 53, 1 Α.
μηκάδες Ε 4
-μην 1. sg. 116; Ε 75, 3
μήν idg. 191b; ὁ 29a Α.
μηνύω Τ 136
μήτηρ 1; 25; R 1; 191b; D 51; μ- 204, 1
μήτρως 61
-μι 1. sg. 116; 156, 5; Ε 75, 2; Verba 125; Ε 80; Einteilung 156, 7
μία 212, 1a; Ε 69, 1; s. εἷς
μιαίνω Aor. -ᾰ- 147, 3 Α. 1; 191b Α.
μίγεν 3. pl. Aor. Ρ < *-εντ 194b Α.
μικρός 8³; Komp. 85, 3; Ε 58
Μίλητος ἡ 33, 3b
μιμέομαι 129, 1
μιμνήσκω Pf. Red. 121, 5; Ε 79; Präs. Red. 122, 2 Α.; 124, 5b; Τ 184, 81; 135, 8 Α.; 130, 3
μιν hom. 91, 3 Α. 1; Ε 61, 3
Μίνως Akk. 35 Α.
-μμ- < -πμ-, -βμ-, -φμ- R 23a; 213, 1b +e; < -νμ- R 23c; 213, 1e
μνᾶ D 40; hebr. -ε- Ε 27
μοι enkl. 23a; D 91, 7
μοῖρα R 21a; 211, 1a
μόνιμος (2) 65, 2b
μου enkl. 23a; D 91, 7; Ε 61; = Poss.Pron. 92, 3—5
-μπ- < -νπ- R 23e
μυῖα *f.* 29a
μυκᾶσθαι Ε 6
μύριοι/μῡρίοι 104 Α. 3
μύρμηξ ὁ 43 IIa 1 Ausn.
μῦς σ-St. > Vokalst. 52, 1 Α.; 56 Ε; Ε 37; ὁ 56, 1; idg. *ū* 191b
-μφ- < -νφ- R 23e

ν < idg. *n* 204, 2; „Liquida" 14; + K-Laut > ŋ 14
ν- < σν- R 22a; 212, 1a
-ν- Präs. Erw. 27c; 124, 3a+e; 125; 173; 181; m. Ers. Dehn. < -νσ- R 22f; 212, 2e; < -σν- R 22a; 212, 1b

-ν < *-m R 14; 131,7 E; 204,1;
  E 28,1; 1. sg., 3. pl. 116; 131,7 E
  (Imp.); 135, 2 E; 156, 5; 162 E;
  169c E; E 75, 2 + 4; ν ἐφελκυ-
  στικόν 204, 2 A.; kein – 132, 3 c
-νᾰ- Pr. Erw. E 108, 1
-ναι Inf. 117; Akz. 156, 6c; E 76,1
Νάξος ἡ 33, 3 b
ναός > νεώς R 7; 35; E 24, 2
ναῦς D 62+E; E 42, 2; 191c A.;
  194 a
-νε- Präs. Erw. 124, 3 c; 175
νεανίᾱς D 39
νεῖκος 53, 1 A.
νέκταρ τό 43 Ia 3 Ausn.; 49, 2; D 50
νέμω T 188, 101; Aor. 147, 3;
  212, 2e; R 22f; E 98, 1
νέομαι 205, 2β
νέος (3) ν- 204, 2; D 64, 4 + E;
  Komp. 82, 3
νεῦμα n-St. E 30, 1
νέφος idg. 206
νέω Fut. 127, 2α; dor. 127²; 135, 1
  A. 2; 139¹; E 84, 3; Kontr. be-
  schr. 133, 3 b; T 138 c; 139;
  < *σν- 212, 1a
νεῶν < νηῶν 194c; E 42, 2
νεώς < νηός R 7; 195; E 24, 2;
  D 35; E 42, 2
νῆες < *νᾶϝες 191c A.; 194a;
  202, 2α; E 42, 2
νηϝ-/νηυ- 202, 2α; E 42, 2
νηλεί 16, 2
νηός < νᾱός R 7; E 24, 2
νῆσος ἡ 33, 3 d
νηῶν > νεῶν 194c; E 42, 2
νίζω (νίπτω) P-St. 143, 2 c A. 2;
  E 95, 2
νίκη D 37; -η 191 b A.
νιν dor. u. att. 91, 3 A. 1; E 61, 3
νίπτω s. νίζω
-ννῡμι E 104, 5; 156b; 158; 178 ff.;
  212, 1 b A. 2; analogisch 180, 54
  + 55
νομίζω Fut. 145, 5
νόμιμος (2) 65, 2 b
νόσος ἡ 33, 3 d
νόστος 205, 2β
νοσώδης Akz. 77, 2 A.
νοῦς Komp. 34, 4; Adj. 66, 3 c
*-νσι 3. pl. 116¹; 131,7 E
-ντ- Part. 117; E 76, 2
*-ντ 3. pl. 116; 131, 7 E
-νται 3. pl. 116; bei ν-St. 3. sg.
  147, 4
-ντι 3. pl. 116; 131, 7 E; E 75, 2
-ντο 3. pl. 116; bei ν-St. 3. sg.
  147, 4
-ντω(ν) 3. pl. Imp. 116; 156, 5
-νῠ- Präs. Erw. 124, 3 d; 156, 7 b;
  158; 176 ff.
-νῡμι neben -ω 158, 2
νυν 23 e

νῦν 89
νύξ D 47; < -κτς 212, 2 c
νώ Dual 108, 3
νῷν 108, 3

ξ fehlt i. Alphabet 7, 2; = ks 7, 1;
  < κσ, γσ, χσ R 22 b; 212, 2 a
ξενόομαι Red. 121, 4 b

● = idg. ŏ 191a; = ŏ 10; Kontr.
  R 8; Ers. Dehn. > ου R 11
-ο n. <-od E 21, 1
ὁ, ἡ, τό D 32; E 21; = Dem.
  Pron. 93a; 94; = Art. 93a; 94
ὁ R 10, 3; 198 M. 3; Poss. Pron.
  92, 2
ὀγδοήκοντα E 69, 1
ὄγδοος 104+E; 213, 2a; E 69,1+2
ὄγκος 1; -γκ- 204, 3
ὅδε Akz. 22, 6 A. 2; 23 e; D 95,1;
  103; E 60,5; E 63; Dual 108,2 A.;
  Gebrauch 96
ὁδί 96 A.
ὁδός ἡ 33, 3 d
ὀδούς R 11; 42, 2; 200; D 48
ὄδωδα 187, 95
ὄφις argiv. = οἷς 202, 2 α
ὄζος -zd- 205, 2 A. 3; E 14
ὄζω T 187, 95; Präs. Erw. bleibt
  187⁷
ὅθεν 89
οἱ < idg. oi 191c; = o+i 11; > ü
  11²; Kontr. R 8
-οι Quantität 12; 30 d 2; 123, 1;
  N. Pl. m. statt *-ōs 25; E 22, 2;
  E 60, 4
οἱ, οἵ < *ϝοι 202, 2 A.; 3. Pers. 91,3
  A.2; 91,7; E 61,3; E 68; enkl. 23 a
οἵ Adv. 89; = Lok. 88, 1 d
οἶδα Fut. 127, 2; T + K 169c + E;
  E 113; Bedtg. 169c 1; ϝ- 202, 2 A.;
  ἴσμεν 213, 1 e A.; -σθα 214, 1;
  E 88; Augm. *ἠ- E 78
-οιεν 3. pl. Opt. 131, 7 + E; E 83
-οιιν 107 + E; E 70
οἴκαδε 23 e; E 63; Adv. 88, 2
οἰκέτης D 39
οἰκέω Fut. 127, 1
οἰκίᾱ D 37
οἰκοδομέω Augm. 120, 2; Red. 121,6
οἴκοθεν 88, 2
οἴκοι Lok. = Adv. 88, 1 d + 2;
  29 c A.; 33 A. 2; 42 E
οἶκος < ϝ- 202, 2
οἶμαι 187⁶
-οιμι 1. sg. Opt. 131, 7 + E; E 83
οἰμώζω K-St. 143, 2 c A. 1; R 21 h;
  Augm. 118, 2; Fut. 127, 2
-οιν Dual < -οιιν 108 + E; E 70
οἴν Dual m. u. f. 108, 2 A.
οἰνή 191 c
-οιο > -οο > -ου G. Sg. E 22, 1;
  E 60, 4

οἴομαι 129, 3 γ; nur οἴει 131, 7 A.;
  T 187, 93
οἷος 99, 1 b; 103; -περ 99, 1 A.
οἷς < ὄφις 202, 2 α; ὁ, ἡ 43 IV; 56,1;
  D 56, 1 A.
-οισι D. Pl. 25; E 22, 2; E 60, 4
οἴχομαι T 187, 94
ὀκτακόσιοι E 69, 1
ὀκτώ 1; 191 a; E 69, 1; 104 E
ὀλείζων att. 84, 2; E 57
ὀλίγος Komp. 84, 3; 85, 4; E 57;
  E 58; Adv. 87, 2 A.
ὄλλῡμι < *ὄλν- 213, 1 c; E 104,5;
  Red. 122, 1; T 126, 1; 177, 44
ὅλος Adv. 87, 1
ὄμμα < *ὄπμα 213, 1 b
ὄμνῡμι Red. 122, 1; Fut. 127, 2;
  T 177, 41; E 84, 2
ὁμόθεν 88, 2
ὁμολογούμενος Adv. 87, 1
ὁμόσε 88, 2
ὁμοῦ Gen. = Adv. 88, 1 a + 2 a
-ον < *-om R 14; 204, 1; E 22, 1
ὄν trotz ἐόν 162 E
ὄναρ r/n-St. 47, 2
ὀνίνημι 157, 2; E 105; Impf. ὠφέ-
  λουν 157, 2 A. 2; T 166, 3
ὄνομα n-Stamm 47 E; E 30, 1
ὀνομάζω Augm. 118, 2; Bildg.
  211, 5 A.
ὀνομαίνω n-St. 47 E; 124, 2 b; E 30,1
-οντ- Adj. u. Part. 71; E 47; N. Sg.
  -ων E 32
ὄνυξ ὁ 43 IIa 1 Ausn.
ὀξύνω Pf. ὤξυμμαι 147, 6²; E 98, 2
ὅπῃ 89
ὁπηλίκος 103; Rel. 99, 2 d; Interr.
  100, 3 + E; -οῦν 99, 2 A.
ὁπηνίκα 89
ὀπίσω Instr. = Adv. 88, 1 e
ὁπλίζω Red. 121, 4 c; 130, 2
ὁπόθεν 89
ὅποι 89
ὁποῖος 103; Rel. 99, 2 b; Interr.
  100, 3 + E; -οῦν 99, 2 A.
ὁπόσος, -οι 103; Rel. 99, 2 c; Interr.
  100, 3 + E; -οῦν 99, 2 A.
ὁπότε 89
ὁπότερος 100, 3 + E; 103; -οῦν 103
ὅπου, ὅπως 89
ὁράω Augm. 119, 4; E 78; Red.
  121, 5; 189¹⁴; 195; Fut. 127, 2β;
  nur ὄψει 131, 7 A.; T 189, 109
ὀργίζω 130, 2
ὀρέγω 130, 1
ὀρῆ -η trotz -ρ- E 35
ὁρμάω 130, 1
ὄρνις < -θς 212, 2 c; ὁ, ἡ 43 IV;
  47, 3; D 47
ὀρύττω Red. 122, 1; Pf. II 155, 1 c
ὅς < *sῠos 202, 2β; E 61, 3; E 62;
  Poss. Pron. 92, 2 + E; Dem.
  Pron. = ὁ 94, 2 A.; 160 A.;

Ε 21,1; Rel. Pron. 99; 103; Dual 108,2 Α.; -περ usw. 99, 1 Α.
ὅσοι 99, 1 c; 103
ὅσος 99, 1 c; 103; -περ 99, 1 Α.
ὅστις D Rel. 99, 2a; 103; E 65; Interr. 100,2; 103; -οῦν 99,2 Α.; 103
ὀστοῦν D 34; -ᾶ 196b 5
ὀσφραίνομαι Τ 174, 31
ὅσῳ b. Komp. 81, 5
-οτ- Part. Perf. Akt. 117; s. a. -ως
ὅτε 89
ὅ τι D Rel. 99, 2a + E; E65; Interr. 100, 2; -οῦν 99, 2 Α.
ὅτι R 10, 3; 198 M. 3; b. Superl. 81, 4; „daß" 99, 2 E; E 65
ὅτου, -ῳ (-ων, -οις) 99, 2a; E 65/66
ου < idg. *ou* 191c; = *o+u* > *ō* > *ū* 11; E 11; < o + o R 8; 196c 2; < o m. Ers. Dehn. R 11; 200; „unechtes" R 8b 1²; R 11²; R 22f²; 32 E
-ου Adv. 88,1a; 2. sg.< *-εσο 116⁷; 131,7+E; E82; G.Sg. < -oo < -οιο E 22, 1
οὐ, οὐκ, οὐχ R 18 Α.; οὔ 22, 6 Α.1; 160 M. 4
οὖ, οὗ 3. Pers. 91, 3 Α.; 91, 7; E 61, 3; E 68; enkl. 23 a
οὗ Adv. 89; (2. sg. Imp.) Akz. 123, 2 Α.; 167f
οὐδαμῇ, -μόθεν, -μοῖ, -μόσε, -μοῦ, -μῶς 88, 1a; 89
οὐδείς 103; ν-St. 74; D 102; 104 Α. 1
οὐδέποτε 89
οὐδέτερος 102+E; 103
οὐκ R 18 Α.; 209, 2 Α. 1; - ἐστιν 162, 1 b
-οῦν 99, 2 Α.; Inf. E 83
οὔποτε 89
οὔπω Instr. = Adv. 88, 1e
-ους < *-ονς 33 E; E 22, 2; vgl. τούς
-οῦς, -ῆ (-ᾶ), -οῦν Adj. 66, 3a
οὖς σ-St. 42, 2Α.; 47, 2 Α.; 52, 1 Α.; 137; Akz. 44, 1 Ausn.
-ουσι(ν) <-οντι 210; 3. pl. 131,7+E
οὐτάζω Augm. 118, 2
οὔτε Akz. 21, 2 c Α.
οὔτις Akz. 22, 6 Α. 2
οὗτος Dem. Pron. 103; = 3. Pers. 91, 3+7; Gen. = Poss. Pron. 92, 3—5; Gebrauch 96; -, ὅς 96, 2c; D 95, 2; E 60, 5; E 63; Dual 108, 2 Α.
οὑτοσί 96 Α.
οὕτω(ς) Adv. 89; = ὡς 89; -ς 205, 2 Α.; E 59
οὐχ R 18 Α.; 209, 2 Α. 1
ὀφείλω <*ὀφελνω 213,1c Α.;T 187, 96; Präs. Erw. in allen Temp. 187⁷

ὀφέλλω < *ὀφελνω 213, 1c Α.
ὄφις ὁ 43 IIb 1 Ausn.; 57, 1 Α.
ὀφλισκάνω Τ 174, 32
ὀφρῦς ἡ 43 Ib 1 Ausn.; E 92
ὀψέ Komp. 83, 3; Adv. 87, 3
ὄψει 2. Sg. Ind. Fut. 131, 7 Α.

π < idg. *p* 206; Lautwert 14; < Labiovelar 207; E 66
πάγκακος 14
παῖ R 18; 42, 3 Α.; 47, 5; 209, 2; E 28, 1
παιδαγωγικός (3) 65, 3 Α. 2
παιδαγωγός Aussprache 11
παιδεύω K S. 124—129; T 136
παῖς ὁ, ἡ 29a; 43 IV; 47,3; 42,3 Α.; Akz. 44, 1 Ausn.; D 47
παίω Τ 189, 110; s. πλήττω, τύπτω
πάλαι Komp. 83, 2
παλαιός Komp. 83, 2 +3
πᾶν -ᾰ- 72 E; E 48
πάνσα kret. = πᾶσα 211, 4
πανταχῇ, -χόθεν, -χόθι, -χοῖ, -χόσε, -χοῦ, -χῶς 88, 2; 89
πάντως 87, 1
πάνυ -υ E 63
παράδειγμα 28 Α.
παραινέω Τ 140c
παρθένος ἡ 33, 3a
Πάρος ἡ 33, 3 b
πᾶς D 72+M.; E 48; Akz. 68 Α.; Adv. 87, 1
πᾶσα R 21e; R 22f; 200; 211, 4; 212, 2e
πᾶσι R 11; R 22f; 25; 200; 212, 2e + Α. 4
πάσχω Fut. 127, 2β; Τ 182, 72
πασῶν Akz. 68, 2
πάτερ 30d Ausn. 1; 42, 3 Α.; 44, 3; 51 Α. 1
πατήρ 1; 206; R 3 b 1; 192b Α.1+ Beisp. 1; E 104, 1; D 51
πατράσι R 2; R 3 b 1; 191d, 1; 192b Α. 1+ Beisp. 1
πατρίς nur *f.* 79
πάτρως 61
παύω Temp.-St. 113, 3 + 6a; Modus-St. 115; -στος 138c
πεζῇ Adv. 88, 1 b
πείθω < *φειθ- 208; Pr. St. 124, 1; Aor. 212, 2c; Pf. I 213, 2a Α.; Pf. II 155, 1d; E 89; E 113; Pf. M/P 213, 1e Α.; Τ 126, 1; 144,6; 130,1; 149,3
πειθώ 60
πεινάω Kontr. 133, 1
Πειραιεύς D 59 Α. 1
πειράομαι (πειράω) 129, 3 Α.
Πελοπόννησος ἡ 33, 3d; < -σν- 212, 1b Α. 2
πέμπτος -π- < Labiovelar 207
πέμπω Pr. St. 124, 1; T 144,6; Pf.II 155, 1b; E 103, 2; πέπεμμαι 144,

5 Α.; πέπεμφθε 212, 3 b; ἐπέμφθην 213, 2a; R 23d
πενέστατος (3) 82, 1; R 24; 214, 1
πένης nur *m.* 79; Komp. 82, 1 + 3 + E
πεντακόσιοι E 69, 1
πέντε 104+E; 207; E 65; E 69, 1
πεντήκοντα E 69, 1
πέποιθα s. πείθω
περ enkl. 23e; b. Rel. Pron. 99, 1 Α.; E 65
πέρα Adv. 88, 1e
περαίνω Aor. -ᾰ- 147, 3+Α. 1
περαιτέρω Adv. 88, 1e
πέραν Adv. 88, 1 c
περι- E 65
περί R 10, 3; 198 M. 3
Περικλῆς D 53
περιφραδής E 65
Πέρσᾱ V. Sg. 39, 4
πεσοῦμαι s. πίπτω
πέσ(σ)υρες 207 Α. 2; E 69, 1
πετάννῡμι T 178, 48
πέτομαι T 171, 12
πέτταρες böot. 207 Α. 2
πέφανσαι E 98, 3
πέφευγα < *φεφ- R 17; 208
πέφῡκα Präs. Bed. 111d
πήγνῡμι T 126, 1; 176, 42; 130, 3
πηδάω Fut. 127, 2
πῃ, πῇ Adv. 89; = Dat. 88, 1b; enkl. 23c
Πηληιάδεω --◡◡- (-*djō*) E 5
πηλίκος 100, 3+E; 103
πηνίκα 89
πῆχυς D 57+E; E 38
πίμπλημι 157, 2; E 105; Ablaut 157, 2 E; 191d1; Komposita 157, 2 Α. 1; T 166, 3
πίμπρημι 157, 2; E 105; Komposita 157, 2 Α. 1; T 166, 3
πίνω Fut. 127, 2β; T 173, 25; Imp πῖθι 173⁶
πίομαι < Konj. 173⁵; 189⁹
-πίπλημι 157, 2 Α. 1
πιπράσκω T 189, 111; s. πωλέω
-πίπρημι 157, 2 Α. 1
πίπτω -ῐ- 183¹; Präs.Red. 122, 2Α.; 124, 5a; Fut. 127, 2β; 135,1 Α.1; E 84, 2; Aor. 183³; Pf. Red. 121, 5; T 183, 74
πίσυρες 207 Α. 2; E 69, 1
πίτυς ἡ 56, 1; Α. Pl. -ῡς E 37
πίων E 32
πλανάω 130, 1
-πλάσιος 107, 1
Πλαταιᾶσι Lok. = Adv. 88, 1d; E 25, 2
πλάττω *T*-St. 143, 2aΑ.; 124, 2b; 211, 4 Α.; Pf. 213, 2a Α.
πλείων, πλεῖστος G. πλεί- u. πλέονος 84, 3; E 57

πλέκω 1; Aor. II P 153a; Pf. II 155, 1a; T 171, 5
πλέω E 80; Fut. 127, 2α; dor. 127²; 135,1 A.2; 138⁴; E 84,3; Kontr. 133, 3b; 196b 4 A.; T 138a; 139
πλέων hom. E 57
πλέως (3) 67, 2
πληθύς ἡ 43 Ib 1 Ausn.
πλήν Adv. 88, 1c
πλησίος Komp. 83, 3; Adv. 87,2 A.
πλήττω Aor. I P 153a; Pf. II 155, 1 c; T 189, 110; s. τύπτω
πλήων dor. E 57
-πλόος (3) Adj. 107; D 66, 3c+4
-πλοῦς (3) Adj. 107, 1; D 66, 3c+4
πλοῦς D 34; Komposita 34, 4; Adj. 66, 3c
πλούσιος R 20; 210
πλύνω T 148, 2
πνέω Red. 121, 3; Fut. 127, 2; dor. 127²; 135,1 A.2; Kontr. 133,3b; T 138b; 139
πνίγω Aor. II P 153a
πόδα < *ποδμ̥ R 2; 42 E; E 28, 1
πόδας < *ποδη̥ς E 28, 2
ποδοῖν 29 b
πόθεν, ποθέν enkl. 23 c; Adv. 89
ποι, ποῖ Lok. 88, 1d; Adv. 89; enkl. 23 c
ποιέω T 136
ποιμέσι 212, 2e A. 1
ποιμήν D 50; D. Pl. 50 E; 212, 2e A. 1
ποινή π < Labiovelar 207
ποῖος, ποιός 100, 3+E; 101, 2; 103; E 67
πόλει Dual 108, 4
πολέες usw. hom. E 54
πόλεις N. Pl. 202; E 38; E 28, 2; A. Pl. E 38
πολεμέω Fut. 127, 1
πόλεος Akz. 21, 2c A.; E 38; -ε- E 69, 1 τρεῖς
πόλεως Akz. 21, 2c A.; 195 A. 2; < -ηος 195; E 38
πόληι, -ος hom. E 38
πολιορκέω Fut. 127, 1
πόλις D 57+E; E 38; E 69, 1 τρεῖς; -ι- 202; A.Sg. 28, 1; V. Sg. -ι u. -ις E 28, 1; Dual 108, 4; Ablaut 192 Beisp. 1
πόλῑς ion. A. Pl. < *-ινς E 38
πολιτεύω 130, 2
πολίτης D 39
πολλάκις 104 E
πολλο- 80, 1; E 54
πολλῷ b. Komp. 81, 3; b. Superl. 81, 4
πολύ b. Komp. 81, 3; b. Superl. 81, 4; Adv. 87, 2 A.
πολύς D 80; E 54; Komp. 84, 3
πορεύω 130, 1; E 86
πόρρω Adv. 88, 1 e

πορφύρᾱ = purpura E 13
ποσάκις 104, 1
Πόσειδον 30 d Ausn. 1; 44, 3; 49, 4 A. 2
ποσί R 22d; 212, 2c
πόσος, -οι 100, 3 + E; 103; 104, 1; E 67; π- E 66
ποσός 101, 2; 103; E 67
ποσσί hom. R 22d; 212, 2c
πόστος ὁ 104, 1
πότε 89; π < Labiovelar 207; E 66
ποτέ enkl. 23c; Adv. 89; b. Interr. Pron. 100, 3 A.; ποτὲ μέν... ποτὲ δέ... 89 A. 2
πότερος 100,3+E; 103; π < Labiovelar 207
που, ποῦ 89; = Gen. 88, 1a; enkl. 23 c
πούς ὁ 43 IIa 2 Ausn.; D 47; E 31
πρᾶγμα 211, 7 A. 1; 143, 2a
πράξω < -γσ- 212, 2a
πρᾶξις D 57
πρᾶος (2) defektiv 75 A.
πράττω 143. 2a+E; 211, 7 A. 1; E 95, 1; T 144, 6; Pf.II -χα 155, 1a; -γα 155, 1c
πρᾱΰς (3) 75 A.; Schreibung 16, 2
πρεσβευτής D 57 A. 1
πρέσβυς D 57 A. 1
πρό R 10,3; 198 M.3; Komp. 83,2; -τοῦ 94, 2; Krasis 197c
προθυμέομαι 129, 3
προῖκα Adv. 88, 1c
προνοέομαι 129, 3
προπάτωρ R 3 b 1; 192 Beisp. 1
πρόσω Adv. 88, 1e
προσῳδίᾱ Begriff 18
πρότερος 83, 2; E 69, 2
προὔργου 16, 4
πρωΐ Komp. 83, 3; Adv. 87, 3
πρῶτος 83, 2; 104 E; E 69, 2; Adv. 87, 2 A.; b. Ordinalia 106, 1 A. 2
-πτ- < πι̯, βι̯, φι̯ R 21d; 211, 3; < βτ, φτ 213, 2a
-πτω P-St. 143, 2b
πυνθάνομαι T 181, 61
πῦρ τό 43 Ia 3 Ausn.; 49, 2; Pl.50 A. 3
Πύρρος = Πύρρος 15 A. 2
πωλέω T 189, 111
πώποτε Instr. = Adv. 88, 1e
πως enkl. 23c; Adv. 89
πώς dor. = πούς E 31
πῶς 89; π < Labiovelar 207

ρ < idg. r 203, 1
ῥ- asp. 15; < σρ- R 22a; 212, 1a; 203, 1a
-ρ- m. Ers.Dehn. < -ρσ- R 22f; 212, 2e; < -σρ- R 22a; 212, 1b
ρα < r̥ R 2; 145, 3; 191d
ῥᾴδιος Komp. 84, 3; Adv. 87, 2

ῥάπτω Aor. II P 153, a; Pf. II 155, 1a
ῥέω R 22a; 203, 1 A.; 212, 1a; E 77; Fut. 127, 2β 2; Kontr. 133, 3b; Wz.Aor. 168bβ; T 187, 97
ῥήγνῡμι T 126, 2; 176, 43; 130, 3; Ablaut 192a; < *ϝρ- 203, 1 A.
ῥήτωρ D 50; D.Pl. 212, 2e A. 2
ῥῑγόω Kontr. 133, 2
ῥίπτω < *ϝριπ- E 77; Augm. 118, 1; Red. 121, 44; Aor. II P 153a; Pf. II 155, 1a
ῥίς ἡ 43 Ia 3 Ausn.; N.Sg. 49, 3 Ausn.
ῥοαῖσι = PHOΓAIΣI 15
ῥοδοδάκτυλος E 44
ῥοή 191b¹
ῥοῦς Komposita 34, 4; Adj. 66, 3c; < σρ- 212, 1a
-ρρ-: Schreibung 15 A. 2; < σρ, ϝρ 203, 1 A.; 212, 1a; E 77; < -ρσ- 212, 2e A. 2
ρσ > ρ m. Ersatzdehnung R 22f; 212, 2e; erh. 147, 6 E; 212, 2e A. 2; > att. ρρ 212, 2e A. 2
ῥώννῡμι T 180, 54; -νν- 180⁷

σ bzw. -ς 8; < idg. s 205, 1; s. Sigma
σ-Aor. 113, 6a; 134, 3; 135, 2; E 85; E 98, 1; 169c E; E 113; σ-Stock 137; E 93; „Parasitisches" σ 138; 166, 3; 173, 26; 177, 45; 180, 54; 182, 71; 184, 77+81
σ- < *τϝ- 202, 2β
-σ- < τι̯, θι̯ R 21e; 211, 4; < T+σ R 22d; 212, 2c; < σ+σ R 22e; 137 E; 212, 2d; < νσ 212,2e; zw. Kons. geschw. R 22g; 147, 6³; 212, 3; zw. Vok. geschw. 25; R 12; 196b4; 137; 163,2b; 167e; erh. 25; 135, 1 + E; E 84, 1; 135, 2+E; 135, 8; 162 E; 167e Ausn.; 205, 2 A.; E 90; σ+T < T+T R 24; 214, 1
-ς < idg. -s 205, 1; bewegliches 205, 2 A.; E 59; < *-νς R 22f; 212, 2e; N. Sg. 39, 2; 42, 2; 2. sg. 116; 131, 7 E; 156, 5+E; E 75, 2; E 82; 2. sg. Imp. 116⁵; 167c; E 111, 3
-σα 1. sg. Aor. 135, 2 E; E 85; E 98, 1
-σαι 2. sg. 116; 156, 5; 163, 2b; 167e; E 75, 3; E 90; 205, 2β; Inf. 117; 135, 2; E 76, 1; E 85; 2. sg. Imp. 116⁸; 135, 2+E; 156, 5; 163, 2b; 167e; E 75, 4; E 85

Σαλαμίς 49, 3 Ausn.
σαλπίζω K-St. 143, 2c A. 1

σαμπῖ 104, 2
-σαν 3. pl. 116⁴; 116⁶; E 75, 2; E 89; E 107; 135, 2 E; 156, 5+E; E 85
Σαπφώ 60
σαυτοῦ usw. =σεαυτοῦ 91, 2 A.+7; = Poss. Pron. 92, 3—5
σαφής D 77; E 53; Komp. 82, 3; Adv. 87, 1+2; Kontr. 196 b 4 A.
σβέννυμι T 126, 3; 179, 52; Wz.-Aor. 168 bβ; K 168
-σε/ο- Fut. 113, 6a; 134, 3; 135, 1
-σε Adv. 86, 3; 88, 2
σέ D 91, 7; enkl. 23a; < *tµe 202, 2β; E 61, 2
σεαυτοῦ usw. D 91, 7; E 61 Refl.; = Poss. Pron. 92, 3—5
σεῖο hom. E 61, 2
σεισάχθεια 137
σεισμός 137
σείω T 137
σέο > σεῦ 10; 196 b 2; E 61, 2
σεῦ < σέο 10; 196 b 2; E 61, 2
σήπω T 126, 2; 171, 6; Aor. II P 153a; Pf. II 155, 1c
-σθα 2. sg. 160 E; 161; 169 c+E; E 106; E 113
-σθαι Inf. 117; E 76, 1
-σθε 2. pl. 116; E 75, 3+4
σθένος 53, 1 A.
-σθην 3. Dual M/P 190
-σθον 2./3. Dual M/P 190
-σθω 3. sg. Imp. 116; E 75, 4
-σθων 3. pl. Imp. 116; E 75, 4; 3. Dual Imp. 190
-σθωσαν 3. pl. Imp. 116⁶; E 75, 2
-σαν
-σι < -τι R 20; 116; 210; Lok. Pl. = Adv. 88, 1 d; 2. sg. 116; 131, 7 E; 156, 5 E; E 75, 2; E 104, 4; E 107; 3. sg. 116; 156, 5 + E
σῖγάω Fut. 127, 2
σιωπάω Fut. 127, 2
-σκ- 113, 5; 124, 4 + 5; 125; 182; 184
σκάπτω Aor. II P 153a; Pf. II 155, 1a
σκεδάννυμι T 178, 49
σκιά D 37
σκοπέω T 189, 112
σκώπτω Fut. 127, 2
-σμ- > μ m. Ers. Dehn. R 22a; 164 E; erh. 137 E; 147, 6 E; 212, 1 b A. 1; E 93; statt -νμ- 213, 1 e A.; E 98, 2
σμερδαλέος 212, 1 a A.
σμῑκρός 212, 1 a A.
-σο 2. sg. 116; 156, 5; 163, 2 b; 167 e; E 75, 3 + 4; E 90
σοί D 91, 7; enkl. 23a
-σον 2. sg. Imp. 116⁵; 135, 2; E 85
σός (3) 92+E; E 62

σοῦ D 91, 7; enkl. 23a; = Poss.-Pron. 92, 3—5; = σεῦ 196 b 2; E 61, 2
σπασμός 137
σπάω T 137
σπείρω 146, 2; Fut. 147, 2; Aor. II P 153 b; T 148, 1
σπένδω T 145, 1+E; Aor. 212, 2 e; Perf. 213, 2 a A.
σπεύδω R 3 a+b 1; 191 a, b A. 1+ Beisp. 1
σπονδαί 205, 1 β
σποῦ Akz. 123, 2 A.
σπουδάζω Fut. 127, 2
σπουδή R 3 a+b 1; 192 a+b A. 1 + Beisp. 1
σπουδῇ Adv. 88, 1 b
-σσ- > -σ- s. dort; ion. -σσ- > -ττ- 211, 4 + 6
στ Aussprache 14
στάλα dor. 213, 1 c A.
στάλλα lesb. 213, 1 c A.
στάς D 72, 1 b
στέλλω Aor. 147, 3; Aor. II P 153 b; T 148, 1; -σταλ- 191 d 1; 211, 2
στενάζω K-St. 143, 2 c A. 1
στενός Komp. 82, 3
στερέω Fut. 127, 1
στήλη 213, 1 c A.
στίγμα Zahlzeichen 104, 2
στοά 37¹; 191 b A.
στόρνυμι T 180⁹
στρατεύω Red. 121, 4 b
στρατηγός D 33
στρέφω T 126, 4; 130, 3; Ablaut 145, 3+E; Aor. II P 153a; Pf. II 155, 1 d
στρώννυμι T 180, 55; -νν- 180⁷
σύ D 91, 7+E; E 61, 2
συγγράφω 14
σύγκλητος ἡ 33, 3 c
συγχέω < -νχ- 213, 2 b
σῡκῆ D 40
συλαβή Begriff 17
Σύλλᾱς G. Sg. -ᾱ 39 A. 2
συλλέγω R 23 b; 213, 1 d; Red. 122, 2; E 79; Aor. P 153 a; Pf. II 155, 1 b; T 171, 3
συμμαχίς nur f. 79
σύμπᾱς D 72, 1 a
συμπέμπω < -νπ- R 23 e; 213, 2 b
σύμπλεως (2) 67, 2
συμφερόντως 87, 1
συναλλάττω 130, 3
συναλοιφή 197³
συνήθης D 77; Akz. 77, 2
συνίζησις 197³
σῦς ὁ, ἡ 43 IV; 56, 1+E; E 37
συσκευάζω 212, 2 e A. 3; 212, 3 a
σφαῖρα D 38
σφάλλω T 126, 1; 130, 3; Aor. II P 153 b

σφᾶς 3. Pers. 91, 3 A. 2; 91, 7; E 61, 3; - αὑτούς usw. 91, 7
σφάττω Aor. II P 153a
σφεῖς 3. Pers. 91, 3 A. 2; 91, 7; E 61, 3
σφέτερος 92, 2+E; 92, 3; E 62; - αὑτῶν 92, 3 A.+5
σφής ὁ 43 IIa 1 Ausn.
Σφίγξ Aussprache 14
σφίσι(ν) 3. Pers. 91, 3 A. 2; 91, 7; E 61, 3; enkl. 91, 7; - αὑτοῖς usw. 91, 7
σφόδρα (= -ῶς) -α E 59; 87, 2 A.; Komp. 87, 3
σφώ 108, 3; E 70
σφωέ 108, 3
σφῶϊν 108, 3; E 70
σφῶν 3. Pers. 91, 3 A. 2; 91, 7; E 61, 3; - αὑτῶν 91, 7
σφῷν 108, 3; E 70
σχ Aussprache 14
σχολαῖος Komp. 83, 3
σχολή Aussprache 14
σχοῦ Akz. 123, 2 A.
σῴζω 130, 3; 145, 2; T 145, 2; E 97
Σωκράτης D 53; A. Sg. 53, 3 A. 1
σῶμα 47, 2 Neutra; D 47
σωστός s. σῴζω
σῶτερ 30d Ausn. 1; 42, 3 A.; 44, 3; 49, 4 A. 2; .50 A. 1
σώφρων D 76; Komp. 83, 1a; Adv. 87, 1+2

τ < idg. t 206; Aussprache 14
-τ 3. sg. 116; 131, 7 E; E 75, 2; fällt ab R 18; 209, 2
τά R 10, 3; 198 M. 3
τάγμα 211, 7 A. 1
-ται 3. sg. 116; E 75, 3
ταί hom. = αἱ E 21, 1
τἀκεῖ 21, 2 e
τάλᾱς D 74
τἆλλα 16, 4; Akz. 21, 2 e; R 9; 197 M. 2
ταράττω 124, 2 b; 143, 2 a; 211, 4 A.; -γμαι 144, 6 E; 213, 2 b A.; E 96, 1
τάς R 11; R 22f; 32 E; 200; 212, 2 e
-τατο- Superl. Suff. 81, 1+E; E 55, 2; 82f.
τάττω 211, 7 A. 1; Pf. II 155, 1 a; ἐτετάχατο E 75, 3
ταὐτά = τὰ αὐτά 98, 2 a A.
ταύτῃ Dat. 88, 1 b; = Adv. 89
ταὐτῇ = τῇ αὐτῇ 98, 2 a A.
ταὐτό(ν) = τὸ αὐτό 98, 2 a A.; R 9; 197 M. 4
ταὐτοῦ 98, 2 a A.
τάφηθι 152, 2
τάφρος ἡ 33, 3 d
ταχύς Komp. 84, 3+E; τ-/θ- 208; Adv. 87, 2+A.

247

τάων hom. E 21, 2
-τε 2. pl. 116; 156, 5; E 75, 2+4
τε enkl. 23e; τ < Labiovelar 207
τεθάφθαι 2 Asp. 145, 4; 208 A.; E 97
τεθνεώς 169b E; 194c; -εῶσα 169b E; E 46; E 112, 2; -εός Analogie 169b E; 195 A. 1
τέθνηκα Pf. Fut. 135, 7; Wz. Pf. 169b; E 112
τεθράφθαι 2 Asp. 145, 4; 208 A.; E 97
τείνω 124, 2b; 211, 1β; E 80; T 148, 1; τᾰ- 191d 2; E 99
τείσομεν, -ετε Konj. E 74; E 85
τελείω ion. 211, 8
τελέω R 211; 211, 8; Fut. 135, 1 A. 1; T 137; Aor. 212, 2d; E 98, 1; -σμαι 212, 1b A. 1; 213, 1e A.; E 96, 2
τέλος 53, 1 A.; 137
τέμενος Ablaut 193
τέμνω T 173, 23; Ablaut 193
τέο hom. = τίνος 100, 3 E; τ < Labiovelar 207; E 66
-τέος Verb.Adj. 111 IIb; 117; 134, 3; 135, 11; E 76, 3
τεός hom. = σός E 62
τέρας σ-St. 42, 2 A.; 47, 2; 52, 1 A.
τέρην D 74; E 50
-τερο- Komp. Suff. 81, 1+E; E 55, 1; 82 f.; 92 E; 100 E; E 62; E 66; E 68; E 69, 2; 102 E; 104 E
τέσσαρες ion. 202, 2 β
τέταρτος E 69, 2
τετρακόσιοι E 69, 1
τέτρατος E 69, 2
τετράφαται s. τρέπω
τετταρακαίδεκα 106, 1 A. 1
τέτταρες, -α 104+E; D 105; E 66; E 69, 1; -τρ- 202, 2β
τέττιξ ὁ 43 IIa 1 Ausn.
τέῳ ion. = τίνι 100, 3 E; E 66
τῇδε Adv. 89
τήκω T 126, 2; 171, 7; 130, 3; Aor. II P 153 a; Pf. II 155, 1c
τηλικόσδε 97
τηλικοῦτος 97; 103; n. -ο u. -ον 97, 3
τήμερον Akk. 88, 1c; = Adv. 87, 2 A.
-την 3. Dual A 190
τηνικάδε 89
τηνικαῦτα 89
τῇσι D. Pl. E 21, 2
-τι 3. sg. 162 E; E 75, 2; E 107; > -σι 116; 210; E 75, 2; s. -νσι, -σι
τι enkl. 23b; R 10, 3; 198 M. 3; D 101, 1+2 A. 1; E 65; E 66
τί < *τιδ 209, 2; E 21, 1; R 10, 3; 198 M. 3; D 100, 1+E; E 66; -ποτε 100, 3 A.

τίγρις ὁ, ἡ 43 IV
τιθέᾱσι unkontr. 196b 3
τιθείς, -εῖ thematisch 157, 1 A. 1
τιθείς D 72, 3
τίθημι R 3 b 2; 192 Beisp. 2; Präs.-Red. 122, 2 A.; 156, 7a; 157, 1; τ < *θ 208; T 166, 1; Aor. 167; E 111
τιθήνη E 76, 2
τίθησι < -τι R 20; 210
τίθηται Akz. 157, 1 A. 2
τίθητι dor. 210
τιθοῖο usw. them. 157, 1 A. 1; E 104, 2
τίθοιτο Akz. 157, 1 A. 2
τίκτω 183⁴; E 66; Fut. 127, 2β; T 183, 75
τῑμάω 124, 2a; E 83; Fut. 127, 1; -η- 191b A.; T 136
τῑμή D 37; E 83
τίνος, -ι, -α E 66
τίνω T 173, 26; -ι- hom. 173⁷; τ < Labiovelar 207; Konj. Aor. E 85
τίπτε hom. 100, 3¹; E 66
τις enkl. 23b; E 67; = unbest. Artikel 32, 2; D 101, 1+2 A. 1; 103; E 65; E 66
τίς D 100, 1+E; 103; E 66; E 67; -ποτε 100, 3 A.; τ < Labiovelar 207
τιτρώσκω T 184, 78
*τλη- Fut. 127, 2β 2; Wz. Aor. 168b α
-το 3. sg. 116; E 75, 3
ΤΟ = τοῦ E 11
τό R 10, 3; 198 M. 3; < *τοδ 32 E; E 21, 1; 209, 2; D 32; s. ὁ
τοδί 96 A.
τοι 23e
τοί, ταί hom. = οἱ, αἱ E 21, 1
τοῖν auch f. 107, 2 A.
τοῖο hom. = τοῦ 211, 8; E 21, 1
τοιόσδε 97; 103
τοιοῦτος 97; 103; n. -ο u. -ον 97, 3; - οἷος 99, 1 M.
τοῖσι E 21, 2
τομή Ablaut 193
τόμος Ablaut 193
-τον 2./3. Dual A 190
τόνς kretisch = τῶς E 11; R 11; R 22 f; 32 E; 200; 212, 2e
-τος b. Ordinale 104 E; b. Verb.-Adj. 111 IIb; 117; 134, 3; 135, 11; E 76, 3
ΤΟΣ = τούς E 11
τοσόσδε 97; 103
τοσοῦτος 97; 103; n. -ο u. -ον 97, 3; - ὅσος 99, 1 M.
τοσούτῳ b. Komp. 81, 5
τότε 89
τοτὲ μὲν... τοτὲ δὲ... 89 A. 2
τοῦ < τέο (= τίνος) 100, 1+3 E;

207; E 66; (= Art.) < *τοο = τῷ E 11; E 21, 1; < τοῖο 211, 8
τοὔνομα Akz. 21, 2e; R 9; 197 M. 1
τούς = τῶς E 11; < τόνς R 11; R 22 f; 32 E; 200; 212, 2e
τουτί 96 A.
τραγῳδίᾱ Aussprache 12; E 12
τράπεζα 38 E; 211, 5; E 26
τρέες 19, 3 A.; 104 E; 202, 1α; E 69, 1
τρεῖς = trēs E 8; idg. 206; 19, 3 A.; 104+E; < treies 202, 1α; E 69, 1
τρέπω 113, 2; T 126, 4; 171, 8; Ablaut 145, 3 + E; Aor. A/M I u. II 151a A.; Aor. P I u. II 152, 3 A.; 153a; Pf. II 155, 1b; τετράφαται E 103, 2
τρέφω < *θρεφ- R 17; 208; Ablaut 145, 3 + E; Hauchdiss. 145, 4; E 97; T 145, 4; Fut. 127, 1; Aor. II P 153a; Pf. II 155, 1d; E 103, 1
τρέχω Fut. 127, 2β; T 189, 113
τρέω E 80; 133, 3b; T 137
τρῆμα 16, 2
τρία E 69, 1
τριάκοντα, -κόσιοι, -κοστός -ᾱ- 104 E; E 69, 1
τριᾱκοστός < -ντ- 214, 1; 212, 3a
τρίβω Aor. II P 153a; Pf. II 155, 1a; τέτριμμαι 213, 1b; τέτριφθε 213, 2a
τριήκοντα E 69, 1
τριήρης Akz. 77, 2 A.
τρῖς Akk. E 69, 1
τρισί E 69, 1
τρισκαίδεκα 106, 1 A. 1; E 69, 1 τρεῖς
τριχί, -ός < *θριχ- R 17; 208
τριῶν E 69, 1
Τρώς Akz. 44, 1 Ausn.; 61 A. 2
-ττ- < *-κι̯-, -χι̯- R 21g; 211, 6; < *-τι̯- 202, 2β; bei κρείττων 85 E; 211, 4 A.
-ττω K-Stöcke 143, 2a; 211, 6; E 95, 1; T-St. 143, 2a A.
τύ dor. = σύ E 61, 2
τυγχάνω Fut. 127, 2β; T 181, 62
τύπτω T 187, 98; 189, 110; Präs.-Erw. bleibt 187¹⁰; s. πλήττω
τυραννίς V. Sg. -νί u. -νίς E 28, 1
τύχᾱ boiot. Ausspr. E 7
-τω 3. sg. Imp. 116; 156, 5; < *-τωδ 209, 2; E 75, 4
τώ auch f. 107, 2 A.
τῷ < τέῳ ion. 100, 1+3 E; E66; 207
-των 3. Dual Imp. A 190
-τωρ 27
-τωσαν 3. pl. Imp. 116⁶; 156, 5; E 75, 2 -σαν
τωὐτό ion. = τὸ αὐτό 197 M. 4

υ < idg. ŭ 191a; = u 10; 11; E 6; > ū 10; E 7; Name 11²; nicht

elidiert R 10; 198; vor Vok.
> ϝ R 13a; 139; i. Anlaut asp.
ὐ- E 61, 2
ο = idg. ŭ 191b; < ŭ m. Ers.-Dehn. R 11; 200; 211, 1β
ὑβρίζω Augm. 118, 2
ὑγιᾶ u. -ῆ 77, 4 A.
ὕδωρ r/n-St. 47, 2; 47 E; als T-St. 49, 2
ὗει Aor. ὗσε 118, 2
υι = ŭ+i̯ 11
-υῖα s. -ώς, -υῖα, -ός
υἱός Aussprache 11; D 57 A. 2
ὑμᾶς D 91, 7; E 61, 2 - αὑτούς, -ᾶς 91, 7
ὑμε- hom. E 61, 2
ὑμεῖς D 91, 7; E 61, 2
ὑμέτερος 92, 2; 81, 1 E; 92 E; 100, 3 E; E 62; - αὑτῶν 92, 3 A.+5
ὑμῖν D 91, 7; E 61, 2; - αὑτοῖς, -αῖς 91, 7
ὕμμε, ὕμμιν aiol. E 61, 2
ὑμῶν D 91, 7; = Poss. Pron. 92, 3—5; - αὑτῶν 91, 7
-υν- < *-υνι̯- R 21b; 146, 2
-υντ- Part. 72, 2
ὕπατος 83, 2
ὑπέρ Komp. 83, 2
ὑπέρτερος, -τατος 83, 2
ὑπήκοος (2) 65, 2
ὑπισχνέομαι T 175, 35; ὑπόσχου 175⁵
ὑπό Komp. 83, 2; „oben" 83³
ὑπολείπω 130, 1
-υς, -εια, -υ Adj. D 75
-ύς, -ῦσα, -ύν Part. D 72, 2; 156, 5 E
ὕστατος 83, 2
ὕστερος 83, 2; Adv. 87, 2 A.
ὑφαίνω Aor. 147, 3 A. 1; 191 b A.²
ὑψηλός 83³
ὑψοῦ 83³

ϕ < idg. bh 206; = lat. p, später f E 13; fehlt i. Alphabet 7, 2; Lautwert 14; E 15
φαίνω 146, 2; 211, 1α; Fut. 147, 2; Aor. A 147, 3; -η- 191 b A.; 212, 2e+A. 4; E 86; Pf. II 155, 2; Aor. I, II P 153 b; -θην 208 A.; -θι 152, 2; Pf. M/P 213, 1e A.; E 98, 3; T 126, 1; 172, 18; 130, 2; 149, 3
φάλαγξ D 46
φανεσ- in Eigennamen 53, 1 A.
φάσις < φάτις (dor.) 210
φάσκω 160
φάτις dor. 210
φαῦλος (3) 65, 3 A. 1
φέρομες E 75, 2
φέροντι dor. R 22f; 210; E 75, 2; E 104, 4; E 107

φέρουσα R 21e; 211, 4
φέρουσι R 20; R 22f; 212, 2e; E 75, 2; E 107
φέρω idg. 206; 203, 1; T 189, 114; 130, 2; Ablaut 192 Beisp. 1.; E 72; s. *ἐνεκ-
φεύγω 113, 4; R 3b 1; 192b A. 1+Beisp. 1; Fut. 127, 2; dor. 127²; 135, 1 A. 2; Aor. II 151a; Pf. II 155, 1c; 208; T 171, 9
φηγός ἡ 33, 3a
φημί enkl. 23d; Wz. Präs. 156, 7c; 159; 192a; E 104, 1; K+T 160+E; 189, 102; med. Formen 160 M. 6; φάθι 208 A.
φής = φῄς 160 E; E 104, 4
φθ < πθ, βθ 213, 2a
φθάνω Fut. 127, 2β2; Wz. Aor. 168 bα; T 173, 20
φθείρω R 21b; 124, 2b; 211, 1β; T 148, 1; E 98, 3; Aor. II P 153b; Pf. I u. II 155, 2
φθίνω T 173, 27; -ῐ- hom. 173⁷
φθορά 211, 1β
φιλέω 113, 2; 124, 2a; E 80
φιλέων > φιλῶν 19, 3 A.
Φίλιπποι οἱ 33, 3b Ausn.
φίλος Aussprache 14; D 33; Komp. 83, 4
φιλῶν < φιλέων 19, 3 A.
φλέψ ἡ 43 Ia 1 Ausn.; 46, 1
φοβέω 130, 1
Φοιβίδας G. Sg. -ᾱ 39 A. 2; 191 b A.
Φοῖβος Aussprache 11
φονεύω Red. 121, 2
φράζω T-St. 143, 2c; T 144, 6
φρασί = φρεσί E 33
φράτηρ 25; 191b
φρέαρ r/n-St. 47, 2
φρήν ἡ 43 Ia 3 Ausn.; D. Pl. φρασί E 33
φρήτρη ion. 191b
φρίττω Pf. II 155, 1c
φρόνιμος (2) 65, 2b
φροντίζω Perf. 213, 2a A.
φυγάς m. u. f. 79
φυγή 192b A. 1
φύλαξ R 22b; 212, 2a; D 46; E 28, 1
φυλάττω R 21g; 123, 2b; 142, 4; 143, 2a; R 11, 6; E 80; E 96, 1; Fut. 127, 1; Pf. II 155, 1a; -χθαι < -κθ- 212, 3b; -χθην < -κθ- 213, 2a
φῶς D 72
φύω T 126, 3; Wz. Aor. 168 b δ
φωνή 192a
φώρ 192 Beisp. 1
φῶς Akz. 19, 3 A.
φῶς Akz. 19, 3 A.; σ-St. 42, 2 A.; G. Pl. 44, 1 Ausn.; 47, 2 A.; 52, 1 A.

χ < idg. gh 206; fehlt im Alphabet 7, 2; = kh 7, 1; = ks 7, 2; Lautwert 14; E 13
χαίρω 124, 2b; T 187, 99; Präs.-Erw. bleibt 187¹⁰
χάλιξ = calx E 13
χαμᾶζε, -ᾶθεν 88, 2
χαμαί Adv. 88, 1b+2a
χαρίεις < *-εντς = -ες̄ R 11; 200; E 8; D 73+E; E 49; Komp. 82, 3; Adv. 87, 1
χαρίεσιν < *-ϝατσιν 73 E; E 49
χαρίεσσα < *-ϝατι̯α 73 E; 211, 4 A.; E 49
χαριέστερος < *-εντ τερος R 22g; 212, 3a
χάριν Adv. 88, 1c
χάρις Aussprache 14
χείλιοι ion. E 69, 1
χείρ ἡ 43 Ia 3 Ausn.; D 50 A. 2
χεῖρε 29b; 108, 4
χείρων, χείριστος 85, 2
χέλλιοι lesb. E 69, 1
Χερσόνησος ἡ 33, 3d
χέω 141; E 94; T 141; 2 silb. Wz. 141 E; Wz. Aor. 141 E; E 84; -θην 208 A.
χήλιοι lakon. E 69, 1
χήν ὁ, ἡ 43 IV; 49, 2
χθ < κθ, γθ 213, 2a
χίλιοι E 69, 1
χιών ἡ 43 Ia 3 Ausn.
χορηγός 191b A.
χόρτος 206
χρεών < χρή ὄν 195
χρή K 162, 2
χρήομαι 129, 1; kontr. 133, 1; T 138b
χρήσιμος (2) 65, 3 A. 1
χρήω 133, 1; T 138 b; vgl. 162, 2 A.
χρῖσμα 137
χρίω T 137
χρῡσοῦς D 66, 4; E 45; Akz. 66, 2c; Kontr. 66, 2a+b; -ᾶ 196c 3β Ausn.
χώρᾱ D 37; -ᾱ R 1; 191 b A.
χωρέω Red. 121, 2; Fut. 127, 2γ
χώρη R 1

ψ fehlt i. Alphabet 7, 2; = ps 7, 1; = kh 7, 2; < *πσ, βσ, φσ R 22c; 212, 2b
ψευδής Akz. 77, 2
ψεύδω Red. 121, 4b; Pr. St. 124, 1; T 130, 3; -σμαι 144, 6 E; E 96, 2; -σται < -δτ- 214, 1; -σθην < -δθ- 214, 1
ψῆφος ἡ 33, 3d
ψῑλός 8¹; 13³
ψύχω Aor. II P 153a

ω < idg. ō 191 b; fehlt im Alphabet 7,2; = offenes ō 10; Kontr. R 8
ῳ s. ωι
-ω b. att. Dekl. kurz 35,3; Instr.=
  Adv. 88,1 e; Dual 108+E; E 70;
  -Verba 125; E 80; E 82; 1. sg.
  116; 131,7; E 75,2; neben -νῡμι
  158,2; 2. sg. Med. E 85
-ῳ < idg. -ōi 191 c+A.; b. att. Dekl.
  kurz 35, 3
-ώ Subst. 60; E 40
ὤ b. Vok. 30a; m. Krasis 197a;
  Konj. < ἔω E 74; 162 E
ὤ Dual m. u. f. 108, 2 A.
ὠγαθέ 16,4; 197 M. 2
ὧδε Instr. = Adv. 88, 1 e
Ὠιδεῖον Aussprache 12
ᾠδή Aussprache 12

ὠθέω Augm. 119,2; E 78; Red.
  121,5; T 185, 83
ωι (ῳ) < idg. ōi 191 c; Lautwert 12;
  E 12; > ō 12; erh. 194a A.;
  Kontr. R 8
ὤμω 29 b
-ων < -ōm 204, 1; G. Pl. Adj. a/o-
  Dekl. E 43
-ῶν < -āsōm 205, 2β; E 21, 2;
  E 25, 2; < -άων 36 E; G. Pl.
  a-Dekl. 36, 3; Adj. 3. Dekl.68,2;
  dor. -ᾶν 196 b 2
-ων, -ουσα, -ον D 71; N. Sg. E 32
ὤν < ἐών 19, 3 A.; D 71 M.;
  Adv. 87, 1; E 107
ὠνέομαι Augm. 119,2; E 78; Red.
  121,5; Aor. ἐπριάμην 163; T 189,
  115; 129,1

ὠνήρ dor. = ὁ ἀνήρ 197 M. 4
ὡρᾶν < *-ām R 14
Ὠρομάζης < pers. Auramazdā
  E 14
-ως Adv. 87, 1 + 2 A.; E 59; Subst.
  61; E 41
-ώς, -υῖα, -ός D 70+E; 135, 5
ὡς Adv. 89; b. Superl. 81, 4
ὡς = ὅς = οὕτως 89 A. 1
ὥσπερ 89
ὥστε Akz. 21, 2 c A.
ᾧτινι Akz. 21, 2 c A.
ὠφελέω Augm. 118,2; Fut. 127,1;
  Impf. f. ὀνίνημι 157, 2 A. 2
ὠφέλιμος (2) 65, 3 A. 1
ὤφελον 187, 96
-ώω Verba 133, 2

Umschrift und Erläuterungen zu den Abbildungen auf Seite 2

1. Vertrag der Eleer (Ϝαλεῖοι) mit den Bewohnern von Heraia (?) im westl. Arkadien (Ἐρϝαϝιοι), etwa 6. Jh. v. Chr., auf einer Erztafel, ausgegraben 1813 in Olympia, jetzt im Britischen Museum London (= Inschriften von Olympia Nr. 9).

ἁ Ϝράτρα τοῖρ Ϝαλείοις : καὶ τοῖς Ἐρϝαδίοις. : συνμαχία κ' ἔα ἑκατὸν Ϝέτεα, :|ἄρχοι δέ κα τοῖ. αἰ δέ τι δέοι : αἴτε Ϝέπος αἴτε Ϝ|άργον, : συνέαν κ' ἀ(λ)λάλοις : τά τ' ἄ(λ)λ(α) καί παρ πολέμο· : αἰ δὲ μὰ συνέαν, : τάλαντόν κ'|ἀργύρō : ἀποτίνοιαν : τοῖ Δὶ 'Ολυνπίοι : τοῖ κα|(δ)δαλέμενοι : λατρειόμενον. : αἰ δέ τιρ τὰ γ|ράφεα : ταῖ κα(δ)δαλέοιτο : αἴτε Ϝέτας αἴτε τ|ελεστὰ : αἴτε δᾶμος, : ἐν τ' ἐπιάροι κ' ἐνέχ|οιτο τοῖ 'νταῦτ' ἐγρα(μ)μένοι.

(Umschrift nach: Schwyzer „Dial. Graec. exempla epigraphica potiora" Lpz. 1923 Nr. 413.)

2. Aus den „Persern" des Timotheos von Milet (geb. um 450 v. Chr.). Dieser Papyros, als Grabbeigabe 1902 in Abusir (= Busiris bei Memphis) in Ägypten gefunden (dann in die Staatl. Museen in Berlin gebracht), stammt aus der 2. Hälfte des 4. Jh. v. Chr. und ist somit einer der ältesten uns bekannten Papyri. Die Abb. zeigt einen Ausschnitt aus Kolumne IV 134/41; die linke Hälfte fehlt auf der Photographie, rechts sind durch den Bildrand in Vs. 137/40 nur einzelne Buchstaben der ungleich langen Zeilen abgeschnitten (durch | angezeigt); in Vs. 139 ist das vergessene δ vom Schreiber nachträglich darübergeschrieben.

στα πρὸς μελαμπεταλακιτῶνα
να γόνατα πεσεῖν εὐωλένους τε
σσων χρυσοπλόκαμε θεὰ μᾶτερ
ῶνα δυσέκφευκτον ἐπεί με αὐτίκ|
ται ἐνθάδε μήστορι σιδάρωι ἢ κα|
ι αὖραι νυκτιπαγεῖ βορέα διαραισο|
ιος ἀνέρρηξεν ἅπαν γυίων εἴδο|
ικτρὸς ὀρνίθων ἔθνεσιν ὠμο

3. Schultafel aus Holz mit einer Strafarbeit (Staatl. Museen Berlin):

Φιλοπόνει, ὦ παῖ, μὴ δαρῇς (η statt ῃ: vgl. § 12).